**Buch-Updates**

Registrieren Sie dieses Buch auf unserer Verlagswebsite. Sie erhalten dann Buch-Updates und weitere, exklusive Informationen zum Thema.

**Und so geht's**
> Einfach www.galileocomputing.de aufrufen
<<< Auf das Logo **Buch-Updates** klicken
> Unten genannten **Zugangscode** eingeben

**Ihr persönlicher Zugang zu den Buch-Updates** | 05GP70111156

Dennis Zimmer

# VMware
## & Microsoft Virtual Server

### Virtuelle Server im professionellen Einsatz

Galileo Computing

# Liebe Leserin, lieber Leser,

wenn Trends besonders tief greifend sind, wenn etwa eine bestimmte Technologie die Zukunft nachhaltig verändern wird, spricht man von einem Megatrend. Wer die Entwicklung der Server-IT in den letzten Jahren beobachtet hat, wird verstehen, warum Virtualisierung häufig als ein solcher Megatrend bezeichnet wird. Wer sich beruflich mit dem Thema beschäftigt, wird es sogar wissen.

Damit alleine ist es jedoch nicht getan. Wenn Sie die Vorteile virtueller Maschinen nutzen möchten, sollten Sie natürlich auch wissen, wie. Wenn Sie aus diesem Grund zu unserem Buch gegriffen haben, haben Sie die richtige Wahl getroffen.

Unser Autor Dennis Zimmer, selbst Experte der ersten Stunde, wird Ihnen Ihre Fragen beantworten. Er wird Sie von der Planungsphase bis zur täglichen Arbeit bei Ihrem Virtualisierungsprojekt begleiten. In diesem Buch hat er seine jahrelange Erfahrung zusammengefasst und ich bin mir sicher, dass Sie beim Lesen die Begeisterung spüren können, mit der er dabei ans Werk gegangen ist. Für Ihre Fragen zum Buch steht er außerdem unter der E-Mail-Adresse **virtuellemaschinen@email.de** zur Verfügung.

Dasselbe gilt natürlich auch für den Lektor dieses Buches. Sollten Sie also Fehler finden oder inhaltliche Anregungen haben, scheuen Sie sich nicht, mit mir Kontakt aufzunehmen. Ihre Fragen und Änderungsvorschläge sind jederzeit willkommen!

Und nun viel Freude bei der Lektüre

**Jan Watermann**
Lektorat Galileo Computing

jan.watermann@galileo-press.de
www.galileocomputing.de

Galileo Press • Rheinwerkallee 4 • 53227 Bonn

# Auf einen Blick

|      | Vorwort | 15 |
|------|---------|----|
| 1    | Einführung | 25 |
| 2    | Virtuelle Maschinen im Unternehmen | 39 |
| 3    | Virtualisierungssoftware – eine Marktübersicht | 57 |
| 4    | Auswahl der möglichen virtuellen Maschine | 91 |
| 5    | Auswahl der richtigen Virtualisierungssoftware | 113 |
| 6    | Auswahl der richtigen physikalischen Infrastruktur | 133 |
| 7    | Installation und Update des Wirt-Systems | 161 |
| 8    | Verwaltung der Virtualisierungssoftware | 197 |
| 9    | Virtuelle Netzwerke | 233 |
| 10   | Virtuelle Festplatten | 269 |
| 11   | Erstellung einer virtuellen Maschine | 297 |
| 12   | Verwaltung der virtuellen Maschinen | 329 |
| 13   | VMware VirtualCenter | 381 |
| 14   | Skriptierung und Programmierung unter VMware und MS Virtual Server | 441 |
| 15   | Backup, Restore und Disaster Recovery | 455 |
| 16   | Templates (VM-Vorlagen) | 475 |
| 17   | Zusatzsoftware | 491 |
| 18   | Nützliche Adressen im Web | 555 |
| A    | Clustereinrichtung und Beispielumgebungen | 559 |
| B    | Kommandozeile und wichtige Dateien | 583 |
| C    | Häufige Fragen | 605 |
|      | Index | 607 |

Der Name Galileo Press geht auf den italienischen Mathematiker und Philosophen Galileo Galilei (1564–1642) zurück. Er gilt als Gründungsfigur der neuzeitlichen Wissenschaft und wurde berühmt als Verfechter des modernen, heliozentrischen Weltbilds. Legendär ist sein Ausspruch »Eppur se muove« (Und sie bewegt sich doch). Das Emblem von Galileo Press ist der Jupiter, umkreist von den vier Galileischen Monden. Galilei entdeckte die nach ihm benannten Monde 1610.

**Lektorat** Jan Watermann
**Korrektorat** Johannes Gerritsen
**Einbandgestaltung** Barbara Thoben, Köln
**Herstellung** Steffi Ehrentraut
**Titelbild** zefa visual media
**Satz** Typographie & Computer, Krefeld
**Druck und Bindung** Koninklijke Wöhrmann B.V., Zutphen, Niederlande

Dieses Buch wurde gesetzt aus der Linotype Syntax Serif (9,5/13,5 pt) in FrameMaker. Gedruckt wurde es auf fein holzhaltigem Naturpapier.

**Gerne stehen wir Ihnen mit Rat und Tat zur Seite:**
stephan.mattescheck@galileo-press.de bei Fragen und Anmerkungen zum Inhalt des Buches
service@galileo-press.de für versandkostenfreie Bestellungen und Reklamationen
stefan.krumbiegel@galileo-press.de für Rezensions- und Schulungsexemplare

---

Bibliografische Information Der Deutschen Bibliothek
Die Deutsche Bibliothek verzeichnet diese Publikation in der Deutschen Nationalbibliografie; detaillierte bibliografische Daten sind im Internet über http://dnb.ddb.de abrufbar.

ISBN 3-89842-701-3

© Galileo Press, Bonn 2005
1. Auflage 2005

Das vorliegende Werk ist in all seinen Teilen urheberrechtlich geschützt. Alle Rechte vorbehalten, insbesondere das Recht der Übersetzung, des Vortrags, der Reproduktion, der Vervielfältigung auf fotomechanischem oder anderen Wegen und der Speicherung in elektronischen Medien. Ungeachtet der Sorgfalt, die auf die Erstellung von Text, Abbildungen und Programmen verwendet wurde, können weder Verlag noch Autor, Herausgeber oder Übersetzer für mögliche Fehler und deren Folgen eine juristische Verantwortung oder irgendeine Haftung übernehmen. Die in diesem Werk wiedergegebenen Gebrauchsnamen, Handelsnamen, Warenbezeichnungen usw. können auch ohne besondere Kennzeichnung Marken sein und als solche den gesetzlichen Bestimmungen unterliegen.

# Inhalt

**Vorwort** ..... 15

## 1 Einführung ..... 25

1.1 Warum dieses Buch? ..... 25
1.2 Was ist Serverkonsolidierung? ..... 26
1.3 Historie ..... 27
1.4 Was ist eine virtuelle Maschine? ..... 29
1.5 Wie funktioniert eine virtuelle Maschine? ..... 31

## 2 Virtuelle Maschinen im Unternehmen ..... 39

2.1 Welchen Nutzen bringen virtuelle Maschinen? ..... 39
2.2 Wer benötigt virtuelle Maschinen? ..... 46
2.3 Welche Produkte findet man auf dem Markt? ..... 47
2.4 Welche Software wird innerhalb virtueller Maschinen unterstützt? ..... 49
2.5 Welche Kostenvorteile bestehen? ..... 50
2.6 Wie steht es mit den Lizenzkosten in den virtuellen Maschinen? ..... 53

## 3 Virtualisierungssoftware – eine Marktübersicht ..... 57

3.1 Was ist ein Host? ..... 57
3.2 VMware Workstation ..... 58
    3.2.1 Anforderungen und Einschränkungen ..... 58
    3.2.2 Funktionsumfang ..... 59
    3.2.3 Unterstützte Betriebssysteme ..... 60
    3.2.4 Administrationsmöglichkeiten ..... 62
    3.2.5 Einsatzgebiete ..... 62
3.3 VMware ACE ..... 62
    3.3.1 Anforderungen und Einschränkungen ..... 63
    3.3.2 Funktionsumfang ..... 64
    3.3.3 Unterstütze Betriebssysteme ..... 65
    3.3.4 Administrationsmöglichkeiten ..... 67
    3.3.5 Einsatzgebiete ..... 67

| | | | |
|---|---|---|---|
| 3.4 | | VMware GSX | 67 |
| | 3.4.1 | Anforderungen und Begrenzungen | 68 |
| | 3.4.2 | Funktionsumfang | 68 |
| | 3.4.3 | Unterstützte Betriebssysteme | 70 |
| | 3.4.4 | Administrationsmöglichkeiten | 73 |
| | 3.4.5 | Virtual Center | 73 |
| | 3.4.6 | Einsatzgebiet | 73 |
| 3.5 | | VMware ESX | 74 |
| | 3.5.1 | Anforderung und Einschränkungen | 74 |
| | 3.5.2 | Funktionsumfang | 76 |
| | 3.5.3 | Unterstützte Betriebssysteme | 78 |
| | 3.5.4 | Administrationsmöglichkeiten | 78 |
| | 3.5.5 | VirtualCenter, VMotion, virtual SMP | 79 |
| | 3.5.6 | Einsatzgebiet | 79 |
| 3.6 | | Microsoft Virtual PC | 79 |
| | 3.6.1 | Anforderungen und Einschränkungen | 80 |
| | 3.6.2 | Funktionsumfang | 80 |
| | 3.6.3 | Unterstützte Betriebssysteme | 81 |
| | 3.6.4 | Administrationsmöglichkeiten | 82 |
| | 3.6.5 | Einsatzgebiet | 82 |
| 3.7 | | Microsoft Virtual Server | 82 |
| | 3.7.1 | Anforderungen und Einschränkungen | 82 |
| | 3.7.2 | Funktionsumfang | 83 |
| | 3.7.3 | Unterstützte Betriebssysteme | 84 |
| | 3.7.4 | Administrationsmöglichkeiten | 84 |
| | 3.7.5 | Einsatzgebiet | 85 |
| 3.8 | | Sonstige Produkte | 85 |
| | 3.8.1 | Serenity Systems International SVISTA | 85 |
| | 3.8.2 | Bochs | 86 |
| | 3.8.3 | User-Mode Linux | 87 |
| | 3.8.4 | Xen | 87 |

# 4 Auswahl der möglichen virtuellen Maschine 91

| | | | |
|---|---|---|---|
| 4.1 | | Welche Server existieren im Unternehmen? | 92 |
| 4.2 | | Performancemessung | 94 |
| | 4.2.1 | Tools zur Messung | 95 |
| | 4.2.2 | Berechnung der virtuellen Maschine | 96 |
| 4.3 | | Welche Server eignen sich zur virtuellen Maschine? | 99 |
| | 4.3.1 | Ideale Kandidaten | 100 |
| | 4.3.2 | Problematische Serversysteme | 101 |
| | 4.3.3 | Verfügbarkeit und Sicherheit | 102 |
| 4.4 | | Gesamtkonzept | 103 |

## 5 Auswahl der richtigen Virtualisierungssoftware — 113

- 5.1 Anforderungen .................................................. 113
  - 5.1.1 Größe der Infrastruktur ........................... 114
  - 5.1.2 Verfügbarkeit ........................................... 115
  - 5.1.3 Performance ............................................ 116
  - 5.1.4 Infrastruktur ............................................ 117
- 5.2 Betriebssystem ................................................. 118
- 5.3 Administration .................................................. 119
  - 5.3.1 VMware GSX ............................................ 120
  - 5.3.2 Microsoft Virtual Server .......................... 121
  - 5.3.3 VMware ESX ............................................ 123
  - 5.3.4 VMware VirtualCenter ............................. 125
- 5.4 Sicherheit .......................................................... 126
- 5.5 Kosten ................................................................ 127
  - 5.5.1 Lizenzkosten ............................................ 127
  - 5.5.2 Hardwarekosten ...................................... 128
- 5.6 Zusammenfassung ........................................... 129

## 6 Auswahl der richtigen physikalischen Infrastruktur — 133

- 6.1 Hardware ........................................................... 133
  - 6.1.1 Wichtigkeit der Entscheidung ................. 133
  - 6.1.2 Unterstütze Hardware ............................. 133
  - 6.1.3 Zwei-, Vier- oder »Mehr«-Wege-Systeme? ... 134
  - 6.1.4 Hersteller ................................................. 139
  - 6.1.5 Hardwaretest ........................................... 140
- 6.2 Sizing der Wirt-Systeme .................................. 141
  - 6.2.1 Messdaten und Verfügbarkeit ................ 141
  - 6.2.2 Prozessor ................................................. 143
  - 6.2.3 Hauptspeicher ......................................... 144
  - 6.2.4 Massenspeicher ...................................... 145
  - 6.2.5 Netzwerkanbindung ............................... 151
- 6.3 Infrastruktur ..................................................... 152
  - 6.3.1 Massenspeicher ...................................... 152
  - 6.3.2 Netzwerke ............................................... 154

## 7 Installation und Update des Wirt-Systems — 161

- 7.1 Vorbereitung .................................................... 161
- 7.2 VMware GSX ..................................................... 162
  - 7.2.1 Installation unter Microsoft Windows ... 163
  - 7.2.2 Update Microsoft Windows .................... 165

|       | 7.2.3 | Deinstallation Microsoft Windows | 166 |
|       | 7.2.4 | Installation Linux | 166 |
|       | 7.2.5 | Update unter Linux | 176 |
|       | 7.2.6 | Deinstallation unter Linux | 176 |
| 7.3   | **Microsoft Virtual Server** | | 176 |
|       | 7.3.1 | Installation | 177 |
|       | 7.3.2 | Update | 179 |
| 7.4   | **VMware ESX** | | 179 |
|       | 7.4.1 | Installation | 180 |
|       | 7.4.2 | Update | 192 |

# 8 Verwaltung der Virtualisierungssoftware    197

| 8.1 | **VMware GSX** | | 198 |
|     | 8.1.1 | Web-Administrationsoberfläche | 198 |
|     | 8.1.2 | VMware GSX Server Console | 204 |
|     | 8.1.3 | Kommandozeile | 206 |
|     | 8.1.4 | Programmierschnittstelle | 207 |
|     | 8.1.5 | Protokollierung | 207 |
| 8.2 | **Microsoft Virtual Server** | | 208 |
|     | 8.2.1 | Web-Administrationsoberfläche | 208 |
|     | 8.2.2 | Active Directory | 213 |
|     | 8.2.3 | Protokollierung | 213 |
| 8.3 | **VMware ESX** | | 213 |
|     | 8.3.1 | Web-Administrationsoberfläche | 214 |
|     | 8.3.2 | Kommandozeile | 229 |
|     | 8.3.3 | Programmierschnittstelle | 229 |
|     | 8.3.4 | Protokollierung | 229 |

# 9 Virtuelle Netzwerke    233

| 9.1 | **Allgemeines** | | 233 |
|     | 9.1.1 | Adapter Teaming, Fault Tolerance, Load Balancing | 234 |
|     | 9.1.2 | Geswitchtes Netzwerk | 235 |
|     | 9.1.3 | Dedizierte LAN-Kopplung | 235 |
|     | 9.1.4 | VLAN (virtual Local Area Network) | 235 |
|     | 9.1.5 | NAT (Network Address Translation) | 237 |
| 9.2 | **VMware GSX** | | 238 |
|     | 9.2.1 | Interner DHCP-Server | 240 |
|     | 9.2.2 | Host-Only | 241 |
|     | 9.2.3 | Bridged | 243 |
|     | 9.2.4 | NAT | 246 |
| 9.3 | **Microsoft Virtual Server** | | 252 |
|     | 9.3.1 | Interner DHCP-Server | 253 |
|     | 9.3.2 | Host-Only | 254 |

|  |  | 9.3.3 | Virtual Networking | 255 |
|---|---|---|---|---|
|  |  | 9.3.4 | NAT | 256 |
|  | 9.4 | VMware ESX | | 259 |
|  |  | 9.4.1 | Host-Only | 259 |
|  |  | 9.4.2 | Virtual Switch | 261 |
|  |  | 9.4.3 | VLAN | 262 |

## 10 Virtuelle Festplatten   269

| | 10.1 | VMware GSX | | 270 |
|---|---|---|---|---|
| | | 10.1.1 | Physikalische Festplatten | 271 |
| | | 10.1.2 | Virtual Disk Type | 272 |
| | | 10.1.3 | Festplattenkapazität | 273 |
| | | 10.1.4 | Snapshots | 274 |
| | | 10.1.5 | Independent Mode | 278 |
| | | 10.1.6 | Kommandozeile | 279 |
| | 10.2 | Microsoft Virtual Server | | 280 |
| | | 10.2.1 | Physikalische Festplatten | 280 |
| | | 10.2.2 | Fixed-size-Festplatten | 281 |
| | | 10.2.3 | Dynamically Expanding-Festplatten | 282 |
| | | 10.2.4 | Differencing-Festplatten | 283 |
| | | 10.2.5 | Undo-Festplatten | 286 |
| | | 10.2.6 | Komprimieren und Konvertieren virtueller Festplatten | 286 |
| | 10.3 | VMware ESX | | 287 |
| | | 10.3.1 | VMFS | 288 |
| | | 10.3.2 | Raw Device Mapping (physikalische Festplatten) | 289 |
| | | 10.3.3 | Persistent-Modus | 290 |
| | | 10.3.4 | Non-Persistent-Modus | 291 |
| | | 10.3.5 | Append-Modus | 292 |
| | | 10.3.6 | Undoable-Modus | 292 |
| | | 10.3.7 | REDO Log | 292 |
| | | 10.3.8 | Kommandozeile | 293 |

## 11 Erstellung einer virtuellen Maschine   297

| | 11.1 | Die virtuelle Maschine auf dem Wirt-System | | 297 |
|---|---|---|---|---|
| | | 11.1.1 | VMware | 298 |
| | | 11.1.2 | Microsoft Virtual Server | 299 |
| | 11.2 | VMware MUI (Web-Administrationsoberfläche) | | 300 |
| | | 11.2.1 | Erstellung der virtuellen Maschine | 300 |
| | | 11.2.2 | Anpassung der virtuellen Hardware unter VMware | 307 |
| | 11.3 | VMware Virtual Machine Console (VVMC) | | 311 |
| | | 11.3.1 | Erstellung der virtuellen Maschine | 312 |
| | | 11.3.2 | Anpassung der virtuellen Hardware | 315 |

| 11.4 | VirtualCenter | 317 |
| | 11.4.1 Erstellung der virtuellen Maschine | 317 |
| | 11.4.2 Anpassung der virtuellen Hardware | 319 |
| 11.5 | Microsoft Virtual Server Webadministration | 320 |
| | 11.5.1 Erstellung der virtuellen Maschine | 320 |
| | 11.5.2 Anpassung der virtuellen Maschine | 322 |

## 12  Verwaltung der virtuellen Maschinen    329

| 12.1 | VMware GSX Server | 329 |
| | 12.1.1 Status der virtuellen Maschine | 330 |
| | 12.1.2 Optionen der virtuellen Maschine anpassen | 333 |
| | 12.1.3 Fernsteuerung | 337 |
| | 12.1.4 Innerhalb der virtuellen Maschine | 342 |
| 12.2 | Microsoft Virtual Server | 353 |
| | 12.2.1 Status der virtuellen Maschine | 353 |
| | 12.2.2 Optionen der virtuellen Maschine anpassen | 356 |
| | 12.2.3 Fernsteuerung | 359 |
| | 12.2.4 Innerhalb der virtuellen Maschine | 363 |
| 12.3 | VMware ESX Server | 365 |
| | 12.3.1 Status der virtuellen Maschine | 366 |
| | 12.3.2 Optionen der virtuellen Maschine anpassen | 367 |
| | 12.3.3 Fernsteuerung | 373 |
| | 12.3.4 Innerhalb der virtuellen Maschine | 376 |

## 13  VMware VirtualCenter    381

| 13.1 | Systemanforderungen | 383 |
| | 13.1.1 VirtualCenter Management Server | 383 |
| | 13.1.2 VirtualCenter Client | 384 |
| 13.2 | Installation | 385 |
| | 13.2.1 Microsoft Access | 388 |
| | 13.2.2 Microsoft SQL | 389 |
| | 13.2.3 Oracle | 392 |
| 13.3 | Update/Deinstallation | 392 |
| | 13.3.1 Server | 392 |
| | 13.3.2 Client | 393 |
| 13.4 | Funktionsumfang | 394 |
| | 13.4.1 Organisationsstruktur | 394 |
| | 13.4.2 Konfiguration des VMware Server | 396 |
| | 13.4.3 Erstellung einer virtuellen Maschine | 404 |
| | 13.4.4 Konfiguration einer virtuellen Maschine | 406 |
| | 13.4.5 Migration der virtuellen Maschine | 410 |
| | 13.4.6 Klonen der virtuellen Maschine | 415 |
| | 13.4.7 Templates | 418 |

|        |        |                                              |     |
|--------|--------|----------------------------------------------|-----|
|        | 13.4.8 | Guest Customization Wizard                   | 423 |
|        | 13.4.9 | Überwachung und Alarme                       | 426 |
|        | 13.4.10| Geplante Tasks                               | 429 |
|        | 13.4.11| Sicherheit und Berechtigungen                | 432 |
|        | 13.4.12| VirtualCenter Konfiguration                  | 434 |
| 13.5   | Lizenzen |                                            | 436 |

## 14 Skriptierung und Programmierung unter VMware und MS Virtual Server — 441

| 14.1 | VMware |                                    | 442 |
|------|--------|------------------------------------|-----|
|      | 14.1.1 | Kommandozeile                      | 443 |
|      | 14.1.2 | VMware Scripting API               | 444 |
|      | 14.1.3 | VMware CIM SDK                     | 446 |
|      | 14.1.4 | VMware Virtual Infrastructure SDK  | 448 |
| 14.2 | Microsoft Virtual Server |                  | 449 |
|      | 14.2.1 | Kommandozeile und VB Skript        | 449 |
|      | 14.2.2 | COM-Schnittstelle                  | 451 |

## 15 Backup, Restore und Disaster Recovery — 455

| 15.1 | Sicherung und Wiederherstellung |           | 456 |
|------|--------|------------------------------------|-----|
|      | 15.1.1 | Das Gast-System                    | 459 |
|      | 15.1.2 | Das Wirt-System                    | 461 |
| 15.2 | Disaster Recovery und Hochverfügbarkeit |  | 466 |
|      | 15.2.1 | Katastrophenfall                   | 466 |
|      | 15.2.2 | Cluster – virtuelle Maschine       | 469 |
|      | 15.2.3 | Cluster – Wirt-System              | 471 |

## 16 Templates (VM-Vorlagen) — 475

| 16.1 | VMware |                                    | 476 |
|------|--------|------------------------------------|-----|
|      | 16.1.1 | Erstellung                         | 478 |
|      | 16.1.2 | Verwendung                         | 482 |
| 16.2 | Microsoft Virtual Server |                  | 484 |
|      | 16.2.1 | Erstellung                         | 484 |
|      | 16.2.2 | Verwendung                         | 485 |
|      | 16.2.3 | VSDM – Virtual Server Deployment Manager | 485 |

## 17 Zusatzsoftware — 491

| 17.1 | Migration – P2V, V2V |                      | 491 |
|------|--------|------------------------------------|-----|
|      | 17.1.1 | VMware P2V Assistent               | 492 |
|      | 17.1.2 | VMware Virtual Machine Importer    | 501 |

| | 17.1.3 | Microsoft Virtual Server Migration Toolkit | 504 |
|---|---|---|---|
| | 17.1.4 | Platespin PowerP2V | 514 |
| | 17.1.5 | Leostream P>V Direct | 525 |
| 17.2 | Sonstiges | | 530 |
| | 17.2.1 | Leostream Virtual Controller | 530 |
| | 17.2.2 | Platespin PowerRecon | 537 |
| | 17.2.3 | Dunes VS-M | 540 |
| | 17.2.4 | Dunes VS-O | 541 |
| | 17.2.5 | ESXRanger | 548 |
| | 17.2.6 | OpalisRobot CAP for VMware/Virtual Server | 550 |

# 18 Nützliche Adressen im Web — 555

| 18.1 | VMware | | 555 |
|---|---|---|---|
| | 18.1.1 | Offizielle VMware-Webseiten | 555 |
| | 18.1.2 | Inoffizielle VMware-Webseiten | 555 |
| 18.2 | Microsoft Virtual Server | | 556 |
| 18.3 | Virtualisierung allgemein | | 556 |
| 18.4 | Drittanbieter | | 556 |
| 18.5 | Werkzeuge | | 557 |
| 18.6 | Sonstiges | | 557 |

# A Clustereinrichtung und Beispielumgebungen — 559

| A.1 | Manuelles Klonen/Migrieren unter VMware | | 559 |
|---|---|---|---|
| | A.1.1 | Klonen innerhalb einer Version (Beispiel VMware GSX) | 559 |
| | A.1.2 | Klonen zwischen verschiedenen Versionen (GSX Æ ESX) | 561 |
| | A.1.3 | Migration physikalische Maschine Æ VM | 562 |
| A.2 | Microsoft Cluster Service | | 564 |
| | A.2.1 | Cluster zwischen VMs (VMware) | 564 |
| | A.2.2 | Cluster zwischen physikalischer/virtueller Maschine (VMware ESX) | 573 |
| | A.2.3 | Cluster zwischen VMs (MS Virtual Server) – Cluster-in-a-Box | 575 |
| A.3 | Beispielumgebungen | | 577 |
| | A.3.1 | Windows 2003-Domänenstruktur | 577 |
| | A.3.2 | Firewall-Umgebung mit DMZ und Webserver | 579 |

# B Kommandozeile und wichtige Dateien — 583

| B.1 | Linux-Befehlszeilenkommandos (VMware ESX Service Console) | 583 |
|---|---|---|
| B.2 | VMware ESX Befehlszeilenkommandos | 590 |
| B.3 | Skripte | 596 |

| B.4 | Wichtige Dateien und Verzeichnisse | 597 |
| --- | --- | --- |
| | B.4.1 VMware ESX Service Console | 597 |
| | B.4.2 VMware ESX Konfiguration | 598 |
| | B.4.3 Konfigurationsdatei der virtuellen Maschinen | 599 |
| B.5 | VMware GSX-Befehlszeile | 601 |

# C  Häufige Fragen   605

# Index   607

# Vorwort

**Vorwort von Markus Winter**

In vielen Firmenumgebungen laufen heutzutage zunehmend mehr IT-Applikationen auf einer wachsenden Zahl von x86-basierten Computersystemen. Verwaltung und Betrieb solcher immer komplexer werdenden Server-Landschaften stellen nach meiner eigenen Erfahrung eine große Herausforderung dar. Parallel hierzu lässt sich der Trend beobachten, dass in vielen Fällen die stetig wachsende Rechenleistung neuer Hardware immer häufiger zu einer ineffizienten Nutzung führt. Serversysteme sind in etlichen Fällen nur zu geringen Teilen ausgelastet, lassen sich aber im Gegenzug oftmals auch nicht bedingungslos für mehrere Applikationen parallel verwenden. Hier stellt sich unweigerlich die Frage, welche neuen Lösungen für ein besseres Management und optimierte Hardware-Auslastung realisierbar sind. Auf dem Markt gibt es inzwischen deutliche Bestrebungen, die bekannten Problematiken im x86-Server-Umfeld anzugehen. Einen neuen Ansatz bieten hierbei Virtualisierungstechniken, die in Mainframe-Umgebungen bereits seit den 70er-Jahren erfolgreich im Einsatz sind.

Persönlich beschäftige ich mich seit 1999 mit Virtualisierungssoftware, damals noch VMware Workstation unter Linux auf dem heimischen PC, später auch im Rahmen meines Informatikstudiums und seit 2002 schließlich beruflich mit VMware GSX/ESX. Seit dem Jahr 2000 war ich in unterschiedlichen Bereichen der SAP-Gruppe im In- und Ausland tätig und kümmere mich inzwischen vorrangig um das Thema Virtual Computing der SAP Hosting AG & Co. KG mit Sitz in St. Leon-Rot bei Heidelberg. SAP Hosting betreibt neben externen Kundensystemen die komplette IT-Infrastruktur der SAP AG weltweit.

Das vorliegende Buch beschäftigt sich mit Server-Virtualisierung im Intel-Umfeld und zeigt dies als eine mögliche Lösung auf, um zum einen die Auslastung Intel-basierter Hardware durch Konsolidierung von Server-Systemen zu optimieren sowie zum anderen neue Möglichkeiten für den Betrieb von IT-Infrastruktur in Form von flexiblen, individuell konfigurierbaren, isolierten virtuellen Server-Umgebungen zu schaffen. Von der Frage »Was bedeutet Virtualisierung?« über »Welche Produkte gibt es?« bis hin zu Konfigurationsbeispielen finden Sie auf den nachfolgenden Seiten alles Wesentliche, um erfolgreich Virtualisierungsprojekte in Ihrem Unternehmen angehen und betreiben zu können.

Wenn Ihnen bisher aus dem Intel-Umfeld heraus Virtualisierung noch kein Begriff war, so werden Sie sicher schon nach wenigen Seiten erkennen, dass sich hinter den aufgeführten Techniken und Produkten mehr als nur Konsolidierungspotenzial verbirgt. Es finden sich sehr schnell eine lange Reihe interessanter Einsatzmöglichkeiten, wenn die ersten virtuellen Maschinen erst einmal installiert sind. Für viele Umgebungen vor allem im Entwicklungs-, Demo- oder Schulungsbereich lassen sich mit virtuellen Maschinen Szenarien realisieren, die in der Vergangenheit schlichtweg zu komplex, zu teuer oder aber gar nicht umsetzbar waren. In diesen Fällen überwiegen dann oftmals die neuen technischen Möglichkeiten sowie der Business-Nutzen vor den eigentlichen Konsolidierungszielen. Es wäre sicherlich übertrieben, Virtualisierung als Universallösung für alle aktuellen Probleme komplexer Intel-Infrastrukturen darzustellen. Doch kann ich Ihnen an dieser Stelle mitgeben, dass sich mit dem Einsatz von Virtual Computing in Ihrem Unternehmen, unabhängig davon, ob Sie in großen oder kleinen IT-Umgebungen arbeiten, Aufgaben der täglichen Arbeit einfacher, flexibler und optimierter handhaben lassen, und sich die ersten Investitionen in Infrastruktur, Zeit und Ressourcen schnell bezahlt machen werden. Ich bin überzeugt, dass die technischen Entwicklungen der nächsten Jahre die Virtualisierung stärker im x86-Umfeld etablieren werden. Wenn Sie bisher noch keine Erfahrung auf diesem Gebiet gesammelt haben, ist der Zeitpunkt für den Einstieg jetzt mehr als günstig!

Viel Spaß beim Lesen und viel Erfolg bei Ihrem Virtualisierungsvorhaben!

*Markus Winter (vm@aspari.de)*

**Was behandelt dieses Buch?**

Servervirtualisierung ist eines der IT-Themen dieser Zeit. Allerdings ist momentan die Scheu, sich mit diesem Thema auseinanderzusetzen, noch groß. Diese Scheu gründet zum Teil auf Unwissenheit. Dieses Buch will damit aufräumen, indem es die möglichen Anwendungsgebiete und Technologien von der Planung bis zur späteren Administration benennt und beschreibt. Vor allem die drei wichtigsten kommerziellen Virtualisierungsprodukte Microsoft Virtual Server, VMware GSX und VMware ESX werden detailliert betrachtet. Der Fokus liegt aufgrund der derzeitigen Marktführerschaft auf den VMware-Produkten.

Aber es sollen nicht nur die Produkte selbst im Vordergrund stehen, sondern auch die notwendigen Tätigkeiten und Aufgaben, die es zu lösen gilt, bevor man überhaupt eine funktionierende Virtualisierung aufbauen kann. Dies reicht von der Auswahl des richtigen Wirt-Systems über den zu virtualisierenden Server bis hin zu der eigentlichen Virtualisierungssoftware. Dabei habe ich zu jeder Thematik Tipps & Tricks aus meiner langjährigen Erfahrung einfließen lassen.

**Wer sollte dieses Buch lesen?**

Da es das erste deutschsprachige Buch zum Thema Servervirtualisierung ist, beginnt es im Einsteigerbereich, arbeitet sich jedoch sukzessive zum Fortgeschrittenenbereich vor.

Sie sollten über gute Intel-Server- und Betriebssystemkenntnisse im Microsoft Windows- und Linux-Bereich verfügen. Ebenso sind grundlegende Netzwerk- und Massenspeicherkenntnisse sehr von Vorteil. Des Weiteren kann eine gesunde Aufgeschlossenheit gegenüber neuen Technologien und Denkansätzen nicht schaden.

Zielgruppe dieses Buches sind:

▶ Systemverwalter
▶ Systemarchitekten
▶ Berater
▶ Entscheider
▶ Wissensdurstige ☺

Nach der Lektüre dieses Buches sollten Sie in der Lage sein, ein Konzept zur Servervirtualisierung in Ihrem oder einem anderen Unternehmen zu erstellen. Dieses Konzept umfasst die Auswahl der vier großen Säulen Infrastruktur (physikalisch und virtuell), Wirt-System, Virtualisierungsprodukt und die virtuelle Maschine. Darüber hinaus sollten Sie das Virtualisierungsprodukt und die darauf laufenden virtuellen Maschinen einführen und administrieren können. Dabei wird die Sicherheit und Verfügbarkeit nie aus den Augen verloren.

**Wer hat dieses Buch geschrieben?**

Mein Name ist Dennis Zimmer, und ich arbeite seit mittlerweile 9 Jahren in der IT. Nach der Ausbildung zum Datenverarbeitungskaufmann bei der Karlsberg Brauerei, wurde ich in die damalige EDV-Abteilung übernommen, die mittlerweile zu einer eigenständigen Unternehmung namens Karlsberg International Services GmbH & Co. KG umfirmiert wurde.

Meine Schwerpunkte liegen in der Administration von Windows- und Linux-Servern, Lotus Domino, Softwareverteilung und nicht zuletzt der IT-Sicherheit. Seit ca. 3 Jahren wurde unsere Intel-Serverlandschaft durch die Einführung von VMware GSX »revolutioniert«, die seither sukzessive weiterentwickelt wird. Nach ausschließlich positiven Erfahrungen wurde im Herbst vergangenen Jahres erfolgreich auf die VMware ESX Version migriert.

Ich persönlich beschäftige mich mit der Systemvirtualisierung seit 1999, als die erste VMware Workstation Version unter Linux erschien. Seitdem ist mein Interesse an dieser noch recht jungen Technologie stetig gewachsen. Erfreulicherweise geht das sehr vielen Menschen in meiner Umgebung ähnlich, und der Erfahrungsaustausch wird immer professioneller und umfassender.

Als ich im Dezember letzten Jahres immer noch kein deutsches Buch im Buchhandel fand, kam mir die Idee, das Thema Servervirtualisierung selbst als Buchautor anzugehen, um mit den vielen Irrtümern und Wissenslücken bzgl. der Virtualisierung aufzuräumen und mehr noch, jedem Administrator oder Entscheider einen Leitfaden an die Hand zu geben.

Um meine Kompetenz weiter zu untermauern, habe ich verschiedene anerkannte Zertifizierungen absolviert, darunter MCSE 2000/2003, CCNA, CCSA/CCSE und – für dieses Buch relevant – den VCP (VMware Certified Professional). Ich hoffe sehr, Ihnen aufgrund meiner langjährigen Erfahrung auf diesem Gebiet hilfreiche Tipps und Leitfäden zur Auswahl, Planung und Administration der verschiedenen Produkte an die Hand geben zu können.

**Support des Buches**

Vielleicht ergeben sich bei der Lektüre des Buches Fragen oder Sie benötigen in einer anderen Richtung Unterstützung. Hierfür habe ich die E-Mail-Adresse **virtuellemaschinen@email.de** eingerichtet, über die Sie mich kontaktieren können. Weiterhin empfehle ich Ihnen, auf der Website **www.galileo-computing.de** nach Updates zum Buch Ausschau zu halten oder sich gleich dort zu registrieren.

**Abkürzungsverzeichnis**

Damit die Lesbarkeit des Buches für Sie nicht von Anfang an durch die verwendeten Abkürzungen beeinträchtigt wird, sollen sie hier zunächst in einem Abkürzungsverzeichnis näher erläutert werden.

| Abkürzung | Beschreibung |
| --- | --- |
| CLI | Command Line Interface – die Eingabeaufforderung des Betriebssystems oder eines Programmes |
| COW | Copy on Write – Dateiaufbau bei VMware Workstation und VMware GSX-Festplattendateien |
| EXT2, EXT3 | Dateisysteme unter Linux |

Tabelle 1 Abkürzungen

| Abkürzung | Beschreibung |
|---|---|
| FC | FibreChannel – Systemanbindung meist über Glasfaserkabel zu beispielsweise einem SAN |
| FTP | File Transfer Protokoll – Netzwerkprotokoll des TCP/IP Stacks, das zur Datenübertragung genutzt wird |
| GUI | Graphical User Interface – eine grafische Oberfläche entweder des Betriebssystems oder eines Programmes |
| HBA | Host Bus Adapter – Festplattencontroller (SCSI oder FibreChannel) |
| KVM | Keyboard Video Mouse – Abkürzung für einen Umschalter für Tastatur, Maus und Grafikkarte an dem nur einmal die Peripherie angeschlossen ist |
| LDAP | Lightweight Directory Access Protocol – Verbindungsprotokoll zum Zugriff auf Verzeichnisdienste, z.B. Active Directory |
| LUN | Logical Unit Name – Festplatteneinheit, die dem Serversystem zur Verfügung gestellt wird |
| MUI | Management User Interface – Weboberfläche zur Administration der Virtualisierungsserver über einen Webbrowser |
| NAS | Network Attached Storage – Festplattensysteme, die ähnlich normalen Fileservern Netzwerkfreigaben bereitstellen |
| NAT | Network Address Translation – Mechanismus zur IP-Adressumsetzung |
| NFS | Network File System – Netzwerkprotokoll zur Dateiübertragung, meist unter Linux (Fileserver, NAS) |
| NIC | Network Interface Card – Netzwerkkarte |
| NTFS | New Technology File System – Micrososft Dateisystem seit Windows NT |
| PAE | Physical Address Extension – ermöglicht die Adressierung von Hauptspeicher größer als 4 GB durch das Betriebssystem |
| RAID | Redundant Array of Independent/Inexpensive Disks – wird zu Spiegelung oder Zusammenführung von mehreren Festplatten benutzt |
| RDP | Remote Desktop Protokoll – über dieses Protokoll wird mit Windows-Terminalservern kommuniziert |
| ROI | Return on Invest – Zeitpunkt, ab dem eine Investition ausgeglichen wurde, d.h. die Kostenvorteile durch die Anschaffung, die Investitionskosten und Wartungskosten übersteigen bzw. gleich hoch sind |
| SAN | Storage Area Network – über FibreChannel angebundenes Netzwerk, in dem Server und Storagesysteme (also Plattensubsysteme) stehen |
| SCP | Secure Copy Protokoll – wird oft zur verschlüsselten Dateiübertragung zwischen Linux-Systemen benutzt |

**Tabelle 1** Abkürzungen (Forts.)

| Abkürzung | Beschreibung |
|---|---|
| SMB | Small Message Block – Netzwerkprotokoll zur Dateiübertragung, meist unter Windows (Fileserver, NAS) |
| SMP | Symmetric Multi Processing – Abkürzung für ein Zweiwegesystem |
| SNMP | Simple Network Management Protokoll – Netzwerkprotokoll zur Überwachung und Verwaltung SNMP fähiger Geräte |
| SSH | Secure Shell – verschlüsselte Verbindung typischerweise zu einer Linuxconsole |
| TCO | Total Cost of Ownership – die Gesamtkosten des Betriebes einer Anschaffung (z.B. Hard- oder Software) inkl. Wartung, Administrationsaufwand etc. |
| USV | Uninterrupted Power Supply – unterbrechungsfreie Stromversorgung |
| VM | Virtual Machine – der eigentliche virtuelle Rechner |
| VMFS | VMware Filesystem – dieses monolithische Dateisystem wird von VMware ESX benutzt |
| VMRC | Virtual Machine Remote Control – Fernsteuerungsprogramm für virtuelle Maschinen unter Microsoft Virtual Server |
| VVMC | VMware Virtual Machine Console – Programm zur Verwaltung und Fernsteuerung des VMware GSX Servers |
| WMI | Windows Management Instrumentation – Schnittstelle zum Auslesen der Systeminformationen von Microsoft Windows-Betriebssystemen |

**Tabelle 1** Abkürzungen (Forts.)

## Danksagung

An dieser Stelle möchte ich mich erst einmal allgemein bei allen Menschen bedanken, die es mir möglich machten, dieses Buch überhaupt anzugehen und natürlich auch zu vollenden. Dazu gehört insbesondere auch das Team bei Galileo Press, allen voran mein Lektor Jan Watermann. Wo wir gerade bei Galileo Press sind, noch einen ganz herzlichen Dank an Herrn Ulrich B. Boddenberg, der mir aufgrund seiner Erfahrungen als Autor (Microsoft Sharepoint-Technologien, Konzepte und Lösungen für Microsoft-Netzwerke) wertvolle Tipps und Ideen gegeben hat.

Ganz besonders bedanken möchte ich mich bei meiner Freundin Andrea, die mich sowohl bei der Buchidee, als auch bei der eigentlichen Arbeit tatkräftig unterstützte.

Des Weiteren gilt mein Dank Herrn Markus Winter, der mir direkt seine Hilfe bei der Inhaltskontrolle und Korrektur anbot. Aufgrund seines großen Erfahrungsschatzes war er mir eine große Hilfe, und ich bin mir sicher, die Qualität des Buches ist dadurch weiter verbessert worden.

Zu allerletzt gilt mein Dank noch allen Softwareherstellern, die mir durch die Bereitstellung von Testversionen etc. sehr weitergeholfen haben und insbesondere das Kapitel 17, *Zusatzsoftware*, erst in dem jetzigen Umfang möglich machten. Namentlich möchte ich mich hier bei Herrn Markus Birke (AxiCOM) bedanken.

**Literaturverzeichnis**

- Introducing Microsoft Virtual Server 2005 on IBM Eserver xSeries Servers, IBM Redbook, November 2004, **http://www.ibm.com/redbooks**
- Server Consolidation with VMware ESX Server, IBM Redbook, Januar 2005, **http://www.ibm.com/redbooks**
- VMware ESX Server: Scale Up or Scale Out?, IBM Redbook, 2004, **http://www.ibm.com/redbooks**
- VMware GSX Administration Guide, VMware Manual, **http://www.vmware.com**
- VMware ESX Administration Guide, VMware Manual, **http://www.vmware.com**
- VMware ESX Installation Guide, VMware Manual, **http://www.vmware.com**
- Microsoft Virtual Server 2005 Technical Overview, Microsoft Corporation, September 2004, **http://www.microsoft.com**
- Implementing Faulttolerance through Dell OpenManage and the VMware Software Development Kit, Dell Whitepaper, März 2005, **http://www.dell.com**
- Speichernetze, Ulf Troppens, Rainer Erkens, dpunkt Verlag, 1. Auflage 2003
- VMware ESX 2.1 Server: Beyond the Manual, Mike Laverick, RTFM Education, **http://www.rtfm-ed.co.uk**

Wegen der Vielzahl an nützlichen Redbooks von IBM und Whitepapers von VMware habe ich hier nur eine kleine Auswahl genannt. Einen Großteil der verfügbaren VMware Whitepapers finden Sie auf der VMware-Webseite und auf der beiliegenden Buch-CD.

**Copyrights**

VMware Visio Stencil Set provided ©2005 Scott Herold – *www.vmguru.com*

# 1 Einführung

| | | |
|---|---|---|
| 1.1 | Warum dieses Buch? | 25 |
| 1.2 | Was ist Serverkonsolidierung? | 26 |
| 1.3 | Historie | 27 |
| 1.4 | Was ist eine virtuelle Maschine? | 29 |
| 1.5 | Wie funktioniert eine virtuelle Maschine? | 31 |

1. Einführung
2. Virtuelle Maschinen im Unternehmen
3. Virtualisierungssoftware – eine Marktübersicht
4. Auswahl der möglichen virtuellen Maschine
5. Auswahl der richtigen Virtualisierungssoftware
6. Auswahl der richtigen physikalischen Infrastruktur
7. Installation und Update des Wirt-Systems
8. Verwaltung der Virtualisierungssoftware
9. Virtuelle Netzwerke
10. Virtuelle Festplatten
11. Erstellung einer virtuellen Maschine
12. Verwaltung der virtuellen Maschinen
13. VMware VirtualCenter
14. Skriptierung und Programmierung unter VMware und MS Virtual Server
15. Backup, Restore und Disaster Recovery
16. Templates (VM-Vorlagen)
17. Zusatzsoftware
18. Nützliche Adressen im Web

# 1 Einführung

*Sind virtuelle Server die nächste Servergeneration? Jedenfalls sind sie in aller Munde, aber dennoch werden sie noch argwöhnisch beäugt. Das liegt häufig an der Unwissenheit, was genau sich hinter diesen Systemen verbirgt. Ich möchte Ihnen mit diesem Buch dabei helfen, diese Scheu zu überwinden.*

## 1.1 Warum dieses Buch?

Warum schreibe ich dieses Buch? – Vor mehreren Jahren begann ich mich mit der Virtualisierung von Rechnersystemen auseinander zu setzen. Damals habe ich mir die VMware Workstation gekauft und ein wenig damit herumgespielt. Dabei stellte ich sehr schnell fest, welche ungeahnten Möglichkeiten virtuelle Rechner bieten.

Nun wollte ich aber mehr von diesem und über dieses Produkt wissen und schaute mich nach geeigneter Fachliteratur um. Aber außer den Büchern, die von VMware selbst publiziert wurden, fand ich nichts Interessantes. Das ist nun schon mehrere Jahre her. Mittlerweile habe ich mit den verschiedensten Virtualisierungsprodukten Erfahrungen gesammelt, meine Schwerpunkte liegen allerdings klar auf den VMware-Serverprodukten **GSX** und **ESX**. Allerdings gab es, als ich dieses Buch zu verfassen begann, noch immer kein Buch zu VMware GSX, ESX oder Microsoft Virtual Server. Nur die VMware Workstation wird in Büchern näher beschrieben.

Warum gibt es noch kein Buch über die professionellen Unternehmensprodukte VMware GSX, VMware ESX und Microsoft Virtual Server? – Das könnte daran liegen, dass das Interesse an der Servervirtualisierung im Intel-Bereich erst allmählich zu wachsen beginnt.

Immer mehr große Firmen, wie z.B. die Job-Börse Monster oder Google setzen VMware ESX ein. In der jüngsten Vergangenheit haben viele Produkte, wenn Sie erst einmal von großen Unternehmen eingesetzt wurden, schnell Verbreitung gefunden. Auch eine gewisse Scheu vor Neuem, wie es in der Serverbranche üblich ist – ich sage nur »never touch a running system« –, muss nicht wundern. Sie hat sich oft bewährt. Diese Scheu weicht langsam dem stetigen Interesse, die Vorteile einer Virtualisierung von Serversystemen zu nutzen. Dabei birgt eine Virtualisierung der Serversysteme immense Vorteile für ein Unternehmen.

Welche Vorteile sind das konkret? Es soll unter anderem die Aufgabe dieses Buches sein, Ihnen die Vorteile einer Servervirtualisierung näher zu bringen. Darüber hinaus will ich Ihnen einen Leitfaden an die Hand geben, mit dem Sie sukzessive die Entscheidungsfindung und Planung des Aufbaus virtueller Server erfolgreich realisieren können. Begleitet von Tipps und Tricks aus der Praxis werde ich Sie auf Fallstricke hinweisen und zu erwartende Schwierigkeiten problemorientiert aufzeigen.

**Viel Spaß beim Lesen!**

## 1.2 Was ist Serverkonsolidierung?

Man kann unter Serverkonsolidierung ganz einfach eine Reduktion von vielen Serversystemen auf wenige verstehen. So weit, so gut – aber was genau wird dadurch erreicht? Ist ein so verstandener Konsolidierungsbegriff nicht zu eng gefasst?

Eine Kostensenkung ist nämlich nicht nur durch die Reduzierung der Serveranzahl, sondern auch durch eine Vereinfachung der Administration und durch ein Angehen anderer kostenintensiver Themen erreichbar. Gerade die Administration und die Wartung der Server gilt es deutlich zu vereinfachen und zu vereinheitlichen, damit das Betreiben dieser Server dauerhaft kostengünstiger wird. Zudem sollte man nicht nur die Server als Hardware betrachten, denn schließlich können auch die angeschlossenen Netzwerke oder Massenspeicher optimiert werden. Nicht einer Momentaufnahme bedarf es dabei, sondern vielmehr einer zukunftsorientierten Analyse, da bei unzureichender Planung später notwendig werdende Anpassungen oder Erweiterungen die anfänglichen Einsparungen schnell zunichte machen können.

Ziel einer Serverkonsolidierung sollte daher sowohl eine Reduzierung physikalischer Server und der damit verbundenen Peripherie als auch eine verbesserte Verfügbarkeit, eine hohe Flexibilität und Erweiterbarkeit und nicht zuletzt eine erhöhte Sicherheit sein.

Für die Kaufleute unter uns stehen hier die Begriffe TCO (Total Cost of Ownership) und ROI (Return On Invest) im Vordergrund. Beides wird durch eine sinnvoll geplante Serverkonsolidierung positiv beeinflusst.

Kurz zusammengefasst bringt eine Konsolidierung folgende Vorteile mit sich:

- Senkung der Gesamtanschaffungskosten und Folgekosten
- gesteigerte Effizienz und Flexibilität

- flexible und leicht erweiterbare Infrastruktur
- zentralere Administration

Einen optimalen ROI kann man über eine Serverkonsolidierung durch Servervirtualisierung erreichen, da alle fixen Wartungs- und Administrationskosten auf ein Minimum gesenkt werden.

## 1.3 Historie

Vor dem Siegeszug des PCs in Unternehmen war es Praxis, dass es zentrale Großrechner (Hostsysteme) innerhalb der EDV-Abteilungen gab und alle Anwendungen über »dumme« Terminals den Mitarbeitern zur Verfügung gestellt wurden. Dieses System funktionierte gut, jedoch hatte der Mitarbeiter vor Ort kaum Möglichkeiten, sich zu entfalten und selbst Ideen einzubringen oder Abläufe zu beeinflussen. Außerdem waren keine Grafiken verfügbar, sondern meist nur der zeichenorientierte »grüne Bildschirm«. Dann kamen die ersten PCs ins Unternehmen, und den Mitarbeitern standen buntere Anwendungen zur Verfügung. Es wurden Textverarbeitungsprogramme und kleinere Datenbankprogramme angeschafft.

Aber noch waren dies Einzelplatzlösungen. Immer mehr kam der Wunsch auf, die immer leistungsstärker werdenden PCs untereinander zu vernetzen. Mit den PCs vollzog sich eine Kehrtwendung weg vom funktionierenden System eines zentralen Hostrechners hin zu einem dezentralen Rechnerverbund. Mit dieser Entwicklung ging ein steigender Bedarf nach zentralen Speichern einher, so genannten »Fileservern«, auf denen die Daten zentral vorgehalten werden konnten.

Die steigende Anzahl der Server führte nicht nur zu enormen Wartungs- und Administrationskosten, sondern ließ auch Platz- und Energiebedarf (auch USV) und die damit verbundene Wärmeentwicklung stark ansteigen. Seit einiger Zeit zeichnet sich deshalb wieder eine Umkehr zurück zur Zentralisierung ab. Auf der Hardwareseite zeigt sich das z.B. durch die Verbreitung von 1 HE-Servern (Pizzabox) oder Bladeservern, auf der Softwareseite lässt sich diese Tendenz hauptsächlich am vermehrten Einsatz von Terminalservern ablesen.

Hier tritt nun die Virtualisierung auf den Plan, die den Bedarf nach Hardware minimiert, wodurch eine Vielzahl der geschilderten Probleme sich lösen lassen. Mittlerweile ist Virtualisierung in aller Munde, und selbst Chiphersteller wie Intel und AMD wollen ihre Prozessoren in naher Zukunft auf Virtualisierung trimmen. Auch IBM, Novell und RedHat stehen mit dem Unternehmen Xensource in Verhandlungen, um die Xen-Virtualisierungstechnologie in ihre Betriebssysteme zu integrieren.

In jüngster Zeit hat VMware mit verschiedenen anderen namhaften Soft- und Hardwareherstellern eine Initiative namens Virtual Machine Hypervisor Interface ins Leben gerufen, um Teile der Servervirtualisierung zu standardisieren.

**Wie begann die Virtualisierung?**

Im Unix-Bereich sind diese Virtualisierungen schon seit Jahren bewährte Praxis, z.B. im IBM AIX-Bereich.

Das Unternehmen Connectix brachte 1997 seine erste Version der Software Virtual PC für den Apple Macintosh. Später wurde dieses Produkt auch auf die Intel-Welt portiert. Ein Highlight des Produktes war die Unterstützung von OS/2 innerhalb der virtuellen Maschine.

VMware war dann 1999 das erste Unternehmen, das Produkte herstellte, mit deren Hilfe Rechner auf Intel Wirt-Systemen in virtuellen Umgebungen betrieben werden konnten. Damals kam die erste VMware Workstation-Version auf den Markt, anfangs nur für Linux, noch im selben Jahr aber auch für Windows. Sehr viele Windows- und Linux-Betriebssysteme wurden als Client-Betriebssystem innerhalb der virtuellen Maschinen unterstützt. Vor allem Universitäten und Entwicklungsabteilungen entwickelten sehr schnell ein enormes Interesse an den VMware-Produkten.

Zunächst waren diese Server allerdings eher für Test- und Entwicklungsumgebungen gedacht und für einen produktiven Einsatz noch nicht leistungsfähig genug. Als Testsystem bewährte sich dieses Produkt allerdings hervorragend. Ohne teure Hardwareanschaffung war es möglich, verschiedene Betriebssysteme und damit eine große Zahl von Anwendungen auf einem normalen Workstationsystem laufen zu lassen.

2001 erschienen dann die ersten Versionen des VMware GSX und des VMware ESX Servers auf dem Markt, aktuell sind die Server in den Versionen VMware GSX 3.2 und VMware ESX 2.5 erhältlich.

Mit letzteren Versionen waren nun sehr professionelle Virtualisierungslösungen und erstmals auch ein Remotemanagement möglich. 2003 folgte ein Verwaltungstool namens VMware VirtualCenter, mit dem große Virtualisierungslandschaften zentral gemanagt werden konnten.

Das Produkt des Unternehmens Connectix, ständiger Konkurrent von VMware Workstation, wurde 2003 von Microsoft aufgekauft und ist dort mittlerweile komplett in die Produktpalette integriert. Ein Jahr später kam Microsoft Virtual Server auf den Markt, aktuell ist die Version Microsoft Virtual Server 2005 erhältlich.

Microsoft Virtual PC unterstützt bis heute auch Apple Macintosh als Betriebssystem. Für den umgekehrten Fall, dass Sie MAC OS auf einem auf Intel x86 basierenden System in Betrieb nehmen möchten, gibt es ein Tool namens PEAR, das als Freeware vorliegt, sich allerdings noch in einem frühen Beta-Stadium der Entwicklung befindet.

Zudem gibt es zurzeit eine Vielzahl von Virtualisierungssoftware unter Linux, darunter Bochs und XEN, um nur die Bekanntesten zu nennen. Diese Virtualisierungsprodukte unterstützen allerdings genau wie alle VMware-Produkte und Microsoft Virtual Server nur ein Intel x86 basierendes System als Betriebssystem. Marktführer und quasi Standard auf dem Bereich der professionellen Servervirtualisierung ist allerdings nach wie vor VMware.

## 1.4  Was ist eine virtuelle Maschine?

*Auszug Wikipedia:*

*Eine virtuelle Maschine ist allgemein ein Modell eines Prozessors und der zugehörenden Systemarchitektur, dessen Rechenweise unabhängig von der technischen Ausführung beschrieben wird (Hardware). Verwendet wird der Begriff synonym für das Computerprogramm, das eine virtuelle Maschine auf einem vorhandenen Prozessor emuliert, das heißt, sie ist ein Hardware-Emulator. Besonders gebräuchlich ist der Begriff virtuelle Maschine für die Emulationssoftware von VM-Modellen (VM-System), die sich besonders leicht auf andere reale CPUs übertragen lassen. Es gab immer wieder Versuche, solche besonders portablen VMs auch in Hardware auszuführen, diese Produkte konnten sich jedoch nicht am Markt durchsetzen.*

*Diese Trennung der Rechnerarchitektur von Hardware CPUs und Software VMs fußt auf verschiedenen vorteilhaften Ansätzen. Die große Mehrzahl realer CPUs verwalten mehrere Operanden in einer beschränkten Zahl direkt adressierbarer Register (Registermaschinen), die große Mehrzahl der VM-Systeme verwalten ihre Operanden in einem verschiebbaren unbeschränkten Stapel (Stapelmaschinen). Virtuelle Maschinen spielen heute eine bedeutende Rolle, da Microsoft mit seiner .NET-Architektur dem Beispiel von Sun mit der Java-Virtuellen-Maschine (Java VM) folgt.*

*Die heutigen VM-Systeme besitzen eine große Zahl von Vorläufern, bei denen nutzerorientierte Darstellungen eines Programms (Programmiersprachen) nicht direkt in die maschinenorientierte Darstellung der CPU übersetzt wurde (Maschinencode), sondern in einen einfach strukturierten Zwischencode. Die Speicherung des Zwischencodes kann sehr verschieden ausfallen, am bekanntesten sind Bytecode-Systeme und deren Verwandte. Der bekannteste Vorläufer ist der p-Code vieler Pascal-Systeme.*

*Neben der reinen Beschreibung des Rechenwerkes der VM sind für anwendbare VM-Systeme die Festlegung der Ausführungsumgebung wichtig. Während bei der JavaVM hier keine sprachliche Unterscheidung getroffen wird, benennt man sie bei .NET getrennt – der Zwischencode ist die CIL (Common Intermediate Language), die Ausführungsumgebung ist die CLR (Common Language Runtime), und weitere Bibliotheken werden als Framework zusammengefasst.*

*Die CLR von .NET ist dabei der JavaVM so ähnlich, dass kompilierte Java Programme darin ausgeführt werden könnten, sofern die verwendeten Bibliotheken zur Verfügung stehen. Eben die praktische Verfügbarkeit der Bibliotheken beschränkt jedoch die direkte Ausführung, so dass bisher .NET'VM-Systeme und JavaVM-Systeme getrennt auftreten. Und obwohl beide VM-Systeme auf Portabilität hin designt wurden, sind wegen der faktischen Verfügbarkeit der Bibliotheken bei Java die aktuelle Versionen nur für Windows und Unix verfügbar sowie bei .NET auf die Windows-Plattformen beschränkt.*

***Vorteile einer virtuellen Maschine:***

- *Plattformunabhängigkeit: Programme für eine virtuelle Maschine laufen auf allen realen Maschinen, für die eine virtuelle Maschine implementiert ist. Sie kann dadurch Architekturtransparenz schaffen.*
- *Dynamische Optimierung ist möglich.*

***Nachteile einer virtuellen Maschine:***

- *Programme auf einer virtuellen Maschine sind langsamer als Programme, die speziell für die Zielumgebung übersetzt wurden, da sich immer ein Mehraufwand durch Interpretation oder dynamische Übersetzung zur Laufzeit (JIT-Compiler) ergibt.*

*Dieser Nachteil wird durch geeignete Optimierungen (zum Beispiel dynamische Optimierung) verringert.*

*Neben den Stapelmaschinen der JVM/CLR gibt es auch registerbasierte virtuelle Maschinen, etwa MMIX oder die Parrot-Implementierung von Perl6. Eine verbreitetes, aber unbekannt gebliebenes VM-System ist OpenFirmware, auf der Basis einer Forth-Stapelmaschine mit festgelegten F-Codes und Laufzeitumgebung für den speziellen Einsatz zur BIOS-Programmierung.*

Dieser Auszug aus der Wikipedia-Datenbank beschreibt zwar eher die virtuelle Maschine in Programmierumgebungen, der Bezug auf eine komplette Virtualisierung der Hardware wird aber deutlich.

Die Virtualisierungssoftware erstellt eine Art Hülse um die virtuelle Umgebung, in der die virtuellen Maschinen existieren. Letztere sind komplett von der physikalischen Hardware abgeschottet. Alle Prozesse und Programme innerhalb der virtuellen Maschine bemerken keinen Unterschied zwischen der virtuellen Umgebung und der physikalischen.

Die Ansteuerung der Hardware, die Zuweisung der Ressourcen und die Rechteverwaltung regelt die Virtualisierungssoftware. Für die virtuelle Maschine besteht keine Möglichkeit, aus dieser virtuellen Umgebung auszubrechen – und genau diese Trennung ist notwendig, um sichere und effiziente Umgebungen aufzubauen.

Dadurch dass einer virtuellen Maschine die immer gleiche Hardware vorgegaukelt wird, können sehr stabile Serversysteme aufgebaut werden. Mit Hilfe virtueller Maschinen ist es sogar möglich, Systemen, die aufgrund fehlerhafter Treiber instabil sind, wieder zu einer hohen Stabilität zu verhelfen.

## 1.5   Wie funktioniert eine virtuelle Maschine?

Eine virtuelle Maschine ist lediglich ein Prozess, der innerhalb eines Betriebssystems abläuft. Dies hört sich vielleicht simpel an, es trifft die Sache allerdings im Kern. Um Ihnen diese Thematik näher zu bringen, sei das folgende Beispiel angeführt:

Angenommen Sie haben einen physikalischen Server mit zwei Prozessoren und 4 GB Hauptspeicher. Dieser Server läuft unter Microsoft Windows 2000 Server. Nun legen Sie eine CD mit der Virtualisierungssoftware ein und starten die Installationsroutine. Diese Installationsroutine installiert die Virtualisierungssoftware, virtuelle Netzwerkkarten und Administrationswerkzeuge. Nach einem Neustart ist die Basis komplett installiert. Bis hierher ist von Virtualisierung höchstens bei den Netzwerkkarten etwas zu sehen. Doch jetzt wird es interessant!

Sie öffnen das Administrationswerkzeug, klicken auf »neue virtuelle Maschine« und erhalten ein Menü, über das Sie die komplette Hardware der virtuellen Maschine einrichten können. Hier wird es nun spannend, denn es kann die Größe des Arbeitsspeichers der virtuellen Maschine und deren Festplatte bestimmt werden. Diese Festplatte wird als Datei im normalen Dateisystem des physikalischen Servers abgelegt.

Jetzt veranlassen Sie die virtuelle Maschine zum Start. Was sie sehen, ist ein Computer im Computer. In einem normalen Windows-Fenster startet ein neuer Rechner, und zwar angefangen mit dem BIOS! Sie können nun eine Betriebssystem-CD über das Administrationstool der Virtualisierungssoftware in das CD-ROM-Laufwerk der virtuellen Maschine einlegen und ein Betriebssystem installieren. Dieses Betriebssystem läuft vollkommen unabhängig von Ihrem Wirt-System. Dies ist einer der wichtigsten Aspekte: Es existieren getrennte Systeme, und allein Sie entscheiden, ob eine virtuelle Maschine das Hostsystem oder andere virtuelle Maschinen über das virtuelle Netzwerk sehen darf oder nicht. **Sie** haben die komplette Verwaltung auf dem Wirt-System in der Hand. Niemand, der Zugang zu einer virtuellen Maschine hat, kommt aus derselben heraus, wenn Sie es nicht einrichten. Überaus wichtig ist auch die Tatsache, dass Änderungen an einer virtuellen Maschine niemals Änderungen am Wirt bewirken können.

Ein weiterer wichtiger Vorteil ist die immer gleiche Hardware der virtuellen Maschine. Diese Hardware kann nur durch die Version der Virtualisierungssoftware auf dem Wirt-System beeinflusst werden. Die Treiberunterstützung in der virtuellen Maschine ist dadurch immer gewährleistet. Man kann die virtuelle Maschine an sich wegen der Standardisierung der Hardware fast mit einer Spielekonsole vergleichen. Bei immer gleicher Hardware werden durch Treiberkonflikte verursachte Probleme natürlich minimiert.

**Doch wie funktioniert dies technisch?**

Da ich im Laufe des Buches detailliert auf die Techniken der drei großen Virtualisierungsprodukte am Markt eingehen werde, beschreibe ich hier nur grob beispielhaft die Funktionalität.

Mit Ausnahme des VMware ESX Servers (dieser bringt sein Wirt-Betriebssystem selbst mit) müssen Sie vor dem Einsatz der eigentlichen Virtualisierungsprodukte ein Betriebssystem auf dem Wirt installieren. Begründet liegt dies darin, dass die Treiberunterstützung und damit die Ansteuerung der physikalischen Hardware über das Wirt-Betriebssystem läuft und die Virtualisierung darauf aufsetzt. Diese Virtualisierungsschicht stellt die virtuellen Geräte wie Prozessor, Hauptspeicher, Grafikkarte oder SCSI-Kontroller für die virtuellen Maschinen bereit. Das darunter liegende Betriebssystem kennt diese virtuellen Geräte nicht!

Für jede virtuelle Maschine werden bei der Einrichtung eine Konfigurationsdatei und eine Festplattendatei im Dateisystem des Wirt-Systems abgelegt. Ausnahmen sind natürlich jene virtuellen Maschinen, denen ein direkter Festplattenzugriff auf physikalische Platten gewährt werden soll, oder aber solche, die gar keine Festplatten besitzen.

Zudem wird meist eine Datei für das **BIOS (CMOS)** der virtuellen Maschine hinterlegt, falls dort Änderungen vorgenommen wurden. Schwer vorstellbar, aber da ein kompletter Rechner virtualisiert wird, existiert für das virtuelle System ein BIOS, in dem auch Einstellungen vorgenommen werden können. Dazu gehören z.B. die Uhrzeit und die Bootreihenfolge, wobei die Uhrzeit sich allerdings als problematisch herausstellt. Da eine virtuelle Maschine über kein batteriegepuffertes CMOS verfügt, kann in ausgeschaltetem Zustand die Uhrzeit nicht automatisch aktualisiert werden. Daher ist es sinnlos, diese Einstellung im BIOS zu korrigieren, es sollten dafür Virtualisierungstools oder Netzwerkzeitprotokolle genutzt werden.

Um eine lückenlose Protokollierung über den Status der virtuellen Maschine zu bekommen, wird meist noch eine Protokolldatei für jede virtuelle Maschine auf dem Wirt-System hinterlegt.

Wenn Sie nun die virtuelle Maschine starten, wird ein so genannter »VMM« (Virtual Machine Monitor) mitgestartet, der die virtuelle Maschine komplett überwacht und Zugriffe an das physikalische System weiterreicht. Läuft die virtuelle Maschine erst einmal, gibt es verschiedene Zugriffsmöglichkeiten aus ihr heraus hin zum physikalischen System. Das sind z.B. Prozessor- oder Hauptspeicheranfragen. All diese Abfragen werden über die VMM sehr schnell abgearbeitet, so dass nur ein minimaler Virtualisierungoverhead für das virtuelle System entsteht. Dieser Virtualisierungsoverhead ist der Teil der physikalischen Systemleistung, der durch die Virtualisierung verloren geht.

Hier gibt es allerdings Unterschiede von Produkt zu Produkt, daher sei hier beispielhaft die Technik von VMware GSX oder Microsoft Virtual Server geschildert. Hier werden Prozessor- und Hauptspeicheranfragen durch den VMM direkt an die Physik weitergereicht. Festplatten- und Netzwerkzugriffe jedoch laufen erst noch durch die Virtualisierungssoftware und werden dann durch das Betriebsystem der physikalischen Maschine ausgeführt. Als großer Vorteil erweist sich dabei die breite Hardwareunterstützung, da die zur Verfügung stehenden Hardwaretreiber durch das Wirt-Betriebssystem und nicht durch die Virtualisierungssoftware begrenzt wird. In Abbildung 1.1 ist ein solcher Vorgang grafisch dargestellt.

Der Ablauf in Abbildung 1.1 geht wie folgt vor sich:

▶ VM1 greift auf die Festplatte zu, dadurch wird der Zugriff durch den »Virtual Machine Monitor« geschleust und durchläuft danach die VMware-Applikationsschicht innerhalb des Wirt-Betriebssystems. Dadurch kommt es zu einem geringen Virtualisierungsoverhead, was nur einen geringen Geschwindigkeitsverlust bedeutet.

▶ VM2 greift auf den Prozessor zu und kann dadurch vom Virtual Machine Monitor direkt an die physikalische Hardware durchgereicht werden.

▶ VM3 greift auf den Hauptspeicher zu und wird daher ebenfalls vom Virtual Machine Monitor direkt zur Physik weitergeleitet.

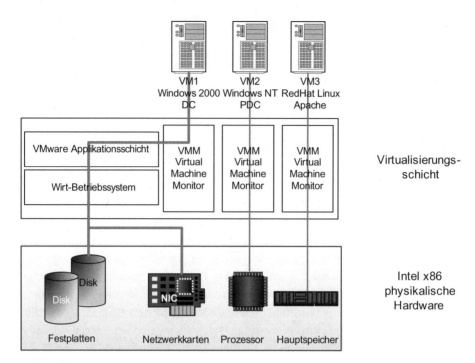

**Abbildung 1.1** Funktionsübersicht VMware GSX

Das Produkt VMware ESX ist nicht auf diese zweite Schicht des Wirt-Betriebssystems angewiesen, sondern alle Anfragen an die Physik durchlaufen nur den so genannten »VMkernel«. Dies wird durch ein entsprechend angepasstes Konstrukt aus Wirt-Betriebssystem und Virtualisierungssoftware ermöglicht. Doch dazu später mehr. Der große Vorteil ist hier natürlich die deutlich höhere Geschwindigkeit, mit der die virtuellen Maschinen auf die physikalische Hardware zugreifen können, da kaum Komponenten beteiligt sind und damit weniger Ressourcen auf diesem Weg verschwendet werden. Darüber hinaus können die Ressourcen granular innerhalb der Virtualisierungsschicht kontrolliert und vor allem reguliert werden. Dadurch ist es problemlos möglich, eine virtuelle Maschine in Ihrer Leistung einzuschränken. Es wird eine deutlich geringere Hardwareunterstützung in Kauf genommen, um den virtuellen Kernel so klein und leistungsfähig wie möglich zu halten.

An Abbildung 1.2 sehen Sie, dass die virtuellen Maschinen direkt mit der Virtualisierungsschicht kommunizieren, die ihrerseits wiederum direkt auf die physikalische Hardware zugreift. Das Wirt-Betriebssystem wird in diesem Falle komplett übergangen.

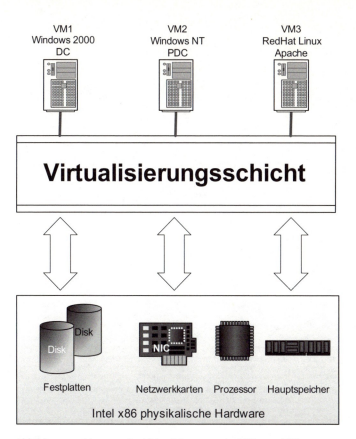

**Abbildung 1.2** Vorgang der Virtualisierung unter VMware ESX

# 2 Virtuelle Maschinen im Unternehmen

| | | |
|---|---|---|
| 2.1 | Welchen Nutzen bringen virtuelle Maschinen? ...... | 39 |
| 2.2 | Wer benötigt virtuelle Maschinen? ........................ | 46 |
| 2.3 | Welche Produkte findet man auf dem Markt? ........ | 47 |
| 2.4 | Welche Software wird innerhalb virtueller Maschinen unterstützt? ......................................... | 49 |
| 2.5 | Welche Kostenvorteile bestehen? .......................... | 50 |
| 2.6 | Wie steht es mit den Lizenzkosten in den virtuellen Maschinen? ............................................ | 53 |

1. Einführung
2. **Virtuelle Maschinen im Unternehmen**
3. Virtualisierungssoftware – eine Marktübersicht
4. Auswahl der möglichen virtuellen Maschine
5. Auswahl der richtigen Virtualisierungssoftware
6. Auswahl der richtigen physikalischen Infrastruktur
7. Installation und Update des Wirt-Systems
8. Verwaltung der Virtualisierungssoftware
9. Virtuelle Netzwerke
10. Virtuelle Festplatten
11. Erstellung einer virtuellen Maschine
12. Verwaltung der virtuellen Maschinen
13. VMware VirtualCenter
14. Skriptierung und Programmierung unter VMware und MS Virtual Server
15. Backup, Restore und Disaster Recovery
16. Templates (VM-Vorlagen)
17. Zusatzsoftware
18. Nützliche Adressen im Web

# 2 Virtuelle Maschinen im Unternehmen

*Was nützt die beste Technik, wenn man keine Verwendung dafür hat? In diesem Kapitel werden Ihnen die möglichen Vorteile einer Servervirtualisierung für Ihr Unternehmen näher gebracht.*

Im folgenden Kapitel will ich Ihnen die Techniken der Servervirtualisierung näher bringen. Dazu gehören auch die Vorteile, die eine Virtualisierung hinsichtlich der Kosten und der administrativen Möglichkeiten mit sich bringt. Eine repräsentative Studie von Gartner zum Thema Servervirtualisierung kam zu folgendem Ergebnis:

»Bei Unternehmen, die keine Virtualisierungstechnologien nutzen, steigen die Ausgaben für Hardware, Software, Arbeitskräfte und räumlichen Platz für Intel-Server jährlich um 25 Prozent ...«

Ein Ergebnis, das Sie schon nach der Lektüre dieses Kapitels nicht wundern wird.

## 2.1 Welchen Nutzen bringen virtuelle Maschinen?

Ich denke, nach dem ersten Kapitel dieses Buches werden Ihnen schon einige Vorteile aufgefallen sein oder Sie haben sich sogar schon Gedanken über die sich bietenden Möglichkeiten gemacht. Gerade innerhalb eines Unternehmens fällt es schwer, vorhandene Strukturen aufzubrechen und zu neuen Ufern zu gelangen. Dies liegt nicht nur daran, dass die Technologie zumindest im Intel-Bereich noch sehr jung ist, sondern auch an den Personalstrukturen innerhalb der IT-Abteilung. Gerade hier sind Meinungsveschiedenheiten zwischen jüngeren und älteren Mitarbeitern normal. Es muss Einiges an Überzeugungsarbeit geleistet werden, um Vorurteile und Bedenken aus dem Weg zu räumen.

Aber ich kann Ihnen versichern, dass sich eine Umstellung bei entsprechender Projektarbeit vor der Einführung in sehr vielen Fällen lohnen wird. Ich habe mir früher selbst zweifelnd die ersten VMware-Produkte angesehen und mich gefragt, ob so etwas überhaupt außerhalb eines Einzelplatzes funktionieren kann.

Mittlerweile bin ich natürlich davon überzeugt, und ich denke eher daran, welche physikalischen Server man nicht in die virtuelle Welt übernehmen kann. Allerdings wäre es vermessen zu glauben, alle physikalischen Maschinen wären problemlos umzustellen. Hier kommen zwei große Themenbereiche auf den Tisch: Sicherheit und Leistungsfähigkeit. Da es wenig ratsam ist, bei der Sicherheit Kompromisse einzugehen, sollten einige Serveranwendungen nicht virtualisiert werden. Dazu gehören beispielsweise Backup-Systeme. Des Weiteren würde ich persönlich auch keine Hauptfirewallkomponenten unter einem Virtualisierungsprodukt betreiben, da bei solchen Systemen die Sicherheit nicht hoch genug sein kann und jedes Zusatzprodukt ein Risiko bedeutet. Hinsichtlich der Leistungsfähigkeit fällt auf, dass ausnahmslos alle Virtualisierer zurzeit auf maximal 3,6 GB Hauptspeicher zurückgreifen können, was für manche Serversysteme einfach noch nicht ausreichend ist. Eine Dualprozessorunterstützung (Virtual SMP, erfordert eine entsprechende Lizenz) in der virtuellen Maschine bietet nur VMware ESX, wobei auch das für manches System nicht in Frage kommt, da noch mehr Prozessorleistung benötigt wird. Daher ist für ein gutes Gelingen immer eine akribische, realistische Planung Voraussetzung, die idealerweise in Projektform erfolgt. Sobald diese oben genannten Beschränkungen aufgehoben sind, wird es deutlich schwieriger werden, Argumente gegen eine Virtualisierung zu finden.

Manche Vorteile einer virtuellen Maschine gegenüber einer physikalischen Maschine erschließen sich leicht. Nehmen Sie alleine die immer identische Hardware innerhalb einer Virtualisiererversion, die auch immer gleiche Treiber bedeutet. Daher kann man virtuelle Maschinen sehr gut mit eingebetteten Systemen vergleichen, in denen eine unveränderte Hardwareumgebung dafür sorgt, dass die Treiberunterstützung enorm gut und stabil ist. Es gibt nicht wenige Anwendungen, die in einer virtuellen Umgebung viel stabiler laufen als zuvor in der physikalischen. Allerdings bleibt hier zu erwähnen, dass bei einem Versionswechsel der Virtualisierungsprodukte Hardwareänderungen durch den Hersteller vorgenommen werden, die in der virtuellen Maschine nachgezogen werden müssen (falls man von den neuen Funktionen bzw. höheren Leistungsdaten profitieren will). Der Abstand zwischen den Hardwareversionen der Virtualisierer darf dabei nicht zu groß werden, da unter Umständen die Kompatibilität zwischen den Wirt-Systemen leidet, mit der Folge, dass eine VM nicht mehr auf einen anderen Wirt übertragen werden kann.

Obigen Gedanken kann man einfach weiterspinnen. Bei gleicher Hardware entfällt für Administratoren das lästige Suchen nach neueren Treibern oder Firmwareupdates (bzw. nur in dem oben genannten Fall). Bis auf die Hardware der Wirt-Systeme ist selbst die Hardware absolut pflegeleicht und erleichtert so dem Administrator die Arbeit. Dass fünf Server weniger Arbeitsaufwand verursachen als fünfzig, ist leicht einzusehen. Zudem sinken die Wartungskosten mit der Anzahl der Server. Sie müssen nur Wartungsverträge für die physikalischen Maschinen abschließen und deren Funktion überwachen, zumindest was die reine Hardwarewartung angeht. (Der Aufwand für Software- bzw. Betriebssystemwartung bleibt selbstverständlich der gleiche.)

Ähnlich verhält es sich mit der Hardware. Stellen Sie sich vor, der Hauptspeicher einer Ihrer Server wäre komplett belegt und müsste deshalb dringend erweitert werden (derzeit sind virtuell maximal 3,6 GB möglich). Nun fängt das immer gleiche Prozedere an: Zunächst wird ermittelt, welche RAM-Bausteine überhaupt auf die Hardware passen! Sind überhaupt noch genügend Speicherbänke frei? Wenn ja, gibt es die erforderliche Speichertechnik überhaupt noch, schließlich kommt ein Server auch mal in die Jahre. Wie viel Hauptspeicher benötigen Sie überhaupt? Je nach Konstellation kann es Ihnen sogar passieren, dass Sie den gesamten Speicher tauschen müssen, weil alle Speicherbänke belegt sind und der vorhandene Speicher nicht mit dem neuen kompatibel ist. Unter Umständen ist der Hauptspeicher danach dermaßen überdimensioniert, dass Sie ihn niemals benötigen werden. Dann müssen Sie diesen Speicher bestellen und je nach Server von einer externen Firma einbauen lassen. Der Server muss längere Zeit ausgeschaltet werden, um ihn aus dem Rack auszubauen. Dies alles dauert seine Zeit und verursacht Kosten!

Vielleicht sagen Sie jetzt, dass dies übertrieben sei. Es ist aber leider in der Praxis öfter der Fall, als einem lieb ist. Doch wie läuft es bei einer virtuellen Maschine? Man fährt sie herunter und konfiguriert soviel Hauptspeicher wie diese Maschine benötigt (von der 3,6 GB-Grenze einmal abgesehen). Und Sie können genau bestimmen, wie viele Megabyte mehr es sein sollen, ohne ein Byte zu verschwenden. Ihnen kann es egal sein, wie und welche Speicherbänke belegt sind. Nun starten Sie diese VM wieder und fertig! Sie läuft genauso stabil wie vorher, verfügt jedoch über mehr Speicher.

Die Zeitspanne des Ausfalls liegt im Sekundenbereich! Versuchen Sie das mal mit einer physikalischen Maschine. Ähnlich verhält es sich mit anderen Komponenten wie Festplatten oder CD-Laufwerken. Sie verlagern die komplette Administration in wenige physikalische Wirt-Systeme, die dann allerdings sehr gut ausgestattet sind.

Womit wir beim Thema Ausfallzeiten wären. Sie haben durch virtuelle Server deutlich geringere Ausfallzeiten durch »Hardwarewartung«, falls man in diesem Zusammenhang überhaupt von Hardwarewartung sprechen kann. Durch die so genannte »Encapsulation« (Zusammenführung aller Komponenten einer virtuellen Maschine in wenige Dateien auf dem Wirt-System), ist es im Wartungsfalle problemlos möglich, virtuelle Maschinen auf einem anderen Wirt-System zu starten. Während VMware GSX und Microsoft Virtual Server dies nur bei ausgeschalteten virtuellen Maschinen zulassen, können Sie dies mit der VMware Virtual-Infrastruktur (VMware ESX, VirtualCenter und SAN) sogar mit laufenden VMs tun.

Seien Sie ehrlich, die Kosten für die »dicken« Server sind wirklich nicht mehr besonders hoch. Ganz im Gegenteil: Mittlerweile hat fast jeder Mitarbeiter einen derart leistungsfähigen PC, dass man darauf problemlos einige Server laufen lassen könnte. Wenn man sich zudem eine Preisliste von vor fünf Jahren anschaut und das damalige Preis-/Leistungsverhältnis mit dem heutigen vergleicht, ist der Unterschied enorm.

Hier sind wir auch schon beim Kern der Sache. Die Hardware ist mittlerweile so leistungsfähig geworden, dass selbst nach Studien von anerkannten Institutionen und Unternehmen (IBM, **http://www-5.ibm.com/de/umwelt/effizienz/produkte.html**) kaum ein Server zu mehr als 10–15 % ausgelastet ist. Schauen Sie sich einfach mal ein paar Ihrer Server an. Laufen sie auf Vollast? Das wird nur in wenigen Ausnahmen der Fall sein. Aber probieren Sie mal den umgekehrten Weg und versuchen Sie, eine Hardware zu kaufen, die von Ihren Servern voll ausgelastet wird. Vielleicht finden Sie ein so betagtes Gerät bei Ebay.

Sie bezahlen diese Mehrleistung aber trotzdem, obwohl Sie sie nicht nutzen. Mit einem Servervirtualisierungskonzept können Sie diese leistungsschwachen Systeme sauber voneinander getrennt auf einem oder wenigen Wirt-Systemen laufen lassen und damit die Hardwareressourcen in vollem oder zumindest hohem Maße ausnutzen.

Denken Sie auch an die Infrastruktur Ihres Serverraumes, der mit vielen Racks und darin verbauten Serversystemen ausgestattet ist. Diese System verursachen einen immensen Lärm und benötigen sehr viel Energie. Diese Stromkosten können Sie sehr leicht reduzieren.

Bei der unterbrechungsfreien Stromversorgung (USV), ohne die kein professionelles Rechenzentrum betrieben werden kann, ist es nicht anders. Je höher die Leistungsdaten der USV sein müssen, desto teurer ist sie. Da durch eine geringere Anzahl an physikalischen Systemen auch der Strombedarf sinkt, muss eine USV deutlich weniger Leistung vorhalten, was gerade in diesem Bereich Gold wert ist.

Da die Energiebedarf eines Servers nur zu einem geringen Teil wirklich produktiv genutzt wird, der größte Teil aber als Abwärme aus dem Servergehäuse geblasen wird, kommen wir zum wichtigen Aspekt, der wohl jedem Administrator im wahrsten Sinne des Wortes den Schweiß auf die Stirn treibt. Die Hitzeentwicklung innerhalb des Serverraumes! Weniger Server bedeuten weniger Wärme. Wohlgemerkt, weniger Server bei oftmals gleicher Performance wie zuvor. Aber auch Klimaanlagen gehören nicht gerade zu den in der Anschaffung günstigsten Geräten.

Wie bei den Servern haben Sie normalerweise auch für USV und Klimaanlagen Wartungsverträge mit den Herstellern. Durch die geringere Anzahl an Servern benötigen Sie auch weniger Racks im Serverraum, was Platz für andere Dinge lässt. Aber dabei wird nicht nur die Anzahl der Server verringert, sondern auch die der notwendigen Switches und sonstigen Netzwerkkomponenten, kann doch vieles innerhalb der Virtualisierung ablaufen.

Gerade für Administratoren eröffnen sich viele neue Möglichkeiten, ohne dass dazu zusätzliche Systeme angeschafft werden müssten. Bei jeder Virtualisierungssoftware ist eine Fernsteuerung direkt über die Konsole von der virtuellen Maschine möglich. Daher ist ein KVM Switch nur noch für das Wirt-System notwendig. Zudem ist ein komplettes Management integriert, mit dem Hardware-Änderungen sehr einfach von jedem Ort aus über Browser oder andere Anwendungen durchgeführt werden können. So können komplette Testumgebungen in kürzester Zeit aufgebaut werden, da man von der virtuellen Festplatte bis zum virtuellen Netzwerk alles in der Hand hat.

Stellen Sie sich vor, Sie müssten ein neues Service Pack auf einem Ihrer produktivsten Server installieren. Was tun Sie sinnvollerweise? Sie sichern erst einmal das System. Im Endeffekt wiederholt sich das gleiche Prozedere, wie wir es vom Hardwaretausch her kennen:

- Herunterfahren des Systems
- Starten mit einer Bootdiskette oder Boot-CD
- Starten des Imaging Tools und Ablegen des Images auf einem Netzlaufwerk
- Neustart des Systems
- Einspielen des Patches

Bis hierher sind locker 30–40 Minuten vergangen.

Doch nun ist der Patch fehlerhaft und zerschießt Ihnen das komplette das System. Wie geht es weiter?

- Herunterfahren des Systems
- Starten mit einer Bootdiskette oder Boot-CD
- Starten des Imaging Tools und Zurückspielen des letzen Images
- Neustart des Systems

Wieder mindestens 30–40 Minuten verschwendet.

Ablauf z. B. unter VMware ESX:

- Herunterfahren des Systems
- Kopieren der Festplattendatei
- Neustarten des Systems
- Einspielen des Patches

Wenn alles gut läuft, können Sie in 15 bis 20 Minuten fertig sein. Diese Zahlen treffen selbstverständlich nur für kleinere Serversysteme und nur für die Systempartition zu. Falls ein Server mit mehreren 100 GB zurückgespielt werden muss, verzögert sich der Ablauf entsprechend. Der Zeitvorteil entspringt hier weniger dem Kopiervorgang, sondern ergibt sich aus der Tatsache, dass niemand vor Ort eine CD einlegen muss und der Bootvorgang selbst deutlich schneller vonstatten geht. Falls der Patch fehlschlägt, kopieren Sie einfach die gesicherte Festplattendatei zurück.

Aber es geht natürlich auch schneller! Denken Sie einfach, dass System liefe immer noch im Originalzustand:

- Einschalten des REDO Logs über die Kommandozeile für die Systemfestplatte
- Einspielen des Patches

Wenn der Patch fehlschlägt, verwerfen Sie einfach das REDO Log, ansonsten wird es einfach in die Festplattendatei integriert. Falls dieses System überhaupt ausfällt, dann nur wenige Minuten.

Interessant ist auch die Möglichkeit, verschiedene Betriebssysteme oder unterschiedliche Betriebsysteme und/oder Softwarestände gleichzeitig vorzuhalten. Mit virtuellen Maschinen ist dies kein Problem. Es wird immer alles sauber voneinander getrennt. Der Traum eines jeden Administratoren oder Entwicklers wird wahr. Ich nutze diese Funktionalität mittlerweile vor jeder größeren Installation, und es klappt hervorragend.

Genauso vorteilhaft verhält es sich mit der Netzwerkfunktionalität. Ich kann einem System während der Laufzeit den Netzwerkzugriff verwehren oder ihn abändern. Selbst das Ziehen eines Netzwerksteckers bereitet in der physikalischen Realität oft Probleme. Ich muss erst einmal wissen, wo der Rechner steht und welche Netzwerkkarte ich genau ziehen muss. Habe ich das erst einmal herausgefunden, dann bleibt mir der Weg vor Ort nicht erspart, denn aus der Ferne kann ich nicht agieren. Ganz anders bei der Virtualisierung: Durch einfaches Kopieren oder Klonen von Festplattendateien können problemlos eigene

»Vorlagenserver« erstellt werden, die immer wieder kopiert schnell zu neuen, identischen Servern werden.

Mit VMware VirtualCenter kann man diese Templates an zentraler Stelle verwalten und mit Hilfe von XML-Konfigurationsdateien mehrere neue Server in kurzer Zeit realisieren. Durch die geringe Vorlaufzeit beschleunigt sich der Prozess der Neuanschaffung eines Servers (Neuerstellung eigentlich) deutlich. Falls ein virtueller Server nur für kurze Zeit benötigt wird, z.B. zum Testen einer neuen Software, ist er in kürzester Zeit erstellt und auch wieder gelöscht.

Stellen Sie sich vor, Sie müssten extra neue Hardware anschaffen, um verschiedene Sachen zu testen. Darüber hinaus kann ich mir durch die Möglichkeit von Templates den Einsatz von Disaster Recovery-Programmen sparen, die in den meisten Fällen nichts weiter machen, als ein Grundbetriebssystem wiederherzustellen und sich danach auf die normale Sicherung des Betriebssystems zu verlassen. Bei einer virtuellen Maschine reicht es, einfach einen neuen Server anhand eines Templates zu erstellen, den Backup-Klienten zu installieren und über diesen die aktuellste Sicherung aufzuspielen.

Kommt Ihnen vielleicht folgendes Beispiel bekannt vor: Sie haben noch Eigenentwicklungen, die unter MS-DOS oder Microsoft Windows NT laufen. Der Entwickler ist längst im Ruhestand oder ausgeschieden, und eine Aktualisierung der Software würde erhebliche Kosten verursachen. Ihr Problem: Diese Anwendung läuft vielleicht überhaupt nicht mehr auf aktueller Hardware, da es an Treiberunterstützung mangelt und die alte Hardware kurz vor der Verschrottung steht. Mit Virtualisierung ist das kein Problem, da die virtuelle Hardware auch MS-DOS unterstützt und einer Portierung in eine virtuelle Maschine, die unter einem aktuellen und leistungsfähigen Wirt-System läuft, nichts mehr im Weg steht. Diese virtuelle Maschine kann dann eine unter vielen sein, da heutige Serversysteme von enormer Leistungsfähigkeit sind.

Wie Sie im letzten Absatz feststellen konnten, war von verschiedenen Betriebssystemen die Rede. Durch die Virtualisierung können Sie je nach Produkt eine Vielzahl von verschiedenen Betriebssystemen innerhalb einer virtuellen Maschine betreiben. Bei den großen kommerziellen Produkten ist es unabhängig vom Wirt-Betriebssystem problemlos möglich, verschiedene Gast-Betriebssysteme gleichzeitig und unabhängig voneinander zu betreiben. Damit können Sie die Konsolidierung weiter vorantreiben, da Sie nicht Windows VMs von Linux oder MS-DOS VMs trennen müssen, sondern alle auf dem gleichen Wirt-System betreiben können. Welche Gast-Betriebssysteme von welchem Produkt genau unterstützt werden, das erfahren Sie in Kapitel 3, *Virtualisierungssoftware – eine Marktübersicht*.

## 2.2 Wer benötigt virtuelle Maschinen?

Wie Sie sicherlich auf den letzten Seiten bemerkt haben, ergeben sich immense Vorteile durch die Verwendung von virtuellen Maschinen, und zwar sowohl in kleinen als auch in großen Umgebungen. Daher könnte man pauschal sagen, es gibt kaum EDV-Landschaften, die nicht von virtuellen Maschinen profitieren. Allerdings gibt es durchaus Systeme, die keinen Nutzen aus der Virtualisierung ziehen können, schlimmer noch, denen eine Virtualisierung schadet.

Zu diesen Systemen gehören große Mehrprozessormaschinen, die nahezu bis zum Limit ausgelastet sind. Auch gibt es Hardwaresysteme, die auf spezielle PCI-Karten oder Dongles angewiesen sind, wie beispielsweise Faxkarten, und deren Funktion Sie mit den normalen Möglichkeiten einer virtuellen Maschine nicht abdecken können. Wer jetzt glaubt, das sei ein KO-Kriterium, der hat weit gefehlt. Denn es gibt gerade für ISDN-, Modem- oder USB-Geräte netzwerkfähige Alternativen oder aber zumindest eine Software, die einen Zugriff über das Netzwerk gestattet. Trotzdem will ich diesen Punkt hier aufführen, da Sie definitiv nicht alle physikalischen Einsteckkarten abdecken können. Natürlich können auch Netzwerkgrenzen ein Problem darstellen, falls Sie Server mit sehr vielen Netzwerkkarten im Einsatz haben. Je nach Virtualisierungsprodukt ist recht schnell eine Grenze erreicht. Wenn Sie ausschließlich diese Hardware einsetzen, können Sie sich gerne genauer über eine Virtualisierung informieren, beim aktuellen Entwicklungsstand wird Ihnen die virtuelle Welt allerdings wenig Freude bereiten. Ein weiteres, entscheidendes Kriterium ist die Anzahl der Server. Sind nur sehr wenige Server im Einsatz, wird die Virtualisierung unter Umständen kaum von Nutzen sein.

Doch nun genug der Einschränkungen: Virtuelle Maschinen sind beispielsweise ein Glücksgriff für die meisten Testlandschaften. Betriebssysteme oder Software in unterschiedlichsten Versionen vorzuhalten, ist geradezu ideal für Anwendungsentwickler. Ausfallzeiten werden bei einer guten Planung der virtuellen Systeme minimiert. Daher ist die Virtualisierung auch für unternehmenskritische Anwendungen durchaus kein Tabuthema mehr.

Aus diesem Grund setzen auch zum jetzigen Zeitpunkt häufig große Unternehmen auf die Servervirtualisierung. Dort finden sich teilweise Landschaften mit zahlreichen Wirt-Systemen, auf denen jeweils wieder mehrere virtuelle Server ihren Dienst verrichten. Auch in Universitäten, die ja sozusagen Pionierdienste auf diesem Gebiet geleistet haben, wird zunehmend auf Servervirtualisierung gesetzt.

Aber es vollzieht sich auch ein Wandel in kleinen und mittleren Unternehmen, die ihrerseits die Vorteile der Virtualisierung nutzen wollen. Die Preise sind mittlerweile erschwinglich, und die Technik ist ausgereift und sehr funktional. Es sind bei »kleinem« Preis virtuelle Infrastrukturen möglich, die rein physikalisch realisiert hohe Kosten verursachen würden.

Wie Sie sicher meinen Ausführungen anmerken, gibt es kein unbedingtes »Nein«, aber auch kein uneingeschränktes »Ja«, was den Einsatz von Virtualisierungssoftware angeht. Das liegt nicht etwa daran, dass ich selbst keine Ahnung hätte, wie man Systeme virtualisiert, sondern vielmehr an der Komplexität dieses Themas und den vielen möglichen Varianten.

Sie müssen immer zuerst Ihre Systeme einer Analyse unterziehen und Ihre Ziele festlegen, bevor Sie sich einigermaßen sicher sein können, dass eine Virtualisierung funktioniert. Die meisten Probleme innerhalb einer Servervirtualisierung sind nämlich nicht durch das Produkt verursacht, sondern sind auf die unzureichende Planung und ein fehlerhaftes Design der Infrastruktur zurückzuführen.

Daher kann eine Virtualisierung, selbst wenn es auf den ersten Blick nicht den Anschein hat, bei genauerem Hinsehen durchaus Erfolg versprechen. Es können manchmal kleine Kompromisse weitreichenden Einfluss auf ein Gelingen oder Misslingen einer Servervirtualisierung haben.

Deshalb vernachlässigen Sie niemals eine gute Planung, und informieren sie sich über die vorhandenen Möglichkeiten.

## 2.3 Welche Produkte findet man auf dem Markt?

Vor noch wenigen Jahren gab es im Intel-Bereich kaum bekannte Produkte auf dem Markt. Hauptsächlich waren es zwei Workstation-Versionen, die einen wachsenden Bekanntheitsgrad genossen: VMware Workstation und damals noch Connectix Virtual PC. VMware behauptet bis heute die Marktführerschaft im virtuellen Bereich. Diese Produkte werden noch immer für kleinere Testanwendungen und Entwicklungsumgebungen genutzt. Zudem kann man unter diesen Anwendungen sehr gut Server vorbereiten, die später in Produktivumgebungen unter ihrem jeweiligen Serverpart laufen sollen.

Zu diesen kommerziellen Produkten gesellen sich in letzter Zeit immer mehr Open Source- und freie Softwareprodukte, die zum größten Teil unter Linux laufen. Die bekanntesten sind momentan Bochs und Xen im Workstationbereich. Unter Linux gibt es darüber hinaus auch ein paar Virtualisierungsprodukte im Serverbereich, die allerdings eher die Prozesse voneinander trennen als die komplette Hardware (Allerdings ist auch hier Xen am etabliertesten). Solche Produkte werden oft dazu genutzt, um Cluster zu bilden, also mehrere physikalische Maschinen in wenigen logischen Systemen abzubilden.

Bei VMware sind die Serverprodukte seit 2001 auf dem Markt. Seit 2004 ist auch Microsoft Virtual Server erhältlich. Hiermit erklärt sich auch der derzeitige Technologievorsprung von VMware gegenüber Microsoft, da durch Funktionen wie VMotion (Verschieben von einer laufenden VMs zwischen zwei Wirt-Systemen) oder der Unterstützung von zwei CPUs VMs VMware ein klares Alleinstellungsmerkmal hat. Wo sich VMware GSX (dem Einstiegsserverprodukt für Klein- und Mittelstand von VMware) und Microsoft Virtual Server (Virtualisierungsserver für Klein- und Mittelstand von Microsoft) teilweise die Waage halten, hat VMware ESX (High End Servervirtualisierer von VMware) momentan noch keine Konkurrenz zu fürchten. Diese Konkurrenzlosigkeit schlägt sich natürlich preislich nieder.

Die Produkte VMware GSX und Microsoft Virtual Server sind in kleineren Serverlandschaften und Testumgebungen eindeutig das Produkt der Wahl, wie Sie auch selbst im Laufe des Buches feststellen werden. Es sind Remote Management-Möglichkeiten vorhanden, und es ist eine Performancesteigerung gegenüber den Workstation-Produkten erreichbar, da deutlich mehr Prozessoren und Arbeitsspeicher im Wirt-System unterstützt werden.

Für den absoluten High-End-Bereich steht eindeutig der VMware ESX Server. Diese Virtualisierungssoftware wurde von Grund auf für die performante und flexible Servervirtualisierung programmiert. Das Wirt-Betriebssystem ist integraler Bestandteil einer VMware ESX-Installation. Der Betriebssystemkernel und der VMkernel (gesonderter Kernel für VMware ESX) sind komplett aufeinander abgestimmt und hochintegriert. Dieses Produkt gibt die Maximalleistung des Wirt-Systems an die virtuellen Maschinen weiter. Darüber hinaus besteht die Möglichkeit, mittels virtual SMP virtuelle 2-Wege-Maschinen aufzusetzen, 4-Wege-Maschinen sind bereits in Planung.

Mit VirtualCenter von VMware existiert zudem ein sehr interessantes Produkt zur zentralen Serververwaltung. Es unterstützt in Verbindung mit VMware ESX und SAN die VMotion-Funktion, die es Ihnen erlaubt, aktive virtuelle Maschinen ohne Ausfall zwischen zwei ESX Servern hin und her zu verschieben. Die Systemauslastung jedes VMware ESX oder GSX Servers und deren virtuellen Maschinen kann man mittels verschiedener Techniken jederzeit und dauerhaft überwachen und so auf bestimmte Ereignisse reagieren. Des Weiteren können im VirtualCenter Vorlagen für virtuelle Maschinen hinterlegt werden, um beispielsweise sehr schnell einen zusätzlichen funktionstüchtigen Server bereitzustellen.

Sie merken, es ist mittlerweile für fast jedes Problem und jeden Geschmack etwas dabei. Zum Teil ist es eine Frage des Geldes, zum Teil eine Frage der Unternehmensphilosophie. In den folgenden Kapiteln dieses Buches werden Sie aber noch ausführlicher über die Funktionen und Möglichkeiten der einzelnen Softwarevirtualisierer informiert.

## 2.4 Welche Software wird innerhalb virtueller Maschinen unterstützt?

Wenn es nur um das Betriebssystem innerhalb der virtuellen Maschine ginge, wäre diese Frage recht leicht zu beantworten. Unter VMware werden die meisten Linux-Derivate und Microsoft Windows-Versionen jeglicher Ausprägung unterstützt. Sie können aber auch noch DOS-Anwendungen oder Novell Netware unter VMware betreiben. Nicht mehr lauffähig sind die Betriebssysteme der Apple Macintosh Serie und IBM OS/2. Unter Microsoft Virtual Server werden offiziell nur Microsoft-Betriebssysteme unterstützt. Allerdings kann man in verschiedenen Foren nachlesen, dass mehrere Linux-Derivate und IBM OS/2 darin laufen. Aber es wird definitiv nicht durch den Hersteller unterstützt. Neben den beiden größten Virtualisierern am Markt existieren jedoch noch verschiedene andere Produkte, wie etwa Xen (Open Source, Linux-Derivate, FreeBSD) oder SVista (Windows, Linux, OS/2) von Serenety Systems, die ich Ihnen im nächsten Kapitel kurz vorstellen werde.

Hiermit sind wir an einem kritischen Punkt angelangt. Zum einen gibt es lauffähige Software, zum anderen vom Hersteller unterstütze Software. Da man im produktiven Betrieb das Risiko vermeiden wird, nicht freigegebene Software einzusetzen, kann dies durchaus ein Kriterium sein, das eine Einführung der Virtualisierungssoftware gefährden könnte. Aber das ist eine Gewissensfrage. Gegebenenfalls sollten Sie beim jeweiligen Hersteller der Software nachfragen, ob sie denn unter einem Virtualisierungsprodukt unterstützt wird oder nicht.

Grundsätzlich lauffähig ist so gut wie jede Software. Mir selbst ist bis heute keine Anwendung begegnet, die nicht unter VMware genauso normal und stabil gelaufen ist wie auch auf dem physikalischen System. Wenn es allerdings um zeit- und prozesskritische Applikationen oder dauerhaft leistungsintensive Systeme geht, kann eine Virtualisierung negative Folgen haben, da eine virtuelle Maschine niemals schneller als die eigentliche Physik sein kann.

Sie können im Normalfall davon ausgehen, dass, wenn das Betriebssystem innerhalb der virtuellen Maschine stabil läuft, auch die Anwendungen genauso selbstverständlich laufen, wenn auch vielleicht etwas minimal langsamer als auf einer physikalischen Maschine. Was das Betriebssystem angeht, sind die

Maschinen jedoch oft deutlich stabiler als ihr physikalischer Gegenpart, da eine sehr gute Treiberunterstützung bei immer gleicher Hardware (Ausnahme Releasewechsel) gewährleistet ist.

In letzter Zeit beobachte ich sogar eine Trendwende: Viele Hersteller betreiben ihre Testsysteme unter VMware und können daher immer öfter Aussagen über deren Lauffähigkeit treffen. Man merkt immer deutlicher, dass die Unterstützung virtueller Maschinen und deren Verbreitung in Unternehmen zunimmt. Es gibt sogar Firmen, die ihre Firewallsysteme in der virtuellen Umgebung laufen lassen. Ich persönlich bin als Sicherheitsverantwortlicher nicht besonders erbaut von dieser Idee, aber manche Firmen scheinen schon gute Erfahrungen gesammelt zu haben.

Auch I/O-intensive Anwendungen wie Datenbanksysteme können, sofern gekonnt eingesetzt, durchaus sehr gute Ergebnisse innerhalb einer virtuellen Maschine erzielen.

Mittlerweile hört man davon, dass Citrix Terminalserver unter VMware ESX eine bessere Performance zeigen können als unter physikalischer Hardware (bei entsprechender Aufstellung). Diese Konstellation wurde früher sehr oft als absolut undenkbar und nicht empfehlenswert eingestuft. Aber wenn man diese Umgebung gut plant, kann man wirklich bessere Ergebnisse erzielen, da ein VMware ESX Server durch sein ausgefeiltes Ressourcenmanagement eine ideale Plattform für mehrere kleine Terminalserver darstellt. Wenn man mehrere kleinere Server zu einer großen Farm zusammenfasst, hat man eine enorme Leistung. Eine solche Leistung mit rein physikalischen Servern nachbauen zu wollen, wäre im Normalfall erheblich teurer.

Wie Sie merken, ist auch dies eine Frage, die nicht abschließend zu beantworten ist, gehen doch die Meinungen weit auseinander. Es ist ratsam, im Zweifel den Hersteller Ihrer Software um ein klärendes Gespräch zu bitten oder es einfach auszuprobieren. Man kann ja auch ein lauffähiges System in einer virtuellen Maschine im Fehlerfall auf ein physikalisches Herüberziehen und dann den Support des Herstellers beanspruchen. Momentan sind mir jedenfalls keine Fälle bekannt, bei denen ein Softwarefehler durch die Virtualisierungssoftware verursacht wurde.

## 2.5 Welche Kostenvorteile bestehen?

Hier wird es für die Unternehmer, die kaufmännisch veranlagten Leser oder auch für Administratoren, denen noch ein paar Anreize für den Vorgesetzten fehlen, interessant.

Die Kostensenkungen, die sich durch eine Servervirtualisierung erzielen lassen, sind nicht zu unterschätzen. Außerdem ist zu bedenken, dass manche Kosten und Kostenvorteile nur bei Verwendung einer bestimmten Infrastruktur möglich sind.

Daher stelle ich Ihnen hier eine Auflistung der Kostenvorteile mit der jeweiligen Begründung vor. Diese dürfen Sie nicht als ein MUSS, sondern als ein KANN verstehen.

| Kostenersparnis | Begründung |
| --- | --- |
| weniger Platzbedarf Serverrack | geringere Anzahl der benötigten physikalischen Maschinen |
| geringerer Strombedarf | wie oben |
| USV-Anlagen können geringer dimensioniert werden | wie oben |
| Klimaanlagen können geringer dimensioniert werden | wie oben |
| geringere Serverwartungskosten | wie oben |
| geringere Administrationskosten | ▶ geringere Anzahl physikalischer Maschinen<br>▶ flexiblere Hardwareanpassung innerhalb virtueller Maschinen<br>▶ Ressourcenkontrolle innerhalb virtueller Maschinen<br>▶ bessere Disaster Recovery-Möglichkeit<br>▶ schnelle Erstellung neuer Produktiv- und Testmaschinen möglich<br>▶ ereignisgesteuerte Ressourcenkontrolle<br>▶ Aus- und Einschalten von Servern über Remote |
| geringere geplante Ausfallzeiten | ▶ stabilere Systeme durch gleiche virtuelle Hardware<br>▶ Verschieben von laufenden virtuellen Maschinen über VMotion<br>▶ Virtuelle Maschinen starten innerhalb weniger Sekunden neu |
| bessere Ausfallsicherheit | ▶ Cluster innerhalb von virtuellen Maschinen möglich<br>▶ Disaster Recovery vereinfacht<br>▶ Virtuelle Maschinen können durch einfaches Kopieren auch auf einem anderen System betrieben werden |

Tabelle 2.1 Kostenvorteil der virtuellen Infrastruktur

| Kostenersparnis | Begründung |
|---|---|
| Bessere Serverauslastung | Durch die »Mehrfachbelegung« des physikalischen Systems ist dieses deutlich besser ausgelastet und damit effizienter. |
| Alte Serversysteme können teilweise nicht mehr auf neuer Hardware laufen und müssen migriert werden, was unter Umständen viel Administrations- und Entwicklungsarbeit bedeutet. | Alte Serversysteme können problemlos in einer virtuellen Maschine auf neuer Hardware laufen. Die Migration kann mit Zusatztools oder mit dem Imaging-Verfahren durchgeführt werden. |
| weniger Kosten für KVM Switches | ▶ Es werden weniger KVM-Anschlüsse benötigt.<br>▶ direkter KVM Zugriff über TCP/IP ohne KVM Switches direkt durch Remote Management möglich |
| hohe Flexibilität | ▶ große Anzahl verschiedener Betriebssysteme innerhalb der virtuellen Maschine möglich<br>▶ zeitbegrenzter Aufbau eines Servers möglich, da keine Hardwareanschaffung notwendig |
| geringe Kosten beim Aufbau von Testumgebungen etc. | ▶ Erweiterbarkeit des Netzwerkes, ohne den Kauf physikalischer Geräte<br>▶ schnelle Erstellung neuer Server, ohne den Kauf neuer physikalischer Server<br>▶ problemloser Nachbau von Teilen der Produktivumgebung |
| geringere Servermanagement-Softwarekosten (Alarmierung etc.) | ▶ Verwaltungsinstrumente werden mitgeliefert.<br>▶ Eigenentwicklung von Verwaltungsinstrumenten möglich<br>▶ Durch gesonderte Applikationen wie VMware VirtualCenter oder Leostream Virtual Controller ist ein zentrales Servermanagement möglich.<br>▶ Aus- und Einschalten von Servern über Remote möglich |

**Tabelle 2.1** Kostenvorteil der virtuellen Infrastruktur (Forts.)

Diese Tabelle erhebt natürlich keinen Anspruch auf Vollständigkeit, aber ich denke, sie gibt Ihnen sowohl Grundlagen als auch Denkanstöße. Wie schwer die einzelnen Punkte in Ihrer Umgebung wiegen, wissen Sie am besten.

In den meisten Fällen rechnet sich eine Servervirtualisierung in kürzester Zeit, da die Folgekosten in normalen physikalischen Serverlandschaften doch oft sehr hoch sind.

Vor allem darf man nie die »armen« Administratoren vergessen, die sowieso sehr oft an Überlastung leiden. Die Zeitersparnis ist doch enorm, allein die

Abschaffung der »Turnschuh-Administration« trägt ihren Teil dazu bei. Sie können wirklich alles aus der Ferne verwalten, was mit den virtuellen Maschinen an sich zu tun hat. Der einzige wunde Punkt ist die Physik in Form von Wirt-System, Netzwerk und sonstiger Infrastruktur.

## 2.6 Wie steht es mit den Lizenzkosten in den virtuellen Maschinen?

Diese Frage kann man sehr leicht beantworten. Betrachten Sie alle Server wie physikalische Maschinen. Sie benötigen für jede lizenzpflichtige Software innerhalb einer virtuellen Maschine eine Lizenz. Auch das Wirt-System benötigt je nach Produkt eine Linux- oder Microsoft Windows-Lizenz.

Einziger Streitpunkt kann die Lizenzierung bei der Anzahl der Prozessoren sein, da manche Hersteller nicht die Prozessoren innerhalb der virtuellen Maschine lizenzieren wollen, sondern das Wirt-System. Hier hilft ein klärendes Gespräch mit dem jeweiligen Hersteller. Es empfiehlt sich darüber hinaus, mit dem Hersteller hinsichtlich seiner Preisvorstellung zu verhandeln, um so vielleicht die Kosten zu drücken.

# 3 Virtualisierungssoftware – eine Marktübersicht

| 3.1 | Was ist ein Host? | 57 |
| 3.2 | VMware Workstation | 58 |
| 3.3 | VMware ACE | 62 |
| 3.4 | VMware GSX | 67 |
| 3.5 | VMware ESX | 74 |
| 3.6 | Microsoft Virtual PC | 79 |
| 3.7 | Microsoft Virtual Server | 82 |
| 3.8 | Sonstige Produkte | 85 |

1. **Einführung**
2. **Virtuelle Maschinen im Unternehmen**
3. **Virtualisierungssoftware – eine Marktübersicht**
4. **Auswahl der möglichen virtuellen Maschine**
5. **Auswahl der richtigen Virtualisierungssoftware**
6. **Auswahl der richtigen physikalischen Infrastruktur**
7. **Installation und Update des Wirt-Systems**
8. **Verwaltung der Virtualisierungssoftware**
9. **Virtuelle Netzwerke**
10. **Virtuelle Festplatten**
11. **Erstellung einer virtuellen Maschine**
12. **Verwaltung der virtuellen Maschinen**
13. **VMware VirtualCenter**
14. **Skriptierung und Programmierung unter VMware und MS Virtual Server**
15. **Backup, Restore und Disaster Recovery**
16. **Templates (VM-Vorlagen)**
17. **Zusatzsoftware**
18. **Nützliche Adressen im Web**

# 3 Virtualisierungssoftware – eine Marktübersicht

*Es ist schwer, in der heutigen Zeit aufgrund der Vielfalt an Software den Überblick zu bewahren und sich auch langfristig für die richtigen Produkte zu entscheiden.*

Nachdem Sie von den vielen Vorteilen gelesen haben, die der Einsatz einer Virtualisierungssoftware auf Kosten- und Administrationsseite mit sich bringt, wollen wir uns einmal näher mit den Produkten auseinandersetzen, die auf dem Markt erhältlich sind. Trotz der Vielzahl der Produkte, die dort zu finden sind, habe ich mich dazu entschlossen, im weiteren Verlauf dieses Buches nur auf die drei folgenden Produkte detailliert einzugehen:

- VMware GSX 3.2
- VMware ESX 2.5
- Microsoft Virtual Server 2005

Dies hat seinen guten Grund. Im kommerziellen Bereich sind dies die wenigen, umfangreich ausgestatteten Produkte zur Servervirtualisierung für die x86-Architektur. Wenn Sie auf ein starkes Unternehmen mit gutem Support setzen wollen, bleiben Ihnen auch nur diese drei Produkte zur Wahl. Wegen ihrer Unterschiedlichkeit hinsichtlich Funktion und Umfang, vermitteln die drei Produkte einen differenzierten Gesamtüberblick. Mein besonderes Augenmerk gilt dabei den am Markt etablierten VMware-Produkten, die sich auch in größten Umgebungen schon bewährt haben und immer noch bewähren.

Trotzdem will ich in diesem Kapitel der Vollständigkeit halber auf weitere bekannte Virtualisierungslösungen eingehen. Sie stammen zum großen Teil allerdings aus dem Workstation-Bereich.

## 3.1 Was ist ein Host?

Kurz gesagt, ein Host ist die physikalische Maschine, die als Basis für die Virtualisierung dient. Dabei gibt es natürlich bezüglich der Ausstattung und Infrastruktur vieles zu beachten. Genaueres dazu erfahren Sie in Kapitel 6, *Auswahl der richtigen physikalischen Infrastruktur*.

Der Host oder das Wirt-System (diesen Begriff werde ich in Zukunft verwenden, da die Verwechslungsgefahr geringer ist), ist im ersten Schritt nur die physikalische Maschine, auf der später das Wirt-Betriebssystem installiert wird.

Nachdem dieses geschehen ist und alle physikalischen Geräte funktionstüchtig sind, wird die Virtualisierungssoftware installiert. Diese »übersetzt« dann die Anforderungen der virtuellen Maschinen in Anforderungen an das Wirt-System und umgekehrt. Sie fungiert quasi als eine Art Dolmetscher. Erst jetzt ist ein Host oder Wirt-System wirklich komplett, da nun alle benötigten Komponenten (Hardware + Betriebssystem + Virtualisierungssoftware) vorhanden sind.

Dieses Grundlagenwissen ist für das Verständnis dieses Buches sehr wichtig. Im normalen Vokabular spricht man immer von Host-System und Gast-System, ich werde trotzdem immer eine Unterscheidung machen zwischen Wirt-Betriebssystem, dem Wirt-System, der Virtualisierungssoftware und der virtuellen Maschine, um dieses komplexe Thema so einfach wie möglich zu halten. Bei den Mindestanforderungen gehe ich von den vom Hersteller für die Produkte empfohlenen aus, da ansonsten eine performante Arbeit nicht möglich ist.

## 3.2 VMware Workstation

VMware Workstation, das erste Produkt der Firma VMware, wurde 1999 erstmals am Markt vorgestellt. Da VMware seither mit diesem Produkt sozusagen groß wurde, wird es auch ständig weiterentwickelt. Viele Neuerungen innerhalb von VMware Workstation, die der Markt positiv aufnahm, werden im Laufe der Zeit in VMware GSX und VMware ESX übernommen. Es handelt sich dabei um eine Software, die hauptsächlich als Einzelplatzversion gedacht ist und sehr oft zum Testen oder bei der Softwarentwicklung eingesetzt wird. Auch im Helpdesk-Bereich erfreut sich diese Software großer Beliebtheit, da man auf einem PC mehrere Betriebssysteme oder Softwarekonstellationen problemlos vorhalten kann. Darüber hinaus eignet sie sich hervorragend dazu, virtuelle Maschinen vorzubereiten, die man später auf VMware GSX oder VMware ESX migriert. Derzeit liegt Version VMware Workstation 5 vor.

### 3.2.1 Anforderungen und Einschränkungen

- 500 MHz x86-kompatibler Prozessor (AMD, Intel)
- Mehrprozessorsysteme werden unterstützt.
- 256 MB RAM (Wirt-System) + RAM für virtuelle Maschinen (maximal 4 GB werden insgesamt unterstützt, maximal 3,6 GB RAM in einer virtuellen Maschine)
- 16 Bit-Grafikkarte (unter Linux muss Xfree86 die Grafikkarte unterstützen!)

- 100 MB Festplattenspeicher (Wirt-Betriebssystem Windows), 20 MB Festplattenspeicher (Wirt-Betriebssystem Linux) + Festplattenspeicher für die virtuellen Maschinen
- IDE/SCSI-Festplatten und CD-/DVD-ROM-Laufwerke werden unterstützt.
- Alle Ethernetkarten, die unter dem Wirtbetriebssystem funktionieren, werden unterstützt. Bei Nicht-Ethernetkarten wird über ein virtuelles NAT eine Netzwerkverbindung unterstützt.

### 3.2.2 Funktionsumfang

**Virtuelle Maschine:**

- gleicher Prozessor wie Wirt-System, 64-Bit Prozessor läuft im 32-Bit legacy mode – nur Einprozessor
- bis zu 3,6 GB, abhängig vom Hauptspeicher des Wirts
- Maximal 4 GB RAM werden auf dem Wirt unterstützt.
- bis zu vier IDE-Geräte
- virtuelle IDE-Festplatten bis zu einer Größe von 950 GB
- bis zu sieben SCSI-Geräte
- virtuelle SCSI-Festplatten bis zu einer Größe von 950 GB
- CD-ROM oder DVD-ROM, Bandlaufwerke, Scanner
- CD-ROM können physikalische Laufwerke oder CD Images sein.
- Festplatten können sowohl physikalische als auch virtuelle Festplatten sein.
- VGA und SVGA mit VESA BIOS-Unterstützung
- bis zu zwei 1,44 MB Diskettenlaufwerke
- Disketten können physikalische Laufwerke oder Disketten-Images sein
- bis zu vier serielle (COM-)Ports, Ausgang physikalisch oder in eine Datei auf dem Wirt-System möglich
- Zwei Port USB 1.1 UHCI-Controller. Unterstützt USB-Drucker, Scanner, PDAs, Festplattenlaufwerke, Speicherkartenleser und Digitalkameras
- bis zu zwei bidirektionale Parallelports (LPT)
- 104-Tasten Tastatur (mit Windows-Tastenerweiterung)
- PS/2-Maus
- bis zu drei virtuelle Netzwerkkarten, Creative Labs Sound Blaster-, Audio PCI-kompatibler Soundkartenein- und -ausgang
- Phoenix BIOS 4.0 Release 6-based VESA BIOS mit DMI, Version 2.2/SMBIOS

- Sound-Ein- und Ausgang, emuliert Creative Labs Soundblaster und Audio-PCI
- neun virtuelle Ethernet Switches (drei sind allerdings schon für für Bridged-, Host-only- und NAT-Netzwerke reserviert).
- virtueller DHCP-Server
- virtuelle NAT-Unterstützung, die TCP/IP, FTP, DNS, http, Telnet und Netlogon Clientsoftware unterstützt
- Benutzer können innerhalb kürzester Zeit zu einem vorher festgelegten Systemstatus der virtuellen Maschine zurückkehren. Dieses Verfahren wird durch so genannte »Snapshots« realisiert.
- Durch die VMware Tools, die innerhalb der virtuellen Maschine installiert werden, sind u.a. Features wie Drag&Drop, erhöhte Mausgeschwindigkeit und Zeitsynchronisation möglich. Zudem werden speziell auf die virtuelle Hardware abgestimmte Treiber installiert, die eine bessere Performance garantieren. VMware Tools sind sowohl für Microsoft-Gast-Betriebssysteme als auch für Linux-Gast-Betriebssysteme verfügbar. Darüber hinaus wird eine Anwendung namens Shared Folder installiert, die Ihnen einen Ordner zwischen Wirt und Gast zur Verfügung stellt.

### 3.2.3 Unterstützte Betriebssysteme

**Als Wirt-Betriebssystem:**

- Windows Server 2003 Web Edition, Windows Server 2003 Standard Edition, Windows Server 2003 Enterprise Edition
- Windows XP Professional und Windows XP Home Edition Service Pack 1 oder 2
- Windows 2000 Professional Service Pack 3 oder 4, Windows 2000 Server Service Pack 3 oder 4, Windows 2000 Advanced Server Service Pack 3 oder 4
- Windows NT Workstation 4.0 Service Pack 6a, Windows NT Server 4.0 Service Pack 6a, Windows NT 4.0 Terminal Server Edition Service Pack 6
- Mandrake Linux 9.0 – stock 2.4.19
- Mandrake Linux 8.2 – stock 2.4.18-6mdk
- Red Hat Enterprise Linux 3.0 – stock 2.4.21, update 2.4.21-15.EL
- Red Hat Enterprise Linux 2.1 – stock 2.4.9-e3
- Red Hat Linux Advanced Server 2.1 – stock 2.4.9-e3
- Red Hat Linux 9.0 – stock 2.4.20–8, upgrade 2.4.20-20.9
- Red Hat Linux 8.0 – stock 2.4.18

- Red Hat Linux 7.3 – stock 2.4.18
- Red Hat Linux 7.2 – stock 2.4.7-10, upgrade 2.4.9-7, upgrade 2.4.9-13, upgrade 2.4.9-21, upgrade 2.4.9-31
- Red Hat Linux 7.1 – stock 2.4.2-2, upgrade 2.4.3-12
- Red Hat Linux 7.0 – stock 2.2.16-22, upgrade 2.2.17-14
- SuSE Linux 9.1 – stock 2.6.4-52
- SuSE Linux 9.0 – stock 2.4.21-99
- SuSE Linux Enterprise Server 8 – stock 2.4.19
- SuSE Linux 8.2 – stock 2.4.20
- SuSE Linux 8.1 – stock 2.4.19
- SuSE Linux 8.0 – stock 2.4.18
- SuSE Linux Enterprise Server 7 – stock 2.4.7 und patch 2
- SuSE Linux 7.3 – stock 2.4.10

**Als Gast-Betriebssystem (virtuelle Maschine):**

- Windows, Codename Longhorn, beta (experimentell)
- Windows Server 2003 Web Edition, Windows Server 2003 Standard Edition, Windows Server 2003 Enterprise Edition
- Windows XP Professional und Windows XP Home Edition Service Pack 1 oder 2
- Windows 2000 Professional Service Pack 1, 2, 3 oder 4; Windows 2000 Server Service Pack 1, 2, 3 oder 4; Windows 2000 Advanced Server Service Pack 3 oder 4
- Windows NT Workstation 4.0 Service Pack 6a, Windows NT Server 4.0 Service Pack 6a, Windows NT 4.0 Terminal Server Edition Service Pack 6
- Windows Me
- Windows 98 und Windows 98 SE
- Windows 95
- Windows for Workgroups 3.11
- Windows 3.1
- MS-DOS 6.x
- Mandrake Linux 8.2, 9.0
- Red Hat Linux 7.0, 7.1, 7.2, 7.3, 8.0, 9.0
- Red Hat Enterprise Linux 2.1, 3.0

- Red Hat Linux Advanced Server 2.1
- SuSE Linux 7.3, 8.0, 8.1, 8.2, 9.0, 9.1
- SLES 7, 7 patch 2, 8
- Turbolinux Server 7.0, Enterprise Server 8, Workstation 8
- NetWare 5.1, 6, 6.5
- Solaris x86 Platform Edition 9 (experimentell), 10 beta (experimentell)
- FreeBSD 4.0–4.6.2, 4.8, 5.0

### 3.2.4 Administrationsmöglichkeiten

Unter der Workstationversion steht Ihnen nur die lokale Verwaltung an dem Wirt-System direkt zur Verfügung. Natürlich können Sie, sobald das Gast-Betriebssystem läuft, auf dessen Möglichkeiten der Remote-Verwaltung zurückgreifen.

### 3.2.5 Einsatzgebiete

Dieses Produkt ist, wie anfangs erwähnt, nur als Einzelplatzversion sinnvoll zu nutzen. Folgende Einsatzgebiete bilden den Schwerpunkt von VMware Workstation:

- Entwicklungsabteilungen
- Testumgebungen
- Vorbereitung der virtuellen Maschine auf das spätere Migrieren auf VMware GSX oder VMware ESX
- Helpdesk

## 3.3 VMware ACE

VMware ACE ist das neueste Produkt von VMware. ACE steht dabei für Assured Computing Environment, was gesicherte Rechenumgebung heißt und Administratoren eine Möglichkeit bietet, ihren Mitarbeitern sichere und standardisierte Rechnerumgebungen in virtueller Form zur Verfügung zu stellen.

Mit diesem Produkt können IT-Richtlinien in einer virtuellen Maschine umgesetzt werden. Diese können ein Betriebsystem, Anwendungen und Daten enthalten. Die virtuelle Maschine kann innerhalb des VMware ACE Managers erstellt oder aber aus VMware Workstation übernommen werden. VMware ACE ist dreigeteilt: Zunächst gibt es den VMware ACE Manager, mit dem die Pakete erstellt werden, dann die Laufzeitumgebung VMware ACE, in der die virtuellen Maschinen auf dem Client laufen, und zuletzt die virtuelle Maschine selbst. Die VMware ACE Laufzeitumgebung interpretiert darüber hinaus die Richtlinien, die über den VMware ACE Manager bereitgestellt werden.

Einmal fertig konfiguriert steht eine Installationsdatei bereit, die auf einen beliebigen PC kopiert werden kann, auf dem dann nach erfolgreicher Installation eine virtuelle Maschine zur Verfügung steht. Mit dieser virtuellen Maschine dürfen nur die Aktionen ausgeführt werden, die bei der Konfiguration festgelegt wurden. Zudem kann ein Datum hinterlegt werden, nach dessen Ablauf die virtuelle Maschine nicht mehr verfügbar ist.

### 3.3.1 Anforderungen und Einschränkungen

**VMware ACE Manager:**

- 500 MHz x86-kompatibler Prozessor (AMD, Intel), 64 Bit-Prozessoren werden experimentell unterstützt
- Mehrprozessorsysteme werden unterstützt.
- 256 MB RAM (Wirt-System) + RAM für virtuelle Maschinen (maximal 4 GB werden insgesamt unterstützt, maximal 3,6 GB RAM in einer virtuellen Maschine)
- 16 Bit-Grafikkarte (unter Linux muss Xfree86 die Grafikkarte unterstützen!)
- 150 MB Festplattenspeicher (Wirt-Betriebssystem Windows), 20 MB Festplattenspeicher (Wirt-Betriebssystem Linux) + Festplattenspeicher für die virtuellen Maschinen + Festplattenspeicher für die temporären Dateien bei der Paketierung
- IDE/SCSI-Festplatten und CD-/DVD-ROM-Laufwerke werden unterstützt.
- Alle Ethernetkarten, die unter dem Wirtbetriebssystem funktionieren, werden unterstützt. Bei Nicht-Ethernetkarten wird über ein virtuelles NAT eine Netzwerkverbindung unterstützt.

**VMware ACE (Laufzeitumgebung):**

- 500 MHz x86-kompatibler Prozessor (AMD, Intel)
- Mehrprozessorsysteme werden unterstützt.
- 256 MB RAM (Wirt-System) + RAM für virtuelle Maschinen (maximal 4 GB werden insgesamt unterstützt, maximal 3,6 GB RAM in einer virtuellen Maschine)
- 16 Bit-Grafikkarte (unter Linux muss Xfree86 die Grafikkarte unterstützen!)
- 80 MB Festplattenspeicher (Wirt-Betriebssystem Windows), 20 MB Festplattenspeicher (Wirt-Betriebssystem Linux) + Festplattenspeicher für die virtuellen Maschinen

- Die-/SCSI-Festplatten und CD-/DVD-ROM-Laufwerke werden unterstützt.
- Alle Ethernetkarten, die unter dem Wirt-Betriebssystem funktionieren, werden unterstützt. Bei Nicht-Ethernetkarten wird über ein virtuelles NAT eine Netzwerkverbindung unterstützt.

### 3.3.2 Funktionsumfang

**VMware ACE Manager:**

- Nach einmaligem Paketieren kann die virtuelle Maschine beliebig oft und auf einem beliebigen PC, der die Mindestanforderungen erfüllt, installiert werden. Vorausgesetzt, man verfügt über genügend Lizenzen.
- virtuelle Rechteverwaltung über VMware ACE Manager; Verwaltung der Lebensdauer, Sicherheitseinstellungen, Netzwerkeinstellungen, Systemkonfiguration und der Benutzerumgebung
- regelbasierter Netzwerkzugriff
- Identifizierung und Sperrung unerlaubter oder abgelaufener VMware ACE-Umgebungen
- Schutzmechanismen für die komplette VMware ACE-Umgebung einschließlich der Daten und der Systemkonfiguration mittels Verschlüsselung
- Erstellung kopiergeschützter virtueller Maschinen
- Anpassung der Benutzerumgebung möglich
- Offline- und Online-Arbeit möglich

**Virtuelle Maschine:**

- gleicher Prozessor wie Wirt-System, 64 Bit-Prozessor läuft im 32 Bit legacy mode – nur Einprozessor
- Intel 440BX Motherboard Chipsatz
- Bis zu 3,6 GB, abhängig vom Hauptspeicher des Wirts
- Maximal 4 GB RAM werden auf dem Wirt unterstützt.
- bis zu vier IDE-Geräte
- virtuelle IDE-Festplatten bis zu einer Größe von 128 GB
- bis zu sieben SCSI-Geräte
- virtuelle SCSI-Festplatten bis zu einer Größe von 256 GB
- CD-ROM oder DVD-ROM, Bandlaufwerke, Scanner
- CD-ROM können physikalische Laufwerke oder CD-Images sein
- Festplatten können sowohl physikalische als auch virtuelle Festplatten sein

- VGA und SVGA mit VESA BIOS-Unterstützung
- bis zu zwei 1,44MB-Diskettenlaufwerke
- Disketten können physikalische Laufwerke oder Disketten Images sein
- bis zu vier serielle (COM-)Ports, Ausgang physikalisch oder in eine Datei auf dem Wirt-System möglich
- zwei Port USB 1.1 UHCI-Controller; unterstützt USB-Drucker, Scanner, PDAs, Festplattenlaufwerke, Speicherkartenleser und Digitalkameras
- bis zu zwei bidirektionale Parallelports (LPT)
- 104 Tasten-Tastatur (mit Windows-Tastenerweiterung)
- PS/2-Maus
- bis zu drei virtuelle Netzwerkkarten, die mit AMD PCnet-PCI II kompatibel sind
- Creative Sound Blaster-, Audio PCI-kompatibler Soundkarten Ein- und Ausgang
- PhoenixBIOS 4.0 Release 6-based VESA BIOS mit DMI Version 2.2/SMBIOS
- neun virtuelle Ethernet Switches (drei sind allerdings schon für für Bridged-, Host-only- und NAT-Netzwerke reserviert).
- virtueller DHCP-Server
- virtuelle NAT-Unterstützung, die TCP/IP, FTP, DNS, http, Telnet und Netlogon Clientsoftware unterstützt
- Benutzer können innerhalb kürzester Zeit zu einem vorher festgelegten Systemstatus der virtuellen Maschine zurückkehren (Snapshot).
- Durch die VMware Tools, die innerhalb der virtuellen Maschine installiert werden, sind u.a. Features wie Drag&Drop, erhöhte Mausgeschwindigkeit und Zeitsynchronisation möglich. Darüber hinaus werden speziell auf die virtuelle Hardware abgestimmte Treiber installiert, die eine bessere Performance garantieren. VMware Tools sind sowohl für Microsoft-Gast-Betriebssysteme als auch für Linux-Gast-Betriebssysteme verfügbar.

### 3.3.3 Unterstütze Betriebssysteme

**VMware ACE Manager:**

- Windows Server 2003 Web Edition, Windows Server 2003 Standard Edition, Windows Server 2003 Enterprise Edition
- Windows XP Professional und Windows XP Home Edition Service Pack 1 oder 2

- Windows 2000 Professional Service Pack 3 oder 4, Windows 2000 Server Service Pack 3 oder 4, Windows 2000 Advanced Server Service Pack 3 oder 4

**VMware ACE (Laufzeitumgebung):**

- Windows Server 2003 Web Edition, Windows Server 2003 Standard Edition, Windows Server 2003 Enterprise Edition
- Windows XP Professional und Windows XP Home Edition Service Pack 1 oder 2
- Windows 2000 Professional Service Pack 3 oder 4, Windows 2000 Server Service Pack 3 oder 4, Windows 2000 Advanced Server Service Pack 3 oder 4

**Als Gast-Betriebssystem (virtuelle Maschine):**

- Windows, Codename Longhorn, beta (experimentell)
- Windows Server 2003 Web Edition, Windows Server 2003 Standard Edition, Windows Server 2003 Enterprise Edition
- Windows XP Professional und Windows XP Home Edition Service Pack 1 oder 2
- Windows 2000 Professional Service Pack 1, 2, 3 oder 4; Windows 2000 Server Service Pack 1, 2, 3 oder 4; Windows 2000 Advanced Server Service Pack 3 oder 4
- Windows NT Workstation 4.0 Service Pack 6a, Windows NT Server 4.0 Service Pack 6a, Windows NT 4.0 Terminal Server Edition Service Pack 6
- Windows Me
- Windows 98 und Windows 98 SE
- Windows 95
- Windows for Workgroups 3.11
- Windows 3.1
- MS-DOS 6.x
- Mandrake Linux 8.2, 9.0
- Red Hat Linux 7.0, 7.1, 7.2, 7.3, 8.0, 9.0
- Red Hat Enterprise Linux 2.1, 3.0
- Red Hat Linux Advanced Server 2.1
- SuSE Linux 7.3, 8.0, 8.1, 8.2, 9.0, 9.1
- SLES 7, 7 patch 2, 8
- Turbolinux Server 7.0, Enterprise Server 8, Workstation 8
- NetWare 5.1, 6, 6.5

- Solaris x86 Platform Edition 9 (experimentell), 10 beta (experimentell)
- FreeBSD 4.0–4.6.2, 4.8, 5.0

### 3.3.4 Administrationsmöglichkeiten

Einen Remotezugriff auf die laufende virtuelle Maschine ist nicht möglich. Allerdings kann die Konfiguration und Verwaltung über verschiedenste zentral abgelegte Policies abgewickelt werden. Mit diesen Policies lassen sich Netzwerkzugriff, Benutzerumgebung, Ablaufdatum und vieles mehr den betreffenden VMware ACE-Laufzeitumgebungen zuweisen.

### 3.3.5 Einsatzgebiete

- Entwicklungsabteilungen
- Testumgebungen
- Helpdesk
- Außendienst
- externe Mitarbeiter oder Berater
- Home Office
- mobile Geräte (Notebook)

## 3.4 VMware GSX

VMware GSX ist der kleine Bruder innerhalb der Familie der VMware-Serverprodukte. Als Wirt-Betriebssystem dient Microsoft Windows Server oder Linux. Im Vergleich zu VMware ESX wird eine deutlich größere Vielfalt an Hardware auf dem Wirt-System unterstützt, genau genommen alles, was auch auf dem Host-System unterstützt wird. Dieses Produkt bietet unter anderem eine Fernsteuerung über eine Remote Console und die Nutzung von Skripten. Eine Fernadministration kann über eine Weboberfläche abgewickelt werden. Es werden deutlich mehr Ressourcen (Prozessoren, Hauptspeicher) unterstützt, die den virtuellen Maschinen zur Verfügung gestellt werden können. Des Weiteren können VMware GSX Server in das VMware Virtual Center integriert werden, was eine zentrale Verwaltung vieler VMware GSX- und VMware ESX Server ermöglicht.

VMware GSX wird sehr gerne als Einstieg in die Servervirtualisierung gewählt, da die Kosten sich in Grenzen halten. Vielfach wird VMware GSX, nachdem man sich von den Vorteilen der Servervirtualisierung überzeugen hat lassen, von seinem großen Bruder VMware ESX abgelöst, der seinerseits ein Mehr an Funktionalität und Geschwindigkeit bietet.

### 3.4.1 Anforderungen und Begrenzungen

- 733 MHz x86-kompatibler Prozessor (AMD, Intel auch 64 Bit)
- Mehrprozessorsysteme werden unterstützt.
- Unterstützung von Dual-Core-Prozessoren (Dual-Core-Prozessoren werden als EIN Prozessor lizenziert)
- 512 MB RAM (Wirt-System) + RAM für virtuelle Maschinen (maximal 4 GB werden insgesamt unterstützt, maximal 3,6 GB RAM in einer virtuellen Maschine)
- 16 Bit-Grafikkarte (unter Linux muss Xfree86 die Grafikkarte unterstützen!)
- 130 MB Festplattenspeicher (Wirt-Betriebssystem Windows), 20 MB Festplattenspeicher (Wirt-Betriebssystem Linux) + Festplattenspeicher für die virtuellen Maschinen + Festplattenplatz für VMware Management Interface, VMPerl API und Virtual Machine Console
- IDE/SCSI-Festplatten und CD-/DVD-ROM-Laufwerke werden unterstützt.
- Alle Ethernetkarten, die unter dem Wirtbetriebssystem funktionieren, werden unterstützt. Bei Nicht-Ethernetkarten wird über ein virtuelles NAT eine Netzwerkverbindung unterstützt.
- Unterstützung von maximal 64 GB Hauptspeicher unter Windows- und Linux-Wirt-Betriebssystemen, die über large Memory oder über PAE verfügen. 4 GB werden maximal für nicht PAE Windows oder Linux-Wirt-Systeme unterstützt. Nur 2 GB bei Linux-Wirt-Systemen mit einem 2.2.x Kernel.
- Unter Linux muss ein X Server mit X11R6-Spezifikation lauffähig sein und eine Grafikkarte, die Vollbildmodus innerhalb der virtuellen Maschine erlaubt. Unterstützt wird XFree86 3.3.4 und höher (nur für VMware Virtual Machine Console).
- Statische IP-Adresse wird empfohlen

### 3.4.2 Funktionsumfang

**VMware GSX:**

- Web-Administrationsoberfläche
- VMware Virtual Machine Console
- Integration in Virtual Center möglich
- Programmierinterface – VMPerl API
- bis zu 64 virtuelle Maschinen gleichzeitig möglich
- verschiedene Skripte bei Ereignissen der virtuellen Maschine (Start/Stopp etc.)

**Virtuelle Maschine:**

- gleicher Prozessor wie Wirt-System, 64 Bit-Prozessor läuft im 32-Bit legacy mode – nur Einprozessor
- Intel 440BX Motherboard Chipsatz
- bis zu 3,6 GB Hauptspeicher pro virtuelle Maschine
- Maximal 4 GB RAM werden auf dem Wirt unterstützt.
- bis zu vier IDE-Geräte
- virtuelle IDE-Festplatten bis zu einer Größe von 128 GB
- bis zu 60 SCSI-Geräte an vier SCSI-Kontrollern
- virtuelle SCSI-Festplatten bis zu einer Größe von 256 GB
- CD-ROM oder DVD-ROM, Bandlaufwerke, Scanner
- CD-ROM können physikalische Laufwerke oder CD-Images sein
- Festplatten können sowohl physikalische als auch virtuelle Festplatten sein
- VGA und SVGA mit VESA BIOS-Unterstützung
- bis zu zwei 1,44 MB-Diskettenlaufwerke
- Disketten können physikalische Laufwerke oder Disketten Images sein
- bis zu vier serielle (COM-)Ports, Ausgang physikalisch oder in eine Datei auf dem Wirt-System möglich
- zwei Port USB 1.1 UHCI-Controller; unterstützt USB-Drucker, Scanner, PDAs, Festplattenlaufwerke, Speicherkartenleser und Digitalkameras
- bis zu zwei bidirektionale Parallelports (LPT)
- 104-Tasten-Tastatur (mit Windows-Tastenerweiterung)
- PS/2-Maus
- bis zu vier virtuelle Netzwerkkarten, die mit AMD PCnet-PCI II kompatibel sind
- Creative Labs Sound Blaster-, Audio PCI-kompatibler Soundkarten Ein- und Ausgang
- Phoenix BIOS 4.0 Release 6-based VESA BIOS mit DMI Version 2.2/SMBIOS
- neun virtuelle Ethernet Switches (drei sind allerdings schon für für Bridged-, Host-only- und NAT-Netzwerke reserviert).
- virtueller DHCP-Server
- virtuelle NAT-Unterstützung, die TCP/IP, FTP, DNS, http, Telnet und Netlogon Clientsoftware unterstützt
- verschiedene Festplattenmodi, persistent, non-persistent, append, discard

- Durch die VMware Tools, die innerhalb der virtuellen Maschine installiert werden, sind u.a. Features wie Drag&Drop, erhöhte Mausgeschwindigkeit und Zeitsynchronisation möglich. Zudem werden speziell auf die virtuelle Hardware abgestimmte Treiber installiert, die eine bessere Performance garantieren. VMware Tools sind sowohl für Microsoft-Gast-Betriebssysteme als auch für Linux-Gast-Betriebssysteme verfügbar. Darüber hinaus wird eine Anwendung names Shared Folder installiert, die Ihnen einen Ordner zwischen Wirt und Gast zur Verfügung stellt.

### 3.4.3 Unterstützte Betriebssysteme

**Als Wirt-Betriebssystem:**

64 Bit-Server:

- Microsoft Windows Server 2003 x64 Edition
- Microsoft Windows Server 2003 Enterprise Edition, inkl. SP1
- Microsoft Windows Server 2003 Standard Edition, inkl. SP1
- Microsoft Windows Server 2003 Web Edition, inkl. SP1
- Red Hat Enterprise Linux 4.0 AS – stock 2.6.9-5.EL kernel
- Red Hat Enterprise Linux 4.0 ES – stock 2.6.9-5.EL kernel
- Red Hat Enterprise Linux 4.0 WS – stock 2.6.9-5.EL kernel
- Red Hat Enterprise Linux 3.0 AS – update 2.4.21-15 kernel
- Red Hat Enterprise Linux 3.0 ES – update 2.4.21-15 kernel
- Red Hat Enterprise Linux 3.0 WS – update 2.4.21-15 kernel
- SUSE LINUX Enterprise Server 9 – stock 2.6.5-7.97 kernel, Service Pack 1 2.6.5-7.139 kernel
- SuSE Linux Enterprise Server 8 – stock 2.4.19, update 2.4.21-138 und patch 3 kernel

32 Bit-Server:

- Microsoft Windows Server 2003 Enterprise Edition, inkl. SP1
- Microsoft Windows Server 2003 Standard Edition, inkl. SP1
- Microsoft Windows Server 2003 Web Edition, inkl. SP1
- Microsoft Windows 2000 Advanced Server, Service Pack 3 oder Service Pack 4
- Microsoft Windows 2000 Server, Service Pack 3 oder Service Pack 4
- Mandrake Linux 9.2 – stock 2.4.22-10mdk kernel
- Mandrake Linux 9.0 – stock 2.4.19-16mdk, update 2.4.19-32mdk kernel

- Mandrake Linux 8.2 – stock 2.4.18-6mdk kernel
- Red Hat Enterprise Linux 4.0 AS – stock 2.6.9-5.EL kernel
- Red Hat Enterprise Linux 4.0 ES – stock 2.6.9-5.EL kernel
- Red Hat Enterprise Linux 4.0 WS – stock 2.6.9-5.EL kernel
- Red Hat Enterprise Linux 3.0 AS – stock 2.4.21-4, update 2.4.21-9, 2.4.21-9.0.1, 2.4.21-15 kernel
- Red Hat Enterprise Linux 3.0 ES – stock 2.4.21-4, update 2.4.21-9, 2.4.21-9.0.1, 2.4.21-15 kernel
- Red Hat Enterprise Linux 3.0 WS – stock 2.4.21-4, update 2.4.21-9, 2.4.21-9.0.1, 2.4.21-15 kernel
- Red Hat Enterprise Linux AS 2.1 – stock 2.4.9-3, 2.4.9-e.24summit, update 2.4.9-e.38, 2.4.9-e.40 kernel
- Red Hat Enterprise Linux ES 2.1 – update 2.4.9-16, 2.4.9-e.24summit, 2.4.9-e.38, 2.4.9-e.40 kernel
- Red Hat Enterprise Linux WS 2.1 – update 2.4.9-16, 2.4.9-e.38, 2.4.9-e.40 kernel
- Red Hat Linux 9.0 – update 2.4.20-8, 2.4.20.9, 2.4.20-13, 2.4.20-18, 2.4.20-28, 2.4.20-30.9, 2.4.20-31.9 kernel
- Red Hat Linux 8.0 – stock 2.4.18-14, update 2.4.18-17, 2.4.18-18, 2.4.18-19, 2.4.18-27, 2.4.20-13, 2.4.20-18 kernel
- Red Hat Linux 7.3 – stock 2.4.18-3, update 2.4.9-6, 2.4.9-34, 2.4.18-5, 2.4.18-10, 2.4.18-17, 2.4.18-18, 2.4.18-19, 2.4.18-27, 2.4.20-13, 2.4.20-18 kernel
- Red Hat Linux 7.2 – stock 2.4.7-10, update 2.4.9-6, 2.4.9-7, 2.4.9-13, 2.4.9-21, 2.4.9-31, 2.4.9-34, 2.4.18-17, 2.4.18-18, 2.4.18-19, 2.4.18-27, 2.4.20-13, 2.4.20-18 kernel
- Red Hat Linux 7.1 – stock 2.4.2-2, update 2.4.3-12, 2.4.9-6, 2.4.9-34, 2.4.18-17, 2.4.18-18, 2.4.18-19, 2.4.18-27, 2.4.20-13, 2.4.20-18 kernel
- SUSE LINUX Enterprise Server 9 – stock 2.6.5-7.97 kernel, Service Pack 1 2.6.5-7.139 kernel
- SuSE Linux Enterprise Server 8 – stock 2.4.19, update 2.4.21-138, 2.4.21-143, 2.4.21-215 und patch 3 kernel
- SuSE Linux Enterprise Server 7 – stock 2.4.7 und patch 2, update 2.4.18 kernel
- SUSE LINUX 9.3 – stock 2.6 kernel
- SUSE LINUX 9.2 – update 2.6.8-24.10, 2.6.8-25 kernels

- SUSE LINUX 9.1 – stock 2.6.4-52 kernel
- SUSE LINUX 9.0 – stock 2.4.21-99, update 2.4.21-166 kernel
- SuSE Linux 8.2 – stock 2.4.20 kernel
- SuSE Linux 8.1 – update 2.4.19. update 2.4.19-175 kernel
- SuSE Linux 8.0 – stock 2.4.18 kernel
- SuSE Linux 7.3 – stock 2.4.10, update 2.4.18 kernel
- Turbolinux Server 8.0 – stock 2.4.18-1, update 2.4.18-17 kernel
- Turbolinux Workstation 8.0 – stock 2.4.18-1, update 2.4.18-17 kernel
- Turbolinux Server 7.0 – stock 2.4.5-3, update 2.4.18-17 kernel

**Die VMPerl API benötigt Perl 5.005x oder höher.**

**Das VMware Management Interface benötigt einen der folgenden Browser:**

- Internet Explorer 5.5 or 6.0 (6.0 empfohlen)
- Netscape Navigator 7.0
- Firefox 1.x
- Mozilla 1.x

**Als Gast-Betriebssystem (virtuelle Maschine):**

- Microsoft Windows Codename Longhorn (experimentell)
- Windows Server 2003 Web Edition, Windows Server 2003 Standard Edition, Windows Server 2003 Enterprise Edition, Windows Server 2003 Small Business Server inklusive Service Pack 1
- Windows XP Professional und Windows XP Home Edition, including Service Pack 1 und Service Pack 2
- Windows 2000 Professional, Windows 2000 Server und Windows 2000 Advanced Server; inklusive Service Pack 1, Service Pack 2, Service Pack 3 und Service Pack 4 und Windows 2000 Professional Service Pack 4
- Windows NT 4.0 Server Service Pack 6a, Windows NT Workstation 4.0, Service Pack 6a, Windows NT 4.0 Terminal Server Edition Service Pack 6a
- Windows Me
- Windows 98 und Windows 98 SE
- Windows 95
- Windows for Workgroups 3.11
- Windows 3.1

- MS-DOS 6.22
- Mandrake Linux 8.0, 8.1, 8.2, 9.0, 9.1, 9.2, 10.0 und 10.1
- Red Hat Enterprise Linux (AS, ES, WS) 2.1, Red Hat Enterprise Linux (AS, ES, WS) 3.0, Red Hat Enterprise Linux (AS, ES, WS) 3.0 Update 4, Red Hat Enterprise Linux (AS, ES und WS) 4.0
- Red Hat Linux 6.2, 7.0, 7.1, 7.2, 7.3, 8.0, 9.0
- SuSE Linux Enterprise Server 7 (inklusive patch 2), 8 (inklusive patch 3)
- SuSE Linux 7.3, 8.0, 8.1, 8.2, 9.0, 9.1, 9.2, experimentell 9.3
- Turbolinux Server 7.0, 8.0, Workstation 8.0
- NetWare 4.2 Support Pack 9, 5.1 Support Pack 6, 6.0 Support Pack 3 und 6.5 Support Pack 1
- Solaris x86 Platform Edition 9 und 10 (beide experimentell)
- FreeBSD 4.0-4.6.2, 4.8, 4.9, 5.0, 5.2

### 3.4.4 Administrationsmöglichkeiten

Es ist sowohl eine lokale Administration der virtuellen Maschinen als auch eine Fernsteuerung der virtuellen Maschinen möglich. Gleiches gilt für die Einstellungen des GSX Servers selbst, der remote über die Weboberfläche gesteuert werden kann.

Durch die Programmierschnittstelle ist es problemlos mittels Perl und anderen Programmiersprachen möglich, Informationen über den VMware GSX Server, aber auch über alle darauf laufenden virtuellen Maschinen auszulesen. Konfigurationsänderungen können ebenfalls über die Programmierschnittstelle vorgenommen werden.

### 3.4.5 Virtual Center

Durch die Integration in das VirtualCenter, für die der Erwerb einer Lizenz Voraussetzung ist, kann man sämtliche VMware GSX Server und die darauf laufenden virtuellen Maschinen zentral auf einen Blick überprüfen und verwalten. Eine Integration des VMware GSX Servers ist seit der Version 3.1 möglich.

### 3.4.6 Einsatzgebiet

- kleine und mittlere Unternehmen mit kleineren VMware-Serverlandschaften
- größere Testumgebungen
- Entwicklungsabteilungen

- Einstiegssoftware für die Servervirtualisierung zur Vorbereitung auf VMware ESX
- Laborumgebungen

## 3.5 VMware ESX

VMware ESX ist das derzeit beste und fortschrittlichste Servervirtualisierungsprodukt auf dem Markt. Meines Wissens gibt es kein anderes Virtualisierungsprodukt, das nur annähernd die Funktionen und Geschwindigkeiten eines VMware ESX Servers erreicht. Dieses Produkt ist zwar von den Lizenzkosten her das teuerste Produkt, aber es amortisiert sich schnell. VMware ESX bringt sein Wirt-Betriebssystem gleich mit und erhöht damit die vom Wirt-System den virtuellen Maschinen zur Verfügung gestellte Leistung. Während VMware GSX ca. 70–90 % der Wirtleistung an die virtuellen Maschinen übergibt, gelingt es VMware ESX auf ca. 83–98 % zu kommen. Allerdings hat dieses Mehr an Geschwindigkeit einen Haken, denn es werden deutlich weniger Geräte auf dem Wirt-System unterstützt. Auf der sicheren Seite ist man mit der für VMware ESX zertifizierten Hardware, die man auf der VMware-Webseite nachlesen kann. Neben dem Geschwindigkeitsvorteil von VMware ESX ist ein weiterer zu nennen: Die Ressourcen der virtuellen Maschinen können eingeschränkt und es kann ihnen eine unterschiedliche Priorität verliehen werden. Ein weiteres Alleinstellungsmerkmal ist die Möglichkeit, Dualprozessor-VMs anzulegen, können doch alle anderen Virtualisierungsprodukte nur mit einem Prozessor innerhalb der virtuellen Maschine umgehen. Mittels SAN-Anbindung und VirtualCenter ist es über die VMotion-Technologie möglich, virtuelle Maschinen ohne Ausfallzeit von einem VMware ESX Server zu einem anderen hin zu übertragen. Wie bereits erwähnt, kann VMware ESX natürlich voll in das VirtualCenter integriert werden. VMware ESX besitzt zudem alle auch unter VMware GSX verfügbaren Fernadministrations- und Fernsteuerungsmechanismen. VMware ESX gibt es in mehreren Lizenzstufen, die auf die Anzahl der Prozessoren im Wirt-System hin ausgelegt sind.

### 3.5.1 Anforderung und Einschränkungen

Innerhalb der nächsten Zeilen werden Sie einige Begriffe finden, die Ihnen wahrscheinlich nichts sagen, da Sie noch keinerlei Erfahrungen mit den Interna des VMware ESX-Systems sammeln konnten. Notieren Sie sich diese Begriffe am besten, denn im Laufe des Buches werden sie genauer erklärt.

- 2–16 Prozessoren: Intel 900MHz Pentium III Xeon und höher, oder AMD Opteron (in 32 Bit Mode). Maximal 8 virtuelle CPUs pro physikalische CPU. Maximal 80 virtuelle CPUs pro VMware ESX Server.

- 512 MB RAM minimum (mindestens 192 MB werden für die Service Console benötigt, 24 MB für den VMkernel) ) + RAM für virtuelle Maschinen (maximal 3,6 GB RAM in einer virtuellen Maschine); maximal 64 GB RAM pro VMware ESX Server.
- Zwei oder mehr Ethernet-Adapter. Um die Sicherheit und Performance zu erhöhen, werden getrennte Adapter für Service Console und VMkernel empfohlen. Zudem sollten für sensible virtuelle Maschinen seperate Netzwerkkarten zur Verfügung stehen. Folgende Netzwerkkarten werden unterstützt:
    - Broadcom NetXtreme 570x Gigabit Adapter
    - Intel PRO/100 Adapter
    - Intel PRO/1000 Adapter
    - 3Com 9xx basierende Adapter

  SCSI-Adapter, FibreChannel-Adapter oder interner RAID-Controller. Darüber hinaus eine unpartitionierte SCSI-Festplatte oder Fibre Channel LUN. In der minimalsten Ausführung müssen sich Service Console und VMkernel die Festplatte oder Fibre Channel LUN teilen. Empfohlen werden je ein Disk-Controller für Service Console und VMkernel, um eine maximale Performance zu gewährleisten.

  Folgende Adapter werden unterstützt:
    - Adaptec Ultra-160 und Ultra-320
    - LSI Logic Fusion-MPT
    - NCR/Symbios SCSI adapters
    - HP Smart Array
    - Dell PercRAID
    - Adaptec RAID
    - LSI MegaRAID
    - IBM ServeRAID
    - Intel RAID
    - Mylex RAID
    - Emulex FibreChannel
    - QLogic FibreChannel
- maximal 16 HBA (Host Bus Adapter = SCSI oder FibreChannel-Adapter) in einem VMware ESX Server-System
- maximal 128 logical unit numbers (LUNs) pro Storage Array

- maximal 128 LUNs pro VMware ESX Server-System
- maximal 128 VMFS volumes pro VMware ESX Server-System
- maximal 8 VMkernel Swap Dateien mit einer maximalen Dateigröße von 64 GB
- maximal 64 Adapter pro VMware ESX-System, inklusive der Massenspeicher und Netzwerkadapter
- maximal 8 Gigabit Ethernet Ports pro VMware ESX-System
- maximal 16 10/100 Ethernet Ports pro VMware ESX-System
- maximal 32 virtuelle Maschinen pro virtuelle Netzwerkkarte (vmnic oder vmnet)

### 3.5.2 Funktionsumfang

**VMware ESX:**

- Web-Administrationsoberfläche
- VMware Remote Console
- Integration in VirtualCenter möglich
- Programmierinterface – VMPerl API, C#, VB .Net
- bis zu 80 virtuelle CPUs gleichzeitig möglich
- VMotion in Verbindung mit einem Storage Area Network und VMware Virtual Center möglich
- verschiedene Skripte bei Ereignissen der virtuellen Maschine (Start/Stopp etc.)
- automatisches und manuelles Ressourcenmanagement der virtuellen Maschine bzgl. Prozessor, Hauptspeicher, Festplatten I/O, Netzwerk (Output).
- Memory Overcommitment (der virtuellen Maschine mehr Hauptspeicher zuweisen als phyikalisch auf dem Host verhanden ist)
- Transparent page sharing (das Wirt-System kann gleiche Hauptspeicherbereiche unter den virtuellen Maschinen teilen und damit insgesamt Hauptspeicher sparen)
- Dualprozessor VMs möglich
- verschiedene Clusterformen der virtuellen Maschine möglich
- monolithisches Dateisystem, optimiert für große Dateien (Festplattendateien der virtuellen Maschine)
- Unterstützung von Hyperthreading

- besondere Unterstützung für Citrix-Terminalserver
- Memory Ballooning (deallokiert Hauptspeicher zwischen VMs)

**Virtuelle Maschine:**

- gleicher Prozessor wie Wirt-System
- Ein oder zwei virtuelle Prozessoren pro virtuelle Maschine. Um eine Dualprozessormaschine anzulegen, muss das Wirt-System mindestens über zwei Prozessoren verfügen, und es muss eine VMware Virtual SMP-Lizenz vorhanden sein.
- Intel 440BX Motherboard Chipsatz
- vier HBAs (SCSI) pro virtuelle Maschine
- 15 Anschlüsse pro HBA (Festplatte, LUN etc.)
- 60 Anschlüsse pro virtuelle Maschine (Festplatte, LUN etc.)
- 256 Anschlüsse insgesamt für alle virtuellen Maschinen (Festplatte, LUN etc.)
- Bis zu 3,6 GB Hauptspeicher pro virtuelle Maschine
- Phoenix BIOS 4.0 Release 6-based VESA BIOS
- 9 TB pro virtuelle Festplatte
- maximal vier virtuelle Ethernet-Adapter pro virtuelle Maschine
- jede virtuelle Maschine hat maximal fünf virtuelle PCI-Steckplätze
- zwei 1,44 MB Diskettenlaufwerke pro virtuelle Maschine
- zwei CD/DVD Laufwerke pro virtuelle Maschine
- zwei serielle Anschlüsse pro virtuelle Maschine
- ein paralleler (LPT) Anschluss pro virtuelle Maschine
- verschiedene Festplattenmodi, persistent, non-persistent, append, discard
- Durch die VMware Tools, die innerhalb der virtuellen Maschine installiert werden, sind u.a. Features wie Drag&Drop, erhöhte Mausgeschwindigkeit und Zeitsynchronisation möglich. Zudem werden speziell auf die virtuelle Hardware abgestimmte Treiber installiert, die eine bessere Performance garantieren. Unter VMware ESX wird zusätzlich ein anderer Speicherverwaltungstreiber installiert, mit dem Funktionen wie das vormals erwähnte Memory Ballooning möglich werden. VMware Tools sind sowohl für Microsoft- als auch für Linux-Gast-Betriebssysteme verfügbar.

### 3.5.3 Unterstützte Betriebssysteme

Da das Wirt-Betriebssystem immer mitgeliefert wird, entfällt hier der Punkt Wirt-Betriebssysteme.

**Als Gast-Betriebssystem (virtuelle Maschine):**

- Windows Server 2003 (Standard, Enterprise, Web Editions, und Small Business Server)*
- Windows 2000 Server und Advanced Server (Service Pack 3 oder 4)*
- Windows NT 4.0 Server (Service Pack 6a)
- Windows XP Professional (Service Pack 1 oder 2)
- Red Hat Linux 7.3 und 8.0
- Red Hat Linux 7.2 und 9.0*
- Red Hat Enterprise Linux 2.1 (Update 5) und 3 (Update 3)*
- SUSE Linux 8.2
- SUSE Linux 9.0, und 9.1*
- SUSE Linux Enterprise Server (SLES) 8 und 9*
- Novell NetWare 6.5 (Support Pack 2) 5, 6.0 (Support Pack 5) und 5.1 (Support Pack 7)
- FreeBSD 4.9

* diese Betriebssysteme unterstützen virtual SMP

### 3.5.4 Administrationsmöglichkeiten

Die komplette Konfiguration des VMware ESX Servers als auch der virtuellen Maschinen ist über das MUI (Management User Interface), die Webschnittstelle möglich. Zudem können über die Service Console Informationen ausgelesen und Einstellungen verändert werden. Je nach Sicherheitseinstellung ist ein Zugriff über Telnet oder SSH möglich.

Durch die komplette Integration in das VirtualCenter sind erweiterte Funktionen wie VMotion (Lizenz vorausgesetzt) vorhanden. Die Fernsteuerung der virtuellen Maschinen ist über die VMware Remote Console und das VirtualCenter möglich.

Durch die Programmierschnittstelle können mittels verschiedener Programmiersprachen problemlos Informationen über den VMware ESX Server aber auch alle darauf laufenden virtuellen Maschinen ausgelesen oder Konfigurationsänderungen vorgenommen werden.

### 3.5.5 VirtualCenter, VMotion, virtual SMP

Alle drei Funktionalitäten setzen eine Lizenz voraus. Hinzu kommt ein physikalisches System für den VirtualCenter Server.

VMware ESX kann vollkommen in das VirtualCenter integriert werden und unterstützt dann einen gemeinsamen Plattenspeicher (SAN), VMotion vorausgesetzt. Unter VMotion versteht man das Verschieben laufender virtueller Maschinen zwischen VMware ESX-Systemen. Virtual SMP bedeutet das Zuweisen von zwei virtuellen CPUs innerhalb einer virtuellen Maschine.

### 3.5.6 Einsatzgebiet

- komplexe virtuelle Infrastrukturen
- hochsichere virtuelle Infrastrukturen
- ausfallsichere virtuelle Systeme
- hochperformante virtuelle Infrastrukturen
- sehr große Testumgebungen
- große Produktivumgebungen, die bei Banken, Versicherungen oder Webagenturen zu finden sind
- Universitätsumgebungen
- Laborumgebungen

## 3.6 Microsoft Virtual PC

Dieses Produkt wurde von dem Unternehmen Connectix ursprünglich für den Apple Macintosh-Bereich konzipiert. Allerdings mit derselben Zielsetzung, die auch das VMware-Produkt verfolgte, nämlich eine virtuelle Umgebung mit virtuellen Maschinen innerhalb eines Systems zu schaffen. Später wurde dieses Produkt auch auf die Microsoft-Betriebssysteme portiert. Ein Unterscheidungsmerkmal zu VMware war immer schon die Lauffähigkeit von IBM OS/2 innerhalb der virtuellen Maschine. 2003 wurde das Connectix-Produkt von Microsoft aufgekauft und in das Produktportfolio integriert. Wegen der fehlenden Linux-Unterstützung hat dieses Produkt einen kleineren Interessentenkreis als VMware Workstation. Auch die Leistungsfähigkeit liegt unter der von VMware Workstation, was verschiedene Tests von unabhängiger Seite mehrfach gezeigt haben. Allerdings ist es preislich deutlich günstiger als VMware Workstation.

### 3.6.1 Anforderungen und Einschränkungen

- x86-Architektur 1 GHz Prozessor, 32-Bit Intel oder AMD, es werden keine 64 Bit-Betriebssysteme unterstützt.
- 256 MB RAM + RAM für virtuelle Maschinen (maximal 4 GB werden insgesamt unterstützt, maximal 3,6 GB RAM in einer virtuellen Maschine)
- keine Unterstützung von Mehrprozessorumgebungen, allerdings ist das Produkt trotzdem lauffähig
- CD- oder DVD-Laufwerk
- SVGA-Monitor, 800 × 600 oder höher

### 3.6.2 Funktionsumfang

**Virtuelle Maschine:**

- gleicher Prozessor wie Wirt-System, keine Mehrprozessorumgebung
- bis zu vier virtuelle Netzwerkkarten
- drei verschiedene Netzwerkkarten innerhalb der virtuellen Maschine, physikalische Netzwerkkarte des Hosts, Microsoft Loop Back Adapter oder NAT
- vier verschiedene virtuelle Netzwerke
- not connected
- local only (ein Netzwerk zwischen dem Wirt und den virtuellen Maschinen auf dem Wirt)
- virtual networking (vergleichbar mit dem Bridged Mode von VMware, es wird direkt mit dem physikalischen Adapter des Wirts gearbeitet)
- S3 Trio-Grafikkarte
- Intel/DEC 21140 Netzwerkkarte
- Soundblaster 16 ISA PnP-Soundkarte
- Intel 440BX Motherboard Chipsatz
- kein Support von USB oder Firewire
- keine SCSI-Unterstützung
- der phyikalische LPT1-Anschluss wird benutzt
- zwei virtuelle serielle Anschlüsse
- CD-/DVD-Laufwerk, physikalisch oder Image
- bis zu 4 GB RAM insgesamt für alle virtuellen Maschinen, maximal 3,6 GB RAM innerhalb einer virtuellen Maschine

- Durch die Installation von Additions innerhalb der virtuellen Maschine sind erweiterte Funktionen wie Drag&Drop, erhöhte Mausgeschwindigkeit und Zeitsynchronisation möglich. Diese Additions sind nur für Microsoft-Gast-Betriebssysteme verfügbar.
- Innerhalb der virtuellen Maschine können virtuelle und physikalische Festplatten angeschlossen werden.
- vier IDE-Geräte, davon maximal drei Festplatten und eine Wiederherstellungsfestplatte
- maximal 128 GB Festplattengröße
- zwei Festplattenmodi werden unterstützt, Differencing und Undo
- Hauptspeicher kann angepasst werden, je nachdem, ob eine virtuelle Maschine im Vorder- oder im Hintergrund läuft
- Es können Sicherheitseinstellungen festgelegt werden, damit nur ein Benutzer mit lokalen Administrationsrechten Änderungen an der Konfiguration einer virtuellen Maschine vornehmen kann.

### 3.6.3 Unterstützte Betriebssysteme

**Microsoft Virtual PC:**

- Microsoft Windows XP
- Microsoft Windows 2000 Professional

**Als Gast-Betriebssystem (virtuelle Maschine):**

- Windows XP
- Windows 2000 Professional
- Windows NT 4.0 Workstation (Service Pack 6a)
- Windows ME
- Windows 98
- Windows 95
- MS-Dos 6.22
- OS/2 Warp 4

Wie man liest, ist auch Linux-Derivat lauffähig, aber es wird von Microsoft innerhalb dieses Produkts nicht unterstützt.

### 3.6.4 Administrationsmöglichkeiten

Das Produkt an sich unterstützt nur lokale Administration des Microsoft Virtual Servers und der virtuellen Maschine. Natürlich stehen trotzdem die Werkzeuge, die das Wirt- oder Gast-Betriebssystem bereithält, zur Verfügung.

### 3.6.5 Einsatzgebiet

Dieses Produkt ist wie auch VMware Workstation nur für den Einzelplatz gedacht. Da weder eine Linux-Unterstützung des Wirt-Systems noch des Gast-Betriebssystems vorhanden ist, kann es für manche Entwicklungsabteilung weniger interessant sein.

- Entwicklungsabteilungen
- Testumgebungen
- Vorbereitung der virtuellen Maschine zum späteren Migrieren auf Microsoft Virtual Server
- Helpdesk

## 3.7 Microsoft Virtual Server

Dies ist das Serverprodukt aus der Microsoft Virtual-Reihe. Es ist im Vergleich zu VMware GSX, mit dem es am ehesten vergleichbar ist, noch recht jung. Es hat trotzdem einen sehr guten Funktionsumfang und liegt preislich deutlich unter dem Niveau der VMware-Konkurrenten. Im Gegensatz zu Virtual PC ist ein webbasiertes Remote Management möglich, und es existiert eine Programmierschnittstelle, um den Microsoft Virtual Server und dessen virtuelle Maschinen auszulesen und zu verwalten. Microsoft Virtual Server ist in zwei Versionen verfügbar: Standard Edition und Enterprise Edition, die sich durch die Unterstützung der Prozessorenanzahl innerhalb des Wirt-Systems unterscheiden. Auch hier fehlt eine Linux-Unterstützung, was für manche Unternehmen schon ein KO-Kriterium darstellen kann.

### 3.7.1 Anforderungen und Einschränkungen

Da nur Windows 2003 Server als Wirt-System unterstützt wird, müssen die Hardwareanforderungen von Windows 2003 Server erfüllt werden.

- x86-Architektur 1 GHz Prozessor, 32 Bit Intel oder AMD, es werden keine 64 Bit-Betriebssysteme unterstützt.
- 256 MB RAM + RAM für virtuelle Maschinen (maximal 4 GB werden insgesamt unterstützt, maximal 3,6 GB RAM in einer virtuellen Maschine)

- Unterstützung von Mehrprozessorumgebungen bis zu vier Prozessoren (Standard Edition) und bis zu 32 Prozessoren (Enterprise Edition)
- 2 GB Festplattenspeicher + Festplattenspeicher für die virtuellen Maschinen
- CD- oder DVD-Laufwerk
- SVGA-Monitor, 800 × 600 oder höher

### 3.7.2 Funktionsumfang

**Microsoft Virtual Server:**

- Webadministrationsschnittstelle
- Programmierinterface – VMPerl API, C#, VB .Net
- Fernsteuerung virtueller Maschinen
- Active Directory-Integration
- Microsoft Operations Manager
- Ressourcenmanagement für Prozessor

**Virtuelle Maschine:**

- gleicher Prozessor wie Wirt-System, keine Mehrprozessorumgebung
- bis zu vier virtuelle Netzwerkkarten
- drei verschiedene virtuelle Netzwerke
- not connected
- host-only (ein Netzwerk zwischen dem Wirt und den virtuellen Maschinen auf dem Wirt)
- virtual networking (vergleichbar mit dem Bridged Mode von VMware, es wird direkt mit dem physikalischen Adapter des Wirts gearbeitet)
- S3 Trio-Grafikkarte
- Intel/DEC 21140 Netzwerkkarte
- Intel 440BX Motherboard Chipsatz
- kein Support von USB oder Firewire
- bis zu vier virtuelle SCSI-Adapter mit jeweils maximal 7 virtuellen Festplatten
- maximale SCSI-Festplattengröße beträgt 2 TB
- vier IDE-Geräte, davon maximal drei Festplatten und eine Wiederherstellungsfestplatte
- maximal 127 GB Festplattengröße bei IDE-Geräten

- Innerhalb der virtuellen Maschine können virtuelle und physikalische Festplatten angeschlossen werden.
- zwei Festplattenmodi werden unterstützt: Differencing und Undo
- CD-/DVD-Laufwerk, physikalisch oder Image
- bis zu 4 GB RAM insgesamt für alle virtuellen Maschinen, maximal 3,6 GB RAM innerhalb einer virtuellen Maschine
- Hauptspeicher kann angepasst werden, je nachdem, ob eine virtuelle Maschine im Vorder- oder im Hintergrund läuft
- der phyikalische LPT1-Anschluss wird benutzt
- zwei virtuelle serielle Anschlüsse
- Durch die Installation von Additions innerhalb der virtuellen Maschine sind erweiterte Funktionen wie Drag&Drop, erhöhte Mausgeschwindigkeit und Zeitsynchronisation möglich. Diese Additions sind nur für Microsoft-Gast-Betriebssysteme verfügbar.
- Es können Sicherheitseinstellungen festgelegt werden, damit nur ein Benutzer mit lokalen Administrationsrechten Änderungen an der Konfiguration einer virtuellen Maschine vornehmen kann.

### 3.7.3 Unterstützte Betriebssysteme

**Microsoft Virtual Server**

- Microsoft Windows 2003 Server

**Als Gast-Betriebssystem (virtuelle Maschine):**

- Windows Server 2003, Standard Edition
- Windows Server 2003, Enterprise Edition
- Windows Server 2003, Web Edition
- Windows Small Business Server 2003
- Windows 2000 Server
- Windows 2000 Advanced Server
- Windows NT Server 4.0 with Service Pack 6a

### 3.7.4 Administrationsmöglichkeiten

Mit der Webadministrationsschnittstelle, die von beliebigen Arbeitsplätzen im Netzwerk erreichbar ist, kann eine zentrale Administration durchgeführt werden. Zudem ist eine Administrationsmöglichkeit über den Microsoft Operations Manager vorhanden, und auch eine Fernsteuerung der virtuellen Maschinen ist möglich.

Mittels der Programmierschnittstelle sind flexible und zeitgesteuerte Administrations- und Auswertungsmöglichkeiten vorhanden. Aufgrund der Active Directory-Integration ist eine Zugriffssteuerung für den Microsoft Virtual Server 2005 möglich.

### 3.7.5 Einsatzgebiet

- kleine und mittlere Unternehmen mit kleineren VMware-Serverlandschaften
- größere Testumgebungen
- Entwicklungsabteilungen
- Einstiegssoftware für die Servervirtualisierung zur Vorbereitung auf VMware ESX
- Laborumgebungen

## 3.8 Sonstige Produkte

Auf die folgenden Produkte gehe ich nur der Vollständigkeit halber ein, da sie sich in letzter Zeit einen Namen gemacht haben. Allerdings sind mir momentan nur Implementierungen im privaten und im kleineren unternehmerischen Umfeld bekannt. Größtes Manko dieser Virtualisierungsprodukte ist das Fehlen einer leicht zugänglicher Administrationssoftware, die auch ferngesteuert werden kann.

### 3.8.1 Serenity Systems International SVISTA

Serenity Systems International (SSI) hat mit dem kommerziellen SVISTA ein Produkt auf den Markt gebracht, das mit VMware Workstation und Microsoft Virtual PC konkurrieren möchte. Die Unterstützung der Gast-Systeme bereitet einige Überraschungen, was dieses Produkt für den entsprechenden Personenkreis sehr interessant macht.

**Unterstützte Betriebssysteme:**

- OS/2 alle Versionen
- eComStation 1.0, 1.1 und 1.2
- MS-DOS alle Versionen
- Windows 95

- Windows NT 3.5x und 4.0
- Windows 2000
- Windows XP
- Windows 2003 Server
- Linux mit 2.2 und 2.4 Kernel
- FreeBSD 4.xx und 5.xx

**Virtualisierte Hardware:**

- Intel Pentium II oder AMD Duron
- Motherboard mit Intel i815 Chipsatz
- bis zu 512MB Hauptspeicher (allerdings nicht mehr als die Hälfte des physikalischen Hauptspeichers des Wirt-Systems)
- VGA und SVGA mit VESA 3.0 Unterstützung
- 1,44 MB Diskettenlaufwerk (Diskettenlaufwerk des Wirts oder Image)
- IDE-Festplatte mit bis zu 32 GB Kapazität (nur über Festplattendatei)
- IDE CD-ROM-Laufwerk (Laufwerk des Wirts oder Image)
- bis zu vier serielle (COM) Anschlüsse
- bis zu drei bidirektionale, parallele (LPT-)Anschlüsse
- virtueller Ethernet-Adapter (RTL8029, NE2000 oder NE2000plus kompatibel)
- virtuelle Token-Ring-Netzwerkkarte
- AC97 kompatible Soundkarte
- 104-Tasten Windows-Tastatur
- PS/2-Maus (mit Rad)

### 3.8.2 Bochs

Dieses Open Source Projekt hat sich ebenfalls zum Ziel gesetzt, eine Virtualisierung auf x86-Architektur zu realisieren. Es werden die gängigsten Prozessoren unterstützt.

Als Wirt-Betriebssystem werden Windows 32-Bit, Linux, BeOS und einige mehr unterstützt. Innerhalb der virtuellen Maschine werden fast alle Microsoft-Betriebssysteme und Linux unterstützt.

Da Bochs ein kompletter Emulator ist und daher nicht nur die die Hardware virtualisiert, ist eine virtuelle Maschine z.B. auch unter MacOS oder Solaris problemlos möglich.

### 3.8.3 User-Mode Linux

Auch User-Mode Linux ist ein OpenSource-Projekt. Mit ihm können allerdings nur Linux-Gäste innerhalb einer Linux-Wirtumgebung virtualisiert werden.

### 3.8.4 Xen

Dieses OpenSource-Projekt hat in letzter Zeit viel von sich reden gemacht. Namhafte Betriebssystementwickler wie IBM, Novell oder RedHat haben mittlerweile ernsthaftes Interesse angemeldet, die Xen-Technologie in ihre Produkte einfließen zu lassen. Die Entwickler von Xen haben, um zukünftig einen besseren Support leisten zu können, das Unternehmen XenSource gegründet.

Im Gegensatz zu der kompletten Hardwarevirtualisierung, wie es bei VMware oder Microsoft Virtual Server der Fall ist, virtualisiert Xen nur hardwareähnliche Schnittstellen. Diese Art der Virtualisierung wird »Paravirtualisierung« genannt.

Momentan ist dieses Produkt ausschließlich für den Testbereich interessant, es deutet sich aber angesichts des Interesses solch namhafter Firmen auch eine Ausbreitung in die Serverwelt an.

Als Wirt-Betriebssystem werden momentan nur Linux und BSD unterstützt. Als Gast-Betriebssystem wird nur Linux toleriert. Ich habe zwar von Windows-Implementationen gelesen, allerdings fehlt hier derzeit die offizielle Unterstützung.

# 4 Auswahl der möglichen virtuellen Maschine

| 4.1 | Welche Server existieren im Unternehmen? | 92 |
| 4.2 | Performancemessung | 94 |
| 4.3 | Welche Server eignen sich zur virtuellen Maschine? | 99 |
| 4.4 | Gesamtkonzept | 103 |

| | |
|---|---|
| 1 | **Einführung** |
| 2 | **Virtuelle Maschinen im Unternehmen** |
| 3 | **Virtualisierungssoftware – eine Marktübersicht** |
| 4 | **Auswahl der möglichen virtuellen Maschine** |
| 5 | **Auswahl der richtigen Virtualisierungssoftware** |
| 6 | **Auswahl der richtigen physikalischen Infrastruktur** |
| 7 | **Installation und Update des Wirt-Systems** |
| 8 | **Verwaltung der Virtualisierungssoftware** |
| 9 | **Virtuelle Netzwerke** |
| 10 | **Virtuelle Festplatten** |
| 11 | **Erstellung einer virtuellen Maschine** |
| 12 | **Verwaltung der virtuellen Maschinen** |
| 13 | **VMware VirtualCenter** |
| 14 | **Skriptierung und Programmierung unter VMware und MS Virtual Server** |
| 15 | **Backup, Restore und Disaster Recovery** |
| 16 | **Templates (VM-Vorlagen)** |
| 17 | **Zusatzsoftware** |
| 18 | **Nützliche Adressen im Web** |

# 4 Auswahl der möglichen virtuellen Maschine

*Es gibt sehr viele verschiedene Serversysteme innerhalb eines Unternehmens, aber welche eignen sich für einer Virtualisierung und welche bringen virtualisiert nur Nachteile?*

Ich habe lange überlegt, welches Thema in diesem Buch zuerst behandelt werden sollte, und stieß dabei auf ein typisches Henne-Ei-Problem: Plane ich erst das Wirt-System und überlege mir dann, welche virtuellen Maschinen darauf sinnvoll laufen können, oder plane ich erst alle virtuellen Maschinen und errechne erst danach den Leistungsbedarf des Wirt-Systems. Hinzu kommt dann noch die Auswahl der Virtualisierungssoftware, mit der es sich ganz ähnlich verhält.

Hier das Ergebnis meiner Gedankenspiele:

- Zuerst sollte man die virtuellen Maschinen planen, um die entsprechenden Anforderungen an die Virtualisierungssoftware und das Wirt-System präzise formulieren zu können.
- Danach sollte eine Virtualisierungssoftware ausgesucht werden, die alle Anforderungen der virtuellen Maschinen erfüllt.
- Anschließend kann man seine Aufmerksamkeit dem Wirt-System und der Infrastruktur widmen.

Mir ist bewusst, dass diese Vorgehensweise aufgrund bestehender IT-Strukturen nicht immer möglich ist; sinnvoll bleibt sie dennoch.

Die Auswahl des richtigen physikalischen Servers zur Virtualisierung kann unter Umständen sehr problematisch sein. Ein typischer Kandidat kann ein Server sein, auf dem nur nachts Jobs mit hoher Systemleistung ablaufen, damit es zu keiner Zeitverzögerung kommt (die wiederum andere Dienste behindern könnten). Andere Server wiederum dümpeln den ganzen Tag bei einer Prozessorauslastung von 1 bis 5 % vor sich hin, arbeiten aber ununterbrochen auf den Festplatten. Man muss viele Aspekte berücksichtigen, um herauszufinden, ob ein Server sich für eine Virtualisierung eignet.

Zu den am schwierigsten zu bewertenden Kandidaten gehören zweifelsfrei jene Server, die in naher Zukunft angeschafft werden sollen, über deren Auslastung man aber keinerlei fundierte Aussagen treffen kann. Dort kann man nur auf Erfahrungen der Entwickler der eingesetzten Software oder auf Berichte in

Zeitschriften und im Internet bauen. Ein gewisser Unsicherheitsfaktor bleibt leider trotzdem bestehen.

## 4.1 Welche Server existieren im Unternehmen?

Dies sollte an erster Stelle stehen: eine Ist-Aufnahme der physikalischen Maschinen und, falls schon entsprechende Planungen existieren, welche zukünftigen Server gebraucht werden. Vor dem weiteren Handeln sollten detailliert Informationen über diese Server gesammelt werden. Diese Datensammlung kann manuell oder unter Zuhilfenahme von Produkten geschehen, die Ihnen gerade diese Aufgaben vereinfachen können (z.B. Platespin Power-Recon). Je sorgfältiger Sie vorgehen, desto leichter fällt Ihnen die Auswahl und spätere Migration der physikalischen Server. Hier ist eine genaue Auswertung zwingend notwendig, da Fehler sich auf den späteren Erfolg einer Servervirtualisierung negativ auswirken können.

Welche Aspekte sind gehören zu den entscheidenden?

- **Prozessortyp**
  - Taktfrequenz
  - Anzahl der Prozessoren
  - besondere Merkmale wie Hyperthreading
  - durchschnittliche Auslastung
  - Auslastungsspitzen
  - Tageszeiten hoher Auslastung
- **Hauptspeicher**
  - Geschwindigkeit
  - Größe des Hauptspeichers
  - durchschnittliche Hauptspeicherauslastung
  - Auslastungsspitzen
  - Zeitpunkte hoher Auslastungen
- **Massenspeicher**
  - Anbindung (IDE, SCSI, FibreChannel)
  - Anzahl der Festplatten und der Kontroller
  - Konfiguration der RAID Sets und Level
  - Geschwindigkeit der Festplatten und der Controller
  - Partitionen (Anzahl, Bootpartitionen)

- Festplattenspeicherplatz pro Partition
- derzeitige Festplattenspeicherbelegung pro Partition
- Abhängigkeit der Programme von Laufwerksbuchstaben
- durchschnittliche Schreib-/Lesezugriffe pro Festplatte bzw. Controller
- Schreib-/Lesezugriffsspitzen pro Festplatte bzw. Controller
- Zeitpunkte hoher Schreib-/Lesezugriffe pro Festplatte bzw. Controller

▶ **Netzwerk**
- Topologie (Token Ring, Ethernet)
- Anzahl der Netzwerkadapter
- Geschwindigkeit der Netzwerkadapter
- Anbindung an unterschiedliche Netzwerke
- Netzwerkzugehörigkeit über VLAN
- Routingfunktionalität des Systems
- durchschnittliche Auslastung pro Netzwerkadapter
- Auslastungsspitzen pro Netzwerkadapter
- Zeitpunkte hoher Auslastung pro Netzwerkadapter

▶ **besondere Zusatzadapter**
- ISA-Karten (ISDN, Grafik)
- PCI-Karten (Systemüberwachung, ISDN)

▶ **externe Anschlüsse**
- verwendete serielle Anschlüsse (Dongle)
- verwendete parallele Anschlüsse
- verwendete USB-Adapter (Dongle)
- verwendete Firewire-Schnittstellen
- verwendete externe SCSI-Geräte

▶ **Betriebssystem**
- welches Betriebssystem (Version, Patchstand)
- besondere Treiber innerhalb des Betriebssystems

▶ **Software**
- benötigte installierte Software
- Eigenentwicklungen
- Software, die auf externe Geräte zugreift (Dongle, Temperaturüberwachung etc.)

- **Servereigenschaften**
  - Wichtigkeit des Systems
  - benötigte Systemsicherheit (auch Ausfallsicherheit)
  - maximal akzeptable Ausfallzeit des Systems
  - derzeitige Backuplösung
  - derzeitige Disaster Recovery-Lösung
  - derzeitige Fernsteuerung
  - Mitglied eines Clusters

Diese Auflistung können Sie Ihren Wünschen gemäß anpassen oder erweitern, da es in der IT immer wieder Exoten gibt, die nicht zum Standard gehören.

Trotzdem sollte Ihnen diese Liste eine Hilfe bei der ersten Bestandsaufnahme der physikalischen Serversysteme sein. Gerade Themen wie Systemsicherheit und Ausfallsicherheit sind von enormer Bedeutung u.a. bei der späteren Auswahl der Virtualisierungssoftware und des Wirt-Systems. Wie Sie die verschiedenen Auslastungsmessungen an den Servern durchführen, werden Sie im Laufe des Kapitels erfahren.

## 4.2 Performancemessung

Zu Anfang dieses Kapitels habe ich Ihnen eine Checkliste zur Bestandsaufnahme der existierenden Serversysteme vorgestellt, in der es unter anderem um die Messung der Auslastung der Maschine ging. In diesem Abschnitt will ich darauf eingehen, wie man diese Performance am besten misst und wie diese Messungen als Grundlage zur weiteren Planung dienen können.

In der Fachwelt kursiert der Begriff »Core Four«, was übersetzt etwa »vier Kernpunkte« bedeutet. Mit diesen Core Four sind die vier wichtigsten Eigenschaften eines Servers gemeint:

- Prozessor
- Hauptspeicher
- Massenspeicher (Festplatten)
- Netzwerk

Auf diese vier Eigenschaften sollten sich auch die Messungen hauptsächlich konzentrieren.

Hier ist es zunächst wichtig, zu verstehen, wie die Verbindung dieser »Geräte« zwischen virtueller Maschine und Wirt-System bzw. der Virtualisierungssoftware funktioniert. VMware GSX und Microsoft Virtual Server geben die Zugriffe auf Prozessor und Hauptspeicher direkt an das Wirt-System weiter. Massenspeicher und Netzwerk jedoch müssen eine Virtualisierungsschicht und das Betriebssystem des Wirt-Systems durchlaufen, was den maximalen Auslastungsgrad ein wenig ausbremst. VMware ESX funktioniert zwar ähnlich, regelt den Zugriff auf Massenspeicher und Netzwerk jedoch besser, da die Betriebssystemschicht und die Virtualisierungsschicht miteinander »verschmolzen« sind.

Da die »Geräte« des Wirt-Systems unter den virtuellen Maschinen aufgeteilt werden, kann eine virtuelle Maschine die anderen virtuellen Maschinen negativ beeinflussen. Diese Situation sollte man natürlich tunlichst vermeiden, weshalb die Leistungsmerkmale dieser »Core Four« vorher durch Messungen zu ermitteln sind. Schwierigste Fälle sind jene virtuelle Maschinen, die erst noch eingerichtet werden sollen und bei denen man auf Schätzwerte angewiesen ist. Aber gehen wir der Einfachheit halber einmal davon aus, dass die Server, die umziehen sollen, schon seit längerem in Betrieb sind.

### 4.2.1 Tools zur Messung

Wie so oft gibt es Unmengen von Software auf dem Markt. Vielleicht setzen Sie bereits Tools ein, um diese Messungen durchzuführen. Falls das nicht der Fall sein sollte, lege ich Ihnen den Einsatz solcher Software ans Herz, da nicht nur bei der Virtualisierung selbst, sondern bei jeglicher Planung zukünftiger Serverstrukturen die ermittelten Messdaten sehr gute Dienste leisten können. Unabhängig von den Tools sollten Sie das Systems auf verschiedene »Anomalien« wie z.B. abgestürzte oder fehlerhafte Programme hin überprüfen, die eine hohe Systemlast verursachen können, die nichts mit der durchschnittlichen Auslastung des Servers zu tun hat. Gleiches gilt für den Auslagerungsbereich des Servers. Eine ständige Auslagerung wegen eines zu gering dimensionierten Hauptspeichers kann zu falschen Ergebnissen führen.

**Betriebssystemunabhängig:**

Die folgenden Produkte sind alle Open Source und frei verfügbar:

- Cacti ist ein auf RRD basierendes Tool, das einen Webserver mit PHP- und MySQL-Unterstützung benötigt. Man kann sämtliche Informationen eines Servers per SNMP abfragen, wenn dieser es unterstützt, oder Abfragen über ein externes Programm oder über WMI einbinden. Eine sehr gute Kombination ist Cacti in Verbindung mit dem NSClient (Nagios). Innerhalb einer Weboberfläche läuft die gesamte Administration und Kontrolle der erfassten Server und Abfragetools ab.

- MRTG werden Sie sicher kennen. Mit dieser Software können Sie den Netzwerkverkehr mehrerer Systeme über SNMP überwachen und über eine längere Laufzeit hinweg erfassen.
- RRDTool ist der Nachfolger von MRTG und erstellt Grafiken aus übergebenen Protokolldateien, wobei RRDTool selbst diese Protokolle über SNMP oder sonstige Abfragen erfassen kann.
- Nagios dient zur Systemüberwachung gesamter Netzwerke mit Alarmierung etc. Durch die Integration des NSClients und SNMP kann man darüber auch Messdaten erfassen.

**Auf Microsoft Windows basierend:**

- Mit dem Systemmonitor (wird bei Serverprodukten mitgeliefert) lassen sich nach Auswahl verschiedenster Leitungsindikatoren Messdaten ablesen.
- Der Netzwerkmonitor (wird bei Serverprodukten mitgeliefert) eignet sich hervorragend zum Sammeln von Messdaten bzgl. Netzwerkauslastung, allerdings bietet der Systemmonitor dies auch an.
- Das kommerzielle Produkt Platespin PowerRecon wurde speziell zur Ermittlung der für die Virtualisierung von physikalischen Servern benötigten Daten entwickelt.

### 4.2.2 Berechnung der virtuellen Maschine

Wie kann man aber nun die Messdaten in der Planung verwenden. Es existieren recht einfache Formeln, um die erforderliche Leistung derzeitiger physikalischer Maschinen in der virtuellen Umgebung zu errechnen. Dabei steht nicht die Genauigkeit im Vordergrund, sondern es geht vielmehr um einen Richtwert, mit dem man besser planen kann. Genau aus diesem Grund sollten die späteren Wirt-Systeme vor allem am Anfang genügend Spielraum haben, falls ein unbedachtes Performanceproblem auftreten würde. Die zu betrachtenden Komponenten sind Prozessor, Hauptspeicher, Massenspeicher und Netzwerk.

**Prozessor**

$$(\text{CPU-Geschwindigkeit} * \text{Anzahl CPUs}) * \% \text{ Auslastung}$$

Anhand der Formel erhalten Sie die benötigte CPU-Geschwindigkeit des physikalischen Systems. Bei einem Vier-Prozessorsystem mit 700 MHz und einer Auslastung von 35 % würde sich ein Wert von 980 MHz ergeben. Die Berechnung würde folgendermaßen aussehen:

$$(700 \text{ MHz} * 4\text{CPUs}) * 35 \% \text{ durchschnittliche Auslastung} = 980 \text{ MHz}$$

Dadurch kann man annehmen, dass das physikalische System auf dem Wirt-System ungefähr 980 MHz der verfügbaren Leistung benötigen wird. Angenommen das zukünftige Wirt-System hätte zwei Prozessoren mit 3,4 GHz, dann könnten Sie den von der einzelnen virtuellen Maschine beanspruchten Anteil folgendermaßen errechnen:

**Benötigte CPU Gast-System MHz**
**(CPU Wirt-System MHz * Anzahl CPUs) /100**

Mit den Werten aus der vorherigen Berechnung würde das Gast-System 14,41 % der verfügbaren Prozessorleistung auf dem Wirt-System für sich beanspruchen:

**980 MHz / [(3400 Mhz * 2 CPUs) / 100] = 14,41 % Auslastung**

Hier wird deutlich, dass selbst größere Mehrprozessor-Serversysteme, die schon ein paar Jahre ihren Dienst tun, unter heutigen Serversystemen nur einen Bruchteil der Leistung benötigen. Natürlich kann man dieses Beispiel nicht direkt umsetzen, da Aspekte wie Lastverteilung, Virtualisierungsschwund und das eigentliche Wirt-Betriebssystem noch nicht berücksichtigt sind.

**Hauptspeicher**

Beim Hauptspeicher müssen Sie vereinfacht nur den verbrauchten Hauptspeicher aller Gast-Systeme zusammenrechnen und damit das Wirt-System planen. Doch auch hier gilt es, an einen weiteren Aspekt zu denken. Jeder Server hat zu bestimmten Zeiten auch einmal Spitzen im Hauptspeicherbedarf, weshalb Sie besser einen gewissen Puffer mit einkalkulieren sollten. Zudem verbraucht jedes Virtualisierungsprodukt abhängig von der Hauptspeichermenge der virtuellen Maschine einen gewissen Anteil zur Virtualisierung selbst. Bei den drei großen Virtualisierern liegt dieser »Schwund« bei einer VM im Bereich von 32 MB bis 512 MB Hauptspeicher. Je größer der Hauptspeicher in der virtuellen Maschine, desto größer ist auch der Schwund. Dies kann in sehr großen Umgebungen durchaus in den GB-Bereich von nicht nutzbarem physikalischem Hauptspeicher auf dem Wirt-System führen.

In normalen Umgebungen findet man virtuelle Maschinen mit 512 bis 2000 MB Hauptspeicher. Innerhalb dieses Rahmens verhalten sich virtuelle Maschinen auch sehr gut und problemlos. Bedenken Sie bitte, dass momentan keine Virtualisierungsprodukt auf dem Markt ist, das mehr als 3,6 GB Hauptspeicher pro virtuelle Maschine zulässt.

Bei Verwendung von VMware ESX können Sie bei der Planung Ihrer virtuellen Maschinen ein wenig mit dem Hauptspeicher »spielen«, da verbesserte Techniken bei der Speicherverwaltung, auf die ich später eingehen werde, durchaus zu einem geringeren Speicherbedarf gegenüber der physikalischen Maschine führen können.

Da die Aufrüstung des Hauptspeichers bei physikalischen Servern sich doch etwas schwieriger gestaltet und mit längeren Ausfallzeiten verbunden ist, neigen Administratoren dazu, den Servern ein wenig mehr RAM zu spendieren, als unbedingt notwendig. Das können Sie sich innerhalb der virtuellen Maschine sparen, da man sehr zügig eine Hauptspeichererweiterung auch in kleinen Schritten durchführen kann. Produkte wie VMware ESX helfen mit ihren ausgefeilten Technologien der Speicherverwaltung, zusätzlich Speicher zu sparen.

**Massenspeicher**

Obwohl dies einer der kritischsten Aspekte einer Virtualisierung ist, muss eine hohe Festplattenaktivität nicht automatisch das Aus für ein Gast-System bedeuten. Wenn Gast-Systeme mit hoher und geringerer Aktivität kombiniert werden, kann das zu einer optimalen Lösung führen. Durch eine Integration physikalischer Festplatten an eigenen Kontrollern können Sie die Performance innerhalb der virtuellen Maschine deutlich erhöhen. Dies funktioniert leider nur vereinzelt, da Ihnen recht schnell die Controller im Wirt-System ausgehen werden. Zudem sind solche Konzepte automatisch mit höheren Kosten verbunden. Falls Ihnen diese Möglichkeiten jedoch zur Verfügung stehen, sollten Sie sie auf jeden Fall nutzen.

Gerade was die Massenspeicher angeht, kann man sehr viele Fehler machen. Aber das ist unabhängig von der Virtualisierung. Ein hochbelastetes physikalisches Datenbanksystem, bei dem auf nur einem einzigen RAID fünf Set System- und Datenpartitionen liegen, wird zwangsweise unter Leistungsbeeinträchtigungen in der Gesamtleistung leiden. Virtuellen Systemen sind physikalische Grenzen gesetzt, gerade im Hinblick darauf, dass Sie viele Server auf einem Wirt-System zentralisieren und damit das Problem verschärfen. Wenn beispielsweise 10 virtuelle Maschinen ihr Systemlaufwerk (mit Auslagerungsdatei) und die Datenpartition auf dem gleichen Plattenbereich oder LUN in einem SAN haben, wird mit ziemlicher Sicherheit nicht nur das Wirt-System, sondern es werden auch alle Gast-Systeme beeinträchtigt. Daher sollten Sie auch für das Gast-System für eine optimale Aufteilung der Partitionen auf entsprechende Plattenbereiche des Wirt-Systems sorgen.

### Netzwerk

Bei der Planung des Netzwerkes müssen Sie große Sorgfalt walten lassen. Bei einfachen Servern mit geringer Auslastung und einer Netzwerkkarte stellen sich keine Probleme ein, aber falls es später virtuelle Maschinen in mehreren Netzwerken oder VLANs geben soll, müssen Sie entsprechende Adapter sowohl in der virtuellen Maschine als auch im Wirt-System einplanen.

Falls es in Ihrer Planung virtuelle Maschinen gibt, die in mehrere Netzwerke eingebunden sind, dann gilt besonderes Augenmerk den Funktionen der Virtualisierungssoftware, denn es sind innerhalb einer virtuellen Maschine maximal vier Netzwerke möglich.

## 4.3 Welche Server eignen sich zur virtuellen Maschine?

Bevor Sie sich weiteren Themen zuwenden, sollten Sie Betriebssystem und Prozessorarchitektur des physikalischen Rechners daraufhin prüfen, ob beide denn vom Virtualisierungsprodukt auch abgedeckt sind. Wenn schon hier die Unterstützung fehlt, können Sie sich die weitere Arbeit sparen. Die von den einzelnen Virtualisierungsprodukten unterstützten Betriebssysteme können Sie in Kapitel 3, *Virtualisierungssoftware – Eine Marktübersicht*, nachlesen.

Wenn alle interessanten Daten der physikalischen Systeme möglichst über einen längeren Zeitraum aufgezeichnet worden sind, ist der nächste Schritt nicht mehr weit. Anhand dieser Zahlen kann man recht leicht errechnen, ob sie sich für die Einrichtung eine Eignung einer virtuellen Maschine eignen, bzw. welche Leistung später vom Wirt-System erbracht werden muss, um den Server mit mindestens der gleichen Leistung zu betreiben. Dabei gilt es zu bedenken, dass die Auslastung zwar ein wichtiges, aber eben nicht das einzige Kriterium ist.

Beliebtes Thema ist die Peripherie, die an die Server angeschlossen ist. Das fängt bei einem seriellen Modem an und reicht über die eingebaute PCI ISDN-Karte bis hin zum Dongle, das benötigt wird, um eine Software auszuführen. Ein serielles Modem können Sie normalerweise mit jedem der drei Virtualisierungsprodukte nutzen, vorausgesetzt die Treiberunterstützung ist gewährleistet. Bei den beliebten AVM Fritz PCI-Karten wird es schon enger. Der Grund: Keines der drei Produkte kann beliebige PCI-Karten zur virtuellen Maschine hin »durchschleifen«. Bei Dongles muss man differenzieren, da serielle Geräte zwar zur virtuellen Maschine weitergeleitet werden können, es aber auf die Anwendung ankommt, ob sie etwas von der Virtualisierung »merkt«. Ebenso verhält es sich mit USB-Geräten. Während VMware GSX auch diese Geräte der virtuellen Maschine zur Verfügung stellen kann, kommen VMware ESX und Microsoft Virtual Server damit nicht zurecht.

Aber was wäre ein Problem ohne Lösung. In den meisten Fällen lassen sich diese Geräte durch gesonderte Software oder Hardware trotzdem anbinden. Bei einer AVM Fritz ISDN-Karte etwa wäre die Software AVM Ken! die richtige Wahl, da die ISDN-Verbindung über das Netzwerk hergestellt werden kann. Darüber hinaus gibt es ISDN-Router, die man für diesen Zweck nutzen könnte. Im Falle von USB gibt es so genannte »USB over IP«-Geräte, mit denen man USB-Geräte über das Netzwerk ansprechen kann. Wenn Sie interessiert sind, »googlen« Sie einfach mal im Internet nach diesen Begriffen.

### 4.3.1 Ideale Kandidaten

Abgesehen von den Servern, deren Virtualisierung eine Herausforderung darstellt oder schlichtweg momentan nicht möglich ist, gibt es glücklicherweise auch solche, die sich als virtuelle Maschine geradezu anbieten. Nach meinen bisherigen Erfahrungen gehört die Mehrzahl der im Unternehmen vorhandenen Server eher zu den Virtualisierungskandidaten. Einen idealen Kandidaten zur Servervirtualisierung zeichnet eine geringe Systemauslastung und verhältnismäßig kleine Massenspeicher aus. Mit Systemauslastung ist in diesem Zusammenhang nicht die des Prozessors zu verstehen, auch Hauptspeicher, Netzwerk- und Festplattenzugriffe sollten mit einbezogen werden.

Den Ausdruck »kleiner Massenspeicher« muss man allerdings auch wieder relativieren, da es auf die Virtualisierungssoftware und deren Unterstützung ankommt. Ein VMware ESX Server kann auch mit einem knappen Terabyte innerhalb einer virtuellen Maschine umgehen. Trotzdem können Massenspeicher jenseits von mehreren hundert Gigabyte Probleme innerhalb der virtuellen Maschine verursachen. Hat ein Server keine hohe Systemauslastung und keine exorbitanten Speicheranforderungen, dann ist eine problemlose Virtualisierung sehr wahrscheinlich.

Folgende Server mit den entsprechenden Diensten zählen im Normalfall zu den idealen Virtualisierungskandidaten. Die Eigenschaft »gering ausgelastet« ist allerdings relativ zu verstehen. Vieles mit hängt mit dem Wirt-System, der eingesetzten Virtualisierungssoftware und der späteren Anzahl virtueller Maschinen zusammen.

▶ Entwicklungs- und Testsysteme
▶ Windows NT Domänencontroller
▶ Windows 2000 Domänencontroller

- gering ausgelastete Webserver
- gering ausgelastete Applikationsserver
- Abteilungs-Datei- oder Druckserver
- gering ausgelastete Datenbanksysteme
- gering ausgelastete Groupware- oder Mailsysteme

Die Eigenschaft »gering ausgelastet« ist relativ, spielen doch hier Wirt-System, die eingesetzte Virtualisierungssoftware und die spätere Anzahl virtueller Maschinen eine nicht unbedeutende Rolle.

### 4.3.2 Problematische Serversysteme

Wie Sie sicher schon vorausgesehen haben, hat die heile Welt der »idealen« Serversysteme auch ihr Gegenstück. Diese Serversysteme sind trotz einer sehr guten Hardwareausstattung entweder ununterbrochen oder sehr häufig komplett ausgelastet. Eine zu 95 % ausgelastete 8-Prozessor-Maschine wäre ein denkbar ungünstiger Kandidat für eine Virtualisierung. Hingegen wäre ein mit 95 % ausgelastetes Einprozessorsystem mit 1 GHz durchaus ein guter Kandidat. Allerdings können alle vier Faktoren bei voller Auslastung Probleme bereiten, sprich Prozessor, Hauptspeicher, Netzwerk- und Festplattenauslastung.

Falls ein Server mehrere Gigabit Netzwerkadapter komplett vereinnahmt, wird es schwer fallen, ein passendes Wirt-System zu finden. Generell sind Server mit einer sehr hohen Anzahl von Benutzen nicht empfehlenswert. Ebenso sollte ein Dateiserver, der alle 2000 Benutzer innerhalb eines großen Unternehmens aufnimmt und daher mehrere Terabyte an Daten verwaltet, möglichst nicht auf der Liste der virtuellen Serversysteme stehen.

Um Ihnen eine kleine Übersicht zu geben, folgt hier eine Auflistung der problematischen Serversysteme:

- große Unternehmensdateiserver
- große Datenbanksysteme (Oracle, Microsoft SQL etc.)
- stark ausgelastete Applikationsserver
- stark ausgelastete Webserver
- Datenbankapplikationsserver mit hoher Benutzeranzahl
- große Groupware- oder Mailsysteme

#### 4.3.3 Verfügbarkeit und Sicherheit

Eines vorweg: Zumindest die VMware-Lösung bietet eine enorm hohe Sicherheit innerhalb der Virtualisierung. Dies liegt unter anderem daran, dass Teile des Virtualisierungsprodukts in Verbindung mit der NSA (National Security Agency) entwickelt wurden. Daher können Sie, sofern es Ihrer Planung entspricht, auch Server mit vertraulichen Daten virtualisieren. Die Sicherheit ist genauso gewährleistet wie mit physikalischen Systemen. Dies betrifft einmal die Ausfallsicherheit, d.h., der Ausfall einer virtuellen Maschine beeinträchtigt die anderen Gastsysteme in keinerlei Weise. Zum anderen können die virtuellen Maschinen nicht untereinander kommunizieren, außer Sie erlauben dies explizit; beispielsweise durch eine interne Netzwerkverbindung. Der GAU ist der Ausfall des Wirt-Systems, da er als »Single Point of Failure« den Ausfall des Gesamtsystems mit allen darauf laufenden virtuellen Maschinen bedeutet. Diese Gefahr können Sie durch entsprechend ausfallsichere Hardware oder mit Zusatzprodukten und damit einer Cluster-Bildung zwischen den Wirt-Systemen weiter eindämmen. Darüber hinaus kann die Ausfallsicherheit weiter verbessert werden, in dem Sie je nach Virtualisierungsprodukt Cluster innerhalb der virtuellen Welt oder Cluster zwischen virtuellen und physikalischen Maschinen bilden. Da die virtuellen Maschinen jedoch nur aus wenigen Dateien auf einem Wirt-System bestehen, ist eine schnelle Portierung auf andere Wirt-Systeme möglich. Weil ohne ein zweites Wirt-System jedoch Hopfen und Malz verloren sind, sollten Sie immer mindestens ein weiteres Wirt-System für den Fall eines Ausfalls vorsehen (wobei dieses natürlich kein Cold Standby sein muss, sondern durchaus selbst virtuelle Maschinen bereitstellen kann – es sollte nur über genügend Leistungsreserven zur Aufnahme der anderen virtuellen Maschinen verfügen).

Vom Disaster Recovery her gesehen sind virtuelle Lösungen jedoch ideal. Anhand verschiedener Templates (Vorlagen für virtuelle Server) können Sie innerhalb weniger Minuten neue Server mit dem gewünschten Betriebssystem und dem richtigen Betriebssystemstand erstellen, um dann die letzte Bandsicherung wiederherzustellen. Apropos Bandsicherung: Virtuelle Systeme können Sie analog zu den physikalischen Systemen über die Sicherungssoftware sichern und wiederherstellen.

All diese Aspekte haben zum Teil jedoch Einfluss auf die Entscheidung welches Virtualisierungsprodukt eingesetzt werden soll, verfolgen die Produkte doch nicht nur unterschiedliche Ansätze in der Art der möglichen Sicherung, (unterstützte Produkte, Online-/Offline-Sicherung), sondern unterscheiden sich auch in den Möglichkeiten der automatisierten Templateverwaltung und -nutzung.

## 4.4 Gesamtkonzept

Grundsätzlich kann man drei verschiedene Konzepte unterscheiden: die ausschließliche Virtualisierung von Test- oder Laborumgebungen, die Virtualisierung von leistungsschwachen Produktivsystemen und die Gesamtvirtualisierung. Eine Virtualisierung der Test- oder Laborumgebung hat natürlich sehr große Vorteile, da genau in diesen Umgebungen ein ständiger Serverwechsel herrscht und die Serversysteme ständig in ihren Ursprungszustand zurückgesetzt werden müssen.

Genau dieses Problem wird mit den Virtualisierungsprodukten sehr gut gelöst, da man die Festplattendateien in einen Zustand versetzen kann, bei dem die Änderungen nicht direkt auf die virtuelle Festplatte, sondern in eine weitere Datei (eine Art Transaktionsprotokoll) geschrieben werden. Man kann diese Logdatei zu einem beliebigen Zeitpunkt löschen oder sie mit der regulären Festplattendatei verschmelzen. Normalerweise existieren in diesen Umgebungen auch schon leistungsfähigere Systeme, auf denen aber keine Benutzermassen produktiv arbeiten.

Diese Server bieten sich geradezu an, sie mit einem Virtualisierungsprodukt zum »Mehrserversystem« zu machen. Hier können Sie bis zu 50 % Hardwarekosten einsparen, ohne dabei die Qualität der Testumgebung zu beeinträchtigen. Normalerweise sind Server innerhalb dieser Umgebungen kaum ausgelastet, was wiederum innerhalb der Virtualisierung zum Vorteil genutzt werden kann.

Gerade für große Entwicklungsabteilungen kann es ein großer Vorteil sein, verschiedenste Betriebssysteme und Applikationen innerhalb weniger Minuten betriebsbereit zur Verfügung stellen zu können. Wenn Sie dies mit regulärer physikalischer Hardware versuchen, können Ihre Kosten explodieren bzw. die Entwickler verbringen mehr Zeit damit, die Systeme aufzusetzen, als dass sie ihrer eigentlichen Arbeit nachgehen.

Selbst die Nachbildung ganzer Umgebungen ist dank virtueller Hardware sehr vereinfacht. Angenommen, Sie wollten eine Windows 2000 Domäne mit Softwareverteilung und mehreren Clients nachbilden. Kein Problem, es werden einfach mehrere virtuelle Maschinen mit unterschiedlichen Ressourcen erstellt, und man weist ihnen die Dienste zu, nachdem man die vorhandenen physikalischen Maschinen in die virtuellen Maschinen der Testumgebung migriert oder kurzerhand neu installiert hat.

**Vorteile der Servervirtualisierung in Test- und Laborumgebungen:**

- geringe Kosten für die Serverumgebung
- sehr flexible Erweiterung virtueller Server, da Ressourcen innerhalb von wenigen Minuten angepasst werden können
- sehr schnelles Zurücksetzen der virtuellen Server in den Ursprungszustand
- unter VMware ESX Ressourcenbeschränkung
- sehr flexible Serververwaltung, das Hinzufügen oder Löschen virtueller Server ist innerhalb kürzester Zeit problemlos möglich
- sehr schnelles Neuanlegen virtueller Server durch die Verwendung von Templates (Vorlagen)
- bessere Ausnutzung der physikalischen Hardware und damit Kosteneinsparung
- problemlose Erstellung ganzer Serverumgebungen mit verschiedenen Netzwerken, Routern etc. durch virtuelle Hardware möglich
- Übernahme einer Kopie der produktiven Server in virtuelle Server über Tools oder Imagingsoftware möglich

**Nachteile der Servervirtualisierung in Test- und Laborumgebungen:**

- Veränderungen bei der Verwendung und Administration der Virtualisierungssoftware bzw. des Wirt-Systems müssen durch Mitarbeiter erlernt werden.
- Im Vergleich virtueller Hardware mit physikalischer Hardware können gerade bei leistungsintensiver Software größere Abweichungen entstehen.
- zusätzliche Lizenzkosten für die Virtualisierungssoftware
- Wie so oft bei der Betrachtung von Vor- und Nachteilen schneidet eine Virtualisierungssoftware sehr gut ab. Vor allem in diesem Beispiel kann der zweite Nachteil durch wenige, zusätzliche physikalische Maschinen zum Test leistungsintensiver Software ausgeglichen werden.

Eine weitere sinnvolle Alternative ist die Konsolidierung leistungsschwacher Systeme mittels Virtualisierung. In jedem Unternehmen sind Server vorhanden, deren Auslastung sehr gering oder nur zu bestimmten Tageszeiten höher ist. Dadurch werden die vorhandenen Ressourcen nur zu einem geringen Teil ausgeschöpft. Hier stehen wir vor einer Problematik, die sich durch die Trennung von Applikationen noch verschärft. Unternehmen sind wegen der Inkompatibilität verschiedener Applikationen auf einem System nämlich dazu übergegangen, für die meisten Applikationen eigene Systeme vorzuhalten. Verstärkt wurde dieser Trend durch jene Softwarehersteller, die für ihre Software den Support einschränken, wenn nicht gar verweigern, wenn sie nicht als eine singuläre Anwendung auf einem System laufen. Dies hat in den letzten Jahren dazu geführt, dass in IT-Abteilungen eine Vielzahl von Servern aufgebaut wurden. Natürlich mussten diese Systeme auch gewartet werden, und das sowohl administrativ als auch durch den Hardwarehersteller.

Mit der Zeit kamen auch die einstmals modernsten Serversysteme in die Jahre. Versuchen Sie heute mal ein Intel-Dualprozessorsystem mit 500 MHz zu bekommen, dessen Leistungsfähigkeit von einer Software älteren Datums voll in Anspruch genommen wird. Die Trennung von Applikationen aber wird weiterhin verlangt, und Serversysteme, die momentan auslaufen, müssen zwangsweise ersetzt werden. Da man bei der Neuanschaffung eines Serversystems trotzdem auf neueste Technik setzt, um wieder eine längere Zeit Wartung und Hardwareaustauch gewährleisten zu können, kommt ein weiteres Problem auf den Tisch.

Neuere Serversysteme sind enorm leistungsfähig. Der damals angeschaffte 500 MHz High-End Server mit 512 MB RAM muss nun durch mindestens einen 3 GHz Server mit wenigstens 1 GB RAM ersetzt werden. Die Anwendung bleibt allerdings die gleiche. Sie läuft jetzt auf einem Server, dessen Leistung sie nur zu einem Bruchteil ausschöpfen kann. Hier findet eine enorme Ressourcenverschwendung statt. Den vollen Preis dieses Servers müssen Sie trotzdem zahlen. Ein weiteres Problem kann die mangelnde Treiberunterstützung der neuen Hardware bei z.B. älteren Betriebssystemen sein. Als aktuelles Beispiel sei momentan Microsoft Windows NT angeführt. Hier ist die Wartung ausgelaufen und Gleiches wird mit der Treiberunterstützung geschehen. Die Hardwareunterstützung innerhalb der virtuellen Maschine wird noch bestehen bleiben, da innerhalb dieser sehr kompatible und stabile virtuelle Adapter mit entsprechenden Treibern existieren. Dies wird sich auch im Laufe der Zeit kaum oder sehr selten ändern. Diese neueren Serversysteme können, bei einer gewissen Mehrausstattung für das Hosten von vielen »alten« Serversystemen verwendet werden. Dabei ist je nach Serverumgebung durchaus der Faktor 1:10 erreichbar.

Daher liegt es nahe, von der Servervirtualisierung Gebrauch zu machen, da sich die Anschaffungskosten im Vergleich zur Neuanschaffung vieler physikalischer Systeme durchaus rechnen.

**Vorteile der Virtualisierung leistungsschwacher Systeme:**

- geringere Hardwarekosten für die gesamte IT-Struktur
- sehr flexible Erweiterung virtueller Server, da Ressourcen innerhalb von wenigen Minuten angepasst werden können

- sehr schnelles Neuanlegen virtueller Server durch die Verwendung von Templates (Vorlagen)
- bessere Ausnutzung der physikalischen Hardware und damit Kosteneinsparungen
- problemlose Erstellung ganzer Serverumgebungen mit verschiedenen Netzwerken, Routern etc. durch virtuelle Hardware möglich
- Migration der produktiven Server in virtuelle Server über Tools oder Imagingsoftware möglich
- bereits existierende Hardware kann als Virtualisierungswirt dienen
- weniger FibreChannel bzw. SAN-Anschlüsse werden benötigt
- weniger Netzwerkanschlüsse werden benötigt
- geringere Administrationskosten
- geringere Wartungskosten, weil nur wenige physikalische Maschinen
- hohe Ausfallsicherheit, besonders durch die Verwendung von VMware ESX erreichbar
- bessere Auslastung der Wirt-Systeme, besonders durch VMware ESX mit VMotion
- Hardwarewartung und Softwareupdates des Wirt-Systems können durch VMware mit VMotion ohne Ausfall durchgeführt werden.
- Unterstützung von ausgelaufenen Betriebssystemen, wie DOS oder Windows NT vorhanden
- Beschränkung leistungsintensiver Anwendungen mit VMware ESX möglich

**Nachteile der Virtualisierung leistungsschwacher Systeme:**

- Verwendung und Administration der Virtualisierungssoftware muss durch Mitarbeiter erlernt werden
- höhere Kosten bei Anschaffung eines zentralen Massenspeichers (SAN) bei der Verwendung von VMware ESX mit VMotion
- sorgfältige Planung, um nicht in Ressourcenengpässe innerhalb der virtuellen Maschinen zu geraten
- Manche Softwarehersteller unterstützen offiziell keine Servervirtualisierung.
- Problemlösung innerhalb der virtualisierten Server unterscheidet sich von der physikalischer Server

Vielleicht wollen Sie keine Ausnahmen innerhalb des Serverkonzeptes, sondern streben eine Gesamtvirtualisierung an, sind daher bei Problemfällen kompromissbereit und haben das nötige Kleingeld.

Wie schon oftmals innerhalb dieses Buches erwähnt, sind fast keine Server unter ständiger Volllast. Aber es sind schon einige Server vorhanden, deren Auslastung über 60 % liegt. Es ist zwar sehr schwierig, solche Server sinnvoll innerhalb einer virtuellen Umgebung zu betreiben, aber ausgeschlossen ist es nicht.

Angenommen, es existierte ein Datenbankserver innerhalb Ihres Unternehmens, dessen Prozessorauslastung bei zwei 2 GHz-Prozessoren 80 % beträgt. Es macht natürlich wenig Sinn, diesen Server auf ein Wirt-System mit der gleichen Kapazität zu betreiben. Legt man das Wirt-System aber als 4- oder 8-Wege-System aus, stehen noch genügend Ressourcen für andere leistungsschwächere virtuelle Maschinen zur Verfügung. Mit dieser Konstellation haben Sie einen vermeintlich zur Virtualisierung ungeeigneten Server doch in Ihr Virtualisierungskonzept integriert. Gleiches gilt auch für festplattenintensive (I/O-)Serversysteme. Einem Wirt-System, das diesen Rechner aufnehmen soll, kann man mehrere FibreChannel-Adapter zum SAN spendieren.

Wie Sie sehen und auch in den vorigen Kapiteln gelesen haben, existieren keine klaren Regeln bezüglich der Virtualisierungsmöglichkeiten. Meistens ist es eher eine Designfrage, ob ein Rechner virtualisiert werden kann oder nicht. Ganz ausschließen können Sie derzeit allerdings Systeme, die mit 8- oder mehr Prozessoren ausgestattet sind und auf Volllast laufen, da es Ihnen schwer fallen wird, ein Wirt-System bzw. Virtualisierungsprodukt zu finden, das eine solche Kapazität aufnehmen könnte.

Da in den seltensten Fällen solche Server existieren, kann man diese Situation durchaus als Ausnahme betrachten. Daher sollte der Begriff Gesamtvirtualisierung auch weiterhin erlaubt sein, selbst wenn es einige physikalische Ausnahmen gibt, während ein Großteil der Systeme virtualisiert ist. Die Idee einer Gesamtvirtualisierung sollte man also nicht zu weit von sich weisen, bieten sich doch sehr gute Möglichkeiten, zu einer flexiblen und leistungsfähigen Serverlandschaft zu kommen, deren Kosten sich auf sehr niedrigem Niveau bewegen. Diese niedrigen Kosten kann man zum größten Teil auf die effiziente und hochgradige Ausnutzung des Potenzials der vorhandenen Hardware zurückführen.

Als weiterer und sehr wichtiger Aspekt seien die geringen Ausfallzeiten einer virtuellen Umgebung angeführt, da die virtuellen Maschinen durch die immer gleiche Hardware und die damit verbundene äußerst stabile Treiberunterstützung kaum unter Ausfällen leiden. Durch Techniken wie VMotion können sogar die Wartungsfenster für das Wirt-System gegen Null minimiert werden. Ein Ausfall ist real nur noch bei Änderungen innerhalb der virtuellen Maschine zu erwarten, die durch Updates des Betriebssystems oder der darin laufenden

Anwendungen erforderlich werden. Da die virtuellen Maschinen zumeist innerhalb einer Minute neu starten, werden aber auch hier die Ausfallzeiten drastisch minimiert. Dieses Startverhalten kann selbstverständlich durch die installierte Software (beispielsweise leistungsintensive Anwendungen beim Systemstart) ausgebremst werden. Man rufe sich nur das Startverhalten mancher physikalischer Maschinen in den Sinn, bei denen alleine die Dauer des Speichertests im Minutenbereich liegt. Ausfälle sind im Endeffekt immer direkt oder indirekt mit Kosten und Ärger verbunden. Ein Administrator, der 10 Minuten vor einem Server steht und auf den Systemstart wartet, kostet schließlich auf Dauer auch Geld.

Aber nicht nur die Kostenvorteile liegen auf der Hand, sondern auch z.B. ein Disaster Recovery wird für das gesamte IT-Umfeld deutlich vereinfacht. Mit Hilfe der Festplattendateien und Templates kann man sehr schnell ein lauffähiges System herstellen, um eine Sicherung zurückzuspielen.

**Vorteile einer Gesamtvirtualisierung**

- geringere Hardwarekosten für die gesamte IT-Struktur
- sehr flexible Erweiterung virtueller Server, da Ressourcen innerhalb von wenigen Minuten angepasst werden können
- sehr schnelles Neuanlegen virtueller Server durch die Verwendung von Templates
- bessere Ausnutzung der physikalischen Hardware und damit Kosteneinsparung
- problemlose Erstellung ganzer Serverumgebungen mit verschiedenen Netzwerken, Routern etc. durch virtuelle Hardware möglich
- Migration der produktiven Server in virtuelle Server über Tools oder Imagingsoftware möglich
- Bereits existierende Hardware kann als Virtualisierungswirt dienen.
- weniger FibreChannel- bzw. SAN-Anschlüsse werden benötigt
- weniger Netzwerkanschlüsse werden benötigt
- geringere Administrationskosten
- geringere Wartungskosten, weil nur wenige physikalische Maschinen
- hohe Ausfallsicherheit, besonders durch bei Verwendung von VMware ESX
- bessere Auslastung der Wirt-Systeme, besonders durch VMware ESX mit VMotion
- Hardwarewartung und Softwareupdates des Wirt-Systems können durch VMware mit VMotion ohne Ausfall durchgeführt werden.

- Unterstützung von älteren Betriebssystemen wie DOS oder Windows NT vorhanden
- Beschränkung leistungsintensiver Anwendungen mit VMware ESX möglich
- einheitliche Disaster Recovery-Lösung für die komplette IT-Infrastruktur

**Nachteile einer Gesamtvirtualisierung**

- Verwendung und Administration der Virtualisierungssoftware muss durch Mitarbeiter erlernt werden
- höhere Kosten bei Anschaffung eines zentralen Massenspeichers (SAN) bei der Verwendung von VMware ESX mit VMotion
- sorgfältige Planung, um nicht in Ressourcenengpässe innerhalb der virtuellen Maschinen zu geraten
- Manche Softwarehersteller unterstützen offiziell keine Servervirtualisierung.
- Problemlösung innerhalb der virtualisierten Server unterscheidet sich von der physikalischer Server

Die Entscheidung, welchen Weg man gehen sollte, gilt es gut abzuwägen, da unter Umständen hohe Kosten für die Anpassung der Infrastruktur unabhängig von den Wirt-Systemen anfallen können. Um große Serverstrukturen zu virtualisieren, ist eine Anschaffung eines SAN geradezu unausweichlich, damit alle Vorteile für Administration und Verwaltung genutzt werden können.

Alles, was in diesem Kapitel geschildert wird, beruht auf Erfahrungen, die ihrerseits in Best Practices mündeten: Es muss allerdings nicht zwingend auf Ihr Unternehmen und Ihre Serverlandschaft zutreffen. Es kann durchaus ein gangbarer Weg sein, Server, deren Virtualisierung wegen ihrer hohen Auslastung keinen Sinn machen würde, gepaart mit wenigen Servern, deren Auslastung gering ist, auf einem Wirt-System laufen zu lassen. Diese Erfahrungen müssen Sie sammeln, z.B. durch vorherige Stresstests. Grundsätzlich kann ich nicht empfehlen, Server auf Biegen und Brechen zu virtualisieren, da es schlichtweg zum heutigen Zeitpunkt Serversysteme gibt, die in der physikalischen Welt besser aufgehoben sind. Falls Sie sich ihrer Sache nicht sicher sind, sollten Sie in einer Testumgebung die physikalische Maschine virtualisieren und Leistungsdaten sammeln. Anhand dieser Daten fällt eine Entscheidung deutlich leichter, und es ist allemal besser, als auf gut Glück ins Blaue hinein zu planen. Man muss dabei ganz klar sehen, dass ein virtuelles System niemals schneller als ein gleichwertiges physikalisches sein kann. Die Idee der Virtualisierung lebt davon, dass physikalische Systemressourcen nicht dauerhaft im hohen Maße benötigt werden.

# 5 Auswahl der richtigen Virtualisierungssoftware

5.1 Anforderungen .......................................................... 113

5.2 Betriebssystem ......................................................... 118

5.3 Administration ......................................................... 119

5.4 Sicherheit ................................................................. 126

5.5 Kosten ..................................................................... 127

5.6 Zusammenfassung ................................................... 129

| | |
|---|---|
| 1 | **Einführung** |
| 2 | **Virtuelle Maschinen im Unternehmen** |
| 3 | **Virtualisierungssoftware – eine Marktübersicht** |
| 4 | **Auswahl der möglichen virtuellen Maschine** |
| 5 | **Auswahl der richtigen Virtualisierungssoftware** |
| 6 | **Auswahl der richtigen physikalischen Infrastruktur** |
| 7 | **Installation und Update des Wirt-Systems** |
| 8 | **Verwaltung der Virtualisierungssoftware** |
| 9 | **Virtuelle Netzwerke** |
| 10 | **Virtuelle Festplatten** |
| 11 | **Erstellung einer virtuellen Maschine** |
| 12 | **Verwaltung der virtuellen Maschinen** |
| 13 | **VMware VirtualCenter** |
| 14 | **Skriptierung und Programmierung unter VMware und MS Virtual Server** |
| 15 | **Backup, Restore und Disaster Recovery** |
| 16 | **Templates (VM-Vorlagen)** |
| 17 | **Zusatzsoftware** |
| 18 | **Nützliche Adressen im Web** |

# 5 Auswahl der richtigen Virtualisierungssoftware

*Keine virtuelle Maschine ohne eine entsprechende Virtualisierungssoftware. Diese entscheidet über Adminstrations- und Verwaltungsinstrumente, mit denen Sie sich später die tägliche Arbeit erleichtern können.*

Wenn Sie eine Auflistung der geplanten virtuellen Maschinen und deren Funktionen erstellt haben, können Sie daran gehen, die Virtualisierungssoftware auszuwählen. Sie sollten zu diesem Zeitpunkt aber schon ungefähr die spätere Infrastruktur im Hinterkopf haben, da es gerade dort entscheidende Unterschiede zwischen den drei Virtualisierungsprodukten gibt.

Von nun an werde ich nur noch auf die drei großen kommerziellen Virtualisierungsprodukte VMware GSX, VMware ESX und Microsoft Virtual Server eingehen.

## 5.1 Anforderungen

Da eine Servervirtualisierung möglichst gut in die IT-Infrastruktur passen und für Administratoren eine Erleichterung bei der Verwaltung und Wartung bedeuten sollte, müssen Sie vor der eigentlichen Auswahl einen Anforderungskatalog erarbeiten.

Zur Entscheidungsfindung sollten auch die Überlegungen aus den vorangehenden Kapiteln herangezogen werden, da je nach Anforderung die Würfel für eine bestimmte Virtualisierungssoftware schon dort gefallen sind. Sind Sie z. B. zwingend auf direkt angeschlossene USB-Geräte (Dongle etc.) oder Linux innerhalb einer virtuellen Maschine angewiesen, kommt Microsoft Virtual Server schon nicht mehr in Frage.

Wie Sie sehen, können bestimmte Anforderungen innerhalb einer virtuellen Maschine schon zum K.O.-Kriterium für den Einsatz der Virtualisierungssoftware selbst werden. Auch ist der Einsatz bestimmer Massenspeicher nicht mit jeder Virtualisierungssoftware möglich. Wollen Sie beispielsweise direkt angeschlossene IDE- oder S-ATA-Festplatten oder ein NAS einsetzen, werden Sie VMware ESX ausschließen können. Diese Einschränkung gilt nicht für Komponenten in der virtuellen Maschine oder SAN-Systeme mit internen IDE- oder S-ATA-Festplatten, d.h., eine Netzlaufwerkverbindung auf ein NAS aus der VM ist immer möglich.

All diese Fragen können Sie schon anhand der Marktübersicht in Kapitel 3, *Virtualisierungssoftware – eine Marktübersicht*, beantworten, sind dort doch alle Grenzen aufgezeigt und Möglichkeiten beschrieben, die der jeweiligen virtuellen Maschine und der Virtualisierungssoftware eigen sind.

Neben diesen Restriktionen der Software existieren aber noch weitere, eher designspezifische Merkmale, die eine Auswahl der Virtualisierungssoftware weiter verkomplizieren. Zu diesen gehören Netzwerkkomponenten, Massenspeicherarchitekturen und nicht zuletzt die Unternehmensphilosphie.

### 5.1.1 Größe der Infrastruktur

Wenn Ihre Infrastruktur aus nur wenigen Systemen mit geringer Auslastung besteht, können Sie sich prinzipiell frei zwischen den Produkten entscheiden, da es in der Grundfunktionalität nur wenig Unterschiede gibt. Alle drei Produkte sind über Browser von einem beliebigen Rechner aus über das angeschlossenen Netzwerk zu verwalten. Genauso können alle virtuellen Maschinen ferngesteuert werden, was eine spezielle Fernsteuerungssoftware überflüssig macht.

Bei größeren Umgebungen stellt sich aber die Frage nach einer zentralen Stelle, von der aus alle virtuelle Maschinen und deren Wirt-Systeme im Unternehmen auf einen Blick überwacht und verwaltet werden können. Diese Möglichkeit bietet Ihnen von Haus aus keines der Softwareprodukte, es sei denn, Sie programmieren sich diese selbst, was durch die Programmierschnittstellen problemlos möglich wäre.

VMware hat diese Situation erkannt und mit dem Zusatzprodukt VirtualCenter eine zentrale Verwaltungsoberfläche für die gesamte VMware GSX und VMware ESX-Serverstruktur inklusive der virtuellen Maschinen auf den Markt gebracht. Aber auch verschiedene Drittanbieter sind diesen Weg gegangen und haben die beiden VMware-Produkte und Microsoft Virtual Server um eine Zentralisierung erweitert.

Bei großen Strukturen mit vielen virtuellen Maschinen, bei denen ein effizienter Betrieb nur durch eine entsprechende Prioritätsvergabe und Ressourcenbeschränkung möglich ist, bietet VMware ESX die größten Möglichkeiten. Mit diesem Produkt können Sie alle Ressourcen, die einer virtuellen Maschine zur Verfügung stehen, über manuelle oder automatische Steuerung beinflussen. Dies ermöglicht zum einen die Beschränkung von leistungsintensiven Anwendungen, damit keine anderen Gast-Systeme benachteiligt werden, zum anderen können aber auch wichtige Systeme gegenüber den übrigen mit einer höheren Priorität versehen werden.

Es ist nicht selten zu beobachten, dass VMware GSX oder sogar VMware Workstation als Einstiegsprodukt in die virtuelle Welt genutzt werden. Nach einer gewissen Zeit des Austestens und des fortlaufenden Umstellens der physikalischen auf virtuelle Maschinen wird ein Punkt erreicht, an dem man noch professioneller mit der neuen Technik umgehen möchte. Hier fällt die Wahl zumeist auf VMware ESX. Allerdings kann man dessen volle Funktionalität nur in Verbindung mit einem SAN und dem VMware VirtualCenter ausschöpfen. Daher ist der Anfangsinvestition natürlich immens hoch, und die Amortisierung über andere Kostenfaktoren wie USV- oder Kosten für Klimaanlagen bzw. die deutlich sinkenden Administrationskosten wird erst nach einem längeren Zeitraum erreicht.

Da Storage Area Network aufgrund seiner Vorteile für die Unternehmens-IT stetig beliebter werden, stellen mittlerweile auch viele Unternehmen mittlerer Größe auf diese Technik um. In den meisten großen Unternehmen hat das SAN die herkömmlichen Massenspeicher schon lange abgelöst.

### 5.1.2 Verfügbarkeit

Was die Verfügbarkeit angeht, möchte kein Unternehmen Rückschritte oder Einbußen gegenüber der bisherigen physikalischen Welt in Kauf nehmen. Auch hier bietet Ihnen die Virtualisierung deutliche Verbesserungen bzw. ermöglicht ganz neue Arten der Verfügbarkeit und Administration.

**Wie schützt man physikalische Maschinen?**

- redundante Plattensysteme
- zentrale Plattensysteme NAS oder SAN, die selbst redundant ausgelegt sind
- redundante Netzteile
- redundante Netzwerkanbindung
- Wartungsverträge mit schneller Reaktionszeit
- USV-Anlagen
- Klimaanlagen
- Cluster-Systeme (Cold oder Hot Standby)

Da nur die virtuellen Maschinen vor einem Hardwareausfall geschützt sind, nicht aber das Wirt-System, gelten alle Schutzmaßnahmen eines normalen ausfallsicheren physikalisches System auch für das oder die Wirt-Systeme, und das im verstärkten Maße. Es existieren aber deutlich weniger physikalische Maschinen, die mit entsprechenden Mechanismen zu schützen sind, wodurch man die erforderlichen Maßnahmen auf wenige Maschinen konzentrieren kann.

Standardmäßig sind Cluster zwischen Wirt-Systemen noch nicht möglich, aber es existieren bereits Werkzeuge von Drittanbietern, die dieses Manko ausbügeln. In naher Zukunft wird diese Funktion aufgrund Ihrer Wichtigkeit aber auch von den Virtualisierungsherstellern selbst abgedeckt werden. Erste Äußerungen seitens VMware stehen schon seit fast einem Jahr im Raum.

Als kleines Trostpflaster für die mangelnde Ausfallsicherheit des Wirt-Systems können Sie aber die virtuellen Maschinen clustern. Unter Microsoft Virtual Server können aufgrund der fehlenden Linux-Unterstützung nur Microsoft Cluster aufgesetzt werden, unter VMware GSX und VMware ESX sind beide Betriebssystemcluster möglich. Als Besonderheit der VMware-Produkte ist die Möglichkeit, bei zentralem Massenspeicher (SAN) Cluster zwischen virtuellen und physikalischen Systemen aufzubauen, von der auch vielfach in der Praxis Gebrauch gemacht wird. Bei VMware ESX in der aktuellsten Version können diese Cluster auch mit VMotion betrieben werden, was die Ausfallsicherheit nochmals erhöht.

Beim Stichpunkt VMotion komme ich direkt auf eine weiteres Problem physikalischer Server. Bei Hardwareanpassungen, Hardwaredefekten oder Softwareanpassungen müssen die Server meistens für einen längeren Zeitraum (mehr als 15 Minuten) abgeschaltet werden. Mit Hilfe der virtuellen Maschinen verkürzt sich diese Ausfallzeit auf wenige Minuten. Da virtuelle Maschinen je nach installiertem Betriebssystem und Anwendungen meist innerhalb einer Minute komplett neu gestartet sind, ist diese Ausfallzeit durchaus auch während der Arbeitszeit akzeptabel. Da aber auch ein Wirt-System auf Hardware- und Softwareseite gewartet werden muss, können Sie mittels VMware ESX und VMotion (SAN-Verbindung vorausgesetzt) die virtuellen Maschinen zwischen den VMware ESX-Servern ohne Ausfall im laufenden Betrieb verschieben. Damit wird selbst ein größeres Hardwareupgrade problemlos möglich.

### 5.1.3 Performance

Das Thema Systemperformance hatte ich in Abschnitt 5.1.1, *Größe der Infrastruktur*, schon kurz angerissen. Die drei Produkte haben aufgrund ihrer Programmstruktur unterschiedliche Arten der Virtualisierung. Das führt zu unterschiedlichen Arbeitsgeschwindigkeiten innerhalb der virtuellen Maschine, weil die mögliche Systemleistung des Wirt-Systems in höherem oder geringerem Maße an die Gast-Systeme weitergegeben wird.

Gemessen an der Systemleistung innerhalb der virtuellen Maschinen ist VMware ESX absoluter Spitzenreiter, VMware GSX folgt direkt danach und Microsoft Virtual Server ist das Schlusslicht. Eigene Messungen hatten dies zum Ergebnis, es existieren aber auch verschiedene Tests von IT-Magazinen, die im Internet nachzulesen sind.

Wie man in verschiedenen Foren und auch offiziellen Empfehlungen liest, wird die von Intel eingeführte Hyperthreading-Technologie nicht von allen Virtualisierungsprodukten unterstützt. Was Hyper-Threading genau ist, erfahren Sie in Kapitel 6, *Auswahl der richtigen physikalischen Infrastruktur*. Während VMware ESX mit der Nutzung von Hyper-Threading doch eine Performancesteigerung von ca. 20 % erreicht, wird Microsofts Virtual Server langsamer, da die Unterstützung dieser Technik nicht ausgereift ist.

Diese Geschwindigkeitsunterschiede müssen jedoch nicht unbedingt ein Problem darstellen, denn es kommt wie immer eher auf die gehosteten virtuellen Maschinen an und darauf, wie viel Leistungsreserven das Wirt-System noch zu bieten hat. Falls Sie sich unsicher sind, wirkt eine Teststellung mit ausgiebigen Tests der kritischen Serverapplikationen Wunder.

In sehr großen und performance-intensiven Umgebungen werden Sie allerdings an der Verwendung von VMware ESX kaum vorbeikommen, da nur unter diesem Produkt eine sehr genaue Ressourcenkontrolle möglich ist und nur bei diesem Produkt eine virtuelle Maschine mit zwei virtuellen Prozessoren ausgestattet werden kann. Die Grenze von 3,6 GB Hauptspeicher innerhalb der virtuellen Maschine gilt jedoch für jedes der drei Virtualisierungsprodukte, was für manche Applikation nicht ausreichend ist.

Während Sie unter VMware GSX und Microsoft Virtual Server beim Performance Tuning teilweise noch selbst Hand anlegen müssen, läuft VMware ESX schon unter optimalen Voraussetzungen für die Virtualisierung, da die Wirt-Betriebssystemschicht entfällt. Trotzdem besteht auch beim ESX Server die Möglichkeit, weiter an der Performanceschraube zu drehen. Dies ist ein nicht zu unterschätzender Vorteil, da ein Wirt-Betriebssystem mit fehlerhaften Einstellungen Leistungseinbrüche verursachen kann, was sich direkt auf die virtuellen Maschinen niederschlägt. Dabei können auch schon eingespielte Betriebssystemaktualisierungen ein Problem darstellen. Einem solchen Risiko gehen Sie mit VMware ESX komplett aus dem Weg.

### 5.1.4 Infrastruktur

Da eine virtuelle Maschine nur in den seltensten Fällen gekapselt innerhalb des eigenen Wirt-Systems verharren soll, ist natürlich auch die Netzwerkanbindung an das vorhandene physikalische Netzwerk und, falls notwendig, die Anbindung an ein zentrales Massenspeichersystem ein wichtiges Thema.

Auch hier gibt es gewisse Strukturen, die beibehalten werden sollen oder müssen. Dazu zählen die unterschiedlichen physikalischen Netzwerke, in die eine virtuelle Maschine eingebunden werden soll, dazu zählt aber auch die Frage, ob Netzwerkkarten gebündelt werden, um diese ausfallsicher in den virtuellen Maschinen verwenden zu können. Alle drei Produkte unterstützen sowohl Netzwerke innerhalb der virtuellen Struktur als auch physikalische Netzwerkanbindungen.

Während VMware ESX wieder eine Ausnahmestellung mit maximal vier Netzwerkkarten innerhalb einer virtuellen Maschine einnimmt, können VMware GSX und Microsoft Virtual Server nur mit drei Netzwerkkarten dienen. Egal für welches Virtualisierungsprodukt Sie sich entscheiden, klare Empfehlung sind ein oder mehrere Gigabit Netzwerkanschlüsse für das Wirt-System, da alle virtuellen Maschinen über dieses Netzwerk angebunden werden.

Ähnlich stellt es sich bei der Verwendung zentraler Massenspeicher dar. Falls Sie diese Systeme verwenden, sollten Sie immer redundante Wege innerhalb des Wirt-Systems einplanen, um die virtuellen Maschinen so gut wie möglich anzubinden. Wenn Sie innerhalb der Virtualisierungsumgebung auf ein NAS-System setzen, auf dem die Festplattendateien der VMs liegen sollen, scheidet das Produkt VMware ESX aus, da keine Unterstützung seitens des Produktes vorhanden ist. Eine spätere Anbindung an ein NAS aus der virtuellen Maschine heraus ist selbstverständlich möglich.

Bei Verwendung eines SAN bietet VMware ESX jedoch die beste Unterstützung und stellt eine Vielzahl von interessanten Möglichkeiten wie die der zentralen Ablage der Festplattendateien aller virtuellen Maschinen mit Zugriff für jeden ESX-Server oder die eines schnellen Wechsels zwischen Wirt-Systemen bereit. In diese Kerbe schlägt auch VMotion, bei dem die virtuelle Maschine während des Umzugs auf ein anderes Wirt-System nicht heruntergefahren werden muss.

## 5.2 Betriebssystem

Spätestens an dieser Stelle werden Sie auch die Sinnhaftigkeit der ausführlichen Auflistung aller Produkte mit sämtlichen Funktionen aus Kapitel 3, *Virtualisierungssoftware – eine Marktübersicht*, erkennen. Hier können schon kleinere Funktionsunterschiede einen Einsatz erlauben oder verbieten.

Größter Unterschied zwischen dem VMware- und dem Microsoft-Produkt ist die Unterstützung verschiedener Betriebssysteme. Microsoft Virtual Server unterstützt weder auf dem Wirt-System noch innerhalb der virtuellen Maschinen Linux als Betriebssystem. Dagegen ist es aber das einzige der drei Virtualisierungsprodukte, das eine OS/2-Unterstützung innerhalb der virtuellen Maschine bietet. Je nach Einsatzgebiet der Virtualisierungssoftware in Ihrem

Unternehmen und den zu verwendenden Betriebssystemen, können Sie vielleicht schon hier einen Favoriten auswählen.

Das Wirt-Betriebssystem ist von größter Bedeutung für Geschwindigkeit und Sicherheit des Gesamtsystems. Daher müssen Sie unbedingt darauf achten, welches Betriebssystem Sie einsetzen. Entscheidend ist dabei die Wartung durch den Hersteller und das Know-how der internen Administratoren, da sowohl ein zeitnahes Schließen von Sicherheitslücken als auch eine sehr restriktive und sichere Konfiguration des Betriebssystems von hoher Wichtigkeit sind.

Sie müssen dabei immer im Auge behalten, dass ein Angriff auf das Wirt-System immer alle darauf laufenden virtuellen Maschinen betrifft. Stellen Sie sich vor, Sie setzen ein Wirt-Betriebssystem ein, das keinen Support mehr vom Hersteller erhält. Nun wird eine Sicherheitslücke erkannt, und es existieren innerhalb kürzester Zeit z.B. Würmer, die diese Lücke ausnutzen. Sobald dieser Wurm in Ihr Unternehmen gelangt, sind indirekt alle virtuellen Maschinen betroffen, da ihr Wirt-System attackiert wird.

Dieses Problem wird Ihnen weitestgehend von VMware mit dem VMware ESX Server abgenommen, da VMware selbst für eine erhöhte Sicherheit und regelmäßige Updates sorgt. Die beiden anderen Produkte bieten keine automatischen Schutzmechanismen für das Wirt-Betriebssystem. Diesen Kostenfaktor sollte man mit berücksichtigen.

## 5.3 Administration

Alle drei Produkte bieten Ihnen eine ausgereifte und großenteils vollständige Administration über den Webbrowser. Leider kann die Web-Administrationsoberfläche des Microsoft Virtual Servers nur mit dem Internet Explorer bedient werden. Die mittlerweile sehr verbreiteten Browser Firefox und Opera werden leider nicht unterstützt. Da sehr viele Unternehmen aus der Sicherheitgründen – den Mozilla-Browsern ist da bekanntlich mehr zu trauen – eher auf Firefox als auf den Internet Explorer setzen, darf diese fehlende Unterstützung durchauskritisch angemerkt werden.

Eine Besonderheit wurde bei Microsoft integriert, die durch die VMware-Produkte nicht geboten wird: die Fernsteuerung einer virtuellen Maschine über den Webbrowser. VMware benötigt zwingend eine installierte Remote Console auf dem administrierenden Rechner. Allerdings kann man sich eine solche jederzeit auf der Startseite der Web-Administrationsoberfläche herunterladen.

Damit Sie sich einen Eindruck von den vorhandenen Administrationsmöglichkeiten der Virtualisierungsprodukte machen können, gehe ich auf den nächsten Seiten näher darauf ein.

### 5.3.1 VMware GSX

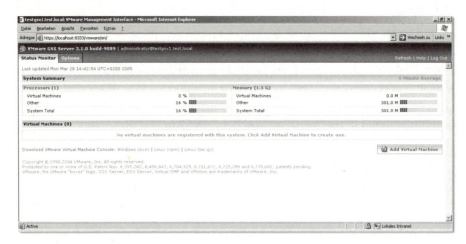

**Abbildung 5.1** Webadministration VMware GSX

▶ Webadministration

- ▶ fast vollständige Administration des Virtualisierungsprodukts über Browser
- ▶ Übersicht über alle auf dem System laufenden virtuellen Maschinen
- ▶ vollständige Administration der virtuellen Maschinen

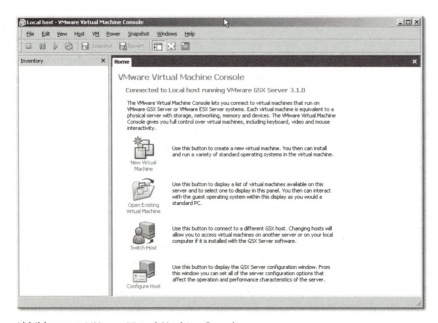

**Abbildung 5.2** VMware Virtual Machine Console

- VMware Remote Console (zu installierende Software)
  - vollständige Administration des Virtualisierungsprodukts inklusive virtueller Netzwerke und virtueller Festplatten
  - Übersicht über alle auf dem System laufenden virtuellen Maschinen
  - vollständige Administration der virtuellen Maschinen
  - Fernsteuerung der virtuellen Maschinen
  - Installation der VMware Tools
  - schneller Wechsel zu anderen GSX-Servern möglich
- VMware GSX Console (VMware Remote Console lokal)
  - vollständige Administration des Virtualisierungsprodukts inklusive virtueller Netzwerke und virtueller Festplatten
  - Übersicht über alle auf dem System laufenden virtuellen Maschinen
  - vollständige Administration der virtuellen Maschinen
  - Fernsteuerung der virtuellen Maschinen
  - Installation der VMware Tools
- Kommandozeile
  - verschiedene Tools zum Auflisten und Verwalten der virtuellen Maschinen und Festplatten

### 5.3.2 Microsoft Virtual Server

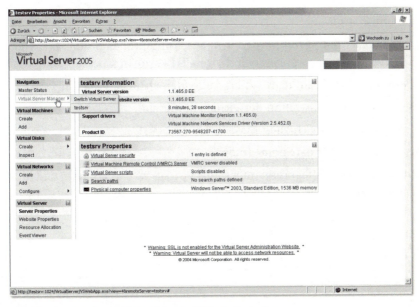

**Abbildung 5.3** Microsoft Virtual Server-Webadminstration

Administration **121**

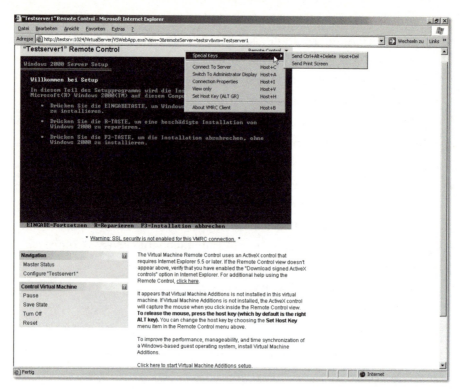

**Abbildung 5.4** Microsoft Virtual Server-Webadministration – Fernsteuerung über ActiveX Plugin

▶ Webadministration

  ▶ vollständige Administration des Virtualisierungsprodukts über Browser, inklusive virtueller Netzwerke und virtueller Festplatten

  ▶ Übersicht über alle auf dem System laufenden virtuellen Maschinen

  ▶ vollständige Administration der virtuellen Maschinen

  ▶ Fernsteuerung der virtuellen Maschinen

  ▶ Installation der Virtual Server Tools

  ▶ Möglichkeit der Integration mehrerer Virtual Server-Systeme und des Umschaltens zwischen denselben

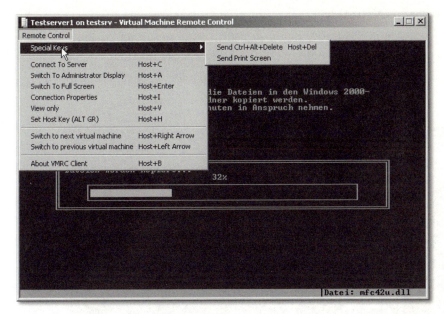

**Abbildung 5.5** VMRC Client

▶ VMRC Client (zu installierende Software)
  ▶ Fernsteuerung der virtuellen Maschine

### 5.3.3 VMware ESX

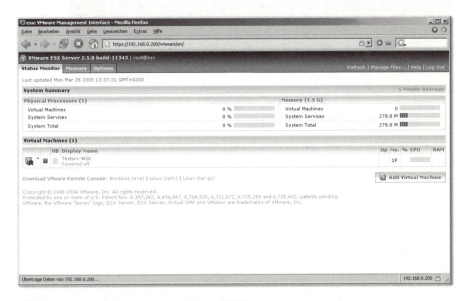

**Abbildung 5.6** Webadministration VMware ESX Server

▶ **Webadministration**
  ▶ vollständige Administration des Virtualisierungsprodukts über Browser, inklusive virtueller Netzwerke und virtueller Festplatten
  ▶ Übersicht über alle auf dem System laufenden virtuellen Maschinen
  ▶ vollständige Administration der virtuellen Maschinen

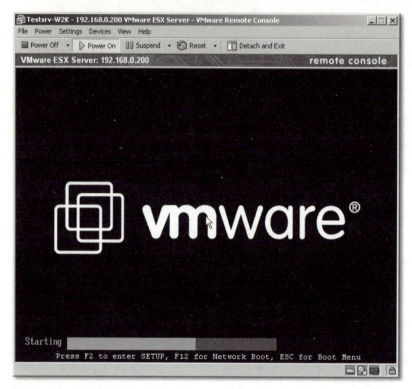

**Abbildung 5.7** VMware Remote Console VMware ESX

▶ VMware Remote Console (zu installierende Software)
  ▶ Übersicht über alle auf dem System laufenden virtuellen Maschinen
  ▶ vollständige Administration der virtuellen Maschinen
  ▶ Fernsteuerung der virtuellen Maschinen
  ▶ Installation der VMware Tools
▶ Kommandozeile
  ▶ verschiedene Tools zum Auflisten und Verwalten der virtuellen Maschinen und Festplatten
  ▶ fast vollständige Administrationsmöglichkeiten über Kommandozeile möglich

### 5.3.4 VMware VirtualCenter

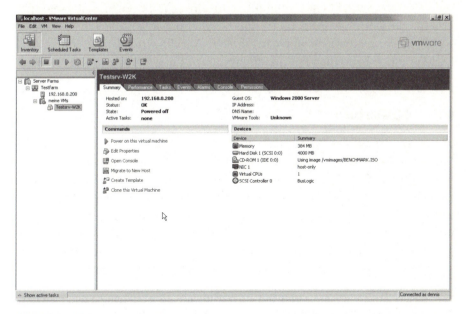

**Abbildung 5.8** VMware VirtualCenter

- Integration vieler VMware GSX- und ESX-Server möglich
- komplette Übersicht über VMware GSX- und ESX-Servern und deren virtuellen Maschinen
- vollständige Administration der virtuellen Maschinen
- Fernsteuerung der virtuellen Maschinen
- Installation der VMware Tools
- ermöglicht VMotion zwischen VMware ESX Servern
- Templateverwaltung
- Migration virtueller Maschinen von VMware GSX nach VMware ESX und umgekehrt
- eigene Programmierschnittstelle
- grafische Lastenauswertung der VMware-Server und der virtuellen Maschinen
- Administration der VMware GSX und ESX Server wird über Verbindung zur Webadministrationsschnittstelle realisiert
- Überwachung und Ereignisverwaltung über SNMP Traps oder festgelegten Aktionen

Wie Sie leicht feststellen können, bietet Ihnen die Kombination VMware ESX und VMware VirtualCenter zumindest in einer homogenen VMware-Infrastruktur die besten Informations- und Verwaltungsmöglichkeiten. Gerade in großen Unternehmungen mit einer hohen Anzahl virtuelle Maschinen und Wirt-Systemen kann man mit diesen Produkten Kosteneinsparungen im administrativen Bereich erzielen.

## 5.4 Sicherheit

Da ein Angriff auf das Wirt-System schlimme Folgen für die gesamte virtuelle Landschaft haben kann, sollten Sie diesem Thema Ihre besondere Aufmerksamkeit widmen. Die Virtualisierungsprodukte bieten Ihnen eine Vielzahl von Sicherheitsfunktionen, was die Administration der virtuellen Maschinen angeht. Da VMware ESX ein eigenes gehärtetes und genau auf den Bedarf der Virtualisierung abgestimmtes Betriebssystem mitbringt, existieren hier deutlich weniger Sicherheitslücken. Falls trotzdem Lücken entstehen sollten, werden die Patches direkt durch VMware auf der Webseite bereitgestellt.

Falls das Wirt-Betriebssystem unter Ihrer Aufsicht steht, ist es zwingend erforderlich, alle Sicherheitsaktualisierungen möglichst zeitnah einzuspielen. Auf diesem System sollten zudem möglichst keine weiteren Applikationen laufen, die ja unter Umständen sowohl die Leistung der ganzen virtuellen Infrastruktur beeinträchtigen als auch die Sicherheit des Wirt-Systems gefährden könnten. Darüber hinaus sollten Dienste, die vom Betriebssystem zur Verfügung gestellt, aber nicht benötigt werden, ebenfalls deaktiviert bzw. deinstalliert werden.

Bedenken Sie immer, dass jeder Dienst und jede Anwendung einen zusätzlichen Angriffspunkt bildet, den es zu überwachen und ständig zu aktualisieren gilt. Ein erfolgreicher Angriff auf das Wirt-System bedeutet im schlimmsten Falle den Ausfall aller virtuellen Maschinen oder deren Manipulation durch den Angreifer.

Entscheidende Kriterien bei der Frage, welches Wirt-Betriebssystem als Grundlage dienen soll, sind die Funktionalität, die Sicherheit und die Performance. Wenn nicht die internen Administratoren über sehr gute Kenntnisse in der Härtung des Wirt-Betriebssystems verfügen, dann sollten externe Berater hinzugezogen werden, um für ein sicheres Wirt-Betriebssystem zu sorgen und damit einen großen Schritt hin zu einer sicheren virtuellen Infrastruktur zu tun.

Falls Sie dem geschilderten Problematik aus dem Weg gehen wollen, dann sollten Sie mit VMware mit dem VMware ESX Server auf eine Kombination von Wirt-Betriebssystem und Virtualisierungssoftware zurückgreifen, in der fertige Sicherheitslösungen integriert sind. Das Erteilen von Benutzerberechtigungen und das Einspielen von Softwareaktualisierungen bleibt Ihnen allerdings auch hier nicht erspart. Da man allein über die Betriebssystemsicherheit mehrere Bücher schreiben könnte und auch schon etliche Fachliteratur zu diesem Thema auf dem Markt erhältlich ist, werde ich dieses Thema nicht weiter vertiefen.

## 5.5 Kosten

Nachdem Sie jetzt einiges über die vielfältigen Funktionen der drei großen Virtualisierungsprodukte gelesen haben, kommen wir jetzt zu einem nicht minder wichtigen Thema: den Kosten. Die Entscheidung für oder gegen ein System gründet leider nicht nur in der Funktionalität des Produktes, sondern ist immer Ergebnis einer Abwägung von Kosten und Nutzen. Dazu gehören die Einführungskosten und die langfristig zu erwartenden Kosten für die Wartung.

### 5.5.1 Lizenzkosten

Wie schon anfangs erwähnt, benötigen Sie für alle lizenzpflichtigen Betriebssysteme und Anwendungen innerhalb der virtuellen Maschinen gültige Lizenzen. Dies ist in der virtuellen Welt nicht anders als in der physikalischen.

Einen wichtigen Punkt müssen Sie allerdings noch beachten. Manche Softwarehersteller lizenzieren die Anzahl der Prozessoren im Wirt-System und nicht die im Gast-System. Diesen wichtigen Aspekt klären Sic besser vor einer Virtualisierung des Systems mit dem entsprechenden Softwarehersteller ab. Durch eine Verwendung von VMware ESX sparen Sie sich die Anschaffungskosten des Wirt-Betriebssystems. Je nach Linux-Version können Sie auch bei Verwendung von VMware GSX mit Linux als Wirt-System die Lizenzkosten sparen. Microsoft Virtual Server verlangt zwingend eine Microsoft Server 2003 Lizenz für das Wirt-System.

> **TIPP** Natürlich sollte man wie bei jeder unternehmenskritischen Software die Wartung für mehrere Jahre einkalkulieren.

Da ich nicht wissen kann, wie viele Lizenzen eines Virtualisierungsproduktes Sie erwerben wollen und ob Sie daher ggf. in den Genuss von Mengenrabatten kommen, gehe ich nur auf die derzeitigen ca. Netto-Listenpreise einzelner Lizenzen ein. Leider sind nicht für alle Produkte vollständige Listenpreise verfügbar. Um Ihnen trotzdem einen Überblick über die erforderlichen Lizenzen zu geben, habe ich diese Produkte ohne Preis aufgeführt. Es sollen dies nur Richtwerte sein, die genauen Preise fragen Sie bitte bei Ihrem Lieferanten nach.

| VMware GSX (inklusive 1 Jahr Wartung) | |
|---|---|
| 2 CPU Version | 1300,- € |
| unbegrenzte CPU Version | 2600,- € |
| Wartung 2 CPU Version | 300,- € |
| Wartung 32 CPU Version | 600,- € |
| **Microsoft Virtual Server** | |
| 2 CPU Version | 500,- € |
| 32 CPU Version | 900,- € |
| Wartung | |
| **VMware ESX** | |
| 2 CPU Version | 2900,- € |
| Virtual SMP (pro Server) | 1100,- € |
| Virtual Infrastructure Node (2 CPU ESX Server, SMP, VirtualCenter Agent, VMotion) | 6000,- € |
| Wartung | |
| Preise steigen je nach CPU-Version weiter an | |
| **VMware VirtualCenter** | |
| Serverversion | 1300,- € |
| VMotion | 2600,- € |
| Agent VMware GSX pro VMware GSX Server | |
| Agent VMware ESX pro VMware ESX Server | |
| VMotion Lizenz pro VMware ESX Server | |

Wie Sie unschwer erkennen können, hat die Mehrleistung der VMware-Produkte vor allem beim VMware ESX Server seinen Preis.

In normalen Umgebungen kann man aber so viele physikalische Server einsparen, dass sich der Kauf sehr schnell amortisiert. Selbst eine zusätzliche Anschaffung eines SAN kann sich schnell rechnen, wenn man mehrere Jahre in die Zukunft kalkuliert.

### 5.5.2 Hardwarekosten

Zu den vorher erwähnten Lizenzkosten kommen die nicht unerheblichen Kosten, die eine Anschaffung des Wirt-Systems verursacht. Da diese die komplette

Infrastruktur für die virtuelle Maschine abbildet und daher auch für die Performance innerhalb der Gast-Systeme entscheidend ist, muss diese Hardware an sich schon sehr gut ausgestattet sein. Hier zu sparen, wäre ein falscher Ansatz. Ebenso wie bei der Software sollten bei der Hardware auch entsprechende Wartungsverträge abgeschlossen werden.

Falls sehr wichtige Systeme als virtuelle Server betrieben werden sollten, ist die Anschaffung von Serverhardware namhafter Hersteller ein absolutes Muss. Da ich die Planung eines Wirt-Systems und dessen Hardware nicht mit ein paar Sätzen abtun und damit dessen Wichtigkeit herunterspielen will, habe ich mich dazu entschieden, diesem Thema ein eigenes Kapitel zu widmen.

## 5.6 Zusammenfassung

Die Informationsfülle der letzten drei Kapitel mag kaum zu überschauen sein. Deshalb folgt an dieser Stelle eine kleine Zusammenfassung über die Funktionen der drei großen Virtualisierungsprodukte:

| | VMware GSX | MS Virtual Server | VMware ESX |
|---|---|---|---|
| **virtuelle Maschine** | | | |
| max. aktive VMs | 64 | 64 | 80 virtuelle CPUs |
| virtuelle CPUs | 1 | 1 | 1 / 2 / geplant 4 |
| max. virt. RAM | 3,6 GB | 3,6 GB | 3,6 GB |
| max. phys. RAM | 64 GB | 64 GB | 64 GB |
| max. phys. CPU | 32 | 32 | 16 |
| virt. Festplatten | IDE/SCSI | IDE/SCSI | SCSI |
| max. virt. Festplattengröße | 256 GB SCSI, 128 GB IDE | 2 TB SCSI, 127 GB IDE | 9 TB pro Festplatte |
| max. virt. Festplatten | 21 | 28 | 80 pro VM, 256 pro ESX Server |
| RAW Disk-Unterstützung | ja | ja | ja |
| undoable Festplattenfähigkeit | ja | ja | ja |
| virt. Netzwerkkarten | 4 | 4 | 4 |
| USB-Unterstützung in der VM | ja | nein | nein |
| unterstützte Gast-Betriebssysteme | Windows, Linux, Novell | Windows, OS/2 | Windows, Linux, Novell |

**Tabelle 5.1** Zusammenfassung der technischen Funktionalität

|  | VMware GSX | MS Virtual Server | VMware ESX |
|---|---|---|---|
| **physikalisches Wirt-System** | | | |
| unterstützte Wirt-Betriebssysteme | Windows, Linux | Windows 2003 | eigenes |
| Memory Overcommitment | nein | nein | ja |
| Ressourcenbeschränkung | nein | nur CPU | ja |
| Virtualisierungsoverhead VM mit 512 MB RAM | 54 MB | ca. 54 MB | 54 MB (1 VCPU)<br>64 MB (2 VCPU) |

**Tabelle 5.1** Zusammenfassung der technischen Funktionalität (Forts.)

|  | VMware GSX | MS Virtual Server | VMware ESX |
|---|---|---|---|
| **Verwaltung** | | | |
| zentrale Verwaltung | ja (VirtualCenter) | nein (außer über Drittanbieter) | ja (VirtualCenter) |
| Online-Migration | nein | nein | ja (VirtualCenter) |
| Online-Sicherung | nein | nein | ja |
| zentrale Überwachung | ja (VirtualCenter) | nein | ja (VirtualCenter) |
| Zeitsteuerung | ja (VirtualCenter) | nein | ja (VirtualCenter) |
| Berechtigungen | ja | ja | ja |
| Fernsteuerung | ja | ja | ja |
| Automatisierung (Skripte etc.) | ja | ja | ja |

**Tabelle 5.2** Zusammenfassung der Verwaltungsmöglichkeiten

# 6 Auswahl der richtigen physikalischen Infrastruktur

6.1 Hardware .................................................................. 133

6.2 Sizing der Wirt-Systeme ........................................... 141

6.3 Infrastruktur ............................................................ 152

1. **Einführung**
2. **Virtuelle Maschinen im Unternehmen**
3. **Virtualisierungssoftware – eine Marktübersicht**
4. **Auswahl der möglichen virtuellen Maschine**
5. **Auswahl der richtigen Virtualisierungssoftware**
6. **Auswahl der richtigen physikalischen Infrastruktur**
7. **Installation und Update des Wirt-Systems**
8. **Verwaltung der Virtualisierungssoftware**
9. **Virtuelle Netzwerke**
10. **Virtuelle Festplatten**
11. **Erstellung einer virtuellen Maschine**
12. **Verwaltung der virtuellen Maschinen**
13. **VMware VirtualCenter**
14. **Skriptierung und Programmierung unter VMware und MS Virtual Server**
15. **Backup, Restore und Disaster Recovery**
16. **Templates (VM-Vorlagen)**
17. **Zusatzsoftware**
18. **Nützliche Adressen im Web**

# 6 Auswahl der richtigen physikalischen Infrastruktur

*Nachdem die richtigen Kandidaten für eine Virtualisierung gefunden wurden, ist der nächste logische Schritt die Auswahl eines oder mehrerer performanter Host-Systeme und deren Infrastruktur.*

## 6.1 Hardware

Welche Hardware ist eigentlich die richtige für ein Unternehmen, bzw. welche ist besser für die Virtualisierung von Servern geeignet? Für ein funktionierendes Konzept ist diese Entscheidung von äußerster Wichtigkeit. Da im Normalfall schon eine funktionierende Infrastruktur vorhanden ist, kann diese entweder direkt genutzt oder muss gegebenenfalls verändert werden. Auf den folgenden Seiten lernen Sie einige der wichtigsten Faktoren kennen, die eine virtuelle Infrastruktur zu einer effizienten machen. Vor allem Massenspeicher- und Netzwerkanbindung können die Leistungsfähigkeit immens positiv, bei falscher Konfiguration aber auch negativ beeinflussen.

### 6.1.1 Wichtigkeit der Entscheidung

Da leider oft genug der Kostenfaktor höher gewertet wird als die technischen Probleme, die durch Sparmaßnahmen an der falschen Stelle entstehen, hier eine Warnung vorweg. Sie entscheiden mit der Hardware des Wirt-Systems über die Performance jeder einzelnen virtuellen Maschine, die später auf diesem System laufen wird.

Daher sollten Sie ihre Entscheidung genau überdenken und lieber ein paar Euro (wenn es auch ein paar Tausend sind) mehr ausgeben, wenn Sie dafür eine performante Maschine eines Markenherstellers mit entsprechendem Support bekommen. Gleiches gilt natürlich für die Infrastruktur von Netzwerk- und Massenspeicher.

### 6.1.2 Unterstütze Hardware

Je nachdem für welches der Virtualisierungsprodukte man sich entscheidet, muss man sich besondere Gedanken über die Hardwareauswahl machen. Bei Produkten wie VMware GSX und Microsoft Virtual Server wird erst einmal jedes Gerät unterstützt, das von dem darunterliegenden Betriebssystem (Wirt-Betriebssystem) über Treiber angesprochen und installiert werden kann.

Mit VMware ESX sieht die Welt ein wenig anders aus, weil dieses System sein eigenes Host-Betriebssystem mitbringt. Daher gelten dort andere Regeln. Das Host-Betriebssystem des ESX Servers, später Service Console genannt, leistet eine sehr eingeschränkte Treiberunterstützung, was allerdings der Performance zugute kommt. Es können daher nur zertifizierte Geräte eingebunden werden. Manch ältere Hardware kann allerdings mit der Zeit aus der Unterstützung herausfallen. Dies ist auch notwendig, damit der VMkernel von VMware ESX weiterhin klein und schnell bleibt.

Auf der Webseite von VMware existieren allerdings immer aktuelle Kompatibilitätslisten mit sämtlichen, von der jeweiligen Version unterstützten Hardwarekomponenten und Komplettsystemen:

http://www.vmware.com/support/resources/esx_resources.html

Damit sollte aber auch direkt deutlich werden, dass die Hardwareauswahl sich nicht auf Prozessor und Hauptspeicher beschränkt, sondern vielmehr die komplette Bandbreite an Komponenten zu beachten ist. Zu den wichtigsten Komponenten gehören CPU, Chipsatz, SCSI-Adapter, RAID Controller, FibreChannel-Adapter und Netzwerkkarten. Darüber hinaus werden momentan von VMware ESX weder Festplatten mit IDE- noch solche mit S-ATA-Anschluss als lokale Massenspeicher unterstützt. Voraussetzung für die Nutzung von VMotion (Verschieben aktiver virtueller Maschinen zwischen ESX-Servern) ist eine SAN-Verbindung für alle betroffenen VMware ESX Server.

Wenn man sich für einen bestimmten Hersteller entschieden hat oder sogar schon verwendbare Systeme vorhanden sind, ist es bei VMware ESX sehr wichtig, die eigene Hardware mit der Liste unterstützter Hardware (hardware compatibility list) auf der VMware-Webseite abzugleichen. Bei fehlender Unterstützung des Herstellers verzichten Sie besser auf den Einsatz eines solchen Systems.

### 6.1.3 Zwei-, Vier- oder »Mehr«-Wege-Systeme?

Diese Frage ist nicht leicht zu beantworten und hängt direkt mit der benötigten Leistungsfähigkeit der virtuellen Maschinen zusammen, die später auf dem System laufen sollen. Mit seiner Virtual SMP-Funktion ist VMware ESX als einziges Virtualisierungsprodukt in der Lage, einer virtuellen Maschine zwei virtuelle CPUs bereitzustellen. Falls das Gast-Betriebssystem und die darauf laufenden Anwendungen Zwei-Prozessor-Systeme unterstützen, kann dies einen deutlichen Leistungsschub bewirken. Diese Virtual SMP-Unterstützung wird laut VMware in naher Zukunft auf Vier-Wege-VMs erweitert.

Darüber hinaus unterstützt VMware ESX Hyperthreading und »verdoppelt« damit die Anzahl der verfügbaren physikalischen Prozessoren. Diese Verdopplung bedeutet zwar keinen Leistungsanstieg um 100 %, 20 % bis 35 % sind dagegen realistisch.

**Was ist Hyperthreading?**

Diese Technik wurde vor einiger Zeit von Intel eingeführt und hat sich mittlerweile am Markt etabliert. Alle Pentium IV und XEON Prozessoren werden seit knapp einem Jahr nur noch mit dieser Technik ausgeliefert.

**Funktion**

Auf einer physikalischen CPU laufen zwei logische CPUs, die zur Performancesteigerung auch weitgehend unabhängig voneinander sind. Um dies zu erreichen, existieren zwei Registersätze, es gibt zwei Interrupt-Controller und verschiedene interne Verwaltungsstrukturen. Da dadurch kein zweiter IDE (Prozessorkern) benötigt wird, verändert sich auch die sichtbare Struktur dieser Prozessoren nicht. Weil manche Hersteller ihre Produkte nach Anzahl der implizierten Prozessorkerne lizenzieren, ist die Tatsache, dass bei Hyperthreading kein zweiter Kern benutzt wird, sehr wichtig.

Kurz gesagt, es ändert sich gegenüber einer Ein-Prozessor-Maschine optisch rein gar nichts, allerdings erkennen Betriebssysteme, die diese Technik unterstützen, zwei Prozessoren und zeigen diese dann auch an. Wenn Sie also eine Acht-Wege-Maschine besitzen, sieht ihr Betriebssystem 16 verwendbare Prozessoren. Diese Technik wird auch SMT (*Simultaneous Multithreading*) genannt.

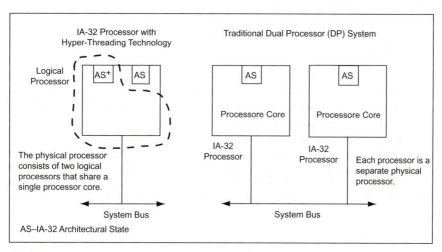

**Abbildung 6.1** Hyperthreading

Im Gegensatz dazu steht SMP (Symetric Multi Processing). Bei dieser Technik sind wirklich zwei oder mehrere physikalische Prozessoren auf dem Mainboard integriert. Allerdings können diese Prozessoren wiederum Hyperthreading unterstützen, wodurch sich die Anzahl der für das Betriebssystem verfügbaren Prozessoren abermals verdoppelt.

Gerade bei Zwei-Wege-Maschinen als Wirt-System ist Hyperthreading sehr nützlich, denn sie schöpfen die Möglichkeiten dieser Technik voll aus. Eine sinnvolle Nutzung von Virtual SMP unter VMware ESX ist auf einer Zwei-Wege-Maschine nur mit Hyperthreading möglich.

**Was ist ein Bladecenter?**

Ein weiterer Kandidat, den man nicht vergessen sollte, sind Bladecenter bzw. Blades, die entweder als Zwei- oder Vier-Wege-Version durchaus für den Virtualisierungseinsatz verwendet werden können. Hier nutzt man die Vorteile aus zwei Welten: Hardwarekonsolidierung durch Blades einerseits und Hardwarekonsolidierung durch Virtualisierung andererseits. Statt einer Hardwareauslastung von durchschnittlich 15 % erreicht man nach einer von VMware herausgegebenen Studie eine Auslastung von bis zu 85 % (Whitepaper: Improving Economics of Blades with VMware).

Vielleicht haben Sie schon einmal die Werbung von IBM oder Hewlett-Packard bezüglich der Bladecenter im Fernsehen gesehen. Dort wird darauf verwiesen, dass der Serverraum urplötzlich sehr leer ist. Das Ganze ist zwar auf wenig realistisch dargestellt, trifft aber trotzdem den Kern der Sache. Ein Bladecenter ist ein Chassis von ungefähr 6–7 Höheneinheiten in der 19-Zoll-Bauweise. In dieses Chassis können je nach Hersteller und Ausstattung bis zu 14 Blades integriert werden. Diese Blades werden nebeneinander senkrecht in das Bladecenter eingesteckt. Das Bladecenter selbst beherbergt je nach gewünschter Ausstattung Fibre Channel Switches, Gigabit Switches und Managementmodule (diese dienen als KVM Switch). Disketten- und CD-ROM-Laufwerke sind ebenfalls in das Bladecenter integriert und können auf Knopfdruck zwischen den Bladeservern umgeschaltet werden. Der der Stromanschluss wird dabei nur am Bladecenter angebracht. Aber Achtung: An mindestens zwei Steckern mit 16 Ampere! Beachten Sie dies bei der Planung der Stromversorgung im Serverraum. Aufgrund der erhöhten Stromversorgung muss auch eine entsprechende Kühlleistung pro Quadratmeter durch Klimatisierung eingeplant werden.

**Abbildung 6.2** Bladecenter

Bei IBM werden die einzelnen Blades über eine so genannte »Midplane« an die Komponenten des Bladecenters angeschlossen. Die Bladeserver an sich können wiederum je nach Ausbau mehrere Gigabit-Adapter, mehrere FibreChannel-Adapter und eigene IDE- bzw. SCSI-Platten beinhalten. Momentan gibt es Zwei- und Vier-Wege-Blades mit 32-Bit- oder 64-Bit-Prozessoren am Markt, die derzeit mit maximal 8 GB RAM ausgestattet werden können.

**Abbildung 6.3** Blade mit und ohne SCSI-Erweiterung

Durch diese »Konsolidierung« der Serverkomponenten und damit des Platzbedarfs kann ein Serverraum bzw. können die 19-Zoll-Racks schlagartig leerer werden. Durch die hohe Modularität des Bladecenters und der Blades selbst tun sich vielfältige Möglichkeiten auf, was Ausstattung und Performance angeht. Von der Kostenseite her betrachtet, rechnet sich ein Bladecenter gegenüber einem herkömmlichen Serverkauf je nach Ausbau schon ab ca. vier Blades. Durch die starke Konsolidierung, die nur begrenzte Optionen bei der Hardwareausstattung erlaubt (beispielsweise bei der Anzahl der FibreChannel-

und Netzwerkkarten), werden die Einsatzmöglichkeiten mit Blick auf die Virtualisierung natürlich recht starr und unflexibel. Wenn Sie sehr viele virtuelle Netzwerke über physikalische Adapter für den idealen Betrieb der virtuellen Maschinen benötigen, werden Sie mit einem Bladeserver zumindest derzeit nicht glücklich.

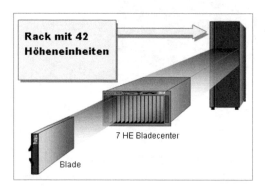

**Abbildung 6.4** Und so funktioniert das Stecksystem

Um Ihnen die Entscheidung mehrere »kleinere Server« (eins bis vier CPUs) oder wenige »dicke Server« (mehr als vier CPUs) zu erleichtern, gebe ich Ihnen eine Pro-/Contra-Analyse an die Hand.

**Zwei- und Vier-Wege-Systeme oder Bladecenter Server**

- Vorteile:
  - geringere Kosten pro Server
  - Es passen sehr viele Server in ein Rack.
  - Verschiedene Komponenten (Systembus, SCSI-Controller etc.) werden von weniger virtuellen Maschinen genutzt, wodurch es dort zu weniger Engpässen kommt.
  - Sie können besser skalieren.
  - Die Ausfallsicherheit der Hardware wird deutlich erhöht.
- Nachteile:
  - Die Anzahl der virtuellen Maschinen auf dem Wirt wird schneller beschränkt.
  - Das System kann eher unter Volllast stehen als ein entsprechendes Mehrprozessorsystem.
  - Es wird mehr physikalische Hardware benötigt, wodurch höhere Wartungskosten entstehen können.
  - höhere Virtualisierungssoftwarekosten

- höhere Serveradministrationskosten
- höhere Infrastrukturkosten (Ethernet-/FibreChannel-Switches)

Entscheidender Vorteil ist ganz klar die bessere Ausfallsicherheit. Nehmen Sie beispielsweise zwei Bladecenter mit jeweils fünf Blades (Virtualisierungsserver): Falls nun ein Blade ausfällt, könnten Sie entweder die VMs auf die restlichen Bladeserver verteilen oder über ein Reserveblade das ausgefallene ersetzen. Sollte ein gesamtes Bladecenter ausfallen, könnten Sie alle Blades in das zweite Bladecenter stecken und so den Betrieb aufrecht erhalten.

**Mehrwege-Systeme (8–16 CPUs)**

- Vorteile:
    - hohe Anzahl von virtuellen Maschinen pro System
    - geringere Serverwartungskosten
    - geringere Serveradministrationskosten
    - geringere Virtualisierungskosten (Lizenzen etc.)
    - geringerer Backup-Bedarf für die Serverbetriebssystemsicherung
    - Durch die hohe Prozessorleistung ist eine Vollast des Servers durch virtuelle Maschinen leicht zu vermeiden.
    - geringere Infrastrukturkosten (Ethernet-/FibreChannel-Switches)
- Nachteile
    - höhere Kosten pro Server
    - Es passen wenige Server in ein 19-Zoll-Rack.
    - Die Komponenten (Systembus, SCSI-Controller etc.) werden von vielen virtuellen Maschinen genutzt, wodurch dort ein Engpass entstehen kann.
    - schlechtere Skalierungsmöglichkeiten
    - geringere Ausfallsicherheit

Hier liegen die Vorteile ganz klar im Bereich der Serveradministration und -wartung, da es nur wenig Hardware gibt, die ausfallen kann und gewartet werden muss. Das birgt aber auch einen Nachteil, fallen doch erhebliche Kosten an, um eine bessere Ausfallsicherheit der Hardware zu gewährleisten.

### 6.1.4 Hersteller

Warum dieses Kapitel, mag sich der geneigte Leser fragen? Muss ich mir hier etwa Werbung gefallen lassen?

Nein, natürlich nicht. Wie Sie auf den letzten Seiten gelesen haben, ist die Auswahl des Wirt-Systems mit das wichtigste Kriterium bei der Planung vor einer Servervirtualisierung. Ganz gleich für welche Virtualisierungssoftware Sie sich entscheiden, sparen Sie um Himmels willen nicht am Wirt-System! Dies gilt sowohl für die Ausstattung als auch für die Ausfallsicherheit durch Redundanz und die Wartung des Systems.

Absolutes Muss ist ein Serversystem eines namhaften Herstellers, der Ihnen eine hohe Verfügbarkeit des Systems garantiert, guten Support bereitstellt und entsprechende Wartung anbietet. Wenn Sie sich für einen ESX Server entscheiden, muss der Server bzw. seine Komponenten in der Hardware Compatibility List aufgeführt sein, sonst mangelt es unter Umständen an Treiberunterstützung seitens des ESX-Produkts und natürlich seitens des Herstellers VMware. Keine Treiberunterstützung heißt in den meisten Fällen, dass schon die Installation fehlschlägt bzw. der spätere Betrieb fehlerhaft verläuft.

### 6.1.5 Hardwaretest

Sobald Ihre Hardware in Ihrem Serverraum steht, installieren Sie nicht euphorisch direkt darauf los, sondern testen Sie erst einmal die Hardware auf Herz und Nieren. Oder verlangen Sie von dem Lieferanten einen Nachweis, dass die gelieferte Hardware schon verschiedene Tests erfolgreich durchlaufen hat (manche Hersteller legen die Testergebnisse sogar schon bei).

Viele Supportanfragen, die an VMware gerichtet werden, sind auf fehlerhafte Hardware zurückzuführen. Komponenten wie Hauptspeicher, Prozessor und Festplatten müssen Sie unbedingt vor der Verwendung als Wirt-System testen, da spätere Fehler zum Absturz von Teilen der virtuellen Infrastruktur führen können.

Natürlich sollten Sie diese Hardwaretests immer sehr gewissenhaft durchführen, aber mit einem solchen Server verhält es sich doch ein wenig kritischer, da später alle darauf betriebenen virtuellen Maschinen von einem Ausfall betroffen sind.

Software zum Testen stellt Ihnen entweder der Hersteller zur Verfügung, oder Sie benutzen Standardtestsoftware wie memtest86. Dazu booten Sie z.B. einfach eine »Knoppix«-CD und starten einen Memorycheck. Als weitere Testmöglichkeit bietet sich die Installation eines Betriebssystems wie Windows oder Linux auf dem Wirt-System an, deren verschiedene Benchmarkprogramme nicht nur auf funktionstüchtige Hardware hin prüfen, sondern gleichzeitig die Leistung des Systems anzeigen. Dies ist für die spätere Planung, was beispielsweise die mögliche Anzahl von VMs angeht, sehr hilfreich.

**Wie lange sollte man testen?**

Solange wie möglich, jedoch mindestens drei Tage, besser wäre natürlich eine Woche. Je länger Sie die Tests durchführen, desto beruhigter können Sie auf die Hardware vertrauen. Vor allem defekte Hauptspeichermodule können Ihnen Ausfälle, Abstürze oder ähnliche Phänomene bescheren, die man in aller Regel zuerst in der Applikation sucht und zuletzt im Hauptspeicher. Dass in diesem Fall nicht nur ein Betriebssystem und eine Instanz der Anwendung läuft, sondern viele verschiedene, das macht die Fehlersuche mit Sicherheit nicht einfacher. Ähnlich unschön können sich Probleme mit einem oder gar mit mehreren Prozessoren auswirken.

## 6.2 Sizing der Wirt-Systeme

Bevor Sie irgendwelche Aussagen über ein Sizing der benötigten Maschinen treffen können, bedarf es einiger Vorbereitungen. Sie müssen sich zunächst darüber im Klaren sein, welche Maschinen Sie überhaupt in eine virtuelle Umgebung integrieren möchten.

Wie Sie die benötigte Performance Ihrer potenziellen Maschinen messen können, haben Sie bereits in Abschnitt 4.2, *Performancemessung*, gelesen. Nun müssen Sie diese Messungen in ein Konzept übernehmen, mit dem Sie die Gesamtzahl Ihrer Serversysteme und deren Sizing planen können.

### 6.2.1 Messdaten und Verfügbarkeit

Um eine gute Planung zu gewährleisten, müssen Sie Ihre physikalischen Systeme über mehrere Wochen beobachten und die Messungen erfassen. Wie bei den Hardwaretests gilt auch hier: Je länger Sie diese Messungen durchführen, um so genauer wissen Sie, mit welcher Auslastung Sie auf dem endgültigen System zu rechnen haben.

Schwierig, ja gar unmöglich ist dies natürlich bei Systemen, die noch gar nicht angeschafft sind, aber in die virtuelle Welt übernommen werden sollen. In diesem Fall können Sie nur auf Erfahrungswerte anderer Unternehmen bauen, die vielleicht dieses Produkt schon einsetzen, oder Sie müssen sich auf einen ungefähren Richtwert seitens des Herstellers verlassen. Da mittlerweile viele Hersteller selbst ihre Software auf virtuellen Systemen testen, können Sie sogar darauf bauen, dass die Messwerte durchaus realistisch sind. Wenn Sie alle Werte beisammen haben, nehmen Sie diese am besten in eine Liste auf und versuchen anschließend, die ausgewiesenen »Hardwarefresser« mit solchen Systemen zu mischen, deren Auslastung weniger hoch ausfällt.

Etwaige Cluster ihrer virtuellen Maschinen, auf die wir im weiteren Verlauf dieses Buches noch kommen werden, sollten natürlich nicht auf ein und demselben Wirt-System laufen. Dasselbe gilt für sämtliche Server, die sie sich bei einem Ausfall wechselseitig vertreten sollen. Denn Hardwaredefekte sind in der virtuellen Welt durchaus realiter, wenn es auch nie die Hardware in der virtuellen Maschine treffen kann, die des Wirt-Systems, wie ich schon ausführlich beschrieben habe, jedoch sehr wohl.

Im Folgenden präsentiere ich Ihnen zwei kleine Grafiken, die zum besseren Verständnis beitragen sollen. Dabei soll die Auslastung in Prozent die Gesamtauslastung darstellen, die durch die virtuelle Maschine auf dem Wirt-System verursacht wird.

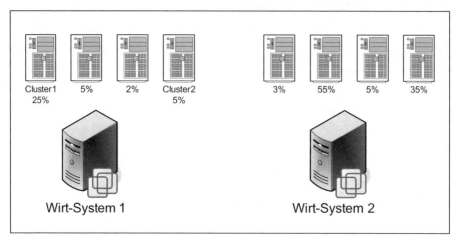

**Abbildung 6.5** Was ist hier falsch?

Ich nehme an, bei genauerem Hinsehen bemerken Sie sofort, auf was ich hinaus will bzw. wo die Planungsfehler stecken. So sollten Sie Ihre virtuellen Maschinen auf keinen Fall verteilen! Die virtuellen Maschinen mit geringer Auslastung liegen auf Wirt-System 1 und dümpeln vor sich hin, während Wirt-System 2 doch schon recht hoch belastet wird.

Auch sind die beiden Clusterserver auf demselben Wirt-System beheimatet. Damit macht der Cluster nicht mehr ganz soviel Sinn, da nur der Ausfall des virtuellen Clusterteilnehmers abgefangen wird und nicht der des Wirt-Systems.

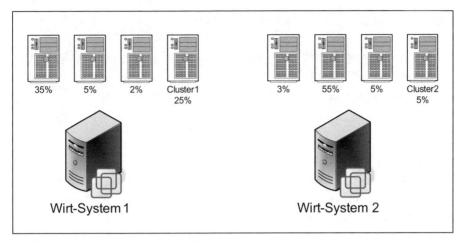

**Abbildung 6.6** So ist die Verteilung in Ordnung

In dieser Grafik ist die Welt wieder in Ordnung! Die Auslastung ist gleichmäßig verteilt, und die Clustersysteme sind auf unterschiedlichen Wirt-Systemen beheimatet. (Dieses Cluster-Konstrukt ist nicht mit jeder Virtualisierungssoftware möglich.) Dieses Beispiel ist zwar recht plakativ, aber in der Realität kann man während der Planung solche Aspekte leicht vergessen. Grundsätzlich lässt sich die Auslastung des Systems in vier große Kategorien aufteilen, deren Wichtigkeit von Server zu Server unterschiedlich ist:

- Anzahl und Leistungsfähigkeit der Prozessoren
- Größe des benötigten Hauptspeichers
- Anbindung und Anzahl der Wege zu einem Massenspeicher
- Anbindung und Anzahl der Wege zum Netzwerk

Auf den nächsten Seiten werde ich genauer auf jede dieser Kategorien eingehen. Eine genaue Qualifizierung kann ich allerdings nicht leisten, weil jedes Unternehmen andere Serversysteme benötigt bzw. bevorzugt. Dies zu tun, wäre dann z. B. die Aufgabe einer Projektgruppe.

### 6.2.2 Prozessor

Die Ermittlung der benötigten Leistungsfähigkeit der Prozessoren ist wahrscheinlich das geringste Problem, da die Berechnung, sofern man über entsprechende Messwerte aus einem längeren Zeitraum verfügt, nicht besonders kompliziert ist. Diese Kennzahl summieren Sie einfach von allen virtuellen Maschinen, die für einen Server vorgesehen sind, und schon kennen Sie die benötigte Prozessorleistung auf dem Wirt-System.

> Vergessen Sie nicht, dass das **Wirt-System** einen so genannten »Virtualisierungsoverhead« benötigt. Im Falle von VMware GSX und Microsoft Virtual Server kann dieser Overhead zwischen 7 % und 20 % der Leistung des Wirt-Systems in Anspruch nehmen. VMware ESX benötigt ein bisschen weniger Leistung, weil das Host-Betriebssystem daraufhin optimiert wurde.

**Beispiel:**

Es sollen sechs physikalische Systeme virtualisiert werden. Alle Server sind Zwei-Wege-Systeme mit einer Prozessorleistung von einem GHz. Die Prozessorauslastung liegt auf vier Servern bei ca. 15 %, auf den beiden anderen bei etwa 18 %. Die dafür nötigen Formeln haben Sie bei der Berechnung des Gast-Systems schon kennen gelernt (Abschnitt 4.2.2, *Berechnung der virtuellen Maschine*):

- (1000 * 2) * 15 % = 300  * 4 = 1200 MHz
- (1000 * 2) * 18 % = 360  * 2 = 720 MHz
- 1200 + 720 = 1920 MHz

Wie man sieht, würde man theoretisch mit einem 2 GHz Prozessor für die virtuellen Maschinen auskommen. 2,4 GHz sollten es dann insgesamt doch schon sein, da es den Virtualisierungsoverhead des Wirt-Sstems einzurechnen gilt. Einen gewissen Puffer sollte man zur Sicherheit auch noch mit einplanen. Man kann diesen Overhead nicht oft genug erwähnen, weil er sehr gerne unterschlagen wird.

### 6.2.3 Hauptspeicher

Die Menge des benötigten Hauptspeichers ist natürlich ebenso leicht zu berechnen. Man summiert einfach die benötigte Hauptspeichermenge pro virtueller Maschine, die auf dem Wirt-System laufen muss. Sicherheitshalber sollte man aber auch hier einen gewissen Puffer einplanen, da vielleicht einmal eine zusätzliche virtuelle Maschine auf das System gelegt wird oder eine vorhandene virtuelle Maschine ein wenig mehr Speicherplatz benötigt.

**Auch hier gilt es, das Wirt-System nicht zu vergessen.**

Je nach Produkt und Anzahl der virtuellen Maschinen können zwischen 256 und 1 GB Hauptspeicher benötigt werden. Zudem entsteht auch hier, abhängig von der Hauptspeichermenge der virtuellen Maschine, ein Virtualisierungsschwund, also ein Hauptspeicherbereich, der vom Wirt-System für das Betreiben der virtuellen Maschine benötigt wird und den Sie beim Sizing des Wirt-Systems mit einplanen müssen.

Dieser Schwund bewegt sich bei allen Virtualisierungsprodukten in ähnlichen Dimensionen. Zahlen existieren jedoch nur von VMware ESX.

| Hauptspeicher VM | Virtualsierungsoverhead durch das Wirt-System |
|---|---|
| bis zu 512 MB, 1 virt. CPU | 54 MB |
| bis zu 512 MB, 2 virt. CPU | 64 MB |
| bis zu 1000 MB, 1 virt. CPU | 70 MB |
| bis zu 2000 MB, 1 virt. CPU | 102 MB |
| bis zu 3600 MB, 1 virt. CPU | 134 MB |

**Tabelle 6.1** Virtualisierungsoverhead bei virtuellen Maschinen

Man kann also für die ersten 512 MB 54 MB Overhead rechnen, ab dann für jedes weitere Gigabyte jeweils 32 MB. Das Produkt VMware ESX bietet noch zwei interessante Techniken, um Hauptspeicher zu sparen.

**Memory Sharing** und **Memory Overcommitment**

Beim »Memory Sharing« teilen sich die virtuellen Maschinen gemeinsame Speicherinhalte. Im Falle eines Terminalservers in einer virtuellen Maschine mit 10 Benutzern, starten diese 10 Benutzer die Windows-Oberfläche und Microsoft Office. Normalerweise werden diese Prozesse dann 10 Mal gestartet, obwohl die Speicheradressen und die Inhalte zum großen Teil identisch sind.

Beim Memory Sharing werden diese gleichen Speicherbereiche nur einmal durch den VMware ESX Server vorgehalten, insofern sparen Sie mindestens 9 mal Speicher, was bis knapp über 30 % des physikalischen Hauptspeichers im Wirt sparen kann. Durch »Memory Overcommitment« haben Sie die Möglichkeit, allen virtuellen Maschinen insgesamt mehr Speicher zur Verfügung zu stellen, als dem VMware ESX Server physikalisch zur Verfügung steht. Falls der physikalische Speicher wirklich einmal aufgebraucht ist, wird auf die Festplatte ausgelagert.

### 6.2.4 Massenspeicher

Wie immer kommt es auch hier darauf an, welche virtuellen Maschinen auf dem Wirt-System laufen sollen und für welches Virtualisierungsprodukt Sie sich entscheiden. Um den Gesamtbedarf an Plattenplatz zu errechnen, summieren Sie wieder den Plattenplatz aller virtuellen Maschinen.

Bei der benötigten I/O-Leistung sollten die Messdaten wieder über einen möglichst langen Zeitraum erfasst und summiert werden. I/O-intensive virtuelle Maschinen sollten ähnlich wie die Prozessor- und Hauptspeicherlast gut über die Wirt-Systeme verteilt werden. Auch hier darf das Wirt-System nicht vergessen werden! Sie benötigen genügend Platz für die Installation des Betriebssystems und des Auslagerungsbereiches. Dieser so genannte »Swap«-Bereich berechnet sich in den meisten Fällen folgendermaßen:

**physikalischer Hauptspeicher * 1,5**

Bei den Serverprodukten VMware GSX und Microsoft Virtual Server genügt diese Einstellung auch. VMware ESX kann dort andere Wege gehen, denn wegen der Zweiteilung zwischen Service Console (eigentliches Betriebssystem) und VMkernel (Kernel für die Verwaltung der virtuellen Maschinen und deren Ressourcen) haben beide einen getrennten Swap-Bereich. Der Swap-Bereich der Service Console errechnet sich wie der eines normalen Betriebssystems.

VMkernel hat andere Möglichkeiten: entweder keinen Swap (kein Memory Overcommitment möglich) oder soviel Swap, wie Sie den virtuellen Maschinen zum Auslagern geben möchten, jedoch maximal die Größe des physikalischen Hauptspeichers. Falls das System physikalisch 8 GB Hauptspeicher besitzt, können Sie maximal nochmals 8 GB als VMkernel Swap zur Verfügung stellen, d.h., für die virtuellen Maschinen können Sie 8 GB Hauptspeicher durch Memory Overcommitment konfigurieren. Das von den 8 GB ein Teil an das Wirt-System abgetreten wird, erwähne ich nur zur Erinnerung. Darüber hinaus müssen Sie sich Gedanken machen, ob Sie normale lokale SCSI-Platten oder ein SAN zur Verfügung stellen wollen.

Vielleicht wollen Sie aber auch ganz andere Wege gehen. Als hoffentlich guter Ratgeber führe ich im Folgenden die einzelnen Systeme auf und kommentiere sie jeweils kurz:

- **IDE**
  Im Testbereich für VMware GSX oder Microsoft Virtual Server noch vertretbar, im produktiven Bereich sollten Sie die Finger davon lassen. Sie benötigen schließlich performante Platten, damit sich die virtuellen Maschinen nicht ständig gegenseitig ausbremsen. Bei VMware ESX funktioniert nur ein CD-Laufwerk mit IDE, Festplatten können keine angebunden werden!

- **S-ATA**
  VMware GSX und Microsoft Virtual Server lassen sich damit betreiben. Da die Performance immer besser wird, kann man bei kleineren Systemen auch gute Erfahrungen machen. SCSI ist allerdings im Serverbereich immer noch

Quasi-Standard. VMware ESX verweigert auch hier den Zugriff auf S-ATA-Festplatten, weil die Treiberunterstützung fehlt.

- **SCSI**
  Alle drei Produkte geben sich mit SCSI zufrieden und bei moderner Hardware ist eine entsprechende Leistungsfähigkeit zu erwarten. Sie sollten aber trotzdem darüber nachdenken, die Platten über mehrere Controller anzubinden, um die Performance für die virtuellen Maschinen weiter zu steigern. Darüber hinaus ist es überaus empfehlenswert, RAID über die lokalen SCSI-Festplatten zu legen.

- **NAS**
  VMware GSX und Microsoft Virtual Server unterstützen NAS-Systeme, allerdings kann ich davon nur abraten, weil die Performance der virtuellen Maschinen doch sehr darunter leiden kann. Aufgrund der Geschwindigkeitsproblematik bei der NAS-Technologie sollte beim Einsatz mindestens eine dedizierte Gbit-Netzwerkanbindung eingerichtet werden.

  Zudem schlagen sich Performanceprobleme im Netzwerk gleich doppelt nieder: einmal bzgl. der Festplattenzugriffe der virtuellen Maschinen und einmal bzgl. der Netzwerkzugriffe der virtuellen Maschinen und des Wirt-Systems.

- **iSCSI**
  iSCSI ist die neueste Technik, Massenspeicher mit Systemen zu verbinden. Dabei wird nicht wie bei einem NAS Storage ein Netzwerkprotokoll benutzt, sondern SCSI-Befehle werden direkt über das Netzwerk transportiert. Damit ordnet sich ein iSCSI-System von seiner Performance, seiner Flexibilität und seinem Preis her gesehen mittig zwischen NAS und SAN ein. Im Betriebssystem selbst werden iSCSI-Festplatten wie lokale Festplatten gesehen und können auch dementsprechend eingebunden werden. Über spezielle Netzwerkkarten kann sogar über eine iSCSI-Festplatte das Betriebssystem gestartet werden. Um eine hohe Leistungsfähigkeit zu erhalten, ist eine dedizierte Gbit-Netzwerkverbindung ebenso wie bei NAS unumgänglich. Dass diese Technologie Zukunft hat, sieht man schon an den neuen Funktionen des aktuellsten VMware GSX Servers. Er unterstützt seit Version 3.2 Cluster-across-Boxes der virtuellen Maschinen über iSCSI. Unter VMware ESX wird iSCSI derzeit nur innerhalb der virtuellen Maschine und nicht durch die Service Console unterstützt.

- **SAN**
  Es ist dies ganz klar die Königsklasse der Speichersysteme. Mit diesem System stehen Ihnen alle Möglichkeiten offen. Performante Anbindung des Wirt-System und der virtuellen Maschinen kann sehr leicht realisiert werden. Sie können sogar virtuellen Maschinen physikalisch ein LUN im SAN zur Verfügung stellen! Natürlich hat auch SAN einen Haken, und der liegt in

der sehr komplexen Administration und Planung. Des Weiteren wären da die hohen Kosten, es müssen nämlich nicht nur die Festplatten des Storages, sondern es muss vielmehr eine ganze Infrastruktur geschaffen werden.

Bei VMware ESX haben Sie über VMotion die Möglichkeit, während der Laufzeit eine virtuelle Maschine ohne Ausfall von einem ESX Server zu einem anderen hin zu übertragen. Voraussetzung hierbei ist, dass beide ESX Server die LUN sehen, auf der die Festplatte der virtuellen Maschinen liegt. Seit Version 2.5 kann diese LUN direkt an die virtuelle Maschine gebunden und VMotion betrieben werden. Damit wird Ihnen auch die Möglichkeit eröffnet, einen Cluster zwischen physikalischer und virtueller Maschine einzurichten. Wie das genau abläuft, erfahren Sie im weiteren Verlauf des Buches.

## VMware ESX und SAN

Ganz wichtig und leider immer wieder Anlass zur Irritation ist die optimale Größe der LUNs. Hier sind die routinierten SAN-Administratoren oft nicht in der Lage, die neue virtuelle Technologie, wie Sie von VMware benutzt wird, zu verstehen. Normalerweise geht man als SAN-Admin davon aus, dass es sich bei virtuellen Maschinen um I/O-intensive Anwendungen handelt und daher möglichst kleine LUNs benötigt werden. Solche kleinen LUNs werden beispielsweise für Datenbanken genutzt, um die SAN-Leistung zu erhöhen. VMware ESX arbeitet aber anders mit einem SAN. Zum einen gibt es die eigene Verwaltung der SAN LUNs der ESX Server untereinander, d.h., alle betroffenen ESX Server sehen alle verwendeten LUNs! Die Sperrmechanismen, die den gleichzeitigen Zugriff mehrerer Systeme verhindern sollen, werden durch die ESX Server selbst geregelt, weshalb eine gerade benutzte Festplattendatei (aktive VM) z.B. nicht gesichert werden kann.

Zum anderen ist ein ESX Server nicht auf kleine LUNs angewiesen, um eine hohe Performance innerhalb der virtuellen Maschinen bereitzustellen. Hier ist nicht die Größe der LUNs, sondern die Anzahl der darauf liegenden Festplattendateien und deren I/O-Last ausschlaggebend. Bei sehr I/O-lastigen virtuellen Maschinen sollte man ca. 10–32 Festplattendateien in ein VMFS legen (was allerdings nicht mit der Anzahl der LUNs gleichzusetzen ist, da ein VMFS sich auch über mehrere LUNs erstrecken kann). Bei I/O-unkritischen virtuellen Systemen kann man mit bis zu 100 Festplattendateien kalkulieren. Daher kann es je nach Größe der Festplattendateien Ihrer virtuellen Maschinen durchaus Sinn machen, wenige große LUNs zu nutzen. Ein weiterer Nachteil vieler kleiner LUNs ist die Geschwindigkeit innerhalb VMware ESX. Bei sehr vielen LUNs kann das Scannen im SAN durch den ESX Server sich über einen mehrstelligen Minutenbereich erstrecken, was die Administration nicht gerade unterstützt.

## RAID

Ganz gleich für welches System Sie sich entscheiden: Sie sollten für die Festplatten RAID (Redundant Array of inexpensive Disks) konfigurieren, um eine hohe Sicherheit und Performance des Wirt-Systems zu gewährleisten. Mangelnde Kenntnis bei der Konfiguration des RAID Levels und der daran beteiligten Anzahl an Festplatten kann zu unerfreulichen Effekten führen, die teilweise so nicht vermutet werden. Falls Sie beispielsweise mit zehn lokalen Festplatten arbeiten und daraus eine RAID Set mit RAID5 legen, sind Performanceprobleme vorprogrammiert. Dies ist zwar ein Extrembeispiel, zeigt Ihnen aber auf, worauf Sie zu achten haben. Vorweg ein kleiner Überblick über die Eigenschaften der RAID Level.

| RAID Level | Ausfallsicherheit | Leseleistung | Schreibleistung | Platzverbrauch |
| --- | --- | --- | --- | --- |
| RAID 0 | keine | gut | sehr gut | minimal |
| RAID 1 | hoch | schlecht | schlecht | hoch |
| RAID 10 | sehr hoch | sehr gut | gut | hoch |
| RAID 5 | hoch | gut | sehr schlecht | gering |

**Tabelle 6.2** RAID Level im Vergleich

Auf RAID0 gehe ich nicht genauer ein, da dieses RAID Level sich aufgrund der mangelnden Ausfallsicherheit nicht für den professionellen Serverbetrieb eignet.

▶ **RAID1**
Hierbei handelt es sich um ein gespiegeltes System. Es werden auf zwei Festplatten identische Daten gespeichert. Damit erhält man eine 100-prozentige Redundanz. Wenn eine der beiden Festplatten ausfällt, arbeitet die zweite Festplatte normal weiter. Diese hohe Ausfallsicherheit macht nur in kleineren Plattensystemen Sinn, da immer die doppelte Festplattenmenge benötigt wird, was hohe Kosten verursacht und ein Platzproblem innerhalb des Servers entstehen lässt.

▶ **RAID5**
Dies ist die beliebteste RAID-Methode der letzten Jahre. Sie benötigen mindestens drei identische Festplatten. Nun werden auf alle Festplatten so genannte Paritäts-Daten verteilt, die zur Wiederherstellung *einer* der Festplatten dienen. Bei n Festplatten sind (n-1)/n der Gesamtkapazität nutzbar, das restliche 1/n wird für die Paritätsdaten benötigt. Dadurch erreicht man immer noch eine gute Lesegeschwindigkeit, allerdings leidet die Schreibge-

schwindigkeit gegenüber den meisten anderen RAID Leveln deutlich. Die Schreibgeschwindigkeit liegt sogar unter der von RAID0. Als größter Vorteil gegenüber RAID1 erweist sich, dass Sie deutlich weniger Kapazität »standby« und ungenutzt vorhalten müssen und damit bei gleicher Kapazität weniger Festplatten benötigen.

▶ **RAID10**
Dies ist die Kombination zwischen RAID0 und RAID1. RAID0 fasst einfach mehrere Festplatten zu einer zusammen und erhöht dadurch die Schreib- und Leseperformance auf ein Maximum. Man hat allerdings keinerlei Ausfallsicherheit. Bei RAID10 mischt man nun beides. Man fasst beispielsweise zwei 73 GB-Festplatten zu einer 146 GB-Festplatte zusammen und baut die gleiche Anzahl Festplatten zum Spiegeln per RAID1 ein.

**Fazit**

Für den produktiven Einsatz sind momentan nur SCSI- und FibreChannel-Karten zu empfehlen, da mit ihnen eine deutlich bessere I/O-Leistung zu erreichen ist. Wie schon erwähnt, werden von VMware ESX auch keine anderen Technologien unterstützt. Zudem sollten Sie sich ein an Ihre Gegebenheiten angepasstes RAID-Konzept überlegen, welches das Wirt-System und damit auch die virtuellen Maschinen leistungsgerecht abdeckt.

Sie sollten sich allerdings Gedanken darüber machen, wie viele Karten in das Wirt-System eingebaut werden. Wegen der erhöhten Ausfallsicherheit und Performance sollten dies mehrere sein. Vor allem bei Verwendung eines SAN-Systems ist es sehr empfehlenswert, durch mehrere FibreChannel-Karten verschiedene Wege anzubinden.

Gerade bei einer Virtualisierung hängt die Performance aller virtuellen Maschinen von dieser Entscheidung ab, da nur die Anbindung des Wirt-Systems zur Verfügung steht. Bei VMware ESX ist es seit Version 2.5 möglich, das komplette Wirt-Betriebssystem aus dem SAN zu booten. Dies ist hauptsächlich für Blades interessant, da man sich vielleicht die internen Platten sparen möchte, um mehr Blades ins Bladecenter integrieren zu können. Hintergrund ist, dass bei einer SCSI-Festplattenerweiterung meist ein weiteres Bay (Einschub für einen Bladeserver) wegfällt. Über den Sinn kann man streiten, ich persönlich bin kein Freund dieser Technik, weil bei einem Ausfall der FibreChannel-Karten eine Fehlersuche kaum möglich wäre. Man müsste zwingend zunächst über Boot-CD ein Betriebssystem booten, um etwas testen und überprüfen zu können.

Vermeiden sollte man einen SAN-Boot, wenn man virtuelle Maschinen clustern möchte oder man eine LUN direkt über das VMFS-Dateisystem anbinden will. Die gesamte Performance kann auch unter solch einer Konfiguration leiden, da sich Wirt-System und virtuelle Maschinen wenige FibreChannel-Adapter teilen müssen.

Klare Empfehlung meinerseits: Verzichten Sie nicht auf lokale SCSI-Festplatten, und trennen Sie möglichst Wirt-System-Adapter von den Adaptern für die virtuellen Maschinen, um eine maximale Performance sicherzustellen.

> **TIPP** Sollten Sie einen recht performanten Server besitzen, der trotzdem ständig an die Grenzen seiner Prozessorkapazität stößt, dann muss dies nicht zwingend mit dem Prozessor zu tun haben. Hier kann es durchaus an Hauptspeicher mangeln, denn Auslagern verursacht viel Prozessorlast. Oder aber es gibt ein Problem mit den Festplatten, die evtl. nicht leistungsfähig genug sind. Sie merken, nicht alle Ressourcenmängel sind leicht zu finden, und man muss auch mal um die Ecke denken. Falls Sie selbst mit der Einschätzung von Leistungsengpässen Probleme haben, scheuen Sie sich nicht, externe Berater ins Haus zu holen, deren Erfahrung Ihnen im Endeffekt Geld und Ärger ersparen kann.

### 6.2.5 Netzwerkanbindung

Hier gilt, je mehr physikalische Netzwerkkarten desto mehr Möglichkeiten. So simpel sich dieser Satz liest, um so schwieriger ist seine Umsetzung. Gerade in kleinen Serversystemen oder Blades gibt es keinerlei Möglichkeiten, allzu viele Netzwerkkarten einzubauen. Man muss sich darüber hinaus Gedanken über die Netzwerkstruktur der virtuellen Maschinen machen.

Sollen alle im gleichen physikalischen Netzwerk liegen oder will man eine Trennung einrichten? Sollen mehrere virtuelle Netzwerke definiert werden, die einzelne physikalische Netzwerkkarten adressieren? Arbeitet man mit mehreren physikalischen Adaptern oder mit VLANs, die von VMware ESX sehr gut unterstützt werden. Wenn sehr viele virtuelle Maschinen auf demselben virtuellen Netzwerk arbeiten sollen, dann sollte man über eine Bündelung mehrerer physikalischer Netzwerkadapter nachdenken.

Die Empfehlung von VMware selbst für die Mindestanforderung an das Netzwerk bei VMware ESX sind zwei Netzwerkkarten, falls VMotion eingesetzt wird, sind es drei:

- VMware Konsole
- VMware ESX VMKernel (Ressourcen für virtuelle Maschinen)
- VMotion (Netzanbindung die dediziert zwischen den ESX-Servern verwendet wird, um die virtuellen Maschinen zu verschieben)

Aber was wäre die Welt ohne Ausnahmen.

Bei manchen Blades hat man keine Möglichkeit, drei Netzwerkkarten zur Verfügung zu stellen, oder will es aufgrund des erhöhten Platzbedarfs nicht. Um dieses Problem aus der Welt zu schaffen, können bei VMware ESX die beiden physikalische Netzwerkkarten gebündelt und zwischen Service Console und VMkernel aufgeteilt werden. Falls nur eine Netzwerkkarte zur Verfügung steht, hat man diese Möglichkeit zwar auch, aber durch den zu erwartenden Performanceeinbruch, sollte man von einer solchen Lösung absehen. Die Netzwerkanbindung sollte möglichst über Gigabit realisiert werden.

## 6.3 Infrastruktur

Nachdem man die entsprechenden Serversysteme ausgewählt hat, fällt die Entscheidung, an welche physikalische Umgebung sie denn angeschlossen werden. Hier sind allerdings nur zwei große, schon zuvor angesprochene Kategorien näher zu durchleuchten. Zum einen die zentrale Massenspeichersysteme wie NAS oder SAN, zum anderen die benötigte Netzwerkanbindung.

### 6.3.1 Massenspeicher

Zunächst möchte ich Ihnen die gängigen zentralen Massenspeicher kurz vorstellen:

**NAS (Network Attached Storage)**

Unter NAS versteht man ein zentrales System mit sehr viel Festplattenplatz. Diese Festplatten werden durch das System zusammengefasst und über das Netzwerk und verschiedene Netzwerkprotokolle angebunden, ähnlich wie bei einem Fileserver. Die angebundenen Systeme verbinden sich einfach mit den Netzwerkfreigaben des NAS.

- Vorteile:
  - gut skalierbar
  - meist schneller als ein normaler Fileserver
  - einfach zu administrieren
  - zentraler Plattenspeicher
  - preisgünstig
- Nachteile:
  - Belastung des Netzwerkes
  - langsamer als lokale Plattenspeicher

- durch die großen Header des Netzwerkprotokolls und kleinen Rahmengrößen nicht auf einen schnellen Zugriff auf ein Massenspeichersystem hin ausgelegt

**SAN (Storage Area Network)**

Dies ist, wie schon erwähnt, die Königsklasse der zentralen Speichersysteme. Auch hier gibt es ein oder mehrere Systeme mit sehr viel Plattenkapazität, allerdings wird es nicht über ein Netzwerk, sondern meist über Glasfaser angebunden. Das eingesetzte System zur Anbindung der Serversysteme an das SAN wird FibreChannel genannt. Die einzelnen Server und Plattensubsysteme sind über FibreChannel-Netzwerk miteinander verbunden. Jeder FibreChannel-Adapter besitzt eine WWN (WordWideNumber) ähnlich einer MAC-Adresse im Netzwerkbereich, über die er weltweit eindeutig identifiziert und angesprochen werden kann. Über diese WWN werden innerhalb des SAN unter anderem die Zuordnungen von Plattenbereichen zu Servern abgebildet.

Dieses Storage Area Network wird durch FibreChannel Switches miteinander verbunden, die man auch mit normalen Netzwerkswitches vergleichen kann. Ein großer Vorteil eines SAN ist, dass verteilt vorhandene Plattensubsysteme wie ein riesiger Massenspeicher, also eine virtuelle Festplatte behandelt werden können.

Es können kleinere Plattenbereiche gebildet werden, die man den Servern zuweisen kann. Diese Bereiche nennt man LUN (Logical Unit Number). Diese LUN kann man wie eine normale Festplatte am Server einbinden und formatieren.

Die Bandbreitengeschwindigkeiten liegen heute im Bereich von 1–2 Gbit/s. Über ein speziell dafür ausgelegtes Protokoll können theoretisch Bandbreiten von 400 MByte/s erreicht werden.

Da man die Server auch über mehrere Wege an ein SAN anbinden kann, kann man die Ausfallsicherheit immens erhöhen.

- Vorteile:
  - sehr hohe Skalierbarkeit
  - sehr hohe Ausfallsicherheit
  - sehr hohe Geschwindigkeit
  - sehr hohe Flexibilität

- Nachteile:
    - hohe Kosten
    - komplexe Administration
    - Aufbau eines FibreChannel-Netzwerks notwendig

Gerade VMware ESX kann einen sehr hohen Nutzen aus einer SAN-Anbindung ziehen, denn virtuelle Maschinen können direkt SAN-LUNs ansprechen und dadurch Cluster mit physikalischen Maschinen bilden oder über mehrere ESX Server verteilt werden.

VMotion wird ohne eine SAN-Umgebung durch den Hersteller VMware nicht unterstützt.

### 6.3.2 Netzwerke

Wie schon auf den vorangehenden Seiten beschrieben, muss man sich Gedanken über die benötigten physikalischen Netzwerkzugänge des Wirt-Systems und der einzelnen virtuellen Maschinen machen. Höhere Geschwindigkeiten bedeuten höhere Performance, daher sollte man mindestens ein 100 Mbit Ethernet einsetzen. VMware VMotion wird nur mit 1 Gbit Ethernet vom Hersteller unterstützt. Auch sollten Sie ein geswitchtes Netzwerk bereitstellen, um die Netzwerkperformance nicht unnötig auszubremsen. Bei den heutigen Preisen dürfte es kein Problem mehr darstellen, diese Voraussetzungen zu erfüllen.

Um eine Ausfallsicherheit im Netzwerkbereich herzustellen, sollten möglichst mehrere Adapter zu einer Fault Tolerance zusammengeführt und die Adapter auf verschiedene Switches gepatcht werden. Zudem kann es empfehlenswert sein, mit so genannten VLANs zu arbeiten, um eine virtuelle Trennung innerhalb der Switches zu realisieren.

**VLAN (virtuelle Netzwerke)**

Vor den Zeiten von VLANs, den virtuellen lokalen Netzwerken, wurden physikalisch unterschiedliche Netzwerke mittels Switches und Router aufgebaut, wobei letztere zum Verbinden genutzt wurden. Mit zunehmender Intelligenz der Geräte wurden auch die Funktionen immer ausgeklügelter. Eines davon ist das VLAN, das auf Switches eingesetzt wird. Mittels dieser Technik kann man eine logische Trennung in einem Switch vornehmen, der im einfachsten Falle die vorhandenen Switch-Anschlüsse (Ports) unterschiedlichen Netzwerken zuordnet. Um diese logische Trennung aufzuheben, sind abermals Router notwendig. Dies hat den großen Vorteil, dass man nicht für jedes Netzwerk eigene Switches anschaffen muss, sondern dies mit wenigen Switches zu erreichen ist. Darüber hinaus wurde die Flexibilität deutlich erhöht, da die VLANs switchübergreifend konfiguriert werden können, und es kann ein System, das die Lokation wechselt, trotzdem im gleichen »physikalischen« Netzwerk weiterbestehen. Eine weitere schöne Funktion von VLANs ist die Prioritätsvergabe, wodurch man beispielsweise VoIP-Pakete in VLAN1(Voice over IP – vgl. Internettelefonie) gegenüber dem Surfen im Internet in VLAN2 bevorzugen kann. Geht man in der Intelligenz der Switches eine Stufe weiter, also Layer 3–7 Switches, ist es sogar möglich, Router gänzlich zu ersetzen. Dass all diese Funktionen Kosten verursachen, liegt auf der Hand.

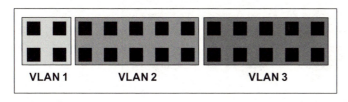

Abbildung 6.7  24 Port Switch mit drei verschiedenen VLANs

In Abbildung 6.7 sehen Sie einen 24 Port Switch, dessen Ports in drei VLANs aufgetrennt wurden. Alle Rechner, die an Ports des VLAN1 angeschlossen sind, können ohne den Einsatz eines Routers nicht mit den Rechnern an einem VLAN2-Port kommunizieren. Hier wurde die VLAN-Aufteilung über die Abteilungszugehörigkeit realisiert. Die einzelnen VLANs werden mit eindeutigen Nummern auf dem Switch konfiguriert und darüber auch zugeordnet. Gültige VLAN IDs haben eine Länge von 12 Bit und liegen im Bereich zwischen 0 und 4095. Falls mehrere Switches beteiligt sind, »unterhalten« sich diese miteinander über so genannte »Trunk Ports«. Jeder Switch kennt alle VLANs und kann gegebenenfalls Ports zum Mitglied in dem jeweiligen VLAN machen. Bei den Endgeräten kann im Normalfall nur ein Gerät in VLAN1 mit einem anderen Gerät in VLAN1 kommunizieren. Switchports können des Weiteren auch Mitglied mehrerer VLANs sein. Eine Ausnahme bildet der eben erwähnte Trunk Port, der automatisch Mitglied in allen VLANs ist und daher alle Pakete erhält.

Die Endgeräte sind je nach Konfiguration entweder über ihre MAC-Adresse oder dem verwendeten Switchport Mitglied eines VLANs. Falls mehrere VLANs an einem Endgerät ankommen, kann bei entsprechender Protokollunterstützung durch die Netzwerkkarte und deren Treiber (802.1Q und 802.1p) unterschieden werden. Während VMware GSX und Microsoft Virtual Server auf die Unterstützung des Wirt-Betriebssystems angewiesen sind, kann VMware ESX auch innerhalb der Virtualisierung mit VLANs arbeiten (siehe Abschnitt 9.4.3, *VLAN*).

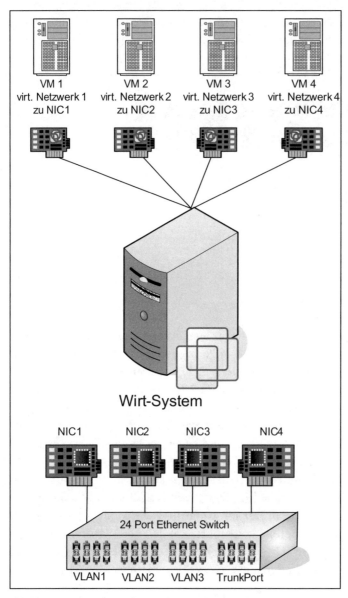

**Abbildung 6.8** VLAN-Konfiguration über die Virtualisierung

In Abbildung 6.8 sehen Sie ein mögliches Zusammenwirken von Virtualisierung und VLANs. Hier existieren vier Netzwerkkarten im Wirt-System mit verschiedenen VLAN-Zugehörigkeiten. Auf diesen Netzwerkkarten sind virtuelle Switches für die virtuellen Maschinen angelegt worden, wodurch sie auf das produktive Netzwerk zugreifen können. VM1 kann beispielsweise nur mit Systemen im VLAN1 kommunizieren und hat somit keinerlei Verbindung zu VM2 oder VM3. VM4 befindet sich in einer Ausnahmestellung, da deren virtuelle Netzwerkkarte an einem Trunk Port angeschlossen ist, so dass sie mit allen anderen virtuellen Maschinen kommunizieren kann.

# 7 Installation und Update des Wirt-Systems

| | | |
|---|---|---:|
| 7.1 | Vorbereitung | 161 |
| 7.2 | VMware GSX | 162 |
| 7.3 | Microsoft Virtual Server | 176 |
| 7.4 | VMware ESX | 179 |

1. **Einführung**
2. **Virtuelle Maschinen im Unternehmen**
3. **Virtualisierungssoftware – eine Marktübersicht**
4. **Auswahl der möglichen virtuellen Maschine**
5. **Auswahl der richtigen Virtualisierungssoftware**
6. **Auswahl der richtigen physikalischen Infrastruktur**
7. **Installation und Update des Wirt-Systems**
8. **Verwaltung der Virtualisierungssoftware**
9. **Virtuelle Netzwerke**
10. **Virtuelle Festplatten**
11. **Erstellung einer virtuellen Maschine**
12. **Verwaltung der virtuellen Maschinen**
13. **VMware VirtualCenter**
14. **Skriptierung und Programmierung unter VMware und MS Virtual Server**
15. **Backup, Restore und Disaster Recovery**
16. **Templates (VM-Vorlagen)**
17. **Zusatzsoftware**
18. **Nützliche Adressen im Web**

# 7 Installation und Update des Wirt-Systems

*Nun wird es ernst! Nachdem Sie sich in den letzten Kapiteln mit Theorie begnügen mussten, komme ich jetzt zur Installation und Aktualisierung der einzelnen Virtualisierungsprodukte.*

Weil sowohl Microsoft Windows als auch Linux als Wirt-Betriebssystem unterstützt werden, werde ich bei VMware GSX auf beide Installationsroutinen eingehen und beide genau beschreiben. VMware ESX bildet wie so oft hier eine Ausnahme, da das Betriebssystem direkt in das Produkt integriert ist, wodurch die administrativ notwendigen Schritte beim Wirt-Betriebssystem großenteils entfallen.

Für den Fall, dass Sie diese Installationen einmal selbst testen wollen, genügt eine Anfrage bei VMware und/oder Microsoft oder ein Besuch der jeweiligen Firmen-Webseiten, um an Testversionen der beiden Produkte zu kommen. Zudem hat VMware mit seinem neuen VMTN(VMware Technology Network)-Projekt, eine sehr gute Basis für Entwickler geschaffen. Für 299 Dollar im Jahr kann man Mitglied werden und erhält daraufhin immer die aktuellsten VMware-Produkte zum Testen und Entwickeln. Dies ist vor allem für Softwarehersteller interessant, die ihre Produkte auf der Basis von VMware testen und zertifizieren möchten.

## 7.1 Vorbereitung

Da Sie das Wirt-System nicht wie einen normalen Server nutzen werden, sollte es auch auf die Bedürfnisse eines Virtualisierungsservers ausgelegt sein. Des Weiteren sollte das Betriebssystem vor der Installation der Virtualisierungssoftware auf dem aktuellsten Stand sein, d.h., alle Patches und Hotfixes sollten eingespielt sein.

Ein Beispiel wäre die Partitionierung und Formatierung der Festplatten. Bei Microsoft Windows sollten Sie System- und Datenpartition voneinander trennen. Unter Linux empfehlen sich zusätzliche Partitionen, auf die ich aber später noch eingehen werde. Idealerweise sollten mehrere Festplatten über verschiedene Festplattencontroller angebunden sein, um die virtuellen Festplattendateien optimiert ansprechen zu können.

Ebenso steht es mit den Netzwerkkarten, die redundant ausgelegt werden sollten. Darüber hinaus sollten alle im Server verbauten Geräte einwandfrei erkannt werden und mit funktionierenden Treibern installiert sein. Bei einer Verwendung im Produktivbetrieb sollten Sie das System auf Geschwindigkeit und Sicherheit hin trimmen.

Um einen reibungslosen Ablauf zu gewährleisten, sollten Sie anhand einer Checkliste die anzuschließenden Netzwerkadapter und Festplatten daraufhin kontrollieren, ob sie auf dem richtigen Switch angeschlossen bzw. über SCSI oder FibreChannel richtig terminiert und gepatcht sind. Falls Sie unter Microsoft Windows die Webadministration von VMware GSX oder den Microsoft Virtual Server nutzen wollen, müssen Sie vor der Installation der Virtualisierungssoftware den Microsoft Webserver IIS fertig installiert haben.

Zu guter Letzt sollten Sie sämtliche derzeit verfügbaren Sicherheitspatches und alle notwendigen Aktualisierungen des Betriebssystems einspielen. Erst wenn Sie alle Vorbereitungen getroffen haben, können Sie mit der eigentlichen Installation anfangen. Damit ersparen Sie sich eine lästige und zeitraubende Fehlersuche oder sogar eine erneute Installation.

> **TIPP** Bei Wirt-Systemen, die über mehr als 4 GB Hauptspeicher verfügen, muss sowohl unter Microsoft Windows als auch unter Linux die PAE (Physical Address Extension) aktiviert werden. Durch die PAE-Unterstützung sind die Betriebssysteme in der Lage, Hauptspeicher mit bis zu 64 GB korrekt adressieren zu können. Allerdings müssen Sie darauf achten, dass die verschiedenen Windows-Versionen unterschiedliche Hauptspeichermengen mittels PAE unterstützen bzw. keine PAE Unterstützung bieten (z. B. Windows 2003 Standard). Daher sollten Sie vor dem Kauf der Betriebssystemlizenz, insbesondere bei Verwendung von mehr als 4 GB Hauptspeicher durch das Wirt-System, die PAE Möglichkeiten nachprüfen.
>
> PAE Unterstützung der Microsoft Betriebssysteme: **http://www.microsoft.com/whdc/system/platform/server/PAE/PAEmem.mspx**.
>
> PAE Aktivierung unter MS Windows:
> **http://support.microsoft.com/default.aspx?scid=kb;en-us;283037**.

## 7.2 VMware GSX

VMware GSX kann sowohl unter Linux als auch unter Microsoft Windows installiert und betrieben werden. Allerdings müssen Sie sich schon beim Kauf der Lizenzen entscheiden, auf welches Wirt-Betriebssystem Sie zurückgreifen wollen, fallen die Lizenzen doch unterschiedlich aus. Erworbene Linux-Lizenzen können Sie daher nicht für eine Windows-Installation nutzen und umgekehrt. Zudem müssen andere Installationsdateien heruntergeladen werden.

Während Sie bei Microsoft Windows schon mit zwei Partitionen problemlos auskommen, nämlich einer System- und einer Datenpartition, muss bei Linux mehr gemacht werden. Dies liegt hauptsächlich an der Linux-Philosophie, der zufolge eine volle Rootpartition den Linux-Server lahm legt. Darüber hinaus kann man bestimmte Partitionen später als ReadOnly mounten, was der Sicherheit nur zuträglich sein kann.

### 7.2.1 Installation unter Microsoft Windows

Denken Sie an die Installation des IIS Webservers, falls Sie die Web-Administrationsoberfläche installieren wollen. Die Web-Administrationsoberfläche, auch »MUI« (Management User Interface) genannt, ist ein dienliches Werkzeug zur Verwaltung des GSX Servers und der darauf laufenden virtuellen Maschinen und kann über die Standardbrowser Internet Explorer und Mozilla bedient werden.

Nachdem Sie die Setup-Routine auf CD oder als heruntergeladene Datei ausführen, durchlaufen Sie eine übliche Installationsroutine.

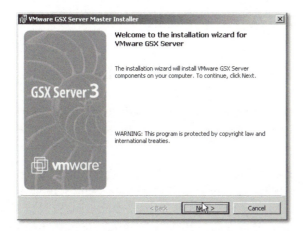

**Abbildung 7.1** Los geht's mit der Installation von VMware GSX unter Windows

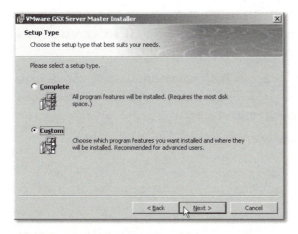

**Abbildung 7.2** Installationsart auswählen

Falls Sie bestimmte Komponenten auslassen wollen, wählen Sie *Custom* aus.

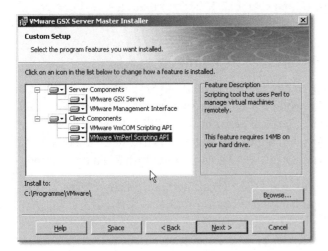

**Abbildung 7.3** Auswahl der Komponenten

**VMware GSX Server:** Es handelt sich hierbei um die Kernkomponente des GSX Servers. Hier sind alle benötigten Komponenten zum Einrichten und Verwalten der virtuellen Maschinen und des GSX Servers enthalten. Zudem werden die VMware GSX Server Console und die VMware Remote Console installiert.

**VMware Management Interface:** Dies ist die Web-Administrationsoberfläche, die nur bei vorhandenem IIS Webserver installiert werden kann. Standardmäßig kann sie später über `http://GSX-Server:8222` oder `https://GSX-Server:8333` aufgerufen werden. Eine gesicherte http-Verbindung mit Zertifikat wird automatisch eingerichtet.

**VMware VmCOM Scripting API**: Dies ist die Programmierschnittstelle für alle COM-fähigen Programmiersprachen wie Visual Basic oder C++. Aber auch VBscript und Jscript können auf diese API zugreifen.

**VMware VmPerl Scripting API:** Die Programmierschnittstelle für die Programmiersprache Perl. Es muss jedoch trotzdem ActivePerl installiert werden, um alle Perl-Funktionalitäten nutzen zu können.

Nach dieser Auswahl wird VMware GSX Server auch schon installiert.

**Abbildung 7.4** Autorun eingeschaltet?

Je nachdem, ob Autorun bei Ihnen ein- oder ausgeschaltet ist, erhalten Sie eine Meldung wie in Abbildung 7.4. Diese Meldung erscheint, da es zu unerwarteten Ereignisse kommen kann, falls Autorun eingeschaltet sein sollte und eine CD eingelegt wird. Stellen Sie sich vor, Sie hätten 10 virtuelle Maschinen auf einem Wirt-System und alle würden bei aktiviertem Autorun auf das physikalische CD-ROM-Laufwerk zeigen. Falls diese CD Autorun unterstützt, würde die Applikation im schlimmsten Fall 11 Mal starten (1 Wirt, 10 Gäste), was die Performance doch sehr in den Keller ziehen würde.

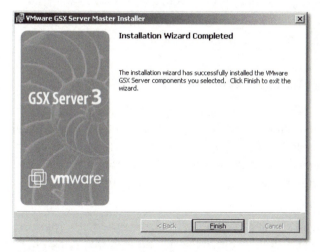

**Abbildung 7.5** Abschluss der Installation

Danach ist die Installation abgeschlossen, und Sie können sich entweder über die Web-Administrationsoberfläche oder besser über die VMware GSX Server Console beim System anmelden und es konfigurieren.

### 7.2.2 Update Microsoft Windows

Leider ist es bis zur Drucklegung des Buches noch nicht möglich, VMware GSX Server über die Installationsroutine zu aktualisieren, weshalb Sie vor der Installation der neuen Version die alte deinstallieren müssen. Näheres dazu finden Sie in Abschnitt 7.2.3, *Deinstallation Microsoft Windows*.

Mit jeder neuen Version des VMware GSX Servers ändert sich auch die Version der VMware Tools und im Normalfall die der virtuellen Hardware. Meistens werden auch hier Bugfixes, Softwarefunktionen oder neuere Gerätetreiber innerhalb der virtuellen Maschine installiert. Bei den VMware Tools ist allerdings ein Upgrade über die Installationsroutine möglich. Bisher wird jedoch ein Neustart der virtuellen Maschine nach einer Installation der VMware Tools verlangt. Trotzdem sind die virtuellen Maschinen auch mit einer alten Version der VMware Tools auf einem VMware GSX Server mit neuerer Version oft problemlos lauffähig.

> **TIPP** Je nach Änderungsumfang kann ein Upgrade der Hardware jeder existierenden virtuellen Maschine notwendig sein. Diese Upgrades bringen in den meisten Fällen Kompatibilitäts- und Leistungsverbesserungen mit sich. Nach einem Hardwareupgrade kann es jedoch zu Inkompatibilitäten zwischen älteren und neueren Versionen des GSX Servers (eigentlich generell der VMware-Produkte) kommen. Daher sollten Sie immer darauf achten, die virtuelle Hardware in allen VMs gleich zu halten, was zwangsweise auch zur Aktualität jedes VMware GSX Servers führt.

### 7.2.3 Deinstallation Microsoft Windows

Die Deinstallation wird wie bei jedem gut programmierten Windowsprogramm über die Systemsteuerungs-Software angestoßen. Achten Sie bitte dabei darauf, die Frage nach der Beibehaltung der Lizenzen entsprechend zu beantworten, falls Sie mit dem Lizenzschlüssel der alten Version auch die neue betreiben wollen. Die virtuellen Maschinen bleiben davon unberührt.

> **TIPP** Beim Deinstallieren werden die zusätzlich konfigurierten virtuellen Netzwerke nicht gespeichert. Daher sollten Sie sich diese vorher notieren.

### 7.2.4 Installation Linux

Die Entscheidung, Linux als Wirt-Betriebssystem einzusetzen, wird oft mit niedrigeren Lizenzkosten und der erhöhten Performance gegenüber Microsoft Windows begründet. Leider ist es aber sehr oft der Fall, dass die Administratoren keine oder wenig Erfahrung mit Linux haben. Daher werde ich bei der Linuxinstallation etwas mehr ins Detail gehen, als ich es bei der Windows-Variante getan habe.

Wie schon zu Anfang angesprochen, ist die Partitionierung eines Linux-Betriebssystems nicht so einfach gehalten wie im Microsoft Windows-Umfeld. Es gilt nämlich zu verhindern, dass das Rootsystem vollläuft. Falls dies geschieht, kann das durchaus dazu führen, dass das komplette System nicht mehr zu bedienen ist. Sie können dann nur noch mittels einer Rettungsdiskette oder -CD die Situation wieder bereinigen.

Deshalb empfehle ich die folgende Partitionierung:

| Mountpoint | Grösse | Dateisystem/Partitionstyp |
|---|---|---|
| /boot | 100 MB | ext3/primär |
| / | 500 MB | ext3/primär |
| /tmp | 500 MB | ext3/extended |
| /var | 1000 MB | ext3/extended |
| /usr | 1500 MB | ext3/extended |
| /usr/local | 1000 MB | ext3/extended |
| /opt | 500 MB | ext3/extended |
| swap | Hauptspeicher * 2,5 | swap |
| /local | übriger Speicher | ext3/extended |

**Tabelle 7.1** Partitionstabelle VMware GSX unter Linux

Alle weiteren Festplatten sollten wie /local behandelt werden.

Vor der Installation sollten Sie nochmals überprüfen, dass Sie den Perl-Interpreter, die Quellen des benutzten Kernels und das Programm `make` installiert haben, da ansonsten die Installation fehlschlägt.

In der Kommandozeile müssen Sie erst einmal die .tar.gz-Datei des VMware GSX Servers an einem geeigneten Ort entpacken. Hier bietet sich `/tmp` an. Der Befehl zum Entpacken lautet `tar -xzvf gsxserver.tgz`. Nach der Dekomprimierung erhalten Sie ein neues Verzeichnis, in dem Sie ein Perl-Skript finden. Um ein Perl-Skript ausführen zu können, muss Perl auf dem System installiert sein.

Ab diesem Zeitpunkt muss die Installation als Benutzer `root` ausgeführt werden. Mit dem Befehl `su` können Sie, ohne sich abzumelden, in einen anderen Benutzerkontext wechseln.

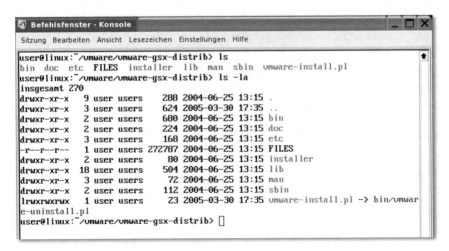

**Abbildung 7.6** Inhalt der entpackten GSX-Installationsdatei

Innerhalb des entpackten GSX-Installationsverzeichnisses existiert ein Perl-Skript, das Sie durch die Installation führt.

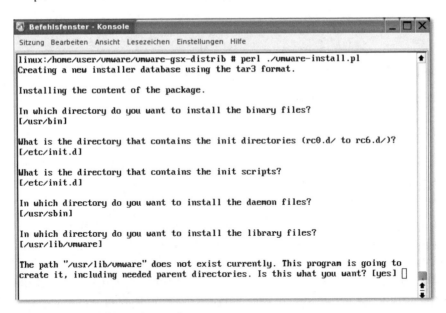

**Abbildung 7.7** Installationsskript Teil 1

Während des Installationsskriptes werden Sie nach verschiedenen Pfaden gefragt, in die später die binären Dateien des VMware GSX Servers kopiert werden. Normalerweise müssen Sie hier nichts anpassen, da die Pfade sinnvoll nach dem Linux-Standard voreingestellt sind.

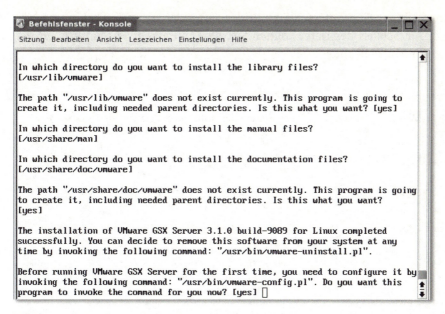

**Abbildung 7.8** Installationsskript Teil 2

Wenn alle Fragen zu den Pfaden beantwortet wurden, wird das vmware-config.pl-Skript gestartet, das Ihnen auch die EULA (End User License Agreement) zur Ansicht auf den Bildschirm bringt.

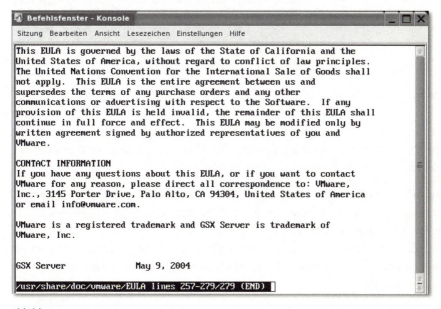

**Abbildung 7.9** EULA

Innerhalb der EULA müssen Sie mit der ⏎- oder Leertaste nach unten blättern. Am Schluss der Datei können Sie diese mit einem Tastendruck auf den Buchstaben Q beenden.

| Installationspfade | Erklärung |
|---|---|
| binary files (/usr/bin) | Hier werden die ausführbaren Dateien des GSX Servers abgelegt. |
| init directories (/etc/init.d) | In diesem Verzeichnis sind die Runlevel-Skripte zu finden, benannt von rc0.d bis rc6.d. |
| init scripts (/etc/init.d) | Die Shell-Skripte werden hier abgelegt, auf die auch Start/Stopp-Skripte verweisen |
| daemon files (/usr/sbin) | Hier werden die ausführbaren Dienste abgelegt. Anders als /usr/bin ist /usr/sbin sind sie nur durch root einsehbar. |
| library files (/usr/lib/vmware) | VMware Bibliothek-Dateien werden hier abgelegt, ähnlich den DLL-Dateien unter Windows. |
| manual files (/usr/share/man) | VMware Handbücher, unter Linux Manpages genannt werden, hier installiert. |
| documentation files (/usr/share/doc/vmware) | Dokumentationen, die später nachgelesen werden können |
| virtual machine files (/var/lib/vmware/Virtual Machines) | Hier werden alle Dateien der virtuellen Maschinen jeweils in einem Ordner mit dem Namen der VM abgelegt. Es geht dabei um die Konfigurationsdatei, die Protokolldateien, das BIOS und die Festplattenimages, falls Sie diese auch dort erstellen. Außer bei den Festplattendateien spricht nichts gegen diesen Pfad, beim Anlegen der virtuellen Maschinen sollten Sie aber die Festplattendatei z.B. in /local/Name_der_VM angeben. |

**Tabelle 7.2** Installationspfade der einzelnen Komponenten

Jetzt werden Sie nach dem Pfad der Kernel-Quellen gefragt. Der vorgeschlagene Pfad, über den durch einen Automatismus nach den passenden Kernel-Quellen gesucht wird, ist normalerweise der richtige.

Falls Sie an dieser Stelle Fehlermeldungen erhalten oder die Installationsroutine sogar ganz abbrechen sollte, wäre es an der Zeit, die Kompatibilitätsliste der unterstützten Wirt-Betriebssysteme zur Hand zu nehmen. Vielleicht werden der verwendete Kernel oder die verwendete Linux-Version nicht unterstützt. Wenn schon VMware-Kernelmodule installiert sind, dann werden Sie darauf hingewiesen und können diese ggf. überschreiben oder aber belassen.

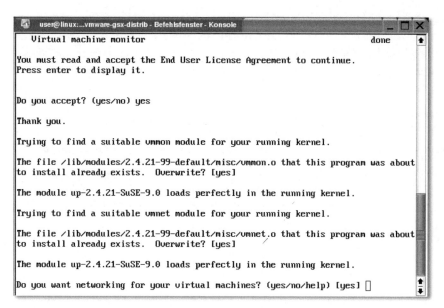

**Abbildung 7.10** Abfrage der Kernel-Quellen

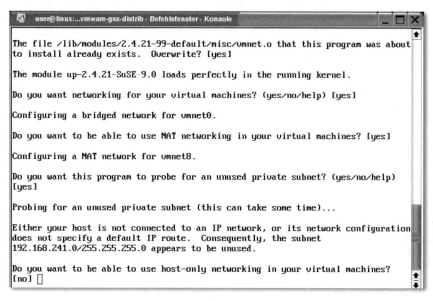

**Abbildung 7.11** Konfiguration der virtuellen Netzwerke

Wenn Sie sich dafür entscheiden, die virtuellen Netzwerke direkt innerhalb des Installationsskriptes zu konfigurieren (was ich Ihnen nur wärmstens empfehlen kann), werden Sie nach drei grundlegenden Arten von Netzwerken befragt. Falls Sie die Netzwerkeinstellungen lieber zu einem späteren Zeitpunkt festle-

gen wollen, können Sie das Programm jederzeit über das Perl-Skript
`/usr/bin/vmware-config-mui.pl` nochmals aufrufen. Auf diese Netzwerke
werde ich in Kapitel 9, *Virtuelle Netzwerke*, noch genauer eingehen. In Tabelle
7.3 können Sie sich aber schon jetzt einen kleinen Überblick verschaffen.

| Netzwerkart | Bedeutung |
|---|---|
| bridged network | Dieses Netzwerk bildet eine »Brücke« vom physikalischen Adapter in die virtuelle Maschine, d.h., es wird kein neuer virtueller Netzwerkadapter innerhalb des Wirt-Systems angelegt, sondern ein vorhandener physikalischer Adapter direkt genutzt. Innerhalb der virtuellen Maschine sehen Sie dennoch einen virtuellen Netzwerkadapter, den Sie ganz normal verwalten können. Wichtig: Bei einem bridged Network sind Sie direkt mit dem physikalischen Netzwerk des Wirt-Systems verbunden und sollten daher auch IP-Adressen aus diesem Netzwerk verwenden.<br>Beispiel:<br>**Wirt-System** – 192.168.0.1/255.255.255.0<br>**VM1** – 192.168.0.10/255.255.255.0<br>Die Netzwerkkarte innerhalb VM1 kann genauso behandelt werden wie die Netzwerkkarte des Wirt-Systems. |
| NAT networking | Vielleicht kennen Sie NAT schon aus anderen Gebieten, z.B. einem Internetgateway. Die so genannte »Network Address Translation« setzt IP-Adressen um, z.B. private IP-Adressen in öffentliche IP-Adressen. Hier wird eine virtuelle Netzwerkkarte unter dem Wirt-System angelegt, das als NAT Device dient, und alle Anfragen aus dem virtuellen Netzwerk in den IP-Bereich, genauer die IP-Adresse der Wirt-Systems umsetzt.<br>**Wirt-System** – physikalische Netzwerkkarte 192.168.0.1/255.255.255.0<br>NAT-Netzwerkkarte<br>172.17.11.1/255.255.255.9<br>**VM1** – 172.17.11.15/255.255.255.0<br>Sobald VM1 eine Netzwerkanfrage an einen Rechner im Netzwerk 192.168.0.0 stellt, läuft diese Anfrage erst über die NAT-Netzwerkkarte und wird dort auf den physikalischen Adapter umgesetzt und verschickt.<br>Genutzt wird dieses Netzwerk, um die Vorteile des Bridged- und des Host-only Netzwerkes miteinander zu verbinden. |
| Host-Only Networking | Innerhalb dieses Netzwerkes können sich nur virtuelle Maschinen miteinander verständigen. Es wird ein virtueller Netzwerkadapter unter dem Wirt-System angelegt, über den alle virtuellen Maschinen untereinander kommunizieren können. Diese Möglichkeit hat zwei entscheidende Vorteile: Die virtuellen Maschinen haben keine Möglichkeit, aus ihrem Netzwerk in das physikalische Netzwerk des Wirt-Systems zu gelangen, und die Geschwindigkeit zwischen den virtuellen Maschinen ist nicht durch die Netzwerkkarten, sondern durch den Prozessor des Wirt-Systems begrenzt, was sehr gute Übertragungsgeschwindigkeiten zulässt. |

**Tabelle 7.3** Netzwerkarten VMware GSX

**TIPP** VMware GSX bringt einen eigenen DHCP Server mit, der automatisch aktiviert wird, falls ein Host-Only Netzwerk gewünscht ist. Dieser kann das Produktivnetz stören! Ist dies bei Ihnen der Fall sollten Sie entweder auf ein Host-Only Netzwerk verzichten oder den Dienst nicht mitinstallieren (nur unter einem Windows Wirt-System möglich).

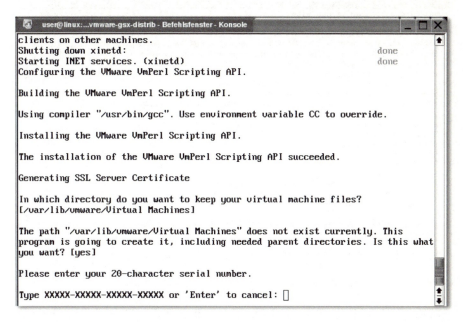

**Abbildung 7.12** Pfad für virtuelle Maschinen und Seriennummer

Innerhalb des Installationsskriptes wird jetzt der Linuxdienst xinetd (ein »Über«-Dienst, der wiederum verschiedene andere Dienst verwaltet, damit diese sehr einfach und kontrolliert gestartet werden können) konfiguriert und neu gestartet. In dieser Konfigurationsänderung wird der Dienst zur Authentifizierung der Remote Console und VMware GSX Console dem xinetd-Dienst bekannt gemacht und zur Verwaltung eingetragen. Daher ist es auch zwingend notwendig, dass der xinetd-Prozess auf dem Linuxsystem installiert und aktiviert ist. Jetzt werden auch die VmPerl-Programmierschnittstellen installiert, gefolgt von einem SSL Server-Zertifikat, das später eine verschlüsselte Verwaltung des Servers und der virtuellen Maschinen erlaubt.

Darüber hinaus können Sie jetzt Ihren Lizenzschlüssel eintragen. Falls Sie dies nicht tun, beginnt automatisch ein Testzeitraum von 30 Tagen, den Sie dazu nutzen können, die Schlüssel zu einem späteren Zeitpunkt einzutragen.

Jetzt ist die Installation überstanden, und alle Dienste werden hoffentlich ergfolgreich gestartet. Die eigentliche Serverinstallation ist nun abgeschlossen, allerdings ist momentan noch keine MUI (Web-Administrationsoberfläche) im Netzwerk verfügbar. Diese können Sie jetzt entweder auf dem GSX Server oder auf einem beliebigen anderen Server im Netzwerk gleich mit installieren.

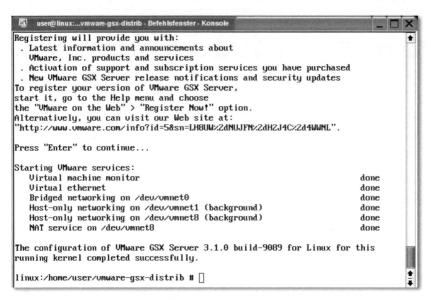

**Abbildung 7.13** Abschluss der Installation und Start der benötigten Dienste

Dazu müssen Sie die .tgz-Datei (die Sie sinnvollerweise auch nach /tmp kopiert haben) namens VMware-mui-version.tar.gz mit dem Befehl tar -xzvf /tmp/ VMware-mui-version.tar.gz entpacken, damit ein Verzeichnis namens vmware-mui-distrib erscheint. Innerhalb des Verzeichnisses existiert wieder ein Perl-Skript namens vmware-install.pl, das Sie ausführen müssen. Die Installation läuft ähnlich wie beim GSX Server ab: Sie werden nach den Pfaden gefragt, die vom Prinzip her immer gleich sind, an die jedoch ein mui angehängt ist, z.B. /usr/lib/vmware-mui statt /usr/lib/vmware. Des Weiteren müssen Sie auch hier die Ausführung des MUI-Konfigurationsskriptes erlauben. Falls Sie das hier nicht tun, können Sie Konfiguration über das Skript vmware-config-mui.pl später nachholen. Nach der Installation finden Sie Start- und Stopp-Skripte in /etc/init.d bzw. /etc/rc.d/rc3.d und /etc/rc.d/rc5.d, mit der die Web-Administrationsoberfläche automatisch gestartet oder gestoppt werden, http.vmware, S01http.vmware bzw. K20http.vmware genannt.

Falls die Installation der MUI einmal abbrechen sollte oder Sie die EULA nicht akzeptiert haben und dies nun aber nachholen wollen, werden Sie Fehlermeldungen erhalten, die da lauten, dass die MUI schon installiert sei und eine

Installation nicht mehr möglich ist. Löschen Sie dann einfach das Verzeichnis /etc/vmware-mui (/bin/rm /etc/vmware-mui), und die Installation ist wieder normal möglich.

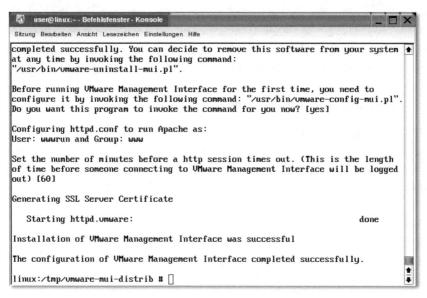

**Abbildung 7.14** Abschluss der VMware MUI-Installation

Wie Sie in Abbildung 7.14 sehen, gibt es noch weitere Abfragen (besser Konfigurationsanpassungen), die sich von der VMware GSX Server-Installation unterscheiden. Es wird nach Linux-Benutzer und Linux-Gruppe gefragt, als deren Teil der Apache Webserver, der ja die MUI zur Verfügung stellt, laufen soll. Die Standardeinstellung wwwrun bzw. www passen normalerweise auf bestehende Linux-Systeme. Falls Sie hier aber Änderungen anbringen wollen, kann es, wie es schon in verschiedenen Beiträgen im VMware-Forum zu lesen stand, zu Problemen kommen. Daher sollten Sie es besser bei diesen Benutzern belassen. Des Weiteren wird nach der Zeitspanne gefragt, in der die Websitzung gültig bleiben soll, d.h., wie lange nicht nach einer erneuten Anmeldung innerhalb der Webadministration gefragt wird. All diese Angaben können Sie später auch mittels /usr/bin/vmware-config-mui.pl wiederholen, falls Sie einen Fehler gemacht haben sollten.

Gleiches gilt für die VMware Virtual Machine Console, die Sie auf einem System mit installiertem X11 (inklusive Window Manager KDE oder GNOME etc.) installieren können. Die Installation können Sie entweder als RPM-Datei mit dem Befehl rpm -Uvh VMware-console-version.i386.rpm installieren oder aber updaten. Sobald dies geschehen ist, kann die VMware Remote Console über den Aufruf vmware gestartet werden.

### 7.2.5 Update unter Linux

Anders als bei einem Update der Windows Version, wird Ihnen hier die Deinstallation abgenommen, d.h., die Neuinstallation der aktuelleren Version wird ohne Ihr Zutun eine Deinstallation und später die Installation veranlassen. Zu beachten wäre, dass keine früheren Installationsdateien in den Verzeichnissen existieren dürfen, beispielsweise eine frühere Version in `/tmp/vmware-gsx-distrib`, da es sonst bei der Installation zu Problemen kommen kann.

### 7.2.6 Deinstallation unter Linux

Die Deinstallation von VMware GSX wird über ein Perl-Skript namens `vmware-uninstall.pl` im Verzeichnis `/usr/bin` gestartet. Weil genau wie bei der Windows-Deinstallation die eingerichteten virtuellen Netzwerke nicht erhalten bleiben, sollten Sie sich die Konfiguration besser vorher notieren. Alle virtuellen Maschinen und einige unwichtige Installationsreste bleiben jedoch auf dem System bestehen. Genau wie bei der Installation müssen Sie auch die VMware MUI gesondert über `/usr/bin/vmware-uninstall-mui.pl` deinstallieren.

## 7.3 Microsoft Virtual Server

Hier ist wie bei VMware GSX zwingend ein IIS Webserver zu installieren, damit die Web-Administrationsoberfläche überhaupt bedient werden kann. Das ist beim Microsoft Virtual Server unabdingbar, da es sonst keinerlei Möglichkeiten der Konfiguration gibt.

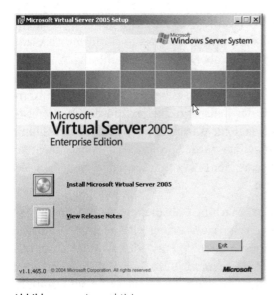

**Abbildung 7.15** Los geht's!

## 7.3.1 Installation

Nach dem üblichen Akzeptieren der Lizenzbestimmungen geht es in der Installation weiter. Mich würde mal interessieren, ob man das Produkt wirklich zurückgeben könnte und das Geld zurückerhalten würde, falls man sich mit den Lizenzbestimmungen nicht einverstanden erklärte.

Falls Sie eine Evaluationsversion besitzen, müssen Sie keine Lizenznummer eingeben, ansonsten ist die gültige Lizenz zu hinterlegen.

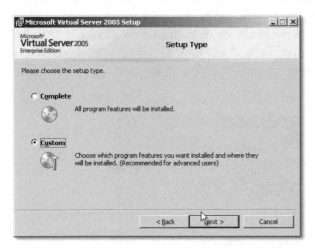

**Abbildung 7.16** Auswahl der zu installierenden Komponenten

Falls Sie nicht alles installieren möchten oder einfach nur sehen wollen, was an Komponenten zur Verfügung steht, wählen Sie *Custom* aus.

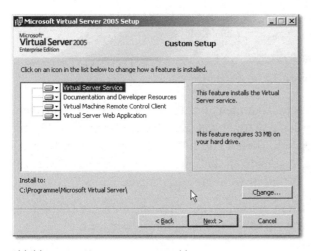

**Abbildung 7.17** Komponentenauswahl

**Virtual Server Service:** Dies ist die Kernkomponente des Servers. Hier werden alle benötigten Anpassungen am Wirt-System durchgeführt.

**Documentation and Developer Resources:** Dient zur Installation sowohl der Dokumentation des Produktes als auch der Programmierschnittstellen.

**Virtual Machine Remote Control Client (VMRC):** Es handelt sich um die Fernsteuerungssoftware für die virtuellen Maschinen.

**Virtual Server Web Application:** Dies ist die vorher erwähnte Administrationswebseite, die im IIS integriert wird. Mit ihr wird die gesamte Konfiguration des Microsoft Virtual Servers mitsamt aller virtuellen Netzwerkkarten, Festplatten und Maschinen verwaltet. Falls gewünscht, können Sie diese Webseite auch vom Virtual Server trennen und auf einem anderen Server mit IIS installieren.

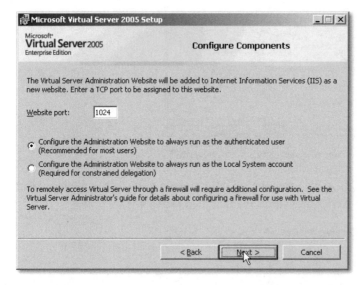

**Abbildung 7.18** Abfrage des Ports zur Administrationswebseite

Wie in Abbildung 7.17 zu sehen, können Sie angeben, welcher Port zur Webadministration benutzt werden und unter welchem Benutzerkontext der Administrationswebserver laufen soll. Diesen Port müssen Sie später beim Webaufruf im Browser (wie im abgebildeten Beispiel `http://Rechner-IP:1024`) angeben, um auf die Administrationswebseite zu gelangen.

Nach Abschluss der Installation erscheint eine Zusammenfassung (Abbildung 7.19), in der auch die Adresse zur Webadministration zu sehen ist.

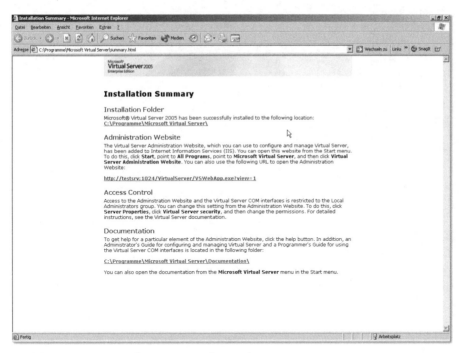

**Abbildung 7.19** Zusammenfassung Microsoft Virtual Server

### 7.3.2 Update

Zu einem Update kann ich leider momentan nichts sagen, da schlichtweg noch keines erschienen ist. Allerdings gehe ich davon aus, dass ein Update ohne eine vorherige Deinstallation auskommt. Aber dies ist nur eine Mutmaßung.

## 7.4 VMware ESX

Da VMware ESX auf einem RedHat-Linux basiert, sollte auch hier eine spezielle Partitionierung der Festplatten erfolgen. VMware ESX selbst bietet zwar schon eine automatische Partitionierung an, die jedoch entscheidend verbessert werden kann.

| Mountpoint | Größe   | Dateisystem/Partitionstyp |
|------------|---------|---------------------------|
| /boot      | 100 MB  | ext3/primär               |
| /          | 500 MB  | ext3/primär               |
| /tmp       | 500 MB  | ext3/extended             |
| /var       | 1000 MB | ext3/extended             |

**Tabelle 7.4** Partitionierung VMware ESX

| Mountpoint | Größe | Dateisystem/Partitionstyp |
|---|---|---|
| /usr | 1500 MB | ext3/extended |
| /usr/local | 100 MB | ext3/extended |
| /opt | 350 MB | ext3/extended |
| swap | 1000 MB | swap |
| /local | übriger Speicher minus vmcore und vmfs/swap | ext3/extended |
| vmcore | 100 MB | vmcore dump wird später über die Webadministration angelegt, ist allerdings jetzt schon einzuplanen. Die Anlage ist jedoch auch ohne MUI über den Partitionierungsmanager bei der Installation möglich. |
| /vmfs/swap | gleiche Größe wie vorhandener physikalischer Hauptspeicher | VMware Swap wird für Memory Overcommitment verwendet und wird später über die Web-Administrationsoberfläche angelegt. Die Anlage ist jedoch auch ohne XXX über den Partitionierungsmanager bei der Installation möglich. |

**Tabelle 7.4** Partitionierung VMware ESX (Forts.)

Zusätzliche Festplatten bzw. LUNs werden normalerweise direkt mit dem VMFS-Dateisystem formatiert, damit sie für die virtuellen Maschinen benutzbar sind.

### 7.4.1 Installation

Bei der Installation des ersten VMware ESX Servers, müssen Sie den Server komplett von Hand installieren, allerdings sind Sie nach dem Abschluss der Installation in der Lage, weitere VMware ESX Server über eine automatisierte Installationsroutine aufzusetzen. Näheres zum Thema automatisierte Installation finden Sie in Kapitel 8, *Verwaltung der Virtualisierungssoftware*, unter dem Stichwort VMware ESX Scripted Installation.

Vor der Installation des VMware ESX Servers sollten Sie, vorausgesetzt Sie wollen nicht vom SAN booten, alle vorhandenen FibreChannel-Anschlüsse abziehen, damit Sie nicht durch die womöglich vorhandenen LUNs unnötig durcheinander kommen. Des Weiteren sollten Sie sich noch dessen versichern, dass keine Hardware vorhanden ist, die vom VMware ESX Server nicht unterstützt wird. Da es auch für manche zertifizierte Serverhardware zu beachtende wichtige Informationen bzgl. der Installation gibt, ist auch ein Besuch der VMware-Webseite ratsam. Weiterer wichtiger Punkt sind die Netzwerkkarten, wobei mindestens eine Netzwerkkarte Pflicht ist, wohingegen bei der Verwendung von VMotion drei empfohlen werden.

Der für das Verständnis der Installationsfragen doch sehr wichtige Unterschied zwischen Service Console und VMkernel ist Ihnen zum jetzigen Zeitpunkt alles andere als klar. Um etwas Deutlichkeit in die Sache zu bringen, machen wir hier einen kurzen Exkurs, der nur die wichtigsten Grundlagen aufbereitet.

**Service Console**

Die Service Console stellt das eigentliche Wirt-Betriebssystem dar, das allerdings nicht vergleichbar mit einem normalen Betriebssystem wie Linux oder Windows ist, da es für den Betrieb des VMkernels und damit der Virtualisierungssoftware optimiert ist. Hier laufen aber alle »normalen« Betriebssystemprozesse wie zeitgesteuerte Skripte, Webserver und Backupprogramme ab.

- Wirtbetriebssystem, in das der VMkernel sich später integriert
- Bootmenü (Lilo)
- Kommandozeile
- Web-Administrationsoberfläche oder MUI
- Authentifizierung für MUI oder Remote Console
- Fernsteuerung der virtuellen Maschinen
- Programmierschnittstelle und SNMP-Verwaltung
- zeitgesteuerte Skripte
- Drittanbietersoftware, beispielsweise Backup-Software
- sonstige Software, z.B. vmkusage

**VMkernel**

Dies ist die eigentliche Virtualisierungs-Engine, die sich beim Hochfahren des VMware ESX Servers während des Startprozesses in die Service Console »einhängt« und unter anderem eine Hardwaretrennung zwischen Service Console und VMkernel vornimmt. Der VMkernel an sich benötigt momentan 24 MByte physikalischen Hauptspeicher. Er erfüllt die folgenden Aufgaben:

- Steuerung der virtuellen Maschinen
- Ressourcenkontrolle der virtuellen Maschinen
- Zugriff auf das VMFS-Dateisystem
- Verwaltung der virtuellen Festplatten
- Verwaltung der virtuellen Netzwerke

Ich hoffe, der Unterschied, der doch für das Verständnis einiger der folgenden Installationsschritte sehr wichtig ist, ist nun ein wenig klarer geworden. Wenn nun alle Klarheiten beseitigt sind, können Sie die VMware ESX Server-CD ins Laufwerk des Wirt-Systems einlegen und von ihr booten.

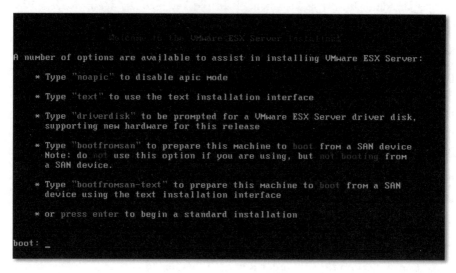

**Abbildung 7.20** Bootauswahlmenü des VMware ESX Servers

Wenn das Bootmenü erscheint, werden Ihnen erst einmal mehrere Bootoptionen (Abbildung 7.20) angezeigt:

- **default:** Dies ist die normale Installationsroutine mit grafischer Oberfläche, die automatisch oder bei keiner Angabe aufgerufen wird.

- **noapic**: Diese Auswahl deaktiviert APIC (Advanced Programmable Interrupt Controller). Für manche ältere Hardware oder wegen einer Empfehlung des VMware Supports empfiehlt sich diese Auswahl.

- **text**: Bei dieser Auswahl wird keine grafische Oberfläche gestartet, was durch nicht unterstützte Grafikkarten oder Monitore notwendig werden kann.

- **driverdisk:** Hier können Sie spezielle Treiber von VMware für neuere, noch nicht von der CD-Version unterstützte Geräte einbinden.

- **bootfromsan:** Seit VMware ESX Version 2.5 existiert diese Auswahl, mit der Sie eine grafische Installation mit SAN-Unterstützung aufrufen können. Hier benötigen Sie keine lokalen Festplatten.

- **bootfromsan-text**: Ebenfalls seit VMware ESX Version 2.5, können Sie hier mit SAN-Unterstützung im Textmodus installieren.

Da sich die grafische Oberfläche und der Text-Modus nicht sonderlich voneinander unterscheiden, der Text-Modus aber in jeglicher Konfiguration funktionieren sollte, gehe ich hauptsächlich auf letzteren ein. Dazu wählen Sie *text* für den Textmodus aus, und Linux wird von der CD geladen.

Falls nun Fehlermeldungen wie *unknown PCI Device* erscheinen, ist ein Gerät installiert, das nicht von VMware ESX unterstützt wird, d. h., Sie können dieses Gerät später nicht verwenden. Mit ein wenig Linux-Kenntnissen, was die Treiberverwaltung anbetrifft, könnten Sie dieses Gerät zu einem späteren Zeitpunkt möglicherweise manuell für die Service Console bereitstellen. Beim VMkernel und damit bei der Verwendung der virtuellen Netzwerke funktioniert das aber keinesfalls. Da eine solche Konstellation nicht von VMware unterstützt wird, ist ein Anpassen der Service Console um eigene Treiber nur für »Spielsysteme« angebracht. In produktiven Umgebungen sollten Sie keinesfalls Geräte ohne VMware-Unterstützung einsetzen, weil Sie damit ein unnötiges Risiko eingehen.

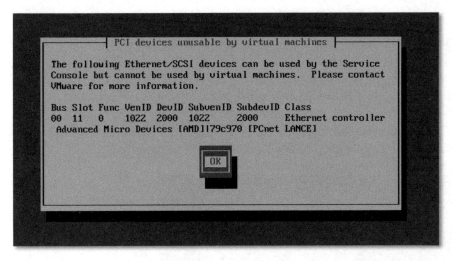

**Abbildung 7.21** Hier wird eine AMD-Ethernetkarte nicht vom VMkernel, aber von der Service Console unterstützt. Daher kann sie später wenigstens zur Verwaltung des ESX Servers über die Service Console genutzt werden.

Eine weitere Fehlermeldung kann die Unterstützung der Hardware nur durch die Service Console anzeigen, die dann *PCI Devices unusable by virtual machines* lautet. Das stellt an sich kein wirkliches Problem dar, wenn es sich wirklich um das Gerät wie beispielsweise um eine Netzwerkkarte handelt, die Sie nicht für die virtuellen Netzwerke, sondern nur für die Service Console nutzen wollen.

**Abbildung 7.22** Soll ein Standardinstallation, eine angepasste Installation oder eine Aktualisierung des bestehenden Systems durchgeführt werden?

Als nächster Schritt wird Ihnen, wie in Abbildung 7.21 zu sehen, angeboten, eine Standardinstallation (Default), eine angepasste (Custom) Installation oder ein Update des bestehenden System beispielsweise mit einem neuen Release durchzuführen. Die beiden folgenden Installationsschritte beziehen sich auf Tastaturbelegung und Mauskonfiguration (Abbildungen 7.22 und 7.23). Wenn Sie die deutsche Tastaturbelegung verwenden möchten, müssen Sie hier *de* oder *de_latin* auswählen, für eine amerikanische Tastatur *us*.

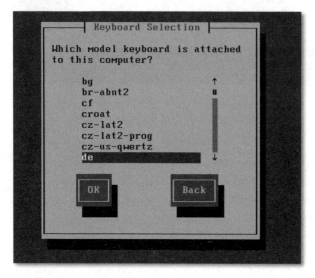

**Abbildung 7.23** Auswahl der Tastaturkonfiguration, z.B. us (amerikanische Tastatur) oder de (deutsche Tastatur)

Die Mauskonfiguration bezieht sich nur auf die Installation und die spätere Service Console. Da Sie normalerweise später immer remote über SSH (z. B. Putty) oder die Web-Administrationsoberfläche zugreifen, ist diese Konfiguration nicht sonderlich wichtig. Sie ist es durchaus, falls später mittels KVM Switch auf den ESX Server zugegriffen wird, denn dann wäre eine funktionierende Maus schon sehr praktisch.

**Abbildung 7.24** Auswahl des Mausmodells innerhalb der Service Console

Danach muss die EULA akzeptiert und die Lizenzschlüssel des VMware ESX Server und der Virtual SMP Unterstützung müssen eingegeben werden (Abbildung 7.24). Jedoch auch eine spätere Einrichtung der Lizenzinformationen über die Webadministration ist problemlos möglich. Neu angelegte oder bereits vorhande virtuelle Maschinen lassen sich allerdings bis zur korrekten Eingabe der ESX Server-Lizenz nicht starten. Falls Sie über eine zeitlich begrenzte Lizenz verfügen, werden die virtuellen Maschinen nach Ablauf des Zeitraumes in den Suspend-Modus geschaltet und können erst nach Eingabe einer gültigen Lizenz wieder gestartet werden.

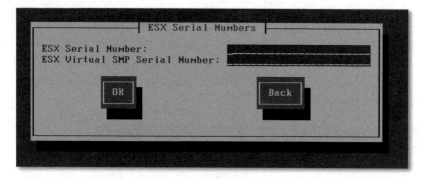

**Abbildung 7.25** Eingabemaske für die Lizenzschlüssel des ESX Servers und der Virtual SMP-Funktion

Jetzt ist die Zuordnung der Massenspeicher-Adapter zu treffen. Zur Auswahl stehen, wie nicht anders zu erwarten, die *Service Console* und der *VMkernel*, aber auch eine Mischumgebung, die *Shared* genannt wird und beiden Kandidaten den Zugriff gewährt. In Abbildung 7.26 sehen Sie beispielsweise einen Adaptec 2940 SCSI-Adapter, der zwar sowohl der Service Console als auch dem VMkernel zugewiesen ist, bei dem aber trotzdem zwei Treiber mit verschiedenen Zuordnungen aufgelistet sind.

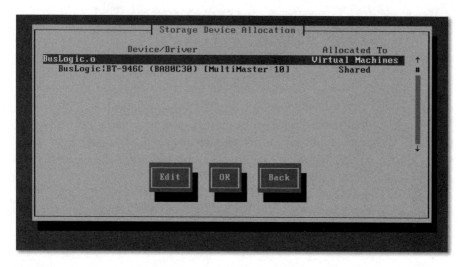

**Abbildung 7.26** Zuordnung des/der Massenspeicher-Adapter für Service Console oder virtuelle Maschinen

Begründen kann man dies, da der VMkernel eigene Kernelmodule, also Treiber mitbringt und lädt, die von der Service Console nicht verwendet werden können. Deshalb wird der Treiber `aic7xxx.o` (Adaptec Treiber), nochmals getrennt aufgeführt und auch vom VMkernel exklusiv geladen. So können trotz zweifacher Auflistung des gleichen Adapters mit unterschiedlichen Treibern und unterschiedlicher Zuordnung Shared und VMkernel auf die angeschlossenen Controller mit den Festplatten zugreifen.

**Abbildung 7.27** Zuordnung der Netzwerkkarten

Im nächsten Schritt der Installation wird die Zuordnung der physikalischen Netzwerkkarten des Wirt-Systems eingerichtet. Beispielsweise sind im Wirt-System (Abbildung 7.27) zwei Netzwerkkarten eingebaut, nämlich eine 3Com 3cSOHO100 und eine 3Com 3c905C. Erstere wird hier der Service Console zugeordnet (da für diese Netzwerkkarte nur ein Treiber der Service Console verfügbar ist, kann sie auch nicht den virtuellen Maschinen zugeordnet werden), die zweite Netzwerkkarte ist ausschließlich den virtuellen Maschinen zugeordnet. Später werden Sie alle Netzwerkkarten, die den virtuellen Maschinen zugeordnet sind, nicht in der Netzwerkauflistung der Service Console finden und auch nicht ansprechen können.

Normalerweise wird hier eine Netzwerkkarte der Service Console und alle weiteren werden dem VMkernel zugeordnet. Falls Ihnen nur eine Netzwerkkarte zur Verfügung steht, müssen Sie diese hier als *Shared* konfigurieren, damit sowohl Service Console als auch VMkernel darauf zugreifen können. Falls Sie sich bei den Zuordnungen der Geräte unsicher sind, kann ich Sie beruhigen, denn die Zuordnung kann auch nach der Installation neu konfiguriert bzw. angepasst werden. Dies gilt auch für alle weiteren Einstellungen, ausgenommen bestimmte Teile der Partitionierung wie beispielsweise der Bootpartition. Dieser Teil der Installation sieht in der grafischen Installationsroutine ein wenig anders aus. Es sind nämlich mehrere Installationsschritte zu einem Dialog zusammengefasst, wie man in Abbildung 7.28 sieht. Hier sehen Sie besser als in der Textversion die Möglichkeit des Teilens zwischen VMkernel und Service Console, das einfach durch Aktivieren der *Shared with Service Console*-Funktion geschieht.

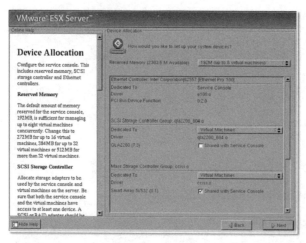

**Abbildung 7.28** Die Gerätezuordnung über die grafische Installationsoberfläche

Die nächste Frage bei der Textinstallation behandelt den zugeordneten Hauptspeicher der Service Console. Da er direkt mit der Anzahl der gleichzeitig lauffähigen virtuellen Maschinen auf einem System zusammenhängt, sollten Sie sich schon vorher über einen entsprechenden Puffer im physikalischen Hauptspeicher Gedanken gemacht haben. Wie Sie Tabelle 7.5 entnehmen können, würden Sie bei 10 virtuellen Maschinen 272 MB physikalischen Hauptspeicher für die Service Console benötigen.

| RAM Service Console | virtuelle Maschinen |
| --- | --- |
| 192 MB | bis zu 8 virtuelle Maschinen |
| 272 MB | bis zu 16 virtuelle Maschinen |
| 384 MB | bis zu 32 virtuelle Maschinen |
| 512 MB | mehr als 32 virtuelle Maschinen |
| 800 MB | maximal verwaltbarer RAM |

**Tabelle 7.5** Benötigter Hauptspeicher der Service Console

Nun wird es ernst, steht doch die Partitionierung der Festplatte an, die Sie entweder manuell oder automatisch durchführen können. Eine Empfehlung meinerseits finden Sie in Tabelle 7.4, die allerdings an Ihre Umgebung, also Ihre lokalen Festplatten anzupassen ist.

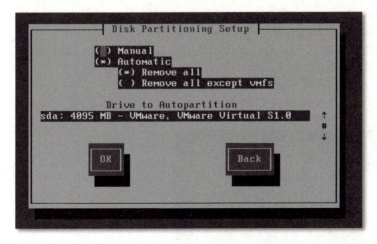

**Abbildung 7.29** Soll die Partitionierung der Festplatte automatisch oder manuell passieren?

Wenn Sie innerhalb des Partitionierungs-Setups sind, können Sie über den Button *New* eine neue Partition anlegen. Diese Partitionen werden immer hinter den schon bestehenden angelegt. Innerhalb des dann erscheinenden *Add Partition*-Fensters, können Sie sich den Mountpoint und das Dateisystem aussuchen sowie die Größe (Abbildung 7.30) der Partition festlegen. Wichtig ist die Auswahl *Force to be a primary Partition*, die Sie nur auswählen sollten, wenn Sie eine primäre Partition anlegen wollen. Ansonsten wird automatisch eine Extended-Partition erstellt.

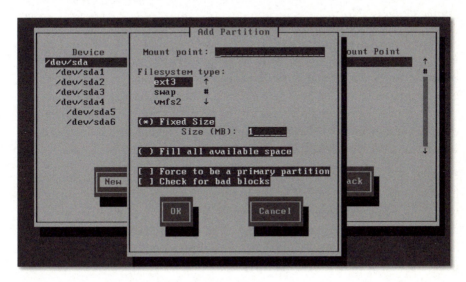

**Abbildung 7.30** Anlage einer neuen Partition

Als Nächstes steht die Netzwerkkonfiguration der Service Console auf dem Programm. Hier sind Rechnername, IP-Adresse, Gateway und DNS Server anzugeben. DHCP sollten Sie nur verwenden, falls Sie mit DHCP-Reservierungen arbeiten, weil dynamische IP-Adressen bei Servern nicht sehr sinnvoll sind. Fest vergebene IP-Adressen sind natürlich der empfohlene Weg, da es ansonsten bei einem längeren Ausfall des DHCP-Servers zu Problemen kommt.

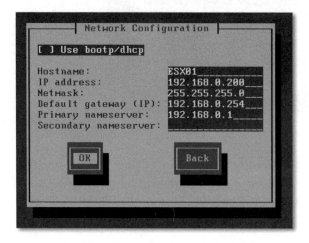

**Abbildung 7.31** Netzwerkeinstellungen der Service Console. Über diese Netzwerkadresse läuft später die Verwaltung des ESX Servers (SSH und Webadministration)

Danach wird nach der Zeitzone gefragt, die in unseren Breiten meist *Europe/Berlin* ist. Normalerweise können Sie *Hardware Clock set to GMT* auswählen, was die CMOS-Uhr auf GMT (Greenwich Mean Time) setzt.

Nun müssen Sie ein Root-Passwort eingeben, das aus mindestens 6 Zeichen bestehen muss. Da diesem Root-Benutzer eine Art Allmacht auf dem System eingeräumt wird und er über entsprechende Rechte verfügt, sollten Sie das Passwort jedoch deutlich komplexer wählen. Später melden Sie sich auch mit dem Benutzernamen *root* und dem von Ihnen vergebenen Kennwort an der Kommandozeile und der MUI an.

Da Sie nicht immer mit den vollen Rechten arbeiten müssen, empfiehlt es sich, im nächsten Installationsschritt auch einen normalen Benutzer anzulegen, wobei auch hier die Kennwortlänge von 6 Zeichen gilt. Nach einer Meldung, die auf das Installationsprotokoll unter `/tmp/install.log` hinweist, beginnt die eigentliche Installation. Sollte jetzt ein Abbruch erfolgen, liegt es mit ziemlicher Sicherheit an der Serverhardware.

Wenige Minuten später sollte die Abschlussmeldung der Installation erscheinen und ein Reboot des Servers sich anschließen. Wenn Sie den Systemstart im Auge behalten, wird Ihnen mit ziemlicher Sicherheit eine lange Ladezeit des VMkernels auffallen. Dies ist absolut normal, da es einige Zeit in Anspruch nimmt, diesen VMkernel zu laden und zu aktivieren. Falls Sie später einmal einen Neustart aus der Ferne anstoßen und auf den Server pingen, wird der Server nach einiger Zeit kurz antworten, danach aber wieder verstummen, bis er dann komplett hochgefahren ist. Dies hängt mit dem Laden des VMkernels zusammen, der ja mit der Hardwaretrennung zwischen VMkernel und Service Console beschäftigt ist.

Von jetzt an können Sie sich an der MUI anmelden und von dort aus die restlichen Schritte konfigurieren. Dies wären VMCore Dump (falls Sie diese nicht schon bei der Partitionierung anlegt haben), VMkernel Swap (wird nur bei Memory Overcommitment benötigt) und eine virtuelles Netzwerk. Wie Sie diese Dinge genau anlegen, können Sie in den entsprechenden Kapiteln dieses Buches nachlesen.

**Vmkusage**

Ein Tool, das Sie direkt nach der Installation des VMware ESX Servers installieren sollten, nennt sich vmkusage. Dieses Tool ermittelt auf der Basis des rrdtool alle 5 Minuten verschiedene Auslastungsdaten des ESX Servers und der laufenden virtuellen Maschinen. Diese Auswertung wird Ihnen über die URL **http** oder **https://ESXServer/vmkusage** bereitgestellt. Die Leistungsdaten können Sie nach Zeitraum (Aktuell, Tage, Woche) und nach verschiedensten Kriterien einsehen (Netzwerk, Massenspeicher, Prozessor, Hauptspeicher etc.).

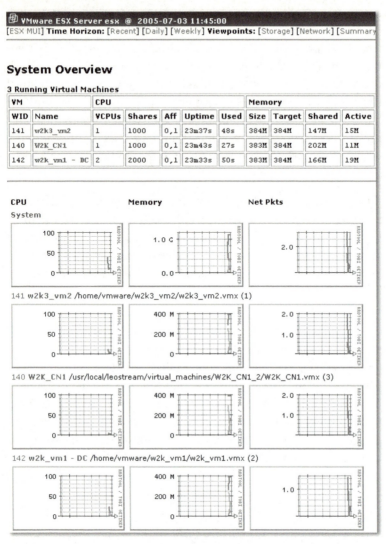

**Abbildung 7.32** Ansicht der Vmkusage-Webseite, auf der Ihnen die Leistungsdaten aller VMs und des Wirt-Systems bereitgestellt werden.

### 7.4.2 Update

Ein Update ist quasi eine »Komplettinstallation« von VMware ESX. Aber so ganz komplett ist sie dennoch nicht, da sämtliche Konfigurationsanpassungen unberührt bleiben. Ebenso wie bei VMware GSX ändern sich auch hier bei jedem Update die VMware Tools und sollten zeitnah auf den virtuellen Maschinen eingespielt werden. Eine Lauffähigkeit ist aber auch mit einer alten VMware Tools-Version gewährleistet, sofern Sie nicht allzu weit zurückliegt. Das Update selbst können Sie recht einfach über die VMware ESX-CD mit der aktuellsten Version einspielen. Dazu muss einfach von dieser CD gebootet und nach der Auswahl der Installationsart (Text, Grafische Oberfläche, siehe Abbildung 7.20), *Upgrade existing System* gestartet werden.

Falls das Update nicht über CD, sondern über eine Installationsdatei geschehen soll, müssen Sie den ESX Server im Linux-Modus booten. Das heißt, der VMKernel wird nicht mitgestartet. Ein Problem stellt sich ein, wenn Sie das Update aus der Ferne anstoßen wollen und nur über SSH (Secure Shell) auf das System gelangen.

> **TIPP** Geben Sie einfach auf der Kommandozeile `/sbin/lilo -R linux` ein, um den Boot-Modus auf Linux umzustellen. Danach müssen Sie das System über `/sbin/reboot` nur neu starten, um in den Linux-Modus zu gelangen. Sobald das System wieder läuft, können Sie das Update einspielen, und beim nächsten Neustart (wird aus dem Upgrade-Skript abgefragt) ist wieder alles wie gewohnt.

Beim Einsatz von Aufrufen innerhalb der `/etc/inittab` z.B. durch Backupclients, ist darauf zu achten, sie vor jedem Update zu sichern, da die Datei immer durch den Update-Prozess wieder in ihren Originalzustand zurückversetzt wird.

# 8 Verwaltung der Virtualisierungssoftware

8.1 VMware GSX .......................................................... 198

8.2 Microsoft Virtual Server ........................................... 208

8.3 VMware ESX .......................................................... 213

| 1 | **Einführung** |
| 2 | **Virtuelle Maschinen im Unternehmen** |
| 3 | **Virtualisierungssoftware – eine Marktübersicht** |
| 4 | **Auswahl der möglichen virtuellen Maschine** |
| 5 | **Auswahl der richtigen Virtualisierungssoftware** |
| 6 | **Auswahl der richtigen physikalischen Infrastruktur** |
| 7 | **Installation und Update des Wirt-Systems** |
| 8 | **Verwaltung der Virtualisierungssoftware** |
| 9 | **Virtuelle Netzwerke** |
| 10 | **Virtuelle Festplatten** |
| 11 | **Erstellung einer virtuellen Maschine** |
| 12 | **Verwaltung der virtuellen Maschinen** |
| 13 | **VMware VirtualCenter** |
| 14 | **Skriptierung und Programmierung unter VMware und MS Virtual Server** |
| 15 | **Backup, Restore und Disaster Recovery** |
| 16 | **Templates (VM-Vorlagen)** |
| 17 | **Zusatzsoftware** |
| 18 | **Nützliche Adressen im Web** |

# 8 Verwaltung der Virtualisierungssoftware

*Wie finde ich die Verwaltungsoberfläche? Welche Möglichkeiten der Administration habe ich, und was kann ich alles beeinflussen? Wie kann ich mein System optimieren?*

Nun existiert zwar ein installiertes Wirt-System und die Virtualisierungssoftware ist einsatzbereit, aber es sind noch ein paar Einstellungen vergessen worden oder sie standen bei der Installation schlichtweg nicht zur Verfügung. Jetzt ist der Zeitpunkt gekommen, an dem Sie die Virtualisierungssoftware komplett einrichten und sogar schon optimieren können.

Teile der Administration wurden schon durch die Installationsroutine der Software implementiert, und es sind gewisse Standardeinstellungen vorhanden, die in den meisten Fälle ausreichen. Es ist aber noch viel zu tun, was die Sicherheit und Systemperformance angeht. Sie sollten beispielsweise für jeden Administrator ein eigenes Benutzerkonto vorsehen, weil dadurch später sowohl die Rückverfolgung als auch die Abstufung von Rechten sich vereinfacht.

Alle drei Produkte bieten Ihnen eine webbasierte Verwaltungsoberfläche, die Ihnen, von wenigen Ausnahmen einmal abgesehen, alles zur Administration Notwendige zentral vorhält. Einige spezifische Einstellungen, die nicht über die Weboberfläche festzulegen sind, können noch per Kommandozeile oder in Programmkonsolen vorgenommen werden. Es sind dies jedoch Einstellungen, die selten bis gar nicht benötigt werden. VMware GSX ist momentan die einzige Software, bei der viele Administrationsfunktionen auch oder ausschließlich über die Programmkonsole VMware GSX Console bedient werden können.

Die Web-Administrationsoberflächen sorgen dafür, dass Sie die Virtualisierungsprodukte über das Netzwerk mit einem immer verfügbaren Mittel, nämlich dem Browser, verwalten können. Einstellungsänderungen am Wirt-Betriebssystem, die in der Regel deutlich seltener notwendig werden, lassen sich über den Terminaldienste-Client oder die SSH Console vornehmen.

Selbstverständlich können Sie auch die wichtigste Aufgabe, nämlich das Erstellen und Verwalten der virtuellen Maschinen, über die Web- und Konsolenprogramme erledigen. Genaueres dazu finden Sie in Kapitel 11, *Erstellung einer virtuellen Maschine*.

Kommen wir nun zur Konfiguration Ihres Serversystems/Ihrer Serversysteme.

## 8.1 VMware GSX

Unter VMware GSX stehen Ihnen zwei Administrationstools zur Verfügung: die Web-Administrationsoberfläche und die VMware GSX Server Console. Mit beiden können Sie beliebige GSX Server ansprechen, indem Sie einfach die IP-Adresse des Wirt-Systems wechseln. Schmerzlich vermisst wird ein Gesamtüberblick über alle virtuellen Maschinen und VMware GSX Server, den Ihnen VMware nur mittels des Zusatzproduktes VirtualCenter gewährt. Darüber hinaus stehen Ihnen noch verschiedene Kommandozeilenbefehle und die Programmierschnittstelle zur Verfügung. Alle Administrationswerkzeuge sind unter Microsoft Windows und unter Linux annähernd gleich gestaltet, weshalb ich nicht gesondert auf die Verwaltung unter Linux eingehe.

### 8.1.1 Web-Administrationsoberfläche

Falls Sie die Standardports der Webadministration nicht schon geändert haben, finden Sie dieselben über zwei Wege, wobei einer unverschlüsselt und einer verschlüsselt über das Netzwerk abläuft. Der unverschlüsselte Weg führt über das HTTP-Protokoll, die Adresse im Browser ist **http://IP-Adresse-GSX_Server:8222**, beim verschlüsselten Weg wird das HTTP-Protokoll unter der Adresse **https://IP-Adresse-GSX_Server:8333** benutzt (Abbildung 8.1). Falls eine SSL-Verschlüsselung eingerichtet ist, bleibt automatisch nur noch der verschlüsselte Weg aktiv. Das heißt, dass Sie bei einer HTTP-Anfrage automatisch auf die https-Verbindung umgeleitet werden. Es empfiehlt sich, immer den verschlüsselten Weg zu benutzen, umso mehr, weil die dadurch entstehende Mehrbelastung des Netzwerkes nicht wirklich relevant ist.

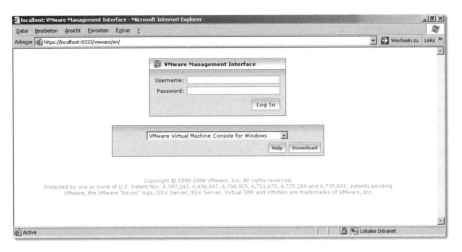

**Abbildung 8.1** Anmeldung an der VMware GSX-Weboberfläche

Über einen gültigen Benutzeraccount können Sie sich uf dem Server anmelden. Für den VMware Server werden auch Domänenbenutzer akzeptiert, falls er sich in einer Windows-Domäne befindet. Ein normaler Benutzer kann virtuelle Maschinen anlegen und verwalten, ein Administrator hingegen darf auch die Optionen ändern.

Wohlgemerkt ist dies die Standardsituation. Sie können natürlich, wie Sie später sehen werden, feinere Sicherheitsmechanismen einrichten, jedoch geschieht dies manuell ohne die Administrationsoberflächen. Die gesamte Benutzerverwaltung findet hier unter dem jeweiligen Betriebssystem statt, d.h., alle Mitglieder der lokalen Administratorengruppe des Wirt-Systems haben Zugriff auf die Web-Administrationsoberfläche, die bei VMware »MUI« (Management User Interface) genannt wird.

Zusätzlich besteht auf der MUI-Webseite die Möglichkeit, die Virtual Machine Console, die zur Administration des VMware GSX Servers und zur Fernsteuerung der virtuellen Maschinen genutzt werden kann, herunterzuladen. Es genügt, in der Drop-Down-Box das entsprechende Betriebssystem auszuwählen und auf *Download* zu klicken.

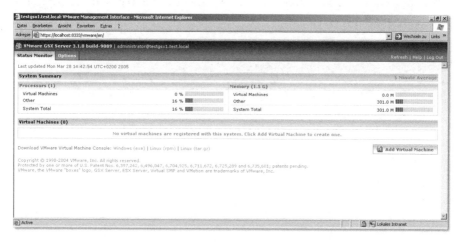

**Abbildung 8.2** Eingangsbild MUI-Webadministration von VMware GSX

Sobald Sie sich angemeldet haben, können Sie sich über die Auslastung und die verfügbaren Ressourcen des Wirt-Systems informieren. Es werden Prozessorlast und verfügbarer Hauptspeicher angezeigt, wobei das System und die virtuellen Maschinen getrennt voneinander betrachtet werden. So ist die aktuelle Auslastung des Wirt-Systems schnell erkennbar, wodurch eine zeitnahe Reaktion auf Performance-Engpässe möglich wird. Auch hier kann jederzeit die Virtual Machine Console für Windows und Linux heruntergeladen werden.

In der Ansicht der Webadministration in Abbildung 8.2 können Sie auch neue virtuelle Maschinen anlegen, doch dazu später mehr.

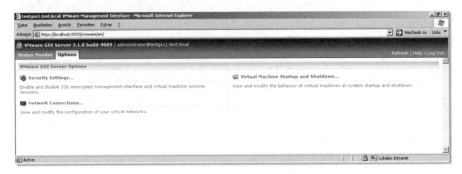

**Abbildung 8.3** Options-Ansicht innerhalb der VMware GSX MUI

Wenn Sie auf den Reiter *Options* wechseln, wie in Abbildung 8.3 gezeigt, stehen Ihnen drei weitere Optionen zur Verfügung: Sicherheitseinstellungen, Netzwerkverbindungen und Verhaltensregeln der virtuellen Maschinen beim Starten und Beenden. Innerhalb der Sicherheitseinstellungen können Sie den Port anpassen und den verschlüsselten Zugriff auf die Web-Administrationsoberfläche abschalten.

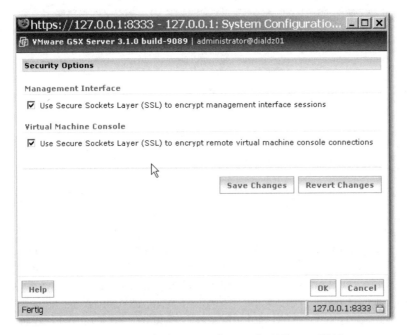

**Abbildung 8.4** Optionen – Sicherheitseinstellungen des VMware GSX Servers

Wie in Abbildung 8.4 zu sehen ist, können Sie unter den Link *Security Sett*ings nicht sonderlich viel einstellen. Hier können Sie festlegen, ob über die Verbindungen zur Administrationswebseite, zur MUI und zur Remote Console (VMware GSX Console und Remote Console) die Daten zur Fernverwaltung des VMware Servers und der virtuellen Maschinen) verschlüsselt oder unverschlüsselt übertragen werden. Aus Sicherheitsgründen kann ich Ihnen nur empfehlen, beides zu verschlüsseln. Diese Verschlüsselung benutzt SSL als Verschlüsselungsmethode mit einer Schlüssellänge von 128 Bit. Falls Sie ein eigenes Zertifikat zur Verschlüsselung hinterlegen wollen, können Sie dies unter Windows mittels des MMC Snapin-Zertifikats tun oder unter Linux, indem Sie die beiden Dateien in `/etc/vmware-mui/ssl`, mui.crt (öffentlicher Schlüssel) und `mui.key` (privater Schlüssel – sollte nur für root lesbar sein) durch Ihre eigenen Schlüssel ersetzen.

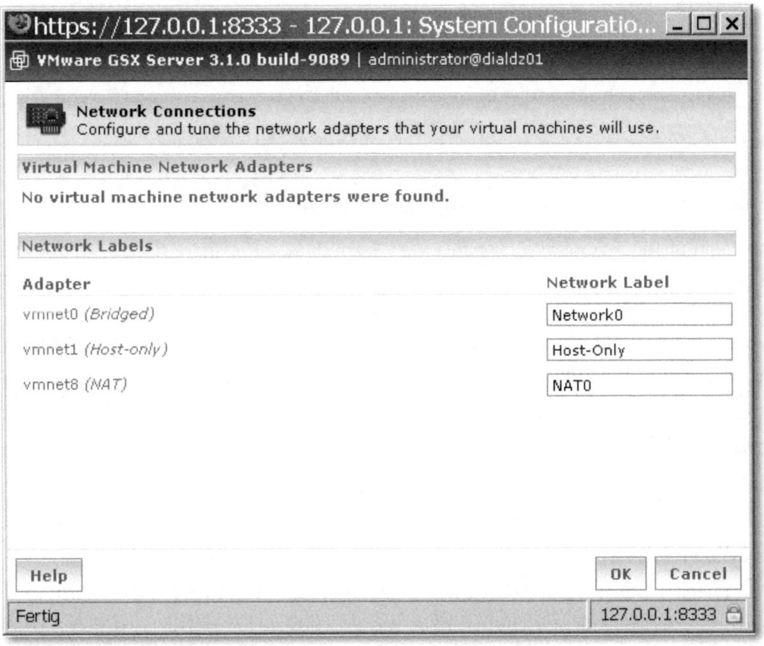

**Abbildung 8.5** Netzwerkeinstellungen des VMware GSX Servers innerhalb der MUI

Unter dem Link *Network Connections* (Abbildung 8.5), können Sie den vorhandenen Adaptern entsprechende Namen, hier *Network Label* geben. Falls Sie irgendwann VirtualCenter einsetzen und zwischen mehreren GSX Servern virtuelle Maschinen migrieren wollen, sollten Sie die Network Label auf jedem GSX Server gleich benennen, da sonst keine Migration möglich ist.

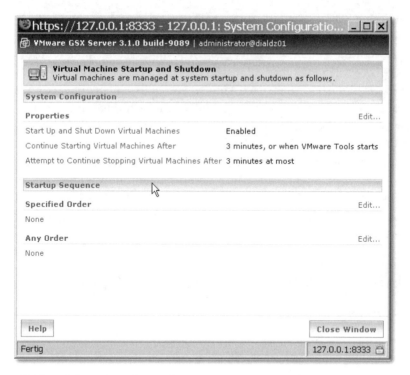

**Abbildung 8.6** Die Einstellungen des automatisierten Start-/Stopp-Prozesses durch den VMware GSX Server

Abbildung 8.6 zeigt Ihnen den dritten und letzten Auswahlpunkt in der Optionsseite, mit dem das Serververhalten nach einem Systemstart oder vor einem Systemabschluss beeinflusst werden kann. VMware GSX verfügt über einen Automatismus, mit dem Sie gezielt virtuelle Maschinen starten oder beenden können, falls einmal das Wirt-System rebooten oder sogar ausfallen sollte, wie es beispielsweise durch Anweisung der USV bei einem Stromausfall geschehen kann. In den Eigenschaften einer jeden virtuelle Maschine können weitere Einstellungen bzgl. des Systemstarts oder -stopps gemacht werden, die aber erst greifen, wenn auf der Optionsseite der Automatismus selbst eingeschaltet wurde. Der Punkt *Continue Starting Virtual Machine After* bedeutet, dass nach dem Einschalten einer virtuellen Maschine x Minuten gewartet wird oder die in dieser virtuellen Maschine installierten VMware Tools aktiv werden, bevor die nächste virtuelle Maschine automatisch startet. Umgekehrt verhält es sich bei dem Punkt *Attempt to Continue Stopping Virtual Machines After*, da hier x Minuten auf das erfolgreiche Herunterfahren der virtuellen Maschine gewartet wird, bevor die nächste den Befehl zum Beenden erhält. Mit den VMware Tools, die Sie immer installieren sollten, wenn das Gast-Betriebssystem denn unterstützt wird, nimmt die Funktionalität dieses Automatismus noch einmal deutlich zu.

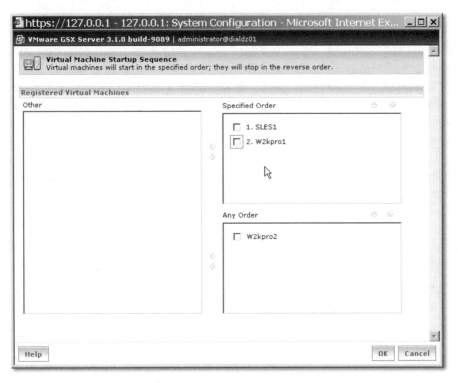

**Abbildung 8.7** Reihenfolge der virtuellen Maschinen beim automatisierten Starten und Stoppen durch den VMware GSX Server

Des Weiteren können Sie die Reihenfolge angeben, in der die virtuellen Maschinen beim Hoch- oder Herunterfahren des Systems gestartet oder beendet werden sollen. Wie Sie in Abbildung 8.7 sehen, werden die virtuellen Maschinen dann in umgekehrter Reihenfolge gestoppt, in der sie gestartet worden sind. Virtuelle Maschinen, bei denen die Reihenfolge keine Rolle spielt, können einfach in die Box *Any Order* verschoben werden.

> **TIPP** Leider funktioniert die Festlegung der Reihenfolge des Start-/Stopp-Verhaltens der virtuellen Maschinen bis zur Version 3.2 des VMware GSX Servers nur über den Microsoft Internet Explorer einwandfrei.

### 8.1.2 VMware GSX Server Console

Die VMware GSX Server Console wird auf dem VMware GSX Server automatisch mit installiert, sofern Sie dies nicht explizit unterdrücken. Im Endeffekt ist diese Server Console nichts weiter als die VMware Virtual Machine Console, die mit dem Parameter –l gestartet wird, der direkt auf die lokale Maschine verweist. Unter Linux müssen Sie in einem X Window Manager sein und den Befehl vmware angeben, um die VMware Virtual Machine Console zu starten. Falls Sie den VMware GSX Server von einem anderen Arbeitsplatz im Netzwerk aus bedienen wollen, können Sie einfach die VMware Virtual Machine Console installieren und beim Start auf die Adresse des VMware GSX Servers verweisen (Abbildung 8.8). Wenn Sie die lokale VMware GSX Server Console gestartet haben oder schon mit einem VMware GSX Server verbunden sind und auf einen anderen Server wechseln wollen, dann erreichen Sie dies über den Menüpunkt **Host · Switch Host**.

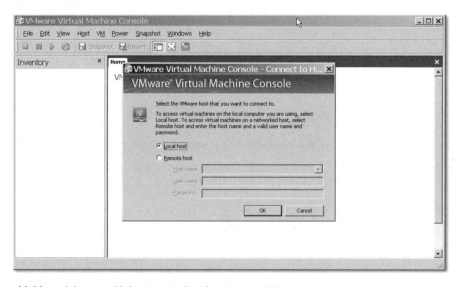

**Abbildung 8.8** Auswahl des zu verwaltenden VMware GSX-Systems

Erst einmal in der Administrationsoberfläche angekommen, finden Sie eine Vielzahl von Optionen, die in der Web-Administrationsoberfläche leider noch nicht umgesetzt sind. Zuallererst können Sie über den Menüpunkt **Edit · Preferences** das Verhalten der Konsole und der Fernsteuerung der virtuellen Maschinen **bestimmen.** Unter dem Reiter *Workspace* können Sie Einstellungen vornehmen, die sich auf die Historie der virtuellen Maschine und der VMware GSX-Serversysteme auswirken bzw. zur Suche nach aktuelleren GSX-Versionen im Internet dienen. Einziger Wermutstropfen: Sie können keine Liste mit den

GSX-Systemen direkt pflegen, sondern müssen diese nacheinander über die Konsole öffnen, damit Sie beim nächsten Mal direkt auf die Server zugreifen können.

> **TIPP** Falls Sie viele Server mittels VMware Virtual Machine Console verwalten, sollten Sie sich unter Windows folgende Datei sichern, `%appdata%\VMware\preferences.ini`, der Linuxpfad wäre `~/.vmware/preferences`. In dieser Datei finden sich unter anderem alle verwalteten GSX Server.

Wenn Sie in den *Preferences* auf den Reiter *Input* wechseln, können Sie das Verhalten der Konsole während der Fernsteuerung einer virtuellen Maschine beeinflussen. Dies reicht von der *Copy and Paste*-Funktion bis hin zur Einstellung des Maus- und Tastaturverhaltens.

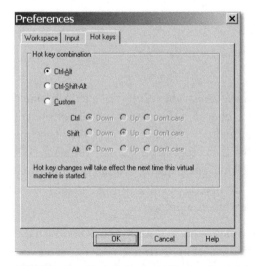

**Abbildung 8.9** Einstellung des Hotkeys während der Fernsteuerung der virtuellen Maschine

Der wohl wichtigste Punkt innerhalb der *Preferences*-Sektion ist die Einstellung des Hotkeys (Abbildung 8.9). Diesen Hotkey können Sie später innerhalb der Fernsteuerung der virtuellen Maschine nutzen, um die Maus- und Tastaturfunktion zwischen Wirt und Gast zu wechseln.

Sobald Sie diese Einstellungen gemacht haben, geht es weiter mit der Konfiguration des VMware GSX Servers, und zwar unter dem Menüpunkt **Host · Settings**. Hier haben Sie die Möglichkeit, ein Ablageverzeichnis für die zukünftigen virtuellen Maschinen auf dem System anzugeben, die Priorität der Prozesse virtueller Maschinen gegenüber dem Wirt-System zu verändern oder die Verschlüsselung der VMware Virtual Machine Console-Verbindungen ein- oder auszuschalten.

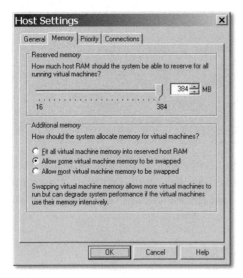

**Abbildung 8.10** Einstellung des verfügbaren physikalischen Hauptspeichers für die virtuellen Maschinen

Die wichtigste Einstellung innerhalb dieser Auswahl verbirgt sich jedoch hinter dem Reiter *Memory* (Abbildung 8.10), über den sich der maximal verfügbare physikalische Hauptspeicher der virtuellen Maschinen des Wirt-Systems bestimmen lässt. Darüber hinaus wird hier eingestellt, ob der VMware GSX Server in der Lage sein soll, Hauptspeicher auszulagern, wodurch mehr virtuelle Maschinen eingerichtet werden können, als es der physikalische Hauptspeicher des Wirt-Systems eigentlich erlauben würde.

Mit dieser Einstellung sollten Sie allerdings vorsichtig umgehen, kann doch die Geschwindigkeit der virtuellen Maschinen sehr darunter leiden, wenn das Wirt-System anfängt, auszulagern und die langsamen Festplatten anstelle des schnellen Hauptspeichers zu benutzen.

Was jetzt noch zu tun bleibt, ist der Eintrag einer gültigen Seriennummer unter dem Menüpunkt **Help · Enter Serial Number**, damit eine virtuelle Maschine überhaupt lauffähig ist.

### 8.1.3 Kommandozeile

Falls Sie bestimmte Dinge automatisieren wollen, können Sie das mit Batch-Dateien oder Shell-Skripten tun. Leider ist die Methode ohne Kommandozeilenbefehle keinen Pfifferling wert, die ja eine Automatisierung überhaupt erst möglich machen. Unter den Befehlen der Kommandozeile findet sich fast alles, was Sie zur Verwaltung der virtuellen Maschine benötigen, vom Anlegen virtueller Festplatten bis hin zur Statusabfrage der virtuellen Maschinen. Des Weiteren stehen sogar Funktionen bereit, die nicht von den Administrationswerkzeugen, der Webadministration und der VMware Virtual Machine Console zur Verfügung gestellt werden, wie beispielsweise das Vergrößern von virtuellen Festplatten. Das Ganze wird komplettiert durch einige Tools z.B. zum Auslesen von Netzwerkstatistiken der virtuellen Netzwerke. Während in der Windows-Version des GSX Servers Teile der Konfiguration in der Registry abgelegt werden, sind unter Linux, wie auch nicht anders zu erwarten, alle Konfigurationseinstellungen in Textdateien abgelegt. Einen Großteil dieser Befehle mit Beispielen finden Sie in Anhang B.

### 8.1.4 Programmierschnittstelle

Diese Programmierschnittstelle teilt sich in zwei APIs (Application Programming Interface) auf: VmCOM und VmPerl. VmCOM ist eine COM-Schnittstelle (Component Object Model), die durch auf Microsoft Windows basierende Programmiersprachen wie Visual Basic, VBScript, C++ oder Jscript angesprochen werden kann. VmPerl ist die entsprechende Perl-Schnittstelle, die plattformübergreifend sowohl unter Windows als auch unter Linux zur Verfügung steht. Die Funktionen der Programmierschnittstellen sind so mächtig, dass Sie damit sogar in der Lage wären, eine eigene Administrationsoberfläche zu programmieren, entsprechende Kenntnisse vorausgesetzt. VMware stellt Ihnen neben der API selbst verschiedene Beispielprogramme und eine ausführliche Beschreibung aller zur Verfügung stehenden Funktionen zum Download bereit. Diese Programmierschnittstelle kann selbstverständlich sowohl lokal als auch über das Netzwerk angesprochen werden.

### 8.1.5 Protokollierung

Die gesamte Protokollierung, sei es nun ein einfaches Ereignis oder ein Fehler, ist über die normale Ereignisanzeige unter dem Punkt *Anwendung* einzusehen. Es wird dabei zwischen den Diensten VMware GSX Server, VMware NAT Service und VMware Registration Service unterschieden. Einige weitere Dienste wie der VMnet-Adapter oder das VMnetuserif finden Sie unter dem Punkt *System*. Anhand des Services und der Ereignis-ID können Sie im Fehlerfalle einfach im Internet nach einer Hilfestellung suchen oder den VMware Support bemühen. Eine sehr gute und recht vollständige Seite zur genaueren Suche nach Windows Ereignis-IDs finden Sie unter der folgenden Adresse: http://mx.netikus.com:8080/EventSentry/index.asp.

## 8.2 Microsoft Virtual Server

Microsoft legt bei seinem Virtual Server den Schwerpunkt auf die Web-Administrationsoberfläche, ohne die eine Verwaltung des Wirt-Systems schlichtweg nicht möglich wäre. Daher ist die Webadministration auch sehr mächtig ausgestattet und steht von der Funktionsvielfalt her gesehen zwischen dem VMware GSX Server und dem VMware ESX Server. Prinzipiell ist das eine gute Idee, nur stellt sich leider das Problem ein, dass die Verwaltung nur über den Microsoft Internet Explorer möglich ist. Das einzige Zusatztool ist die Microsoft VMRC (Virtual Machine Remote Control), mit dem aber nur die virtuellen Maschinen ferngesteuert und verwaltet werden können, nicht jedoch der Virtualisierungsserver. Ähnlich wie bei den VMware-Produkten steht eine Programmierschnittstelle zur Verfügung, mit der Sie weitergehende Funktionen ausführen können.

### 8.2.1 Web-Administrationsoberfläche

Wenn Sie es bei der Installation beim Standardport belassen haben, finden Sie diese Administrationsoberfläche unter **http://Netzwerkadresse:1024**. Dort angelangt, werden Sie nach Benutzernamen und Kennwort gefragt. Nach der entsprechenden Eingabe wird Ihnen der Zugriff auf den Server gestattet.

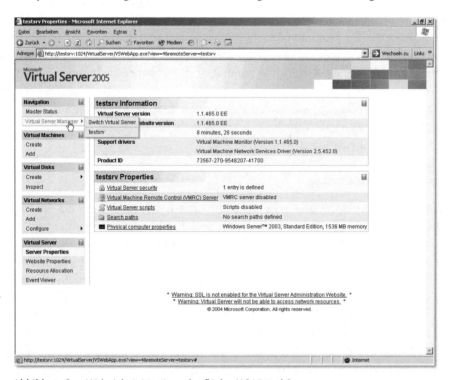

**Abbildung 8.11** Web-Administrationsoberfläche MS Virtual Server

Falls Sie mehrere Server einsetzen, können Sie diese alle in der Weboberfläche über den Punkt *Virtual Server Manager* eintragen, woraufhin Sie auf einen anderen Server wechseln können, wie in Abbildung 8.11 gezeigt.

Zunächst will ich auch alle zur Verwaltung der virtuellen Maschinen, der virtuellen Festplatten und der virtuellen Netzwerke benötigten Menüpunkte außen vor lassen, und mich mit den Servereigenschaften beschäftigen, also den *Server Properties*.

Innerhalb dieses Menüpunktes können Sie mittels **Virtual Server Security** die Administration des Virtual Servers einrichten. Dazu tragen Sie einfach einen Benutzer oder eine Gruppe ein und räumen ihm oder ihr entsprechende Berechtigungen ein. Die Einstellungen sind bis auf den Punkt **Special Permission** selbsterklärend. Letzterer weist nur auf die Verwendung von Berechtigungen auf dem Ordner des Virtual Servers hin und kann nicht über die Webadministration angepasst werden.

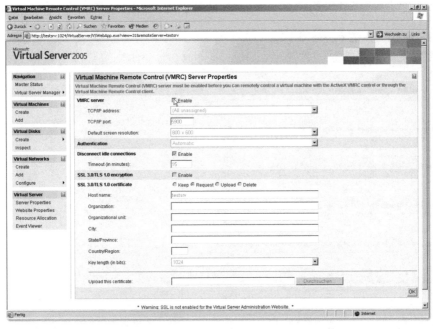

**Abbildung 8.12** Verwaltung des VMRC Servers zur Fernsteuerung durch den VMRC Client

Hinter dem Punkt *Virtual Machine Remote Control Server* verbirgt sich nichts anderes als die Konfiguration des »Fernsteuerungsservers«, den Sie später über den noch zu installierenden VMRC Client erreichen können, um die virtuellen Maschinen fernzusteuern. Zu den wichtigsten Einstellungen (Abbildung 8.12) gehören der Port und ein Zertifikat, ohne das eine verschlüsselte Kommunikation nicht möglich wäre. Standardmäßig ist dieser Server abgeschaltet und muss hier manuell aktiviert werden. Das Zertifikat können Sie bei einer Zertifizierungsstelle anfordern und auf den Server hochladen. Die Authentifizierung kann entweder über NTLM (NT LAN Manager) oder Kerberos ablaufen. Letzteres ist deutlich sicherer, gehört aber erst ab Windows 2000 zur Betriebssystemfunktionalität. Falls Sie noch Windows NT 4-Rechner im Unternehmen haben, die sie zur Fernsteuerung mittels Kerberos-Authentifizierung nutzen möchten, müssen Sie Kerberos manuell installieren. Bei Auswahl von *Automatic* wird erst nach gescheiterter Kerberos-Authentifizierung NTLM benutzt.

Als nächster Punkt fällt *Virtual Server Scripts* ins Auge, mit dem Sie Skripte für den Virtual Server und die virtuellen Maschinen global einschalten können. Auch diese Funktion ist aus Sicherheitsgründen deaktiviert und muss hier manuell aktiviert werden. Sie können für jede virtuelle Maschine Skripte eintragen oder, wie in Abbildung 8.13 zu sehen ist, Skripte für bestimmte Ereignisse auf dem Server hinterlegen. Dies ist auch der nächste Punkt innerhalb der *Server Properties*-Sektion.

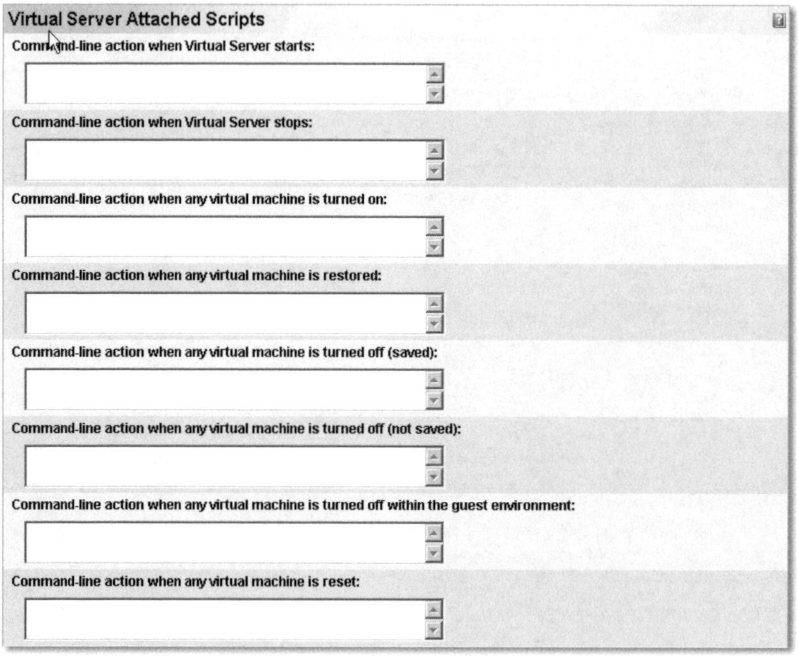

**Abbildung 8.13** Ereignisgesteuerte Skripte innerhalb des Virtual Servers

Im vorletzten Punkt *Search Paths* können Sie mehrere Suchpfade angeben, über die später nach virtuellen Maschinen und virtuellen Festplattendateien gesucht wird.

Zu allerletzt können Sie sich unterhalb von *Server Properties* über den Punkt *Physical Computer Properties* eine Komplettauflistung der physikalischen Hardwareeigenschaften des Wirt-Systems anzeigen lassen, die für die Virtualisierung relevant sind.

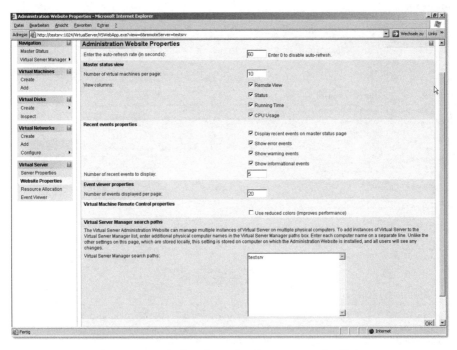

**Abbildung 8.14** Webseiteneigenschaften der Web-Administrationsoberfläche

Der Auswahlpunkt **Website Properties** (siehe Abbildung 8.14) dient zur Administration und Anpassung der eigentlichen Web-Administrationsoberfläche. Hier können Sie die anzuzeigenden Menüpunkte, das Aktualisierungsintervall, die Auflösung der VMRC als ActiveX Plugin und einiges mehr anzeigen und verwalten. Ein sehr schönes Feature ist die Serverliste, in die man alle zu verwaltenden Server einfach ein- oder austragen kann. Damit kann eine kleine oder mittlere Serverfarm recht übersichtlich verwaltet werden. Eine Komplettübersicht mit allen verfügbaren Virtual Servern und deren VMs wird leider nicht angeboten und kann nur über Tools von Drittanbietern oder eine Eigenentwicklung realisiert werden.

Ein weiteres Highlight des Virtual Servers, das ihn vom VMware GSX Server abhebt, ist die Möglichkeit der Ressourcenbeschränkung, was allerdings nur für die Prozessorressourcen gilt. In Abbildung 8.15 sehen Sie, dass Sie sowohl einen Prozentwert als auch einen Prioritätswert festlegen können. Während die prozentuale Beschränkung feste Ressourcenanteile vorgibt, führt eine die Prioritätsvergabe dazu, dass bei einer Ressourcenknappheit virtuellen Maschinen mit geringer Priorität weniger Ressourcen zugewiesen werden als solchen höherer Priorität. Die Berechnung der Priorität wird mittels »relative Weight«, also der relativen Gewichtung realisiert, die eine Zahl zwischen 1 und 10000 sein muss.

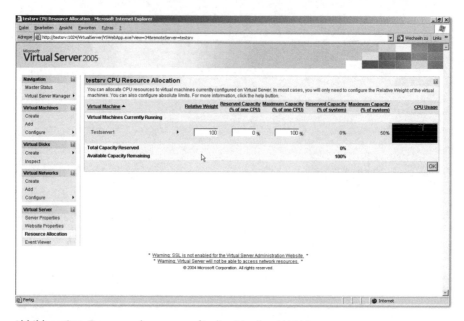

**Abbildung 8.15** Ressourcenbegrenzung für die virtuellen Maschinen

Ein weiteres Highlight des Virtual Servers, das ihn vom VMware GSX Server abhebt, ist die Möglichkeit der Ressourcenbeschränkung, was allerdings nur für die Prozessorressourcen gilt. In Abbildung 8.15 sehen Sie, dass Sie sowohl einen Prozentwert als auch einen Prioritätswert festlegen können. Während die prozentuale Beschränkung feste Ressourcenanteile vorgibt, führt eine die Prioritätsvergabe dazu, dass bei einer Ressourcenknappheit virtuellen Maschinen mit geringer Priorität weniger Ressourcen zugewiesen werden als solchen höherer Priorität. Die Berechnung der Priorität wird mittels »relative Weight«, also der relativen Gewichtung realisiert, die eine Zahl zwischen 1 und 10000 sein muss.

Der letzte, aber nicht unwichtigste Punkt der Weboberfläche ist der **Eventviewer**, der Ihnen alle Protokolleinträge des Virtual Servers anzeigt, die für Sie direkt wichtig sind, wie beispielsweise ein Neustart der virtuellen Maschine. Einen Ausschnitt mit den aktuellsten Meldungen wird Ihnen schon direkt bei der Anmeldung an der Web-Administrationsoberfläche auf der Startseite präsentiert.

### 8.2.2 Active Directory

Der Microsoft Virtual Server kann ins Active Directory integriert werden. Die Integration dient allerdings nur zur Berechtigung und Delegierung von Benutzern und Gruppen. Ohne die Integration in das Active Directory ist eine Anmeldung über Kerberos nicht möglich, so dass nur das weniger sichere NTLM (NT LAN Manager)-Protokoll nutzbar ist.

### 8.2.3 Protokollierung

Die meisten Ereignisse den Microsoft Virtual Servers betreffend können mit der Ereignisanzeige unter dem Punkt *Virtual Server* eingesehen werden. Einige wenige wie z.B. den Virtual Disk Service finden Sie unter dem Punkt *System* wieder. Auch hier gilt es, anhand der Event-ID im Internet verschiedene Datenbanken und Webseiten zu durchsuchen oder sich direkt an Microsoft zu wenden, falls Fehler auftreten, deren Ursache nicht zu lokalisieren ist.

## 8.3 VMware ESX

Wie schon erwähnt, ist der VMware ESX Server momentan die Königsklasse auf dem Gebiet der Servervirtualisierung. Das zeigt sich auch bei der Administration, die mit den meisten und umfangreichsten Funktionen daherkommt. Ebenso wie beim Microsoft-Konkurrenten ist die Web-Administrationsoberfläche, von einigen Kleinigkeiten einmal abgesehen, vollkommen ausprogrammiert und funktionell komplett. Auch ein Linux-Neuling kann prinzipiell problemlos mit dem ESX Server arbeiten, denn es steht sogar ein Dateimanager zur Verfügung, sobald das System erst einmal installiert ist. Die Webadministration wird automatisch gestartet, und Sie können – je nach Sicherheitseinstellung – sowohl über das HTTP- als auch über das HTTPS-Protokoll und den Standardport 80 auf die Web-Administrationsoberfläche zugreifen. Sie werden dann automatisch weitergeleitet. Nach erfolgreicher Anmeldung steht Ihnen von der Verwaltung der Partitionen über die der SAN LUNs bis hin zum Anlegen und Verwalten der virtuellen Maschinen alles zur Verfügung. Ein weiteres Highlight ist die Ressourcenkontrolle, die hier gleich alle vier Kernkomponenten, nämlich Prozessor, Hauptspeicher, Festplatte und Netzwerk umfasst. Hier können Sie auf unterschiedliche Weise Prioritäten und Wertigkeiten den einzelnen virtuellen Maschinen vergeben und verwalten. Die Webadministration stellt Ihnen alle verfügbaren Protokolle des VMware ESX nach protokollierendem Dienst getrennt im Browser dar.

Des Weiteren stehen Ihnen wie beim VMware GSX Server Kommandozeilenbefehle zur Verfügung, die aber im Vergleich zu denen des GSX Servers deutlich umfangreicher ausfallen. Davon können Sie sich anhand des Befehlsverzeichnisses in Anhang A überzeugen.

Die Programmierschnittstelle unterscheidet sich prinzipiell nicht vom VMware GSX Server, glänzt jedoch wiederum mit einem Mehr an Funktionen.

### 8.3.1 Web-Administrationsoberfläche

Sobald Sie mit der Startseite der Web-Administrationsoberfläche auf Port 80 des VMware ESX Servers verbunden sind, können Sie mit dem Reiter *Status Monitor* einen Systemmonitor öffnen, der Ihnen die Auslastung des Wirt-Systems und der darauf laufenden virtuellen Maschinen anzeigt, wie in Abbildung 8.16 zu sehen ist.

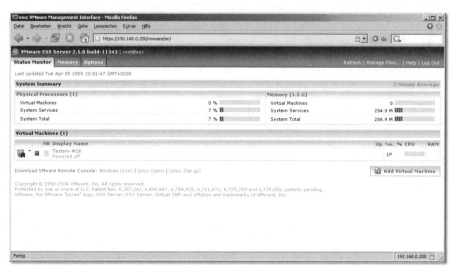

**Abbildung 8.16** Statusanzeige VMware ESX Server

Direkt neben dem Status Monitor, befindet sich der Reiter *Memory*, der Ihnen sämtliche Informationen über den physikalischen und den ausgelagerten Hauptspeicher des Wirt-Systems liefert. In drei Abschnitten lassen sich der vorhandene physikalischen Hauptspeicher, der reservierte physikalische Hauptspeicher des Wirt-Systems und die Hauptspeicherstatistik der virtuellen Maschinen ablesen.

Da die Ressourcenbelegungen in Abbildung 8.17 wenig hinreichend erklärt werden, habe ich sie in Tabelle 8.1 noch einmal im Einzelnen beschrieben.

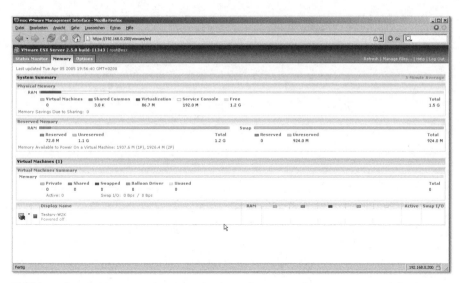

**Abbildung 8.17** Statusanzeige des Hauptspeichers, der Verwendung insgesamt und durch z. B. Ballooning-Speichertechniken

| Ressourcenbelegung | Beschreibung |
| --- | --- |
| Virtual machines | Dieser Hauptspeicher ist den virtuellen Maschinen zugeordnet und wird von ihnen verwendet. |
| Shared Common | Dies ist der Speicherverbrauch, der durch die Speicherkopien der Sharing Memory-Technologie entsteht. |
| Virtualization | Der gesamte virtuelle Schwund (virtual overhead), der durch alle virtuellen Maschinen und den VMkernel erzeugt und verwendet wird. Dieser Speicher geht durch die Virtualisierung effektiv verloren. |
| Service Console | Die Service Console benötigt je nach Anzahl der virtuellen Maschinen eine entsprechende Menge an Hauptspeicher. |
| Free | Diese Haupspeichermenge kann noch durch die Service Console oder durch virtuelle Maschinen genutzt werden. |
| Total | Die Gesamtmenge des vorhandenen physikalischen Speichers wird hier angezeigt. |
| Memory Savings Due to Sharing | Diese Menge an Hauptspeicher wird durch die Sharing Memory-Technologie insgesamt eingespart. |

**Tabelle 8.1** Memory Status VMware ESX-Beschreibung

| Ressourcenbelegung | Beschreibung |
|---|---|
| RAM reserved | Diese Hauptspeichermenge wird durch die virtuellen Maschinen im physikalischen Hauptspeicher verwendet. Falls ein Auslagern des Hauptspeichers erlaubt ist, darf nur die Differenz zwischen der maximalen und der minimalen Menge an Hauptspeicher für die virtuelle Maschine benutzt werden, ansonsten liegt der komplette virtuelle Hauptspeicher der virtuellen Maschinen im physikalischen Hauptspeicher des Wirt-Systems. |
| RAM unreserved | zeigt den verfügbaren physikalischen Hauptspeicher für virtuelle Maschinen an |
| Swap reserved | durch virtuelle Maschinen verwendeter ausgelagerter Hauptspeicher, dem Swapfile des VMkernels |
| Swap unreserved | Es handelt sich hier um den verfügbaren ausgelagerten Hauptspeicher durch ein Swapfile des Vmkernels. |
| Memory available to Power on a Virtual Machine | Dieser Hauptspeicher steht Ihnen noch zur Anlage einer neuen virtuellen Maschine zur Verfügung. Da pro virtueller CPU ein gewisser Virtualisierungsoverhead existiert, ist hier eine gesonderte Anzeige für eine 1 CPU und eine 2 CPU VM vorgesehen. |
| Private | die Gesamtmenge des von virtuellen Maschinen genutzten Hauptspeichers; hier wird kein durch die Shared Memory-Technologie verwendeter Hauptspeicher aufgeführt |
| Shared | Dies ist der gesamte Hauptspeicher, der durch die Shared Memory-Technologie von den virtuellen Maschinen genutzt wird. |
| Swapped | Durch die Ballooning-Technologie wird die virtuelle Maschine gezwungen, in ihre lokale Auslagerungsdatei zu schreiben, um physikalischen Speicher des Wirt-Systems für andere virtuelle Maschinen freizugeben. Die Menge des dadurch in die lokale Auslagerungsdatei geschriebenen Hauptspeichers ist hier gemeint. |
| Balloon Driver | Hier ist die Menge des durch die Ballooning-Technologie freigegebenen Hauptspeichers abzulesen. |
| Unused | Hauptspeicher, der noch nie von virtuellen Maschinen benutzt und daher noch nie einer virtuellen Maschine zugeordnet wurde |
| Total | die Gesamtmenge des Hauptspeichers, die den virtuellen Maschinen zur Verfügung steht |

**Tabelle 8.1** Memory Status VMware ESX-Beschreibung (Forts.)

Der Reiter *Options* ist zweifelsfrei zur Verwaltung des VMware ESX Server der wichtigste und bietet Ihnen eine Vielzahl von Einstellungsmöglichkeiten und Funktionen. Alle erforderlichen Einstellungstools sind zentral und schnell zugänglich, wie Sie Abbildung 8.18 entnehmen können.

**TIPP** Die Leistungsanzeigen der MUI bzw. des VirtualCenters oder dem vmkusage Tool können variieren. VMware hat dazu allerdings ein Whitepaper veröffentlicht mit dem Titel »Comparing the MUI, VirtualCenter und vmkusage« (siehe VMware-Webseite oder auf der beiliegenden CD-ROM).

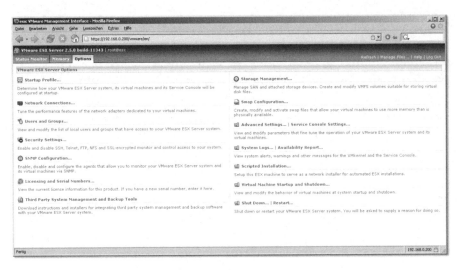

**Abbildung 8.18** Optionsansicht der MUI des VMware ESX Servers

Den Anfang macht der Punkt *Startup Profiles*, über den Sie das Startverhalten des VMware ESX Servers beeinflussen können. Es kann unter anderem das Hyperthreading bei neueren Intel-Prozessoren aktiviert werden, der zugewiesenen Hauptspeicher der Service Console, der abhängig von der Anzahl der laufenden virtuellen Maschinen ist, kann bestimmt werden und die Hardware kann der Service Console oder dem VMkernel zugeordnet werden. Sie können prinzipiell beliebig viel Hauptspeicher der Service Console zuweisen, korrekt umgehen kann sie aber mit maximal 800 MB RAM. Da die Anzahl der lauffähigen virtuellen Maschinen von der Größe des Hauptspeichers der Service Console abhängig ist, können Sie sich leicht ausrechnen, wie viel Hauptspeicher Sie benötigen. Tabelle 8.2 vermittelt noch einmal einen Überblick.

| RAM Service Console | virtuelle Maschinen |
|---|---|
| 192 MB | bis zu 8 virtuelle Maschinen |
| 272 MB | bis zu 16 virtuelle Maschinen |
| 384 MB | bis zu 32 virtuelle Maschinen |

**Tabelle 8.2** Benötigter Hauptspeicher der Service Console

| RAM Service Console | virtuelle Maschinen |
|---|---|
| 512 MB | mehr als 32 virtuelle Maschinen |
| 800 MB | maximal verwaltbarer RAM |

**Tabelle 8.2** Benötigter Hauptspeicher der Service Console (Forts.)

Gerade der Punkt *Hardware Profile* ist sehr wichtig, da es in Ihrer Hand liegt, die installierte Hardware zwischen der physikalischen Welt, dargestellt durch die Service Console, und der virtuellen Welt zu verschieben bzw. die Zuordnung fest vorzugeben. Zudem ist es teilweise möglich, beide »Welten« auf ein Gerät zugreifen zu lassen. Dies erweist sich besonders bei Bladeservern als wichtig, da die Anzahl der Massenspeicher- und Netzwerkkontroller doch recht beschränkt ist. Bei dieser Einstellung sollten Sie sehr vorsichtig und mit Bedacht zu Werke gehen, denn ein falscher Klick kann hier das vorläufige Ende Ihres VMware Servers bedeuten.

Da ich auf die Netzwerkeinstellungen in späteren Kapiteln noch genauer eingehe, sei hier nur gesagt, dass Sie über den Aufruf *Network Connections* die zu verwendenden physikalischen Netzwerkkarten und deren Verbindung prüfen und virtuelle Switches anlegen können.

Der nächste Punkt *Users and Groups* ist für das Thema Sicherheit sehr wichtig, da Sie hier Ihre Administratoren anlegen und verwalten können. Es empfiehlt sich, pro Administrator einen eigenen Benutzeraccount anzulegen, denn es können dann Rechte sauber zugeordnet und überwacht werden.

Unter dem Punkt *Security Settings* (Abbildung 8.19) können Sie Ihren VMware ESX Server anhand vorgefertigter Profile oder mit einer eigens erstellten Sicherheitsrichtlinie (Abbildung 8.20) mehr oder weniger wasserdicht machen. Als Securitystufe ist *High* zu wählen, werden doch auf dieser Stufe alle relevanten Dienste geschützt. Unter der Einstellung *High* stehen Ihnen für die Kommunikation nur noch verschlüsselte Verbindungen zur Konsole, zum Dateisystem, zur MUI und zur Remote Console zur Verfügung. Das Vorhandensein frei erhältlicher, guter Tools wie Putty oder WinSCP garantiert dabei, dass man auch unter Windows problemlos mit den erhöhten Sicherheitseinstellungen zurechtkommen kann.

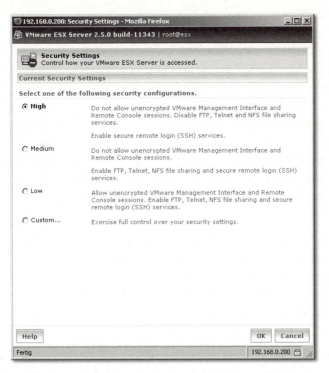

**Abbildung 8.19** Sicherheitseinstellungen des VMware ESX Servers

**Abbildung 8.20** Bearbeitbare Sicherheitseinstellungen des VMware ESX Servers

Während Sie bei VMware GSX und bei Microsoft Virtual Server die SNMP-Unterstützung des Wirt-Systems nutzen müssen und keine Erweiterungen für SNMP existieren, bietet Ihnen der VMware ESX Server beides. Über die Auswahl *SNMP Configuration* können Sie den SNMP-Dienst aktivieren/deaktivieren (in der Ausgangskonfiguration deaktiviert) oder automatisch mit dem Wirt-System starten lassen. Hier können Sie auch die SNMP-Erweiterung und VMware SNMP Traps aktivieren. Eine Konfiguration der SNMP-Einstellungen ist leider nicht über die MUI möglich. Um das tun zu können, müssen Sie auf die Service Console zurückgreifen und im Verzeichnis /etc/snmp die Datei snmpd.conf anpassen, die allerdings weder groß noch komplex ist. Eine Integration der Konfiguration über die MUI wäre aber für zukünftige Versionen überaus wünschenswert.

Hinter dem Aufruf *Licensing and Serial Numbers* verbirgt sich, wie der Name schon sagt, die Verwaltung der Lizenzen. Hier müssen Sie die EULA akzeptieren und die Lizenznummern des VMware ESX Servers eingeben, da ansonsten keine virtuelle Maschine lauffähig ist. Gegebenenfalls ist hier noch eine SMP-Lizenz einzutragen, falls Sie zwei virtuelle Prozessoren innerhalb Ihrer virtuellen Maschinen verwenden möchten. Zudem wird hier die Laufzeit von Testlizenzen überwacht.

Unter *Third Party System Management and Backup Tools* finden Sie Internetlinks von englischsprachigen VMware-Seiten, die sich mit den verschiedenen Systemmanagement- und Backup-Programmen beschäftigen, wie beispielsweise Hewlett Packard Openview oder IBM Tivoli. Hier finden Sie auch alle Informationen zur Installation der einzelnen Softwareclients.

*Storage Management* ist vor allem bei der Nutzung eines Storage Area Networks sehr interessant, da hier nicht nur die redundanten FibreChannel-Wege eingesehen und konfiguriert, sondern auch einzelne LUNs mit dem VMFS-Dateisystem formatiert und benannt oder aber gelöscht werden können. Darüber hinaus können Sie hier mehrere VMFS-Partitionen miteinander verbinden (»Spanning«) und dadurch recht einfach die Kapazität einer VMFS-Partition erhöhen, falls beispielsweise eine neue Partition hinzukäme. Dies gilt allerdings nur für einen ESX Server. Falls mehreren Servern der Zugriff gewährt werden soll (Stichwort VMotion), kann Spanning nicht verwendet werden. Angesichts des Umstands, dass jede VMFS-Partition über eigene SCSI-Reservations verfügt, rate ich Ihnen von einem Spanning allerdings ab, da die Performance darunter leiden könnte. Wenn Sie bei existierenden Festplatten (besser Partitionen) mit *edit* in die Eigenschaften wechseln, eröffnet sich die Möglichkeit (Abbildung 8.21), den Access Mode von *Public* auf *Shared* umzustellen bzw. die maximal mögliche Dateigröße einzustellen, um das Dateisystem dahingehend zu optimieren. Der *Access Mode* sollte in normalen virtuellen Umgebungen auf dem Standard *Public* belassen werden, einzige Ausnahme sind virtuelle Maschinen auf unterschiedlichen VMware ESX Servern, die sich gegenseitig clustern.

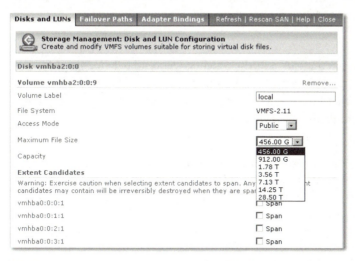

**Abbildung 8.21** Storage Management VMware ESX-Festplatteneigenschaften

Da Sie innerhalb eines Storage Area Networks von Ihrem Server aus mehrere Wege zum Storage-Subsystem einrichten können (eigentlich sollte man bei solch wichtigen Servern besser müssen statt können schreiben), müssen diese Wege natürlich auch konfiguriert werden können. Diese Möglichkeit bietet *Failover Paths* innerhalb der Storage Management-Funktion. Hier werden Ihnen die einzelnen Partitionen mit den verbundenen FibreChannel-Adaptern und damit die entsprechenden gleichen Wege angezeigt. Falls nun mehrere Wege existieren, können Sie über die Auswahl *edit*, wie in Abbildung 8.22 gezeigt, die Priortät der einzelnen FibreChannel-Adapter einstellen bzw. sie im Problemfall sogar deaktivieren. Des Weiteren können Sie die Art der LUN-Zuordnung im Fehlerfall festlegen. Es stehen dafür die beiden Alternativen *Fixed* und *MRU* (Most Recently Used) zur Verfügung. Während bei *Fixed* immer versucht wird, auf den fest eingestellten *Prefered Adapter*, also den bevorzugten Adapter zu wechseln, sobald dieser denn verfügbar ist, wird bei *MRU* der letzte funktionierende Weg beibehalten. *Fixed* ist zwar die voreingestellte Failover-Methode, sie muss allerdings nicht zwangsläufig die für Sie richtige sein.

> **TIPP** Leider kann der eigentliche *prefered Path* nicht über die MUI verwaltet werden. Dies ist jedoch über die Service Console mit dem Befehl `vmkmultipath -s` möglich (siehe Anhang B).

Folgendes Beispiel mag dazu beitragen, diesen Ablauf ein wenig zu verdeutlichen:

Angenommen Sie hätten zwei Wege über die FibreChannel-Adapter FC1 und FC2 zu LUN1, der Partition im SAN, auf der Ihre virtuelle Maschinen laufen. FC1 sei der bevorzugte Weg.

- Fall 1 (Fixed):

  Falls FC2 aufällt, merken Sie natürlich nichts, während bei einem Ausfall von FC1 der VMware ESX Server direkt auf den zweiten Weg über FC2 ausweicht. Sobald nun FC1 wieder online ist, wird automatisch wieder zu diesem Adapter und damit zu dem bevorzugten Weg gewechselt.

- Fall 2 (MRU):

  Auch hier bedeutet ein Ausfall von FC2 kein Problem. Wenn FC1 ausfällt, wird wieder automatisch auf den Weg über FC2 umgeschaltet. Wird FC1 wieder aktiv, bleibt der Weg über FC2 trotzdem aktiv, bis dieser ausfällt oder bis Sie manuell umschalten.

Fall 1 hört sich wahrscheinlich besser an, da immer auf den FC1-Adapter umgeschaltet wird, und Sie damit, solange kein Fehler auftritt, immer wissen, über welchen Weg der VMware ESX Server zugreift. Problematisch wird es, falls ein Fehler in der Konfiguration der Wege oder bei einem FibreChannel Switch auftritt, beispielsweise ein Wackelkontakt, der einen ständigen Neustart des Switches nach sich zieht. In diesem Fall würde es im Fall 1 ständig zu Problemen in Form von immensen Perfomanceverlusten kommen, weil aufgrund des defekten Switches immer wieder auf den »defekten Weg« zurückgeschaltet wird. Es käme zu einem Leistungsausfall, weil die Wege pingpongartig gewechselt werden würden.

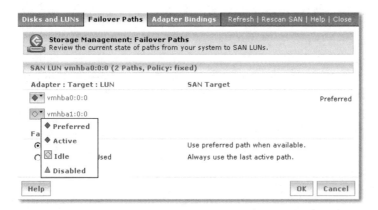

Abbildung 8.22 Anpassung der Wege zu einem SAN Storage

Der letzte Reiter unterhalb der Storage Management-Funktion heißt *Adapter Bindings* und zeigt Ihnen die verfügbaren FibreChannel-Adapter und die damit verbundenen SAN Targets in Ihrem System an, welche die Plattensubsysteme darstellen.

Zurück im *Options*-Menü bietet Ihnen der Menüpunkt *Swap Configuration* die Möglichkeit, ein VMkernel Swap File anzulegen bzw. zu aktivieren. Das Swapfile muss auf einer VMFS-formatierten Partition liegen und von der Größe her so ausgelegt sein, wie Sie später die Technik Memory Overcommitment nutzen wollen, d. h., virtuellen Maschinen mehr Hauptspeicher geben wollen, als physikalischer verfügbar ist. Maximale sinnvolle Größe des Swapfiles sollte mit der Kapazität des physikalischen Hauptspeichers identisch sein, da Memory Overcommitment nicht mehr unterstützt wird. Falls Sie über die Kommandozeile Swap konfigurieren wollen, können Sie statt nur einer Auslagerungsdatei bis zu 8 erstellen und konfigurieren. Äußerst wichtig ist es, die Swapfiles auch zu aktivieren, weil sonst der VMware ESX Server darauf nicht zugreifen kann.

**Abbildung 8.23** Advanced Settings des VMware ESX Servers

Die beiden Menüpunkte *Advanced Settings* und *Service Console Settings* zeigen Ihnen die konfigurierten Parameter des VMware ESX Servers bzw. der Service Console an. Unter *Advanced Settings* finden Sie eine Vielzahl von verschiedenen Parametern, die das Verhalten des VMware ESX Servers beeinflussen. Beispielsweise die Standardwerte der Shares, die zur Ressourcenkontrolle genutzt werden, oder das Maskieren der LUN IDs. Ein sehr wichtiger, hier angesiedelter Parameter ist der *Disk.MaxLUN*, der standardmäßig auf 8 gesetzt ist. Sollten Sie mehr als 8 LUNs verwenden wollen, müssen Sie diesen Parameter entsprechend einstellen.

Generell erhalten Sie zu allen einstellbaren Parametern einen kleinen Hilfetext, an dem Sie sich orientieren können. Bis auf die SAN-Einstellungen ist für den Standardbetrieb normalerweise keine Änderung vorzunehmen, für das Tuning des System sollte man aber alles Nötige finden. Anders steht es mit den Einstellungen, die Sie über **Service Console Settings** erreichen. Lassen Sie tunlichst die Finger davon. Vor allem sollten Sie die Werte keinesfalls heruntersetzen, da hier die Ressourcen und die Prioritäten der Service Console festgelegt werden. Eine falsche Konfiguration innerhalb dieser Einstellungen macht den VMware ESX Server sehr langsam oder sogar nicht mehr lauffähig. Daher sollten Sie es hier bei den Standardwerten belassen.

Der Menüpunkt *Systemlogs* (Abbildung 8.24) und die Verlinkung auf dessen Unterpunkt **Availability Report** (Abbildung 8.25) sind eine Anzeige auf die verschiedenen Logdateien des VMware ESX Servers bzw. eine Statistik über die Verfügbarkeit des Servers. Während im Normalbetrieb diese Logs eher informativer Natur sind, sind sie erste Anlaufstelle im Fehlerfall. Eine Erklärung zu den einzelnen Protokollen finden Sie in Abschnitt 8.3.4, *Protokollierung*. Der **Availability Report** liefert Ihnen detaillierte Informationen zur Up- oder Downtime des Systems. Das macht ihn auch zu einer interessanten Grundlage für Präsentationen, die beispielsweise vor der IT-Leitung abgehalten werden.

> **TIPP** Da Sie beim manuellen Herunterfahren oder Neustarten des ESX Servers mittels eines Popups nach dem Grund gefragt werden, sollten Sie sich in Ihrem Administrationsteam über die Syntax abstimmen. Dies ist zum einen für einen sauberen Report, zum anderen für die aussagekräftige Systemprotokollierung unabdingbar.

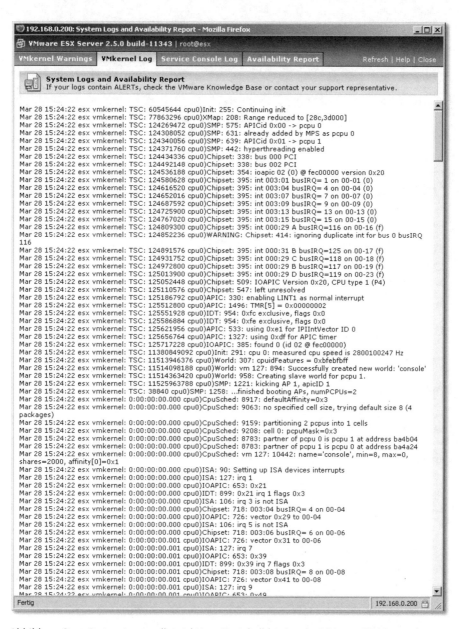

**Abbildung 8.24** System Logs – alle wichtigen Protokolldateien des VMware ESX Servers

**Abbildung 8.25** Availability Report, die Verfügbarkeitsstatistik des VMware ESX Servers

Falls Sie sehr viele VMware ESX Server in Ihrem Unternehmen installieren wollen, bietet sich die so genannte »Scripted Installation« an, mit deren Hilfe Sie eine automatisierte Installationsroutine für weitere VMware ESX Server anhand der Konfiguration eines bestehenden Servers erstellen können. Um überhaupt in diesen Genuss zu kommen, müssen Sie jedoch zunächst die notwendigen Programmteile installieren.

**Installationsabfolge**:

- Nachdem Sie die VMware ESX Server-CD am Server eingelegt haben, müssen Sie das CD-ROM mit `mount /dev/cdrom` einhängen.
- Danach ist der Befehl `/usr/bin/scriptedinstall-setup.pl` aufzurufen, der die benötigten Daten der CD auf die Festplatte des Servers kopiert, verschiedene Skriptdateien anlegt und zum Schluss den Apache Server (welcher die MUI bereitstellt) neu startet.
- Nun können Sie sich wieder in der MUI anmelden und unter dem Punkt *Scripted Installation* erscheint ein neuer Inhalt, wie in Abbildung 8.26 zu sehen ist.

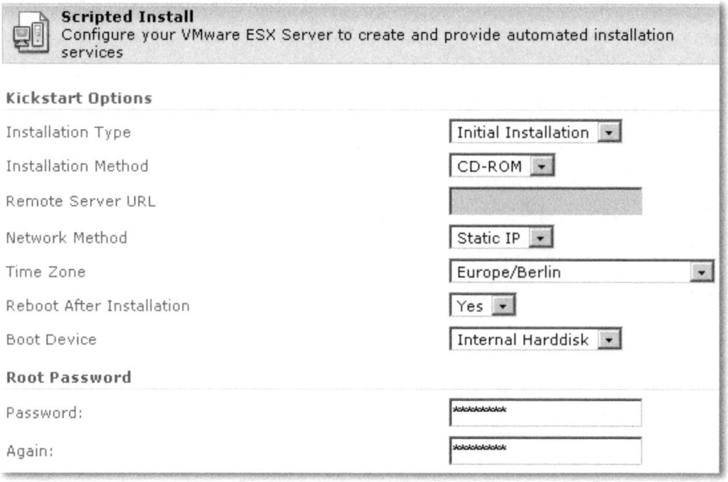

**Abbildung 8.26** Scripted Installation, die automatisierte Installation weiterer VMware ESX Server

Wenn Sie diesen neuen Menüpunkt durchklicken, werden Sie nach und nach alle Installationsparameter wiedererkennen, die bei der Installation eines VMware ESX Servers ohne Automatismus von Wichtigkeit waren. Dazu gehören die Parameter für die Service Console, wie IP-Adresse, die virtuellen Netzwerke, die Festplattenpartitionierung und das Anlegen des Swapfiles. Die Einrichtung virtueller Netzwerke und das Anlegen und Aktivieren des Swapfiles, die Sie bei der manuellen Installation nach der eigentlichen Installation manuell über die MUI machen mussten, sind Aufgaben, die Ihnen hier abgenommen werden.

**Abbildung 8.27** Abschluss der automatischen Installationsroutine Scripted Install

Nachdem Sie alle Einstellungen vorgenommen haben, erscheint eine Abschlussseite, die Ihnen zwei Dateien zum Download anbietet: eine Kickstart-Datei, falls Sie eigene Softwareverteilungsprogramme einsetzen wollen, oder ein Diskettenimage. Dieses Image können Sie entweder mit dem Windows Tool **rawrite** oder mit dem Linux-Befehl **dd** (dd if=/tmp/Floppyimage of=/dev/fd0) auf eine Diskette zurückspielen. Mit dieser Diskette können Sie dann Booten und die automatische Installation durchlaufen lassen. In Tabelle 8.3 sehen Sie einige wichtige Passagen innerhalb der Kickstart-Datei (ks.cfg), die Sie zur Installation verschiedener Server anpassen müssen.

| Sektion | Beschreibung |
| --- | --- |
| network --bootproto static --ip 192.168.0.1 --netmask 255.255.255.0 --gateway 192.168.0.254 --nameserver 192.168.0.1 --hostname ESXServerX | Netzwerk |
| vmaccepteula | Automatisches Akzeptieren der EULA |
| vmserialnum --esx=xxxx-xxxx-xxxx-xxxx --esxsmp=xxxx-xxxx-xxxx-xxxx | Seriennummern für ESX und VirtualSMP |

**Tabelle 8.3** Kickstart-Sektionen

Wie beim VMware GSX Server gibt es auch hier den Menüpunkt *Virtual Machine Startup and Shutdown*, unter dem Sie Einstellungen für das Start- und Stopp-Verhalten der virtuellen Maschinen und ihre Startreihenfolge beim automatischen Starten festlegen können. Dieses funktioniert genauso wie beim VMware GSX Server.

Zum letzten Punkt *Shutdown and Reboot* bleibt eigentlich nicht viel zu sagen, außer dass man vorsichtig damit umgehen sollte, weil auch alle laufenden virtuellen Maschinen beendet werden. Falls sie sich nicht selbst sauber herunterfahren können, werden sie vom System einfach ausgeschaltet, was einem Abschalten der Stromversorgung gleichkommt. Außerdem werden Sie immer nach einem Grund gefragt.

Falls Sie sich überhaupt nicht mit der Kommandozeile anfreunden können, aber trotzdem im Dateisystem arbeiten und beispielsweise Dateien kopieren, löschen oder umbenennen wollen, bietet Ihnen die MUI einen vergleichsweise einfachen, aber doch sehr komfortablen Dateimanager an, den Sie im rechten oberen Teil der Web-Administrationsoberfläche unter dem Menüpunkt *Manage Files* aufrufen können.

### 8.3.2 Kommandozeile

Während die Kommandozeile des VMware GSX Servers noch recht viele Lücken bezüglich der Administration lässt, ist die VMware ESX Kommandozeile absolut komplett, d.h., Sie können jeden Befehl innerhalb der MUI über die Kommandozeile nachvollziehen. Darüber hinaus sind alle Einstellungen in Konfigurationsdateien im Textformat abgelegt und können daher einfach ausgelesen werden. Vergleichbar mit der VMware GSX-Version unter Linux stehen Ihnen die Bash-Skriptierung und die Perl-Skriptierung zur Verfügung, um z.B. Konfigurations- oder Sicherungsskripte zu erstellen und zeit- oder ereignisgesteuert ablaufen zu lassen. In Anhang A finden Sie alle relevanten Befehle, die über die Kommandozeile verfügbar sind.

### 8.3.3 Programmierschnittstelle

Auch hier sind die Möglichkeiten absolut identisch mit denen des VMware GSX Servers, nur dass keine Windows-Programmierung auf dem Wirt-System möglich ist, da das mitgelieferte Wirt-Betriebssystem auf einem angepassten RedHat 7.2 Linux basiert. Ein Ansprechen dieser Programmierschnittstelle über das Netzwerk ist selbstverständlich von Windows- und Linux-Hosts über VmPerl oder VmCOM API möglich.

### 8.3.4 Protokollierung

Die Protokolle des VMware ESX Servers können über die Web-Administrationsoberfläche eingesehen werden. Zusätzlich muss noch die so genannte »VMdump Partition« angelegt werden, in der bei Abstürzen oder schwerwiegenden Problemen ein Speicherabbild geschrieben wird. Dieses Speicherabbild finden Sie später im Root-Verzeichnis. Da diese Protokolle verschiedene Komponenten des VMware ESX Servers betreffen und zudem, dank der Symbiose des Wirt-Betriebssystems und der Virtualisierungssoftware bei jeder Version an gleicher Postion stehen, habe ich für Sie die Protokolldatei mit dem Ablageort in Tabelle 8.4 zusammengefasst. Darüber hinaus kann über die Web-Administrationsoberfläche noch ein *Availability Report* erstellt werden, der die Verfügbarkeit des ESX Servers genauestens zusammenfasst. Den gleichen Report erzeugt der Kommandozeilenbefehl /usr/sbin/vmkuptime.pl.

| Name / Ablageort | Was wird protokolliert? |
|---|---|
| VMkernel-Warnungen<br>**/var/log/vmkwarning** | **VMkernel Warnungen** – Hier finden Sie Warnungen der Virtualisierungssoftware. Falls es Probleme mit einer oder mehreren virtuellen Maschinen geben sollte, könnten Sie hier fündig werden.<br><br>**kritische Systemalarme** – Darunter versteht man schwerwiegende Fehler wie z.B. auch Zugriffsprobleme auf die VMFS-Partitionen. |
| VMkernel-Protokoll<br>**/var/log/vmkernel** | **VMkernel Meldungen** – Hier findet man alle normalen Meldungen, die aus der Virtualisierungssoftware kommen, wie beispielsweise Hauptspeicherzugriffe der virtuellen Maschinen, |
| Service Console-Protokoll<br>**/var/log/messages** | **alle Meldungen der Service Console** – Alle Meldungen des Linux-Systems unterhalb der Virtualisierungssoftware werden hier abgelegt. Falls es Probleme beim Starten des ESX-Wirt-Systems geben sollte, wäre hier der erste Ansatzpunkt. |

**Tabelle 8.4** VMware ESX Server-Protokolldateien

Über ein mitgeliefertes Zusatztool namens vmkusage ist eine komplette Webübersicht mit Historie über die Auslastung der virtuellen Maschine und des Wirt-Systems verfügbar.

# 9 Virtuelle Netzwerke

9.1 Allgemeines ............................................................. 233

9.2 VMware GSX ........................................................... 238

9.3 Microsoft Virtual Server .......................................... 252

9.4 VMware ESX ............................................................ 259

1. **Einführung**
2. **Virtuelle Maschinen im Unternehmen**
3. **Virtualisierungssoftware – eine Marktübersicht**
4. **Auswahl der möglichen virtuellen Maschine**
5. **Auswahl der richtigen Virtualisierungssoftware**
6. **Auswahl der richtigen physikalischen Infrastruktur**
7. **Installation und Update des Wirt-Systems**
8. **Verwaltung der Virtualisierungssoftware**
9. **Virtuelle Netzwerke**
10. **Virtuelle Festplatten**
11. **Erstellung einer virtuellen Maschine**
12. **Verwaltung der virtuellen Maschinen**
13. **VMware VirtualCenter**
14. **Skriptierung und Programmierung unter VMware und MS Virtual Server**
15. **Backup, Restore und Disaster Recovery**
16. **Templates (VM-Vorlagen)**
17. **Zusatzsoftware**
18. **Nützliche Adressen im Web**

# 9 Virtuelle Netzwerke

*Was wären virtuelle Maschinen ohne einen flexiblen virtuellen Netzwerkzugang? Ich denke, das Wort »unbrauchbar« träfe in den meisten Fällen zu. Aber glücklicherweise zeichnen sich alle drei Produkte durch vielseitig konfigurierbare virtuelle Netzwerke aus.*

Nachdem ich schon sehr oft – aufgrund der Komplexität der Thematik – auf dieses Kapitel verwiesen habe, tue ich nun mein Bestes, Antworten auf alle Ihre Fragen bzgl. der virtuellen Netzwerke zu geben. Virtuelle Netzwerke sind eigentlich aufgrund ihrer Flexibilität und der Vielfalt an Möglichkeiten das Highlight virtueller Umgebungen. Sie bieten bei deutlich geringeren Kosten eine Netzwerkinfrastruktur, die nur wenige Wünsche offen lässt. Darüber hinaus steht Ihnen immer eine »Spielwiese« oder Testlandschaft zur Verfügung, die, falls Sie keine Verwendung mehr dafür haben, mit wenigen Klicks der Vergangenheit angehört. Lästiges Kabelstecken oder Switchportkonfigurieren erübrigt sich, zumindest innerhalb der virtuellen Umgebung. Natürlich muss das Netzwerk des Wirt-Systems konfiguriert werden, aber das steht in keinem Verhältnis zu dem Arbeitsaufwand, der beim Aufbau eines kompletten physikalischen Netzwerks anfiele.

Durch die Nachbildung der kompletten Hardware in der virtuellen Maschine sind alle Netzwerkprotokolle einsetzbar, die durch das Gast-Betriebssystem unterstützt werden. Einzige Ausnahme sind hier die NAT-Adapter, die nur mit TCP/IP funktionieren.

Es zeichnet die VLANs aus, dass sie eine sehr flexible Netzwerkgestaltung zulassen. Keine der virtuellen Netzwerkkarten, die durch VMware oder Microsoft mitgegeben und unterstützt werden, besitzen VLAN-Funktionalitäten. Daher müssen Sie bei VMware GSX und Microsoft Virtual Server die VLAN-Unterscheidung anhand des physikalischen Adapters im Wirt-System treffen, was eine große Einschränkung bedeutet. VMware ESX verfügt zudem durch die virtuellen Switches über VLAN-Funktionalitäten in der Virtualisierung, was durchaus brauchbare Möglichkeiten eröffnet.

## 9.1 Allgemeines

Zum jetzigen Zeitpunkt sollten Sie zumindest schon einmal eine ungefähre Vorstellung der möglichen Netzwerkvarianten Ihrer zukünftigen oder vielleicht schon vorhandenen virtuellen Umgebungen haben. Sie lernen zwar erst auf den nächsten Seiten die detaillierten Techniken und die daraus resultierenden

Möglichkeiten kennen, aber wie das virtuelle Netzwerk strukturiert und das Wirt-System konfiguriert ist, sollte schon klar sein.

Welche Arten von Netzwerken fallen Ihnen auf Anhieb ein? Adapter Teaming, geswitchte Netzwerke, dedizierte LAN-Kopplungen, VLANs. Falls Ihnen diese Begriffe zwar etwas sagen, Sie aber nicht genau wissen, was sich genau dahinter verbirgt, werden Sie auf den folgenden Seiten fündig. Alle diese Konstellationen sind mit den drei Virtualisierungsprodukten mit mehr oder weniger Funktionalitäten realisierbar und problemlos konfigurierbar. Sie können es sogar soweit treiben und beispielsweise eine komplette Intranetstruktur inklusive Firewall, Router oder Proxy in kleinem Maßstab nachbauen. Die virtuellen Netzwerke bieten Ihnen alle dazu nötigen Funktionen.

Wie nicht anders zu erwarten, bietet VMware ESX die professionellste Basis für virtuelle Netzwerke. Allerdings sind auch die anderen beiden Produkte VMware GSX und Microsoft Virtual Server durchaus in der Lage, selbst komplexe Netzwerkstrukturen abzubilden.

### 9.1.1 Adapter Teaming, Fault Tolerance, Load Balancing

Unter Adapter Teaming versteht man das Zusammenfassen mehrerer Netzwerkadapter zu einem logischen Gerät. Dabei wird nur an die logische Netzwerkkarte eine Netzwerkadresse vergeben.

Je nach Unterstützung des Netzwerkkartenherstellers kann man nun zwischen mehreren Modi unterscheiden, von denen die gängigsten »Fault Tolerance« und »Load Balancing« heißen.

Fault Tolerance mit seinem logischen Netzwerkinterface, das aus einer primären und ein oder mehreren sekundären Netzwerkkarten besteht, dient der reinen Ausfallsicherheit. Nur die primäre Netzwerkkarte hält die Netzwerkverbindung zur Laufzeit aufrecht, während die sekundären Netzwerkkarten erst dann aktiv werden, wenn die primäre Karte ausfällt. Wird die primäre Karte wieder aktiv, dann übernimmt Sie direkt wieder die Netzwerkverbindung. Bei Fault Tolerance wiederum ist zwischen »Adapter Fault Tolerance« und »Switch Fault Tolerance« zu unterscheiden (was auf der Switch-Seite einen nicht unerheblichen Unterschied ausmacht). Während beim Adapter Fault Tolerance nur der Ausfall der Netzwerkkarte abgedeckt ist, wird beim Switch Fault Tolerance zusätzlich noch der Ausfall des Switches kompensiert. Daher müssen beim Adapter Fault Tolerance alle teilnehmenden Netzwerkkarten auf dem gleichen Switch mit abgeschaltetem Spanning Tree-Protokoll und bei Switch Fault Tolerance auf verschiedene Switches mit angeschaltetem Spanning Tree-Protokoll angeschlossen werden.

Da beim Fault Tolerance nur ein Adapter aktiv genutzt wird und alle anderen Karten nur passiv im Gehäuse stecken, wurde eine Technik namens »Load Balancing« (manchmal auch »Smart Load Balancing« genannt) entwickelt, bei dem alle Adapter gleichzeitig aktiv sind. Auf diese Weise werden die Geschwindigkeiten aller teilnehmenden Netzwerkkarten summiert. Beim Ausfall einer Netzwerkkarte arbeitet das System mit den anderen Netzwerkkarten normal weiter. Hier müssen allerdings die Ports der zusammengefassten Netzwerkkarten ebenso auf dem Switch per Link-Aggregation gebündelt werden.

### 9.1.2 Geswitchtes Netzwerk

Unter einem geswitchten Netzwerk versteht man ein Netzwerk, in dem alle Teilnehmer über Switches miteinander verbunden sind. Im Gegensatz zu einem Netzwerk, das z. B. durch ein Hub realisiert wird, sieht nicht jeder Netzwerkteilnehmer den Netzwerkverkehr aller anderen Teilnehmer, sondern nur den für ihn bestimmten. Es werden damit im Netzwerk Kollisionen vermieden, weil ein Switch das Netzwerkpaket immer nur zum vorgesehenen Netzwerkteilnehmer durchreicht. Darüber hinaus bietet ein geswitchtes Netzwerk einen rudimentären Schutz gegen auch »Sniffer« genannte Geräte, die den gesamten Netzwerkverkehr mitlesen und auswerten können.

### 9.1.3 Dedizierte LAN-Kopplung

Bei einer dedizierten LAN-Kopplung werden normalerweise zwei Rechner über ein gesondertes Netzwerk miteinander verbunden. Dieses Netzwerk wird sinnvollerweise nicht durch aktive Komponenten wie Switches oder Router realisiert, sondern durch ein einfaches gedrehtes Kabel (Cross-Over-Kabel). Solche dedizierten LAN-Kopplungen findet man hauptsächlich im Bereich von geclusterten Servern, um das so genannte »Heartbeat-Netzwerk« zu realisieren.

### 9.1.4 VLAN (virtual Local Area Network)

Unter VLANs versteht man virtuell voneinander getrennte Netzwerke auf einem Switch oder über mehrere physikalische Switches verteilt. Man benötigt also nicht zwingend zwei Switches, um zwei getrennte Netzwerke aufzubauen. Die Zugehörigkeit eines Rechners zu einem VLAN wird über eine VLAN ID geregelt.

Um von einem VLAN in das andere zu gelangen, ist man auf einen Router angewiesen oder einen Layer3 Switch (Routingfunktionalität ist in den Switch integriert). Um einem Rechner alle VLANs zugänglich zu machen, muss man einen so genannten »Trunkport« konfigurieren, der allerdings von der Netzwerkkarte des Systems auch unterstützt werden muss (802.1q-Unterstützung).

In Abbildung 9.1 ist ein Wirt-System mit vier Netzwerkkarten und vier laufenden virtuellen Maschinen zu sehen. Es sind hier vier virtuelle Netzwerke mit jeweils einer physikalischen Netzwerkkarte eingerichtet. Der Switch ist mit drei VLANs und einem Trunkport konfiguriert.

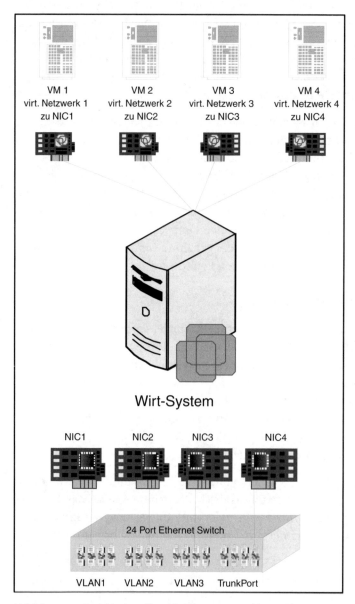

**Abbildung 9.1** Ansicht eines über VLAN getrennten Netzwerkes

Es entsteht somit folgende Konstellation:

- VM1 ist im VLAN1 angesiedelt und sieht damit auch alle Systeme in VLAN1.
- VM2 ist im VLAN2 angesiedelt und sieht damit alle Systeme in VLAN2.
- VM3 ist im VLAN3 angesiedelt und sieht damit alle Systeme in VLAN3.
- VM4 ist auf einen Trunkport konfiguriert und sieht somit alle Systeme in VLAN1, VLAN2 und VLAN3.

Wie Sie sehen, können diese VLANs Ihnen bei der Einrichtung der virtuellen Maschinen von Vorteil sein, weil man verschiedene virtuelle Netzwerke einrichten kann, die wiederum in verschiedenen VLANs liegen. Damit sind sehr sichere Netzwerke innerhalb der virtuellen Maschinen zu realisieren.

VMware ESX unterstützt über die realen VLANs hinaus auch »virtuelle VLANs«, die eine Trennung der VLANs durch virtuelle Switches erlauben. Dadurch ergeben sich sehr flexible Möglichkeiten bzgl. der virtuellen Netzwerkstruktur, die von VMware GSX und Microsoft Virtual Server nicht geboten werden.

### 9.1.5 NAT (Network Address Translation)

Unter einer »Network Address Translation« versteht man eine Umsetzung der Netzwerkadressen innerhalb der Netzwerkpakete, um beispielsweise private IP-Adressen in öffentliche IP-Adressen umzusetzen. Sie setzen diese Funktionalität bestimmt schon im Unternehmen ein, z.B. durch ein Internetgateway oder einen Proxy.

Die Verknappung der öffentlichen IP-Adressen, die im Internet verwendet werden, hat dazu geführt, dass man im internen Netzwerk private IP-Adressräume verwendet. Nun werden diese privaten Adressen aber im Internet nicht geroutet, was zur Folge hat, dass Sie mit einer privaten Adresse mit einem Gerät im Internet nicht kommunizieren können. Um dies trotzdem zu ermöglichen, wird z.B. ein Gateway mit zwei Netzwerkkarten verwendet, das über eine private Adresse und eine öffentliche IP-Adresse verfügt. Alle Pakete, die nun von Ihrem Rechner (PC) an das Gateway (GW) versandt werden, setzt dieses Gateway intern um, d.h., es ersetzt die private IP-Adresse des PCs durch die öffentliche IP-Adresse des Gateways. Wenn dieses Paket sein Ziel erreicht, wird dessen Anwort an das Gateway gesendet, das die Adressumsetzung wieder rückgängig macht. Damit das überhaupt funktionieren kann, verwendet das Gateway eine interne Zuordnungstabelle der einzelnen Pakete.

Bei dieser Umsetzung gibt es zwei Verfahren:

- **Basic NAT**, bei dem jede interne Adresse durch eine externe Adresse ersetzt wird (1:1 Beziehung).
- **Hiding NAT** (oder Masquerading), bei dem alle internen Adressen durch die gleiche externe Adresse ersetzt werden (1:n Beziehung).

Ganz gleich, was Sie verwenden, es wird immer nur die Quelladresse umgesetzt. Durch diese Umsetzung würden Sie bei mehreren virtuellen Maschinen mit einem NAT-Netzwerk nur eine IP-Adresse in Ihrem physikalischen LAN benötigen, nämlich die für das Wirt-System.

Größter Nachteil dabei ist, dass die virtuelle Maschine mit dem NAT Interface von der Außenwelt aus – außer durch Antwortpakete z.B. beim Surfen – nicht zu erreichen ist. Daher können solche Netzwerke nur Dienste in der virtuellen Umgebung anbieten und nicht in der physikalischen Welt. Aber was wäre die IT, wenn diese Restriktion nicht umgangen werden könnte. Die dazu nötige Technik, »Port Forwarding« genannt, kennen Sie vielleicht auch von Ihrem Router oder der Firewall her. Da Port Forwarding aber doch sehr eingeschränkt ist, können nur vereinzelte Dienste sinnvoll mit dieser Technik abgebildet werden. Im Endeffekt ist dieser Nachteil aus Perspektive der Sicherheit ein Vorteil, weil doch das virtuelle Netzwerk hinter der Netzwerkadresse des Wirt-Systems versteckt werden kann.

> VMware ESX unterstützt keinen virtuellen NAT-Adapter innerhalb der virtuellen Maschinen.

## 9.2 VMware GSX

VMware GSX stellt Ihnen drei virtuelle Netzwerktechniken zur Verfügung, namentlich Host-Only, bridged und NAT. Bei einer Standardinstallation sind die drei Netzwerke auch schon installiert und konfiguriert. Zusätzlich können Sie dann noch bis zu sieben weitere Netzwerke anlegen, sodass insgesamt zehn eingerichtet werden können. Allerdings kann das erste virtuelle Netzwerk nur für ein bridged Network und nicht für Host-Only oder NAT verwendet werden. Diese Netzwerke kann man mit Netzwerkswitches vergleichen, da sich alle virtuellen Maschinen innerhalb des gleichen virtuellen Netzwerks sehen. Wenn eine virtuelle Maschine in mehreren virtuellen Netzwerken verfügbar sein soll, müssen Sie in dieser Maschine mehrere Netzwerkkarten in den entsprechenden virtuellen Netzwerken »einbauen« oder eine virtuelle Maschine oder das

Wirt-System so einrichten, dass sie als Router zwischen den Netzen fungieren. Daher werden diese virtuellen Netzwerke auch »virtual Switch« genannt.

Den virtuellen Maschinen werden virtuelle Netzwerke zugeordnet, indem eine Netzwerkkarte hinzugefügt wird, die für das entsprechende Netzwerk konfiguriert ist. In Abbildung 9.2 ist dieser Vorgang zu sehen. Unter dem Auswahlpunkt *Custom* findet man alle verfügbaren virtuellen Netzwerke, während die drei Auswahlpunkte darüber direkt auf die durch VMware GSX selbst installierten Netzwerke zeigen. Alle virtuellen Netzwerke, die Sie sich selbst anlegen, müssen Sie über *Custom* auswählen.

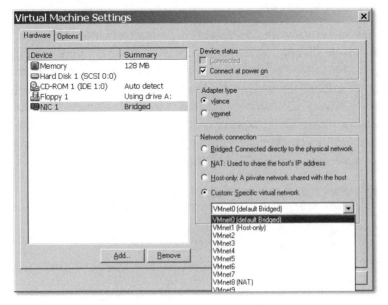

**Abbildung 9.2** Zuordnung virtuelle Maschine – virtuelles Netzwerk

Da es sich hier um keine physikalischen Geräte handelt, können Sie jederzeit, also auch im laufenden Betrieb, das der Netzwerkkarte zugeordnete Netzwerk verändern oder deaktivieren, indem Sie das Häkchen im Feld *Connected* herausnehmen.

Seit einiger Zeit haben Sie auch die Wahl zwischen unterschiedlichen Netzwerktreibern innerhalb der virtuellen Maschine: vlance und vmxnet. Während vlance den AMD PCNet32 10MBit-Adapter emuliert und daher von fast jedem Betriebssystem ohne gesonderten Treiber unterstützt wird, ist vmxnet ein proprietärer 32Bit-Adapter von VMware, dessen Treiber durch die VMware Tools installiert werden. Obwohl der Vlance-Treiber als 10 MBit-Netzwerkkarte vom Betriebssystem erkannt wird, leistet er deutlich mehr, also lassen Sie sich nicht täuschen. Dennoch empfiehlt es sich, wann immer möglich den Vmxnet-Adapter zu benutzen, da dieser in Bezug auf Geschwindigkeit und Prozessorlast optimiert ist.

> **TIPP** Installieren Sie das Gast-System mit dem Vlance-Adapter und schalten Sie nach der Installation der VMware Tools auf den Vmxnet-Treiber um. Während Sie den Status der Netzwerkkarte und deren Netzwerkverbindung innerhalb der VM selbst im laufenden Betrieb ändern können, muss die VM für das Ändern des Adaptertyps jedoch ausgeschaltet werden.

### 9.2.1 Interner DHCP-Server

Nach der Installation des VMware GSX Servers steht Ihnen ein interner virtueller DHCP-Server zur Verfügung, der den virtuellen Maschinen bei Verwendung von Host-Only- und NAT-Netzwerken dynamische IP-Adressen zuweist. Die zu verwendenden Adressbereiche können Sie über die Funktion *virtual Network Settings* auf dem VMware GSX Server abändern. Erreichen können Sie diese über das **Startmenü · VMware · VMware GSX Server · Manage Virtual Networks** oder über die Virtual Machine Console im Host-Abschnitt (Abbildung 9.2). Dort müssen Sie dann auf den Reiter *DHCP* wechseln.

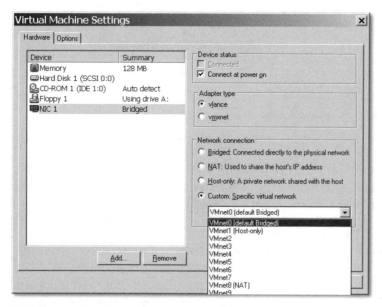

**Abbildung 9.3** Einrichtung des internen DHCP-Servers unter VMware GSX

Hier können Sie vorhandene virtuelle Netzwerke über *Properties* anpassen oder über *Remove* löschen. Denken Sie immer daran, die Änderungen direkt zu übernehmen, da Sie sonst keine aktuelle Anzeige erhalten. Falls Sie neue Netzwerke hinzugefügt haben, die Sie mit DHCP versorgen möchten, können Sie über den *Add New* das entsprechende virtuelle Netzwerk auswählen und dann über *Properties* den IP-Bereich zuweisen.

Sollte der DHCP-Server mal Probleme bereiten, oder sollten Sie ihn abschalten wollen, können Sie den DHCP-Dienst von dieser Verwaltungsanzeige aus steuern. Übrigens können Sie diesen DHCP-Dienst auch über die normale »Microsoft Windows Dienste Verwaltung« steuern, die unter dem Namen VMware DHCP-Service zu finden ist.

Die Konfiguration des DHCP-Servers ist in den folgenden Dateien auf der Festplatte abgelegt, die Sie im VMware GSX-Konfigurationsverzeichnis (unter Windows: `C:\Dokumente und Einstellungen\All Users\Anwendungsdaten\VMware`) des Servers finden:

- `vmnetdhcp.conf`: komplette Konfiguration des DHCP-Servers
- `vmnetdhcp.leases`: die Gültigkeit der DHCP-Clientadressen

### 9.2.2  Host-Only

Dieses Netzwerk stellt Ihnen nur Netzwerkverbindungen innerhalb der virtuellen Umgebung zur Verfügung, d.h., alle virtuellen Maschinen, die einen solchen Adapter ihr Eigen nennen und das Wirt-System selbst können untereinander kommunizieren. Diese Netzwerkart wird häufig auch für Heartbeat-Netze bei geclusterten virtuellen Maschinen verwendet. Problematisch ist logischerweise die mangelnde Flexibilität, was das Verschieben einer virtuellen Maschine auf ein anderes Wirt-System angeht, da sich diese dann in einem »neuen« Host-Only-Netzwerk befindet. Bei geclusterten virtuellen Maschinen bedeutet diese Einschränkung, dass beide VMs auf dem gleichen Wirt-System laufen müssen, um sich gegenseitig über das Host-Only-Netzwerk finden zu können.

VMware GSX installiert Ihnen standardmäßig einen virtuellen Netzwerkadapter, der unter dem Namen VMnet1 in der Liste der Netzwerkkarten des Wirt-Systems erscheint. Innerhalb dieses Netzwerkes läuft im Normalfall auch schon ein interner DHCP-Server, den Sie bei Bedarf manuell abschalten müssen.

Da eine virtuelle Netzwerkkarte im Wirt-System existiert, haben Sie durch Anschalten der Routingfunktion am Wirt-System und entsprechende Routingeinträge die Möglichkeit, Host-Only-Netze in die physikalische Welt zu routen. Dadurch tun sich natürlich schöne Möglichkeiten zum Aufbau eines eigenen virtuellen Adressbereichs mit Kontakt zur Außenwelt auf. Solche Konstellationen sind häufig in Testumgebungen zu finden.

Um eine neues Host-Only-Netzwerk anzulegen, müssen Sie in den Virtual Network Editor wechseln und unter *Host Virtual Adapter* (Abbildung 9.3) *Add new Adapter* auswählen.

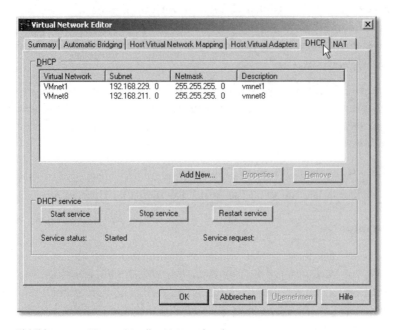

**Abbildung 9.4** Neues virtuelles Netzwerk anlegen

Jetzt erscheint ein Auswahlmenü, in dem Sie eines der noch verfügbaren Netzwerke auswählen können. Dieses wird nun in die Liste der Netzwerkkarten mit aufgenommen und steht Ihnen alsdann zur Verfügung. Wichtig hierbei ist, dass dieses Netzwerk auf Status *Enabled* steht. Sobald dies der Fall ist, finden Sie dieses Netzwerk im Reiter **Host Virtual Network mapping**, wo Sie den Netzwerkadressbereich anpassen können.

Wie Sie sicher auch Abbildung 9.4 sehen, existiert hinter jedem virtuellen Netzwerknamen ein Auswahlfeld für den zu verwendenden Adapter und ganz rechts ein Knopf mit drei Punkten. Über diesen Knopf können Sie in alle derzeit verfügbaren Konfigurationen des virtuellen Adapters springen. Im Falle eines Host-Only-Adapters gäbe es eine Auswahl *Subnet*, in der Sie die Netzwerkadresse festlegen, und eine Auswahl *DHCP*, falls Sie diesen für das interne Netzwerk aktiviert haben.

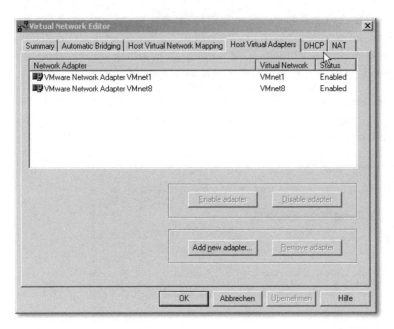

**Abbildung 9.5** Anzeige und Konfiguration aller verfügbaren virtuellen Netzwerke

Alle hier zu sehenden Netzwerke können Sie als virtuelle Netzwerkadapter auf Ihrem Wirt-System wiederfinden. Unter Windows können Sie das im Startmenü unter **Einstellungen · Netzwerkverbindungen** oder mit dem Kommandozeilenbefehl `ipconfig` einsehen, unter Linux mit dem Befehl `ifconfig`.

### 9.2.3 Bridged

Kommen wir nun zu dem am häufigsten genutzten virtuellen Netzwerk, dem bridged Network. Hier werden alle Pakete des Gast-Systems direkt auf die physikalische Netzwerkkarte des Wirt-Systems durchgereicht. Die virtuelle Maschine wird daher aus dem physikalischen LAN wie jedes andere Gerät mit einer eigenen MAC-Adresse und einer eigenen IP-Adresse wahrgenommen. Der interne VMware DHCP-Server kann diese Art von Netzwerk nicht mehr bedienen, daher müssen Sie entweder eine feste IP-Adresse vergeben, oder es muss dies ein DHCP-Server Ihres realen Netzwerkes übernehmen. Bis auf die Virtualisierung ist somit ein bridged Network nicht von einem realen Netzwerkadapter zu unterscheiden. Daher ist die virtuelle Maschine durch das reale Netzwerk auch uneingeschränkt erreichbar. Durch die Emulation der Hardware des VMware GSX Servers, ist dieses virtuelle Netzwerk protokollunabhängig und kann daher auch für Protokolle wie IPX/SPX verwendet werden.

Sie können soviele bridged Networks einrichten, wie Sie physikalische Netzwerke haben bzw. bis Sie die maximale Anzahl virtueller Netzwerke erreichen. Nach der Installation des VMware GSX Servers steht Ihnen direkt schon ein bridged Network zur Verfügung, das den Namen »VMnet0« trägt.

Zum Einrichten neuer Netzwerke können Sie sich einfach ein freies virtuelles Netzwerk (Abbildung 9.5) suchen und in der Liste die entsprechende physikalische Netzwerkkarte auswählen.

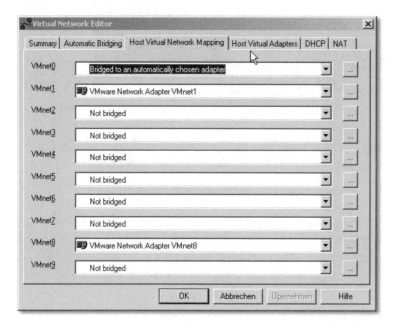

**Abbildung 9.6** Konfiguration des Bridged Networks

Bei der Auswahl der Netzwerkkarte, über die das Bridge-Protokoll verwendet werden soll, steht Ihnen zu den physikalischen Karten der Punkt *Bridged to an automatically chosen adapter* zur Verfügung. Falls Sie diesen auswählen, sucht sich VMware GSX automatisch eine physikalische Netzwerkkarte als Bridge aus. Bei einer Netzwerkkarte ist dies kein Problem und wird auch standardmäßig für VMnet0 benutzt, allerdings sollten Sie bei mehreren Adaptern die Zuordnung selbst vornehmen, da Sie sonst keine richtige Kontrolle über die virtuellen Netzwerke haben.

Falls Sie diese Funktion gerne nutzen würden, können Sie die verwendeten physikalischen Netzwerkkarten einschränken, indem Sie diese als *Excluded Adapter* (Abbildung 9.6) markieren.

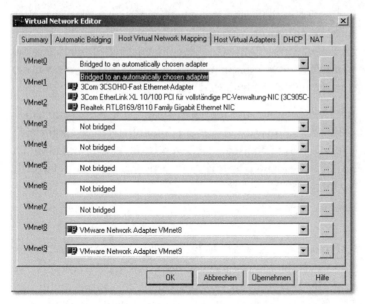

**Abbildung 9.7** Einschränkung der automatischen Zuordnung des bridged Networks

Wenn Sie sich nach der Einrichtung der Bridge die Eigenschaften der physikalischen Adapter des Wirt-Systems anschauen, können Sie ein Protokoll namens VMware Bridge Protocol finden.

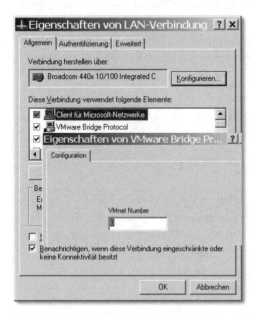

**Abbildung 9.8** Eigenschaften der physikalischen Netzwerkkarte, über die ein Bridge konfiguriert wurde

VMware GSX

Dieses Protokoll wiederum enthält als Eigenschaft den Namen des virtuellen Netzwerkes, für das es verantwortlich zeichnet, in diesem Fall das standardmäßig angelegte Bridge-Netzwerk VMnet0. Diese Eigenschaft finden Sie auf jedem als Bridge genutzten physikalischen Adapter des Wirt-Systems mit der Zuordnung auf das verwendete virtuelle Netzwerk.

Falls Sie mehrere Netzwerkadapter in Ihrem Wirt-System zur Verfügung haben und sie durch die Herstellersoftware zu einem Adapter-Team konfigurieren können, kann die entstehende logische Netzwerkkarte ganz normal unter VMware zu einem Bridge-Adapter werden. Es existiert für ihre virtuelle Maschine keinerlei Unterschied.

### 9.2.4 NAT

Wie technisch in Abschnitt 9.1.5, *NAT (Network Address Translation)*, schon erklärt, setzt das NAT-Gerät die interne Adresse der virtuellen Maschine in die physikalische Adresse des Adapters im Wirt-Systems um. Adresse meint hier MAC-Adresse und IP-Adresse. Da NAT nur mit TCP/IP möglich ist, kann kein anderes Netzwerkprotokoll verwendet werden. Durch die Umsetzung der Quelladresse ist die virtuelle Maschine aus der realen Welt nur über eine Verbindung zum NAT-Gerät zu erreichen, d.h., nur Antwortpakete können den Weg zur virtuellen Maschine finden. Diese Form des virtuellen Netzwerkes nutzt man eigentlich nur, wenn die virtuelle Maschine zwar hauptsächlich innerhalb der virtuellen Umgebung bleiben, aber beispielsweise zum Surfen den Internetzugang im realen Netzwerk nutzen soll. Vorteil hierbei ist, dass nur das Wirt-System eine IP-Adresse im realen Netzwerk erhält und alle virtuellen Maschinen innerhalb des NAT-Netzwerkes dann darüber verwaltet werden.

> **TIPP** Unter VMware GSX Server können Sie immer nur ein einziges NAT-Netzwerk auf dem Wirt-System konfigurieren, auf das die virtuellen Maschinen zugreifen können.

Da Sie ohnehin nur ein NAT-Netzwerk betreiben können, empfehle ich Ihnen der Einfachheit halber das durch die Installation erstellte VMnet8-Netzwerk zu nutzen, das Sie inklusive eines laufenden internen DHCP-Servers bereits konfiguriert vorfinden. Falls Sie diesen DHCP-Server abschalten wollen, funktioniert dies, wie eben erwähnt, immer auf die gleiche Art.

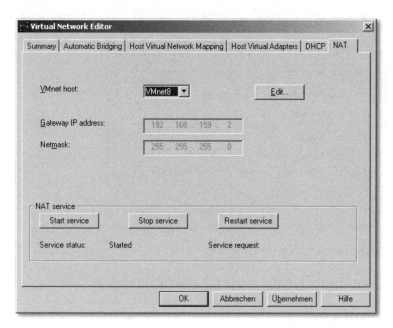

**Abbildung 9.9** Konfiguration des NAT-Netzwerks

Um die Einstellungen dieses NAT-Netzwerkes zu ändern, müssen Sie im Virtual Network Editor den Reiter *NAT* auswählen (Abbildung 9.9) und auf *Edit* drücken. Noch eines vorweg: hier können Sie auch den NAT-Service beenden oder neu starten, falls ein Problem vorliegt. Dieser Service nennt sich »VMware NAT Service« und ist auch in der Diensteverwaltung des Betriebssystems wiederzufinden. Die Konfigurationsdateien finden Sie im gleichen Verzeichnis wie die DHCP-Konfiguration, und zwar unter den folgenden Namen:

▶ vmnetnat.conf – die Konfigurationsdatei des NAT-Gerätes

▶ vmnetnat-mac.txt – die MAC-Adresse des NAT-Gerätes

Nun aber wieder zurück zum Thema, das ja da lautete: Ändern der Konfiguration über den Virtual Network Editor. Nach Aufruf über *Edit* gelangen Sie in die Konfiguration des NAT-Netzwerkes (Abbildung 9.10), in dem Sie die IP-Adresse des NAT-Gateways (über das die virtuelle Maschine später alle, das reale Netzwerk betreffende Pakete routen wird, damit das NAT-Gerät sie umsetzen kann) und verschiedene Timeouts bzw. das Port Forwarding und das DNS-Verhalten festlegen können.

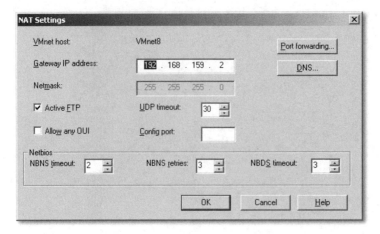

**Abbildung 9.10** Konfiguration des NAT-Netzwerkes

Falls es doch einmal zum Betreiben einer Applikation durch die VM für die Umwelt kommen soll, muss ein Port Forwarding auf dem Wirt-System konfiguriert werden. Dabei legt man einen bestimmten Port fest, auf den das Wirt-System hört. Sobald nun ein Paket auf diesem Port ankommt, leitet das NAT-Gerät des Wirt-Systems das Paket an die entsprechende virtuelle Maschine weiter. Weil ein Port nur einmal belegt werden kann, kann ein Dienst auch nur einmal auf dem gleichen Port über NAT weitergeleitet werden.

Beispiel:

Es existieren vier virtuelle Maschinen im NAT-Netzwerk, die einen Webserver anbieten, der auf Port 80 läuft. Am Wirt-System müssen nun vier unterschiedliche Ports eingetragen werden. Da aber auf dem Wirt-System selbst ein Webserver konfiguriert ist, kann Port 80 nicht verwendet werden.

| Port Forwarding Wirt-System | Zielsystem: Portnummer |
|---|---|
| 1080 | VM1 Port 80 |
| 1081 | VM2 Port 80 |
| 1082 | VM3 Port 80 |
| 1083 | VM4 Port 80 |

**Tabelle 9.1** Beispiel NAT Port Forwarding

Die Ports auf dem Wirt-System habe ich rein zufällig gewählt. Wie Sie Tabelle 9.1 entnehmen können, werden nun alle Pakete, die an den Port 1080 des Wirt-Systems gerichtet sind, direkt zum Webserver der virtuellen Maschine

VM1 auf Port 80 umgeleitet. Damit dies funktioniert, müssen Sie im Browser `http://Wirtsystem:1080` angeben.

Über den Virtual Network Editor würde diese Konfiguration folgendermaßen eingerichtet: Im NAT-Menü (Abbildung 9.10) würde man Port Forwarding auswählen, woraufhin man in das nächste Konfigurationsbild (Abbildung 9.11) gelang, in dem man mit *Add* jeweils die Einträge hinzufügen kann.

Falls als Netzwerkprotokoll nicht TCP, sondern das verbindungslose UDP verwendet wird, müssen Sie die Ports im unteren Bereich Konfigurationsbildes einpflegen.

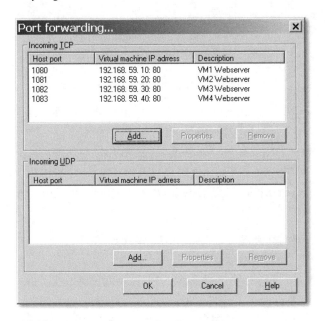

**Abbildung 9.11** Konfiguration Port Forwarding

Eine letzte Einstellung innerhalb der NAT-Sektion betrifft die Weiterleitung von DNS-Anfragen über das NAT-Gateway, sodass dieses Gateway als DNS-Server für die virtuellen Maschinen genutzt werden kann. Dazu wird in der NAT-Konfiguration (Abbildung 9.10) *DNS* ausgewählt, und im folgenden Dialog (Abbildung 9.12) werden ein oder mehrere DNS-Server im realen Netzwerk angegeben. Hier können auch Timeouts, Wiederholungen bei Nichterreichbarkeit und DNS-Auswahlverfahren konfiguriert werden.

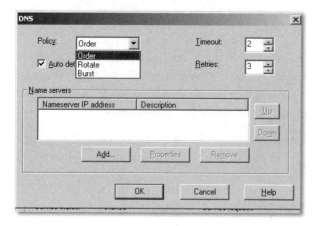

**Abbildung 9.12** Konfiguration DNS Forwarding für das NAT-Gateway

Diese DNS-Auswahlverfahren, hier Policy genannt, bedeuten Folgendes:

- **order** – Die angegebenen DNS-Server werden der Reihenfolge nach abgefragt, wobei immer bei dem ersten begonnen wird.
- **rotate** – Die angegebenen DNS-Server werden rotierend der Reihenfolge nach abgefragt, d. h., es wird kein Server zweimal hintereinander abgefragt.
- **burst** – Es werden die Server willkürlich abgefragt, und dabei wird auf den Server zurückgegriffen, der als erster antwortet.

Da die Arbeitsweise eines NAT-Netzwerks doch recht schwierig zu verstehen ist, erläutere ich die Thematik nochmals anhand einer Grafik.

Wie Sie in Abbildung 9.13 sehen können, existieren in dieser Umgebung eine virtuelle Maschine, ein DHCP-Server, ein NAT-Gerät (oder Gateway) und ein Mitarbeiter-Notebook. Bis auf das Mitarbeiter-Notebook und ein Bein des NAT-Gerätes sind alle Netzwerkgeräte Teil des virtuellen Netzwerks VMnet8, das als NAT-Netzwerk konfiguriert ist.

Wenn die virtuelle Maschine eingeschaltet wird, erhält sie vom DHCP-Server eine eigene IP-Adresse, mit der Sie im realen Firmennetz nichts anfangen kann. Aber in den DHCP-Optionen wird sowohl ein Gateway als auch ein DNS-Server mitgegeben. Sowohl Gateway als auch DNS-Server haben die virtuelle IP-Adresse des NAT-Gerätes. Will man mit der virtuellen Maschine nun ins Firmennetz, beispielsweise auf einen Internetproxy, so wird das Paket an das NAT-Gerät gesendet, das die Quelladresse durch die eigene Adresse ersetzt. Es werden dabei sowohl die IP-Adresse als auch die MAC-Adresse verändert.

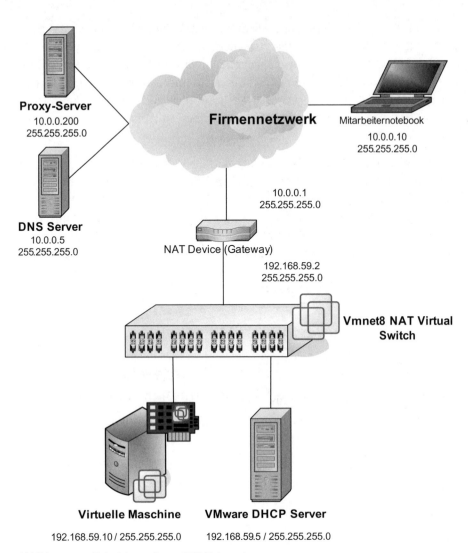

**Abbildung 9.13** Beispielumgebung NAT-Netzwerk

IP-Paket (Original):   Quelle: 192.168.59.10   Ziel: 10.0.0.200
IP-Paket (NAT):        Quelle: 10.0.0.1        Ziel: 10.0.0.200

Um eine spätere Zuordnung zu gewährleisten, hält das NAT-Gerät alle Verbindungen in einer Liste vor. Der empfangende Proxy Server sendet seine Antwort auf das Paket ganz normal an die Adresse des NAT-Gerätes (10.0.0.1), das seinerseits wiederum die Zieladresse für die virtuelle Maschine verständlich umsetzt.

Für den Fall, dass die schon angesprochene DNS-Weiterleitung durch das NAT-Gerät eingetragen ist, wird der virtuellen Maschine als DNS-Server die IP-Adresse des NAT-Gerätes entweder manuell oder durch den DHCP-Server mitgeteilt. Fragt nun die virtuelle Maschine nach einer Adressauflösung, verhält sich das NAT-Gerät wie ein echter DNS-Server, fragt im Hintergrund den DNS-Server (10.0.0.5) im Firmennetz ab und gibt dessen Antwort an die virtuelle Maschine zurück.

Der komplizierteste Fall ist das Port Forwarding, da hier nicht nur die Adresse, sondern gegebenenfalls auch der Port abgeändert werden muss. Nehmen wir mal an, der Mitarbeiter, der mit seinem Notebook im Firmennetz sitzt, wollte auf den Webserver der virtuellen Maschine zugreifen. Wir erinnern uns, dass der Webserver auf der virtuellen Maschine eigentlich auf Port 80 läuft und das NAT-Gerät einen Port Forwarding-Eintrag für auf diesen Webserver über den eigenen Port 1080 verwaltet (siehe Tabelle 9.1). Der Mitarbeiter gibt nun in seinem Browser als Adresse **http://10.0.0.1:1080** ein, und es passiert daraufhin Folgendes:

- Paket 10.0.0.10 → 10.0.0.1:1080
- Paket wird vom NAT-Gerät umgesetzt, indem die Zieladresse und der Zielport angepasst werden: 10.0.0.1:1080 → 192.168.59.10:80
- Paketantwort der virtuellen Maschine: 192.168.59.10 → 10.0.0.10
- Paket wird vom NAT-Gerät umgesetzt, indem die Quelladresse angepasst wird: 192.168.59.10 → 10.0.0.1

Durch die zentrale Instanz des NAT-Geräts merkt keiner der Teilnehmer etwas von der Adressumsetzung, und die eigentliche Kommunikation wird nicht gestört.

## 9.3 Microsoft Virtual Server

Microsoft Virtual Server stellt Ihnen von Haus aus zwei virtuelle Netzwerke zur Verfügung: ein Host-Only-Netzwerk und ein Virtual Networking. Während das Virtual Networking ähnlich wie ein Bridge-Netzwerk bei VMware GSX Server funktioniert, benutzt das Host-Only-Netzwerk eine andere Technik als der VMware GSX-Gegenpart. Das vom VMware GSX Server her bekannte NAT-Netzwerk lässt sich im Microsoft Virtual Server nicht direkt konfigurieren, sondern muss manuell mittels Loopback-Adapter und Internet Connection Sharing nachgebaut werden.

Wie bei den anderen Produkten auch, können Sie zwar während des Betriebs den Status und die Zuordnung der Netzwerkkarten innerhalb der virtuellen Maschine ändern, aber keine neuen Netzwerkkarten hinzufügen.

### 9.3.1 Interner DHCP-Server

Ähnlich wie der VMware GSX Server bietet auch Microsoft Virtual Server einen eigenen internen DHCP-Server, der nur die virtuellen Maschinen mit dynamischen Adressen versorgt. Nach der Installation des Produktes ist der DHCP-Server erst einmal deaktiviert und muss nachträglich manuell eingerichtet werden.

Um zur Konfiguration zu gelangen, müssen Sie in die Eigenschaften eines verfügbaren virtuellen Netzwerkes wechseln und dort auf die Auswahl *DHCP-Server* wechseln.

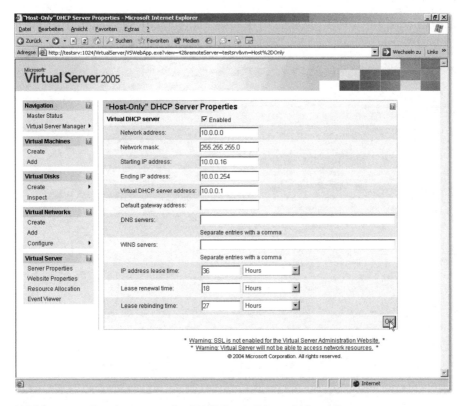

**Abbildung 9.14** Einrichtung virtueller DHCP-Server Microsoft Virtual Server

Hier können Sie, wie in Abbildung 9.14 zu sehen, den DHCP-Server ein- oder ausschalten und konfigurieren. Beim Eintrag des Adressbereiches ist darauf zu achten, dass der virtuelle DHCP-Server die ersten 16 Adressen für die eigene

Nutzung verwendet, deshalb sollten Sie zu der normalen Startadresse 16 hinzu addieren. Bei einem Adressbereich 10.0.0.0/255.255.255.0 würde die Startadresse bei 10.0.0.16 beginnen. Die Adresse des virtuellen DHCP-Servers selbst kann aber innerhalb dieses 16 Adressen umfassenden, reservierten Bereiches liegen.

### 9.3.2 Host-Only

Auch beim Microsoft Virtual Server stellt ein Host-Only-Netzwerk nur Verbindungen innerhalb der virtuellen Maschinen zur Verfügung. Anders als beim VMware GSX Server verschaffen Sie sich trotz entsprechender Routing-Einträge nicht die Möglichkeit, aus den virtuellen Netzwerken in die physikalische Umgebung zu gelangen, da kein virtueller Netzwerkadapter für das Wirt-System existiert.

Erstellt wird ein Host-Only-Netzwerk über die Funktion *Create* unterhalb von *Virtual Networks* innerhalb der Web-Administrationsoberfläche.

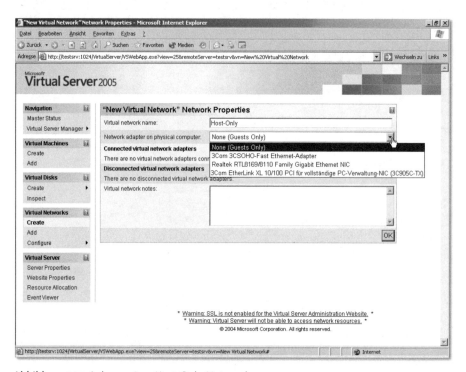

**Abbildung 9.15**  Anlegen eines Host-Only-Netzwerks

Wie in Abbildung 9.15 zu sehen, geben Sie einen entsprechenden Namen für das virtuelle Netzwerk an und wählen unter *Network adapter on physical Com-*

*puter* den Eintrag *None (Guests Only)* aus. Zusätzlich können Sie dann noch eine Beschreibung für dieses virtuelle Netzwerk hinterlegen.

Ab jetzt können alle virtuellen Maschinen, die Mitglied dieses virtuellen Netzwerks sind, miteinander kommunizieren. Hier ist es auch ganz wichtig zu bedenken, dass der Wirt über keine virtuelle Netzwerkkarte in diesem Netzwerk verfügt und daher nicht wie bei VMware GSX automatisch Teil dieses Verbundes ist.

Um dennoch eine Netzwerkverbindung zum Wirt herstellen zu können, müssen Sie entweder über einen physikalischen Adapter gehen oder einen Loopback-Adapter auf dem Wirt-System einrichten, auf dem Sie wiederum ein virtuelles Netzwerk anlegen. Genaueres dazu finden Sie in Abschnitt 9.3.4, *NAT*, weil auch bei einem NAT-Netzwerk ein Loopback-Adapter anzulegen ist.

### 9.3.3 Virtual Networking

Unter virtual Networking versteht man prinzipiell nichts anderes, als das von VMware her bekannte Bridge-Netzwerk, d.h., eine direkte Verbindung zur physikalischen Netzwerkkarte. Folglich können Sie auch hier beliebige Netzwerkprotokolle problemlos betreiben. Es werden durch den Microsoft Virtual Server automatisch alle physikalischen Netzwerkkarten des Wirt-Systems als virtuelle »External«-Netzwerke angelegt, die Sie in die virtuellen Maschinen einbauen können. Natürlich können Sie diese virtuellen Netzwerke alle anpassen oder auch löschen.

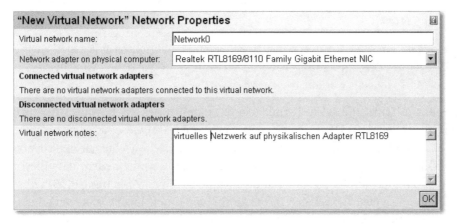

**Abbildung 9.16** Anlegen eines neuen virtuellen Netzwerkes, das auf einen physikalischen Adapter zeigt

Um ein eigenes virtuelles Netzwerk anzulegen, das auf einem physikalischen Adapter basiert, müssen Sie abermals über **Network · Create** den Dialog wie in

Abbildung 9.16 aufrufen und sich anhand der Auswahlliste den gewünschten physikalischen Adapter heraussuchen. Sie sollten von der Möglichkeit der Netzwerkbeschreibung unbedingt Gebrauch machen, denn bei mehreren Netzwerken verliert man schnell den Überblick.

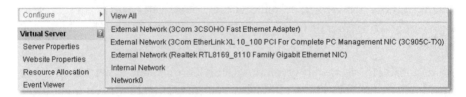

**Abbildung 9.17** Auflistung aller virtuellen Netzwerke

Um sich alle verfügbaren virtuellen Netzwerke anzusehen bzw. direkt zu deren Konfiguration zu springen, müssen Sie unterhalb der *Network*-Sektion auf *Configure* klicken. Dort erhalten Sie eine Kurzübersicht der virtuellen Netzwerke und eine recht gute Möglichkeit, schnell zu navigieren.

Durch die Emulation der physikalischen Hardware für die virtuelle Maschine, muss die Virtualisierungssoftware nur einen ordnungsgemäßen Zugriff auf die im Wirt-System installierte Netzwerkkarte haben. Daher können Sie bei Unterstützung von Adapter Teaming durch die Herstellersoftware diese problemlos als Basis für virtuelle Netzwerke benutzen. Es gelten hier nur die Einschränkungen des Wirt-Betriebssystems, für die virtuelle Maschine hingegen stellt sich die Hardwaresituation immer gleich dar.

### 9.3.4 NAT

Leider ist ein NAT-Netzwerk nicht so »trivial« einzurichten wie bei VMware GSX, da bei der Einrichtung bzw. Installation keine virtuellen Netzwerke auf dem Wirt angelegt werden.

Im ersten Schritt muss ein Pseudoadapter, nämlich der MS Loopback-Adapter installiert werden. Dieser Netzwerkadapter, den Sie wie eine ganz normale Netzwerkkarte installieren können, stellt an sich schon eine virtuelle Netzwerkkarte dar. Sie sollten nicht vergessen, Windows mitzuteilen, dass dieses Gerät schon angeschlossen ist und dass Sie den Treiber (Abbildung 9.18) selbst auswählen wollen. Nach der Installation steht Ihnen in den Netzwerkeigenschaften eine neue Netzwerkverbindung zur Verfügung.

In den Eigenschaften der neuen Loopback-Netzwerkverbindung, müssen Sie dann auf den Reiter *Erweitert* wechseln, um dort die *ICS* (Internet Connection Sharing – Gemeinsame Nutzung der Internet-Verbindung) zu aktivieren.

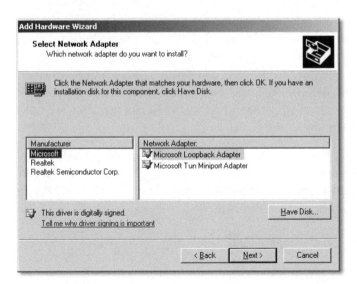

**Abbildung 9.18** Installation MS Loopback-Adapter

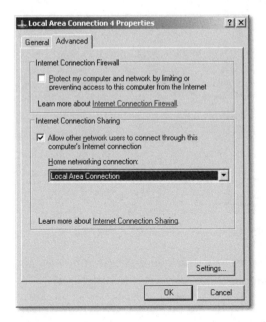

**Abbildung 9.19** Einrichtung der Internet-Verbindungsfreigabe

Als Ziel dieser Internet-Verbindungsfreigabe sollten Sie nun die physikalische Netzwerkverbindung zu Ihrem realen LAN auswählen, damit die Zugriffe auf den Loopback-Adapter seitens der virtuellen Maschinen umgeleitet werden können.

Trotzdem muss man nach dem Anlegen des MS Loopback-Adapters ihn an ein virtuelles Netzwerk anbinden (Abbildung 9.19) und die betroffenen virtuellen Maschinen zu Mitgliedern dieses Netzwerks machen. Dazu versehen Sie die virtuelle Maschine entweder mit einem neuen Adapter, oder Sie ändern einen bestehenden Adapter dahingehend ab, dass er auf das Loopback-Netzwerk zeigt. Die weitere Funktionalität ähnelt der des NAT-Geräts von VMware GSX, bzw. die technische Umsetzung ist gleich.

Falls Sie auch hier ein Port Forwarding betreiben wollen, müssen Sie die Internet-Verbindungsfreigabe etwas anders konfigurieren. Klicken Sie wieder in den Reiter *Erweitert* in den Eigenschaften des Netzwerkadapters (Abbildung 9.19), und gehen Sie dann weiter zu den Eigenschaften.

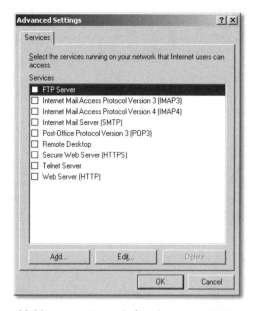

**Abbildung 9.20** Eigenschaften der Internet-Verbindungsfreigabe – Port Forwarding

Hier können Sie nun die verschiedenen Ports eintragen und bestimmen, wohin Sie umgeleitet werden sollen (Abbildung 9.20).

Sie merken, die Funktionalität des NAT-Netzwerkes ist unter dem Microsoft Virtual Server alles andere als integriert. Die Möglichkeit des DNS Forwardings, wie es der VMware GSX Server unterstützt, ist hier nicht gegeben. Sie muss vielmehr manuell konfiguriert werden.

## 9.4 VMware ESX

VMware ESX verhält sich bis auf die fehlenden NAT-Netzwerke ähnlich wie die beiden anderen Produkte, verfügt allerdings über ein paar Erweiterungen. Ein großes Plus gegenüber VMware GSX ist die integrierte Webadministration der virtuellen Netzwerke, die beim GSX Server mehr schlecht als recht realisiert ist. Zu den Highlights gehören die virtuellen »VLAN«-Funktionen und die sehr hohe Leistungsfähigkeit der Netzwerkemulation.

Allerdings müssen Sie unbedingt darauf achten, dass die Netzwerkkarten des Wirt-Systems durch VMware ESX auch unterstützt werden, da ansonsten die Virtualisierungssoftware unter Umständen auf die Netzwerkkarten nicht zugreifen kann.

Alle virtuellen Netzwerkverbindungen werden unter VMware ESX »virtual Switch« genannt und funktionieren im Endeffekt auch genau wie ein selbstständiger Switch.

### 9.4.1 Host-Only

Um einen virtual Switch anzulegen, der nur für die virtuellen Maschinen zur Verfügung stehen soll, müssen Sie sich an der Web-Administrationsoberfläche anmelden und zur Funktion *Network Connections* wechseln (Abbildung 9.21).

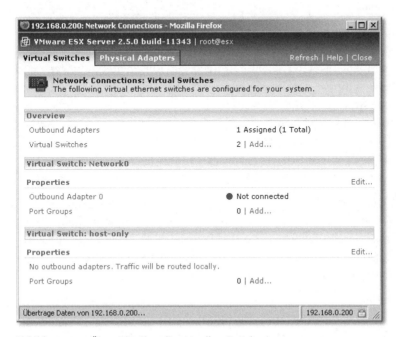

Abbildung 9.21 Übersicht über die virtuellen Switches

Hier sehen Sie dann alle existierenden virtuellen Netzwerkverbindungen und können über die Auswahl *Add* neue Netzwerke hinzufügen und vorhandene editieren. In dem darauffolgenden Dialog können Sie dann einen sprechenden Namen für das virtuelle Netzwerk vergeben und die teilnehmenden Netzwerkkarten einstellen. Um ein Host-Only-Netzwerk zu kreieren, vergeben Sie einfach einen Namen und teilen diesem keinen der angezeigten Netzwerkadapter zu (Abbildung 9.22).

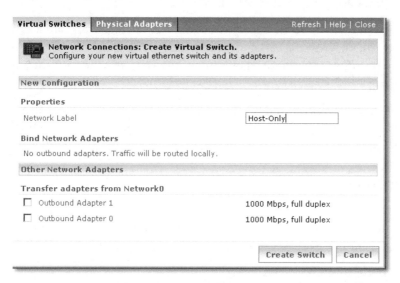

**Abbildung 9.22** Neuanlage eines virtuellen Netzwerkes

So wird ein virtuelles Netzwerk ohne Kontakt zur Außenwelt angelegt, und nur virtuelle Maschinen, die diesem Netzwerk zugeordnet sind, können miteinander kommunizieren. Häufig werden diese Netzwerke zum Aufbau von Testumgebungen und Heartbeat-Netzverbindungen zwischen Clustersystemen verwendet. Diese Clusterteilnehmer müssen dann aber zwingend auf dem gleichen VMware ESX-System betrieben werden. Sämtliche virtuellen Host-Only-Netze gelten nur für das VMware ESX-System, auf dem sie angelegt wurden.

Falls das Produkt Virtual Server in Verbindung mit VMware VMotion zur Verwaltung eingesetzt wird, müssen Sie auch hier bedenken, dass keine Host-Only-Netzwerke unterstützt werden. Sobald eine virtuelle Maschine eine Host-Only-Netzwerkverbindung besitzt, kann sie selbst nicht ohne weiteres mittels VMotion zwischen zwei VMware ESX Servern verschoben werden.

Großer Vorteil dieser Host-Only-Netzwerke besteht in der hohen Netzwerkgeschwindigkeit, da im Endeffekt nicht die physikalische Verbindung, sondern die Prozessorgeschwindigkeit des Wirt-Systems die physikalische Grenze darstellt.

### 9.4.2 Virtual Switch

Falls Sie ein virtuelles Netzwerk anlegen wollen, das eine Verbindung zu Ihrem physikalischen LAN hat, müssen Sie über die gleiche Auswahl wie bei der Anlage eines Host-Only-Netzwerks (Abbildung 9.21) gehen. Hier klicken Sie auch auf *Add* und vergeben einen Namen für das virtuelle Netzwerk.

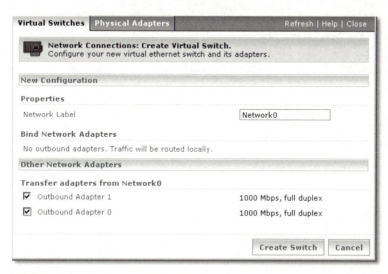

**Abbildung 9.23** Anlegen eines Virtual Switches mit Verbindung zu zwei physikalischen Adaptern

Wenn Sie das virtuelle Netzwerk nur auf einen physikalischen Netzwerkadapter binden wollen, können Sie sich diesen aus der Liste auswählen.

Um ein Adapter Teaming anzulegen, können Sie mit den gleichen Handgriffen ein virtuelles Netzwerk anlegen, jedoch müssen Sie wie in Abbildung 9.23 mehrere physikalische Netzwerkkarten auswählen.

> **TIPP** Es gibt gerade bei Bladeservern eine Konstellation, in der die physikalischen Netzwerkkarten schon durch Konfigurationsskripte des VMware ESX Servers und nicht über die MUI gebündelt werden (Genaueres darüber erfahren Sie in den Whitepapers von VMware zu Ihrem Bladecenter). Falls Sie eine solche Installation einsetzen, müssen Sie darauf achten, keine virtuellen Netzwerke über die MUI anzulegen, die eine der gebündelten Netzwerkkarten dieses Adapterteams beinhaltet, sondern immer alle. Diese Information ist nicht zu unterschätzen, da eine falsche Konfiguration das sofortige Ausfallen aller Netzwerkfunktionen zur Folge hat. Dieser Ausfall betrifft sowohl die virtuellen Maschinen als auch die Service Console, d.h., es ist auch keine Fernwartung mehr möglich.

Falls Sie sich einmal alle installierten physikalischen Netzwerkkarten mit ihren Zuordnungen anschauen wollen, können Sie dies über die Web-Administrationsoberfläche im *Network Connections*-Menü tun (Abbildung 9.24).

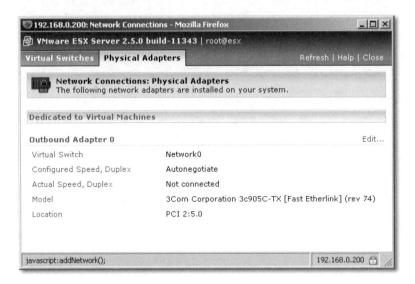

**Abbildung 9.24** Auflistung aller physikalischen Netzwerkadapter

Hier finden Sie nicht nur den genauen Namen und die derzeitige Geschwindigkeit der Netzwerkkarte, sondern Sie erkennen darüber hinaus, ob eine physikalische Netzwerkverbindung besteht. Über die Auswahl *Edit* können Sie auch die Netzwerkgeschwindigkeit des Adapters manuell anpassen.

### 9.4.3 VLAN

Durch die Verwendung von VLANs, also virtuellen LAN-Umgebungen kann man nur mit Switches Netzwerke logisch voneinander trennen und auf Router verzichten.

Diese VLANs können entweder auf einem einzelnen Switch konfiguriert oder über mehrere verteilt werden. Dadurch können innerhalb einer durch Switches verbundenen Netzwerkinfrastruktur mehrere virtuelle Netzwerkumgebungen hergestellt werden, um beispielsweise Abteilungen sicher voneinander zu trennen.

Um von einem VLAN ins andere zu gelangen, ist zwingend ein Router oder ein Layer3 Switch erforderlich, der dann das Routing übernehmen kann. Außerdem gibt es so genannte »Trunk Ports«, die VLAN-übergreifend alle Netzwerkpakete erhalten. Nun stehen Ihnen mehrere Wege offen, um die VLAN-Technologie in die virtuelle Umgebung zu bringen. VLANs werden anhand von VLAN IDs voneinander unterschieden, die im Netzwerkpaket vermerkt sind. Dieses so genannte »VLAN Tagging«, das jedes Ethernet-Paket um vier Byte erweitert, in denen die VLAN ID hinterlegt ist, wird im IEEE 802.1Q-Netzwerkstandard definiert.

**Physikalisch am Switchport**

Die erste Möglichkeit besteht darin, schon im Netzwerkswitch nur bestimmte VLANs für den Port anzugeben, auf dem auch die physikalische Netzwerkkarte des Wirt-Systems eingesteckt ist. Die Netzwerkkarten des Wirt-Systems müssen den 802.1Q-Standard unterstützen, damit die VLAN-Funktionalität gegeben ist. Diese Möglichkeit funktioniert natürlich bei jedem der drei Virtualisierungsprodukte, bleibt allerdings in der Flexibilität hinter den anderen VLAN-Techniken des ESX Servers zurück.

**Virtual Switch Tagging**

Hier wird die Zuordnung der VLANs vom VMkernel übernommen und auf die virtuellen Switche übertragen. Dazu müssen Sie den physikalischen Adapter des Wirt-Systems mit einem Trunk Port auf dem physikalischen Switch verbinden, damit alle Pakete und damit auch alle VLAN IDs diesen Port passieren. Dieser Trunk Port muss vom Switch her so konfiguriert werden, dass keine VLAN IDs entfernt werden.

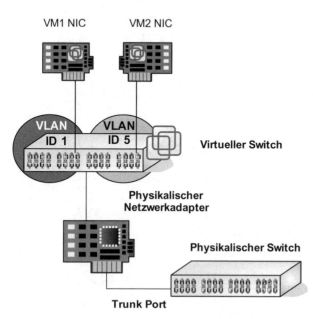

**Abbildung 9.25** Virtual Switch Tagging

Der VMkernel, in Form des virtuellen Switches, passt die getaggten Pakete dann so an, dass die virtuellen Maschinen nur die für sie bestimmten Pakete erhalten. Da die emulierten Netzwerkkarten kein VLAN Tagging unterstützen, werden durch den VMkernel alle VLAN-relevanten Daten entfernt oder hinzugefügt, je nachdem ob das Paket zur virtuellen Maschine unterwegs ist oder von ihr kommt.

Anhand des Beispiels in Abbildung 9.25 können Sie diese Konstellation genau nachvollziehen. Der physikalische Netzwerkadapter des Wirt-Systems ist auf einen Trunk Port am physikalischen Switch gesteckt. Sobald nun Pakete mit der VLAN ID1 ankommen, wird das VLAN Tagging durch den virtuellen Switch (VMkernel) aus diesem entfernt und an die VM1-Netzwerkkarte weitergeleitet. Diese bekommt keine Informationen über die VLAN-Zugehörigkeit mehr mitgeteilt. Da die virtuellen Netzwerkkarten generell keine VLAN Tagging verstehen, ist dies auch die einzig sinnvolle Möglichkeit. Wenn nun Pakete von der virtuellen Maschine VM1 verschickt werden, erweitert der virtuelle Switch das Paket automatisch um die VLAN Tagging-Informationen. Genauso passiert dies auch bei VM2, außer das hier nur Pakete für VLAN ID 5 vorbei geschleust werden.

Laut VMware wird die Netzwerkleistung nur minimal beeinträchtigt.

Um das Virtual Switch Tagging einzurichten, müssen Sie unter VMware ESX mit so genannten »Port Groups« arbeiten. In diesem Fall müssten Sie zwei Port Groups einrichten: eine für VLAN ID1 und eine für VLAN ID5. Dazu müssen Sie in der MUI unter *Virtual Networking* (Abbildung 9.21) unterhalb des zu verwendenden virtuellen Netzwerkes bei den *Port Groups* auf *Add* klicken.

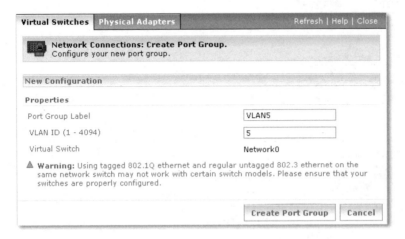

**Abbildung 9.26** Erstellen einer Port Group für VLAN ID 5

Hier sollten Sie nun einen sprechenden Namen wählen, um später die Port-Gruppe direkt mit der VLAN ID in Verbindung bringen zu können. Als VLAN ID können Sie entweder eine zugeordnete VLAN ID oder einen zugeordneten VLAN ID-Bereich angeben, falls mehrere VLANs in der Port-Gruppe ankommen sollen.

| Virtual Switch: Network0 | | |
|---|---|---|
| **Properties** | | Edit... |
| Outbound Adapter 0 | ● Not connected | |
| Port Groups | 2 \| Add... | |
| **Port Group: VLAN1** | | Edit... |
| Configured Virtual Machines | 0 | |
| VLAN ID | 1 | |
| **Port Group: VLAN5** | | Edit... |
| Configured Virtual Machines | 0 | |
| VLAN ID | 5 | |

**Abbildung 9.27** Auflistung virtuelles Netzwerk mit Port-Gruppen

Nachdem Sie die Port-Gruppen angelegt haben, sehen Sie diese unterhalb des entsprechenden virtuellen Netzwerkes und können Sie dort auch bearbeiten.

Sobald die Port-Gruppen eingerichtet sind, stehen Ihnen für die virtuellen Maschinen nur noch diese als Netzwerkverbindung zur Verfügung und nicht mehr der virtuelle Switch selbst.

Da die Netzwerknamen zum Funktionieren von VMotion immer gleich sein müssen, sollten Sie diese Port-Gruppen – wenn Sie Vmotion denn verwenden – bei allen beteiligten VMware ESX Servern einpflegen.

# 10 Virtuelle Festplatten

10.1   VMware GSX .......................................................... 270

10.2   Microsoft Virtual Server ........................................... 280

10.3   VMware ESX ........................................................... 287

1. **Einführung**
2. **Virtuelle Maschinen im Unternehmen**
3. **Virtualisierungssoftware – eine Marktübersicht**
4. **Auswahl der möglichen virtuellen Maschine**
5. **Auswahl der richtigen Virtualisierungssoftware**
6. **Auswahl der richtigen physikalischen Infrastruktur**
7. **Installation und Update des Wirt-Systems**
8. **Verwaltung der Virtualisierungssoftware**
9. **Virtuelle Netzwerke**
10. **Virtuelle Festplatten**
11. **Erstellung einer virtuellen Maschine**
12. **Verwaltung der virtuellen Maschinen**
13. **VMware VirtualCenter**
14. **Skriptierung und Programmierung unter VMware und MS Virtual Server**
15. **Backup, Restore und Disaster Recovery**
16. **Templates (VM-Vorlagen)**
17. **Zusatzsoftware**
18. **Nützliche Adressen im Web**

# 10 Virtuelle Festplatten

*Wie die virtuellen Netzwerken bieten Ihnen auch virtuelle Festplatten Möglichkeiten an, die Sie in der physikalischen Welt nie finden würden, sei es nun, eine Partition schreibgeschützt zu machen oder innerhalb von Sekunden den Serverstatus zu sichern, um ihn jederzeit wiederherzustellen.*

Haben Sie schon einmal versucht, eine physikalische Festplatte vor einem schreibenden Zugriff zu schützen?

Wohl kaum, und doch liegen die Vorteile eines solchen Vorgehens klar auf der Hand. Stellen Sie sich einmal vor, Sie wollten auf einem sehr wichtigen Server ein Service Pack installieren. Normalerweise sichern Sie vorher erst einmal das System, damit Sie beim Fehlschlagen des Service Packs den Rechner recht schnell wieder in einen funktionstüchtigen Zustand versetzen können. Aber diese Vorgehensweise kostet viel Zeit, müssen Sie den Server doch meist herunterfahren und mit einer Imagesoftware sichern. Da fangen oft die Probleme erst an: Es steht kein freier Plattenplatz für das Image zur Verfügung, die Netzwerkkarte wird nicht erkannt und man muss manuell eingreifen. Ich für mein Teil denke, jeder Systemadministrator hat schon vor dieser Situation gestanden und sich in diesem Moment gewünscht, es wäre anders.

Mittels einer virtuellen Festplatte, die von jedem der drei Produkte unterstützt wird, können Sie dieses Problem recht schnell und unkompliziert lösen. Es stehen Ihnen nämlich mehrere verschiedene Festplattenmodi zur Verfügung, mit denen die Festplatte einfach schreibgeschützt wird. Alle Änderungen werden in eine weitere Datei geschrieben, und erst nach dem erfolgreichen Einspielen des Service Packs können Sie selbst bestimmen, ob alle bisherigen Änderungen zurückgeschrieben werden oder nicht. Falls Sie sich dagegen entscheiden, wird die zusätzliche Datei mit den bisherigen Festplattenänderungen einfach verworfen und die virtuelle Maschine steht Ihnen in ihrem Ursprungszustand wieder zur Verfügung.

Neben dieser Technik haben die einzelnen Virtualisierungsprodukte von VMware und Microsoft noch weitere, teilweise bemerkenswerte Techniken zu bieten, die als Alleinstellungsmerkmale anzusehen sind.

Gerade für den Betrieb sehr E/A-intensiver virtueller Maschinen, sollten Sie besonderen Augenmerk auf die virtuellen Festplatten legen. Sie müssen dabei immer bedenken, dass sich meist mehrere virtuelle Festplatten eine Partition mit einem Controller teilen. Dadurch entstehen u.U. Leistungseinbußen, die Ihnen später Kopfschmerzen bereiten können. Daher sollten Sie bei diesen VMs immer darauf achten, die virtuellen Festplatten auf mehrere Partitionen zu verteilen. Darunter verstehe ich allerdings nicht unterschiedliche Partitionen auf dem selben RAID-Verbund, sondern auf verschiedenen. Zur Verdeutlichung stellen Sie sich bitte einmal einen Datenbankserver vor. Sie haben ein Wirt-System, das lokale SCSI-Platten im RAID5-Verbund hat und zwei FibreChannel HBAs, über die wiederum mehrere LUNs angesprochen werden. Nun könnten Sie die virtuelle Festplatte des Gast-Betriebssystems auf die lokalen SCSI-Festplatten legen, aber die Datenbankdateien werden auf eine virtuelle Festplatte auf der LUN-Partition abgelegt. Würde die oben beschriebene Konfiguration immer noch nicht ausreichen, wäre der nächste Schritt eine LUN über einen FibreChannel HBA exklusiv als physikalische Festplatte der virtuellen Maschine zu überlassen, um eine maximale Geschwindigkeit zu gewährleisten.

Ich denke, Sie merken, worauf ich hinaus will. Wenn Sie die Massenspeicherwege auf mehrere virtuelle Maschinen verteilen, dann müssen Sie diese Wege auch besser ausbauen und optimieren. Gehen Sie mit der virtuellen Hardware bei der Planung nicht anders um als mit der physikalischen. Gerade bei Servern, die sehr viel Festplattenleistung benötigen, ist das Geld bestimmt nicht sinnlos investiert.

Noch ein kleiner Hinweis zum Abschluss: Falls die verwendete physikalische Festplatte eine Wechselfestplatte oder USB-Festplatte sein sollte, gilt es zu bedenken, dass eine Verbindungsunterbrechung auf alle betroffenen virtuellen Maschinen wie ein hartes Herunterfahren des Systems wirkt.

## 10.1 VMware GSX

VMware GSX bietet Ihnen drei verschiedene Festplattenmodi und ein Snapshot-Verfahren beim Umgang mit den virtuellen Festplatten an. Zudem ist es möglich, die Festplattendateien in kleinere Dateien aufzuteilen. Falls Sie sparsam mit Ihrem Festplattenplatz umgehen wollen, können Sie die Festplattendateien anwachsen lassen, statt direkt die volle Kapazität im Dateisystem zu reservieren. Mit VMware GSX Sie können sowohl SCSI- als auch IDE-Festplatten anlegen. Welche Vor- und Nachteile die verschiedenen Platten mit sich bringen, erfahren Sie im Laufe dieses Kapitels.

Selbstverständlich können Sie auch physikalische Festplatten direkt nutzen, ohne den Umweg über eine virtuelle Festplatte zu gehen. Die maximal unterstützte Festplattengröße wäre jedoch bei einer IDE-Festplatte 128 GB und bei einer SCSI-Festplatte 256 GB. Dies gilt übrigens auch für die virtuellen Festplatten. Standardmäßig werden alle virtuellen Festplatten in dem gleichen Verzeichnis wie die sonstigen Dateien einer virtuellen Maschine erstellt. Sie können jedoch beim Anlegen ein beliebiges Verzeichnis angeben.

Ganz gleich, für welche Methode Sie sich entscheiden, die virtuelle Maschine weiß nichts davon, und Sie können mit der Festplatte innerhalb der virtuellen Maschine ganz normal umgehen.

Alle von VMware GSX und von VMware Workstation verwendeten virtuellen Festplatten werden im lokalen Dateisystem im so genannten »COW« (Copy on Write)-Format abgelegt und können auch nur von diesen beiden Programmen direkt genutzt werden. Falls nicht anders konfiguriert, werden diese Festplattendateien in mehrere Teile mit einer maximalen Größe von zwei GB aufgeteilt. Zudem existiert noch eine Festplattenbeschreibungsdatei, in der festgehalten wird, welche der Festplattengruppen die erste ist. Weil VMware ESX ein anderes Format benutzt, müssen die COW-Festplattendateien vor der Nutzung umgewandelt (importiert) werden. Da dieser Prozess des Importierens oft im Zusammenhang mit Templates genutzt wird, gehe ich erst in Kapitel 16, *Templates (VM-Vorlagen)*, detailliert auf diese Problematik ein.

### 10.1.1 Physikalische Festplatten

Eine physikalische Festplatte im Host-System kann einer virtuellen Maschine entweder komplett oder nur teilweise, nämlich in Form einer darauf liegenden Partition zugewiesen werden. Erstere, auch »RAW Disks« genannte Festplatten, haben ihre Vorzüge im Bereich Geschwindigkeit, wird doch einer einzigen virtuellen Maschine der exklusive Zugriff eingeräumt.

**Abbildung 10.1** Einer virtuellen Maschine eine physikalisch Festplatte zuordnen

Um einer virtuellen Maschine eine physikalische Festplatte zuzuordnen, müssen Sie bei deren Erstellung oder Konfigurationsänderung eine neue Festplatte hinzufügen. Während des Dialoges werden Sie gefragt, ob Sie eine neue Festplattendatei, eine existierende Festplattendatei oder ein physikalische Festplatte hinzufügen wollen. Danach erscheint der Dialog aus Abbildung 10.1, in dem Sie sich dann zwischen für die komplette Festplatte oder für eine einzelne Partition entscheiden können.

Sie können mit einer angeschlossenen physikalischen Festplatte genauso umgehen wie mit einer virtuellen Festplatte, d.h., Snapshots, Schreibschutz und normaler Modus sind auch hier möglich.

Eine Integration physikalischer Festplatten in eine virtuelle Maschine ist allerdings mit Vorsicht zu genießen, und es braucht ein gerüttelt Maß an Erfahrung auf der Seite des Administrators, da es ein paar Verhaltensregeln bei der Benutzung unabdingbar einzuhalten gilt. So sollte z.B. eine der virtuellen Maschine zugeordnete physikalische Festplatte nicht mehr mit dem Wirt-System beispielsweise zum Kopieren von Dateien zwischen Wirt und Gast genutzt werden.

### 10.1.2 Virtual Disk Type

Wie ich eingangs erwähnte, können Sie sich bei virtuellen Festplatten zwischen den Festplattenarten IDE und SCSI entscheiden.

IDE-Festplatten bringen den klaren Vorteil, dass so gut wie jedes Gast-Betriebssystem einen funktionierenden Treiber von Haus aus mitbringt und Sie deshalb keine zusätzlichen Treiber bei der Installation laden müssen. Nachteile sind die geringere Festplattenleistung und die maximale Festplattengröße von 128 GB.

Mit SCSI-Festplatten verhält es sich genau umgekehrt: Sie verfügen über ein besseres Caching und eine bessere Leseleistung, dafür ist die Treiberunterstützung in fast keinem Gast-Betriebssystem gegeben. Das bedeutet, dass Sie bei der Neuinstallation einer virtuellen Maschine die SCSI-Festplattentreiber manuell hinzuladen müssen. Bei Microsoft Windows müssen Sie während der Installation [F6] drücken und eine Diskette mit dem Festplattentreiber einlegen. Die aktuellsten Treiber für die SCSI Festplatten-Controller finden Sie auf der VMware-Webseite. Ein weiterer nicht zu vergessender Vorteil der SCSI-Welt ist die höhere Anzahl von Festplatten, die an einen Festplatten-Controller angebunden werden können. Man kann das mit bis zu 60 Platten bei nur vier Festplatten-Controllern tun. Bei IDE hingegen ist man mit lediglich vier Geräten deutlich schlechter bedient.

> **TIPP** Wegen der besseren Treiberunterstützung des IDE-Controllers und damit auch der Festplatten, ist IDE zum Umziehen eines physikalischen Servers in eine virtuelle Maschine gut geeignet.

Grundsätzlich ist immer die SCSI-Variante zu empfehlen, da sie einen Geschwindigkeitsvorteil bringt. Und wenn die virtuelle Maschine erst einmal installiert ist, löst sich der Treibervorteil der IDE-Festplatten schlichtweg in Luft auf. Des Weiteren muss man bedenken, dass VMware ESX keine Unterstützung für IDE-Festplatten innerhalb der virtuellen Maschine vorsieht. Daher kann es durchaus passieren, dass bei einer Portierung der IDE-VM auf einen ESX Server deutlich höhere Hürden zu überwinden sind (Migration über Tools wie Leostream P>V Direct oder manuelles Imaging).

### 10.1.3 Festplattenkapazität

Unter Festplattenkapazität versteht man zum einen die tatsächliche Größe der virtuellen Festplatte, zu anderen aber auch die Art, wie diese Datei/en auf dem Wirt-System abgelegt werden.

**Abbildung 10.2** Festplattenkapazität einer virtuellen Festplatte

Die Größe der virtuellen Festplatte können Sie, wie in Abbildung 10.2 zu sehen, in 100 MB-Schritten angeben. Daher ist die kleinste Einheit 100 MByte und die maximale Größe, je nach Festplattentyp, entweder 128 oder 256 GB. Allerdings werden sich diese Zahlen mit sehr hoher Wahrscheinlichkeit in der nächsten Version deutlich erhöhen. Die neueste VMware Workstation Version 5 unterstützt schon 950 GB pro virtueller Festplatte, und das unabhängig vom Festplattentyp. Da die erfolgreichen Funktionen einer VMware Workstation-Version meist in die Folgeversion des VMware GSX Servers Einzug halten, ist auch es nur eine Frage der Zeit, bis auch diese Software dazu fähig ist.

Des Weiteren können Sie entscheiden, ob die Festplattendatei mit voller Größe direkt auf der Festplatte des Wirt-Systems reserviert werden oder ob sie nur die Größe der tatsächlichen Daten innerhalb der virtuellen Festplatte vorhalten soll, d. h., eine 4 GB große Festplatte ist beim Anlegen statt 4 GB gerade einmal 600 KB groß. Die Vorteile der Komplettanlage liegen hauptsächlich in der höheren Geschwindigkeit und darin, dass Sie direkt schon den maximal verfügbaren Festplattenplatz erkennen können. Auch ein unerwartetes Volllaufen der Festplatte des Wirt-Systems wird damit unwahrscheinlicher, da die virtuellen Festplatten nicht mehr in ihrer Größe zulegen. Nachteile, die man dabei in Kauf zu nehmen hat, sind der verschwendete Festplattenplatz, abhängig von der Auslastung der virtuellen Maschinen, und der erhöhte Gesamtfestplattenbedarf im Wirt-System. Bei Verwendung einer anwachsenden Festplatte ist es möglich, über die Shrink-Funktion innerhalb der virtuellen Maschine Festplattenplatz zu gewinnen und dadurch die Festplattendateien weiter zu verkleinern. Diese Shrink-Funktion ist sinnvoll, weil anwachsende Festplatten (growable disks) wirklich immer nur anwachsen, selbst wenn es zu Datenlöschungen innerhalb der virtuellen Maschine kommt. Durch die Shrink-Funktion werden durch gelöschte Daten entstandene freie Speicherbereiche wieder freigegeben. Ein Transport der virtuellen Maschine kann zudem leichter fallen, ist doch die zu übertragende Datenmenge unter Umständen erheblich geringer.

Darüber hinaus können Sie eine Aufteilung der Festplattendatei in mehrere Dateien mit einer Größe von zwei GByte erzwingen, wodurch Sie Restriktionen der maximalen Dateigröße bestimmter Dateisysteme oder Programme wie beispielsweise EXT2 umgehen können. Zudem können mehrere 2-GByte-Dateien besser auf Fileserver oder andere Wirt-Systeme transportiert werden als eine große Datei von 10 GB, beispielsweise über DVD. Eine Aufteilung in zwei GB ist immer noch die gängigste Methode bei der Erstellung virtueller Festplatten.

### 10.1.4 Snapshots

Dieses Verfahren wurde erst mit der Version 3 des VMware GSX Servers eingeführt. Man hat dadurch die Möglichkeit, den kompletten Systemstatus einer virtuellen Maschine auf Knopfdruck zu sichern und ebenso wiederherzustellen. Dabei werden nicht nur die dazu ausgewählten Festplatten gesichert, sondern auch der Hauptspeicherinhalt und die Eigenschaften der virtuellen Maschine, sprich die angeschlossenen Geräte, Hauptspeichergröße etc. Snapshots bieten sich vor allem vor System-Updates oder Anwendungsinstallationen an, bei denen man nicht genau weiß, ob das System danach noch läuft. Falls dabei etwas schiefgehen sollte, kann man das System innerhalb kürzester Zeit in den gesicherten Stand zurückversetzen. Alle Festplatten, die Sie nicht im Independent-Modus betreiben, können Sie mittels Snapshot sichern.

In der jetzigen Version des VMware GSX Servers kann nur ein Snapshot pro virtueller Maschine angelegt werden. Da es mitterweile aber in der Workstation-Version schon die Multiple Snapshot-Funktionalität gibt, ist es auch hier wahrscheinlich nur eine Frage der Zeit, bis auch VMware GSX mehrere Snapshots unterstützen wird.

Doch wie funktioniert ein solcher Snapshot? Im Moment der Snapshot-Erstellung werden die virtuellen Maschinen für einen gewissen Zeitraum komplett eingefroren, und es werden mehrere Dateien angelegt. In diesen Dateien werden der Hauptspeicherinhalt, die Konfigurationsdatei und die BIOS-Einstellungen der VM weggeschrieben. Zusätzlich werden die betroffenen Festplattendateien schreibgeschützt, und es werden so genannte »REDO Logs« angelegt, in denen alle ab dem Zeitpunkt des Snapshots ausgeführten Festplattenänderungen vermerkt werden. Diese Dateien werden im gleichen Verzeichnis wie die Quelldaten abgelegt, d.h., die Festplatten-Logs werden in das Verzeichnis der virtuellen Festplattendatei und die restlichen Daten ins Heimatverzeichnis der virtuellen Maschine kopiert. Eine Ausnahme sind die REDO Logs von physikalischen Festplatten, denn hier werden die REDO Logs in das Heimatverzeichnis der virtuellen Maschine geschrieben. Da recht große Dateien entstehen können, sollten Sie vor einem Snapshot den verfügbaren Festplattenplatz auf dem Wirt-System daraufhin überprüfen, ob er denn ausreicht.

In Tabelle 10.1 sind die Dateien, die durch einen Snapshot angelegt werden näher erläutert.

| Datei | Verwendung |
|---|---|
| `Festplattenname.vmdk.lck` | Durch diese Datei wird ein Schreibschutz auf die jeweilige Festplattendatei gesetzt. |
| `VM-Name.vmsn` | Hauptspeicherinhalt der virtuellen Maschine |
| `nvram.sav` | BIOS-Einstellungen der virtuellen Maschine |
| `VM-Name.png.sav` | letzter Bildschirminhalt der virtuellen Maschine |

**Tabelle 10.1** Dateien eines Snapshots

| Datei | Verwendung |
|---|---|
| VM-Name.vmx.sav | Konfigurationsdatei der virtuellen Maschine |
| Festplattenname.vmdk.REDO | REDO-Protokolldatei, in der alle Festplattenänderungen vermerkt werden |

**Tabelle 10.1** Dateien eines Snapshots (Forts.)

In den Eigenschaften einer virtuellen Maschine, können Sie die Handhabung des Snapshots konfigurieren (Abbildung 10.3). Falls Sie noch keine Snapshots angelegt haben und dies auch nicht wollen, können Sie die Snapshot-Funktion direkt abschalten, indem Sie *Disable Snapshots* mit einem Häkchen versehen. Ein Abschalten kann sinnvoll sein, wenn Ihnen nicht mehr viel Speicherplatz auf dem Wirt-System zur Verfügung steht. Da bei einem Snapshot aufgrund der Hauptspeicherinhalte und Festplattenänderungen mehrere Gigabyte an zusätzlichen Daten anfallen können, wäre ein versehentlich angeklickter Snapshot bei einem solchen System sehr unangenehm.

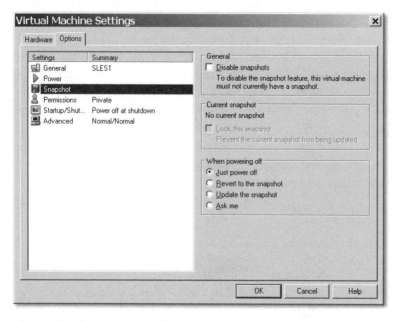

**Abbildung 10.3** Verwalten von Snapshots einer virtuellen Maschine

Wenn Sie keine neuen Snapshots mehr zulassen wollen, sondern nur einen »Originalsnapshot« möchten, können Sie den derzeit verfügbaren Snapshot durch *Lock this snapshot* unantastbar machen. Dadurch wird in der Snapshot-Verwaltung, die über die VMware Virtual Machine Console (Abbildung 10.4) erreichbar ist, der Punkt *Save Snapshot* deaktiviert.

Des Weiteren kann das Verhalten der virtuellen Maschine beim Ausschalten in Bezug auf die Snapshots angepasst werden. Hier stehen Ihnen vier Möglichkeiten zur Verfügung:

- **Just power off** – Der Snapshot wird beim Abschalten nicht beachtet.
- **Revert to the snapshot** – Bei jedem Ausschalten wird der Snapshot und damit der Zustand der virtuellen Maschine zum Zeitpunkt des Snapshots wiederhergestellt. Hier gehen alle Änderungen verloren!
- **Update the snapshot** – Der Snapshot wird bei jedem Ausschalten aktualisiert, d.h., der komplette Systemstatus der virtuellen Maschine beim Ausschalten wird als neuer Snapshot hinterlegt.
- **Ask me** – Hier werden Sie jedesmal beim Abschalten der virtuellen Maschine gefragt, was mit den Änderungen seit dem letzten Snapshot passieren soll. Hier stehen Ihnen die drei oben beschriebenen Möglichkeiten zur Verfügung.

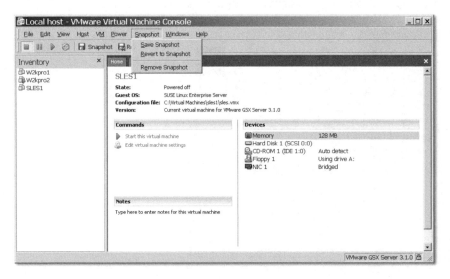

**Abbildung 10.4** Snapshot-Funktion in VMware Virtual Machine Console

Um überhaupt mal einen Snapshot zu erstellen, müssen Sie in der VMware Virtual Machine Console ins Menü *Snapshot* wechseln und *Save Snapshot* auswählen. Im gleichen Menü können Sie den Systemstatus mit *Revert to Snapshot* wiederherstellen und damit alle bisherigen Änderungen zunichte machen. Während Sie Snapshots sowohl im abgeschalteten als auch im Online-Zustand erstellen und zurückschreiben können, ist es nicht möglich, bei einer aktiven virtuellen Maschine den Snapshot mit *Remove Snapshot* zu löschen. Ein Entfernen der Snapshots macht vor allem dann Sinn, wenn Sie mit der Originalfestplattendatei arbeiten wollen, da sonst immer mit den REDO Logs gearbeitet wird. Ein Beispiel wäre ein Kopieren der Festplattendatei, um eine neue virtuelle Maschine anzulegen, oder eine Vergrößerung der virtuellen Festplatte über die Kommandozeile.

Gerade die Snapshot-Methode macht einen sehr flexiblen Umgang mit den virtuellen Festplatten möglich. Mit ein wenig Überlegung kann man recht heiklen Prozessen, wie dem Einspielen von Servicepacks oder Anwendungsaktualisierungen, sehr effektiv den Schrecken nehmen.

### 10.1.5 Independent Mode

Wenn Sie eine Festplatte in den Independent-Modus (Abbildung 10.5) schalten, wird eine Art zusätzliche Schicht über die Festplatte gelegt. Diese Schicht stellt Ihnen dann verschiedene Möglichkeiten wie beispielsweise einen Schreibschutz zur Verfügung. Innerhalb des Independent-Modus stehen Ihnen wiederum zwei Verfahren zur Verfügung: der *persistent* und der *non-persistent Mode*.

**Abbildung 10.5** Independent-Modus der Festplatte

### Persistent Mode

Im persistent Mode werden alle Daten direkt auf die Festplatte geschrieben, d.h., die Festplatte funktioniert im Endeffekt ganz normal. Sie müssen allerdings dabei beachten, dass es hier kein Zurück mehr gibt, weil diese Festplatten nicht mehr über das Snapshot-Verfahren abgedeckt werden. Wenn Sie demnach einen gesicherten Snapshot zurückspielen, dann werden die seit dem Snapshot vorgenommenen Änderungen auf einer persistenten Festplatte trotzdem bestehen bleiben.

**Non-persistent Mode**

Der non-persistent Mode ist das genaue Gegenteil des persistent Modes. Es werden nämlich keine Änderungen der virtuellen Festplatte zurückgeschrieben. Alle Änderungen gehen beim Ausschalten der virtuellen Maschine oder beim Zurückschreiben eines Snapshots unwiederbringlich verloren. Diese Option ist vor allem sinnvoll, wenn die virtuellen Festplattendateien auf einem schreibgeschützten Medium (CD-ROM, DVD-ROM) abgelegt sind.

### 10.1.6 Kommandozeile

Unter der Kommandozeile des Wirt-Betriebssystems existiert bei VMware GSX ein Befehl, mit dem sich die Verwaltungsmöglichkeiten der virtuellen Festplattendateien deutlich verbessern lassen. Viele der Funktionen werden Ihnen weder von der Web-Administrationsoberfläche noch von der VMware Virtual Machine Console zur Verfügung gestellt. Beide Programme bringen darüber hinaus die Einschränkung mit sich, dass eine Neuanlage und Verwaltung der virtuellen Festplattendateien nur beim Anlegen und Verwalten der virtuellen Maschine selbst möglich ist. Die Automatisierung verschiedener Prozesse kann durch die Verwendung von Programmen über die Kommandozeile geschehen.

Eines dieser Programme finden Sie im Programmverzeichnis des VMware GSX Servers unter dem Namen `vmware-vdiskmanager`, unter Microsoft Windows heißt es `vmware-vdiskmanager.exe`.

Der Vdiskmanager eröffnet Ihnen folgende Möglichkeiten:

- Automatisierung der Verwaltung von Festplattendateien durch Skripte
- Anlage von virtuellen Festplattendateien, die keiner virtuellen Maschine zugeordnet sind, z.B. als Vorlage
- Änderung des Festplattentyps von preallocated (Reservierung der kompletten Festplattenkapazität) zu growable (anwachsend, es werden nur die wirklich existierenden Daten reserviert) und umgekehrt
- Vergrößerung der Festplattendatei
- Festplattendefragmentierung
- Durchführen eines Shrinks auf die Festplatte der virtuellen Maschine, ohne diese zuvor abschalten zu müssen (nur Microsoft Windows)
- Umbenennen und Verschieben virtueller Festplattendateien

Eine genaue Befehlssyntax finden Sie in Anhang B.

## 10.2 Microsoft Virtual Server

Auch der Microsoft Virtual Server bietet Ihnen eine Vielzahl von Festplattenmodi an, die wahrscheinlich jeden Wunsch erfüllen können. Eine Spezialität des Virtual Servers ist »differencing disk«, mit dem Sie eine Basisplatte mehreren virtuellen Maschinen zugänglich machen können.

Selbstverständlich ist es auch mit dem Virtual Server möglich, physikalische Festplatten in virtuellen Maschinen direkt zu nutzen.

Als Größenbeschränkungen gilt jedoch hier 127 GB für IDE-Festplatten und 2 TB für SCSI-Festplatten. Wie Sie sehen, schlägt der Virtual Server bei den Größenbeschränkungen der SCSI-Festplatten den VMware GSX Server momentan noch deutlich.

Der Umstand, dass der kleine Bruder Virtual PC keine SCSI-Festplatten unterstützt, gewinnt bei einer Migration vom Virtual Server zum Virtual PC an Bedeutung. Solche Migrationen sind besonders für Tests neuer Software auf der virtuellen Maschine sinnvoll.

Alle Festplattendateien erkenne Sie unter Microsoft Virtual Server anhand der Datei-Endung ».vhd«.

### 10.2.1 Physikalische Festplatten

Da Sie hier ebenso wie beim VMware GSX die Festplatten nicht gleichzeitig mit Wirt- und Gast-System ansprechen dürfen, sollten Sie zur Sicherheit die physikalische Festplatte mittels des Festplattenmanagers aus dem Wirt-System logisch entfernen.

Um eine solche Festplattenzuordnung erstellen zu können, müssen Sie in der Web-Administrationsoberfläche unter **Virtual Disks · Create · Linked Virtual Hard Disk** (Abbildung 10.6) auswählen. Nun können Sie den Pfad und einen sprechenden Namen für die virtuelle Festplatte eintragen. Unter dem Punkt *Location* werden alle Pfade angezeigt, die in den Suchpfaden des Virtual Servers eingetragen sind. Nach einem Klick auf *Create* steht diese Festplatte für die Verwendung in den virtuellen Maschinen bereit.

Ungleich des VMware GSX Servers, können Sie beim Virtual Server weder den Differencing- noch den Undo-Modus auf einer physikalischen Festplatte aktivieren, mit der Folge, dass Ihnen keine erweiterten Festplattenmodi zur Verfügung stehen. Darüber hinaus kann man nicht einzelne Partitionen innerhalb der physikalischen Festplatte verlinken, sondern immer nur die gesamte Festplatte.

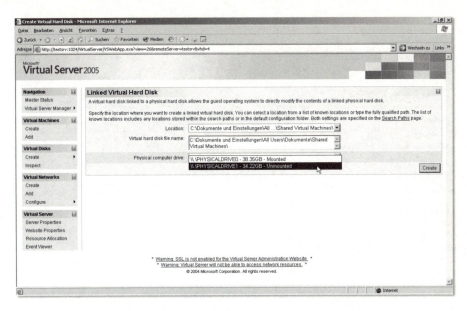

**Abbildung 10.6** Erstellen einer physikalischen Festplatte als virtuelle Festplatte

### 10.2.2 Fixed-size-Festplatten

Wenn Sie von einer normalen Festplatte ausgehen, hat diese eine feste Festplattengröße, die Ihnen direkt zur Verfügung steht. Um eine solche virtuelle Festplatte anzulegen, können Sie unter der Web-Administrationsoberfläche **Virtual Disks · Create · Fixed Size Virtual Hard Disk** (Abbildung 10.7) auswählen. Hier können Sie dann neben dem sprechenden Namen der Festplattendatei auch die gewünschte Festplattengröße angeben, die je nach Festplattentyp maximal 127 GB oder 2 TB sein kann. Diese Festplattendatei wird später mit exakt der angegebenen Festplattengröße als .vhd-Datei auf dem Wirt-System zu finden sein.

Fixed-Size-Festplatten können später sowohl in Dynamically Expanding-Festplatten konvertiert als auch im Differencing- oder Undo-Modus betrieben werden.

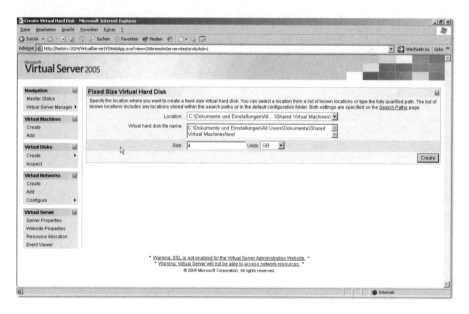

**Abbildung 10.7** Anlegen einer virtuellen Fixed-size-Festplatte

### 10.2.3 Dynamically Expanding-Festplatten

Wie Sie sich sicherlich erinnern werden, heißt die Funktion beim VMware GSX Server *growable Disk*, was bedeutet, dass eine virtuelle Festplatte nicht in voller Größe, sondern mit einer geringern Anfangsgröße angelegt wird. Durch das Arbeiten auf der virtuellen Festplatte wächst sie mit den real anfallenden Daten an. Die durchschnittliche Größe einer 1 GB großen Festplatte beträgt dadurch beim Anlegen ca. 3 MB, d.h., Sie werden eine 3 MB große .vhd-Datei auf dem Wirt-System vorfinden, die allerdings selbst bei Datenlöschungen ebenso wie unter VMware GSX trotzdem immer nur größer wird. Deshalb sollten Sie sporadisch einen Compact über die Festplattendatei laufen lassen.

Erstellt wird die virtuelle Festplatte in der Webadministration über **Virtual Disks · Create · dynamically expanding disk**. Der sich anschließende Dialog ist der gleiche wie der aus Abbildung 10.7, nur mit dem großen Unterschied, dass Ihnen nach dem Klick auf *Create* vorläufig deutlich mehr Festplattenplatz auf dem Wirt-System zur Verfügung steht.

Aber ich möchte nochmals davor warnen, diese Funktion nicht zu positiv zu bewerten, denn Sie können nicht auf einen Blick sehen, wie viel Festplattenplatz wirklich durch die virtuellen Maschinen verbraucht werden kann.

## 10.2.4 Differencing-Festplatten

Auch hier werden die Festplatten in der Webadministration über **Virtual Disks** · **Create** · **Differencing Virtual Hard Disk** angelegt. Der Webdialog unterscheidet sich in einem entscheidenden Punkt von den beiden vorherigen (Abbildung 10.8).

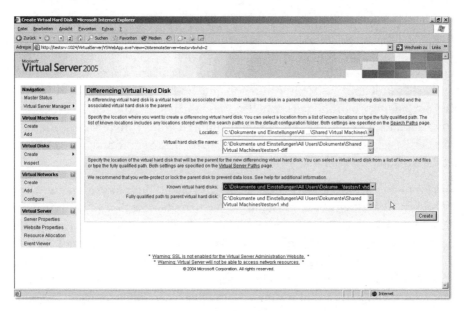

**Abbildung 10.8** Anlegen einer Differencing-Festplatte unter Microsoft Virtual Server

Es muss schon eine Fixed-size- oder Dynamically-Expanding-Festplatte vorhanden sein! Diese wählen Sie dann auch im unteren Teil des Webdialoges aus und müssen zusätzlich einen neuen Festplattennamen angeben. Bei diesem Festplattennamen sollten Sie unbedingt auf eine sprechende Syntax achten, um später schneller die Zugehörigkeit der jeweiligen Festplatten erkennen zu können.

Wozu soll das gut sein? Eine Differencing-Festplatte funktioniert ähnlich wie das REDO Log unter VMware, d.h., es wird eine Festplatte schreibgeschützt, und alle Änderungen werden in das REDO Log geschrieben. Hier ist es kein REDO Log, sondern einfach eine neue Festplatte. Diese stehen in einem Eltern/Kind-Verhältnis zueinander.

Großer Vorteil dieser Lösung ist zum einen, dass Sie alle ab dem Zeitpunkt des Anlegens der Basisfestplatte (Eltern) vorgenommenen Änderungen rückgängig machen können, zum anderen können Sie sogar mehrere virtuelle Maschinen über diesen Weg auf eine Basisplatte zugreifen lassen. Alle durch die virtuellen Maschinen gemachten Änderungen werden in die jeweils zugeordnete Differencing-Platte geschrieben und beeinflussen damit in keiner Weise die anderen virtuellen Maschinen, obwohl die gleiche Basisfestplatte genutzt wird.

Falls Sie die zwischenzeitlichen Änderungen an einer Festplatte beibehalten möchten, besteht die Möglichkeit, eine Differencing-Festplatte (Kind) mit der Basisfestplatte (Eltern) zusammenzuführen (merge).

Ihnen wird wahrscheinlich sofort das Problem in den Sinn kommen, was denn zu geschehen hat, sobald virtuelle Maschinen mit einer Differencing-Festplatte arbeiten, dabei jedoch über verschiedene Programmstände oder – schlimmer noch – unterschiedliche Betriebssystemstände verfügen. Kurzum, dies ist ein wirkliches Problem, das Sie nur durch manuelles Einspielen der Aktualisierungen auf jeder der betroffenen virtuellen Maschinen lösen können. Darüber hinaus können Sie sich durch ein Zusammenführen einer Differencing-Festplatte mit der Basisfestplatte das Problem einhandeln, dass Sie die anderen auf diese Basisfestplatte zugreifenden virtuellen Maschinen abschießen.

Das Warum ist schnell erklärt: Stellen Sie sich vor, auf Ihrer Basisfestplatte wäre Windows 2000 Service Pack 3 installiert. Nun betreiben Sie fünf weitere virtuelle Maschinen mit einer Differencing-Festplatte, die als Eltern diese Basisfestplatte besitzen. Sie ändern nun bei dreien den Service Pack-Stand auf Service Pack 4, und bei den beiden übrigen installieren Sie einen neueren Internet Explorer. Sobald Sie nun eine der Differencing-Festplatten mit der Basisfestplatte zusammenführen, führt das auf den anderen virtuellen Maschinen zu einer Dateninkonsistenz, die eine nutzlose virtuelle Maschine zur Folge haben kann.

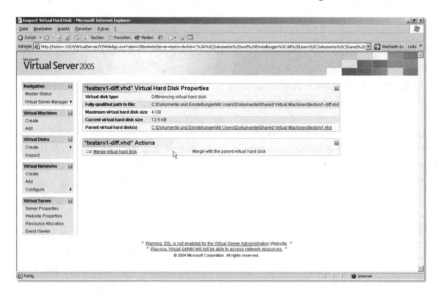

**Abbildung 10.9** Eigenschaften einer virtuellen Festplatte

Um diese virtuellen Festplatten zusammenzuführen (merge), müssen Sie in die Eigenschaften der *differencing disk* (Abbildung 10.9) wechseln und auf *Merge Virtual Hard Disk* klicken.

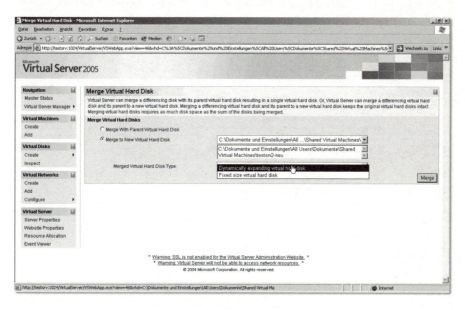

**Abbildung 10.10** Zusammenführen der Differencing-Festplatte

Danach stehen Ihnen zwei Möglichkeiten (Abbildung 10.10) zur Verfügung: Entweder Sie führen die Differencing-Festplatte mit der Basisfestplatte (parent disk) zusammen, oder Sie erstellen aus den beiden Festplatten (Basis + differencing) eine neue. Diese neue Festplatte kann wiederum ein Fixed-size oder eine Dynamically-Expanding-Festplatte sein.

Sie können das Spiel mit den Differencing-Festplatten aber noch weiter treiben, indem Sie auf die Festplatte nochmals ein differencing setzen. Dies können Sie mehrmals machen, und man spricht dann von einer »differencing chain«, also einer Kette. Wichtig ist hierbei, dass immer nur die aktuellste Festplatte, also die letzte in der Kette Schreib-/Lesezugriff erhält, alle anderen Festplatten sollten Sie schreibgeschützt halten.

Trotz allem sollten Sie immer den freien Festplattenplatz des Wirt-Systems im Auge behalten, da jede Differencing-Festplatte bis zur maximal vorgegebenen Festplattengröße anwachsen kann.

### 10.2.5 Undo-Festplatten

Zu den Möglichkeiten der Differencing-Festplatten können Sie aber auch eine Festplatte im Undo-Modus betreiben, der sicherstellt, dass alle vorgenommenen Änderungen rückgängig gemacht werden können.

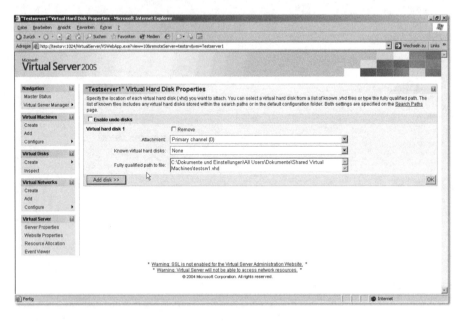

**Abbildung 10.11** Festplatteneigenschaften im Undo-Modus

Um eine Festplatte in dem Undo-Modus zu betreiben, müssen Sie in den Eigenschaften der ausgeschalteten virtuellen Maschine die entsprechende Festplatte auswählen. Dort können Sie *Enable undo disks* mit einem Häkchen versehen. Diese Einstellung gilt dann für alle virtuellen Festplatten der virtuellen Maschine. Die Datei, in die alle Änderungen geschrieben werden, befindet sich immer im gleichen Verzeichnis wie die Konfigurationsdateien der virtuellen Maschine, daher muss auch hier unbedingt auf den freien Festplattenplatz des Wirt-Systems geachtet werden.

### 10.2.6 Komprimieren und Konvertieren virtueller Festplatten

Wie schon erwähnt, können Sie virtuelle Festplatten vom Modus *fixed-size* in den Modus *dynamically expanding* konvertieren und umgekehrt. Außerdem ist es ab und zu sinnvoll, die »wachsenden« Festplatten über einen *compact* zu bereinigen. Beide Funktionen erreichen Sie über den Inspect-Aufruf des Virtual Servers, der unterhalb der Virtual Disks-Sektion zu finden ist. Im Inspect-Dialog können Sie die gewünschte Festplatte auswählen, und nach einem Klick auf *Inspect* erscheint der Bildschirm aus Abbildung 10.12.

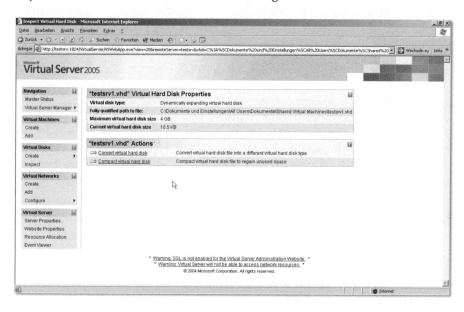

**Abbildung 10.12** Inspect-Funktion des Microsoft Virtual Servers

Dort werden Ihnen u.a. die maximale und die derzeitige Festplattengröße, der Pfad zur virtuellen Festplattendatei und der verwendete Festplattentyp angezeigt. Falls Sie sich innerhalb einer Differencing-Festplatte befinden, erfahren Sie zusätzlich noch die verwendete Basisfestplatte. Hier stehen Ihnen nun die erwähnten Funktionen *convert* und *compact* zur Verfügung.

Da beide – je nach Größe der Festplatte bzw. der Festplatteninhaltes – sehr viel Zeit und Systemleistung in Anspruch nehmen können, sollten Sie den Zeitpunkt sorgfältig wählen oder die Festplatten vorher auf ein Testsystem kopieren und den Aufruf von dort aus starten.

## 10.3 VMware ESX

Anders als die beiden Virtualisierungsprodukte VMware GSX und Microsoft Virtual Server bietet VMware ESX keine Unterstützung für IDE-Festplatten oder NAS-Systeme im Wirt-System als Ablageorte für die virtuellen Festplatten, sondern unterstützt nur SCSI-Festplatten bzw. SAN LUNs. Ebenso werden auch keine IDE-Festplatten innerhalb der virtuellen Maschine unterstützt, was einen Umzug zwischen den VMware-Produkten schwieriger machen kann. Des Weiteren unterscheidet es sich durch die Nutzung eines Dateisystems namens VMFS, das eigens dafür kreiert wurde, um die virtuellen Festplatten darin abzulegen.

Die verwendbaren Festplattenmodi des ESX Servers werden jedem bekannt vorkommen, der noch die älteren VMware GSX- bzw. Workstation-Versionen kennt. Das heißt folgerichtig, dass die neuere Snapshot-Funktion noch nicht in VMware ESX implementiert ist, zumindest was die MUI, also das Webinterface angeht. Per Kommandozeile können Sie ähnliche Funktionalitäten erreichen, die dann hauptsächlich zur Sicherung genutzt werden.

### 10.3.1 VMFS

Dieses Dateisystem wurde speziell für die Ansprüche der Virtualisierung durch VMware kreiert und in das professionellste Produkt, VMware ESX Server, implementiert. Es ist ein monolithisches Dateisystem, das seine Stärken bei der Verarbeitung von sehr großen Dateien wie virtuellen Festplattendateien zeigt. Wegen ihres proprietären Formats können die auf dem ESX Server im VMFS abgelegten Festplattendateien nicht ohne weiteres mit einem VMware GSX Server genutzt werden. Eine vorherige Umwandlung ist unumgänglich.

Je nach der durchschnittlichen Dateigröße können Sie dieses Dateisystem auch noch weiter optimieren, indem Sie beim Formatieren der VMFS-Partition die Dateigröße der dort abgelegten Festplattendateien der virtuellen Maschinen berücksichtigen. Ein VMFS-Dateisystem ist deutlich leistungsfähiger als ein mit herkömmliches Dateisystem. Zudem sind spezielle Funktionen implementiert, um Clustersysteme zu bedienen.

Momentan ist Version 2 des VMFS-Dateisystems auf dem Markt, das in einer Partition maximal 256 Dateien Platz bietet. Zumindest ist dies durch die MUI so beschränkt. Durch manuelles Formatieren (`vmkfstools -C vmfs2 -n` »Anzahl der maximal möglichen Dateien« bis zu 1024) über die Kommandozeile oder die Verwendung von Extends (Spanning über mehrere LUNs – Spanning kann maximal 32 LUNs umfassen) kann man diese Beschränkung allerdings aufheben. Aber nach Empfehlung von VMware sollten auf einer VMFS-Partition maximal 32 I/O-intensive VMs oder maximal 100 I/O-unkritische VMs betrieben werden. Zudem sollen nach Spezifikation nicht mehr als 16 VMware ESX Server mit den gleichen VMFS-Partitionen verbunden sein. Der Optimierung sind bestimmte Funktionen zum Opfer gefallen. Dazu gehören Verzeichnisse oder bestimmte Sonderzeichen, die Sie von normalen Dateisystem her gewohnt sind. Daher sollten Sie alle Festplattendateien mit einem sprechenden Namen versehen, in dem auch der Servername enthalten ist. Aufgrund dieser Beschränkungen wird auch immer zwischen den Konfigurationsdateien und den Festplattendateien getrennt, da sonst keine richtige Zuordnung möglich wäre. Stellen Sie sich allein das Durcheinander vor, wenn 50 virtuelle Maschinen mit allen zugehörigen Dateien flach und ohne Verzeichnisstruktur in einer Partition liegen würden.

Da externe Programme wie z.B. Backupsoftware oft nicht auf das VMFS-Dateisystem zugreifen können, muss vor der Sicherung ein Transfer (ein Export mittels `vmkfstools -e` ist empfehlenswert) der VMFS-Dateien in ein EXT3-Dateisystem stattfinden. Gleiches gilt für einen Im- oder Export der Festplattendateien aus oder hin zu anderen VMware-Produkten, damit diese unter VMware ESX und umgekehrt lauffähig sind.

### 10.3.2 Raw Device Mapping (physikalische Festplatten)

Wie bei allen Produkten ist es auch bei VMware ESX möglich, eine physikalische Festplatte direkt der virtuellen Maschine zuzuordnen. Aber diese physikalische Festplatte muss zwingend eine SAN LUN oder eine Festplatte an einem ausschließlich für den VMkernel genutzten SCSI-Adapter sein. Dabei wird immer die komplette Festplatte beansprucht, was eine Formatierung im VMFS-Dateisystem von vornherein ausschließt.

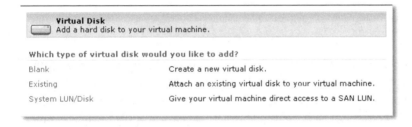

**Abbildung 10.13** Anlegen einer neuen virtuellen Festplatte

Um eine solche Festplatte anzulegen, müssen Sie während des Festplattendialoges (Abbildung 10.13) *System LUN/Disk* auswählen.

Seit der neuen VMFS Version 2 ist es möglich, bezüglich des eigentlichen Raw Devices Metadaten abzulegen, die statt der Target ID (z.B. vmhba0:0:0:1) eine Zuordnung über einen sprechenden Namen im Dateisystem erlaubt. Unter diesen Metadaten kann man im Prinzip einfach eine Verknüpfungsdatei verstehen, die statt des direkten Zugriffes genutzt wird. So wird eine Zugriffssperrung der Festplatte möglich, wodurch auch VMs mit diesen Festplatten mit VMotion verschoben werden können.

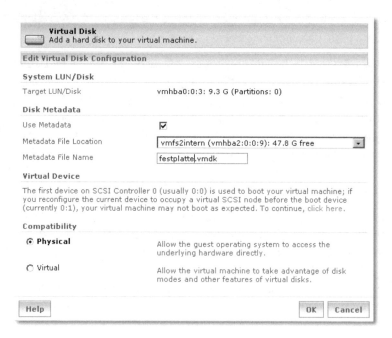

**Abbildung 10.14** Dialog zum Anlegen einer physikalischen Festplattenzuordnung in der virtuellen Maschine

Nur wenn Sie beim Anlegen dieser Festplattenzuordnung unter dem Punkt *Compatibility*: *Virtual* auswählen, stehen Ihnen alle erweiterten Festplattenmodi zur Verfügung. Ansonsten wird die Festplatte wie im Perstistent-Modus ganz normal betrieben. Falls Sie die Festplatte auch mit REDO Logs betreiben wollen und beispielsweise ein Schreibschutz möglich sein soll, dürfen Sie die Festplatte nicht als *Compatibility: Physical* anlegen.

Gerade im Umfeld des VMware ESX Servers gibt es zwei große Serverumgebungen, in denen physikalische Festplatten ihren Nutzen voll entfalten. Die wichtigste Gruppe sind zweifellos Clustersysteme, genauer gesagt Cluster zwischen virtuellen und physikalischen Systemen, die ohne eine physikalische Festplatte nicht realisierbar wären. Weitere Kandidaten sind virtuelle Maschinen mit einer hohen Frequenz von Festplattenzugriffen, da sich durch die direkte Verlinkung mit der physikalischen Festplatte die Leistungsfähigkeit immens erhöht.

### 10.3.3 Persistent-Modus

Der Persistent-Modus wurde schon beim VMware GSX Server. Die virtuelle Festplatte wird in diesem Fall wie eine normale Festplatte behandelt, und alle Änderungen werden sofort auf der Festplatte weggeschrieben. Die fehlende

Möglichkeit, unter VMware ESX wachsende Festplatten anzulegen, führt dazu, dass der Festplattenplatz immer direkt auf dem Wirt-System reserviert und auch benötigt wird. Über die Kommandozeile kann die Festplatte im laufenden Betrieb in einen anderen Modus geschaltet werden, um beispielsweise Backups zu machen. Bei Neuanlage einer Festplatte befindet diese sich standardmäßig im Persistent-Modus. Auf die Leistungsfähigkeit dieser Zugriffsart sollte man nicht verzichten und nur bei Bedarf und kurzzeitig auf andere Zugriffsarten umschalten.

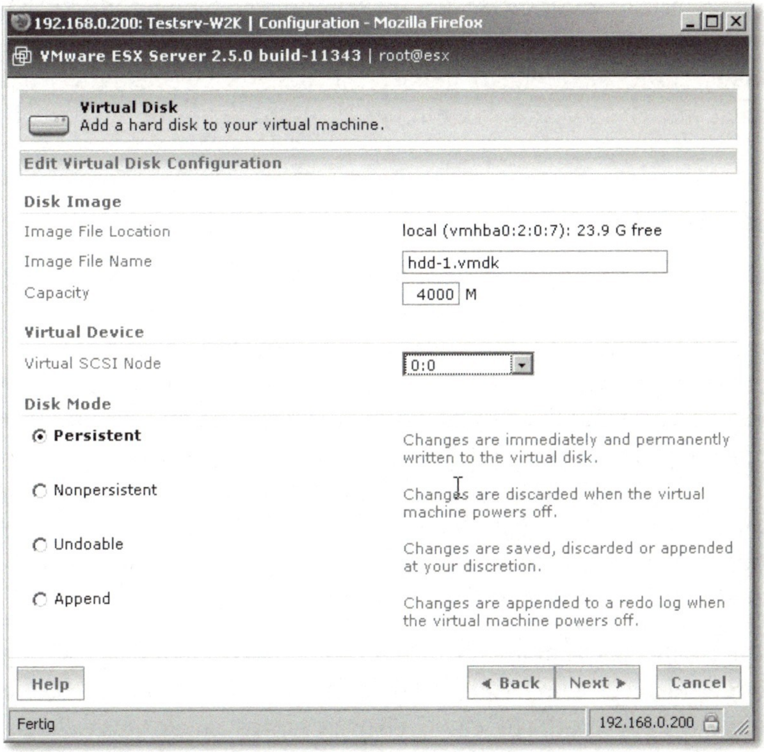

**Abbildung 10.15** Modus der virtuellen Festplatte auswählen

### 10.3.4 Non-Persistent-Modus

Auch dieser Modus ist das Spiegelbild seines VMware GSX-Gegenübers. Die Festplatte befindet sich immer im schreibgeschützten Modus, und alle Änderungen werden ohne Rückfrage verworfen. Dieses Verwerfen der Änderung geschieht immer beim Ausschalten der virtuellen Maschine. Dieser Festplattenmodus ist besonders in Schulungsräumen oder Testumgebungen interessant, wenn man nicht will, dass eine Änderung bestehen bleibt. Gerade im Falle einer Schulung könnten Sie die virtuellen Maschinen komplett installieren und dann den Festplattenmodus auf non-persistent umschalten. Die Teilnehmer können anschließend machen, was sie wollen, denn nach dem Abschalten der virtuellen Maschinen ist alles wieder im Ursprungszustand.

### 10.3.5 Append-Modus

Wenn sich eine Festplatte im Append-Modus befindet, werden alle Festplattenänderungen direkt weggeschrieben, allerdings nicht auf die Originalfestplatte, sondern in eine Protokolldatei. Falls Sie irgendwann die Festplatte in ihren Ursprungszustand zurückversetzen wollen, müssen Sie nur alle REDO-Protokolldateien löschen. Um alle gemachten Änderungen in eine normale Festplattendatei zurückzuschreiben, müssen Sie das REDO Log mittels des Kommandozeilenbefehls `vmkfstools` mit der Ursprungsfestplatte zusammenführen.

### 10.3.6 Undoable-Modus

Der Undoable-Festplattenmodus ist eigentlich eine Mischung aus den drei vorherigen Modi. Ihre Festplatte befindet sich in einem schreibgeschützten Modus und alle Änderungen werden in eine Protokolldatei geschrieben. Beim Ausschalten der virtuellen Maschine werden Sie nun gefragt, ob Sie alle Änderungen verwerfen (*discard*), mit der Originalplatte zusammenführen (*commit*) oder weiter in eine Logdatei (*append*) schreiben möchten. Wegen der Vielzahl an Möglichkeiten bei jedem Abschalten des Systems ist dies die nach dem Persistent-Modus am häufigsten genutzte Methode. Während bei einem *append* die Originalfestplatte weiter unberührt bleibt, werden beim *commit* alle Änderungen weggeschrieben, und eine neue Protokolldatei beginnt.

Sie müssen sich dabei aber immer vor Augen halten, dass ein großer Zeitraum zwischen Originaldatei und Änderungsdatei liegen kann, da nur ein Abschalten und kein Neustart diese Rückfrage seitens VMware auslöst. Stellen Sie sich einfach einen Server vor, der seit drei Monaten ohne Unterbrechung läuft, währenddessen die Änderungen immer mit *append* weitergeführt wurden. Wenn Sie dieses System nun abschalten, können Sie wohl kaum sicher sagen, welche Änderungen durch ein *discard* verworfen würden.

### 10.3.7 REDO Log

Die Festplattenmodi *append* und *undoable* arbeiten, wie schon erwähnt, mit einem Änderungsprotokoll, das auch REDO Log genannt wird. In diesem REDO Log wird alles vermerkt, was normalerweise in die Originalfestplattendatei geschrieben würde. Während Sie innerhalb der grafischen Oberflächen auf die vorgegebenen Festplattenmodi angewiesen sind, können Sie über das Kommandozeilentool `vmkfstools` noch mehr aus dem REDO Log herausholen.

Sobald Sie ein REDO Log für eine aktive Festplatte aktivieren, wird der exklusive Lesezugriff durch den VMkernel aufgehoben und die Festplatte in einen schreibgeschützten Modus versetzt. Sie können erst jetzt die Originalfestplatte kopieren! Dadurch wäre auch jetzt eine Sicherung der Festplatte möglich, obwohl die virtuelle Maschine weiterläuft. Aber natürlich hat diese Geschichte auch einen Haken. Weil die virtuelle Festplatte während des Betriebs nicht mehr weiter verwendet wurde, befindet sie sich im Falle einer Rücksicherung in dem gleichen Zustand, in dem sie auch wäre, wenn ein harter Ausfall des Systems sich zugetragen hätte, wie beispielsweise bei einem Stromausfall. Die meisten Programme überstehen einen solchen Crash zwar problemlos, eine Garantie gibt es jedoch nicht.

Wenn Sie schon ein REDO Log für eine Festplatte aktiviert haben, können Sie über die Kommandozeile auch auf dieses REDO Log ein weiteres anlegen, wodurch – ähnlich wie beim Differencing von Microsoft Virtual Server – eine Kette von REDO Logs entsteht. Auch hier wird nur in das letzte REDO Log geschrieben, alle anderen Dateien sind schreibgeschützt. Mit dieser Funktionalität können Sie einen ein System schrittweisen aufbauen, oder besser, schrittweise zurücksichern.

Da eine virtuelle Maschine kurz eingefroren werden muss, wenn das letzte REDO Log in die Basisfestplatte integriert wird, haben Sie einen großen Vorteil bei der Verwendung eines zweiten REDO Logs. Mit diesem zweiten REDO Log können Sie diesen Prozess aussetzen, um beispielsweise immer eine nahezu aktuelle Sicherung vorzuhalten, ohne die virtuelle Maschine dabei auch nur kurzzeitig zu beeinträchtigen.

> **TIPP** Allerdings sollte bedacht werden, dass es bei einer aktiven REDO Log-Größe von 1,5–2 GB zu schwerwiegenden Leistungseinbußen innerhalb der betroffenen virtuellen Maschine kommen kann. Das wurde auch schon mehrfach in der VMware VCommunity erwähnt und stellt auch in der aktuellen Version noch ein Problem dar.

### 10.3.8 Kommandozeile

Gerade in Bezug auf virtuelle Festplatten bietet Ihnen die VMware ESX-Kommandozeile eine Vielzahl von Funktionen, die ihresgleichen suchen. Der erste wichtige Befehl ist `vmkfstools`, mit dem Sie die virtuellen Festplattendateien erstellen und anpassen können. Ein REDO Log im Append-Modus lässt sich in die Basisfestplatte integrieren und auch erstellen. Darüber hinaus sind spezielle Befehle für die Verwendung von SAN LUNs vorhanden.

Ein weiterer wichtiger Befehl ist das `vmware-cmd`-Kommando, mit dem Sie sehr gut einzelne oder mehrere REDO Logs über eine Festplatte legen können. Natürlich ist ein Zusammenführen der REDO Logs und der Basisfestplatte auch hier möglich.

Falls Sie anhand des REDO Logs und der Basisfestplatte eine neue Festplatte erstellen wollen, werden Ihnen diese Befehle eine große Hilfe sein.

Außerdem dürfen Sie nicht vergessen, dass alle mit VMware ESX erstellten Festplattendateien mit der VMware GSX- oder Workstation-Variante inkompatibel sind. Daher muss immer vor der Nutzung je nach Richtung ein Im- oder Export der Festplattendateien stattfinden. Die komplette Syntax dieser beiden Befehle können Sie in Anhang B nachlesen.

# 11 Erstellung einer virtuellen Maschine

11.1  Die virtuelle Maschine auf dem Wirt-System ....... 297

11.2  VMware MUI (Web-Administrationsoberfläche) .. 300

11.3  VMware Virtual Machine Console (VVMC) ........... 311

11.4  VirtualCenter ......................................................... 317

11.5  Microsoft Virtual Server Webadministration ........ 320

1. Einführung
2. Virtuelle Maschinen im Unternehmen
3. Virtualisierungssoftware – eine Marktübersicht
4. Auswahl der möglichen virtuellen Maschine
5. Auswahl der richtigen Virtualisierungssoftware
6. Auswahl der richtigen physikalischen Infrastruktur
7. Installation und Update des Wirt-Systems
8. Verwaltung der Virtualisierungssoftware
9. Virtuelle Netzwerke
10. Virtuelle Festplatten
11. **Erstellung einer virtuellen Maschine**
12. Verwaltung der virtuellen Maschinen
13. VMware VirtualCenter
14. Skriptierung und Programmierung unter VMware und MS Virtual Server
15. Backup, Restore und Disaster Recovery
16. Templates (VM-Vorlagen)
17. Zusatzsoftware
18. Nützliche Adressen im Web

# 11 Erstellung einer virtuellen Maschine

*Nachdem Sie sich mittlerweile durch alle notwendige Theorie und Vorbereitung gearbeitet haben, kommen wir nun zum eigentlich interessantesten Punkt. Wie lege ich eigentlich eine virtuelle Maschine an? Auf den nächsten Seiten werden Sie alles über die Erstellung virtueller Maschinen erfahren.*

Sie sollten nun alles an der Hand haben, um ohne größeres Überlegen eine virtuelle Maschine mit allen wichtigen Einstellungen anzulegen. Was nun noch fehlt, ist der innerhalb der Virtualisierungssoftware einzuschlagende Weg. Aber woraus besteht nun eine virtuelle Maschine? Welche Dateien bilden dieses Konstrukt? Auch diese Fragen suchen nach Antworten, die insbesondere beim Sichern oder Klonen der virtuellen Maschine Gold wert sind.

Da sich die Webadministration von VMware GSX und ESX fast nicht unterscheidet, gehe ich auf beide innerhalb eines Abschnitts ein. Allerdings haben Sie unter VMware GSX auch noch die Möglichkeit, virtuelle Maschinen über die VMware Virtual Machine Console anzulegen. Beide Produkte können zudem in das VMware VirtualCenter integriert werden, wonach sich die Vorgehensweise bei der Erstellung der virtuellen Maschine leicht verändert.

Nach dem Erstellungsprozess ist allerdings in den seltensten Fällen die virtuelle Maschine schon fertig aufgesetzt. Es fehlen ihr noch die Tools der entsprechenden Hersteller, die ihr zu einer höheren Performance, einer anderen Hardware und zu besseren Maus- und Tastaturfunktionen verhelfen.

## 11.1 Die virtuelle Maschine auf dem Wirt-System

Da die virtuelle Welt einer virtuellen Maschine spätestens auf der Festplatte des Wirt-Systems ihr Ende hat, ist es insbesondere für die Sicherung wichtig, die entsprechenden Dateien zu kennen, aus denen eine virtuelle Maschine besteht. VMware und Microsoft legen die verschiedenen Dateien in unterschiedlichen Verzeichnissen an, weswegen man diese auch eindeutig voneinander trennen muss.

Manche dieser Dateien haben entscheidenden Einfluss auf den benötigten Festplattenspeicher des Wirt-Systems. Daher müssen Sie für genügend freien Festplattenspeicher auf den einzelnen Partitionen sorgen, damit Sie alle darauf liegenden virtuellen Maschinen suspendieren oder per Snapshot sichern können.

Und wie könnte man eine Kopie einer virtuellen Maschine erstellen, wenn man die Dateien einer virtuellen Maschine nicht kennt. Durch die geringe Anzahl der dazu notwendigen Dateien, im besten Fall nur zwei, ist es sehr leicht, eine virtuelle Maschine zu sichern, bevor z.B. ein Update eingespielt oder neue Software installiert wird. Um eine virtuelle Maschine zu sichern, kopiert man einfach alle Dateien im Heimatverzeichnis sowie die Festplattendatei auf einen Sicherungsserver. Falls die virtuelle Maschine beispielsweise nach einem Servicepack-Wechsel nicht mehr hochfährt, kopiert man einfach die Dateien zurück. Genau genommen würde in diesem Fall sogar nur das Kopieren der Systemfestplattendatei genügen, um eine Komplettsicherung vergleichbar mit einem Image (z.B. Symantec Ghost) herzustellen.

### 11.1.1 VMware

Unter VMware unterscheidet man grob zwischen Konfigurationsdateien und Festplattendateien. Diese Trennung hat gerade bei VMware ESX Server nicht nur einen organisatorischen Sinn, sondern ist ein Muss, weil bekanntlich das VMFS-Dateisystem nur für Festplattendateien gedacht ist.

Hierbei ist zu beachten, dass unterschiedliche Verzeichnisse innerhalb der Service Console vorgesehen sind, je nachdem, ob die virtuellen Maschinen über die MUI oder über das VirtualCenter angelegt werden. Mit dem VirtualCenter werden die Konfigurationsdateien immer im Verzeichnis /home/vmware abgelegt, über die MUI im Heimatverzeichnis des angemeldeten Benutzers (root = /root/vmware, user1 = /home/user1/vmware).

| Datei | Bedeutung |
| --- | --- |
| .vmx | Dies ist die wichtigste Konfigurationsdatei, in der u.a. der Name, die angeschlossene Hardware und der Speicherort der virtuellen Festplatten vermerkt ist. |
| nvram | BIOS der virtuellen Maschine, in der alle von Ihnen gemachten Änderungen abgelegt werden. |
| vmware.log | Die Protokolldatei der virtuellen Maschine, in der Sie alle Statusmeldungen der virtuellen Maschine finden. |
| .vmdk | Die Festplattendatei der VMware GSX- und Workstation- Produkte. Diese Datei-Endung wird mittlerweile trotz der unterschiedlichen Struktur auch für die ESX-Festplattendateien verwendet. |
| .dsk | monolithische Festplattendateien des VMware ESX Servers |
| .redo | REDO Log-Dateien, die die Änderungen an den Festplatten aufnehmen. Diese Dateien werden bei virtuellen Festplatten immer am gleichen Speicherort wie die Originalfestplatte abgelegt. Bei physikalischen Festplatten wird das REDO Log in demselben Verzeichnis wie die Konfigurationsdatei .vmx abgelegt. |

Tabelle 11.1  Dateien einer virtuellen Maschine unter VMware

| Datei | Bedeutung |
|---|---|
| .vmsn | Snapshot-Datei, die den Hauptspeicherinhalt der virtuellen Maschine zum Zeitpunkt des Snapshots enthält. Sie wird immer im gleichen Verzeichnis wie die Konfigurationsdatei abgelegt. |
| .vmss | Diese Datei wird beim Einfrieren (suspend) einer virtuellen Maschine erstellt. Diese Funktion ist ähnlich dem Standbymodus bei Notebooks und enthält den Hauptspeicherinhalt der virtuellen Maschine zum Zeitpunkt des Einfrierens. Diese Datei wird im gleichen Verzeichnis wie die Festplattendateien abgelegt |
| .lck | Wenn eine Datei mit dieser Endung existiert, bedeutet dies einen Schreibschutz. Bei schreibgeschützten Festplattendateien beispielsweise wird zu der Festplattendatei test.vmdk eine Lockdatei namens test.vmdk.lck angelegt, woran das VMware-Produkt den Schreibschutz erkennt. |

**Tabelle 11.1** Dateien einer virtuellen Maschine unter VMware (Forts.)

Daneben existieren noch Protokolldateien, BIOS-Dateien und viele mehr, die in Tabelle 11.1 genau aufgeführt und erklärt werden. Vor allem für die Planung des Wirt-Systems mit seinen Massenspeichern ist es sehr wichtig, dass man die Ablageverzeichnisse der einzelnen Dateien kennt. Gerade die REDO Logs können sehr groß werden, aber auch Vmsn- und Vmss-Dateien dürfen unter diesem Aspekt keinesfalls vernachlässigt werden.

### 11.1.2 Microsoft Virtual Server

Ebenso wie VMware trennt auch Microsoft die Konfigurationsdateien von den Festplattendateien. Während die VMware-Dateien eher normale Textkonfigurationsdateien sind, sind alle Microsoft-Dateien im XML-Format abgelegt.

Alle Dateien einer virtuellen Maschine sind unter einem deutschen Windows-System im Verzeichnis `%Allusersprofile% \Anwendungsdaten\Microsoft\Virtual Server\Virtual Machines` unter dem jeweiligen VM-Namen abgelegt. Die virtuellen Netzwerkdateien finden Sie im Verzeichnis `%Allusersprofile% \Anwendungsdaten\Microsoft\Virtual Server\Virtual Networks`.

| Datei | Bedeutung |
|---|---|
| .vmc | Die eigentliche Konfigurationsdatei des Virtual Servers, in der Name der virtuellen Maschine festgehalten wird und die angeschlossenen Geräte und Festplatten beschrieben werden. |
| .vdh | Dies ist die Festplattendatei, in der der gesamte Inhalt der virtuellen Festplatte abgelegt wird. Aber auch Differencing-Festplatten werden unter dieser Datei-Endung abgelegt. |

**Tabelle 11.2** Dateien einer virtuellen Maschine unter Microsoft Virtual Server

| Datei | Bedeutung |
|---|---|
| .vnc | Hier finden Sie die virtuellen Netzwerkeinstellungen. Es wird für jede virtuelle Netzwerkkarte eine eigene Datei angelegt. |
| .vfd | An dieser Endung erknnt man die angelegten Disketten-Images. |

**Tabelle 11.2** Dateien einer virtuellen Maschine unter Microsoft Virtual Server (Forts.)

## 11.2 VMware MUI (Web-Administrationsoberfläche)

Die MUI der VMware Serverprodukte bietet Ihnen bei der Anlage einer virtuellen Maschine eine fast komplett funktionale Oberfläche. Es gibt nur wenige Einstellungen, die Ihnen nicht zur Verfügung stehen. Jene gehören denn auch nicht zum Standardportfolio und werden nur selten benötigt. Da die meisten Einstellungen bei beiden VMware-Produkten identisch sind, gehe ich nur auf die Unterschiede ein. Zur Verdeutlichung der Unterschiede werden abwechselnd Screenshots der VMware GSX und der ESX MUI gezeigt.

Da Sie mittlerweile wissen, wie Sie die MUI aufrufen können, gehe ich nicht näher darauf ein. Falls Sie sich unsicher sind, schlagen Sie doch kurz in Kapitel 8, *Verwaltung der Virtualisierungssoftware*, nach.

### 11.2.1 Erstellung der virtuellen Maschine

Nun geht's in die vollen: Wir legen die erste virtuelle Maschine über die Web-Administrationsoberfläche von VMware an.

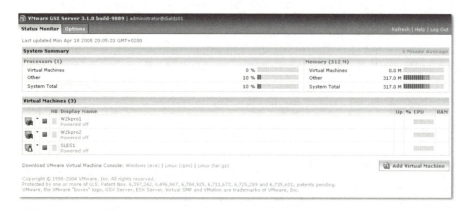

**Abbildung 11.1** Anlage der virtuellen Maschine über die VMware MUI

Innerhalb der MUI existiert direkt im Anfangsbild (Abbildung 11.1), unterhalb der schon angelegten virtuellen Maschinen ein Knopf *Add Virtual Machine*, der Sie direkt in den Erstellungsdialog bringt. Zu diesem Zeitpunkt sollten die

Randbedingungen der virtuellen Maschine, sprich Hauptspeicher, Speicherort der Konfigurations- und Festplattendateien, bekannt sein.

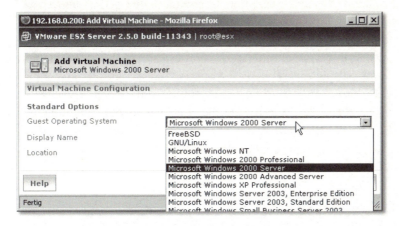

**Abbildung 11.2** Auswahl des Gast-Betriebssystems

Im folgenden Dialog (Abbildung 11.2) werden Sie nach dem Gast-Betriebssystem gefragt, das ja entscheidend für bestimmte Vorkonfigurationen durch VMware ist. Je nach Auswahl werden verschiedene Werte wie beispielsweise die Größe des Hauptspeichers oder die Art des SCSI-Adapters voreingestellt. Es werden jedoch keine Anpassungen an den virtuellen Geräten selbst gemacht, d.h., es werden keine anderen Geräte emuliert. Zur Auswahl stehen hier verschiedene Microsoft- und Linux-, aber auch Netware-Betriebssysteme. Falls Sie keinerlei Standardkonfiguration verwenden wollen, steht Ihnen die Auswahl *other* zur Verfügung. Ein Nachteil entsteht Ihnen dadurch nicht, da alle Einstellungen auch manuell erreichbar sind.

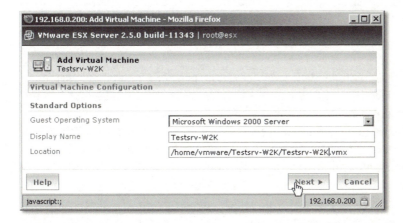

**Abbildung 11.3** Name der virtuellen Maschine und Speicherort der Konfiguration

Sobald Sie sich für ein Gast-Betriebssystem entschieden haben, sollten Sie der virtuellen Maschine noch einen sprechenden Namen geben. Dieser Name hat keinen Einfluss auf den späteren Rechnernamen innerhalb des Gast-Betriebssystems. Allerdings wird der Display-Name von VMware automatisch als Vorlage für die Konfigurations- und Festplattendateien benutzt. Daher werden Leer- und Sonderzeichen nur bedingt unterstützt, und es kann später zu Problemen beim Skriptieren beispielsweise in Perl kommen. Besser ist es, erst einen Namen ohne Leer- und Sonderzeichen zu vergeben und nach dem Anlegen der VM den Display-Namen abzuändern. Hier bietet es sich an, die Funktion eines Systems im Namen zu verankern. Des Weiteren wird hier nach dem Speicherort der Konfigurationsdateien gefragt, der ebenfalls selbsterklärend gewählt werden sollte.

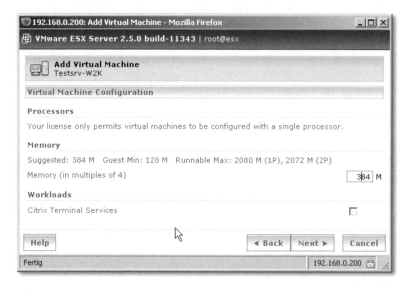

**Abbildung 11.4** Hauptspeichereigenschaften der virtuellen Maschine beim Anlegen unter VMware ESX MUI

Nun können Sie entscheiden, wie viel Hauptspeicher maximal der virtuellen Maschine zur Verfügung stehen soll. Unter VMware ESX (Abbildung 11.4) finden Sie zusätzlich noch eine Option, die *Citrix Terminal Services* heißt. Diese Option sollten Sie, wie der Name schon vermuten lässt, dann wählen, wenn die virtuelle Maschine als Citrix Server dienen soll. Es wird die Speichernutzung für genau die Multiuserserver-VMs optimiert, die sich bekanntlich komplett anders verhalten als »normale« Server (auf Terminalservern laufen sehr viele teilweise gleiche Prozesse von verschiedenen Benutzern gleichzeitig ab). Noch eine wichtige Information: Falls Sie Virtual Center zur Verwaltung der virtuellen Maschinen einsetzen wollen, können Sie die Workloads-Einstellung für die Citrix Server nicht über die grafische GUI des VirtualCenters beeinflussen. Entweder Sie legen die virtuelle Maschine doch über die MUI an, oder Sie editieren manuell die Konfigurationsdatei .vmx und ergänzen diese um die folgende Zeile: workload = "TerminalServices".

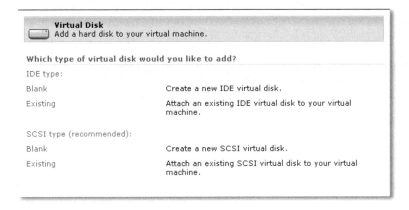

**Abbildung 11.5** Zuweisen einer virtuellen Festplatte für die neue virtuelle Maschine unter der VMware GSX MUI

Abbildung 11.5 können Sie unmittelbar entnehmen, dass es nicht möglich ist, unter der VMware GSX MUI eine physikalische Festplatte einzubinden. Das leistet momentan leider nur die VMware Virtual Machine Console. Hier können Sie entweder über *Blank* neue virtuelle Festplatten anlegen oder über *Existing* schon vorhandene virtuelle Festplatten der virtuellen Maschine direkt zuweisen. SCSI ist der empfehlenswertere Kandidat hinsichtlich des Festplattentyps, weil sowohl die Festplattenleistung als auch die Anzahl der maximal möglichen Festplatten deutlich höher liegt. Zudem ist die Kompatibilität bei einem zukünftigen Wechsel zum »größeren Bruder«, dem VMware ESX Server, sichergestellt.

**Abbildung 11.6** Zuweisen einer virtuellen Festplatte für die neue virtuelle Maschine unter der VMware ESX MUI

Im Gegensatz zum VMware GSX Server unterstützt der ESX Server (Abbildung 11.6) keinerlei IDE-Festplatten. Ein weiterer Unterschied ist bei *System LUN/Disk* auszumachen, der Ihnen die Möglichkeit gibt, einer virtuellen Maschine eine physikalische Festplatte zuzuweisen. Wenn Sie von dieser Möglichkeit Gebrauch machen wollen, sollten Sie sich sehr gut mit der Thematik auskennen und sich darüber im Klaren sein, wie mit der Festplatte umzugehen ist.

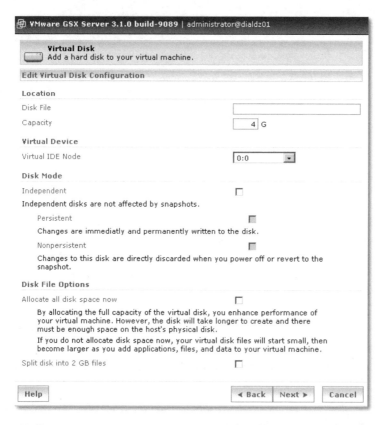

**Abbildung 11.7** Erstellung einer neuen virtuellen Festplatte unter der VMware GSX MUI

Falls Sie eine neue Festplatte (*Blank*) unter VMware GSX erstellen wollen, erscheint der nächste Dialog aus Abbildung 11.7, in dem Sie bereits alle erdenklichen Einstellungen für die zukünftige virtuelle Festplatte festlegen können. Alle Eigenschaften können Sie in Kapitel 10, *Virtuelle Festplatten*, nachlesen. Denken Sie hier immer daran, *Allocate all disk space now* mit einem Häkchen zu versehen, falls Sie mehr Wert auf Performance und Gesamtübersicht als auf den momentan verwendeten Festplattenplatz legen.

**Abbildung 11.8** Erstellung einer neuen virtuellen Festplatte unter der VMware ESX MUI

Unter VMware ESX sieht der Dialog (Abbildung 11.8) ähnlich aus, bietet Ihnen aber andere Einstellungen, als sein VMware GSX-Gegenpart, zumindest was den Disk-Modus angeht. Das beruht auf dem unterschiedlichen Entwicklungsfokus der Software und der damit gewünschten Zuverlässigkeit und Stabilität. VMware ESX erhält oft erst dann neue Features, wenn sie sich unter VMware Workstation und VMware GSX bewährt haben. Daher hinken die Produkte – je professioneller sie werden – ein wenig hinsichtlich der besonderen Features hinterher, aber Sie erhalten dafür sehr stabile Systeme mit Funktionalitäten, die seit langer Zeit problemlos laufen. Ein ähnliches Phänomen ist bei der bekannten Linux-Distribution Debian zu beobachten, die in der Entwicklung immer ein wenig hinterherhinkt, dafür aber besondere Stärken bei Sicherheit und Stabilität hat. Insgesamt ist die langsamere Weiterentwicklung der Serverprodukte also zu begrüßen und nicht etwa als Nachteil einzuschätzen.

Sobald die virtuelle Festplatte erstellt ist, wird auch die virtuelle Maschine selbst erstellt, und der Dialog wechselt in die Konfigurationsansicht (Abbildung 11.9) der virtuellen Maschine, in der Sie dann die weiteren Geräte anschließen oder vorhandene konfigurieren und löschen können.

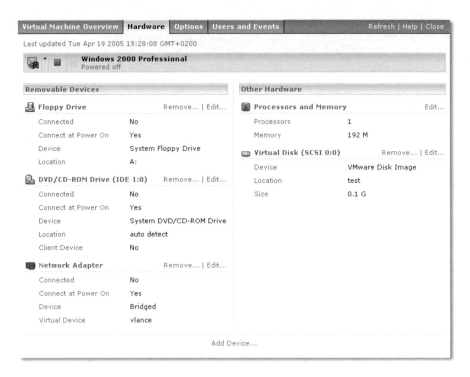

**Abbildung 11.9** Hardwareansicht der virtuellen Maschine unter der VMware GSX MUI

Es ist leider nicht möglich, eine virtuelle Maschine ohne Festplatte zu erstellen, wie es manchmal für Disketten-Router (Router, die auf einer Diskette Platz finden) oder die bekannten Live-Systeme wie Knoppix sinnvoll wäre. Um das zu erreichen, können Sie eine virtuelle Maschine normal anlegen und danach die Festplattendatei und die Festplattenzuordnung in der Konfiguration der virtuellen Maschine löschen.

Auch hier ist die Ansicht unter VMware ESX ein wenig vollständiger als unter VMware GSX, was nicht verwundert, ist doch keine andere Administrationsmöglichkeit als die MUI vorhanden.

Insgesamt werden Ihnen bei VMware GSX kleinere Abweichungen zwischen MUI und VMware Virtual Machine Console aufgefallen sein. Eine komplette Administration ist leider nur über die Kombination beider Programme möglich. VMware ESX jedoch ist absolut komplett, da es keine anderen Administrationsmöglichkeiten von Haus aus gibt. Wie Sie später noch erfahren werden, vereinheitlicht die Verwendung von VirtualCenter die ganze Administration ein wenig, allerdings kommt es auch dort zu Abweichungen.

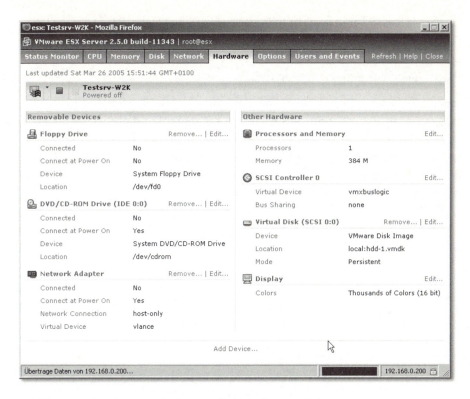

**Abbildung 11.10**  Hardwareansicht der virtuellen Maschine unter der VMware ESX MUI

### 11.2.2 Anpassung der virtuellen Hardware unter VMware

Nun existiert Ihre erste virtuelle Maschine unter dem VMware Server in der Standardkonfiguration. Diese kann Ihren Bedürfnissen oft schon genügen, was allerdings in den wenigsten Fällen zutrifft. Oftmals sind verschiedene Anpassungen nötig, die zu einer besseren Performance führen, manchmal aber sind auch spezielle Geräte anzuschließen.

Darüber hinaus kommt es vor, dass eine virtuelle Maschine über längere Zeit absolut problemlos läuft, aber nach der Installation eines neuen Programms deutlich mehr Hauptspeicher benötigt wird, als ursprünglich angelegt. Hier muss der Administrator entsprechend eingreifen, aber wie genau muss er das tun?

Ihre zentrale Konfigurationsstelle ist immer noch die MUI (Management User Interface) der einzelnen VMware Server, und Sie müssen dort in die Eigenschaften der virtuellen Maschine wechseln. Wenn Sie sich nicht mehr im Dialogfenster befinden, das der Erstellung einer virtuellen Maschine dient (Abbildung 11.10 und 11.11), müssen Sie in der ersten Statusübersicht (Abbildung

11.1) den Namen eine der virtuellen Maschine anklicken und dort den Reiter *Hardware* auswählen. Wie immer ist dies nur ein gangbarer Weg von vielen, und Sie werden bestimmt im Laufe der Zeit andere, vielleicht für Sie bessere Wege zu den einzelnen Dialogen finden.

Innerhalb dieser Ansicht können Sie dann über *Add Device* neue Hardware hinzufügen oder über den Button *Edit* in die Konfiguration der einzelnen Geräte wechseln. Ganz wichtig: Die virtuelle Maschine muss für die meisten Hardwareänderungen ausgeschaltet sein, nur Änderungen wie der Inhalt der CD-ROM- und Diskettenlaufwerke, aber auch der aktive Netzwerkanschluss können während der Laufzeit angepasst werden.

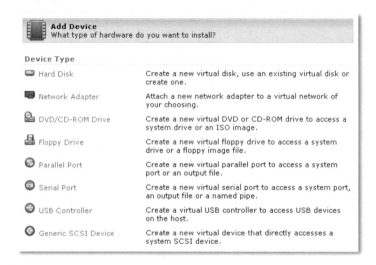

**Abbildung 11.11** Hinzufügen neuer Hardware innerhalb der VMware GSX MUI

Aber wir wollen erst einmal ein zusätzliches Gerät anschließen. Im VMware GSX-Dialog können Sie sich nach einem Klick auf *Add Device* (Abbildung 11.11) für verschiedene Geräte entscheiden. Zur Wahl stehen die herkömmlichen Geräte wie Festplatten oder Netzwerkkarten, aber auch mehr oder weniger exotische SCSI-Geräte wie Scanner oder USB-Geräte.

Da Sie schon wissen, wie Festplatten und Netzwerke konfiguriert werden, gehen wir direkt zu den anderen Geräten über.

Sowohl DVD-/CD-ROM- als auch das Diskettenlaufwerk unterstützen die physikalischen Laufwerke des Wirt-Systems, aber auch Imagedateien, mit denen Sie besser arbeiten sollten. Diese Imagedateien müssen aber immer lokal auf dem Wirt-System liegen. Falls Sie sich jetzt fragen, warum das so ist, sollten Sie sich einfach mal vor Augen führen, wie das Wirt-System die Laufwerke verwaltet. Alle virtuellen Maschinen teilen sich die Geräte, und alle können z. B. eine einliegende CD-ROM sehen und darauf zugreifen. Als Nächstes wäre da der Geschwindigkeitsvorteil von Image-Dateien, die ja auf der physikalischen Festplatte des Wirt-Systems liegen und eine deutlich bessere Zugriffszeit haben als ein CD-ROM- oder Diskettenlaufwerk. Und zu guter Letzt ist die Handhabung deutlich komfortabler, da Sie die Image-Datei einfach während des Betriebs der virtuellen Maschine austauschen können und nicht etwa zum Wirt-System in den Serverraum gehen müssen. Die CD-ROM Images sind immer im ISO-Format anzulegen, die Diskettenlaufwerke arbeiten mit dem FLP-Format, auf das ich später noch genauer eingehen werde.

Zwei Dinge sollten Sie sich in diesem Zusammenhang aber noch merken: Erstens sollten Sie niemals Autorun unter Microsoft Windows-Gast-Systemen aktivieren und zweitens sollten Sie CD-ROM- und Diskettenlaufwerk nur dann mit der virtuellen Maschine verbinden, wenn es wirklich notwendig ist. Zum Autorun muss man nicht viel sagen: Wird nämlich bei aktiviertem Autorun eine CD ins Laufwerk gelegt, läuft sie im schlimmsten Fall bei allen virtuellen Maschinen gleichzeitig an. Die verbundenen Laufwerke innerhalb der virtuellen Maschine sollte man trennen, da bei einem Neustart die Maschine unter Umständen stehen bleibt und auf dem Medium nach dem Bootsektor sucht. Darüber hinaus haben beide Einstellungen gewisse Leistungseinbußen zur Folge.

Falls Sie externe Geräte anschließen wollen oder Entwickler sind, stehen Ihnen parallele und serielle Anschlüsse zur Verfügung, deren Datenströme Sie nach Belieben umleiten können, sei es in eine Datei oder auf die Schnittstelle des Wirt-Systems. Wollen Sie beispielsweise einen Drucker an der parallelen Schnittstelle betreiben, fügen Sie einfach ein Gerät *Parallel Port* (Abbildung 11.1) hinzu und konfigurieren es entsprechend. Der Drucker muss dann natürlich an das Wirt-System angeschlossen werden. Generell würde ich Ihnen aber auch hier empfehlen, möglichst alles über das Netzwerk, also über IP-Druckerboxen zu betreiben.

Ähnlich steht es mit den seriellen Anschlüssen, über die man z. B. ein Modem betreiben könnte. Auch hier können Sie das Gerät einfach anschließen und konfigurieren, wie in Abbildung 11.12 zu sehen ist. Bei den seriellen Anschlüssen können Sie aber wesentlich mehr einstellen als bei den parallelen. Neben der direkten Weiterleitung an den physikalischen Anschluss des Wirt-Systems, der Umleitung in eine Datei steht Ihnen noch ein Mechanismus namens »Named Pipe« zur Verfügung. Weil dieser aber eher für Entwickler interessant ist, gehe ich nicht näher auf die einzelnen Optionen ein. Wie bei den parallelen Geräten ist es auch bei den seriellen besser, sie durch netzwerkfähige Produkte zu ersetzen, als das Wirt-System damit zu belasten.

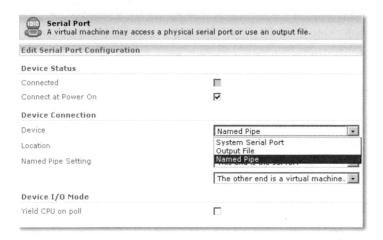

**Abbildung 11.12** Hinzufügen eines seriellen Anschlusses zu einer virtuellen Maschine unter VMware GSX

Zudem stehen Ihnen auch noch die am Wirt-System angeschlossenen USB-Geräte zur Verfügung, falls Sie den USB Controller der virtuellen Maschine hinzufügen (Abbildung 11.11). Laut VMware wurden verschiedene MP3 Player, PDAs, Drucker, USB Sticks und Ähnliches erfolgreich getestet. Allerdings funktionieren Geräte mit fortlaufendem Datenverkehr wie Modem, Lautsprecher oder Webcams nicht zufriedenstellend. Aber seien wir mal ehrlich: Was haben diese Geräte an einem Server überhaupt zu suchen!

Dazu gehört auch der nächste Gerätetyp, die Generic SCSI Device, zu dem Bandlaufwerke oder Scanner gehören. Zwar funktionieren laut VMware sämtliche Geräte, ein Test kann aber niemals schaden. Gegebenenfalls bleibt Ihnen immer noch ein Anruf bei VMware, um ein hartnäckiges Gerät zum Laufen zu bringen.

**Abbildung 11.13** Installation neuer Geräte unter der VMware ESX MUI

Beim Einsatz von VMware ESX sieht die Auswahl der virtuellen Anschlüsse im Vergleich zu VMware GSX sehr mager aus, da hier kaum externe Anschlüsse unterstützt werden. Einzige Ausnahme sind die Generic SCSI Devices. Ansonsten müssen Sie sich auf die fünf Hardwaregruppen (Abbildung 11.13) beschränken, was in den meisten Fällen allerdings kein Nachteil bedeutet. Falls Sie nun dringend einen nicht aufgeführten Anschluss in Ihrer virtuellen Maschine benötigen, sollten Sie sich einmal über die Möglichkeit der Anbindung des Gerätes über das Netzwerk informieren. Es gibt für fast alle Anschlüsse einen Netzwerkumsetzer, entweder in Software- oder Hardwareform.

Alle Geräte sind angeschlossen, der Server läuft und nach einigen Wochen trudelt die Nachricht ein, dass der Server mehr Hauptspeicher benötigt. Dies wird wahrscheinlich die am häufigsten vorkommende Konfigurationsänderung innerhalb Ihrer virtuellen Maschinen sein.

Wie Sie sich erinnern, müssen wir die virtuelle Maschine herunterfahren, um diese Änderung durchzuführen. Danach klicken Sie auf *edit* unter dem Punkt *Processors and Memory* (Abbildung 11.9) und können dort einfach die Menge des zugewiesenen Hauptspeichers anpassen. Bei VMware ESX können zudem der virtuellen Maschine zwei virtuelle Prozessoren zugeordnet werden.

Unter VMware ESX gibt es noch die Möglichkeit der Ressourcenkontrolle, die jeweils für jede einzelne virtuelle Maschine konfiguriert werden kann. Auf dieses Thema werde ich allerdings erst in dem Abschnitt *Ressourcenkontrolle* eingehen, da es sehr speziell ist und komplex ist.

## 11.3   VMware Virtual Machine Console (VVMC)

Während Sie unter VMware GSX zur Konfiguration von bestimmten Virtualisierungseinstellungen zwingend auf die VVMC angewiesen sind, wie beispielsweise die schon erwähnten Netzwerkkonfigurationen, können Sie hier virtuelle Maschinen komplett über die MUI anlegen. Falls Sie jedoch Weboberflächen nicht besonders mögen oder lieber mit grafischen Oberflächen arbeiten, bietet Ihnen die VVMC auch alle dafür nötigen Funktionen. Allerdings ist nur GSX Server mit der VVMC konfigurierbar.

Unter VMware ESX können Sie sich über die VVMC nur die laufenden virtuellen Maschinen anzeigen lassen und fernsteuern. Zwar sind Konfigurationsänderungen an den VMs eingeschränkt möglich, neue virtuelle Maschinen lassen sich jedoch nicht anlegen. Alles in allem ist die Nutzung der VVMC in Verbindung mit VMware ESX alles andere als empfehlenswert.

### 11.3.1 Erstellung der virtuellen Maschine

Innerhalb der VVMC gelangen Sie über **File · New Virtual Machine** in den Dialog zur Erstellung einer neuen virtuellen Maschine, der zwar inhaltlich dem MUI-Dialog sehr ähnelt, aber nicht mit ihm identisch ist.

**Abbildung 11.14** Anlegen der virtuellen Maschine für Einsteiger oder für Experten

Nach einer kurzen Einleitung gelangen Sie in einen Dialog (Abbildung 11.14), in dem Ihnen die Einstellungen *Typical* oder *Custom* zur Auswahl angeboten werden.

Über *Custom* sind sämtliche wichtigen Einstellungen in Dialogform zugänglich, was es im Serverbereich zur ersten Wahl macht. Bei Auswahl von *Typical* stehen nur die eingeschränkten, VMware-gängigen Optionen zur Verfügung, weswegen Sie auch nur nach dem Betriebssystem, dem Ablageverzeichnis, dem Netzwerk und der anzulegenden Festplatte gefragt werden. Da diese Option wenig Spielraum lässt und alle Einstellungen nach der Erstellung kontrolliert und optimiert werden müssen, sollten Sie im professionellen Bereich darauf verzichten. Deshalb – Sie werden es schon ahnen – gehe ich nur auf die Dialoge ein, die sich nach Auswahl von *Custom* öffnen.

Die nächsten Dialoge fragen nach dem zukünftigen Gast-Betriebssystem und dem Ablageverzeichnis der virtuellen Maschine. Hier stehen Ihnen alle von Haus aus unterstützten Betriebssysteme mit den entsprechenden Grundkonfigurationen zur Auswahl. Sie werden dieses Prozedere schon von der MUI her kennen.

**Abbildung 11.15** Wem sollen Zugriffsrechte eingeräumt werden?

Der nachfolgende Dialog fragt Sie nach den zu setzenden Rechten. Das ist ein wenig hoch gegriffen, denn Sie können lediglich entscheiden, ob diese virtuelle Maschine nur von Ihnen, oder aber von allen Benutzern auf dem Wirt-System verwaltet werden kann. Im Normalfall wird die Option *private* nicht gesetzt, weil man in einem Unternehmen mit mehreren Administratoren arbeitet, die zur Verwaltung der virtuellen Maschinen berechtigt sein sollten. Unter MUI ist diese Option nicht verfügbar.

**Abbildung 11.16** Start- und Stopp-Optionen der virtuellen Maschine

Auch auf die Start- und Stopp-Optionen werde ich erst im weiteren Verlauf des Buches genauer eingehen, sind sie doch eher im Zusammenhang mit Sicherheit und Disaster Recovery interessant. Sie sind hier nur deshalb angeführt, weil sie als nächster Schritt bei der Erstellung einer virtuellen Maschine unter der VVMC (Abbildung 11.16) hier erscheinen. Hier kann das Start- und Stopp-Verhalten der virtuellen Maschine beim Herunterfahren des Wirt-Systems beeinflusst werden.

Nun folgen die Einstellungen für den maximalen Hauptspeicher der virtuellen Maschine und das zugewiesene virtuelle Netzwerk. Die empfohlene Hauptspeichermenge, die stark vom ausgewählten Gast-Betriebssystem abhängt, wurde von VMware bereits vorbelegt.

**Abbildung 11.17** Auswahl des SCSI-Adapters der virtuellen Maschine

Jetzt steht die Auswahl des virtuellen SCSI-Adapters (Abbildung 11.17) an, die bei der MUI entfällt. Wenn man das richtige Gast-Betriebssystem ausgewählt hat, ist man aller Sorgen enthoben, denn der empfohlene SCSI-Adapter ist bereits systemseitig voreingestellt. Grundsätzlich hängt es von der Treiberunterstützung des Gast-Betriebssystem ab, welchen Adapter Sie auswählen sollten, ein Leistungsunterschied ist mir nicht bekannt. Allerdings liefert Windows 2000 den Buslogic- und Windows 2003 den LSI Logic-Adaptertreiber mit, wodurch eine Treibereinbindung während der Betriebssysteminstallation bei entsprechender Adapterauswahl (Abbildung 11.17) überflüssig wird.

Abschließend geht es um die Erstellung der virtuellen Festplatten, wobei Festplattentyp (SCSI oder IDE), -größe und -modus bestimmt werden können. Alle diese Schritte unterscheiden sich nicht von denen der MUI.

Danach wird Ihnen die neu erstellte virtuelle Maschine in der Übersicht präsentiert.

### 11.3.2 Anpassung der virtuellen Hardware

Um die Eigenschaften der virtuellen Maschine zu einem späteren Zeitpunkt anzupassen, müssen Sie sich im Inventar der VVMC die entsprechende VM auswählen und mit der rechten Maustaste anklicken. Im sich öffnenden Kontextmenü (Abbildung 11.18) werden Ihnen verschiedene Funktionen zur Auswahl angeboten, u.a. die *Virtual Machine Settings*, denen wir uns jetzt widmen wollen.

**Abbildung 11.18** Ändern der Konfiguration der virtuellen Maschine

Hier können Sie nun die Eigenschaften des Hauptspeichers oder der Geräte ändern oder auch neue Geräte hinzufügen (Abbildung 11.19).

Um nun ein Gerät hinzuzufügen, müssen Sie mittels *Add* zum entsprechenden Dialog wechseln, woraufhin Ihnen eine Auswahl von möglichen Geräten angezeigt wird.

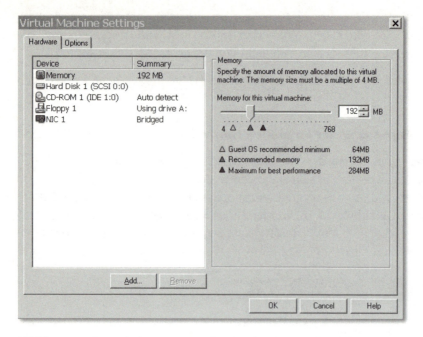

**Abbildung 11.19**  Eigenschaften einer virtuellen Maschine unter VMware GSX VVMC

Wie Ihnen vielleicht auffällt, gibt es hier eine Option, die Sie unter der MUI vergeblich suchen werden – die Soundkarte. Falls Sie davon Gebrauch machen wollen, können Sie eine solche jetzt auswählen und in einer weiteren Abfrage einen der vorhandenen Soundadapter des Wirt-Systems zuweisen.

**Abbildung 11.20**  Übersicht der anzuschließenden Geräte unter VMware GSX VVMC

Ansonsten können Sie innerhalb der einzelnen Geräte die Eigenschaften anpassen, um beispielsweise ein CD Image zu wechseln oder die virtuelle Netzwerkkarte einem anderen Netzwerk zuzuweisen.

Ich hoffe, es ist Ihnen auf den letzten Seiten bewusst geworden, dass weder die MUI noch die VVMC alleine über alle zur Konfiguration benötigten Optionen verfügen. Daher sollten Sie sich einprägen, mit welchen Administrationswerkzeugen Sie bestimmte Einstellungen beeinflussen können und welche unterstützt werden. Falls Sie auf Nummer sicher gehen wollen, ist die VVMC wegen des breiter gefächerten Funktionsangebots trotz des »mobilen« Nachteils (da sie installiert werden muss) das Mittel der Wahl.

## 11.4 VirtualCenter

Nun wurden Sie schon mit zwei verschiedenen Administrationswerkzeugen für die VMware-Welt konfrontiert, die innerhalb der beiden VMware-Produkte unterschiedlich ausgeprägt sind. Zudem müssen Sie sich bei beiden mit dem Server verbinden, um ihn zu administrieren. Die Administration befasst sich immer mit jedem Server und den darauf laufenden virtuellen Maschinen einzeln und wirkt nicht etwa netzwerkübergreifend. Was liegt da näher als eine Administrationsoberfläche, mit der man alle im Unternehmen laufenden virtuellen Maschinen und deren Wirt-System zentral einsehen und administrieren kann.

Dieses Problems hat sich VMware angenommen und ein Produkt namens VirtualCenter auf den Markt gebracht, in das Sie alle VMware GSX und VMware ESX Server integrieren können. VirtualCenter ist als Client-Server-Lösung entwickelt worden, und folglich muss ein Client an jedem Administratorarbeitsplatz installiert werden.

Obwohl die Administration und deutlich übersichtlicher wird und leichter vonstatten geht, bietet Ihnen Virtual Center leider nicht alle möglichen Optionen beim Erstellen oder Anpassen einer virtuellen Maschine an. Daher sind Sie bei speziellen Konfigurationen immer noch auf eines der beiden herkömmlichen Adminstrationswerkzeuge, MUI oder VVMC, angewiesen. Da dieses Produkt aber noch recht jung ist, wird sich dieser Zustand in naher Zukunft mit Sicherheit einstellen.

### 11.4.1 Erstellung der virtuellen Maschine

Die Erstellung der virtuellen Maschine läuft ähnlich wie unter der VVMC ab. Als zusätzliches Feature ist eine Vorlagenverwendung integriert, mit der Sie bestehende virtuelle Maschinen zu einer Vorlage für neue VMs machen können. Darüber hinaus können vorhandene virtuelle Maschinen geklont werden.

**Abbildung 11.21** Kontextmenü eines VMware Servers innerhalb des Virtual Centers

Den Dialog für das Anlegen neuer virtueller Maschinen erreichen Sie, indem Sie den VMware Server auswählen und den Menüpunkt **File · New · Virtual Machine** oder über das Kontextmenü (rechte Maustaste) *New Virtual Machine* (Abbildung 11.21) wählen. Die folgenden Dialoge entsprechen inhaltlich den bereits besprochenen Dialogen, daher gehe ich nicht näher darauf ein. Während des Anlegens werden Sie noch nach der Zuordnung der virtuellen Maschine innerhalb der VirtualCenter-Struktur (Abbildung 11.22) gefragt. Im ausgewählten Strukturzweig finden Sie später die virtuelle Maschine wieder.

**Abbildung 11.22** Mögliche Struktur einer VirtualCenter-Umgebung

Da diese Technik der Übersicht zugute kommt, sollten Sie die Struktur entweder nach den laufenden Diensten auf den virtuellen Maschine oder anderen sprechenden Kategorien benennen.

Sobald Sie die virtuelle Maschine angelegt haben, wird in die Eigenschaften der virtuellen Maschine gewechselt (Abbildung 11.23). Hier werden Ihnen nun alle angeschlossenen Geräte übersichtlich präsentiert.

### 11.4.2 Anpassung der virtuellen Hardware

Hinsichtlich der Anpassung der virtuellen Maschine findet sich hier nichts, was nicht schon in den vorangegangenen Abschnitten schon besprochen worden wäre.

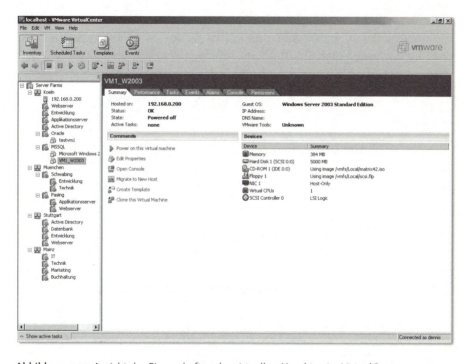

**Abbildung 11.23** Ansicht der Eigenschaften der virtuellen Maschine im VirtualCenter

Um in die Dialoge zu gelangen, genügt es, einfach innerhalb der VirtualCenter-Struktur die virtuelle Maschine selbst und im Kontextmenü *Properties* (Abbildung 11.21) auszuwählen. Falls Sie sich schon in der Eigenschaftsübersicht der VM befinden, können Sie mittels **Edit Properties** zu denselben Dialogen wechseln. Danach stehen Ihnen die schon besprochenen Einstellungsmöglichkeiten zur Verfügung.

## 11.5 Microsoft Virtual Server Webadministration

Ähnlich wie VMware ESX wird der Virtual Server einzig und allein durch eine Webadministrationsfläche verwaltet. Alle Einstellungen – sowohl die des Server als auch die der virtuellen Maschinen – werden über dieses Werkzeug angezeigt und administriert. Daher ist es nicht verwunderlich, dass auch alle Optionen komplett in die Webadministration eingeflossen sind und keine weiteren Programme benötigt werden.

### 11.5.1 Erstellung der virtuellen Maschine

Innerhalb der Webadministration finden Sie unter der Überschrift Virtual Machines den Unterpunkt *Create*, mit dem Sie eine neue virtuelle Maschine anlegen können.

Statt einer schrittweisen Annäherung mittels Dialog, wie Sie es von VMware her kennen, werden hier alle Optionen auf einer Webseite abgefragt.

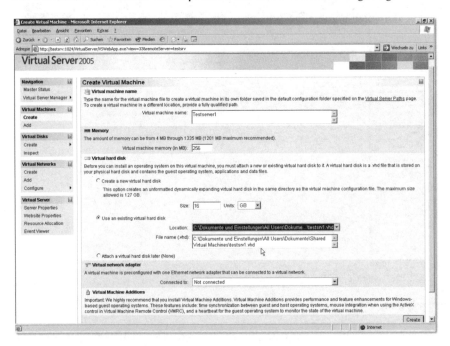

**Abbildung 11.24** Neuanlage einer virtuellen Maschine unter Microsoft Virtual Server

Neben dem Namen der virtuellen Maschine werden Sie nach der Konfiguration des Hauptspeichers, der Festplatte und des virtuellen Netzwerkes gefragt.

Unter dem Abschnitt *Memory* können Sie nun den maximal zugeordneten Hauptspeicher der virtuellen Maschine angeben, dessen Größe Sie frei auswählen müssen, denn es werden keinerlei vom Gast-Betriebssystem abhängige Empfehlungen gegeben. Wie auch, denn Sie wurden doch danach gar nicht gefragt. Wieviel Hauptspeicher Ihnen noch insgesamt für das Wirt-System zur Verfügung steht, sehen Sie ebenfalls unter diesem Unterpunkt.

Des Weiteren können Sie zwischen einer neuen Festplatte in der angegebenen Größe, einer bestehenden virtuellen Festplatte oder keiner Festplatte wählen. Falls Sie eine neue Festplatte anlegen wollen, wechseln Sie beim Klick auf *Create* direkt in deren Eigenschaften.

Zu guter Letzt fehlt noch die virtuelle Netzwerkkarte, in deren Liste Sie alle angelegten virtuellen Netzwerke finden.

Der Abschnitt *Virtual Machine Additions* erklärt Ihnen nichts weiter, als dass Sie sich später selbst um deren Installation kümmern müssen. Wie genau, das erfahren Sie später.

Da dieses Anlegen sich doch recht unspektakulär vollzog, gehen wir direkt zu den Geräten innerhalb der VM über. Nach erfolgreichem Anlegen gelangen Sie über den neu entstandenen Menüpunkt *Configure* unterhalb von Virtual Machines in die Eigenschaften der VM. Dies geschieht beim ersten Mal noch automatisch.

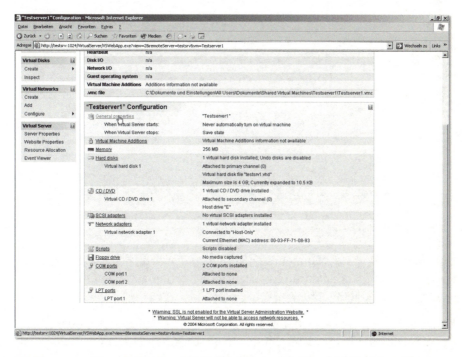

**Abbildung 11.25** Eigenschaften der virtuellen Maschine unter Microsoft Virtual Server

Nun sehen Sie in einer Übersicht die angeschlossenen Geräte der virtuellen Maschine. Hier werden – anders als bei VMware – direkt alle verfügbaren Geräte zugeordnet, demnach auch serielle und parallele Schnittstellen. Beachten Sie aber, dass die drei Geräte Diskettenlaufwerk, parallele und serielle Schnittstelle zwar vorhanden, aber nicht funktionstüchtig sind. Für diese Geräte müssen Sie erst eine Konfiguration hinterlegen, bevor Sie damit arbeiten können.

### 11.5.2 Anpassung der virtuellen Maschine

Um die einzelnen Geräte und Eigenschaften einer virtuellen Maschine anzupassen, müssen Sie einfach das Gerät in der Übersicht anklicken (Abbildung 11.25).

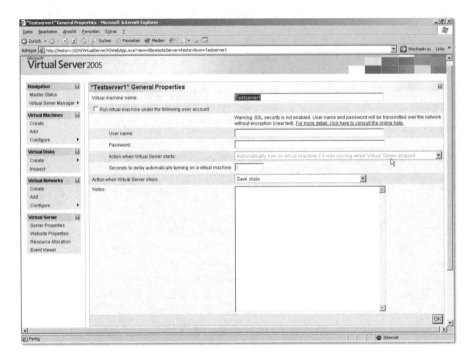

**Abbildung 11.26** Allgemeine Eigenschaften der virtuellen Maschine

Unter *General Properties* können Sie den Namen der virtuellen Maschine, deren Start- und Stopp-Verhalten und zusätzliche Bemerkungen wie etwa den Verwendungszweck verändern.

Mittels Klick auf *Virtual Machine Additions* wird für den Fall, dass diese virtuelle Maschine momentan läuft, innerhalb des Gast-Betriebssystems eine Installationsroutine gestartet, die manuell durchlaufen werden muss.

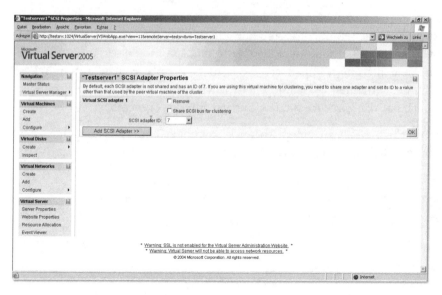

Abbildung 11.27  SCSI-Adapter hinzufügen

Bezüglich *Memory* und *Virtual Disks* und haben Sie schon einiges lesen können. Warnen möchte ich Sie hier noch vor einem kleinen Fallstrick, den der Virtual Server birgt. Um SCSI-Festplatten einrichten zu können, müssen Sie erst unter dem Punkt *SCSI Adapters* einen Adapter (Abbildung 11.27) hinzufügen. Diesem Adapter können Sie eine normale SCSI ID zuweisen. Bei Verwendung eines Clusters können virtuellen Maschinen diesen Adapter gemeinsam nutzen.

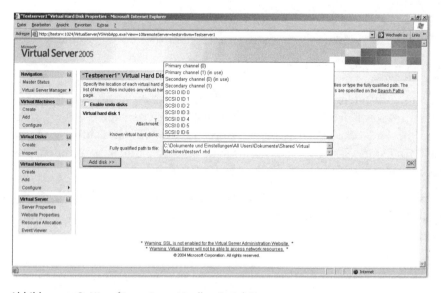

Abbildung 11.28  Hinzufügen einer virtuellen Festplatte

In den Eigenschaften der *hard disks* können Sie die derzeit angeschlossene Festplatte bearbeiten und z.B. auf eine andere virtuelle Festplattendatei (.vhd) verweisen oder aber eine neue Festplatte mit *Add disk* hinzufügen. Ich empfehle Ihnen allerdings, immer erst die virtuelle Festplatte anzulegen und diese danach der virtuellen Maschine über *Known virtual hard disks* hinzuzufügen. Für mich hat sich diese Methode als übersichtlicher erwiesen.

Wenn Sie ein Gerät zu einem späteren Zeitpunkt entfernen möchten, steht Ihnen innerhalb der meisten Geräte eine Checkbox namens *Remove* zur Verfügung.

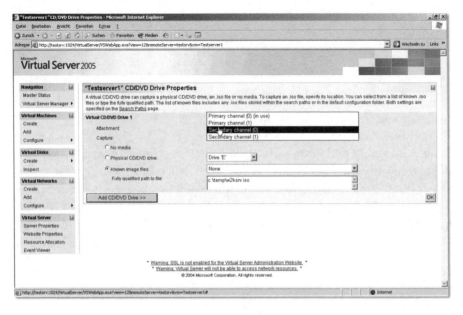

**Abbildung 11.29** Einstellungen des CD-/-DVD-Laufwerkes

Um dem vorhandenen CD-/DVD-Laufwerk ein physisches Laufwerk des Wirt-Systems zuzuordnen oder besser noch auf eine Image-Datei zu verweisen, steht Ihnen die Funktion *CD/DVD* bereit. Dort können Sie das Laufwerk einem freien IDE- oder SCSI-Anschluss zuordnen und den Inhalt bestimmen. Als Image-Dateien werden Standard ISO-Dateien benutzt.

Ebenso steht es mit dem Diskettenlaufwerk (*Floppy Drive*), dem Sie auch das physikalische Laufwerk des Wirt-Systems oder eine .vfd-Datei als Image zuweisen können.

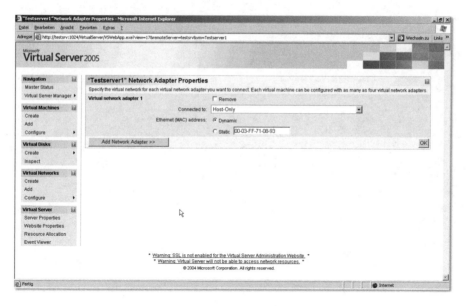

**Abbildung 11.30** Konfiguration der virtuellen Netzwerkeigenschaften einer VM

Unter der Konfiguration der Netzwerkeigenschaften, erreichbar über die Auswahl *Network Adapters*, finden Sie im Endeffekt auch nur bereits Bekanntes. Der vorhandenen virtuellen Netzwerkkarte können Sie hier eine andere Zuordnung verpassen oder auch eine feste MAC-Adresse eingeben. Um eine neue Netzwerkkarte hinzuzufügen, genügt ein Klick auf *Add Network Adapter*, und abermals stehen alle benötigten Konfigurationsmöglichkeiten zur Verfügung. Die Zuordnung der virtuellen Netzwerkkarte zum virtuellen Netzwerk können Sie auch problemlos während der Laufzeit der virtuellen Maschine ändern.

Falls Sie einen Drucker an die LPT-Schnittstelle anschließen oder ein Modem über die COM-Schnittstelle betreiben wollen, finden Sie diese Möglichkeiten über *LPT* bzw. *COM Ports*. Während Sie den parallelen Anschluss nur an- oder ausschalten können, stehen Ihnen beim seriellen Port mehrere Optionen offen. Man kann diesen Port nicht nur auf die physikalische Schnittstelle, sondern auch auf eine Textdatei oder eine Named Pipe umleiten. Zur physikalischen Weiterleitung können Sie nur die COM Ports 1 bis 4 des Wirt-Systems benutzen.

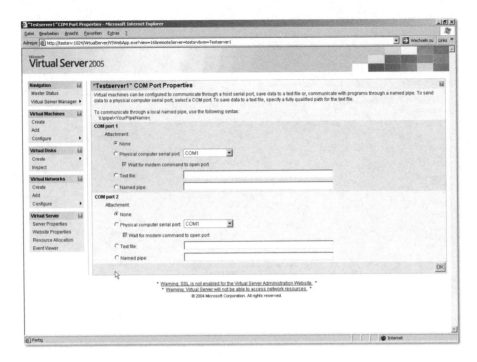

**Abbildung 11.31** Virtuelle serielle Schnittstellen

# 12 Verwaltung der virtuellen Maschinen

12.1  VMware GSX Server .............................................. 329

12.2  Microsoft Virtual Server ........................................ 353

12.3  VMware ESX Server .............................................. 365

1. **Einführung**
2. **Virtuelle Maschinen im Unternehmen**
3. **Virtualisierungssoftware – eine Marktübersicht**
4. **Auswahl der möglichen virtuellen Maschine**
5. **Auswahl der richtigen Virtualisierungssoftware**
6. **Auswahl der richtigen physikalischen Infrastruktur**
7. **Installation und Update des Wirt-Systems**
8. **Verwaltung der Virtualisierungssoftware**
9. **Virtuelle Netzwerke**
10. **Virtuelle Festplatten**
11. **Erstellung einer virtuellen Maschine**
12. **Verwaltung der virtuellen Maschinen**
13. **VMware VirtualCenter**
14. **Skriptierung und Programmierung unter VMware und MS Virtual Server**
15. **Backup, Restore und Disaster Recovery**
16. **Templates (VM-Vorlagen)**
17. **Zusatzsoftware**
18. **Nützliche Adressen im Web**

# 12 Verwaltung der virtuellen Maschinen

*Nach der erfolgreichen Erstellung und Konfiguration ist die virtuelle Maschine betriebsbereit. Im folgenden Kapitel werden Sie den Umgang mit den virtuellen Maschinen kennen lernen. Ob Sie diese nun starten, stoppen oder fernwarten möchten: Wir gehen auf alle diese Themen ein.*

Ihre virtuelle Umgebung ist nun erstellt, und die VMs liegen im ausgeschalteten Zustand vor. Nun wollen wir uns nicht nur mit den verschiedenen Status von virtuellen Maschinen beschäftigen, sondern damit, wie man sie verändern oder automatisieren kann. Mittlerweile gehört es bei den drei Produkten nämlich zum guten Ton, ein automatisches Start- oder Stopp-Verhalten der VMs beim Statuswechsel des Wirt-Systems anzubieten. Des Weiteren stehen unterschiedliche Programme zur Fernverwaltung der virtuellen Maschinen bereit. Jedes dieser Programme hat natürlich einen mehr oder weniger eingeschränkten Funktionsumfang und ist deshalb für verschiedene Administrationen besonders geeignet.

## 12.1 VMware GSX Server

Zu den Funktionen des VMware GSX Servers gehören verschiedene Status, in denen eine virtuelle Maschine laufen kann, bzw. ein automatisiertes Verhalten der VMs beim Start oder Stopp des Wirt-Systems. Gerade die Automatisierung ist bei der Servervirtualisierung immens wichtig, weil beim Ausfall des Wirt-Systems (z.B. Stromausfall) alle darauf laufenden virtuellen Server logischerweise ebenfalls ausfallen. Kommt das Wirt-System wieder auf die Beine, wäre es nicht sehr sinnvoll, wenn die VMs einzeln manuell gestartet werden müssten. Das wäre Zeitvergeudung, die überdies Funktionalität kostet.

Die Fernsteuerung der virtuellen Maschinen funktioniert grundsätzlich immer wie ein KVM Switch, d.h., Sie können die VM angefangen beim Bootprozess bis hin zum normalen Betrieb aus der Ferne bedienen. Dieser Fakt ist nicht zu vernachlässigen, da bei einer Anschaffung einer gleichwertigen KVM-Lösung für physikalische Maschinen recht hohe Kosten entstehen können, die bei der VM nicht anfallen.

Sobald die virtuelle Maschine einmal läuft, sollte diese durch spezielle Herstellertools, in diesem Falle den VMware Tools, weiter optimiert werden. VMware Tools gibt es für alle von der VMware-Version unterstützten Gast-Betriebssysteme, darunter viele Microsoft Windows- und Linux-Versionen, aber für auch Netware und FreeBSD.

### 12.1.1 Status der virtuellen Maschine

Man unterscheidet vier Power-Optionen der virtuellen Maschine unter VMware GSX, die in Tabelle 12.1 näher erläutert werden.

| Status | Beschreibung |
| --- | --- |
| Power On | Anschalten einer virtuellen Maschine |
| Power Off | Ausschalten einer virtuellen Maschine. Falls die VM läuft, entspricht dies einer Unterbrechung der Stromzufuhr, also einem harten Ausschalten, bei dem es zu Beschädigungen des Gast-Systems kommen kann. |
| Suspend | Einfrieren des Systems, vergleichbar mit einem Suspend-Modus beim Notebook. Der Suspend-Modus ist nur bei laufenden VMs möglich und sichert den Status der virtuellen Maschine in eine .vmss-Datei. |
| Resume | Wiederherstellen eines eingefrorenen Systems. Dabei müssen Sie beachten, dass die Maschine mit allen vorherigen Einstellungen urplötzlich wieder im Netzwerk, auftaucht. Das heißt, dass es bei Verwendung von DHCP durchaus passieren kann, dass die VM mit einer mittlerweile anderweitig belegten Netzwerkadresse wach wird und damit ein wenig Unruhe ins Netzwerk bringt. |
| Reset | Neustarten des Systems. Dies entspricht dem Resetschalter einer physikalischen Maschine, d.h., die Stromzufuhr würde kurz unterbrochen und direkt wiederhergestellt. Auch hier kann es zu Schäden am Gast-System kommen, da die VM hart ausgeschaltet wird. |

**Tabelle 12.1** Power-Optionen einer virtuellen Maschine unter VMware GSX

Über diese grundlegenden Power-Optionen hinaus existieren noch Erweiterungen, welche die in Tabelle 12.1 genannten Power-Optionen um Skripte bzw. Funktionen der VMware Tools ergänzen, wie Tabelle 12.2 zu entnehmen ist. Um diese Power-Optionen nutzen zu können, sind zwingend die installierten VMware Tools erforderlich.

| Status | Beschreibung |
| --- | --- |
| Shut Down Guest | »Sanftes« Herunterfahren des Gast-Systems über die VMware Tools, die einen normalen Shutdown über das Gast-Betriebssystem einleiten. Logischerweise sind hier die in der VM installierten VMware Tools zwingend erforderlich. |
| Suspend after running script | Hier wird vor dem Einfrieren des Systems ein Skript, das durch die VMware Tools bereitgestellt wird, ausgeführt. |

**Tabelle 12.2** Erweiterte Power-Optionen unter VMware GSX

| Status | Beschreibung |
| --- | --- |
| Resume and run script | Nach dem Aufwecken eines eingefrorenen (suspend) Systems wird ein VMware Tools-Skript ausgeführt. |
| Power On and run script | Anschalten der virtuellen Maschine mit anschließendem Ausführen eines Skriptes. Das Skript wird durch die VMware Tools angestoßen und daher auch erst nach deren Laden ausgeführt. |
| Restart Guest | Der »sanfte« Neustart über die betriebssysteminternen Möglichkeiten des Gast-Systems. Es werden keine Schäden wie bei einem normalen Reset in Kauf genommen. |

**Tabelle 12.2** Erweiterte Power-Optionen unter VMware GSX (Forts.)

Gerade die erweiterten Power-Optionen bieten sehr interessante Möglichkeiten, werden doch keine harten, möglicherweise schädigenden Aktionen durchgeführt, sondern vielmehr die Funktionen des Gast-Betriebssystems genutzt.

Nun hat gerade die Suspend-Funktion den großen Nachteil, dass beim Aufwecken das System in seinem Ursprungszustand in das »lebende« Netzwerk platzt. Über entsprechende Skripte könnte man beispielsweise eine Neuanforderung an den DHCP-Server oder eine erneute Registrierung in DNS und WINS Server einbauen. Eine solche Anpassung wäre nicht annähernd so risikoreich, wie die Version ohne Skript.

Um diese Power-Optionen auszuführen, existieren beim Standard VMware GSX Server wieder die zwei bekannten Oberflächen, MUI und VMware Console. Innerhalb der VMware Virtual Machine Console müssen Sie erst die virtuelle Maschine öffnen oder über das Inventory auswählen. Danach können Sie über das Kontextmenü (rechte Maustaste) oder über die vier Symbole die gewünschte Power-Option auswählen. Allerdings finden Sie auch die erweiterten Power-Optionen nur über die Funktion *Power* (Abbildung 12.1), sobald eine virtuelle Maschine mit installierten VMware Tools ausgewählt wurde.

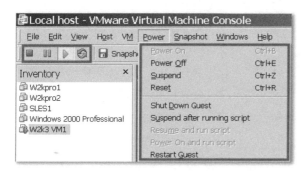

**Abbildung 12.1** Innerhalb der VMware Virtual Machine Console erreicht man die Power-Optionen der virtuellen Maschinen über den Menüpunkt Power

Innerhalb der MUI finden Sie schon auf der Startseite eine Übersicht aller verfügbaren virtuellen Maschinen. Ansprechen können Sie die Power-Optionen über das Symbol direkt links neben dem Namen der virtuellen Maschine. Sobald Sie es Anklicken, erweitert sich das Symbol um alle weiteren, zur Auswahl stehenden Power-Optionen (Abbildung 12.2).

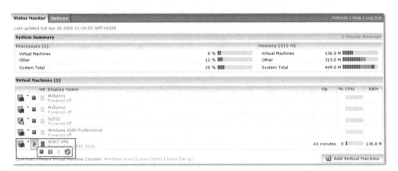

**Abbildung 12.2** Power-Optionen innerhalb der MUI

Ein Klick auf den kleinen Knopf direkt rechts neben dem Bildschirmsymbol der virtuellen Maschine genügt, und die erweiterten Power-Optionen werden aufgerufen.

**Abbildung 12.3** Die erweiterten Power-Optionen innerhalb der MUI des VMware GSX Servers, werden über das kleine »Pfeil-nach-unten«-Symbol direkt neben dem Bildschirmsymbol angesprochen.

Zudem stehen Ihnen innerhalb der Eigenschaften einer virtuellen Maschine auch die Symbole für die normalen Power-Optionen zur Verfügung. In Abschnitt 12.1.4, *Innerhalb der virtuellen Maschine,* erfahren Sie, wie Sie die angesprochenen Skripte einsehen bzw. auch anpassen können.

### 12.1.2  Optionen der virtuellen Maschine anpassen

Wie schon in der Einleitung angesprochen, existieren zu jeder virtuellen Maschine Optionen, die individuell angesprochen werden können. Zu den Funktionen gehören kleinere Dinge wie beispielsweise Name und Beschreibung der VM, aber auch konzeptionelle Funktionen wie das Start- Verhalten. Abbildung 12.4 zeigt nicht nur, wie Sie zu den Optionen gelangen, sondern lässt den Punkt *Upgrade Virtual Hardware...* erkennen, der dazu dient, nach einem Releasewechsel des GSX Servers auch die Hardware auf den neuesten Stand zu bringen. Dies sollten Sie übrigens im abgeschalteten Zustand tun und danach die VMware Tools erneut installieren.

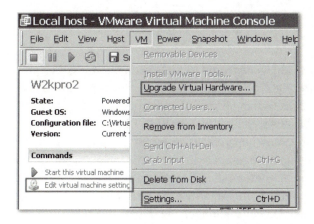

**Abbildung 12.4**  Der Weg zu den Optionen einer virtuellen Maschine über die VVMC

Zu den Optionen gelangen Sie über die VVMC, wie in Abbildung 12.4 zu sehen, mittels *Edit virtual machine settings* oder **VM · Settings**, wenn Sie bereits eine virtuelle Maschine ausgewählt haben. Unter der MUI funktioniert es ganz ähnlich: Dort müssen Sie den Namen der virtuellen Maschine unter dem Reiter *Display Name* einfach anklicken, und als Ergebnis zeigen sich die Eigenschaften der virtuellen Maschine, in denen dann ein weiterer Reiter namens *Options* zu sehen ist. Da unter der VVMC mehr Funktionen zur Auswahl stehen und alle Funktionen der MUI abgedeckt werden, will ich mich auf deren Beschreibung beschränken.

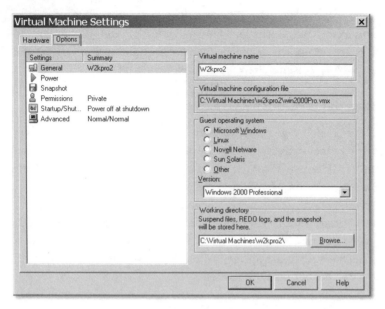

**Abbildung 12.5** Der Reiter General innerhalb der Optionen enthält die allgemeinen Einstellungen einer VM, wie Name oder Arbeitsverzeichnis.

Wenn Sie innerhalb der Auswahl *Options* sind, wird Ihnen eine Auflistung von verschiedenen Settings angezeigt, in Abbildung 12.5 ist dies der Reiter **General**. Hier können Sie den Anzeigenamen der virtuellen Maschine, das Gast-Betriebssystem und das Ablageverzeichnis für die REDO Logs und Snapshot-Dateien angeben bzw. Ihren Wünschen gemäß anpassen. Von der Einstellung des Ablageverzeichnisses einmal abgesehen haben die Einstellungen keine Auswirkung auf die bestehende Konfiguration der VM, d.h., der Anzeigename ändert nichts an dem Namen der Konfigurationsdatei oder dem des Verzeichnisses. Ebenso werden keine Geräteeinstellungen verändert, wenn Sie hier ein anderes Gast-Betriebssystem wählen. Und bedenken Sie, dass dieser Name wirklich nur Ihrer Orientierung dient und absolut keine Auswirkungen auf den Namen des Rechners innerhalb der virtuellen Maschine hat.

Der nächste Reiter namens *Power* (Abbildung 12.6) dient mehr der Anpassung der Benutzerumgebung. So kann man hier die Powerknöpfe *Stop* und *Restart* umstellen oder die virtuelle Maschine direkt im Vollbildmodus starten lassen. Letzteres bietet sich in einer Serverumgebung allerdings kaum an. Anders verhält es sich mit der Möglichkeit, VMware Tools-Skripte anlässlich bestimmter Gegebenheiten ausführen zu können, wie z.B. vor einem Abschalten oder nach dem Starten einer VM.

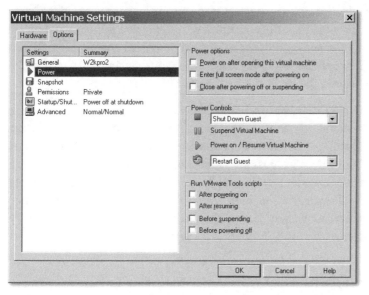

**Abbildung 12.6** Unter der Power-Funktion können Sie die Power-Optionen ändern bzw. mit den von Ihnen gewünschten Werten vorbelegen.

Alle Funktionen innerhalb des Reiters *Snapshot* wurden schon in Kapitel 10, *Virtuelle Festplatten*, eingehend besprochen. Falls Sie nicht mehr genau wissen, was es mit diesen Snapshots auf sich hat, lesen Sie bitte dort noch einmal nach.

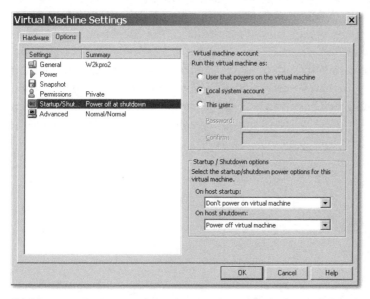

**Abbildung 12.7** Dies ist eine der wichtigsten Optionen überhaupt, da hier die Schaltzentrale für das Start-/Stopp-Verhalten der virtuellen Maschine ist.

Unter der Auswahl *Permissions* verbirgt sich die Einstellung *make this virtual machine private*, was im Endeffekt nichts weiter als eine Rechteanpassung im Dateisystem bedeutet, sodass nur der zu diesem Zeitpunkt angemeldete Benutzer Zugriff auf die virtuelle Maschine hat. Diese Option wäre z.B. für virtuelle Maschinen interessant, die sich im Teststadium befinden.

Nun kommen wir zu dem wahrscheinlich wichtigsten Punkt, nämlich dem *Startup/Shutdown*-Verhalten (Abbildung 12.7) der virtuellen Maschine. Ganz wichtig ist die Einstellung des zu verwendenden Benutzers für den Prozess der virtuellen Maschine im Wirt-System. Wenn Sie einen automatisierten Start- bzw. Stopp-Prozess verwenden wollen, sollten Sie hier auf keinen Fall *User that powers on the virtual machine* auswählen. Wenn Sie das Systemkonto oder einen festgelegten Benutzer einstellen, laufen alle virtuellen Maschinen weiter, auch wenn der Benutzer sich vom Windows Wirt-System abmelden sollte.

> **TIPP** Bei Auswahl des angemeldeten Benutzers, übrigens Standardeinstellung, werden, wenn er sich denn abmeldet, alle durch den Benutzer gestarteten virtuellen Maschinen abgeschaltet! **Also Vorsicht!** Sinnvollste Auswahl ist hier normalerweise *Local System Account*, es sei denn, Sie wünschen wegen der erhöhten Sicherheit einen festen Benutzer.

Nachdem Sie den Benutzer umgestellt haben, steht auch das automatisierte Start-/Stopp-Verhalten der virtuellen Maschine beim Herunterfahren oder Starten des Wirt-Systems bereit. Diese Einstellung sollten Sie auch nutzen, da es eine geringere Ausfalldauer bedeutet. Leider hat diese Option nicht nur Vorteile, denn bei einem Wirt-System, dass in einem Loop (ständiges Neustarten) durch beispielsweise einen Hardwaredefekt hängt, werden auch alle virtuellen Maschinen ständig neu gestartet, was unter Umständen zu Problemen führen kann. Übrigens ist diese Auswahl nur unter einem Microsoft Windows-Wirt-System vorhanden.

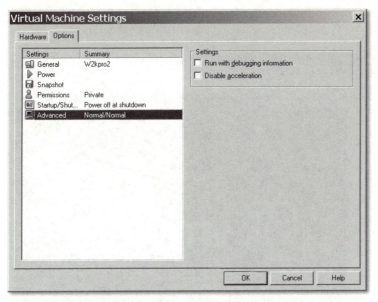

**Abbildung 12.8** Erweiterte Einstellungen für die virtuelle Maschine

Falls Sie Laufzeitprobleme bei mancher Software innerhalb einer virtuellen Maschine haben, können Ihnen die beiden Optionen innerhalb der Auswahl *Advanced* (Abbildung 12.8) weiterhelfen. Über *Run with debugging Information* wird eine erweiterte Protokollierung eingeschaltet, die dem VMware Support bei der Problemlösung helfen kann. Finden können Sie dieses Protokoll an gewohnter Stelle im Homeverzeichnis der virtuellen Maschine unter dem Namen vmware.log. Zudem ist von Software zu lesen, die mit der VMware Acceleration, also der »künstlichen« Beschleunigung der Prozesse innerhalb der virtuellen Maschine, auf Kriegsfuß steht. Dies kann schlimmstenfalls die Performance des gesamten Wirt-Systems beeinträchtigen. Das Abschalten der Prozessoptimierung kann solche Probleme lösen. Allerdings sollten Sie mit dieser Option sehr vorsichtig umgehen bzw. sie idealerweise sogar nur temporär abschalten, weil sonst die Systemleistung der VM deutlich leiden kann.

### 12.1.3 Fernsteuerung

Ein besonderes Highlight bei allen Servervirtualisierungsprodukten ist die Fernsteuerung der virtuellen Maschinen. Diese Fernsteuerung ist mit den »KVM over IP Switches« vergleichbar, bietet aber noch deutlich mehr. Hier wird relativ schnell klar, welche Vorteile durch die Virtualisierung entstehen, sei es durch die Möglichkeit des An-/Abschaltens oder des Wechselns der im Laufwerk eingelegten CD mittels ISO CD Images.

VMware GSX bietet Ihnen diese Fernsteuerung über die VMware Virtual Machine Console an, also dem Standard-Administrationsprogramm.

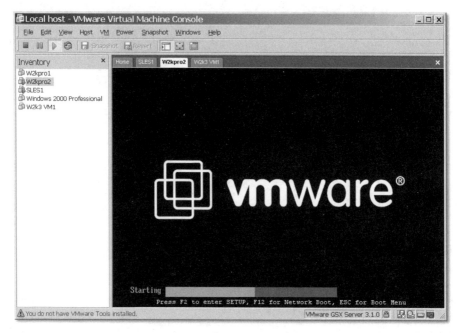

**Abbildung 12.9**  Fernsteuerung beim Anschalten einer virtuellen Maschine

Sobald Sie eine virtuelle Maschine einschalten oder im Inventory eine eingeschaltete virtuelle Maschine auswählen, wird direkt auf den Fernsteuerungsmodus (Abbildung 12.9) gewechselt.

Ab jetzt steht Ihnen die virtuelle Maschine vom Startvorgang über das BIOS, die Betriebssysteminstallation bis zum fertig installierten Server mit Maus, Tastatur und Monitor zur Verfügung.

Falls Sie beim Einschalten F2 (Abbildung 12.10) drücken, steht Ihnen ein komplettes BIOS, wie Sie es von physikalischen Rechnersystemen her kennen, zur Konfiguration bereit. Alle Konfigurationen sind individuell pro virtuelle Maschine in der Datei nvram im Homeverzeichnis abgelegt. Hier können Sie nur den Bootvorgang oder auch die BIOS-Uhr beeinflussen. Gerade die Änderung der Bootreihenfolge kann aber von großer Bedeutung sein, aber das kennen Sie ja von physikalischen Maschinen auch. Eine kleine Anmerkung zur Uhr: Eine VM hat ein Problem, denn ausgeschaltet verfügt sie über kein batteriegepuffertes CMOS, mit der Folge, dass nach dem Anschalten der virtuellen Maschine die Systemzeit aktualisiert werden muss. Das können Sie innerhalb der VM mit der entsprechenden VMware Tools-Option oder mit einem Zeitserver tun.

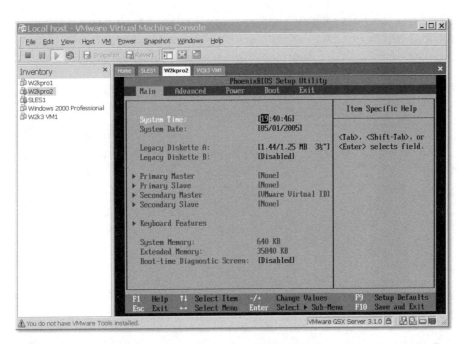

**Abbildung 12.10** Beim Starten F2 gedrückt halten und schon landet man im BIOS der virtuellen Maschine.

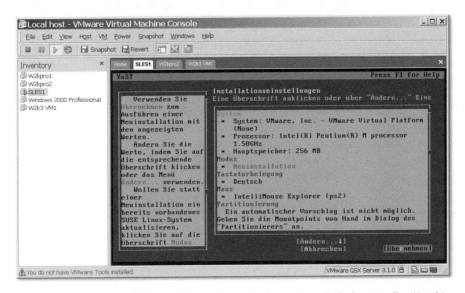

**Abbildung 12.11** Installation des SuSE Linux Enterprise Servers innerhalb der virtuellen Maschine

Sobald Sie das BIOS wieder verlassen haben bzw. der Bootvorgang weiterläuft, wird je nach Einstellung über PXE, lokale Festplatte oder CD-ROM gebootet. In

Abbildung 12.11 habe ich ein ISO Image der SuSE SLES Installations-CD eingelegt und darüber gestartet. Nun kann ich ganz normal mein Betriebssystem installieren und auf die angeschlossenen virtuellen Geräte zugreifen.

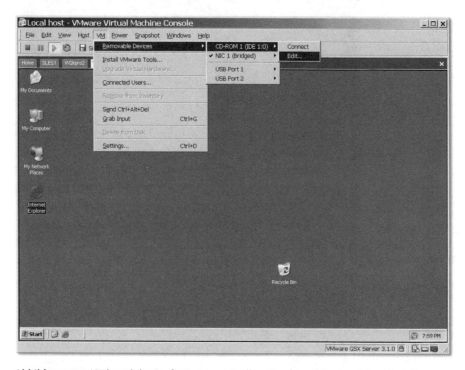

**Abbildung 12.12** Während der Laufzeit einer virtuellen Maschine, können einige Einstellungen, wie beispielsweise die eingelegte CD-ROM, direkt angepasst werden.

Nach dem Start des Betriebssystems (Abbildung 12.12) können Sie fast ganz normal mit der virtuellen Maschine arbeiten. Während der gesamten Fernsteuerungssitzung erreichen Sie über die Menüleiste die schon angesprochene Auswahl *VM*, mit der Sie einige Hardwareeinstellungen anpassen können. Beispiele hierfür wären die Anpassungen für Wechseldatenträger (Diskette, CD) und die Netzwerkkarten (aktiv/inaktiv, Netzwerkzuordnung). Darüber hinaus können Sie über [Ctrl]+[Alt] den Tastaturfokus wechseln oder sich die sonstigen, derzeit über Fernsteuerung verbundenen Benutzer anzeigen lassen. Auf die Menüauswahl die Installation der VMware Tools kommen wir später noch zurück.

Die Umschaltung des Fokus zwischen virtueller Maschine und dem Administationsrechner (da sich die Fernsteuerung überall im Netzwerk installieren lässt, ist das Wirt-System meist außen vor) ist bis zur Installation der VMware Tools nur manuell über eine Tastenkombination möglich. Diese Tastenkombination ist sehr wichtig, sind doch während der Fernsteuerung sowohl Maus als auch Tastatur der VM zugeordnet und können daher auf dem Administrationsrechner nicht verwendet werden.

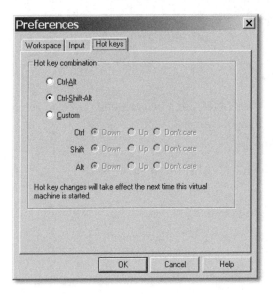

**Abbildung 12.13** Hotkey der VVMC, immens wichtig während einer Fernsteuerungssitzung

Diese Tastenkombination kann, wie Sie sich sicherlich erinnern, über den Menüpunkt **Edit · Preferences** angepasst werden. Die Standardeinstellung ist [Ctrl]+[Alt], d.h., wenn Sie Maus und Tastatur dem Adminstrationsrechner zuordnen wollen, müssen Sie einfach diese beiden Tasten gleichzeitig drücken.

Dieser wichtige »Affengriff« ([Strg]+[Alt]+[Entf] oder [Ctrl]+[Alt]+[Del]), funktioniert bei der Fernsteuerung der VM auch ein wenig anders, die [Entf]-Taste wird einfach durch die [Einfg]- bzw. [INS]- Taste ersetzt, also [Strg]+[Alt]+[Einfg]. Weil diese Tastenkombination sowohl durch das Betriebssystem des Administratorrechners als auch durch die virtuelle Maschine erkannt werden kann, muss zwingend eine Unterscheidung zwischen den beiden Systemen erfolgen.

Übrigens können Sie die Fernsteuerung über **View · Full Screen** auch im Vollbildmodus betreiben, was ich allerdings nur bei Administrationsarbeitsplätzen mit geringer Auflösung empfehlen kann. Falls Ihr Rechner über eine Auflösung ab 1024x768 verfügt ist die Bedienung im normalen Modus meines Erachtens praktischer. Wenn Sie aus dem Vollbildmodus zurück in den normalen Modus wollen, genügt die oben genannte Tastenkombination.

### 12.1.4 Innerhalb der virtuellen Maschine

Sobald die virtuelle Maschine fertig installiert ist, sollten Sie schnellstmöglich die VMware Tools installieren, die entscheidend zur Leistungsoptimierung der VM beitragen. Die VMware Tools sind für alle unterstützten Gast-Betriebssysteme verfügbar, darunter so gut wie alle Microsoft Windows-Versionen und verschiedene Linux-Derivate.

Was enthalten die VMware Tools?

- optimierte Treiber für die virtuellen Geräte, dadurch wesentlich verbesserte Gesamtleistung und höhere Grafikauflösungen
- deutlich verbesserte Mauskontrolle
- Heartbeat für eine Kontrolle durch die Virtualisierungssoftware
- Shrink für die virtuelle Festplatte
- Zeitsynchronisation mit dem Wirt-System
- Skripte zur Gast-Betriebssystemkontrolle bei Statusänderungen (beispielsweise bei einem Neustart)
- »sanftes« Herunterfahren des Gast-Betriebssystems
- »seamless Window«, d.h., die Steuerung des Tastatur-/Maus-Fokus wird automatisiert

Allein die optimierten Treiber sind schon Grund genug für eine Installation der VMware Tools.

Doch nun zur Installation selbst, die bei Microsoft Windows und Linux erwartungsgemäß unterschiedlich vonstatten geht, weshalb ich beide Installationen getrennt voneinander betrachte.

Der erste Schritt ist allerdings noch für beide gleich, das Anstoßen der VMware Tools nämlich. Innerhalb der VVMC wählen Sie, während Sie die laufende VM fernsteuern, den Punkt **VM · Install VMware Tools** aus, woraufhin im Endeffekt nur die VMware Tools-CD in das virtuelle CD-Laufwerk »eingelegt« wird.

Falls Sie eine virtuelle Maschine ohne CD-ROM-Laufwerk aufgesetzt haben und auch nicht temporär eines hinzufügen wollen, finden Sie die VMware Tools im VMware-Programmverzeichnis als linux.iso, windows.iso, netware.iso oder freebsd.iso. Diese Datei können Sie dann entpacken und die extrahierten Dateien über das Netzwerk auf die VM kopieren (z. B. mittels WinISO).

## Microsoft Windows

Unter Microsoft Windows wird die CD eingelegt und mit Hilfe der Autorun-Technik das Setup auf der CD direkt ausgeführt, sobald Sie im Folgedialog (Abbildung 12.14) *Install* anklicken. Falls Sie die Autorun-Funktion deaktiviert haben, müssen Sie das Setup manuell über die CD aufrufen. Ob schon ein Medium eingelegt war, spielt dabei keine Rolle, denn es würde einfach »übermappt«.

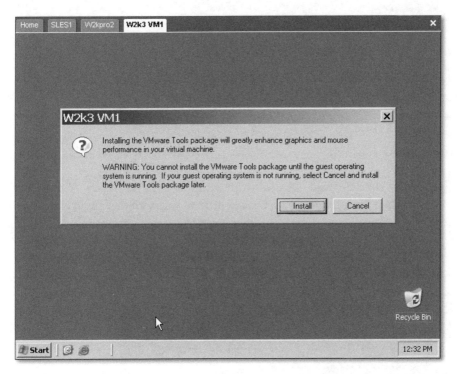

**Abbildung 12.14** Dieses Anfangsbild erscheint direkt nach dem Anklicken der VMware Tools-Installation. Sobald Sie auf *Install* klicken, wird die Autorun-Routine gestartet.

Als Nächstes erscheint die Installationsroutine der VMware Tools innerhalb der virtuellen Maschine, d.h., Sie müssen mit der Fernsteuerung die VM selbst bedienen.

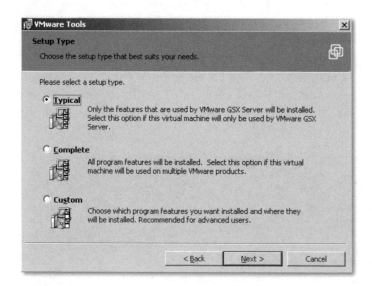

**Abbildung 12.15** Auswahl der Softwarekomponenten bei der Installation der VMware Tools

Sobald Sie zur Auswahl der Softwarekomponenten kommen (Abbildung 12.15), sollten Sie, obwohl es recht naheliegend wäre, keinesfalls *Typical*, sondern entweder *Complete* oder *Custom* wählen. Meine Erfahrung hat mich gelehrt, dass bei *Typical* nicht alle Treiber installiert werden, was vor allem bei einer späteren Migration auf andere VMware-Produkte zu Unwägbarkeiten führen kann.

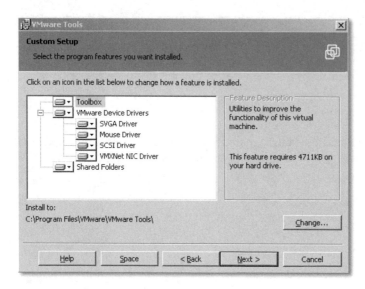

**Abbildung 12.16** Dies sollte die Standardauswahl bei der Installation der VMware Tools sein.

Wir gehen nun einmal von der Auswahl *Custom* aus. Hier werden, wie in Abbildung 12.16 zu sehen, zum einen die Toolbox sowie alle vier wichtigen VMware-Gerätetreiber und der Punkt *Shared Folder* zur Auswahl angeboten. Bis auf *Shared Folder* sollten Sie immer alles auswählen und auch installieren lassen, denn *Shared Folder* ist momentan nur im VMware Workstation-Bereich verwendbar. Es handelt sich dabei um eine virtuelle Datenbrücke zwischen Wirt und Gast, die unnabhängig von Netzwerken oder sonstigen Verbindung ist.

Sehr viel wichtiger sind die Gerätetreiber, die Sie z.B. unbedingt benötigen, wenn Sie auch den leistungsstarken VMXNet-Netzwerkkartentreiber wechseln wollen. Darüber hinaus erhöht sich die Geschwindigkeit der Maus- und Tastatureingaben deutlich und die Bewegungen werden zudem glatter. Eine Bildschirmauflösung größer 640x480 ist erst nach der Installation der Grafikkartentreiber möglich.

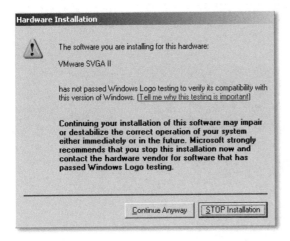

**Abbildung 12.17** Der mittlerweile etablierte Windows Logo-Test wird von VMware nicht unterstützt.

Wundern Sie sich bei der Installation der Gerätetreiber nicht darüber, dass diese nicht den Windows Logo-Test bestehen (Abbildung 12.17), denn VMware hat diese Gerätetreiber nicht von Microsoft für die entsprechenden Betriebssysteme zertifizieren lassen. Trotzdem können Sie unbesorgt auf *Weiter* klicken, damit diese Treiber auch wirklich installiert werden.

Bei der *Toolbox* handelt es sich um eine Sammlung von nützlichen Programmen bzw. Erweiterungen. Es wird Ihnen sofort auffallen, dass zum Wechseln des Fokus zwischen Gast- und Administrationsrechner nicht mehr die Tastenkombination gedrückt werden muss. Dies passiert ab jetzt automatisch, sobald der

Mauszeiger aus dem Fernsteuerungsfenster der VM hinaus bewegt wird. Des Weiteren wird eine Zeitsynchronisation mit dem Wirt-System möglich, und es können verschieden Skripte beim Starten und Stoppen ausgeführt werden, wie zuvor schon erwähnt. Zudem kann der Wirt das Gast-System nun sauber herunterfahren.

**Abbildung 12.18** Erreichbar sind die VMware Tools über ein Trayicon.

Sobald Sie die VMware Tools fertig installiert haben, steht Ihnen nach dem obligatorischen Neustart neben der neuen Treiberunterstützung ein kleines Trayicon unten rechts neben der Uhr zur Verfügung. Ein Doppelklick oder Rechtsklick darauf genügt, um in die Toolbox zu gelangen. Innerhalb der VMware Tools finden Sie eine Reihe von Einstellungsmöglichkeiten und Informationen.

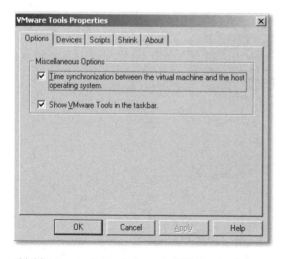

**Abbildung 12.19** Reiter Options der VMware Tools

Wie Sie in Abbildung 12.19 sehen, können Sie direkt im ersten Reiter der VMware Tools die Zeitsynchronisation zwischen Gast- und Wirt-System ein- bzw. ausschalten. Diese Einstellung würde ich in Verbindung mit einer zusätzlichen Zeitsynchronisation (z.B. NTP oder Windows-Zeitgeber) im Unternehmen empfehlen, da so selbst Abweichungen im Sekundenbereich abgefangen werden. Weil die VM, wie bereits erwähnt, keine eigene CMOS-Uhr besitzt, müssen Sie unbedingt die Systemzeit mit dieser Funktion oder mit einer externen Zeitquelle abgleichen. Im Reiter *Devices* haben Sie die Möglichkeit, die »entfernbaren« Geräte während der Laufzeit der VM einzubinden oder zu entfernen. Zu diesen Geräten gehören CD-ROM-Laufwerke und Netzwerkkarten.

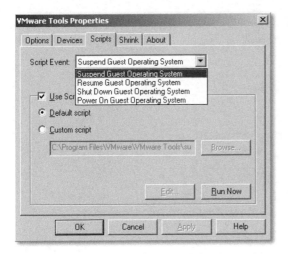

**Abbildung 12.20** Hier werden die Skripte hinterlegt bzw. angepasst.

Hinter dem Reiter *Scripts* verbirgt sich ein für uns deutlich interessanteres Thema, dort sind nämlich die VMware Tools-Skripte zu finden, die Ihnen schon in den Eigenschaften der virtuellen Maschine bzw. den Power-Optionen begegnet sind. Genau diese Skripte sind es, die ausgeführt werden, wenn Sie beispielsweise *Resume and run script* auswählen. Um Ihnen das Leben ein wenig leichter zu machen, hat VMware schon zu jedem Ereignis ein Skript hinterlegt. Wenn Sie die Skripte benutzen möchten, muss die Checkbox *Use Scripts* mit einem Häkchen versehen und entweder auf die Standardskripte oder ein eigenes Skript verwiesen werden.

Finden können Sie die Standardskripte im Programmverzeichnis in `VMware\VMware Tools` (Abbildung 12.21). In diesen Skripte können Sie ganz normale Befehle und Funktionen wie in einer Windows Batch-Datei nutzen. Zusätzlich stehen Ihnen dann VMware-eigene Funktionen zur Verfügung, mit denen Sie beispielsweise eine IP-Adresse freigeben oder neu anfordern können.

Zum besseren Verständnis schauen wir uns mal die Datei `resume-vm-default.bat` an.

`"<INSTALLDIR>VMip.exe" -renew`

Hier wird nichts weiter getan, als mittels der Executable VMip.exe innerhalb des Installationsverzeichnisses der VMware Tools durch -renew eine neue IP-Adresse im Netzwerk anzufordern.

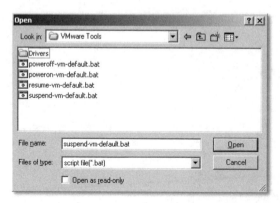

**Abbildung 12.21** Alle Standardskripte der VMware Tools im Programmverzeichnis VMware\VMware Tools

Der letzte Reiter von Interesse, *Shrink*, ist eigentlich eine VMware-Ergänzung zu einer normalen Defragmentierung. Eine Defragmentierung wurde entwickelt, um die Festplattencluster wieder optimiert anzuordnen. Die Daten werden an den äußersten Rand der Festplatte verschoben, weil sie dort am schnellsten ausgelesen werden können. Da Sie innerhalb einer virtuellen Maschine keine wirkliche physikalische Festplatte haben, bringt Ihnen eine Defragmentierung nicht sehr viel. Hier kommt *Shrink* zum Zuge, das alle Dateien innerhalb der virtuellen Festplattendatei optimal anordnet, also entstandene Datenlöcher stopft.

**Abbildung 12.22** Shrinken einer Festplatte ist vor allem beim Export für die Nutzung der VM in einem anderen VMware-Produkt interessant.

Um eine Festplatte zu shrinken, müssen Sie wie in Abbildung 12.22 die entsprechende Partition auswählen und *Prepare to shrink* auswählen. Nachdem die Vorbereitungen seitens VMware erledigt sind, erscheint eine weitere Meldung des Inhalts, ob Sie nun mit dem Shrinken beginnen wollen. Richtig nützlich ist der Shrink, wenn Sie die virtuelle Festplatte anschließend auf ein anderes Wirt-System verschieben wollen. Durch das Shrinken wird diese virtuelle Festplattendatei u. U. deutlich verkleinert, wodurch Sie beim Kopieren, Exportieren bzw. Importieren sehr viel Zeit sparen können.

Wenn Sie VMware Tools zu einem späteren Zeitpunkt deinstallieren wollen, können Sie dies ganz einfach über die normalen Windows-Hilfsmittel (Software) tun. Ein Update der VMware Tools läuft übrigens vollautomatisch ab, macht aber jedesmal einen Neustart des Gast-Systems erforderlich. Neuversionen der VMware Tools gehen mit jeder Aktualisierung des Wirt-Systems einher. Es ist im Übrigen normalerweise problemlos möglich, eine gewisse Zeit mit älteren VMware Tools innerhalb des Gast-Systems zu arbeiten.

**Linux**

Vor der Installation sollten Sie noch ein paar Kleinigkeiten beachten. Um jeglichen Problemen aus dem Weg zu gehen, sollten Sie die Kernelquellen des verwendeten Kernels und die Programme `make` und `gcc` installieren. Zwingend erforderlich, um alle Funktionen zu nutzen, ist eine funktionstüchtige X11-Installation. Welchen Window Manager Sie verwenden, ist unerheblich, weshalb Sie sich dort frei entscheiden können.

Wie sieht nun die Installation unter Linux aus? Anfangs gibt es keinen Unterschied: Sobald Sie *Install VMware Tools* auswählen, wird die CD eingelegt. Allerdings gibt es natürlich keinen Autostart, sondern nur eine CD in `/dev/cdrom`, die Sie mounten können. Zum Mounten geben Sie einfach den folgenden Befehl ein, wobei Gerät und Mountpoint bei Ihnen von den hier angegebenen abweichen können:

```
mount -t iso 9660 /dev/cdrom /mnt
```

Falls Sie alle Einstellungen in der fstab konfiguriert haben, reicht meist ein `mount cdrom`. Wenn Sie nun zu dem Mountpoint wechseln, werden Sie nichts weiter als eine Datei namens tar.gz finden, die Sie mit `tar -xzvf vmware-linux-tools.tar.gz` entpacken können. Denken Sie daran, dass sie an das tar-Kommando noch einen –C-Pfad hängen müssen, da sonst die Datei auf der schreibgeschützten CD entpackt würde, was natürlich fehlschlägt. Alternativ können Sie natürlich auch die Datei vorher in ein anderes Verzeichnis kopieren. Innerhalb des neu entstandenen Verzeichnisses, das normalerweise den

Namen vmware-tools-distrib trägt, finden Sie ein Perl-Skript namens vmware-install.pl, das Sie nun aufrufen müssen.

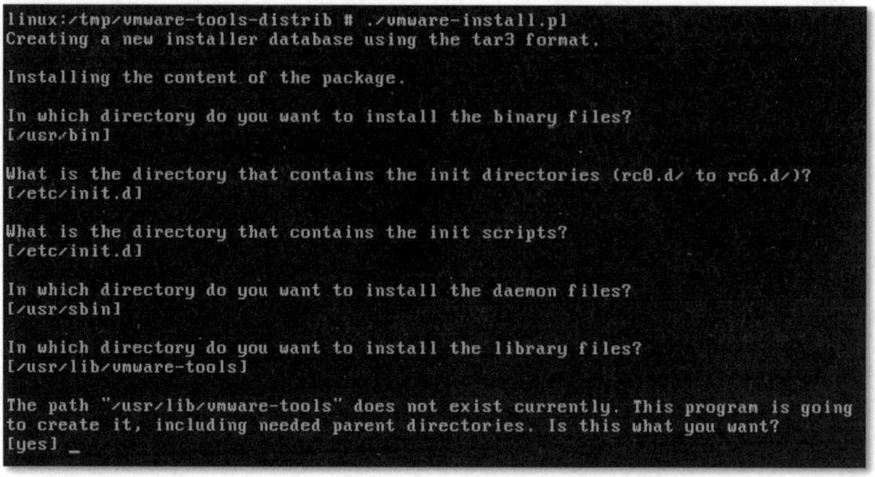

```
linux:/tmp/vmware-tools-distrib # ./vmware-install.pl
Creating a new installer database using the tar3 format.

Installing the content of the package.

In which directory do you want to install the binary files?
[/usr/bin]

What is the directory that contains the init directories (rc0.d/ to rc6.d/)?
[/etc/init.d]

What is the directory that contains the init scripts?
[/etc/init.d]

In which directory do you want to install the daemon files?
[/usr/sbin]

In which directory do you want to install the library files?
[/usr/lib/vmware-tools]

The path "/usr/lib/vmware-tools" does not exist currently. This program is going
to create it, including needed parent directories. Is this what you want?
[yes] _
```

**Abbildung 12.23** Installation der VMware Tools unter SuSE Linux 9.0

Die Installation läuft nun ähnlich wie die VMware GSX Linux-Serverinstallation selbst ab, wobei Sie nach verschiedenen Verzeichnispfaden, in denen Bibliotheken, Programme und Skripte abgelegt werden sollen, gefragt werden (Abbildung 12.23). Grundsätzlich können Sie bei allen Standardpfaden auf eine Anpassung verzichten. Während der Installation wird Ihnen noch angeboten, die VMware Tools-Konfiguration direkt zu starten, was auch zu empfehlen ist. Hier werden dann die benötigten Treiber eingebunden, und Sie werden nach der gewünschten Auflösung der X11-Oberfläche gefragt. Wenn Sie diese Einstellungen zu einem späteren Zeitpunkt nachbessern oder abändern wollen, finden Sie diesen Befehl unter `/usr/bin/vmware-config-tools.pl`.

Die VMware Tools-Installation (Abbildung 12.24) schließt mit dem Starten der entsprechenden Treiber und Programme von VMware ab. Nun ist alles für die Konsolensitzung eingestellt, und es fehlt nur noch die X11-Oberfläche. Da alle notwendigen VMware-Programme innerhalb der Suchpfade installiert sind, müssen Sie sich so gut wie nie Gedanken drüber machen und können sie einfach über den Prompt aufrufen. Nachdem Sie nun einen X Window Manager gestartet haben, in Abbildung 12.25 ist dies KDE, können Sie über das Kommando *vmware-toolbox* die VMware Tools aufrufen. Weil der Funktionsumfang identisch ist mit denen der Microsoft Windows-Installation und auch gleich konfiguriert wird, gehe ich nicht nochmals auf die einzelnen Funktionen ein.

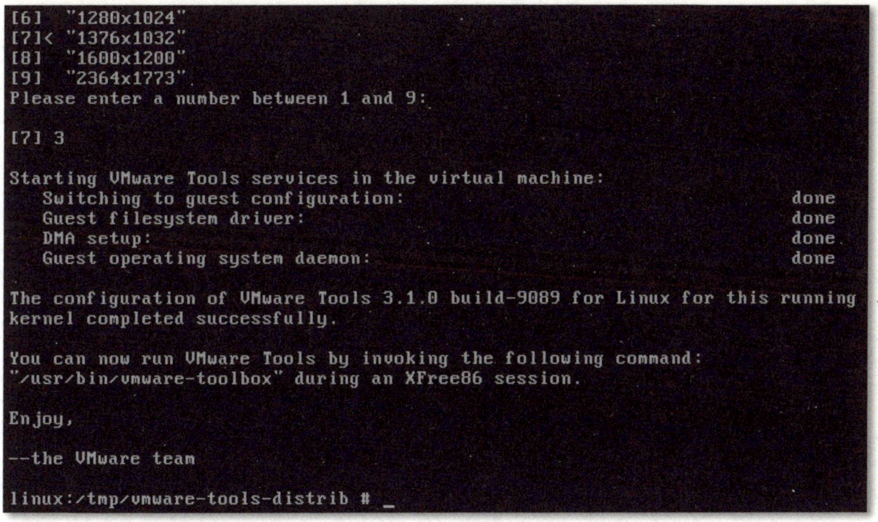

[6]  "1280x1024"
[7]< "1376x1032"
[8]  "1600x1200"
[9]  "2364x1773".
Please enter a number between 1 and 9:
[7] 3
Starting VMware Tools services in the virtual machine:
Switching to guest configuration: done
Guest filesystem driver: done
DMA setup: done
Guest operating system daemon: done
The configuration of VMware Tools 3.1.0 build-9089 for Linux for this running kernel completed successfully.
You can now run VMware Tools by invoking the following command:
"/usr/bin/vmware-toolbox" during an XFree86 session.
Enjoy,
--the VMware team
linux:/tmp/vmware-tools-distrib # _

**Abbildung 12.24** Erfolgreicher Abschluss der VMware Tools Linux-Installation unter SuSE Linux 9.0

Mülleimer
Lokales Netzwerk
CD-ROM
Diskette
VMware Tools for Linux
File
View
Help
Devices
Scripts
Options
Shrink
Use default script to suspend guest operating system
Use default script to resume guest operating system
Use default script to shut down guest operating system
Use default script to power on guest operating system
Apply
Update Informationen
VMware Tools for Linux
21:31

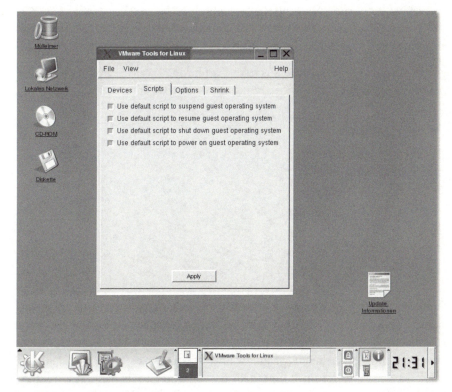

**Abbildung 12.25** VMware Toolbox innerhalb des KDE Window Managers, der einfach über vmware-toolbox aufzurufen ist

Eine Ausnahme stellen natürlich die VMware-Skripte dar, die über die VMware Tools bei den Power-Optionen ausgeführt werden. Zu finden sind die vier Skripte unter /etc/vmware-tools. In Tabelle 12.3 sind die einzelnen Skripte namentlich benannt und kurz erklärt.

| Skriptname | Funktion |
| --- | --- |
| poweroff-vm-default | Dieses Skript wird vor dem Abschalten des Gast-Systems ausgeführt. |
| poweron-vm-default | Dieses Skript wird nach dem Anschalten des Gast-Systems ausgeführt. |
| resume-vm-default | Dieses Skript wird nach dem Aufwecken des Gast-Systems aus dem Suspend Mode ausgeführt. |
| suspend-vm-default | Dieses Skript wird vor dem Einfrieren des Gast-Systems ausgeführt. |

**Tabelle 12.3** VMware Tools-Standardskripte

Auch hier sind schon bestimmte Funktionen in den Skripten vorbelegt. Im Falle des Suspend-Skriptes, wird das Netzwerk heruntergefahren, damit die virtuelle Maschine beim »Wachwerden« nicht ins Netzwerk hineinplatzt, alle Netzwerkeinstellungen beibehalten hat und damit in einen Netzwerkadresskonflikt mit einem anderen System gerät.

Hier sehen Sie einen Ausschnitt aus dem Standard Suspend-Skript der VMware Tools, der genau dieses Herunterfahren des Netzwerks anstößt:

```
if [ -x "$network" ]; then
     "$network" stop
# If the network is down, this will fail but that's
# not a good reason
# to prevent the suspend.
     status=0
else
     echo \""$network"\" not found
     status=1
fi
```

Achten Sie darauf, bei Anpassungen nicht die Standardskripte zu verändern, sondern eigene anzulegen, weil diese bei jeder Neuinstallation der VMware Tools überschrieben werden. Kopieren Sie sich einfach ein Standardskript, geben ihm einen sprechenden Namen und verändern es Ihren Bedürfnissen gemäß. Sie müssen allerdings innerhalb der VMware Tools diese veränderten Skripte auch angeben, da ansonsten die Standardskripte abgearbeitet werden.

Wenn Sie die VMware Tools deinstallieren wollen, müssen Sie `/usr/bin/vmware-uninstall-tools.pl` ausführen. Neuere Versionen werden wie auch bei der Windows-Variante mit einer neuen VMware GSX-Version ausgeliefert und sollten im Gast-System aktualisiert werden. Allerdings ist ein gewisser Zeitverzug kein Problem. Das Update selbst läuft vollautomatisch ab, die alten VMware Tools werden deinstalliert und danach folgt die Installation der aktuellen Version.

## 12.2 Microsoft Virtual Server

Microsoft Virtual Server bietet Ihnen zur Verwaltung der Power- bzw. der generellen Optionen alles innerhalb der Webadministration zentral an. Sogar die Fernsteuerung ist über ein ActiveX Plugin innerhalb des Browserfensters möglich, was ein Alleinstellungsmerkmal darstellt. Genau wie bei VMware stehen Ihnen verschiedene Start-/Stopp-Verhaltenseinstellungen zur Verfügung, die Ihnen eine Automatisierung beim Ausfall oder Neustart des Wirt-Systems erlauben. Durch die Virtual Machine Additions werden optimierte Treiber und Tools für die VM bereitgestellt, die Leistung und Handhabung verbessern. Sie sind allerdings im Gegensatz zu VMware nur für auf Microsoft Windows basierende Gast-Betriebssysteme verfügbar.

### 12.2.1 Status der virtuellen Maschine

Innerhalb der Eigenschaften der virtuellen Maschine, finden Sie einen Statusmonitor, der grundlegende Informationen über den Status liefert, wie Uptime oder CPU-Auslastung (Abbildung 12.26). Sobald Sie die verkleinerte Grafik (Thumbnail) mit dem derzeitigen Bildschirminhalt der VM anklicken, wechseln Sie in eine erweiterte Verwaltungsansicht, die automatisch ein Fernsteuerungs-Plugin startet.

Sobald die Fernsteuerung gestartet ist, sehen Sie den Bildschirminhalt der VM in einer Großansicht und einen Navigations- und Kontrollblock (Abbildung 12.27), der unterhalb davon angeordnet ist. Falls Sie *Master Status* auswählen, werden Sie zu einer Gesamtübersicht aller virtuellen Maschinen des Systems umgeleitet, in der jede VM, wie in Abbildung 12.28 zu sehen, mit einer kompakten Statusanzeige angezeigt wird. Des Weiteren ist ein erneuter Wechsel zu den Eigenschaften der VM möglich, wo die Konfiguration angepasst werden kann.

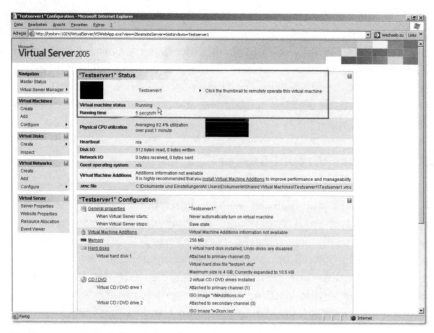

**Abbildung 12.26** Die Eigenschaften der virtuellen Maschine umfassen einen Status-Block.

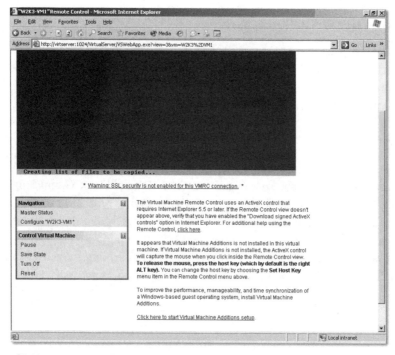

**Abbildung 12.27** Innerhalb der Fernsteuerungsansicht stehen Ihnen die grundlegenden Funktions- und Navigationsmöglichkeiten zur Verfügung.

An Kontrolloptionen stehen je nach Status der virtuellen Maschinen folgende Funktionen zur Auswahl:

| Option | Beschreibung |
| --- | --- |
| Turn On | Startet die virtuelle Maschine. |
| Pause | Stoppt die virtuelle Maschine, ohne den Speicherinhalt zu verwerfen. |
| Save State | Stoppt die virtuelle Maschine und speichert den kompletten Status inklusive Speicherinhalt in eine .vsv-Datei. Dieser Modus ist vergleichbar mit Suspend unter VMware. |
| Turn Off | Schaltet eine virtuelle Maschine ab. |
| Shutdown VM Guest OS | Fährt eine virtuelle Maschine »sanft« herunter, genauer gesagt wird durch die Virtual Machine Additions dem Gast-Betriebssystem der Befehl zum Herunterfahren gegeben. Im Umkehrschluss heißt dies natürlich, dass die Virtual Machine Additions auf dem Gast installiert sein müssen. |
| Reset | Startet eine virtuelle Maschine neu. Diese Option ist gleichbedeutend mit dem Unterbrechen der Stromzufuhr. |
| Restore From Saved State | Startet eine virtuelle Maschine, die zuvor mit Save State beendet wurde. Diese wird mit dem identischen Stand zum Zeitpunkt des Save States wiederhergestellt. Der Modus ist vergleichbar mit einem Resume unter VMware. |
| Discard Saved State | Verwirft die .vsv-Datei, also den gespeicherten Status der per Save State beendeten virtuellen Maschine. Die VM selbst bleibt ausgeschaltet. |
| Remove | Löscht die virtuelle Maschine aus der Verwaltung des Virtual Servers. Die Konfiguration der virtuellen Maschine im Dateisystem bleibt jedoch bestehen. |

Tabelle 12.4  Power-Optionen der virtuellen Maschine unter Microsoft Virtual Server

Wie immer führen mehrere Wege nach Rom, d.h., Sie können den Status auch über eine andere Ansicht verändern. Genauer gesagt über den *Master Status*, in dem alle virtuelle Maschinen des Virtual Servers aufgelistet sind (Abbildung 12.28). Wenn Sie den Mauszeiger über das kleine Dreiecksymbol rechts neben dem Namen der VM bewegen, erscheinen einige Verwaltungsoptionen, die auf die Konfiguration der VM und auf die Fernsteuerung verweisen. Was jedoch für unser jetziges Thema sehr interessant ist, sehen Sie in Abbildung 12.29. Hier stehen Ihnen auch alle bisher erwähnten Power-Optionen zur Verfügung, die abhängig von dem Status der VM ein- oder ausgeblendet werden.

virtserver Status
Remote View
Virtual Machine Name
Status
Running Time
CPU Usage
W2K3-VM1
Running
4 minutes, 46 seconds

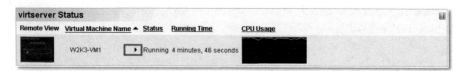

**Abbildung 12.28** Sobald die virtuelle Maschine läuft, finden Sie innerhalb der Master Status-Ansicht einen kleinen Thumbnail mit dem derzeitigen Bildschirminhalt, den Namen, den Status, die bisherige Uptime und einen CPU-Graphen.

W2K3-VM1
Edit Configuration
Remote Control
Pause
Save State
Turn Off
Reset
Category
Virtual Machine

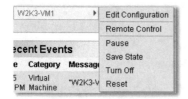

**Abbildung 12.29** Verwaltungsoptionen über die Ansicht des Master Status

## 12.2.2 Optionen der virtuellen Maschine anpassen

Zu den wichtigsten Funktionen eines Servervirtualisierungsproduktes gehört die Konfiguration des Verhaltens der virtuellen Maschinen beim Starten/Stoppen des Wirt-Systems bzw. die Ausführung von Skripten bei einem Statuswechsel der VM selbst z.B. bei einem Neustart. Um das Start-/Stopp-Verhalten anzupassen, müssen Sie in die Eigenschaften der VM wechseln und die Option *General Properties* auswählen (Abbildung 12.30).

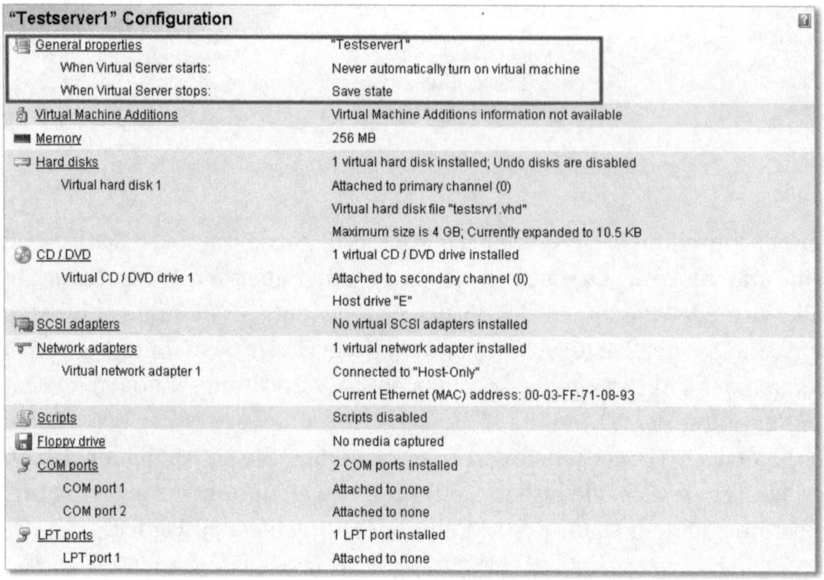

"Testserver1" Configuration
General properties
"Testserver1"
When Virtual Server starts:
Never automatically turn on virtual machine
When Virtual Server stops:
Save state
Virtual Machine Additions
Virtual Machine Additions information not available
Memory
256 MB
Hard disks
1 virtual hard disk installed; Undo disks are disabled
Virtual hard disk 1
Attached to primary channel (0)
Virtual hard disk file "testsrv1.vhd"
Maximum size is 4 GB; Currently expanded to 10.5 KB
CD / DVD
1 virtual CD / DVD drive installed
Virtual CD / DVD drive 1
Attached to secondary channel (0)
Host drive "E"
SCSI adapters
No virtual SCSI adapters installed
Network adapters
1 virtual network adapter installed
Virtual network adapter 1
Connected to "Host-Only"
Current Ethernet (MAC) address: 00-03-FF-71-08-93
Scripts
Scripts disabled
Floppy drive
No media captured
COM ports
2 COM ports installed
COM port 1
Attached to none
COM port 2
Attached to none
LPT ports
1 LPT port installed
LPT port 1
Attached to none

**Abbildung 12.30** Allgemeine Eigenschaften der virtuellen Maschine unter Virtual Server

Dort angelangt können Sie übrigens auch den Namen der VM ändern oder eine Beschreibung für diese hinterlegen. Darüber hinaus kann ein Benutzerprofil hinterlegt werden, unter dem dir virtuelle Maschine gestartet wird. Da die VM normalerweise unter dem Benutzer läuft, von dem Sie gestartet wurde, muss zwangsweise ein neutraler Benutzeraccount angegeben werden, damit ein automatisiertes Startverhalten überhaupt möglich ist. Über *Action when Virtual Server starts* können Sie zwischen verschiedenen Verhaltensmustern wählen, falls das Wirt-System nach z.B. einem Neustart wieder aktiv ist (Abbildung 12.31).

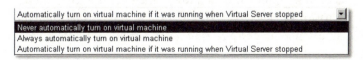

**Abbildung 12.31** Verhaltensoptionen beim Start des Wirt-Systems

Um die Ressourcen auf dem Wirt-System zu schonen, können Sie eine Wartezeit angeben, die zwischen dem Start der virtuellen Maschine und einer weiteren verstreichen muss. Zu guter Letzt können Sie natürlich auch das Verhalten beim Herunterfahren des Wirt-Systems festlegen. Hier stehen Ihnen die Power-Optionen *Save State*, *Turn off virtual Machine* und *Shutdown guest OS* zur Auswahl. Die sicherste Auswahl ist hier klar *Shutdown guest OS*, die jedoch erst nach der Installation der Virtual Machine Additions ausgewählt werden kann.

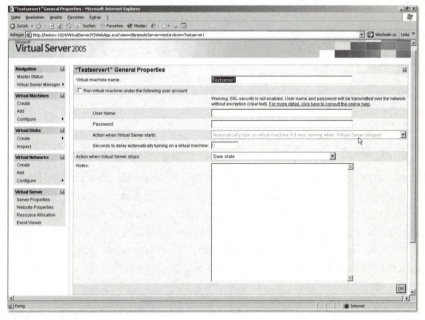

**Abbildung 12.32** Innerhalb der General Properties können Sie das Verhalten der VM beim Start/Stopp des Wirt-Systems anpassen.

Wie schon anfangs erwähnt, besteht die zweite wichtige Option aus der Abarbeitung von Skripten. Virtual Server unterscheidet zwischen Skripten des Wirt-Systems und solchen des Gast-Systems, die auch unabhängig voneinander global ein- oder ausgeschaltet werden können. Um die Skripte überhaupt nutzen zu können, müssen Sie in die Eigenschaften des Virtual Servers (Server Properties) wechseln. Hier finden Sie die Sektion *Virtual Server Scripts*, in der Sie die Skripte für den Server bzw. die virtuellen Maschinen konfigurieren können. Diese Einstellungen sind global, d.h., solange hier die VM-Skripte nicht aktiviert sind, können in den einzelnen virtuellen Maschinen keine Skripte hinterlegt werden. Daher müssen Sie bei Serverskripten *Enable scripts attached to this server* bzw. bei VM-Skripten *Enable scripts attached to virtual machines running on this server* aktivieren (Abbildung 12.33 **1**).

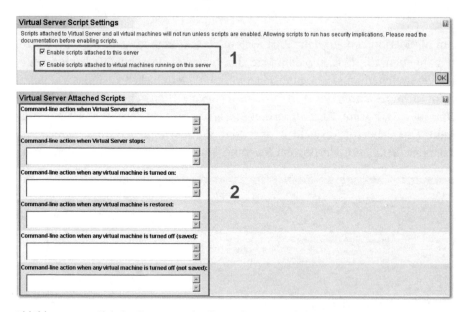

**Abbildung 12.33** Globale Aktivierung der Skripte beim Virtual Server

Nach der Aktivierung und Bestätigung mit *OK*, können Sie innerhalb der einzelnen Skriptsektionen entweder direkt Befehle oder Skriptdateien inklusive Pfad hinterlegen (Abbildung 12.33 **2**). Diese Skriptsektionen bieten Ihnen eine Vielzahl verschiedener Ereignisse wie »Start des Virtual Servers« oder »Verlust des Heartbeats einer VM«, die zum Auslösen der entsprechenden Skripte führen. Beachten Sie, dass die hier abgelegten Skripte global für alle auf dem Virtual Server laufenden virtuellen Maschinen gelten.

Über die allgemein geltenden Serverskripte hinaus können Sie natürlich auch individuelle Skripte für einzelne virtuelle Maschinen hinterlegen. Dazu müssen

Sie abermals in die Eigenschaften der virtuellen Maschine wechseln und dort *Scripts* auswählen (Abbildung 12.34). Auch hier existieren wie bei den Serverskripten verschieden Skriptsektionen, die je nach Systemereignis ausgeführt werden. Innerhalb der Skriptsektionen können Sie direkt Befehle eingeben oder aber vorhandene Skriptdateien inklusive Pfad angeben.

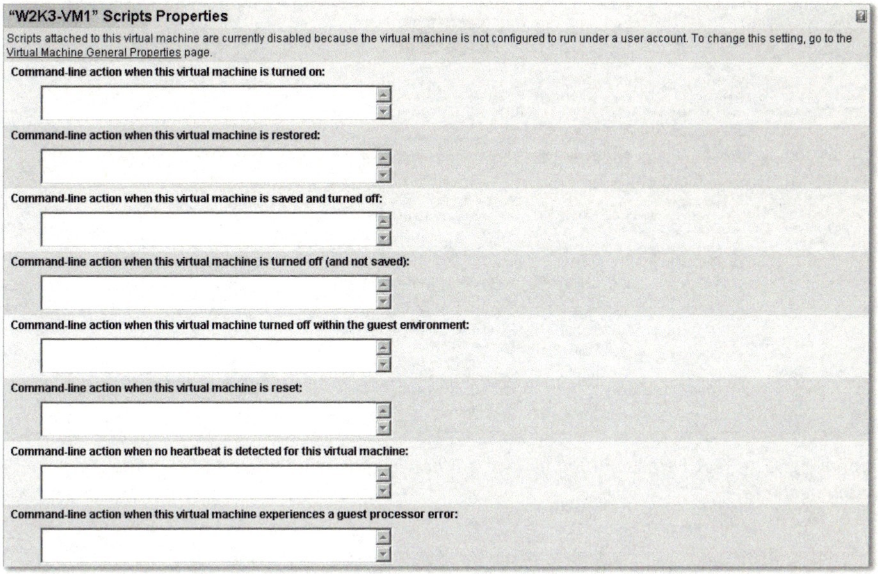

**Abbildung 12.34** Iindividuelle Skripte pro virtuelle Maschine, die je nach Systemstatus ausgeführt werden.

### 12.2.3 Fernsteuerung

Für die Fernsteuerung einer virtuellen Maschine stehen Ihnen zwei Programme zur Verfügung. Wobei »Programm« nur bei einem der beiden das richtige Wort ist, handelt es sich bei dem anderen doch vielmehr um ein ActiveX Plugin im Browser. Um innerhalb des Browsers über das Plugin in eine Fernsteuerung zu gelangen, müssen Sie erst in die Eigenschaften der jeweiligen virtuellen Maschine wechseln. Dort sehen Sie nun einen Thumbnail, also ein verkleinerten Bildausschnitt der VM, den Sie zur Fernsteuerung anklicken müssen (Abbildung 12.35).

Danach wird das schon erwähnte ActiveX Plugin geladen und alsbald auch die Fernsteuerung an sich. Sobald Sie nun in das entstandene Fernsteuerungsfenster (Abbildung 12.36) klicken, wird der Fokus von Maus und Tastatur in dieses wechseln, und Sie können Ihren Administrationsrechner, bis Sie den Host Key drücken, nicht mehr bedienen.

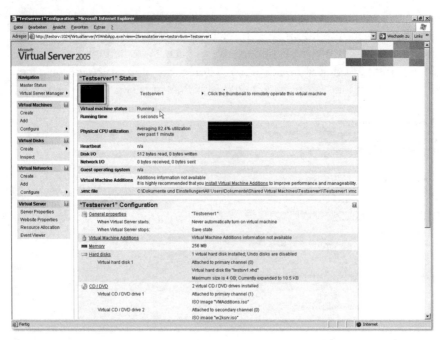

**Abbildung 12.35** Zur Fernsteuerung einfach auf den Thumbnail der laufenden virtuellen Maschine klicken

**Abbildung 12.36** Sobald die Fernsteuerung geladen ist, kann man mit dem Host Key den Fokus zwischen VM und Administrationsrechner wechseln.

Standardtaste, mit der ein Administrationsrechner den Fokus zurückerhält, ist die rechte Alt Gr-Taste. Allerdings können Sie das auch problemlos abändern, indem Sie rechts über der Fernsteuerungssitzung auf **Remote Control · Set Host Key** klicken. Die *Remote Console* bietet Ihnen noch ein paar weitere Funktionen, wie Sie Abbildung 12.37 entnehmen können. Zum einen können Sie mittels *Special Keys* den Affengriff oder die Drucktaste an die VM senden. Übrigens kann Strg+Alt+Entf innerhalb der virtuellen Maschine auch – ohne über die Special Keys zu gehen – mit Host Key + Entf ausgelöst werden.

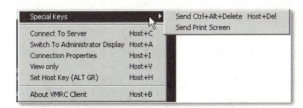

**Abbildung 12.37**  Die Remote Control-Funktionen in Großansicht

Des Weiteren ist es möglich, über *Connect to Server* eine andere VM in die Fernsteuerung zu nehmen oder aber über *Switch to Administrator Display* die Fernsteuerung zu verlassen, um wieder die Eigenschaften der virtuellen Maschine zu sehen. Um nur die Grafikausgabe zu sehen, können Sie über die Option *View Only* Ihre Tastatur- und Mauseingaben deaktivieren.

Die andere Möglichkeit der Fernsteuerung ist ein »echtes« Programm, das Sie auf Ihrem Administrationsrechner betreiben können. Da es nur aus einer einzigen Exe-Datei besteht, ist es auch problemlos zu verteilen und aufzurufen. Finden können Sie diese Datei namens vmrc.exe im Installationsverzeichnis des Virtual Servers im Unterverzeichnis VMRC Client. VMRC steht für Virtual Machine Remote Control, und für mehr ist dieses Programm auch nicht gedacht.

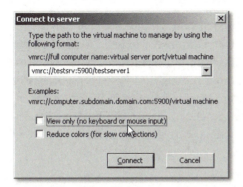

**Abbildung 12.38**  Verbinden mit einem Virtual Server über die Virtual Machine Remote Control

Microsoft Virtual Server **361**

Nach dem Aufruf der Datei vmrc.exe erscheint ein Dialog zum Verbinden mit einem beliebigen Virtual Server und der dazugehörigen virtuellen Maschine. Angeben müssen Sie diesen Verbindungspfad mit `vmrc://Serveradresse:Serverport/VM-Name`, wobei der Port in der VMRC Serververwaltung einzusehen ist (siehe Kapitel 8, *Virtuelle Festplatten*) und die virtuelle Maschine nicht zwingend angegeben werden muss. Verzichtet man auf die Angabe einer virtuellen Maschine, öffnet sich ein weiterer Dialog mit einer Auswahl an laufenden VMs. Falls Sie über eine langsame Modem-Verbindung angebunden sind, können sie mit der Option *Reduce Colors*, die Anzahl der darzustellenden Farben während der Fernsteuerungssitzung herunterschrauben.

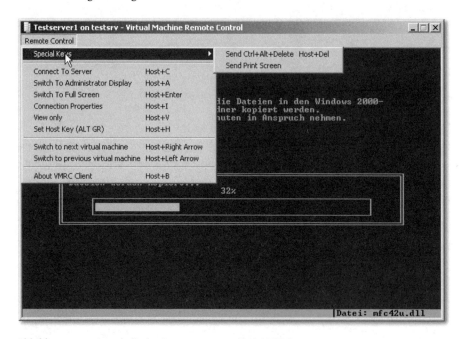

**Abbildung 12.39** Innerhalb der Fernsteuerung mittels VMRC

Wenn Sie erst einmal mit der VM verbunden sind, können Sie über den Menüpunkt *Remote Control* oben links, ähnliche Optionen wie beim ActiveX Plugin auswählen. Auch können Sie hier den Tastatur- und Mausfokus zwischen virtueller Maschine und Administrationsrechner mittels Host Key wechseln, besser gesagt zurückholen. Sobald Sie die Virtual Machine Additions installiert haben, wechselt der Fokus allerdings automatisch, ohne dass Sie ständig den Host Key drücken müssen, sobald Sie sich aus dem Fernsteuerungsfenster mit dem Mauszeiger hinaus bewegen.

### 12.2.4 Innerhalb der virtuellen Maschine

Sobald die virtuelle Maschine läuft, sollten Sie wie unter VMware das Virtual Server-Gegenstück der VMware Tools, nämlich die Virtual Machine Additions installieren. Voraussetzung ist, dass die virtuelle Maschine mit einem von Virtual Server unterstützten Gast-Betriebssystem installiert ist und dass die virtuelle Maschine in diesem Moment läuft. Sobald dies der Fall ist, stehen zwei Alternativen bereit, um die Additions zu installieren.

Variante 1: Innerhalb der Fernsteuerungsansicht der virtuellen Maschine existiert am Ende der Webseite ein Link »Click here to start Virtual Machine Additions setup«, mit dem die Installation angestoßen werden kann, wie in Abbildung 12.35 zu sehen ist.

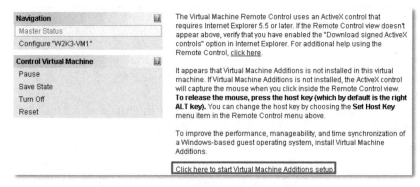

**Abbildung 12.40** Installation der Virtual Machine Additions Variante 1

Variante 2: Der zweite Weg, führt über die Eigenschaften der VM. Dort existiert, wie in Abbildung 12.36 zu erkennen, ein *Virtual Machine Additions*-Auswahl, über die Sie direkt zur Konfiguration derselben gelangen. Sobald Sie *Install Virtual Machine Additions* (Abbildung 12.37) mit einem Häkchen versehen und mit *OK* bestätigt haben, wird in der jeweiligen VM die Installation veranlasst.

**Abbildung 12.41** Innerhalb der VM-Eigenschaften existiert eine Auswahl Virtual Machine Additions, die Sie direkt zu deren Konfiguration führt.

Zudem kann direkt der Haken für die Checkbox *Host time synchronisation* gesetzt werden, wodurch eine Zeitsynchronisation der virtuellen Maschine mit dem Wirt-System aktiviert wird. Diese Zeitsynchronisation ist in jeder virtuellen Maschine sehr wichtig, da mangels CMOS (mit Batterie) die Systemzeit nicht weiterläuft, wie es in einem physikalischen System der Fall ist. Darüber hinaus kann es durch die Virtualisierung zu kleineren Zeitsprüngen in der VM kommen. Trotzdem ist ein Zeitabgleich mit Standardtools wie dem Network time-Protokoll und einem zentralen Zeitgeber im Netzwerk empfehlenswerter als die Zeitsynchronisation mittels Virtual Machine Additions.

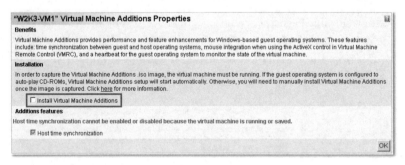

**Abbildung 12.42** Installation der Virtual Machine Additions Variante 2

Sobald die Installation aktiviert ist, wird eine CD innerhalb der virtuellen Maschine »eingelegt«, auf der die Softwareinstallation, Windows Autorun vorausgesetzt, automatisch startet. Alternativ kann die Installation manuell über die virtuelle CD angestoßen werden. Das Windows ISO CD Image bzw. die Diskettenimages für MS DOS oder IBM OS/2 finden Sie unterhalb des Pfades `%programfiles%\Microsoft Virtual Server\Virtual Machine Additions` (Abbildung 12.43).

Nach erfolgreicher Installation, die keinerlei Auswahloptionen anbietet und dadurch sehr simpel und schnell abläuft, erhöht sich die Performance und weitere Funktionen stehen zur Verfügung.

**Was enthalten die Virtual Machine Additions?**

- verbesserte Gesamtleistung der virtuellen Maschine und höhere Grafikauflösung
- verbesserte Mausbewegungen
- Heartbeat für eine Kontrolle durch die Virtualisierungssoftware
- Zeitsynchronisation mit dem Wirt-System
- »sanftes« Herunterfahren des Gast-Betriebssystems
- »Seamless« Window, d.h. die Steuerung des Tastatur-/Maus-Fokus wird automatisiert und muss nicht mehr manuell über den Host Key gewechselt werden.

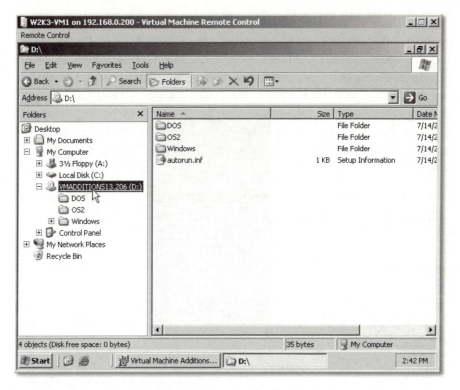

**Abbildung 12.43** Inhalt der virtuellen Virtual Machine Additions-CD

## 12.3 VMware ESX Server

VMware ESX ist, was die Funktionen bzgl. des VM Status, die VM-Optionen und die Fernsteuerung angeht, dem VMware GSX Server sehr ähnlich. Da wir bereits sehr ausführlich auf die Eigenschaften des GSX Servers eingegangen sind, können Sie viele Einstellungen des ESX Servers auch dort nachlesen. Dennoch gibt es feine, aber auch größere Unterschiede, was die Bedienung und die zu verwendenden Programme betrifft, die ich hier natürlich genauer beleuchten möchte. Als Basis für die allgemeinen Optionen und die Power-Optionen steht Ihnen mit der MUI ein mächtiges Tool zur Verfügung, das aus dem ganzen Netzwerk erreichbar ist.

Eine Fernsteuerung der virtuellen Maschinen ist durch ein gesondert zu installierendes Programm namens VMware Remote Console gewährleistet, das Ihnen eine ähnliche Funktionsvielfalt wie die VMware Virtual Remote Console unter VMware GSX bietet. Der VMware ESX Server verfügt über eine besondere Anbindung für das VMware VirtualCenter, in dem Sie so gut wie alle Einstellungen der VM verwalten können. VirtualCenter ist als mächtigem Tool ein eigener Abschnitt gewidmet, in dem alle relevanten Einstellungen nachzulesen sind.

### 12.3.1 Status der virtuellen Maschine

Den Status der virtuellen Maschine sehen Sie über die MUI in der Übersicht, was wir auch schon im Abschnitt 12.1.1, *Status der virtuellen Maschine*, genauer beleuchteten. Links neben dem Namen der virtuellen Maschine finden Sie eines der vier Symbole, das für den jeweiligen Status steht. Wenn Sie auf dieses Symbol klicken, wird es um die verfügbaren Power-Optionen erweitert, die Sie in Abbildung 12.45 sehen können. Bis hierher sind keine Unterschiede zur MUI von VMware GSX erkennbar, was auch die für Bedienung und die Ansichten gilt.

**Abbildung 12.44** Übersicht der registrierten VMs, über die Sie die Power-Optionen direkt anwählen können.

**Abbildung 12.45** Powersymbole der VM: Stop – Suspend – Start – Reset

Innerhalb der VMware Remote Console können Sie auch direkt den Status und die Power-Optionen ansprechen. Sobald Sie mit einer virtuellen Maschine verbunden sind, können Sie den derzeitigen Status direkt einsehen und über den Menüpunkt *Power* oder die entsprechenden Quicklinks (Abbildung 12.33) die VM anstarten oder einfrieren. Übrigens wenn Sie auf den kleinen Pfeil neben den einzelnen Power-Optionen klicken, können Sie die erweiterten Optionen auswählen. Auch hier sind bereits installierte VMware Tools Voraussetzung, da sonst keine Kommunikation zwischen Wirt und Gast möglich ist bzw. die Skripte nicht verfügbar sind.

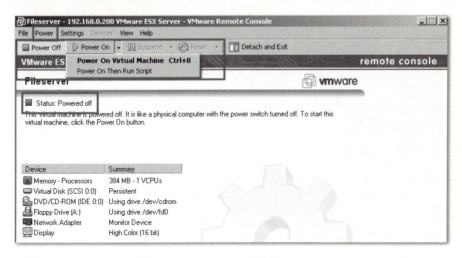

**Abbildung 12.46** Status und Power-Optionen innerhalb der VMware Remote Console

### 12.3.2 Optionen der virtuellen Maschine anpassen

Wie auch beim VMware GSX MUI wechseln Sie mit einem Klick auf den Namen der virtuellen Maschine innerhalb der Übersicht in deren jeweilige Eigenschaften. Dort finden Sie nun den Reiter *Optionen*, der Ihnen eine Fülle von wichtigen Einstellungen bietet, darunter den Namen der virtuellen Maschine und das verwendete Gast-Betriebssystem. Zudem können Sie hier über *Run with Debugging Informations* den Protokolllevel heraufsetzen, um dem VMware Support bei komplexeren Problemen diese Protokolldateien zur Verfügung zu stellen. Das Protokoll namens vmware.log finden Sie natürlich im Konfigurationsverzeichnis der VM.

VMware ESX unterscheidet sich mit seiner detaillierteren Konfiguration des Start-/Stopp-Verhaltens der virtuellen Maschine beim Starten bzw. Herunterfahren des Wirt-Systems deutlich von der GSX-Version. Um dieses Verhalten anzupassen, klicken Sie einfach bei *System Startup Options* auf *Edit*. Daraufhin öffnet sich das Fenster aus Abbildung 12.48, das auch schon gleich die Shutdown-Optionen beherbergt. Zum automatisierten Start der VM nach dem Starten des Wirt-Systems müssen Sie auf jeden Fall die Checkbox Start Virtual Machine mit einem Häkchen versehen, da die anderen Optionen sonst deaktiviert sind. Danach können Sie sich entscheiden, ob beim Startprozess eine Wartezeit verstreichen soll, bevor die nächste VM gestartet wird. Zudem kann über *when VMware Tools starts* die eingestellte Wartezeit verkürzt werden, falls die VMware Tools vorher schon aktiv werden.

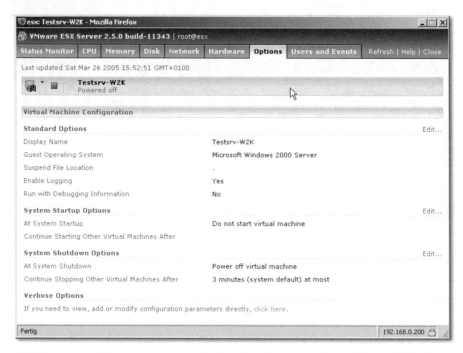

**Abbildung 12.47** Optionsansicht einer virtuellen Maschine innerhalb der VMware ESX MUI

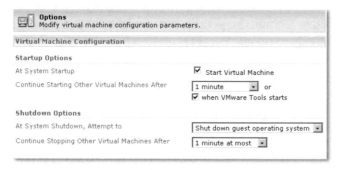

**Abbildung 12.48** Beispieleinstellung zum automatisierten Start-/Stopp-Verhalten der virtuellen Maschine

Beim Shutdown läuft es genau umgekehrt ab. Hier wird einmal die Art des Herunterfahrens der VM angegeben und wie viel Wartezeit bis zum Abschalten der nächsten VM vergehen soll. Die virtuelle Maschine kann entweder mit *Power Off* hart abgeschaltet werden, was zu einem Datenverlust führen kann, oder mit *Shut down guest operating system* bei installierten VMware Tools sanft über das Gast-Betriebssystem heruntergefahren werden. Wenn Sie sicher sind, dass die virtuelle Maschine problemlos eingefroren und auch wieder aufweckt werden kann, wäre auch die Option *Suspend Virtual Disk* eine geeignete Alternative.

Mit *Verbose Options* können Änderungen in der Konfigurationsdatei, die an der Endung .vmx zu erkennen ist, der virtuellen Maschine vorgenommen werden. Hier können Sie, falls Ihre Kenntnisstand das zulässt, die Parameter direkt in der Konfiguration aufnehmen, indem Sie entweder vorhandene verändern oder auch über *Add* neue hinzufügen. Überaus nützlich ist diese Auswahl, wenn Sie z.B. die MAC-Adresse der virtuellen Netzwerkkarte notieren oder aber eine neue eintragen möchten. Natürlich sind diese direkten Eingriffe mit Vorsicht zu genießen und sollten wirklich nur bei guter Sachkenntnis angepasst werden.

**Ressourcenkontrolle**

Diese vermeintlich kleine Thema der Ressourcenkontrolle einer virtuellen Maschine ist eine der Funktionen, die einen VMware ESX Server von den anderen Virtualisierungsprodukten klar hervorheben. Mittels der Ressourcenkontrolle ist es Ihnen möglich, die vier Komponenten Prozessor, Hauptspeicher, Festplatte und Netzwerk (Core Four) des Wirt-Systems granular pro virtueller Maschine zu limitieren. Übrigens arbeitet der ESX Server selbst mit der Ressourcenkontrolle und nicht etwa nur die virtuellen Maschinen. Da die Service Console immer über genügend Ressourcen verfügen muss, hat sie standardmäßig eine höhere Priorität als die virtuellen Maschinen. Deshalb sollten Sie auch tunlichst die Finger von den Ressourceneinstellungen der Service Console lassen, es sei denn, Sie wollten die Werte verbessern. Im Normalfall ist die Ressourcenkontrolle des VMware ESX Servers schon so gut vorkonfiguriert, dass kaum oder gar keine Änderungen notwendig sind. Wenn allerdings zeitkritische Anwendungen in manchen VMs oder problematische Applikationen beispielsweise unter MS DOS laufen, kann eine Änderung der zugewiesenen Ressourcen Wunder wirken. Gerade DOS- oder Netware-Anwendungen neigen dazu, immer die volle Prozessorkapazität zu beanspruchen und können wirksam mit einer Limitierung der maximalen Prozessorleistung in ihre Schranken gewiesen werden.

**Abbildung 12.49** CPU-Ressourcenkontrolle innerhalb der VM-Eigenschaften

Zu den eigentlichen Ressourcen gelangen Sie über die Eigenschaften der virtuellen Maschine innerhalb der MUI, indem Sie wie auch sonst auf den Namen der VM klicken. Danach sehen Sie die vier »Core Four«-Reiter die immer ihre eigenen Ressourceneinstellungen enthalten. Nun können Sie in der Sektion *Resources* über *Edit* zur Administration wechseln (Abbildung 12.50), in der eine Vielzahl von Limitierungen möglich ist, wie in Tabelle 12.4 erklärt.

| Einstellung | Beschreibung |
| --- | --- |
| Minimum | Dieser CPU-Anteil wird der virtuellen Maschine garantiert, d.h., sie darf immer soviel CPU-Last erzeugen. Falls dem Wirt-System nicht genügend CPU-Ressourcen zur Verfügung stehen, um der VM die entsprechende Minimalleistung zu garantieren, kann Letztere nicht gestartet werden. |
| Maximum | Dies ist das absolute Limit bei CPU-Nutzung der VM. Es kann durch die virtuelle Maschine unter keinen Umständen mehr Prozessorlast erzeugt werden, als mittels Maximum konfiguriert. |
| Shares | Da eine Prozentzahl sehr limitierend ist und bei veränderter Anzahl der VMs immer korrigiert werden müsste, arbeitet VMware mit Shares. Das sind fiktive Einheiten, die bei der Berechnung der Priorität bei Ressourcenkonflikten zwischen VMs und VMs und der Service Console entstehen können. Man kann hier entweder einen absoluten numerischen Wert oder einen relativen Wert (high, normal, low) angeben. |
| Isolate fom Hyper-Threading | Bewirkt, dass Hyper-Threading wird für die VM nicht genutzt wird; dies kann bei bestimmten Applikationen sinnvoll sein. |
| Run on Processor | Auf diesen physikalischen Prozessoren darf die VM betrieben werden. |
| Do not Run on Processor | Auf diesen physikalischen Prozessoren des Wirt-Systems werden die virtuellen Maschine nicht betrieben. |

**Tabelle 12.5** Prozessorressourcenkontrolle

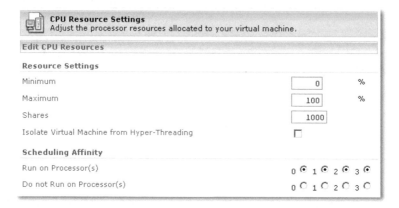

**Abbildung 12.50** Welche CPU-Ressourcen darf die virtuelle Maschine nutzen, und auf welchen Prozessoren des Wirt-Systems wird sie betrieben?

Der Reiter *Memory* (Abbildung 12.51) wechselt in die Eigenschaften des Hauptspeichers und bietet Ihnen ebenfalls auf der rechten Seite die Sektion *Resources* an. Auch hier können Sie ein Minimum und ein Maximum für den zu verwendenden Hauptspeicher der virtuellen Maschine vergeben. Allerdings nimmt die Minimum-Einstellung eine besondere Position ein, da sie besagt, wie viel Hauptspeicher geswappt werden darf. Die minimale Hauptspeichermenge darf in diesem Fall niemals vom ESX Server ausgelagert werden, sondern wird immer im physikalischen Hauptspeicher gehalten. Damit ergibt sich auch der Wert des auslagerbaren Hauptspeichers der VM, nämlich *Maximum – Minimum*.

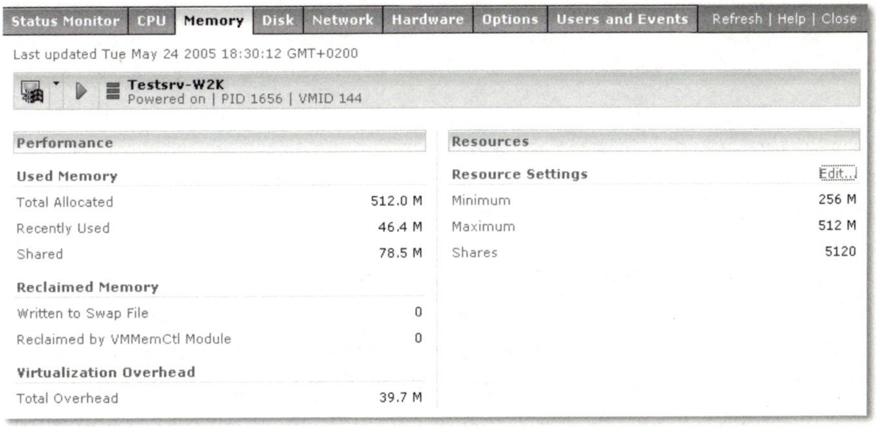

**Abbildung 12.51** Hauptspeicher-Ressourcenkontrolle innerhalb der VM-Eigenschaften

Natürlich enthält der Reiter *Disk* nichts anderes wie die beiden Reiter zuvor, allerdings bieten sich Ihnen hier meist nicht allzu viele Einstellungsmöglichkeiten. Im Endeffekt können Sie nur zu jedem der VM zugeordneten Storage einen Sharewert eingeben, der sie bei Ressourcenkonflikten entweder bevorzugt oder benachteiligt.

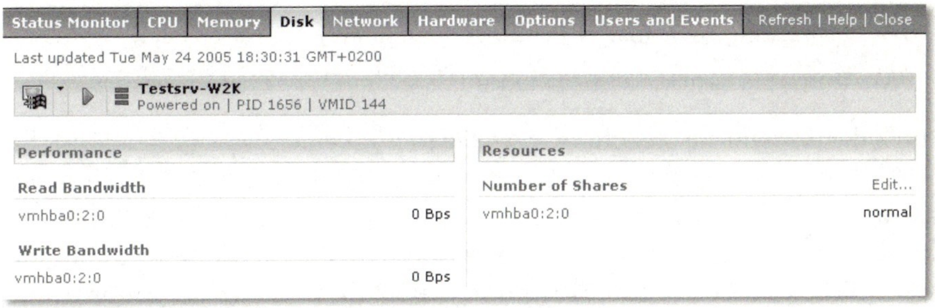

**Abbildung 12.52** Festplatten-Ressourcenkontrolle innerhalb der VM Eigenschaften

Im Reiter *Network* wird es mal wieder etwas kniffliger, da Sie hier beachten müssen, dass nur **ausgehender** Verkehr kontrolliert und damit auch limitiert werden kann. Hier können Sie zwischen drei verschiedenen Limitierungen unterscheiden, *Average* (durchschnittliche Bandbreite – langer Zeitraum), *Peak* (maximale Bandbreite – kurzer Zeitraum) und *Burst* (maximale Datenmenge eines Bursts, also einer Überschreitung der durchschnittlichen Bandbreite – trotzdem gilt hier aber als maximale Bandbreite die Peak-Angabe).

**Abbildung 12.53** Netzwerk-Ressourcenkontrolle innerhalb der VM-Eigenschaften

An dieser Stelle will ich noch ein paar Worte über die Verwendung von Shares verlieren und die Vorgehensweise etwas näher erläutern. Solange alle virtuellen Maschinen mit ihrer maximalen Ressourcenauslastung komplett durch den VMware ESX Server bedient werden können, finden die Share-Einstellungen keine Beachtung. Reicht die Performance allerdings nicht aus und es kommt zu Rivalitäten um beispielsweise die CPU Zeit, wird die Vergabe dieser über die Shares der jeweiligen VM gesteuert. Man kann also über die Konfiguration von Shares eine intelligente Ressourcensteuerung realisieren, indem man Prioritäten setzt. Die prozentuale Steuerung der CPU-Ressourcen und die Ressourcensteuerung über Shares, die problemlos miteinander kombiniert werden können, gehen von unterschiedlichen Ansätzen aus.

Stellen Sie sich folgendes Szenario vor:

- VM1 (min. CPU 20 % max. CPU 50 %, *high* Share)
- VM2 (min. CPU 30 %, kein Maximum, *low* Share)

Durch die prozentuale Steuerung legen Sie sich auf einen bestimmten Wert der CPU Zeit für eine VM fest, d.h., selbst wenn VM1 keine 20 % CPU-Zeit benötigt, wird der Anteil für sie reserviert bleiben. Ebenso sieht es für VM2 aus, der niemals weniger als 30 % der CPU-Zeit reserviert wird. VMware ESX teilt nun die restliche CPU-Zeit in Shares auf und verteilt diese Shares bei Anforderung durch die virtuellen Maschinen entsprechend. Diese Aufteilung würde in unserem Beispiel so aussehen, dass VM1 durch die Einstellung *high Share* im Vergleich zum *low Share* viermal höher gewichtet wird als VM2. Diese vierfache Gewichtung würde allerdings nur bis zur maximalen 50 % CPU-Einstellung von VM1 gelten.

Dieses Beispiel zeigt, dass die beiden Steuerungsmechanismen Prozent und Share sehr gut koexistieren können, wenn man denn bei der Konfiguration alles richtig macht. Übrigens liegen in der Standardeinstellung die Share-Werte für *high* bei 2000, *normal* bei 1000 und *low* bei 500. Eine Ausnahme macht hier der Hauptspeicher, bei dem der Share-Wert einfach mit *maximaler Hauptspeicher \* 10* berechnet wird.

### 12.3.3 Fernsteuerung

Zur Fernsteuerung der virtuellen Maschine können Sie die von VMware GSX her bekannte VMware Virtual Machine Console benutzen. Ich empfehle Ihnen jedoch, auf die ESX-eigene VMware Remote Console zurückzugreifen. Sie finden sie nach der Anmeldung an der MUI unterhalb der Auflistung aller registrierten virtuellen Maschinen (Abbildung 12.54).

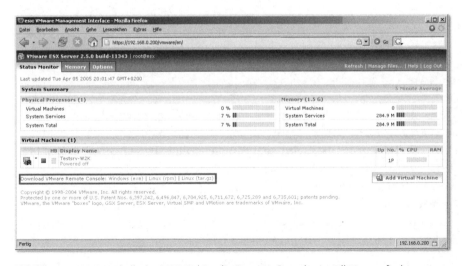

**Abbildung 12.54** Innerhalb der MUI ist hier die Remote Console- Installation zu finden

Auch hier können Sie sich je nach Betriebssystem eine Windows Executable-, Linux RPM- oder Linux Source-Datei herunterladen und auf dem Administrationsrechner installieren. Da es eine sehr simple Installation ist, gehe ich hier nicht ins Details. Wenn Sie das installierte Programm nun starten, werden Sie nach dem zu verbindenden Wirt-System gefragt (siehe Abbildung 12.55). Hier geben Sie entweder nur die Netzwerkadresse des ESX Servers ein, oder Sie hängen die Konfigurationsdatei der virtuellen Maschine mit Pfad zusätzlich an, um diese direkt anzusteuern. Dies könnte dann in der Serverzeile folgendermaßen aussehen: 192.168.0.200 /home/vmware/VM1/VM1.vmx

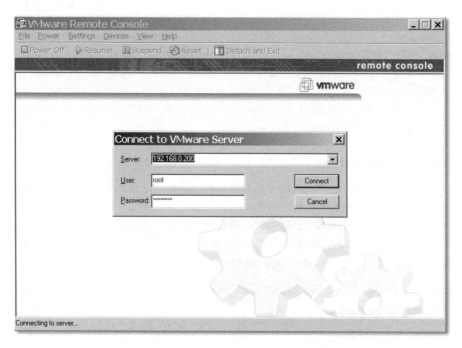

**Abbildung 12.55** Anmeldung an einem VMware ESX Server über die VMware Remote Console

Wenn sie keine virtuelle Maschine angeben, werden Ihnen alle auf dem ESX Server registrierten VMs zur Auswahl angezeigt (Abbildung 12.56). Sobald nun eine VM ausgewählt ist, wird die Fernsteuerungssitzung direkt mit dieser gestartet. Falls die virtuelle Maschine zu diesem Zeitpunkt ausgeschaltet ist, werden Ihnen deren Eigenschaften angezeigt, ansonsten wird direkt in die Fernsteuerung gewechselt. Übrigens kann man in den Eigenschaften der VM nur Floppy-, CD- und Netzwerkeinstellungen anpassen, unabhängig davon, ob sie im ein- oder ausgeschalteten Zustand ist.

Innerhalb der Fernsteuerung erhalten Sie den Fokus für Tastatur und Maus, wie schon von VMware GSX her gewohnt, über die Hot Key-Tastenkombination zurück, die normalerweise [Strg]+[Alt] ist. Diese können Sie natürlich auch jederzeit umstellen, indem Sie im Menü der Remote Console **Settings · Preferences** auswählen. Sobald die VMware Tools in der virtuellen Maschine korrekt installiert sind, müssen Sie sich über das Umschalten des Fokus keine Gedanken mehr machen, da ab diesem Zeitpunkt auch hier die Position des Mauszeigers innerhalb oder außerhalb des Fernsteuerungsfensters für den Fokus ausschlaggebend ist.

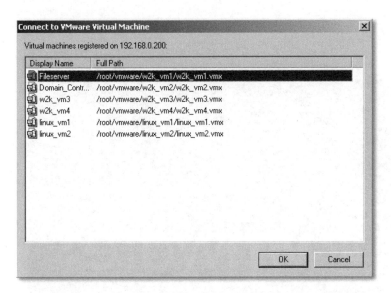

**Abbildung 12.56** Übersicht der registrierten VMs auf dem ausgewählten ESX Server

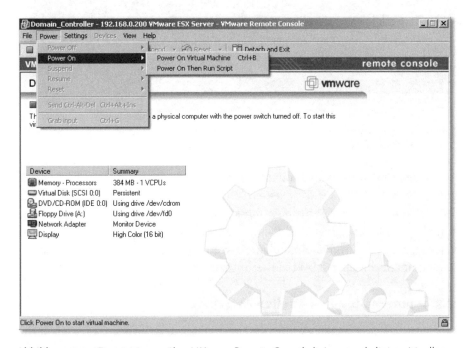

**Abbildung 12.57** Fernsteuerung über VMware Remote Console bei ausgeschalteter virtueller Maschine. Anschalten kann man sie über die Symbolleiste oder das Power-Menü.

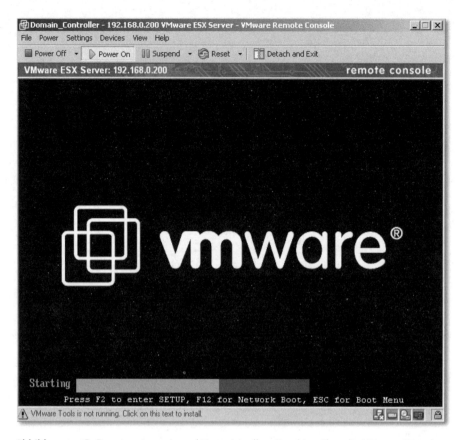

**Abbildung 12.58** Fernsteuerung einer aktiven virtuellen Maschine über die VMware Remote Console. Alle Funktionen sind nahezu mit der VVMC identisch.

Ansonsten sind alle Funktionalitäten identisch mit denen der VMware Console unter VMware GSX. Leider existiert ohne VMware VirtualCenter nicht die Möglichkeit, mit einer Fernsteuerungskonsole beide VMware-Serverprodukte komplett zu steuern. Begründen kann man dies hauptsächlich mit der stetigen Verbesserung der Produkte unabhängig voneinander und den daraus resultierenden unterschiedlichen Aktualisierungszyklen.

### 12.3.4 Innerhalb der virtuellen Maschine

Wie Sie sich sicher denken können, ist auch unter dem VMware ESX Server die Installation der VMware Tools, sofern möglich, Pflicht. Die eigentliche Installation läuft absolut identisch mit der in Abschnitt 12.1.4, *Innerhalb der virtuellen Maschine*, geschilderten ab, was sowohl für ein Windows- als auch für ein Linux- Gast-Betriebssystem gilt. Die VMware Tools von VMware ESX unterscheiden sich von denjenigen der VMware GSX durch das Vorhandensein des

Memory Control Drivers, wie Sie Abbildung 12.59 entnehmen können. Dieser ist für die Memory Ballooning-Technik des ESX Servers verantwortlich, die im weiteren Verlauf des Buches noch detailliert beschrieben wird.

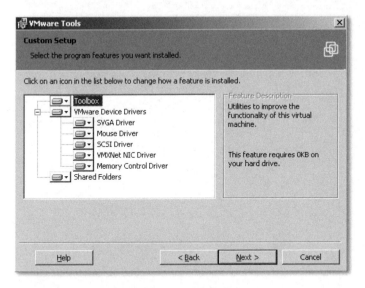

**Abbildung 12.59** Installation der VMware Tools unter einem VMware ESX Gast

Falls Sie eine VM von VMware GSX oder Workstation bzw. einer älteren Version von VMware ESX übernehmen wollen, sollten Sie die VMware Tools in der aktuellen Version, sprich des aktuellen Systems installieren. Es ist übrigens kein Problem, falls Ihre VMware ESX Farm aus Servern mit verschiedenen Versionen besteht. Installieren Sie einfach die VMware Tools der aktuellsten Version in den entsprechenden VMs, denn sie sind abwärtskompatibel.

# 13 VMware VirtualCenter

| | | |
|---|---|---|
| 13.1 | Systemanforderungen | 383 |
| 13.2 | Installation | 385 |
| 13.3 | Update/Deinstallation | 392 |
| 13.4 | Funktionsumfang | 394 |
| 13.5 | Lizenzen | 436 |

1. Einführung
2. Virtuelle Maschinen im Unternehmen
3. Virtualisierungssoftware – eine Marktübersicht
4. Auswahl der möglichen virtuellen Maschine
5. Auswahl der richtigen Virtualisierungssoftware
6. Auswahl der richtigen physikalischen Infrastruktur
7. Installation und Update des Wirt-Systems
8. Verwaltung der Virtualisierungssoftware
9. Virtuelle Netzwerke
10. Virtuelle Festplatten
11. Erstellung einer virtuellen Maschine
12. Verwaltung der virtuellen Maschinen
13. VMware VirtualCenter
14. Skriptierung und Programmierung unter VMware und MS Virtual Server
15. Backup, Restore und Disaster Recovery
16. Templates (VM-Vorlagen)
17. Zusatzsoftware
18. Nützliche Adressen im Web

# 13 VMware VirtualCenter

*Sie haben in den letzten Kapiteln viele verschiedene Tools und Programme kennen gelernt, die teilweise die gleichen Funktionen abdecken, sich aber teilweise auch gegenseitig ergänzen. Was bisher fehlte, war eine zentrale Verwaltung, die gerade bei großen Installationen dringend benötigt wird. Diese Zentrale stellt VMware VirtualCenter bereit.*

Selbst bei einer kleineren VMware-Farm mit knapp 20 virtuellen Maschinen, werden Sie, was die Verwaltung der VMs angeht, relativ häufig auf Probleme stoßen. Welche virtuellen Maschinen laufen momentan, welche sind vorrübergehend abgeschaltet? Und eine der wichtigsten Fragen bei vielen VMware Servern lautet: Auf welchem Server laufen die einzelnen VMs? Diese Übersicht bietet Ihnen keines der VMware-Serverprodukte von Haus aus an. Sie könnten natürlich ein eigenes Tool mittels der VMware-Programmierschnittstellen entwickeln, vorausgesetzt, Ihnen stehen die entsprechenden Spezialisten zur Verfügung. Aber warum das Rad noch einmal erfinden? VMware hat dieses Problem erkannt und mit dem VirtualCenter ein sehr mächtiges Programm entwickelt, das Ihnen viel mehr als nur eine Übersicht aller virtuellen Maschinen bietet. VirtualCenter ist eine Client-Server-Anwendung, die ein recht leistungsfähiges System für den Serverteil benötigt und auf jedem aktuellem Windows-Serverbetriebssystem installiert werden kann. Zusätzlich wird eine Datenbank benötigt, in der alle Informationen abgelegt werden. Bei sehr kleinen Farmen mit bis zu 10 VMs oder in Test- bzw. Laborumgebungen kann eine Microsoft Access-Datenbank als Basis benutzt werden. In großen Umgebungen ist ein Microsoft SQL Server oder ein Oracle-Datenbankserver zwingend erforderlich. Der Client kann dann auf einem beliebigen, auf Microsoft Windows basierenden Rechner installiert werden und greift mittels TCP/IP über das Netzwerk auf den Server zu. Innerhalb des VMware VirtualCenters können VMware GSX- und VMware ESX-Wirt-Systeme inklusive der virtuellen Maschinen integriert und verwaltet werden. Richtig entfalten kann sich VirtualCenter mit VMware ESX, da sämtliche Funktionen inklusive Ressourcenbeschränkung abgedeckt werden. Falls zusätzlich ein SAN eingesetzt wird, ist bei erworbener Lizenz VMotion möglich.

Folgende wichtige Funktionen werden durch das VMware VirtualCenter abgedeckt:

- Überwachung und Verwaltung aller VMware Server und virtuellen Maschinen
- Alle VMware Server und VMs können in einer Baumstruktur mit Farmen und Gruppen organisiert werden.
- Eine sehr detaillierte Rechtevergabe an Administratoren und Benutzer über Windows-Authentifizierung (z.B. Active Directory) ist möglich.
- Erstellung und Konfiguration der virtuellen Maschinen
- Fernsteuerung der virtuellen Maschinen
- Überwachung und Einstellung der VM-Ressourcen (nur VMware ESX)
- Erstellung, Verwaltung von Vorlagen für virtuelle Maschinen, um sehr schnell neue VMs zu erstellen
- Klonen von virtuellen Maschinen
- Verschieben von laufenden virtuellen Maschinen zwischen VMware ESX Servern ohne nennenswerte Ausfallzeit
- Zeitgesteuerte Verwaltung der virtuellen Maschinen, beispielsweise Neustart
- Ereignisgesteuerte Alarmfunktion, die automatische Benachrichtigungen und Aktionen durchführen kann
- Erweiterte Programmierschnittstelle, die zusätzliche Möglichkeiten für Administratoren und Entwickler bietet
- Erstellung von Berichten über den Status der virtuellen Maschinen

Wie Sie sehen, sind die Funktionen des VirtualCenters sehr mächtig und auch weit entwickelt. Seit dem Release 1.0 im Dezember 2003 wurde dieses Produkt stetig weiterentwickelt und deckt mittlerweile unter der Version 1.2 so gut wie alle Funktionen der VMware-Serverprodukte ab. Einen kleinen Vorgeschmack auf die grafische Oberfläche können Sie sich in Abbildung 13.1 holen. Hier sehen Sie eine mögliche VMware Virtual Infrastructure, die aus mehreren ESX Servern an unterschiedlichen Standorten besteht. Die virtuellen Maschinen werden der Übersichtlichkeit wegen in logische Gruppen aufgeteilt. Auf der rechten Seite sehen Sie dann alle virtuellen Maschine der ausgewählten logischen Einheit mit allen interessanten Daten wie Status, CPU- und Hauptspeichernutzung.

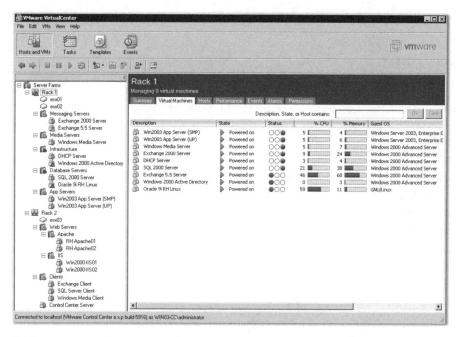

**Abbildung 13.1** VirtualCenter zentralisiert die komplette Verwaltung und Überwachung aller virtueller Maschinen.

## 13.1 Systemanforderungen

Da VMware VirtualCenter ein Client-Server-Produkt ist, haben auch Server und Client unterschiedliche Systemanforderungen an Hardware und Betriebssystem. Aufgrund des hohen Datenaufkommens durch die Überwachung und Verwaltung von VMware Servern und VMs durch VirtualCenter, bedarf es einer leistungsfähigen Hardware und einer performanten und zuverlässigen Datenbank. Da das VirtualCenter, einmal eingeführt, die Hauptadministrationsoberfläche des Administrators darstellt, sollte diese Leistungs- und Zuverlässigkeitsanforderungen nicht vernachlässigt, sondern als entscheidend für das Funktionieren des Systems angesehen werden.

### 13.1.1 VirtualCenter Management Server

**Unterstützte Betriebssysteme**

- Windows 2000 Server
- Windows 2000 Advanced Server
- Windows Server 2003 (Web, Standard, Enterprise)
- Windows XP Professional (nur zu Testzwecken)

**Minimale Hardwareanforderungen**

- Pentium 4 2.0 GHz
- 2 GB RAM
- 10/100 Mbit-Netzwerkkarte
- Kann innerhalb einer virtuellen Maschine laufen (nur zu Testzwecken).
- genügend lokaler Festplattenplatz für die VM Vorlagendateien bzw. die Datenbank, falls lokal

Mit diesen minimalen Hardwareanforderungen können bis zu 50 GSX/ESX Server und maximal 1000 VMs verwaltet werden. Erweitert man den Server um eine zweite CPU und 4 GB RAM kann man bis zu 100 Server und 2000 VMs verwalten. Alles dazwischen (ca. 75 Server, 1500 VMs) kann mit 3 GB RAM ausreichend versorgt werden.

**Datenbanksystem**

- Microsoft Access (zu Testzwecken)
- Microsoft SQL Server (7 und 2000)
- Oracle 8i und Oracle 9i

**Verwaltbare VMware Server**

- ab VMware GSX 3.1
- ab VMware ESX 2.01

**VMotion**

- Alle beteiligten VMware ESX Server müssen auf einen gemeinsamen Speicherbereich zugreifen können. Dieser muss zwingend über ein Storage Area Network (SAN) erreichbar sein
- Die Prozessoren der VMware ESX-Wirt-Systeme müssen denselben Hersteller und das gleiche Stepping (Versionsnummer) haben.
- Gigabit-Ethernet zwischen den virtuellen Maschinen

### 13.1.2 VirtualCenter Client

Es ist zwingend mindestens Microsoft .Net Framework 1.1 erforderlich (wird allerdings automatisch installiert, falls nicht vorhanden).

**Unterstützte Betriebssysteme**

- Windows NT4 SP6a (alle Versionen)
- Windows 2000 (alle Versionen)

- Windows XP (Home, Professional)
- Windows 2003 (alle Versionen)

**Hardwareanforderungen**

- mindestens 256 MB RAM (512 MB empfohlen)

## 13.2 Installation

Bevor Sie installieren, sollte die VMware-Webseite auf das Vorhandensein neuerer Versionen der VirtualCenter-Installationsdateien hin geprüft werden, wird doch das Produkt stetig verbessert, was ein wenig häufiger zu Aktualisierungen führt. Sie können die Installationsdateien als komprimierte ZIP-Datei oder als ISO CD Image herunterladen. Das ISO Image ist vor allem dann nützlich, wenn Sie das VirtualCenter innerhalb einer virtuellen Maschine installieren wollen. Bedenken Sie aber bitte, dass die Installation des VirtualCenter Servers in einer virtuellen Maschine nur in Testumgebungen empfehlenswert ist.

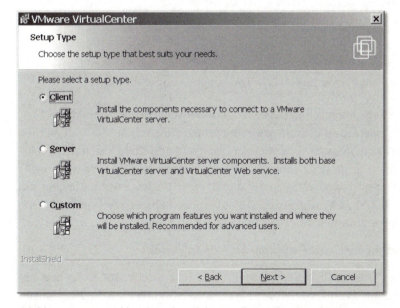

**Abbildung 13.2** Auswahlmenü während der Installation des VirtualCenters

In Abbildung 13.2 sehen Sie den ersten wesentlichen Dialog während der Installationsroutine des VirtualCenters, der Ihnen die zu installierenden Komponenten zur Auswahl stellt. Während Sie mit *Client* alle notwendigen Clientkomponenten installieren können, werden mit der Auswahl von *Server* sowohl VirtualCenter Server als auch VirtualCenter Web Service installiert. Falls Sie *Client* auswählen, wird unmittelbar auf das Vorhandensein eines .Net Frameworks hin geprüft und dieses gegebenenfalls installiert. Über *Custom* stehen Ihnen alle verfügbaren Komponenten zur Auswahl. Hier wäre auch eine Installation von Server und Client auf dem gleichen System möglich.

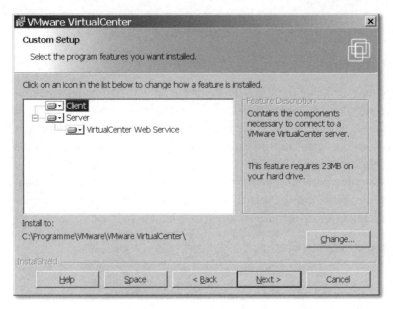

**Abbildung 13.3** Komponentenauswahl innerhalb der Custom-Installationsroutine

Genau diese Komponenten der Auswahl *Custom* sehen Sie in Abbildung 13.3, in der über *Change* auch ein anderes Programmverzeichnis ausgewählt werden könnte. Der VirtualCenter Web Service stellt im Endeffekt eigentlich nichts weiter als eine Schnittstelle für externe Programme und Skripte dar. Falls Sie selbst Entwickler sind, benötigen Sie die SDK für VMware VirtualCenter, um Programme in Java, C# oder Visual Basic zu entwickeln. Derzeit finden Sie die aktuellste Version immer unter der folgenden URL:

**http://www.vmware.com/support/developer/vc-sdk**.

Da die VirtualCenter Client-Installation, nicht sehr interessant ist, gehen wir auch nicht weiter darauf ein. Bei der Serverinstallation werden Sie als Nächstes nach der zukünftigen Datenbankverbindung gefragt (Abbildung 13.4). Auf die jeweiligen Datenbanken gehe ich in den Abschnitten 13.2.1, *Microsoft Access*, bis 13.2.3, *Oracle*, genauer ein, handelt es sich doch um ein nicht gerade triviales Thema.

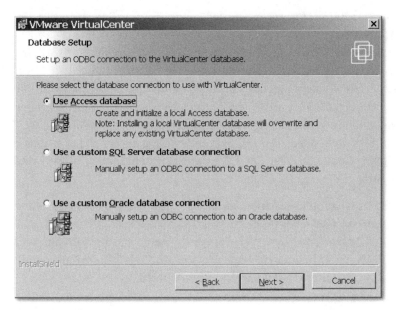

**Abbildung 13.4** Auswahl der zu verwendenden Datenbank für den VirtualCenter Server

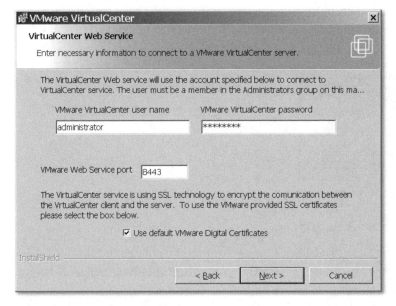

**Abbildung 13.5** Einstellungen des VirtualCenter Web Services, der als spätere Schnittstelle für Programme dienen kann.

Nachdem Sie eine Datenbankverbindung ausgewählt haben, wird bei entsprechender Auswahl der VirtualCenter Web Service installiert (Abbildung 13.5). Hier muss als Benutzer (mit Kennwort) ein lokaler Administrator auf dem VirtualCenter Serversystem angegeben werden, der später als Benutzer im Windows-Dienst hinterlegt wird. Darüber hinaus können Sie den zukünftigen TCP/IP Port des Web Services angeben, der Standardwert ist hier 8443. Da die spätere Web Service-Verbindung verschlüsselt über SSL abläuft, wird ein Zertifikat benötigt. Falls Sie kein eigenes Zertifikat einbinden wollen, können Sie die Checkbox *Use default VMware Digital Certificates* aktiviert lassen, ansonsten ist sie zu deaktivieren. Wenn ein eigenes Zertifikat hinterlegt werden soll, werden Sie u.a. nach dem Pfad des SSL Server-Zertifikates, der SSL Certificate Authority Chain (Root Zertifikat der CA), dem privaten Serverschlüssel und dem dazugehörigen Kennwort gefragt.

Danach ist die Installation abgeschlossen, und Sie können sich über den Client am Server anmelden oder über Programme auf den Web Service zugreifen. Die Dienste für den Server bzw. den Web Service heißen VMware VirtualCenter Server und VMware VirtualCenter Web Service. Alle relevanten Konfigurationsdaten finden Sie unter `C:\Dokumente und Einstellungen\All Users\Anwendungsdaten\VMware\VMware VirtualCenter`. Zum Verbinden mit dem VirtualCenter Server starten Sie den Client, und es erscheint der Anmeldedialog (Abbildung 13.6), in dem Serveradresse und die Benutzerangaben einzutragen sind. Da zu diesem Zeitpunkt noch keine Berechtigungseinstellungen festgelegt wurden, ist nur die lokale Administratorengruppe des Systems, auf dem der VirtualCenter Server läuft, voll berechtigt.

**Abbildung 13.6** Anmeldemaske beim Aufruf des VMware VirtualCenter Clients

### 13.2.1 Microsoft Access

Die Microsoft Access-Datenbank ist nur zu Testzwecken und in Laborumgebungen zu empfehlen, da sie weder die erforderliche Leistungsfähigkeit vorhält noch den Sicherheitsanforderungen genügt. Zudem wird die Access-Datenbank bei jeder Deinstallation gelöscht und muss daher, falls gewünscht, vorher manuell gesichert werden. Wenn *Use Access database* (Abbildung 13.4) ausgewählt wird, legt die Installationsroutine automatisch eine Access-Datenbank inklusive der benötigten ODBC(System DS)-Verbindung an. Ein manuelles Eingreifen ist in diesem Fall nicht notwendig. Die Datenbank können Sie unter dem Pfad `C:\Dokumente und Einstellungen\All Users\Anwendungsdaten\VMware\`

VMware VirtualCenter\vpx.mdb finden und, wie gerade erwähnt, für den Fall einer erneuten Installation sichern.

### 13.2.2 Microsoft SQL

Falls ein Microsoft SQL Server in Ihrem Unternehmen existiert, den Sie gerne verwenden möchten, müssen Sie die Angaben für die Erstellung einer ODBC-Verbindung bereithalten. Wie Sie sich erinnern werden, konnten Sie während der Installation des VirtualCenter Servers (Abbildung 13.4) eine Datenbankverbindung auswählen. Bei Verwendung eines Microsoft SQL Servers gibt es nicht viel zu überlegen, denn die Custom SQL Server Database ist die richtige Wahl. Direkt nach dieser Auswahl erscheint der Microsoft ODBC-Datenquellen Administrator, mit dem Sie eine System-DSN zu dem gewünschten SQL Server inklusive Datenbank anlegen müssen (Abbildung 13.7).

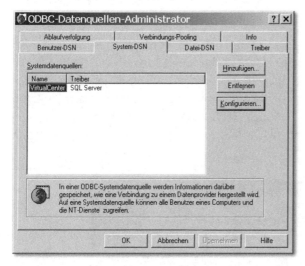

**Abbildung 13.7** ODBC System-DSN-Verbindung für eine VirtualCenter-Verbindung über MS SQL Server

Die Konfigurationseinstellungen dieser System-DSN-Verbindung müssen SQL-Serveradresse und Datenbanknamen enthalten. Eine Beispielkonfiguration sehen Sie in Abbildung 13.8, die auf einen lokal installierten SQL Server zeigt, in diesem Fall eine MSDE, und auf die dort angelegte VirutalCenter-Datenbank namens »virtualcenter«. Natürlich empfiehlt es sich, in Produktivumgebungen nicht den lokalen VirtualCenter Server zusätzlich als SQL-Datenbankserver zu benutzen, es sei denn, er bedient nur das VirtualCenter.

**Abbildung 13.8** Mögliche Eigenschaften einer ODBC System-DSN für einen lokalen SQL Server mit einer Datenbank namens »virtualcenter«.

Nachdem die System-DSN angelegt und getestet wurde, können Sie innerhalb des wartenden VirtualCenter-Dialoges (Abbildung 13.9) nun den Namen der zu verwendenden System-DSN und die benötigten Zugangsdaten eintragen. Sobald Sie nun auf *Next* klicken wird auf das Vorhandensein der Datenbank hin geprüft. Nur wenn dieser Test nicht fehlschlägt, wird die Installation fortgesetzt, daher muss die Datenbank auf jeden Fall schon während der Installation existieren.

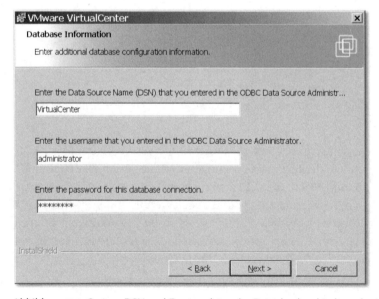

**Abbildung 13.9** System-DSN und Zugangsdaten der Datenbankverbindung des VirtualCenters

Innerhalb dieser Datenbank werden alle benötigten Informationen des Virtual-Centers abgelegt, darunter sämtliche VMware Server mit allen Adress- und Zugangsinformationen, Lizenzen, logische Einheiten und vieles mehr. Daher sollten Sie diese Datenbank auf jeden Fall in ihr Backup-Konzept mit einbeziehen. Es empfiehlt sich hier, den Protokoll Modus der Datenbank entsprechend anzupassen, da VirtualCenter durch die minütliche Überwachung aller Objekte viele Einträge erzeugt. Dadurch entstehen sehr viele Transaction Logs, die man entweder zyklisch überschreiben lassen oder komplett abschalten sollte, um stattdessen ein regelmäßiges Voll-Backup zu betreiben.

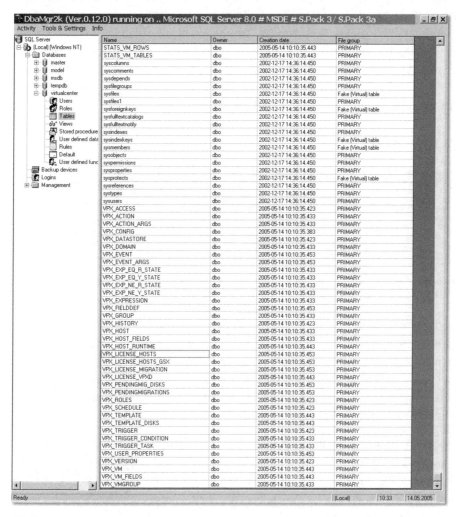

**Abbildung 13.10** Inhalt der VirtualCenter-Datenbank. Hier werden alle Informationen zu den Servern, den virtuellen Maschinen, Lizenzen etc. abgelegt.

### 13.2.3 Oracle

Bei der Nutzung einer Oracle-Verbindung müssen Sie den Aspekt bedenken, dass ein Oracle ODBC-Treiber zur Datenbankverbindung genutzt wird. Daher muss vor der Erstellung der eigentlichen ODBC-Verbindung unter Windows erst der Oracle ODBC-Treiber des Herstellers Oracle auf dem System des VirtualCenter Servers installiert werden. Die Installationsart ist – einmal abgesehen von der Konfiguration der System-DSN – identisch mit der einer Microsoft SQL Server-Installation. Innerhalb der System-DSN-Konfiguration muss natürlich statt des SQL ODBC-Treibers der Oracle ODBC-Treiber ausgewählt werden. Aber Vorsicht, denn der von Windows mitgelieferte Treiber funktioniert, zumindest was meine Erfahrungen angeht, nicht, und daher sollte zwingend der ODBC-Treiber von Oracle direkt bei der Installation ausgewählt werden, um unnötige Problem zu vermeiden.

## 13.3 Update/Deinstallation

### 13.3.1 Server

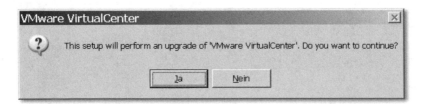

**Abbildung 13.11** Wollen Sie upgraden oder nicht? Wenn Sie die aktuellen Daten einer Access-Datenbank beibehalten wollen, bleibt Ihnen nur ein Ja.

Falls Sie einmal den VirtualCenter Server deinstallieren wollen, sei es gezwungenermaßen, da eine Aktualisierung ansteht, oder aus sonstigen Gründen, denken Sie immer an die Datenbank. Während hier die SQL- oder Oracle-Datenbanken sowieso auf einem anderen Server liegen, wird eine Access-Datenbank immer gelöscht und neu angelegt, wenn Sie die Abfragedialoge dementsprechend beantworten (Abbildung 13.12).

Trotzdem wird auch bei SQL-/Oracle-Deinstallationen nachgefragt, ob die Datenbankverbindung, also die System-DSN gelöscht werden soll. Daher sollten Sie diese System-DSN, falls später benötigt, unbedingt vorher sichern (C:\Dokumente und Einstellungen\All Users\Anwendungsdaten\VMware\ VMware VirtualCenter\vpx.mdb).

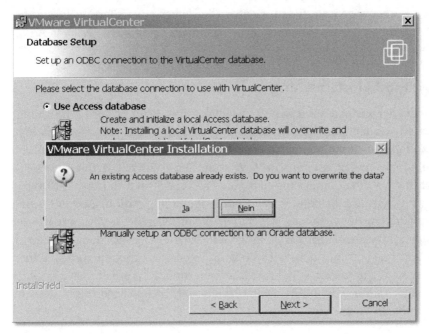

**Abbildung 13.12** Abfrage, ob die Access-Datenbank gelöscht oder beibehalten werden soll

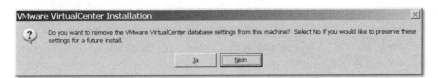

**Abbildung 13.13** Nachfrage, ob bei SQL-/Oracle-Deinstallationen des VirtualCenters die Datenbankanbindung gelöscht werden soll. Hiermit ist die System-DSN gemeint, die bei einem Klick auf Ja gelöscht wird.

Die Deinstallation an sich läuft über den normalen Deinstallationsprozess über Sofware bzw. Add/Remove von Windows ab.

### 13.3.2 Client

Ein derzeit vorhandenes Manko ist die Tatsache, dass nach Update des Servers alle Clients manuell nachgezogen werden müssen, da kein Automatismus vorhanden ist. Allerdings werden Sie sehr schnell merken, dass Ihre Client-Version nicht mehr aktuell ist, weil keine Verbindungen mit älteren VirtualCenter Clientversionen zum Server möglich sind. Das Setup-Programm des VirtualCenters bemerkt dies jedoch, falls schon eine Version installiert ist, und fragt dann nach einem Upgrade (Abbildung 13.11). Damit bewegt sich die Programmaktualisierung wenigstens in einem erträglichen Rahmen. Alternativ können Sie in großen Umgebungen den VirtualCenter Client über einem Terminalserver für alle betroffenen Benutzer bereitstellen, was Ihnen einen nicht geringen Administrationsaufwand erspart.

## 13.4 Funktionsumfang

Nachdem der VirtualCenter Server installiert ist, muss er an Ihre Infrastruktur angepasst werden. Da alle VMware Server und virtuellen Maschinen zu logischen Einheiten zusammengefasst werden können (ähnlich einer Struktur von Organisationseinheiten in einem Verzeichnisdienst wie z.B. Active Directory), bietet Ihnen VirtualCenter eine sehr gute Basis zur Strukturierung. Zudem stehen vielfältige Möglichkeiten der Erstellung, Konfiguration, Migration und Vervielfältigung der virtuellen Maschinen und in Teilen der VMware Server zur Verfügung. Darüber hinaus wird Ihnen ein flexibles Überwachungmedium an die Hand gegeben, mit dem auch ereignisgesteuerte Aktionen ausgelöst werden können. Das wichtige Thema Sicherheit kommt innerhalb des Produktes auch nicht zu kurz, denn es erweitert die Berechtigungsstruktur der VMware Server um ein Vielfaches.

### 13.4.1 Organisationsstruktur

Eine logisch korrekte und sinnhafte Struktur der VMware Server und der virtuellen Maschinen ist der wichtigste Schritt zum erfolgreichen Umgang mit dem VirtualCenter. Da Sie auf jede logische Einheit, im folgenden OU genannt, Berechtigungen vergeben können und diese in der Hierarchie vererbt werden, sollte auch dieser Aspekt berücksichtigt werden.

Nachdem Sie sich mit dem VirtualCenter Client angemeldet und die Lizenzen eingetragen haben (siehe Abschnitt 13.5, *Lizenzen*), befinden Sie sich in der grafischen Oberfläche des VirtualCenters. Hier existiert lediglich eine OU, die »Server Farms« genannt wird, unterhalb der sich später Ihre ganze logische Struktur befinden wird. Server Farms ist sozusagen die Root-Ebene (Abbildung 13.14). Innerhalb der grafischen Oberfläche erfolgt die Trennung wie bei einem Windows Explorer, d.h., links ist die Struktur zu sehen, und auf der rechten Seite sind die Eigenschaften der jeweiligen Auswahl angeordnet.

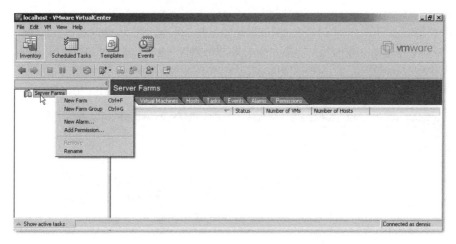

**Abbildung 13.14** Der Anfang von allem innerhalb des VirtualCenters – gähnende Leere, die allerdings einen großen Vorteil bietet, da Sie auf der grünen Wiese anfangen können.

Die Struktur auf der linken Seite besteht aus mehreren möglichen OUs und den ihnen zugeordneten VMware Servern oder virtuellen Maschinen. In Abbildung 13.15 sehen Sie die hierarchische Strukur der einzelnen logischen Einheiten in einer Übersicht. Sobald Sie auf einer der logischen Einheiten mit der rechten Maustaste das Kontextmenü aufrufen, können Sie jeweils eine der untergeordneten Einheiten anlegen (Abbildung 13.14).

Tabelle 13.1 listet alle logischen Einheiten, die angelegt werden können:

| Logische Einheit | Untergeordnete Einheiten |
| --- | --- |
| Farm | Farm Group |
| Farm Group | Farm Group<br>Host (GSX oder ESX Server)<br>Virtual Machine Group<br>Virtual Machine |
| Host | |
| Virtual Machine Group | Virtual Machine Group<br>Virtual Machine |
| Virtual Machine | |

**Tabelle 13.1** Logische Einheiten innerhalb des VirtualCenters

Wie Sie in Tabelle 13.1 entnehmen können, ist es auch möglich, eine verschachtelte Struktur anzulegen. Innerhalb eine Farmgruppe können demnach weitere Farmgruppen, die wiederum Hosts und VMs enthalten, angelegt werden. Ebenso steht es mit den virtuellen Maschinen, wobei Sie mit verschachtelten Gruppen sehr gute Zuordnungen und für Ihre Unternehmensstruktur organisatorisch korrekte Gruppen anlegen können. Zudem können Sie mit Ausnahme von Hosts zu jeder logischen Einheit Berechtigungen pflegen.

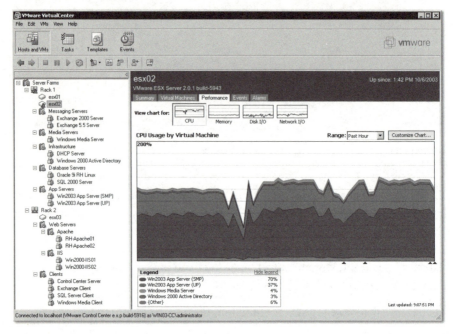

**Abbildung 13.15** Mögliche Struktur einer ausgebauten VirtualCenter-Landschaft mit sinnvoll angeordneten logischen Einheiten

Übrigens können Sie zu jedem Zeitpunkt die logischen Einheiten per Drag&Drop innerhalb der Gesamtstruktur verschieben. Die Grenzen werden nur durch die Logik der Hierarchie gesetzt.

### 13.4.2 Konfiguration des VMware Server

Da VMware VirtualCenter sowohl VMware GSX als auch VMware ESX Server unterstützt, können Sie die beiden – eine Agentenlizenz vorausgesetzt – auch unterhalb der Serverfarm einbinden. Die VMware Server selbst werden jedoch weder durch das VirtualCenter angelegt noch verwaltet. Der Verwaltungsmenüpunkt im Kontextmenü eines Servers verweist auf die Web-Administrationsoberfläche des jeweiligen Servers.

**Integration VMware GSX**

Um einen GSX Server integrieren zu können, müssen Sie einfach mit der rechten Maustaste auf die Serverfarm klicken und im darauf folgenden Kontextmenü *Add Host* auswählen (Abbildung 13.16). Daraufhin wird ein Wizard zur Anlage eines Servers gestartet. Zum selben Wizard gelangen Sie über [Strg]+[H] oder **File · New · Add Host**, wenn eine Serverfarm ausgewählt ist.

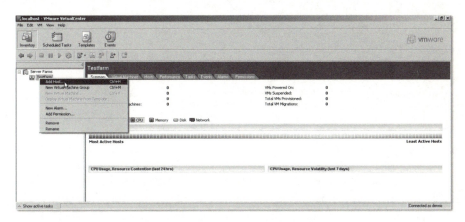

**Abbildung 13.16** Anlegen eines neuen Hostservers innerhalb der Farm

Der Add Host Wizard fragt direkt nach den Angaben des hinzuzufügenden Servers, die aus der Netzwerkadresse, dem zu verwendenden Port und einem Benutzerprofil bestehen (Abbildung 13.17). Wichtig ist hierbei, dass der angegebene Benutzer Administratorrechte auf dem Server besitzt. Sobald Sie nun auf *Next* drücken, kontaktiert der VirtualCenter Server den VMware Server und prüft u.a. Produkt und Version ab. Hier wird entschieden, ob es ein GSX oder ESX Server ist, und dementsprechend werden alle Folgefragen darauf angepasst. Falls eine Firewall zwischen dem VirtualCenter Server und dem VMware Server existiert, muss diese den angegebenen Port durchlassen (Standardport 902). Falls Sie mit dem VirtualCenter Client über die Firewall an den VC Server müssen, ist zudem Port 905 freizugeben.

**Abbildung 13.17** Anlage eines GSX Servers auf Microsoft Windows-Basis

Nachdem VirtualCenter den Server validiert und dabei einen GSX Server ausgemacht hat, werden Sie nach einem Benutzerprofil gefragt, mit dem später die virtuellen Maschinen gestartet werden sollen. Sie erinnern sich sicherlich an den Benutzeraccount unter VMware GSX, der angegeben werden musste, damit die virtuellen Maschinen automatisiert gestartet werden konnten. Da VirtualCenter prinzipiell nichts anderes als ein Automatismus zum Verwalten der virtuellen Maschinen ist, sollte hier ein neutraler Benutzeraccount angegeben werden. Falls Sie dies nicht wünschen, hindert Sie natürlich niemand daran, den Standardadministrator einzutragen.

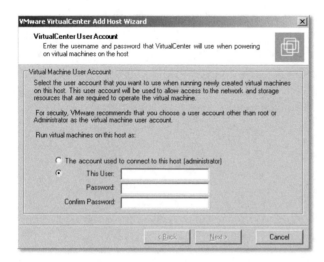

**Abbildung 13.18** Angabe des Virtual Machine Users bei Integration des VMware GSX Servers

Nach der Integration des Servers werden alle darauf registrierten virtuellen Maschinen automatisch im VirtualCenter unter Discovered VMs angelegt. Dazu zählen auch die als privat markierten virtuellen Maschinen, die Sie dann innerhalb des VirtualCenters mit Berechtigungen versehen können.

**Integration VMware ESX**

Der VMware ESX Server wird genau wie der VMware GSX Server über *Add Host* im VirtualCenter angelegt, wo dann die entsprechende Netzwerkadresse und ein administratives Benutzerprofil angegeben werden. Allerdings erscheint während des Erstellungsdialogs (Abbildung 13.17) eine Abfrage, ob VMotion auf dem ESX Server aktiviert werden soll. Grundvoraussetzung dafür ist auch hier eine gültige Lizenz, die im VirtualCenter hinterlegt ist.

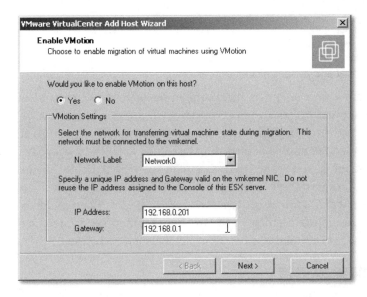

**Abbildung 13.19** Aktivierung der VMotion-Funktionalität innerhalb des VirtualCenters

In Abbildung 13.19 sehen Sie den Abfragedialog für die VMotion-Konfiguration. Nachdem VMotion erstmal eingeschaltet ist, müssen Sie noch die virtuelle Netzwerkverbindung (Network Label) angeben, über die später die Migration der VM stattfindet. Diese Netzwerkverbindung muss auf jedem teilnehmenden ESX Server und auf der virtuellen Maschine mit identischem Network Label auch existieren. Identisch heißt wirklich identisch, daher ist die Groß- und Kleinschreibung zu beachten. Neben dem Network Label muss noch eine freie Netzwerkadresse angegeben werden, mit der später VMotion zwischen den ESX Servern agiert. Falls die spätere VMotion-Verbindung über mehrere logische Netzwerke geht und demnach ein Router erforderlich ist, müssen Sie noch ein Netzwerk-Gateway angeben. Danach wird der ESX Server inklusive der darauf registrierten virtuellen Maschinen im VirtualCenter angelegt, und sie können ab diesem Zeitpunkt verwaltet werden (Abbildung 13.20). Die registrierten virtuellen Maschinen werden allerdings einer »unbekannten« Gruppe namens »Discovererd VMs« zugeordnet, die Sie natürlich sofort umbenennen sollten.

**Abbildung 13.20** Nach der Integration des ESX Servers werden auch alle darauf laufenden virtuellen Maschinen hinzugefügt.

### Verwaltung des VMware Servers

Da nun die VMware Server integriert sind, können sie auch verwaltet werden. Sobald Sie einen der Server, sei es nun ESX oder GSX, mit der rechten Maustaste anklicken, erscheint ein Kontextmenü, wie es in Abbildung 12.21 zu sehen ist. Hier können Sie nun neue virtuelle Maschinen anlegen bzw. anhand einer Vorlage erstellen lassen – aber dazu in einem späteren Abschnitt mehr. Allerdings ist ein Herunterfahren oder ein Neustart des Servers möglich, der über den Menüpunkt *Shutdown* angestoßen wird. Auch hier ist es empfehlenswert, in dem Bemerkungsfeld einen in Ihrem Unternehmen genormten Text anzugeben, um später alle Ereignisse besser nachvollziehen zu können.

**Abbildung 13.21** Kontextmenü eines Servers unter VirtualCenter

Momentan viel wichtiger ist der Punkt *Edit Host Configuration*, der im Endeffekt nur ein Weblink auf die Web-Administrationsoberfläche des Servers ist. Das bedeutet, dass keine Konfigurationsänderungen am VMware Server selbst über das VirtualCenter vorgenommen werden können. Es beschränkt sich auf die Auswertung und Überwachung. Apropos Auswertung – über die beiden Menüpunkte *Host Summary Report* und *Performance Report*, können Sie sich detaillierte Informationen über die Auslastung und Ausstattung der Server und VMs beschaffen.

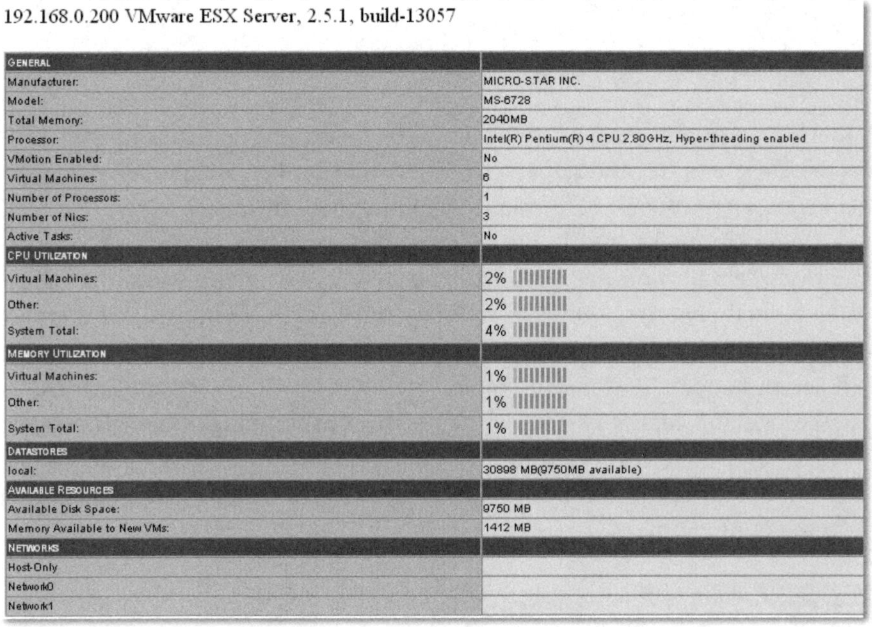

| 192.168.0.200 VMware ESX Server, 2.5.1, build-13057 | |
|---|---|
| **GENERAL** | |
| Manufacturer: | MICRO-STAR INC. |
| Model: | MS-6728 |
| Total Memory: | 2040MB |
| Processor: | Intel(R) Pentium(R) 4 CPU 2.80GHz, Hyper-threading enabled |
| VMotion Enabled: | No |
| Virtual Machines: | 6 |
| Number of Processors: | 1 |
| Number of Nics: | 3 |
| Active Tasks: | No |
| **CPU UTILIZATION** | |
| Virtual Machines: | 2% |||||||||| |
| Other: | 2% |||||||||| |
| System Total: | 4% |||||||||| |
| **MEMORY UTILIZATION** | |
| Virtual Machines: | 1% |||||||||| |
| Other: | 1% |||||||||| |
| System Total: | 1% |||||||||| |
| **DATASTORES** | |
| local: | 30898 MB(9750MB available) |
| **AVAILABLE RESOURCES** | |
| Available Disk Space: | 9750 MB |
| Memory Available to New VMs: | 1412 MB |
| **NETWORKS** | |
| Host-Only | |
| Network0 | |
| Network1 | |

**Abbildung 13.22** HTML-Datei, die über Host Summary Report generiert wurde

Während Ihnen der Host Summary Report eine Konfigurationsauflistung des Servers als HTML-Datei mit dem derzeitigen Stand generiert, können Sie über den Performance Report die Auslastung über einen bestimmten Zeitraum ausgeben. Dazu können Sie einfach, wie in Abbildung 13.23 zu sehen, den Pfad mit Dateinamen, die auszuwertenden »Core Four«-Komponenten (CPU, Memory, Disk, Network) und den Zeitraum auswählen. In der generierten Excel-Datei finden Sie zu jeder Komponente einen Graphen, die deren Auslastung anzeigt. Gerade Letzteres eignet sich hervorragend zur Vorbereitung von Präsentationen.

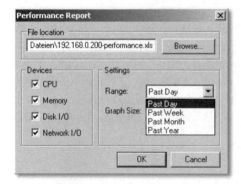

**Abbildung 13.23** Einstellungsmöglichkeiten des Performance Reports

Mittels der Auswahl *Remove*, wird der Server mitsamt den zugehörigen VMs aus der Übersicht des VirtualCenters entfernt. Bedenken Sie hierbei, dass auch alle bis dato ermittelten Performancedaten unwiederbringlich verworfen werden. Daher empfiehlt es sich unter Umständen, vorher noch die Performancedaten des Servers und der VMs zu exportieren. Wer weiß, wann man diese Daten einmal benötigt. *Properties* als letzte Auswahl im Kontextmenü führt Sie abermals zu der VMotion-Konfiguration, falls es sich denn um einen VMware ESX Server handelt. Ansonsten können Sie hierüber den VMware VirtualCenter Agenten auf dem Server selbst neu starten (Abbildung 13.24). Dies kann nützlich sein, wenn der Kontakt zwischen dem VMware Server und VirtualCenter nicht korrekt funktioniert und beispielsweise keine Performancedaten mehr geliefert werden.

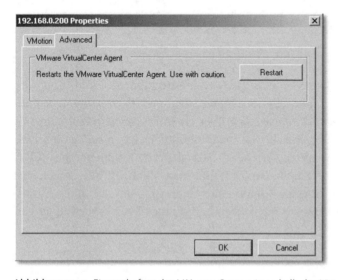

**Abbildung 13.24** Eigenschaften des VMware Servers innerhalb des VirtualCenters

Soviel bis hierhin zum Kontextmenü eines VMware Servers unter VirtualCenter. Eine weitere interessante Serverfunktion bei VirtualCenter erschließt sich, wenn Sie den Server mit der linken Maustaste auswählen. Daraufhin erscheint im rechten Hauptfenster eine Übersicht, in der Sie sechs weitere Reiter finden, *Summary*, *Virtual Machines*, *Performance*, *Tasks*, *Events* und *Alarms*. An dieser Stelle sind besonders *Summary* und *Tasks* interessant. Die anderen Reiter heben wir uns für später auf.

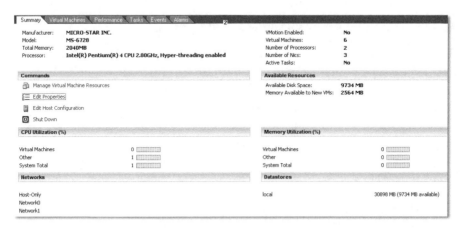

**Abbildung 13.25** Summary-Ansicht eines VMware ESX Servers im VirtualCenter

Der Reiter *Summary* zeigt Ihnen ein globale Übersicht Ihres VMware Servers an (Abbildung 13.25), die zum einen aus den Hardwareinformationen des Servers selbst besteht, aber auch aus den darauf laufenden virtuellen Maschinen und deren Auslastung. Darüber hinaus finden sich Informationen über die virtuellen Netzwerke, den verfügbaren VMFS-Plattenplatz und den verfügbaren Hauptspeicher für weitere virtuelle Maschinen. Unter dem Bereich *Commands* finden sich dann nochmals verschiedene Kommandos aus dem eben erklärten Kontextmenü.

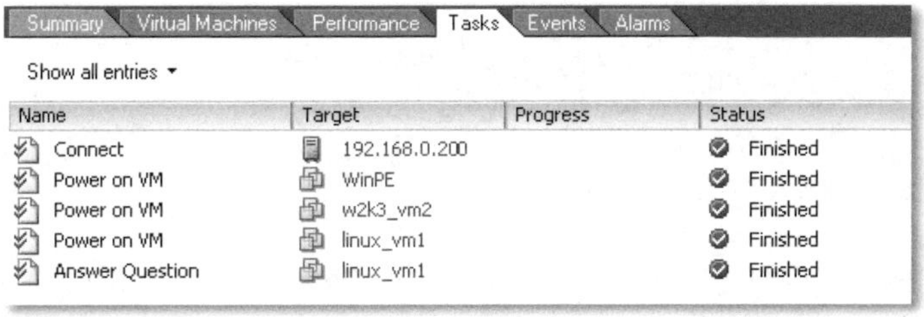

**Abbildung 13.26** Task-Ansicht eines VMware ESX Servers im VirtualCenter

Der andere, in diesem Zusammenhang erwähnenswerte Reiter namens *Tasks* bringt die Aufgaben bzw. Tätigkeiten des Servers in einer Übersicht zum Vorschein (Abbildung 13.26). Diese werden mit verschiedenen Eigenschaften im VirtualCenter hinterlegt, die aus dem Namen der Tätigkeit, dem betroffenen Server (oder VM), dem Fortschritt, dem Status und dem Benutzer bestehen, der diesen Befehl gab. Vor allem die Eigenschaft Fortschritt ist gerade bei der Migration, dem Klonen oder dem Anlegen neuer Vorlagen sehr interessant.

### 13.4.3 Erstellung einer virtuellen Maschine

Der Umgang mit virtuellen Maschinen ist die große Stärke des VirtualCenters, und nicht zuletzt deshalb können Sie mit ihm natürlich auch neue VMs anlegen. Beim Anlegen können Sie wiederum zwischen einer kompletten Neuerstellung, einem Klonen oder einem Erstellen mittels eines Templates unterscheiden. Für uns ist momentan nur die komplette Neuerstellung von Interesse. Dazu müssen Sie lediglich entweder im Kontextmenü des VMware Servers oder der Virtual Machine Group *New Virtual Machine* auswählen (Abbildung 13.21).

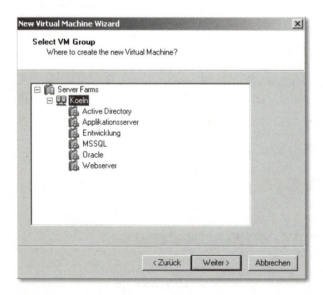

**Abbildung 13.27** Wo soll die neue VM erstellt werden?

Nachdem Sie sich bei der Installation entweder für *Typical* oder für *Custom* entschieden haben, werden Sie nach der Virtual Machine Group gefragt, der die neue VM nach der Erstellung zugeordnet werden soll (Abbildung 13.27). Da Sie dies jederzeit per Drag&Drop ändern können, müssen Sie sich hier nicht allzu viel Kopfzerbrechen machen. Bei sehr großen Umgebungen kann es wiederum den Suchaufwand reduzieren.

**Abbildung 13.28** Abschluss der Neuanlage

Die restlichen Installationsschritte sollten Ihnen aus den letzten Kapiteln bekannt sein. Diese Installation ist inhaltlich identisch und nur optisch verschieden. Aber was wäre die Welt ohne Ausnahmen. Eine Kleinigkeit gibt es noch beim Einsatz von Citrix Metaframe auf einer virtuellen Maschine zu beachten. VMware VirtualCenter fragt bei der Anlage einer neuen VM nicht nach, ob die Workload auf einen Citrix Terminal Server angepasst werden soll. Daher sollten Sie in diesem Fall die Zeile workload = "TerminalServices" der .vmx-Konfigurationsdatei der jeweiligen VM anhängen. Vorausgesetzt es hat alles geklappt, sollten Sie eine Meldung wie in Abbildung 13.28 erhalten, die Ihnen mitteilt, dass Sie sich bis zur endgültigen Erstellung noch etwas in Geduld üben müssen. Um den Erstellungsprozess im Auge zu behalten, können Sie auf die Task-Ansicht des VMware Servers zurückgreifen, auf dem die virtuelle Maschine erstellt wird.

Wenn virtuelle Maschine über das VirtualCenter erstellt werden, müssen Sie Folgendes beachten. Die Heimatverzeichnisse der virtuellen Maschinen, die mindestens die Konfigurationsdateien beinhalten, werden bei VMware ESX unter /home/vmware und bei VMware GSX unter dem bei der Integration angegebenen Benutzerprofil abgelegt.

### 13.4.4 Konfiguration einer virtuellen Maschine

Auch hier werden Sie prinzipiell nicht viel Neues feststellen, was Konfigurationsänderungen etc. angeht. Allerdings ist dies ja der größte Vorteil, sich gerade nicht noch ein neues Werkzeug mit eigenen Dialogen aneignen zu müssen, sondern sich direkt zurechtfinden zu können.

Um nun in die Konfiguration zu gelangen, müssen Sie einfach eine virtuelle Maschine in der Übersicht auswählen (Abbildung 13.29). Sobald dies geschehen ist, zeigt sich eine Übersicht mit allen relevanten Hardwareinformationen und ein ganzer Block mit Kommandos. Zudem existieren auch hier die Reiter, mit denen Sie sich Systemleistung, Tätigkeiten etc. anschauen können.

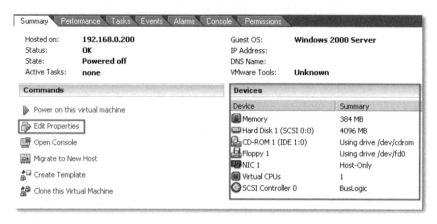

**Abbildung 13.29** Summary-Ansicht einer virtuellen Maschine im VirtualCenter

Mit einem Klick auf *Edit Properties* gelangen Sie direkt in die Eigenschaftsansicht der virtuellen Maschine, die Sie übrigens auch direkt über das Kontextmenü einer VM erreichen können (Abbildung 13.30). Hier können Sie nun, wie gewohnt, die virtuelle Hardware anpassen bzw. ein CD- oder Floppy Image einlegen. Falls Sie eines der Geräte entfernen möchten, genügt es, dieses einfach auszuwählen und mittels *Remove* zu löschen.

Um neue Hardware hinzuzufügen wählen Sie einfach *Add...* aus, und es erscheint eine Auswahl der verfügbaren virtuellen Hardware (Abbildung 13.31). Dieser Hardware Wizard passt die verfügbaren Geräte an diejenigen des Wirt-Systems, also des VMware Servers an. Somit ist gewährleistet, dass Sie niemals nicht-unterstützte Hardware hinzufügen können.

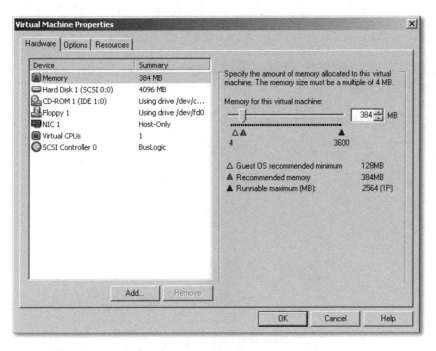

**Abbildung 13.30** Eigenschaften der VM im VirtualCenter

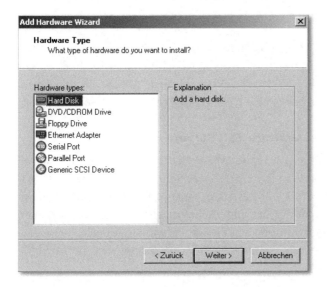

**Abbildung 13.31** Hinzufügen virtueller Hardware einer ESX VM

Wenn wir vom Hardware zum Reiter *Options* wechseln, fällt auch hier eine Ähnlichkeit mit den herkömmlichen Optionen der MUI bzw. der VVMC auf.

Besonders wichtig ist der Teil *Configuration File* unter der Sektion *General*, wo der genaue Pfad zur Konfigurationsdatei der VM (.vmx) steht.

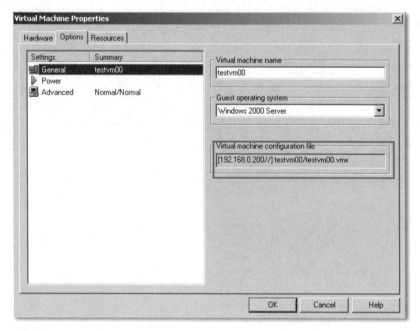

**Abbildung 13.32** Optionen der virtuellen Maschine im VirtualCenter

Die Sektion *Power* bietet Ihnen sämtliche bisher erwähnten Power-Optionen an, bzw., ob überhaupt und wie eine virtuelle Maschine beim Hochfahren des Wirt-Systems reagieren soll. Die letzte Sektion namens *Advanced* stellt Ihnen, wie zuvor bereits erwähnt, erweiterte Debugging-Optionen zur Verfügung.

**Ressourcenkontrolle bei VMware ESX Servern**

Wie Sie auch schon in Kapitel 12, *Verwaltung der virtuellen Maschinen*, erfahren haben, können Sie die vom Wirt-System bereitgestellten Ressourcen für die virtuelle Maschine sehr feinstufig und restriktiv einstellen. Diese Ressourceneinstellung können Sie entweder in den Eigenschaften jeder einzelnen virtuellen Maschine oder in einer Gesamtübersicht zentral verwalten. Innerhalb der VM-Eigenschaften müssen Sie zum Reiter Resources wechseln, den Sie in Abbildung 13.33 erkennen können.

Auch hier können Sie nun ähnlich der Webadministration die Core Four-Ressourceneinstellungen, die zugewiesenen Shares und die Prozessorzuordnungen pro virtueller Maschine anpassen. Es ist im Endeffekt nur eine andere und – wie ich finde – übersichtlichere Administrationsoberfläche zur Ressourcenkontrolle.

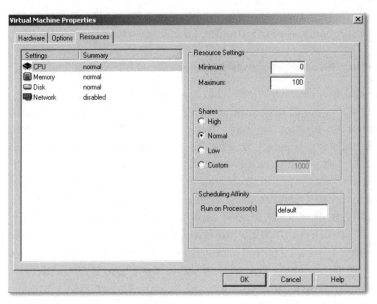

**Abbildung 13.33** Einstellungsmöglichkeiten der VM-Ressourcen über deren Eigenschaften

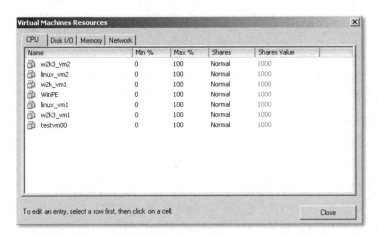

**Abbildung 13.34** Gesamtübersicht über die Ressourcenkontrolle aller virtuellen Maschinen der Virtual Machine Group

Die andere, weitaus übersichtlichere Verwaltungsansicht ist über den Kontextmenüpunkt *Edit Virtual Machine Resources* des VMware ESX Serverobjekts erreichbar. Hier werden Ihnen alle registrierten virtuellen Maschinen des ESX Servers aufgeführt, und Sie können die Anpassungen über einen Doppelklick auf die entsprechende Spalte der VM vornehmen. In Abbildung 13.34 sehen Sie des Weiteren die vier Reiter, mit denen Sie zwischen den Four Core-Komponenten wechseln können. Falls bezüglich der Ressourcenkontrolle noch

Unklarheiten herrschen, empfehle ich Ihnen eine nochmalige Lektüre von Abschnitt 12.3.2, *Optionen der virtuellen Maschine anpassen*.

### 13.4.5 Migration der virtuellen Maschine

Man unterscheidet zwei verschiedene Migrationen innerhalb des VirtualCenters: »Cold Migration« und »Hot Migration«. Unter Cold Migration versteht man das Verschieben einer ausgeschalteten virtuellen Maschine von einem VMware Server zu einem anderen. Hier wäre auch ein Verschieben zwischen fremden Produkten also VMware GSX und VMware ESX Servern möglich. Mittels Hot Migration, auch »Vmotion« genannt, können sogar aktive virtuelle Maschinen zwischen ESX Servern ohne nennenswerte Ausfallzeit verschoben werden. Unglaublich, aber wahr: Hot Migration funktioniert wirklich. In meinen bisherigen Tests kam es noch nie zum Ausfall einer VM oder eines darauf laufenden Dienstes. Dieses Verfahren kann man besonders gut mit einem Citrix Terminalserver nachvollziehen. Ich selbst habe mit Microsoft Word in einer Citrix-Sitzung einen Text geschrieben, während die entsprechende VM migriert wurde. Es kam zu keinem Verlust von Tastatureingaben, man merkte lediglich eine kurze Pause von ca. 1–2 Sekunden. Dieses Verfahren der Hot Migration beeindruckt mich bis heute und zeigt die immensen Möglichkeiten der Virtualisierung deutlich auf.

Beim Migrieren einer virtuellen Maschine reagiert das VirtualCenter ein wenig untypisch im Vergleich zu der Vorgehensweise, die ein Administrator an den Tag legen würde. Diese Migration können Sie sich folgendermaßen vorstellen:

- Reservieren der benötigten Ressourcen auf dem Zielserver
- Kopieren der Konfigurationsdateien der VM auf den Zielserver
- Kopieren des Hauptspeicherinhalt der VM auf den Zielserver
- Freigeben der Festplattendateien der VM durch dem Quellserver
- Sperren der Festplattendateien der VM durch dem Zielserver
- Registrieren der VM auf dem Zielserver
- Umschalten der VM von Quell- auf Zielserver
- Aufheben der Registrierung auf dem Quellserver
- Löschen der .vmx-Konfigurationsdatei auf dem Quellserver

Gerade Letzteres kann beim Hardwareausfall eines ESX Servers zu Problemen führen, da alle .vmx-Dateien der dort laufenden VMs schlagartig nicht mehr zur Verfügung stehen. Daher kann ich Ihnen nur empfehlen, die Konfigurationsdateien regelmäßig zu sichern oder per Skript unter den ESX Servern in ein Sicherungsverzeichnis zu kopieren. Falls alle Stricke reißen, dann ist es kein Problem, einfach eine neue virtuelle Maschine mit den entsprechenden Festplattendateien und den Eigenschaften wie Name, Hauptspeicher und Netzwerk anzulegen. Es lebe die Dokumentation!

> **TIPP** Sowohl Cold als auch Hot Migration lassen sich im VirtualCenter nur innerhalb einer Serverfarm betreiben. Der einzige Ausweg aus dem Dilemma wäre die Verwendung eines Templates als »Mittelsmann«. Allerdings hat diese Beschränkung durchaus ihren Sinn. In großen Umgebungen existieren unter Umsänden verschiedene SAN-Anbindungen, auf denen die VMFS-Partitionen der ESX Server liegen. Fasst man nun alle ESX Server, die auf die gleichen VMFS-Partitionen zugreifen, zusammen, hat man über diese Beschränkung einen eingebauten Schutz, dass keine virtuellen Maschinen auf entfernte Massenspeicher migriert werden. Stellen Sie sich einen ESX Server an einem SAN-Subsystem in einer Außenstelle vor, die über eine 2 MBit-Verbindung an Ihre Zentrale angebunden ist. Wenn nun über die Zentrale eine Migration auf die ESX Server der Außenstelle ausgeführt werden würde, hätte das lange Wartezeiten und eine Blockierung der Außenstelle zur Folge.

**Abbildung 13.35** Zur Migration einer VM muss im Kontextmenü der virtuellen Maschine Migrate ausgewählt werden

Sowohl die Cold- als auch die Hot Migration werden mit den gleichen Menüpunkten angestartet, nämlich entweder über das Kontextmenü der virtuellen Maschine (Abbildung 13.35) oder innerhalb der Summary-Ansicht (Abbildung 13.29) mit *Migrate to new host*. Sobald Sie diese Auswahl getroffen haben, erscheint der Virtual Machine Migration Wizard, der Sie durch die entsprechenden Abfragen führt. Des Weiteren können Sie mittels Drag&Drop migrieren, indem Sie das Objekt der virtuellen Maschine einfach mit gedrückter linker Maustaste auf den gewünschten Zielserver schieben. Falls Sie mehrere virtuelle Maschinen gleichzeitig verschieben möchten, können Sie das tun, indem Sie die VMs über die allseits bekannten Tasten (Shift – Bereich, Strg – Einzeln) markieren.

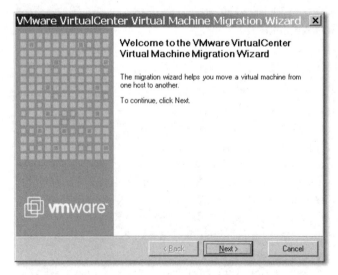

Abbildung 13.36  Der Migration Wizard erscheint immer gleich, ob Hot oder Cold Migration

Die erste Abfrage betrifft den Zielserver, auf den die virtuelle Maschine migriert werden soll. Auch diese Abfrage ist unabhängig davon, ob eine Cold- oder eine Hot Migration stattfindet, da es hier um die Ablage der Konfigurationsdateien geht. Die Festplattendateien sind mit dieser Abfrage nicht gemeint. Auf den Screenshots zeige ich Ihnen nur die Umgebung bei Migration einer VM von einem ESX Server auf einen anderen. Es existiert ein Shared Storage-Bereich.

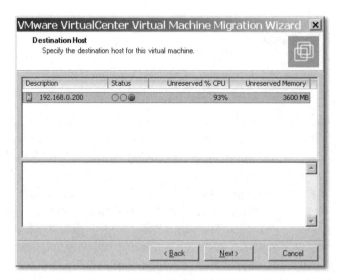

Abbildung 13.37  Auswahl des Zielservers für die Migration

Nachdem Sie den Zielservers ausgewählt haben, laufen die Abfragen des Migration Wizard zwischen Cold und Hot Migration auseinander, da bei einer Hot Migration keine Neuablage der Festplattendateien stattfinden muss.

**Cold Migration**

Bei einer Cold Migration werden Sie nun nach dem Ablageort der Festplattendateien gefragt. Unter VMware ESX werden Ihnen nur die verfügbaren VMFS-Partitionen gezeigt, VMware GSX hingegen zeigt Ihnen alle lokal verfügbaren Plattenbereiche an. Nach dem Migrieren wird die Festplattendatei mit sämtlichen REDO Logs oder Suspend-Dateien verschoben, d.h., diese Dateien existieren nur noch auf dem in Abbildung 13.36 angegebenen Speicherplatz.

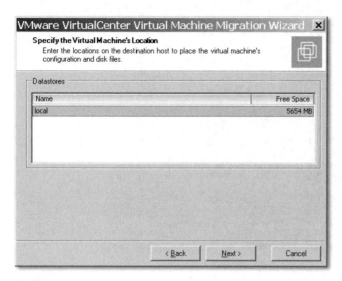

**Abbildung 13.38** Abfrage nach dem Ablageort der Festplattendateien. Da hier eine lokale VMFS-Partition auf dem ESX Server besteht, wird diese mit ihrem Friendly-Namen angezeigt.

Da eine Cold Migration auch zwischen GSX Servern, ESX Servern und unterschiedlichen Massenspeichern durchgeführt werden kann, wird der Migrationsprozess je nach Größe der Festplattendateien länger oder kürzer andauern. Der Ausfall an sich wird jedoch nie von kurzer Dauer sein und daher als Alternative zu Hot Migration, was die Verfügbarkeit angeht, komplett wegfallen. Dafür sind die Kosten einer Cold Migration sehr gering im Vergleich zu dem Einsatz von Vmotion, da Sie weder die teure Infrastruktur noch die Lizenzen benötigen. Zudem ist man deutlich flexibler, da keine gleichen Prozessoren oder Virtualisierungsprodukte Voraussetzung sind.

**VMotion, Hot Migration**

Um die begonnene Migration abzuschließen, müssen Sie nach Auswahl des Zielservers (Abbildung 13.37) die Priorität der Migration auswählen (Abbildung 13.39). Gerade diese Auswahl ist sehr wichtig, was die Verfügbarkeit der virtuellen Maschine angeht. Während bei der *High Priority* erst alle Ressourcen auf beiden Servern reserviert werden und nur bei optimalen Bedingungen migriert wird, verhält sich VirtualCenter bei einer Migration mit *Low Priority* wie die Axt im Walde und migriert unter allen Umständen. Im schlimmsten Fall kann es bei Low Priority zu einem »längeren« Ausfall der virtuellen Maschine kommen.

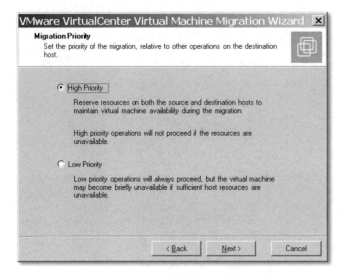

**Abbildung 13.39** Abfrage zur Priorität der Migration

Leider unterliegt die Hot Migration einigen, teilweise recht harten Voraussetzungen. Dies rührt natürlich daher, dass doch recht große Datenmengen sehr schnell zwischen den Servern verschoben werden müssen, damit kein Ausfall entsteht. Da die Festplattendateien im SAN in einem shared Storage liegen, müssen nur der Hauptspeicher und die Konfigurationsdateien zwischen den ESX Servern verschoben werden. Bei einer virtuellen Maschine mit 3 GB RAM, die voll ausgelastet sind, kann eine solche Migration allerdings ein wenig Zeit in Anspruch nehmen. Das bedeutet aber keinesfalls einen Ausfall, sondern vielmehr Migrationszeit im Hintergrund, die Sie auf den beteiligten ESX Servern in der Task-Ansicht einsehen können.

Voraussetzungen für VMotion:

- Festplattendateien müssen in einem Shared Storage-SAN liegen, auf das beide teilnehmenden ESX Server Zugriff haben.
- Die Festplattendateien müssen in VMFS-Partitionen liegen, die einen Friendly-Namen haben. (Ab Version 2.5 können auch RAW Disks über Friendly-Namen als VMFS-Volume gemappt werden.)
- Gbit-Netzwerkverbindung mit einem gleichen Netzwerknamen innerhalb der Serverfarm. Empfohlen wird eine dedizierte Netzwerkverbindung zwischen den ESX Servern.
- gleiche CPU-Hersteller VMware Server (z.B. Intel oder AMD)
- gleiche CPU-Familie VMware Server (z.B. Pentium IV oder XEON)

Ich glaube, das größte Problem stellt das benötigte Storage Area Network dar, dessen Einrichtung, falls noch nicht vorhanden, eine doch sehr kostspielige Sache ist. In einem solchen Fall muss man sich die Frage stellen, ob eine Hot Migration mit VMotion den Kosten/Nutzen-Rahmen zu sehr sprengt und man darauf verzichtet. Weiterer Hemmschuh in gewachsenen Strukturen ist die Voraussetzung gleicher Prozessoren, die aufgrund der Vielzahl an möglichen Wirt-Systemen schwer zu erfüllen ist.

### 13.4.6 Klonen der virtuellen Maschine

Ein weiteres schönes Feature ist das automatisierte Klonen von virtuellen Maschinen, also die Erstellung einer neuen VM auf der Basis einer anderen. Aufgrund der festgelegten Dateien, aus der eine virtuelle Maschine besteht, ist diese Aufgabe auch manuell kein Problem, da sie einfach nur kopiert und danach ein wenig angepasst werden müssen. Allerdings kann VirtualCenter durch den Guest Customization Wizard deutlich mehr, können doch sogar Einstellungen innerhalb des Gast-Betriebssystems vorgenommen werden. Mehr dazu erfahren Sie in Abschnitt 13.4.8, *Guest Customization Wizard*.

Um nun den Wizard für den Cloning-Prozess anzustoßen, müssen Sie entweder in den Eigenschaften der VM oder im Kontextmenü den Eintrag *Clone this Virtual Machine* bzw. *Clone ...* auswählen, wie in Abbildung 13.40 gezeigt. Sobald der Clone Virtual Machine Wizard gestartet ist, werden Sie, wie Sie es schon von der Cold Migration her kennen, nach dem Zielserver und der zu verwendenden Virtual Machine Group gefragt.

**Abbildung 13.40** Klonen einer virtuellen Maschine über die Eigenschaften oder das Kontextmenü

Danach werden Ihnen die verfügbaren Partitionen des Zielservers und dessen freier Speicherplatz angezeigt und zur Auswahl angeboten. Zudem können Sie den automatischen Start der virtuellen Maschine nach dem Klonen aktivieren. Dies kann vor allem dann überaus sinnvoll sein, wenn der Prozess automatisch ablaufen oder die VM für einen weiteren Mitarbeiter angelegt werden soll, der selbst jedoch über keinerlei Rechte verfügt, die VM zu starten (Abbildung 13.39).

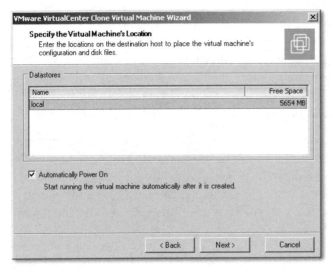

**Abbildung 13.41** Auswahl der Zielpartition während des Cloning-Prozesses

Sobald diese Auswahl getroffen ist, sind als Nächstes die vorhandenen virtuellen Netzwerkkarten an der Reihe. Wie in Abbildung 13.41 zu sehen, werden Ihnen die vorhandenen virtuellen Netzwerkkarten angezeigt, deren Zuordnung zu den entsprechenden virtuellen Netzwerken Sie nun anpassen können. Die Anzahl der virtuellen Netzwerkkarten hängt von der für das Klonen verwendeten Original-VM ab und sie werden mit NICn durchnummeriert. Nach dieser Zuordnung können Sie noch die Hauptspeichermenge und, falls es sich um einen ESX Server als Ziel handelt, die Priorität der Ressourcen ändern.

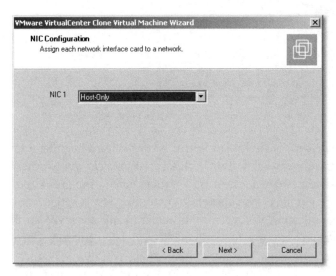

**Abbildung 13.42** Zuordnung der virtuellen Netzwerken zu den verfügbaren virtuellen Netzwerkkarten

Und jetzt kommen die Stärken des VirtualCenters ins Spiel. Da Sie nun alle relevanten Angaben zur Konfiguration der virtuellen Maschine getätigt haben, greift der Customization Wizard in das Gast-Betriebssystem der virtuellen Maschine selbst ein. Genauer gesagt mit den Programmen Sysprep oder VMware Open Source Tools (siehe 13.4.8). In Abbildung 13.43 sehen Sie die Abfrage des Wizards zu dieser Funktion. Hier können Sie entweder den Guest Customization Wizard starten, der Sie nach allen betriebssystemspezifischen Einstellungen fragt, oder eine schon fertige XML-Datei einlesen, die vorher durch den Customization Wizard abgespeichert wurde, oder aber keinerlei Anpassungen machen, was zu einer ganz normalen Kopie führt. Wie der Guest Customization Wizard abläuft, erfahren Sie in Abschnitt 13.4.8.

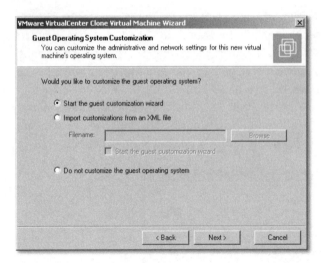

**Abbildung 13.43** Ab hier kann Sysprep bzw. sein Linux-Gegenstück gestartet werden.

Egal wie Sie sich entscheiden, nach diesem Schritt ist der Wizard beendet und der Cloning-Prozess startet, was Sie natürlich in der Task-Ansicht überwachen können. Sobald das Klonen abgeschlossen ist, existiert eine komplette Kopie der virtuellen Maschine mit allen installierten Programmen und Konfigurationen. Falls Sie den Customization Wizard bemüht haben, kann diese VM auch direkt produktiv genutzt werden, was in der Praxis sehr viel Zeit einspart. Übrigens ist das Klonen der virtuellen Maschine unabhängig von den Serverprodukten. Es kann demnach sowohl mit VMware GSX als auch VMware ESX und überkreuz genutzt werden.

### 13.4.7 Templates

Wenn Sie Cloning schon nützlich fanden, dann werden Sie von den Templates begeistert sein. Sie können dieses Verfahren mit dem eines Masterimages bei Imagingtools wie Symantec Ghost vergleichen, da von einer virtuellen Maschine eine Kopie gezogen und in einem Template-Verzeichnis dauerhaft abgelegt wird. Mittels dieses Templates können Sie jederzeit und sogar automatisiert eine neue virtuellen Maschine anlegen und auch vom Guest Customization Wizard anpassen lassen. Bei einem Windows 2003-Server mit einer Systemplatte von 10 GB dauert der Prozess der Neuerstellung einer VM mittels eines Templates ca. 15 Minuten. Danach steht Ihnen diese VM vollfunktional mit allen Gast-Betriebssystemanpassungen zur Verfügung.

Hier denkt man unwillkürlich an ein Disaster Recovery, weil unabhängig von der eingesetzten Backup Software eine neues System mit der gleichen Hardware, dem gleichen Betriebssystem, dem gleichen Servicepack-Stand und dem gleichen Computernamen installiert werden muss, bevor ein Rücksicherung, also ein Disaster Recovery überhaupt möglich ist. Falls all Ihre virtuellen Maschinen auf Templates basieren, wird dieser Prozess der Neuinstallation deutlich verkürzt. Während Sie bei einer manuellen Installation eines physikalischen Servers mindestens 1,5 Stunden benötigen, um überhaupt den Stand eines Templates zu erreichen, ist eine VM schon in 10 bis 20 Minuten fertig. Dies bedeutet eine Zeitersparnis von mehr als einer Stunde (meistens deutlich mehr) zwischen Ausfall des Systems und Rücksicherung der Daten.

Bevor Sie ein neues Template anlegen, sollten Sie je nach Ablageort ein Verzeichnis auf dem VirtualCenter Server anlegen und in den VirtualCenter-Eigenschaften hinterlegen. Falls Sie ein VMFS-Dateisystem als Ablageort nutzen möchten, ist diese Einstellung nicht relevant. Finden können Sie diese Einstellung über **File · VMware VirtualCenter Settings** im Reiter *Templates*. Dort können Sie den Pfad zu dem Templateverzeichnis mit beispielsweise `d:\vc-template` angeben. Bedenken Sie jedoch, dass diese Templates entsprechend viel Plattenplatz beanspruchen, weil sowohl Konfigurations- als auch Festplattendateien abgelegt werden.

### Erstellung eines Templates

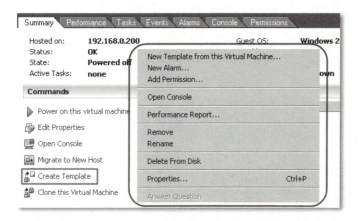

**Abbildung 13.44** Die Erstellung eines Templates über die Eigenschaften der VM oder das Kontextmenü

Um ein Template zu erstellen, müssen Sie wiederum entweder in die Eigenschaften der VM wechseln und *Create Template* oder im Kontextmenü *New Template from this Virtual Machine...* auswählen (Abbildung 13.44). Danach wird der New Template Wizard gestartet, der Sie sofort auffordert einen Namen und gegebenenfalls eine Beschreibung für Ihr Template einzugeben (Abbildung 13.45).

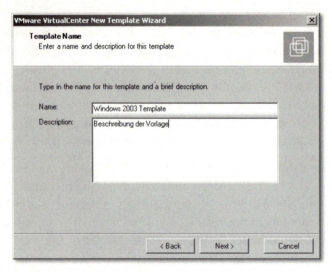

**Abbildung 13.45** Wie soll das Template benannt werden?

Über den Namen sollten Sie gerade in großen Umgebungen mehr als eine Sekunde nachdenken, denn gerade im Falle eines Ausfalls kann das kostbare Zeit einsparen helfen. Stellen Sie sich einfach vor, Sie hätten zwei Templates Windows SP4 und Windows SP2. In Wirklichkeit handelt es sich aber um Windows 2000 SP4 und Windows 2003 SP2 und bei falscher Auswahl muss die Erstellung der VM zweimal ablaufen. Dieses Beispiel mag zwar konstruiert erscheinen, zeigt Ihnen aber die Wichtigkeit der Namensvergabe recht pragmatisch auf.

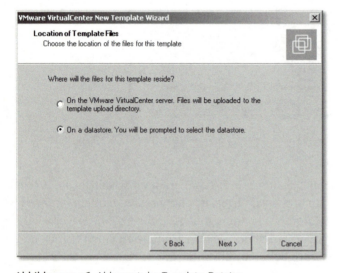

**Abbildung 13.46** Ablageort der Template-Dateien

Die nächste Frage des Wizards gilt dem Ablageort der Template-Dateien. Hier stehen Ihnen zwei Möglichkeiten zur Auswahl: auf dem VirtualCenter Server selbst oder auf einem für den ESX Server sichtbaren Datastore, also einer VMFS-Partition innerhalb des SAN. Die zweite Auswahl können Sie nur treffen, falls die VMware Server und der VirtualCenter Server auf die gleichen VMFS-Partitionen (SAN LUN) Zugriff haben. Um mehrere VMs gleichzeitig über ein Template erstellen zu können, muss dies auf dem ESX Server extra aktiviert werden. Innerhalb der Konfigurationsdatei /etc/vmware/config müssen Sie den Parameter template.useFlatDisks="TRUE" ändern bzw. hinzufügen und den VirtualCenter-Agenten neu starten.

**TIPP** Bei der Verwendung der VMFS-Datastores für die Templates, sollten die VMFS-Partitionen manuell formatiert werden, damit die maximale Dateibegrenzung bei 1024 (`vmkfstools -C vmfs2 -n 1024`) statt normalerweise 256 Dateien liegt. Begründet liegt dieser Schritt darin, dass die Template-Dateien in 2GB Dateien aufgeteilt werden und dadurch deutlich mehr Dateien im VMFS liegen, als es bei normalen Festplattendateien der Fall wäre.

### Ablageort VirtualCenter Server

Vorteile:

- Templates von VMware GSX und VMware ESX nutzbar
- bessere Sicherungsmöglichkeiten, da Windows NTFS-Dateisystem

Nachteile:

- Belastung des Netzwerkes
- langsamerer Umgang mit den Templates, als über VMFS Datastore, da neben dem FC-Netzwerk das Ethernetnetzwerk verwendet wird

### Ablageort VMFS-Datastore

Vorteile:

- deutliche schnellere Handhabung der Templates, da sich alles innerhalb des FC-Netzwerkes abspielt
- keine Belastung des Ethernet-Netzwerkes

Nachteile:

- nur für VMware ESX verwendbar
- FC-Anschluss für VirtualCenter Server zwingend notwendig
- Sicherung nicht mit jeder Sicherungssoftware möglich, da die Daten im VMFS-Dateisystem liegen

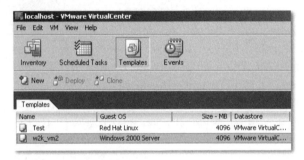

**Abbildung 13.47** Template-Ansicht im VirtualCenter – hier können Sie alle verfügbaren Templates sehen und verwalten.

Danach wird das Template angelegt und kann jederzeit für neue virtuelle Maschinen verwendet werden. Die Template-Dateien finden Sie entweder im ausgewählten Datastore oder im Template-Verzeichnis des VirtualCenters mit der Endung .vmtx (Template der Konfigurationsdatei) beziehungsweise .vmtd (Template der Festplattendateien). Zudem können Sie sich über den Reiter *Templates* alle derzeit vorhandenen Templates anzeigen lassen und auch verwalten, d.h. löschen, erstellen und verteilen (Abbildung 13.47).

**Erstellung einer neuen VM mittels Template**

Womit wir beim nächsten Thema wären. Nachdem die Templates erstellt sind, liegt es in der Natur der Sache, aus diesen neue virtuelle Maschinen anzulegen. Auch hier gibt es wieder viele verschiedene Wege, die zum Ziel führen, als da wären Kontextmenü des VMware Servers, der Virtual Machines-Ansicht des VMware Servers oder mit einem Rechtsklick auf eines der Templates in der Template-Ansicht. (Vom normalen Menü spreche ich schon gar nicht mehr.

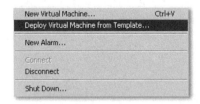

**Abbildung 13.48** Erstellen einer neuen VM mittels Template über das Kontextmenü des VMware Servers

Ab diesem Zeitpunkt folgen die gleichen Fragen wie beim Cloning einer virtuellen Maschine, d.h., Sie können sich an Abschnitt 13.4.6 orientieren. Sobald Sie den Deploy Template Wizard und vielleicht auch den Guest Customization Wizard komplett durchlaufen haben, finden Sie die fertige VM an gewohnter Stelle innerhalb der VirtualCenter-Struktur.

### 13.4.8 Guest Customization Wizard

Sowohl beim Klonen als auch beim Erstellen einer neuen VM mittels Template haben Sie schon Bekanntschaft mit dem Aufruf des Guest Customization Wizards gemacht, der zum Vorkonfigurieren des Gast-Betriebssystems dient und für Microsoft Windows und wenige Linux-Derivate eingesetzt werden kann. Dazu muss je nach Gast-Betriebssystem Sysprep (Microsoft Windows) im entsprechenden VirtualCenter-Verzeichnis abgelegt oder die VMware Open Source Tools (Linux) müssen installiert werden. Neben der Vorkonfiguration von Rechnernamen und Netzwerkeigenschaften des Gast-Betriebssystems kann ein ganz wesentlicher Schritt für Windows-Systeme automatisiert werden, nämlich die Generierung einer neuen SID. Diese Generierung der neuen SID (Security Identifier) ist bei einem Windows-Betriebssystem zwingend notwendig, da dieser Rechner sonst nie eindeutig im Netzwerk zu identifizieren wäre. Falls Sie von dieser Thematik bisher unberührt blieben, dann googlen Sie einfach mal ein wenig oder schauen sich unter **www.sysinternals.com** die Beschreibung des kostenfreien NewSID Tools an.

Durch die Automatisierung beim Erstellungsprozess durch das VirtualCenter müssen Sie sich keinerlei Gedanken mehr über das Problem der Eindeutigkeit bei Windows-Systemen machen. Realisiert wird dieser Prozess übrigens über das Microsoft Programm Sysprep, mit dem ein Windows-Betriebssystem von allen individuellen Einstellungen befreit wird (Hardwarekonfiguration, SID). Diesen Sysprep-Lauf werden Sie innerhalb des VirtualCenters als *Guest Customization Wizard* wiederfinden. Einzige Voraussetzung ist, dass Sie das Microsoft Sysprep Tool in die festgelegten Verzeichnisse des VirtualCenters kopieren. `%programfiles%\VMware\VMware VirtualCenter\resources\windows\sysprep` ist das Wurzelverzeichnis der Sysprep Tools, das in verschiedene Versionen verzweigt.

| Verzeichnis | Inhalt |
| --- | --- |
| 1.1 | Version 1.1 der Sysprep Tools, die auf der Windows-Webseite zu finden sind. Das Sysprep Tool dieses Verzeichnisses wird dann verwendet, wenn die Verzeichnisse der entsprechenden Betriebssystemversion kein Sysprep enthalten. Allerdings wird diese Version nur für Windows 2000 unterstützt, funktioniert aber auch mit XP und Windows 2003. |
| 2k | Sysprep Tool für Windows 2000 |
| xp | Sysprep Tool für Windows XP |
| svr2003 | Sysprep Tool für Windows 2003 |

**Tabelle 13.2** Sysprep-Verzeichnisse des VirtualCenters

Das Sysprep Tool in der Version 1.1 finden Sie unter der URL **http://www.microsoft.com/windows2000/downloads/tools/sysprep/default.asp**. Die Sysprep-Dateien für die einzelnen Betriebssysteme finden Sie auf jeder Betriebssystem-CD im Verzeichnis `\Support\Tools` in der DEPLOY.CAB-Datei, die Sie z.B. mit WinZIP öffnen und extrahieren können.

Mittlerweile existiert auch das Gegenstück für verschiedene Linux-Betriebssysteme, die durch die VMware Open Source Components gewährleistet wird. Diese Komponenten können Sie auf der VMware-Webseite unter **http://www.vmware.com/download** innerhalb der Rubrik VirtualCenter finden, und sie müssen dann nur noch auf dem VirtualCenter Server installiert werden.

Folgende Betriebssysteme werden derzeit durch die VMware Open Source Components unterstützt:

- Red Hat Enterprise Linux AS 3.0
- Red Hat Advanced Server 2.1
- SUSE Linux Enterprise Server 8

Sobald Sie den Guest Customization Wizard starten (Abbildung 13.43), öffnet sich, vorausgesetzt Sie haben Sysprep oder die Open Source Components korrekt installiert, ein Dialog mit Fragen zur Konfiguration. Es gibt natürlich auch hier wieder Windows- und Linux-Varianten, die grundsätzliche Funktion bleibt aber gleich. Im Folgenden werde ich trotzdem nur auf die Microsoft Windows-Welt eingehen, erscheint sie mir doch ein wenig erklärungsbedürftiger.

Während des Dialoges werden Sie, ähnlich wie bei der Erstinstallation, nach allen relevanten Angaben eines Windows-Systems gefragt. Einige der wichtigsten sind hier beispielsweise Rechnername, Seriennummer, Administratorkennwort und Zeitzone. Irgendwann erscheint der Dialog zur Netzwerkkonfiguration, wie in Abbildung 13.49 zu sehen, in dem Sie schon die komplette Konfiguration des späteren Servers angeben können. Wenn Sie keine feste IP-Adresse benötigen oder sie später manuell einstellen möchten, reicht hier die Auswahl *Typical Settings* vollkommen aus, da alle virtuellen Netzwerkkarten automatisch für DHCP konfiguriert werden. Bei weitergehender Konfiguration über *Custom Settings* werden Sie bei jeder angeschlossenen virtuellen Netzwerkkarte einzeln nach IP-Adresse, Gateway, DNS und WINS Server gefragt.

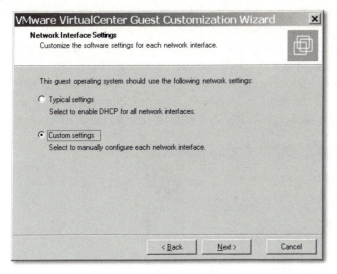

**Abbildung 13.49** Netzwerkkonfiguration über den Guest Customization Wizard

Eine überaus interessante Konfigurationseinstellung ist die Domänenmitgliedschaft. In Abbildung 13.50 sehen Sie die entsprechende Abfrage, über die Sie entscheiden können, ob die virtuelle Maschine Mitglied in einer Arbeitsgruppe oder einer Domäne werden soll. Falls Sie die Domänenmitgliedschaft wünschen, muss ein Benutzerprofil mit entsprechenden Rechten angegeben werden. Und denken Sie daran, dass die Netzwerkkonfiguration passen muss, weil sonst kein Domänencontroller gefunden werden kann, um die Mitgliedschaft einzurichten.

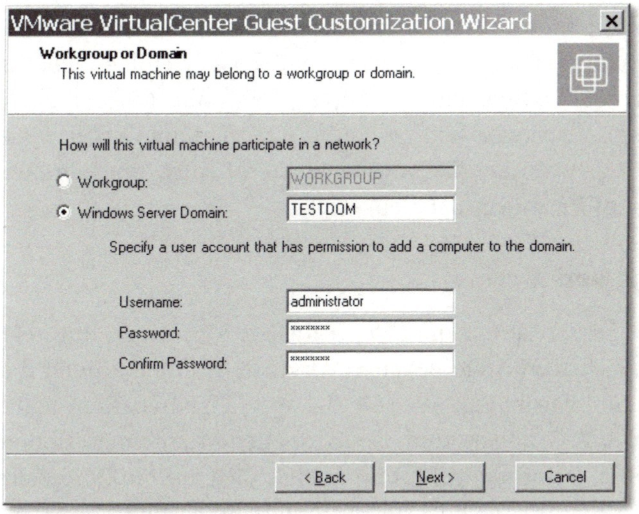

**Abbildung 13.50** Soll die virtuelle Maschine direkt schon in einer Domäne Mitglied werden?

Nachdem alle wichtigen Windows-Konfigurationen angegeben wurden, folgt eine der wichtigsten Abfragen des Wizards. Über *Generate New Security ID* wird die schon erwähnte SID des Gast-Systems neu, und vor allem eindeutig generiert und in die relevanten Registry-Zweige geschrieben. Falls innerhalb des zu klonenden Servers oder des verwendeten Templates lokale Administratorenprofile existieren, deren Passwort nicht leer ist und die Sie mit einem neuen Passwort überschreiben wollen, müssen Sie *Delete all user accounts* auswählen.

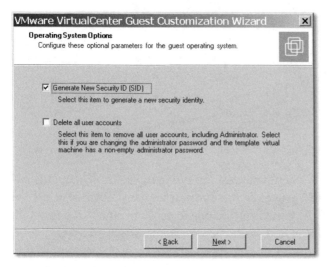

**Abbildung 13.51** Hier wird einer der wichtigsten Parameter »NewSID« abgefragt.

Zu guter Letzt werden Sie, falls gewünscht, noch nach einem Ablageort für die Konfigurationsdatei gefragt, die durch den Guest Customization Wizard erzeugt wird. Diese Konfigurationsdatei wird dann im XML-Format abgespeichert und kann für spätere Erstellungsprozesse wiederverwendet werden. Diese XML-Datei bedarf unbedingt eines Schutzes, denn alle Einstellungen inklusive Rechnernamen, Netzwerkkonfiguration und Seriennummer sind darin enthalten. Im Übrigen werden die Angaben zu den Kennwörtern immer verschlüsselt in dieser Konfigurationsdatei abgelegt.

### 13.4.9 Überwachung und Alarme

Jetzt, da alle VMware Server laufen und die virtuellen Maschinen angelegt sind, will man sie möglichst im Auge behalten. Dazu steht Ihnen einmal die Performance-Ansicht zur Verfügung, die Sie in den Eigenschaften jedes VMware Servers, der VM-Gruppen und der virtuellen Maschinen finden (Abbildung 13.52). Diese Performance-Monitore teilen sich auf die Core Four (CPU, Memory, Disk, Network) auf und stellen Ihnen alle Leistungsdaten ab dem Zeitpunkt der Überwachung durch das VirtualCenter bereit. Der Übersichtlichkeit wegen können Sie in der rechten oberen Ecke zwischen der Tages-, Wochen-, Monats- und Jahresansicht wechseln.

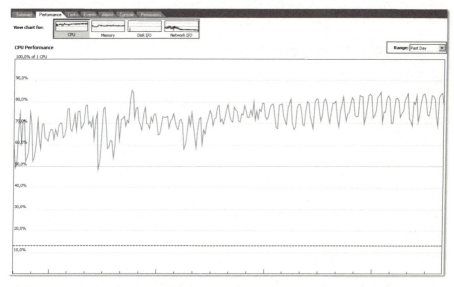

**Abbildung 13.52** CPU Performance-Ansicht einer VM innerhalb des VirtualCenters

Während der Performance-Monitor nur der »manuellen« Überwachung dient, kann mittels *Alarms* eine ereignisgesteuerte Aktion ausgeführt werden (Abbildung 13.53). Alarme können sowohl für VMware Server als auch für virtuelle Maschinen hinterlegt und konfiguriert werden. Standardmäßig existieren immer drei vordefinierte Alarme, welche die Prozessorbelastung, den Heartbeat und die Hauptspeichernutzung überwachen und je nach Status zwischen OK (grün), Warnung (orange) und Fehler (rot) wechseln. Die vorkonfigurierten Alarme können übrigens weder angepasst noch gelöscht werden.

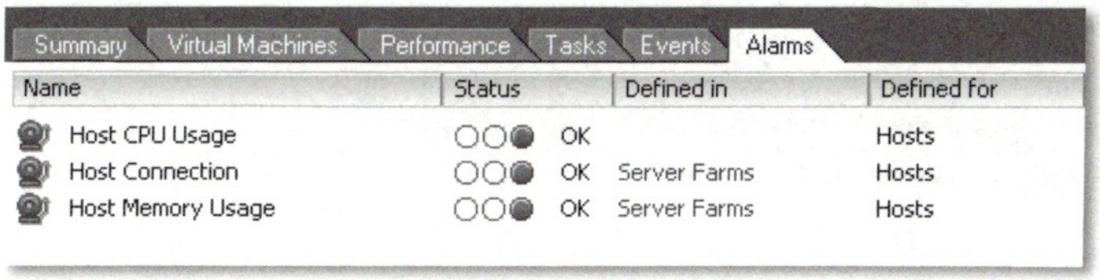

**Abbildung 13.53** Ansicht der vorkonfigurierten Alarme für einen VMware Server und deren derzeitiger Status

Um einen neuen Alarm anzulegen, können Sie über das bekannte Kontextmenü der logischen Einheit oder über die Ansicht *Alarms* (Abbildung 13.53) gehen. Daraufhin öffnen sich die Eigenschaften dieses neuen Alarms, und Sie können ihm erst einmal einen Namen geben. Zudem können Sie je nach ausgewählter logischer Einheit (z.B. Server Farms) zwischen Host- und VM-Überwachung unterscheiden. Wenn Sie nun auf den Reiter *Triggers* wechseln, stehen verschiedenste Auslöser zur Auswahl. Hier können Sie sich nun auf recht einfache Weise Alarme zusammenstellen, die für Sie von Interesse sind.

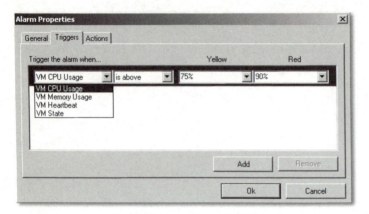

**Abbildung 13.54** Wann soll der Alarm ausgelöst werden?

Über *Actions* können Sie nun konfigurieren, welche Aktion wann ausgeführt werden soll. In Abbildung 13.55 beispielsweise würde eine E-Mail versandt werden, sobald der Alarmstatus des VMware Servers von gelb auf rot umspringt. Was hier momentan noch fehlt, ist eine Zeitsteuerung, die dafür sorgt, dass z.B. erst dann eine Aktion ausgelöst wird, wenn der rote Status 5 Minuten andauert. Vorsicht: Um E-Mails überhaupt versenden zu können, müssen Sie in der Konfiguration des VirtualCenter Servers einen Mailserver konfigurieren.

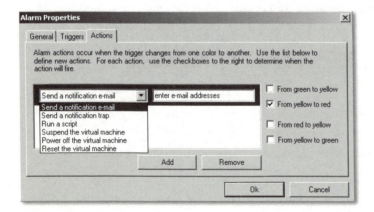

**Abbildung 13.55** Was soll passieren, sobald ein Alarm ausgelöst wurde?

### 13.4.10 Geplante Tasks

Wie Sie soeben gelesen haben, können Sie verschiedene Aktionen aufgrund bestimmter Gegebenheiten ausführen. Diese durch Alarme ausgelösten Aktionen sind immer ereignisgesteuert und nicht vorhersehbar. Nun kann es aber durchaus sinnvoll sein, Aktionen zeitgesteuert durchführen zu lassen. Beispielsweise haben Sie mehrere VMware ESX Server im Einsatz und jede Nacht benötigt eine einzige virtuelle Maschine sehr viel Performance, da eine zeitkritische Anwendung läuft, während alle anderen VMs nur wenig ausgelastet sind. Da wäre es doch praktisch, mittels VMotion alle VMs bis auf die lastintensive von einem ESX Server auf die übrigen zu verteilen. Nachdem die zeitkritische Anwendung fertig ist, können die VMs wieder automatisch zurückgeschoben werden. Oder stellen Sie sich ein automatisches Backup vor, das von 20–23 Uhr läuft. Man würde die VM einfach um 19:50 ausschalten und um 23:15 wieder anlaufen lassen. Ich denke, Sie geben mir Recht, wenn ich konstatiere, dass es sehr viele dieser Anwendungsfälle gibt, die mit einem geplanten Task optimal gelöst werden können.

**Abbildung 13.56** Anlegen eines Scheduled Tasks über den entsprechenden Reiter im VirtualCenter

Um nun einen solchen geplanten Task anzulegen, müssen Sie in die Ansicht **Scheduled Tasks** des VirtualCenters wechseln und dort entweder über *New* oder im Kontextmenü *New Scheduled Tasks...* den New Task Wizard starten. Dieser bietet Ihnen eine Vielzahl von vorgefertigten Aktionen an. Sei es das Anlegen einer VM mittels eines Templates oder automatisierte Anpassungen der Systemressourcen – die Auswahl ist groß (Abbildung 13.57).

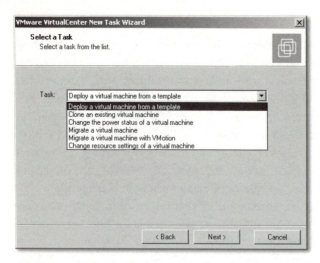

**Abbildung 13.57** Was soll getan werden? Es stehen Ihnen vielfältige Möglichkeiten, wie das Migrieren einer VM zur Auswahl.

Im Falle des Backups und dem zeitgesteuerten Herunterfahren der virtuellen Maschine wäre wie in der Liste in Abbildung 13.57 *Change the power status of a virtual machine* auszuwählen. Durch diese Auswahl werden Ihnen die vorhandenen Optionen, in diesem Fall die Power-Optionen angezeigt (Abbildung 13.58). Leider existiert hier noch keine Möglichkeit eines »sanften« Herunterfahrens des Gast-Systems, daher sollte man beim harten Power Off vorher ein Shutdown-Skript in der VM zeitgesteuert ausführen.

**Abbildung 13.58** Zu jedem Task gibt es die entsprechenden Eigenschaften, hier die Power-Optionen.

Nach Auswahl der auszuführenden Aktion werden Sie nach der betroffenen virtuellen Maschine und, falls eine Migration oder ein Klonen ausgewählt wurde, nach dem gewünschten Zielsystem gefragt. Die Auswahlansicht (Abbildung 13.59) zeigt Ihnen die hierarchische Struktur des VirtualCenters an, was wiederum ein Beleg dafür ist, wie wichtig eine klare und sprechende Hierarchie und Namensvergabe ist.

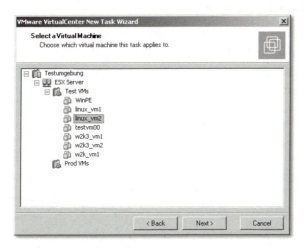

**Abbildung 13.59** Auf welcher virtuellen Maschine soll die Aktion ausgeführt werden?

Zum Schluss können Sie noch den Zeitpunkt der Ausführung und, falls gewünscht, ein Intervall angeben (Abbildung 13.60). Als Basis für die Zeitberechnung dient immer der VirtualCenter Server und nicht der Client. Falls eine Task nach jedem Neustart des VirtualCenter-Serverdienstes erfolgen soll, ist *After Startup* die richtige Wahl.

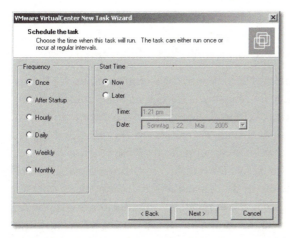

**Abbildung 13.60** Wann und wie oft soll die Aktion ausgeführt werden.

Darüber hinaus können Sie sich zusätzlich bei jedem Lauf des Tasks per Mail über den Status informieren lassen. Danach ist der Task angelegt, und Sie können ihn in der Ansicht *Scheduled Tasks* sehen, bearbeiten und auch direkt aufrufen. Übrigens wird beim Löschen eines Objektes der zugehörige Scheduled Task ebenfalls gelöscht.

### 13.4.11 Sicherheit und Berechtigungen

Da auf einem VMware Server sehr viele kleinere, aber nicht minder wichtige Systeme laufen ist die Zugriffssicherheit immmens wichtig. Wenn nun durch das VirtualCenter auch noch sehr viele VMware Server innerhalb einer Verwaltung administriert werden, gewinnt der Aspekt Sicherheit noch deutliche mehr an Gewicht. VirtualCenter bietet Ihnen daher eine simple, aber wirkungsvoll Berechtigungsstruktur, die weit über die nativen Sicherheitsfunktionen der VMware Server hinausgeht.

**Abbildung 13.61** Anzeige der berechtigten Gruppen und Benutzer inklusive deren Rolle und zugeordneter Hierarchie

Einsehen können Sie die vergebenen Berechtigungen über den Reiter *Permissions*, der außer auf den VMware Servern in jeder logischen Einheit existiert. Alle Berechtigungen in der hierarchischen Struktur werden vererbt, wodurch eine Gruppe mit umfassenden Berechtigungen auf der höchsten Ebene (Server Farms) automatisch auf jeder darunter liegenden Ebene gleiche Rechte hat. Nach der Installation des VirtualCenter Servers wird die Gruppe der lokalen Administratoren automatisch auf der höchsten Hierarchieebene als VirtualCenter Administrator berechtigt. Falls Sie dies anpassen möchten, müssen Sie die Änderung ebenfalls auf der höchsten Hierarchieebene durchführen.

Um eine neue Berechtigung einzurichten, können Sie einfach im Reiter *Permissions* über das Kontextmenü (rechte Maustaste) *Add Permissions* anklicken, und es wird eine Ansicht mit den Windows-Berechtigungsgruppen angezeigt. Daher ist es auch empfehlenswert, den VirtualCenter Server zum Mitglied einer Domäne zu machen und Domänengruppen zur Berechtigung zu benutzen. Idealerweise würden Sie im Active Directory eine Gruppe namens »VirtualCenter Admins« anlegen, die Sie in der VirtualCenter-Hierarchie an oberster Stelle als VirtualCenter-Administratoren berechtigen und die lokale Gruppe der Administratoren entfernen. Dadurch können Sie durch die Gruppenzugehörigkeit im Active Directory den VirtualCenter-Zugriff und damit den Zugriff auf die VMware-Verwaltung zentral steuern.

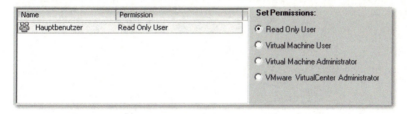

**Abbildung 13.62** Welche Berechtigung hätten Sie denn gerne? Die Rollen in Kombination mit den hierarchischen Einheiten erweitern die Berechtigungen der VMware Server um ein Vielfaches.

Bei der Anlage einer neuen oder der Änderung einer bestehenden Berechtigung, unterscheidet man zwischen vier verschiedenen Rollen:

▶ Read Only User
▶ Virtual Machine User
▶ Virtual Machine Administrator
▶ VMware VirtualCenter Administrator

Doch welche Berechtigung haben diese vier Rollen genau?

| Read Only User | Virtual Machine User | Virtual Machine Administrator | VMware VirtualCenter Administrator | Berechtigung |
| --- | --- | --- | --- | --- |
| X | X | X | X | Ansicht Farmen, VMware Server und VMs |
|   | X | X | X | Poweroperationen an VMs (Start/Stopp) |
|   | X | X | X | Zugriff auf die Remote Console (Fernsteuerung) |
|   |   | X | X | Hinzufügen und Entfernen von VMware Servern |
|   |   | X | X | Hinzufügen, Entfernen und Verschieben von VMs inklusive Templates und Klonen |
|   |   | X | X | Hinzufügen und Entfernen von Farmen und VM Gruppen |

**Tabelle 13.3** Berechtigungen der einzelnen Rollen im VMware VirtualCenter

| Read Only User | Virtual Machine User | Virtual Machine Administrator | VMware VirtualCenter Administrator | Berechtigung |
|---|---|---|---|---|
| | | X | X | Hinzufügen und Entfernen von Templates und Tasks |
| | | X | X | VirtualCenter-Einstellungen ändern, inklusive Performance-Intervalle, Template-Verzeichnis und SNMP/SMTP-Einstellungen |
| | | | X | Hinzufügen und Ändern von Lizenzen |
| | | | X | Hinzufügen und Entfernen von Benutzerberechtigungen |

**Tabelle 13.3** Berechtigungen der einzelnen Rollen im VMware VirtualCenter (Forts.)

Wie Sie leicht erkennen können, steigen die Berechtigungen bzgl. Administrationsgewalt von unten nach oben stufenweise an. Während ein VMware VirtualCenter Administrator alle Berechtigungen hat, darf ein Read Only User immer nur einsehen. Da diese Rollen immer nur für die zugeordnete logische Einheit und deren untergeordneten Einheiten gelten, ist eine sehr granulare und flexible Berechtigungsvergabe möglich.

### 13.4.12 VirtualCenter Konfiguration

Auf den letzten Seiten wurde schon des Öfteren die Möglichkeit einer Mailbenachrichtigung angesprochen, welche die Konfiguration eines Mailservers voraussetzt. Dieser Eintrag und vieles andere muss in den Einstellungen des VirtualCenter Servers eingetragen bzw. angepasst werden. Wenn Sie über **File · VMware VirtualCenter Settings** zu den Einstellungen wechseln, wie in Abbildung 13.63 zu sehen, wird Ihnen ein Dialog mit drei Reitern namens *Performance*, *Templates* und *Advanced* angezeigt.

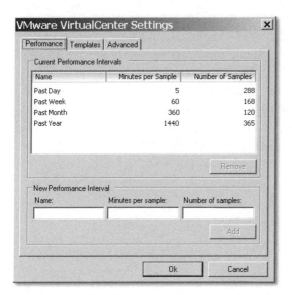

**Abbildung 13.63** Änderung des Aktualisierungsintervalls der Performancedaten

Im Reiter *Performance* können Sie sich neue Aktualisierungsintervalle für die Sammlung der Performance-Daten einrichten. Falls Sie beispielsweise gerne alle 10 Minuten eine aktualisierte Ansicht hätten, wäre hier die richtige Stelle, um dies einzurichten. Den Reiter *Templates* haben Sie schon in Abschnitt 13.4.7 kennen gelernt, dort wird einfach der lokale Pfad auf dem VirtualCenter Server angegeben, in dem die Template-Dateien abgelegt werden sollen.

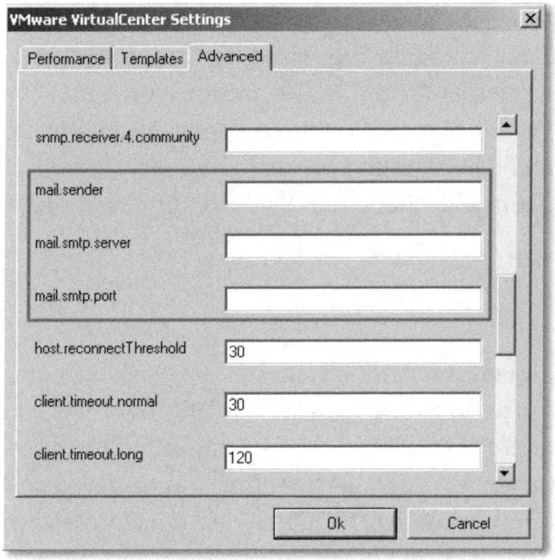

**Abbildung 13.64** Eintrag des Mailservers und der E-Mail-Adresse des Absenders

Funktionsumfang **435**

Der umfangreichste und mit wichtigste Reiter ist *Advanced*, da hier alle relevanten Einstellungen von SNMP über SMTP bis hin zum VirtualCenter Serverport administriert werden können. In Abbildung 13.64 sehen Sie die drei relevanten Mailservereinstellungen, *Absenderadresse* (absender@domaene.de), *Mailserveradresse* (mailserver.firma.de) und *Mailserverport* (25). Erst wenn diese Daten eingetragen sind, können Sie sich per E-Mail benachrichtigen lassen. Alle relevanten Parameter, die Sie hier eintragen können, sind im Handbuch genau beschrieben. Wenn alle Konfigurationsänderungen gemacht sind, können Sie den Dialog wie gewohnt mit *OK* beenden.

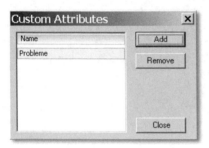

**Abbildung 13.65** Mit Hilfe der Custom Attributes können Sie zu jeder VM zusätzliche Daten erfassen

Eine weitere schöne Funktion sind die *Custom Attributes*, mit denen zu jeder virtuellen Maschine zusätzliche eigene Daten erfasst werden können. Abbildung 13.65 zeigt Ihnen den Dialog, den Sie über **File · Custom Attributes** aufrufen können. Über *Add* bzw. *Remove* können neue Attribute erstellt bzw. vorhandene gelöscht werden. Sobald Sie ein neues Attribut hinzufügen, wird dieses als *New Attribute* erscheinen, das dann über einen einfachen Klick mit der linken Maustaste umbenannt werden kann. Sobald Custom-Attribute eingetragen sind, finden Sie diese in der Virtual Machines-Ansicht jeder Virtual Machine Group des VirtualCenters. Hier können Sie dann zu jeder virtuellen Maschine beispielsweise eine Kostenstelle oder einen Vermerk für den Support hinterlegen.

## 13.5 Lizenzen

Die Lizenzen des VMware VirtualCenters teilen sich auf drei Bereiche auf, nämlich Serverlizenz, Agentenlizenz pro physikalischer CPU und VMotion-Lizenz. Während die Serverlizenz einmal pro VirtualCenter Server angeschafft werden muss, benötigen Sie die Agentenlizenz und die VMotion-Lizenz für jeden damit betriebenen VMware Server, d.h., wenn 10 ESX Server (Dualprozessor) mit VMotion funktionieren sollen, müssen 20 ES-Agentenlizenzen und 10 VMotion-Lizenzen gekauft werden. Bei den Agentenlizenzen gibt es eine Trennung zwischen VMware GSX- und VMware ESX-Lizenz, wobei VMotion keine VMware GSX Server unterstützt.

Nach dem Kauf der Lizenzen erhalten Sie jeweils von VMware eine Textdatei, in der eine oder mehrere Seriennummern enthalten sind. Diese Lizenzdateien müssen Sie beim erstmaligen Start bzw. beim Serverconnect des VirtualCenter Clients angeben. In Abbildung 13.2 sehen Sie genau diese Ansicht, allerdings sind dort schon VirtualCenter-, ESX Agenten- und VMotion-Lizenzen eingetragen.

**Abbildung 13.66** Lizenzansicht unter VMware VirtualCenter. Hier können Sie die jeweilige Anzahl der einzelnen Lizenzen mit Seriennummer und deren Gültigkeit einsehen.

Diese Lizenzansicht kommt nach dem erfolgreichen Eintragen der Lizenzen nicht mehr automatisch hoch. Falls Sie zu einem späteren Zeitpunkt zusätzliche Lizenzen eintragen oder vorhandene löschen wollen, können Sie diese Lizenzansicht innerhalb des VirtualCenter Clients über **Help · Editing Licensing Information** jederzeit wieder aufrufen.

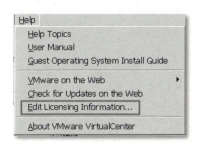

**Abbildung 13.67** Ändern der Lizenzangaben innerhalb des VirtualCenters

# 14 Skriptierung und Programmierung unter VMware und MS Virtual Server

14.1 VMware .................................................................. 442

14.2 Microsoft Virtual Server ........................................... 449

1  Einführung

2  Virtuelle Maschinen im Unternehmen

3  Virtualisierungssoftware – eine Marktübersicht

4  Auswahl der möglichen virtuellen Maschine

5  Auswahl der richtigen Virtualisierungssoftware

6  Auswahl der richtigen physikalischen Infrastruktur

7  Installation und Update des Wirt-Systems

8  Verwaltung der Virtualisierungssoftware

9  Virtuelle Netzwerke

10  Virtuelle Festplatten

11  Erstellung einer virtuellen Maschine

12  Verwaltung der virtuellen Maschinen

13  VMware VirtualCenter

14  **Skriptierung und Programmierung unter VMware und MS Virtual Server**

15  Backup, Restore und Disaster Recovery

16  Templates (VM-Vorlagen)

17  Zusatzsoftware

18  Nützliche Adressen im Web

# 14 Skriptierung und Programmierung unter VMware und MS Virtual Server

*Neben der manuellen Arbeit stehen Ihnen sowohl unter den VMware-Serverprodukten als auch dem Microsoft mit den Virtual Server APIs Programmierschnittstellen für die gängigen Programmiersprachen zur Verfügung, die für den »Profi« interessant sind. Sie werden um Kommandozeilentools ergänzt, mit denen ein Batch-Ablauf skriptiert werden kann.*

Wie Sie in Kapitel 12, *Verwaltung der virtuellen Maschinen*, schon gelesen haben, können Kommandozeilen-Skripte innerhalb von virtuellen Maschinen durch die VMware Tools ausgeführt werden. Diese werden dann anlässlich bestimmter Ereignisse wie z.B. beim Herunterfahren des Gast-Betriebssystems ausgeführt. Allerdings ist dies nur die halbe Miete. Viel wichtiger kann die Skriptierung oder Programmierung der Virtualisierungsserver selbst sein, weil hier zum einen deutlich mehr Funktionen zur Verfügung stehen, zum anderen aber auch eine zentrale Steuerung von vielen und nicht nur von einzelnen VMs möglich ist.

Es gibt viele Gründe, die dafür sprechen, Arbeitsabläufe durch Automatismen zu vereinfachen. Vor allem sich zyklisch wiederholende Prozesse können durch ein Skript oder ein Programm deutlich schneller und präziser ablaufen. Gerade Administratoren haben bei manchen Ereignissen nicht die Zeit, sich noch um sämtliche Schritte eines Ablaufes zu kümmern. Aber auch seltener vorkommende Prozesse können sicherer ablaufen, wenn kein manuelles Eingreifen mehr notwendig ist.

Beispiel: Sie betreuen 20 VMware ESX Server mittels VirtualCenter und VMotion. Bei Erreichen einer bestimmten CPU-Auslastung sollen einige der virtuellen Maschinen auf einen anderen ESX Server verschoben werden und nach einer gewissen Zeit wieder zurück. Ein manueller Eingriff würde auf Dauer sehr lästig werden und viele Ressourcen binden.

Zwar kommen Sie in diesem Beispiel zu einem großen Teil mit Bordmitteln (Event-Steuerung des VirtualCenters) aus, aber spätestens beim zeitgesteuerten Zurückschieben wird es knifflig. Hier würde ein Programm helfen, das die Server überwacht und dem VirtualCenter den Befehl zum Verschieben und Zurückschieben geben würde. Natürlich muss es nicht immer so komplex werden. Einfachere Beispiele wären die Sicherung einer laufenden VM eines ESX Servers mittels REDO Log. Hier wird ein REDO Log über die Kommandozeile an die Festplattendatei angehängt, das die Originalfestplattendatei ihren Leseschutz verlieren lässt, wodurch wir sie dann sichern können. Sobald gesichert wurde, wird das REDO Log mit der Originalfestplattendatei verschmolzen. Diese Prozedur jedes Mal manuell durchzuführen, wäre unnötige Zeitverschwendung. Es gibt viele dieser Beispiele, und mit eine wenig Fantasie und den Erkenntnissen der folgenden Seiten werden Ihnen wohl auch genügend einfallen.

Aber auch Microsoft stellt Administratoren und Programmierern mächtige Programmierschnittstellen zur Verfügung, um kleinere und größere Abläufe zu automatisieren. Ebenso sind durch die Schnittstellen eigene Verwaltungsprogramme möglich, mit denen beispielsweise eine einheitliche Oberfläche für die Administration von VMware und Virtual Server eingerichtet werden könnte, was allerdings schon durch manchen Drittanbieter geschehen ist.

## 14.1 VMware

VMware stellt Ihnen neben verschiedenen Kommandozeilenprogrammen je nach Serverprodukt bis zu drei Programmierschnittstellen zur Auswahl, Virtual Infrastructure SDK, CIM SDK und die Scripting API. Die Dokumentationen und die zugehörigen Installationsdateien finden Sie unter **http://www.vmware.com/support/developer/**.

Einzige Ausnahme ist die Scripting API, die Sie beim VMware GSX Server nur direkt über die Installationsroutine installieren können und beim VMware ESX Server über die ESX Download-Webseite. Diese ist unter **http://www.vmware.com/download/esx_download.html** zu finden.

Ganz gleich, für welche Schnittstelle Sie sich entscheiden, es ist nicht erforderlich, die Programme auf dem VMware Server selbst auszuführen. Alle vorhandenen Programmiermöglichkeiten können remote, also über das Netzwerk ausgeführt werden. Einzige Voraussetzung ist, dass auf dem ausführenden System die Interpreter (z.B. Perl) und die APIs installiert sind.

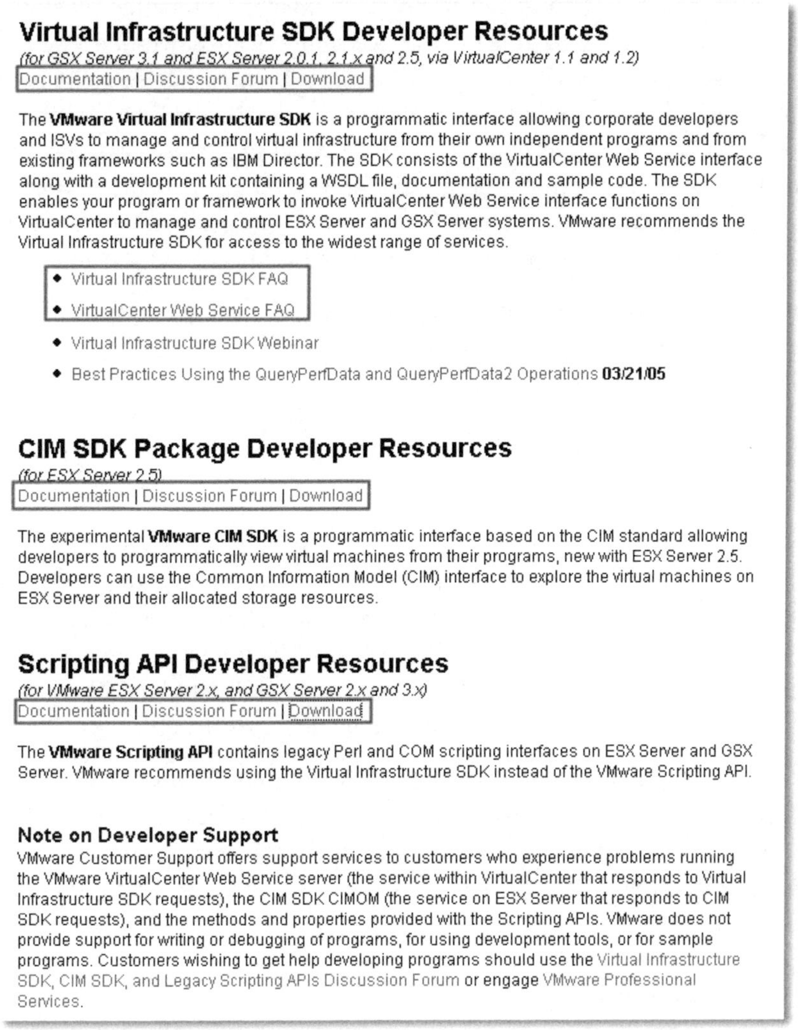

### Virtual Infrastructure SDK Developer Resources
*(for GSX Server 3.1 and ESX Server 2.0.1, 2.1.x and 2.5, via VirtualCenter 1.1 and 1.2)*
Documentation | Discussion Forum | Download

The **VMware Virtual Infrastructure SDK** is a programmatic interface allowing corporate developers and ISVs to manage and control virtual infrastructure from their own independent programs and from existing frameworks such as IBM Director. The SDK consists of the VirtualCenter Web Service interface along with a development kit containing a WSDL file, documentation and sample code. The SDK enables your program or framework to invoke VirtualCenter Web Service interface functions on VirtualCenter to manage and control ESX Server and GSX Server systems. VMware recommends the Virtual Infrastructure SDK for access to the widest range of services.

- Virtual Infrastructure SDK FAQ
- VirtualCenter Web Service FAQ
- Virtual Infrastructure SDK Webinar
- Best Practices Using the QueryPerfData and QueryPerfData2 Operations **03/21/05**

### CIM SDK Package Developer Resources
*(for ESX Server 2.5)*
Documentation | Discussion Forum | Download

The experimental **VMware CIM SDK** is a programmatic interface based on the CIM standard allowing developers to programmatically view virtual machines from their programs, new with ESX Server 2.5. Developers can use the Common Information Model (CIM) interface to explore the virtual machines on ESX Server and their allocated storage resources.

### Scripting API Developer Resources
*(for VMware ESX Server 2.x, and GSX Server 2.x and 3.x)*
Documentation | Discussion Forum | Download

The **VMware Scripting API** contains legacy Perl and COM scripting interfaces on ESX Server and GSX Server. VMware recommends using the Virtual Infrastructure SDK instead of the VMware Scripting API.

**Note on Developer Support**
VMware Customer Support offers support services to customers who experience problems running the VMware VirtualCenter Web Service server (the service within VirtualCenter that responds to Virtual Infrastructure SDK requests), the CIM SDK CIMOM (the service on ESX Server that responds to CIM SDK requests), and the methods and properties provided with the Scripting APIs. VMware does not provide support for writing or debugging of programs, for using development tools, or for sample programs. Customers wishing to get help developing programs should use the Virtual Infrastructure SDK, CIM SDK, and Legacy Scripting APIs Discussion Forum or engage VMware Professional Services.

**Abbildung 14.1** VMware Support-Webseite für Anwendungsentwickler. Hier finden sich die APIs, FAQs und Dokumentationen der einzelnen Schnittstellen.

## 14.1.1 Kommandozeile

Alle Kommandozeilenprogramme werden mit der Software selbst installiert, und zwar in den Programmverzeichnissen des VMware GSX bzw. ESX Servers. In Anhang A finden Sie eine Auswahl von wichtigen Linux- und VMware-Befehlen, mit denen ein automatisierter Ablauf über Batchdateien realisiert werden kann. Zwei der wichtigsten Kommandos sind `vmware-cmd` und `vmkfstools` (VMware ESX) bzw. `vmware-vdiskmanager` (VMware GSX), mit denen virtuelle Maschinen und virtuelle Festplatten verwaltet werden können. Die

Kommandozeilen-Skripte können auch, bei vorhandener Unterstützung durch das Betriebssystem, um VB-Skripte oder Perl-Skripte erweitert werden. Gerade die Nutzung von Perl ist bei VMware integraler Bestandteil mitgelieferter Skripte und Befehle. Sehr gut kann man das am `vmware-cmd`-Befehl erkennen, der unter einer Windows-Basis einfach ein Perl-Skript mit Parametern ausführt. Diese mitgelieferten Perl-Skripte benutzen im Endeffekt auch die VMware Scripting API, allerdings müssen keine Perl-Skripte selbst geschrieben werden, daher führe ich z.B. `vmware-cmd` hier als Kommandozeilenprogramm auf.

```
C:\Programme\VMware\VMware GSX Server>vmware-cmd -l
C:\Virtual Machines\w2kpro1\win2000Pro.vmx
C:\Virtual Machines\w2kpro2\win2000Pro.vmx
C:\Virtual Machines\win2000Pro\win2000Pro.vmx
D:\vms\W2k3-vm1\winNetStandard.vmx
D:\vms\sles1\sles.vmx
```

Wie Sie am Beispiel des `vmware-cmd -l` Kommandos sehen, werden Ihnen hier alle lokalen virtuellen Maschinen, genauer deren Konfigurationsdatei inklusive Pfad, angezeigt. Hier können Sie dann weitere Zeilen einbauen, um beispielsweise VMs herunterzufahren oder neu zu starten. Dies kann vor allem bei einer automatischen Sicherung der virtuellen Maschine sinnvoll sein, um die VM als Ganzes mit Konfigurationsdatei und Festplattendateien zu sichern.

Ohne Ihr Zutun können Sie im Gegensatz zur Scripting API diese Befehle nur lokal auf dem VMware Server ausführen. Mehr ist aber auch nicht notwendig, da sie normalerweise nur zur lokalen Verwaltung des Servers eingesetzt wird. Beispiele hierfür wären zeitgesteuerte Sicherungs-Skripte oder Kopier-Skripte für Konfigurationsdateien.

### 14.1.2 VMware Scripting API

Der wichtigste Punkt vorweg: Die VMware Scripting API ist mit jedem VMware-Serverprodukt verwendbar. Sie müssen lediglich auf die passende API zur Version Ihres GSX oder ESX Servers achten. Um die VMware Scripting API nutzen zu können, müssen Sie diese auf dem System, das die Skripte ausführt, installieren. Ein Perl-Interpreter wird automatisch mitgebracht, alles weitere müssen Sie jedoch gesondert installieren (bsp. VisualBasic IDE).

Wie schon in im Kommandozeilenteil erwähnt, werden von VMware schon eigene Skripte mitgeliefert, die auf die VMware Scripting API zurückgreifen. Sogar ganze Befehle wie z.B. `vmware-cmd` werden über diese Methode realisiert. Um dies ein wenig zu untermauern, folgt hier ein Auszug aus dem `vmware-cmd`-Skript, das den Aufruf `vmware-cmd -l` zeigt.

```perl
sub do_list {
    my $vms = connect_server_local(); //Verbindung VMServer

    my @list = $vms->registered_vm_names(); //Abruf VMs

    if (!@list) {
        my ($err, $errstr) = $vms->get_last_error();
    if ($err != 0) {
        print STDERR "VMControl error $err: $errstr\n";
            # cleanup object's resources
        undef $vms;
        exit(-$err);
    }
    }

    while($_ = shift @list) {
        print $_,"\n"; //Ausgabe VMs
    }
    # cleanup object's resources
    undef $vms;
}
```

Warum zeige ich Ihnen nun ausgerechnet ein schon von VMware mitgebrachtes Skript? Ganz einfach, es ist eine sehr gute Basis, um eigene Skripte zu schreiben oder die vorhandenen um eigene Funktionen zu erweitern. Achten Sie jedoch gerade bei der Erweiterung der von VMware ausgelieferten Skripten, dass diese bei einem Versionswechsel vielleicht überschrieben werden. Mittels Perl können Sie ganze Abläufe wie beispielsweise die Sicherung im laufenden Betrieb automatisieren. Gerade zur Sicherungm und Rücksicherung gibt es ein fertiges Perl-Skript, das stetig verbessert wird (**http://www.vmts.net**). Da das Backup-Skript schon äußerst komplex und vollständig ist, kann man es auch sehr gut als Beispiel für eigene Skripte nutzen. Sie können von VMware auch ein Beispielprogramm für VisualBasic herunterladen, das eine kleine MUI (MiniMUI) für die VMware Server bereitstellt.

Laut VMware dient diese Schnittstelle entweder der Automatisierung von Verwaltungsabläufen der virtuellen Maschinen oder kleineren Anwendungen, die interaktiv durch den Benutzer ausgeführt werden können. Zum Leistungsumfang gehört das Starten und Stoppen virtueller Maschinen ebenso wie das Registrieren von VMs auf dem VMware Server. Diese Aktionen können je nach Programmierung lokal oder aus der Ferne auf dem VMware Server angestoßen werden.

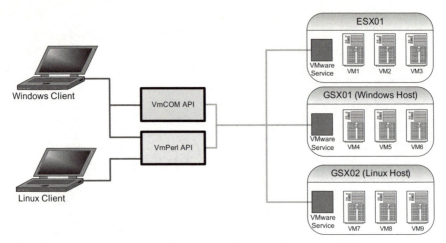

**Abbildung 14.2** Verbindung über die VmCOM oder VmPerl API je nach Client-System

Die VMware Skripting API kann jedoch nicht nur aus Perl heraus angesprochen werden, sondern auch über das von Microsoft bekannte COM (Component Object Model) Interface. Daher ist es möglich, mit jeder Programmiersprache, die COM unterstützt, die VMware API zu nutzen. Dazu gehören Jscript, VBScript und Visual Basic, zu denen Sie auch Beispielprogramme in den VMware Scripting API-Installationsdateien und in den Handbüchern finden.

In Abbildung 14.2 sehen Sie eine solche Verbindungsstruktur über die beiden APIs VmCOM und VmPerl. Sowohl der GSX Server mit ihren unterschiedlichen Wirt-Betriebssystemen als auch der ESX Server kann über beide APIs angesprochen werden. Jedoch unterstützt nur ein Windows-System auf der Client-Seite die VmCOM API und kann damit arbeiten.

Generell ist die Dokumentation der Programmierschnittstellen von VMware umfassend. Vielleicht hat ja auch schon jemand in der Community ein ähnliches Vorhaben realisiert, und Sie müssen nur danach suchen. Gerade in diesem Zusammenhang will ich Ihnen das Community-Forum ans Herz legen, da Sie hier nicht nur sehr viel Fertiges finden können, sondern auch schnelle Antwort auf Ihre Fragen erhalten.

### 14.1.3 VMware CIM SDK

Das VMware CIM SDK besteht aus einem Programmierhandbuch und einer vollständigen Funktionsreferenz. Auf der Basis der Pegasus CIMOM-Schnittstelle können Sie damit die VMware ESX Server ab Version 2.5 über verschiedene Programmiersprachen, die diese CIMOM-Schnittstelle unterstützen, abfragen. Die Verwaltungsmöglichkeiten für ESX Server und die darauf laufenden virtuellen Maschinen mittels der CIM-Schnittstelle sind enorm und würden den Rahmen dieses Buches bei weitem sprengen. Es sei daher an dieser Stelle auf die Dokumentation in der SDK verwiesen. Falls Sie keine Programmiersprache kennen, welche die CIMOM-Schnittstelle nutzen kann, sollten Sie sich die folgenden Open Source Tools ansehen:

- OpenPegasus (C++)
- WBEM Services (Java)
- OpenWBEM (C++)
- SBLIM (C)

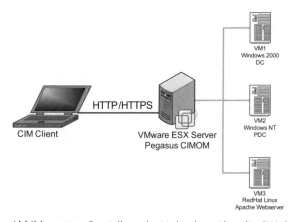

**Abbildung 14.3** Darstellung der Verbindung über die CIM-Schnittstelle

Abbildung 14.3 zeigt den Verbindungsvorgang eines Managementsystems, das über den VMware ESX Server, genauer über dessen Pegasus CIMOM-Schnittstelle, auf die virtuellen Maschinen zugreift und diese verwalten kann. Die ganze Kommunikation läuft entweder über eine unverschlüsselte HTTP- oder eine verschlüsselte HTTPS-Verbindung ab, die Sie vom Surfen im Intranet oder im Internet her kennen sollten.

Allerdings ist aus Sicherheitsgründen der Pegasus CIMOM-Dienst auf jedem ESX Server zwar installiert, er wird aber nicht automatisch gestartet. Um dies zu ändern, müssen Sie auf die Service Console des ESX Servers wechseln (z.B. mit Putty über SSH) und im Verzeichnis /etc/init.d die den Befehl `./pegasus -status` ausführen. Zum einmaligen Starten (bis zum nächsten Reboot) können Sie `./pegasus -start`, zum dauerhaften Starten `/sbin/chkconfig --add pegasus` ausführen. Sobald der CIMOM-Dienst gestartet ist, läuft er auf den Ports 5988 (HTTP) und 5989 (HTTPS). Zum Verbinden mittels Client oder CIM Browser müssen Sie einfach die Netzwerkadresse des ESX Servers und den Namespace /vmware/etc angeben.

### 14.1.4 VMware Virtual Infrastructure SDK

Falls Sie VMware VirtualCenter einsetzen, ist die Programmierschnittstelle eine der interessantesten und umfangreichsten Schnittstellen zu den VMware-Serverprodukten. Es werden alle Funktionen des VirtualCenters inklusive der virtuellen Maschinen auf den VMware Servern GSX und ESX in sehr großem Umfang unterstützt. Auch Highlights wie VMotion oder Erstellung einer VM über Templates kann über diese Schnittstelle realisiert werden. Die API steht Ihnen mit einem laufenden VirtualCenter Server direkt zur Verfügung und kann mit einem berechtigten Benutzer über den so genannten »WebService« angesprochen werden. Das bedeutet allerdings im Umkehrschluss, dass Sie die Virtual Infrastructure API nur in Verbindung mit VirtualCenter nutzen können.

Der Webservice selbst läuft, falls Sie den Port nicht während der Installation des VirtualCenter Servers angepasst haben, über das https-Protokoll auf Port 8443. Zum Testen der Funktionalität müssen Sie einfach im Browser **https://virtualcenter-IP:8443** eingeben, und Sie werden eine XML-Datei des Inhalts »permission denied« erhalten, wenn die Verbindung funktioniert.

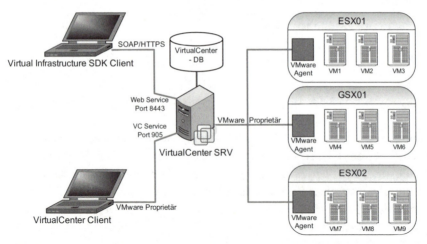

**Abbildung 14.4** Verbindung über das Virtual Infrastructure SDK im Vergleich zum VirtualCenter Client

In Abbildung 14.4 sehen Sie den Verbindungsweg von einem VirtualCenter Client und einem Client oder Programm, das über die Virtual Infrastructure SDK zugreift. Während die Verbindung des VirtualCenter Clients ein VMware-proprietäres Protokoll direkt zum VirtualCenter Server benutzt, wird die SDK-Verbindung über SOAP/HTTPS zum Webservice auf dem VirtualCenter Service realisiert.

Der Webservice stellt Ihnen, nach erfolgreicher Anmeldung, eine Vielzahl von Objekten zur Verwaltung bereit. Zu diesen Objekten gehören Tasks, Scheduler-

Einträge, Events, Performancedaten, virtuelle Maschinen, Farmen, Farmgruppen, VM-Gruppen und Host-Systeme. Im Endeffekt alle Objekte, die in Kapitel 13, *VMware VirtualCenter*, schon besprochen worden sind. Die dort erwähnte hierarchische Struktur wird beibehalten und mit Hilfe von Pfaden abgebildet. Ein solcher Pfad könnte beispielsweise */vcenter/farm1/host1* lauten, wohinter sich dann eine XML-Datei mit den entsprechenden Werten verbirgt.

## 14.2 Microsoft Virtual Server

Auch unter Microsoft Virtual Server stehen Ihnen mehrere Möglichkeiten zur Automatisierung von Aktionen und der Verwaltung von virtuellen Maschinen zur Verfügung. Sie können VB Skripte für virtuelle Maschinen und den Virtual Server hinterlegen, die ereignisgesteuert ausgeführt werden. Darüber hinaus ist es möglich, sowohl lokal als auch über das Netzwerk mittels COM-Schnittstelle auf den Virtual Server und die darauf laufenden virtuellen Maschinen zuzugreifen.

### 14.2.1 Kommandozeile und VB Skript

Wie Sie in Abschnitt 12.2.2, *Optionen der virtuellen Maschine anpassen*, lesen konnten, können Sie Skripte für die VMs, aber auch für den Virtual Server selbst hinterlegen. Nachdem Sie in den Eigenschaften des Virtual Servers die Skripte global angeschaltet haben (Abbildung 14.5, **1**, **2**), stehen Ihnen verschiedene Ereignisse zur Auswahl, in denen Sie Kommandozeilenbefehle und Batchdateien hinterlegen können (Abbildung 14.5, **3**).

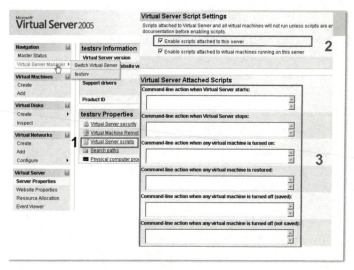

**Abbildung 14.5** Wie in der Screenshot-Kollage sehen, gelangen Sie über die Virtual Server-Eigenschaften zu den Server-Skripten.

Da Ihnen die verschiedenen Rubriken aus den vorigen Kapiteln bekannt sein sollten, interessieren uns jetzt nur noch die möglichen Inhalte der Skript-Bereiche. Sie können hier sowohl Batchdateien als auch Programme inklusive Pfad hinterlegen. Durch Letztere kann man problemlos die Funktionalität mittels `cscript.exe Skript.vbs` um VB Skripte erweitern. Natürlich können Sie diese Skripte auch direkt auf der Kommandozeile des Virtual Servers ausführen und müssen nicht mit den *Attached Scripts* arbeiten. Um einen Einblick in die verschiedenen Möglichkeiten zu gewinnen, ist das Microsoft Script Repository (Kapitel 18, *Nützliche Adressen im Web*) ein sehr guter Einstiegspunkt, das mit verschiedenen Beispiel-Skripten aufwartet. Mittels VB Skript lässt sich schon erstaunlich viel verwalten. Da wäre beispielsweise die Anlage von neuen Festplatten oder virtuellen Netzwerken. Allerdings werden die VB Skripte nur unter Windows 2003 Server unterstützt.

In folgendem Beispiel sehen Sie ein Skript, das Ihnen die Eigenschaften der vorhandenen virtuellen Netzwerke mit Namen, Verknüpfungsdatei und einer kleinen Statistik auflistet. Auf dieser Basis und mit den weiteren Beispielen im Repository können Sie schon sehr viele Problemlösungen und Funktionalitäten ohne große Schwierigkeiten selbst entwickeln.

```
On Error Resume Next

//Anlage des Virtual Server Objektes
Set objVS = CreateObject("VirtualServer.Application")
//Innerhalb des Objektes auf die Netzwerkeigenschaften wechseln
Set colNetworks = objVS.VirtualNetworks

//alle Netzwerkkarten durchwandern und deren Eigenschaften in
einem Windowsdialog anzeigen.
For Each objNetwork in colNetworks
  Wscript.Echo "Bytes dropped: " & objNetwork.BytesDropped
  Wscript.Echo "Bytes received: " & objNetwork.BytesReceived
  Wscript.Echo "Bytes sent: " & objNetwork.BytesSent
  Wscript.Echo "File: " & objNetwork.File
  Wscript.Echo "Host adapter: " & objNetwork.HostAdapter
  Wscript.Echo "Name: " & objNetwork.Name
  Wscript.Echo "Notes: " & objNetwork.Notes
  Wscript.Echo "Packets dropped: " & objNetwork.PakketsDropped
  Wscript.Echo "Packets received: " & objNetwork.PakketsReceived
  Wscript.Echo "Packets sent: " & objNetwork.PacketsSent
  Wscript.Echo
Next
```

Über die Skriptsteuerung wird auch häufig eine Sicherung der virtuellen Maschinen vorgenommen. Das läuft dann so ab, dass die VM erst abgeschaltet, danach gesichert und zuletzt wieder gestartet wird.

### 14.2.2 COM-Schnittstelle

Über die COM-Schnittstelle können Sie sowohl die virtuellen Maschinen verwalten als auch Ereignisprotokolle und Ressourceneinstellungen konfigurieren. Zur Entwicklung mittels COM API können Sie alle Programmiersprachen nutzen, die mit COM-Objekten umgehen können. Visual Basic, Visual C# oder Visual C++ werden allerdings von Microsoft in den mitgelieferten Anleitungen und Beispielen besonders herausgestellt.

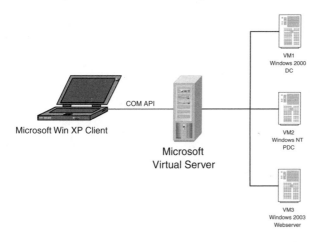

**Abbildung 14.6** Zugriff über die COM-Schnittstelle auf den Virtual Server

Die »Type Library« der COM API, die zur Nutzung in den Programmierumgebungen benötigt wird, wird mit der Setuproutine des Microsoft Virtual Servers installiert. Um die Type Library in die Entwicklungsumgebungen Visual Basic und Visual C# einzubinden, müssen Sie innerhalb dieser **Project · Add Reference** auswählen. Falls nicht lokal, sondern über das Netzwerk auf dem Virtual Server entwickelt wird, muss zusätzlich auf dem entfernten Client entweder die vollständige oder die Entwicklerversion des Virtual Servers installiert werden.

Hier stehen Ihnen dann Möglichkeiten wie das Starten und Stoppen der virtuellen Maschinen sowie die Anpassung von den VM-Eigenschaften zur Verfügung. Zudem können die geltenden Ressourceneinschränkungen für die Prozessornutzung durch die COM-Objekte beeinflusst werden.

Alles weitere dazu finden Sie in den mitgelieferten Dokumenten des Virtual Servers, die eine Befehlsreferenz und Installationsanweisungen für die COM API und die Einbindung der Type Library umfassen.

# 15 Backup, Restore und Disaster Recovery

15.1 Sicherung und Wiederherstellung ......................... 456

15.2 Disaster Recovery und Hochverfügbarkeit ............ 466

1. Einführung
2. Virtuelle Maschinen im Unternehmen
3. Virtualisierungssoftware – eine Marktübersicht
4. Auswahl der möglichen virtuellen Maschine
5. Auswahl der richtigen Virtualisierungssoftware
6. Auswahl der richtigen physikalischen Infrastruktur
7. Installation und Update des Wirt-Systems
8. Verwaltung der Virtualisierungssoftware
9. Virtuelle Netzwerke
10. Virtuelle Festplatten
11. Erstellung einer virtuellen Maschine
12. Verwaltung der virtuellen Maschinen
13. VMware VirtualCenter
14. Skriptierung und Programmierung unter VMware und MS Virtual Server
15. **Backup, Restore und Disaster Recovery**
16. Templates (VM-Vorlagen)
17. Zusatzsoftware
18. Nützliche Adressen im Web

# 15 Backup, Restore und Disaster Recovery

*Sicherung und Wiederherstellung der Struktur sind bei der Verwendung virtueller Maschinen zwei wesentliche Aspekte. Aus diesem Grund kann auch das Disaster Recovery im Falle eines Ausfalls vereinfacht werden.*

Im Normalfall werden die Servervirtualisierungsprodukte gerade in kleinen und mittelständischen Unternehmen nicht ausschließlich für Test- und Spielumgebungen genutzt. Deshalb müssen sowohl die virtuellen Maschinen als auch das Wirt-System zur Aufrechterhaltung des Geschäftsbetriebes regelmäßig gesichert werden. Aber keine Sicherung der Welt nutzt etwas, wenn die Rücksicherung nicht sauber oder nur fehlerhaft funktioniert. Ein weiterer Faktor ist die Kompetenz bzw. die gründliche Dokumentation über den gesamten Backupprozess hinweg, die zur Verringerung der Ausfalldauer enorm beiträgt. Übrigens sind deutsche Unternehmen gesetzlich verpflichtet, verschiedene Daten über einen gewissen Zeitraum zu archivieren bzw. Maßnahmen zu ergreifen, die garantieren, dass der Geschäftsbetrieb auch im Katastrophenfall aufrechterhalten werden kann.

Physikalische Systeme stellen jeden Administrator vor eine schwierige Aufgabe, was eine ordentliche und funktionierende Sicherung und vor allem auch Rücksicherung angeht. Durch die Vielzahl von Servern mit unterschiedlicher Hardware und der darauf laufenden Dienste wird dieses Unterfangen noch weiter verkompliziert. Hier bieten Ihnen virtuelle Maschinen deutliche Vereinfachungen, da eine immer gleiche Hardware vorliegt und man mittels Templates recht schnell ein System wiederherstellen kann. Genau mit diesen Templates ist einfach und schnell ein funktionierendes Disaster Recovery für virtuelle Systeme einzurichten. Trotzdem bleibt natürlich immer noch die physikalische Welt übrig, die gesondert behandelt werden muss, wie beispielsweise die Wirt-Systeme oder das Backupsystem an sich.

Neben der Sicherung und Wiederherstellung der Daten ist auch die Ausfallsicherheit ein großes und wichtiges Thema. Besonders bei Systemen, deren Ausfall direkt negative Folgen hat, wie dies beispielsweise bei Mail- oder Fileservern der Fall ist, trägt ein geclustertes System deutlich zur Ausfallsicherung bei. Je nach Virtualisierungssoftware sind verschiedenste Cluster sowohl für das Wirt- als auch das Gast-System möglich. Eine weitverbreitete Alternative ist das Clustern eines physikalischen Systems mit einer VM, die im Fehlerfall für den physikalischen Server alle Dienste übernimmt. Dies ist kostengünstig und sinnvoll, da man bei einem Systemausfall nicht unbedingt die gleiche Performance benötigt und es nur darum geht, die Ausfallzeit zu überbrücken, bis das physikalische System wieder läuft.

Falls Sie im Laufe dieses Kapitels zu zweifeln anfangen, ob Ihre Sicherungsprozesse durchgängig und gewissenhaft geplant wurden bzw. ausgeführt werden, sollten Sie sich unbedingt mit einem Berater in Verbindung setzen oder ein fachkundiges Buch zu diesem Thema lesen. Bedenken Sie, dass Fehler immense Schäden und damit Kosten verursachen können, die Ihr Unternehmen durchaus in Bedrängnis bringen könnten.

## 15.1 Sicherung und Wiederherstellung

Bei der Sicherung kann man unabhängig von der eingesetzten Virtualisierungssoftware zwischen Gast- und Wirt-Systemsicherung, unterscheiden. Während die virtuelle Maschine, was die Sicherung angeht, wie ein physikalisches System funktioniert, kann das Wirt-System ein wenig differenzierter angepackt werden. Um dies zu verdeutlichen, greife ich zu einem in der Praxis durchaus gängigen Beispiel.

Bei Verwendung eines VMware ESX Servers mit der VMotion-Funktionalität befinden sich die Festplattendateien der virtuellen Maschine zwangsweise auf einem SAN Storage. Fällt nun der ESX Server aus, kann man mit ein wenig Aufwand sehr schnell einen neuen Server installieren, da »nur« die Hardware ersetzt werden muss und die Konfiguration des Servers und der virtuellen Maschinen wiederherzustellen ist. Sobald dies geschehen ist, bleibt nur noch, den Zugriff zum SAN Storage und damit zu den Festplattendateien der virtuellen Maschinen herzustellen. Danach ist die Situation wieder geregelt.

Wie Sie sehen, verliert durch die Trennung der Festplattendateien und des Wirt-Systems die Systemwiederherstellung an Komplexität, da auf dem eigentlichen Wirt-System nur die Konfiguration des Wirtes selbst (Netzwerk, RAID, FC-Anbindung) und die Konfigurationsdateien der virtuellen Maschinen (.vmx) abgelegt werden. Selbst die .vmx-Dateien könnten bei entsprechender Dokumentation sehr schnell neu erstellt werden. Das hier der Ausfall der SAN Anbindung bzw. des SAN Storage mit allen Mitteln verhindert werden, brauche ich nicht zu betonen.

Aber selbst wenn keine Trennung der Daten vorliegen würde, haben Sie durch das Wirt-System andere Möglichkeiten, die Daten der virtuellen Maschine zu sichern. Da die VMs auf dem Wirt-System nur aus wenigen relevanten Dateien bestehen, können auch diese sehr einfach und elegant gesichert werden.

Bevor wir uns allerdings mit den eigentlichen Produkten befassen, will ich zunächst auf den Ablauf einer Sicherung bzw. einer Wiederherstellung eines physikalischen Systems eingehen.

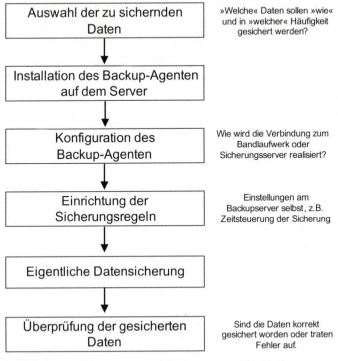

**Abbildung 15.1** Ablauf vom ungesicherten zum gesicherten Server

Wie Sie Abbildung 15.1 entnehmen können, sind einige sehr wichtige Schritte notwendig, bis ein Server korrekt gesichert wird. Dieses Abbild ist sehr vereinfacht, da gerade der erste Punkt, also die Auswahl der zu sichernden Daten, ein sehr komplexes und schwieriges Unterfangen werden kann. Stellen Sie sich einfach einen Oracle-Datenbankserver vor, dessen Datenbanken gesichert werden sollen. Was haben Sie nun für Möglichkeiten? Beispielsweise können Sie die Daten immer vor der eigentlichen Sicherung per Skript aus der Datenbank exportieren oder die Möglichkeiten eines RMAN-Skriptes quasi über Oracle eigene Mechanismen online sichern. Was nicht funktioniert, wäre die Sicherung der geöffneten Datenbankdateien, ohne eine vorherige Aktion oder Einstellung in Oracle oder der Backupsoftware. An diesem kleinen Beispiel sollte eigentlich schon klar werden, welche Komplexität allein die Datenauswahl in der heute meist sehr heterogenen Welt birgt.

Es besteht auch kein Unterschied zwischen virtuellem und physikalischen Server, vorausgesetzt Sie wollen die Sicherung im Server stattfinden lassen, und demnach nicht über das Wirt-Betriebssystem. Was das genau heißt, werden Sie im Laufe dieses Kapitels erfahren.

Nach erfolgreicher Sicherung kommt jedoch die weit spannendere Angelegenheit: die Rücksicherung. Hier entscheidet sich, ob die Datensicherung selbst und Ihr Datensicherungskonzept korrekt war oder die Sicherung keinen Pfifferling wert ist, da Sie schlichtweg nicht funktioniert hat. Natürlich kann eine solche Situation in der Realität äußerst unangenehm sein, da eine fehlerhafte Sicherung im Falle eines Systemausfalls den Verlust unternehmenskritischer Daten zur Folge hat.

Gerade in der Rücksicherung können je nach System, wie Sie gleich sehen werden, die Stärken einer virtuellen Maschine liegen. Im nächsten Fall gehe ich auf die komplette Rücksicherung ein, die eher ein Disaster Recovery genannt werden kann, weil eine Rücksicherung einzelner Dateien doch recht unspektakulär ist.

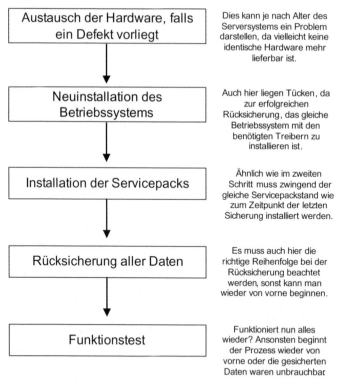

**Abbildung 15.2** Prozess der Rücksicherung bei Komplettausfall des Systems

Ich denke, es ist auf Anhieb zu sehen, welche Schritte bei einer virtuellen Maschine vereinfacht werden. Da die Hardware immer gleich ist, kann man die

Treiberproblematik ignorieren. Bei älteren physikalischen Systemen kann es durchaus passieren, dass nicht mehr die Originalhardware lieferbar ist, was bei einer Rücksicherung durchaus problematisch sein kann. Innerhalb der virtuellen Maschine ändert sich die Hardware auf keinen Fall, daher sind auch keine »Hardwaredefekte« innerhalb der VM möglich. Zudem verläuft die Installation des Betriebssystems und der Servicepacks deutlich schneller, weil alleine die vielen Neustarts im Sekunden- statt im Minutenbereich sich bewegen. Durch Templates kann dieser Prozess noch weiter beschleunigt und sogar teilweise automatisiert werden. Auch Komplexität und Umfang der Dokumentation zur Rücksicherung wird dadurch deutlich verringert, was jedem Administrator zugute kommt. Wenn Sie jemals in der Stresssituation einer Rücksicherung eines durch Hardwaredefekt zerstörten wichtigen Serversystems waren, wissen Sie, wovon ich rede.

Ein letzter wichtiger Aspekt betrifft den Backupserver selbst, da es wenig Sinn macht, eine Bandstation mit der virtuellen Maschine oder dem Wirt-System direkt zu verbinden. Begründet wird dies einmal durch die eingeschränkten Möglichkeiten der Hardwareunterstützung von Bandlaufwerken virtueller Maschinen und der Virtualisierungsserver. Ein weiterer Aspekt ist die Tatsache, dass man aus Performance- und vor allem auch Sicherheitsgründen die Bandlaufwerke nicht an die Virtualisierungsserver koppelt. Weit mehr Sinn macht hier der Aufbau eines eigenen physikalischen Servers, der die Bandstationen bedient und über das Netzwerk die einzelnen Server sichert. Auf die Empfehlung, dass sich das Sicherungssystem nicht im gleichen Gebäude wie der zu sichernde Server und die ausgelagerten Sicherungsmedien befinden sollte, muss ich nicht näher eingehen.

### 15.1.1 Das Gast-System

Da innerhalb der virtuellen Maschine ein ganz normales Betriebssystem installiert ist, kann es genau wie ein physikalisches System auch gesichert werden. Prinzipiell können Sie entweder »direkt« Bandlaufwerke über ein *generic SCSI Device* anschließen oder einen Backup-Agenten im Betriebssystem installieren, der über das Netzwerk an einen Backupserver gekoppelt ist. Bei Verwendung des VMware ESX Servers mit lokaler Bandstation muss das Bandlaufwerk über die SCSI-Schnittstelle am Wirt-System angeschlossen und für die virtuellen Maschinen freigegeben werden. Dies können Sie entweder über die MUI oder über das Kommandozeilentool `vmkpcidivy -i` machen.

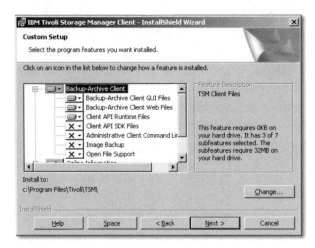

**Abbildung 15.3** Installation des IBM Tivoli Backup-Agenten innerhalb einer virtuellen Maschine

Bei einer IBM Tivoli-Umgebung würde das z.B. so aussehen, dass einfach der TSM Backup-Agent innerhalb der virtuellen Maschine installiert (Abbildung 15.3) und konfiguriert (Abbildung 15.4) wird. Danach kann die Datensicherung ganz normal über die Funktionen der Sicherungssoftware ablaufen.

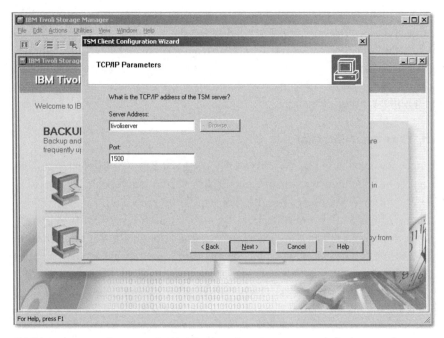

**Abbildung 15.4** Konfiguration des IBM Tivoli Backup-Agenten innerhalb der virtuellen Maschine

Ebenso wie die Sicherung kann auch die Rücksicherung so erfolgen, wie Sie es von physikalischen Systemen her gewohnt sind. Nur beim Komplettausfall der Datenlaufwerke oder einem Crash der Systempartition kann mit der virtuellen Maschine ein wenig besser umgegangen werden, bzw. die Wiederherstellung kann unter Umständen schneller ablaufen, da sich die Rebootzeiten deutlich verkürzen. Auch Aufgaben wie z. B. die RAID-Konfiguration, die bei einem physikalischen System fast immer anfallen, können bei einer VM vernachlässigt werden.

**Was sind aber nun die Vorteile einer Sicherung innerhalb der virtuellen Maschine?**

- keine Unterscheidung zwischen virtuellen und physikalischen Systemen
- keine Einschränkungen für Backupsoftware, solange Sie das Gast-Betriebssystem unterstützt
- Möglichkeit zur Sicherung und Rücksicherung auf Dateiebene möglich
- inkrementell Sicherung möglich, d.h., es werden nur veränderte Dateien gesichert, was das Sicherungsvolumen gegenüber einer Vollsicherung deutlich verringert

**Nachteile**

- Keine Nutzung der auf dem Wirt-System konsolidierten Dateien (Festplattendateien + Konfigurationsdatei) einer virtuellen Maschine möglich. Beim Beispiel einer VM auf einem VMware GSX Server mit zwei Festplatten im Normalzustand, müssten nur drei Dateien zwingend gesichert werden (vm.vmx, vm-disk1.vmdk, vm-disk2.vmdk), was eine sehr schnelle Sicherung und Wiederherstellung zur Folge hat.
- Keine Nutzung verschiedener Modi einer virtuellen Maschine möglich, wie beispielsweise Suspend, Resume oder Snapshots.
- Eine Rücksicherung ist nur in eine laufende virtuelle Maschine möglich.
- Der Netzwerkverkehr steigt proportional durch die Sicherung über Sicherungsagenten, kann aber über die zeitliche Verschiebung der einzelnen Sicherungen relativiert werden.

### 15.1.2 Das Wirt-System

Über das Wirt-System können nun weitere Sicherungsprozesse ablaufen, da es als Basis für die virtuellen Maschinen dient und eine Art Datenkonsolidierung betrieben wird. Nicht nur die Daten einer virtuellen Maschine, sondern alle Konfigurationsdaten des Wirt-Systems sollten gesichert werden, obwohl man einen Wirt im Normalfall relativ schnell auch ohne Sicherung rekonstruieren kann, vorausgesetzt die VM-Daten stehen zur Verfügung.

## Virtuelle Maschinen

Wie schon in Abschnitt 15.1.1, *Das Gast-System*, erwähnt, kann man auch über das Wirt-System die virtuellen Maschinen sichern und gegebenenfalls wiederherstellen. Dies kann je nach Virtualisierungssoftware sogar zur Laufzeit geschehen. Wenn Sie die virtuelle Maschine vorher ausschalten, können die entsprechenden Dateien problemlos gesichert werden. Falls Sie nicht mehr genau wissen, aus welchen Dateien eine virtuelle Maschine besteht, lesen Sie dies bitte in Kapitel 11, *Erstellung einer virtuellen Maschine*, nochmals nach.

Im laufenden Zustand wird es schon problematischer, weil dann auf die virtuellen Festplatten zugegriffen wird. Außer bei VMware ESX bleibt Ihnen nur die Wahl zwischen Abschalten oder Suspendieren (*Save State* unter Virtual Server) der virtuellen Maschine vor der Sicherung. Dies kann manuell, mittels Skript aber auch automatisch geschehen.

```
for machine in $(vmware-cmd -l); do echo working on $machine
export START=$(date +%s)
vmware-cmd -v $machine start
export STOP=$(date +%s)
let TIMETOOK=$STOP-$START
echo $machine done starting after $TIMETOOK seconds
done
```

In diesem Skript, das aus dem VMware Forum der VCommunity stammt, werden alle virtuellen Maschinen eines VMware GSX (Linux) gestartet, und die jeweils verstrichene Zeit wird ausgegeben. Um dieses Skript zu vervollständigen, müsste vor dem Starten ein `suspend` oder `stop` an die VMs gesendet und dann müssten die .vmdk-Dateien kopiert werden. Ebenso, nur mit anderen Befehlen und zu kopierenden Dateien, läuft dies auch unter Microsoft Virtual Server ab. Skripte dazu finden Sie über Google, die Community-Webseiten und auch auf der beiliegenden CD.

VMware ESX bietet eine Besonderheit, nämlich das Sichern von Festplattendateien während der Laufzeit. Dieses so genannte »Hot Backup« wird mit Hilfe eines REDO Logs realisiert. Da beim Anlegen eines REDO Logs die Originalfestplattendatei zum Lesen freigeben wird, kann Sie auch gesichert werden. Nach der Sicherung wird das REDO Log einfach wieder mit der Festplattendatei zusammengeführt. Mit mehreren REDO Logs könnte man auch verschiedene Stände sichern. VMware liefert auch schon direkt zwei Skripte namens VMsnap.pl und VMres.pl mit, die zur Sicherung und Wiederherstellung dienen. Ein weiteres sehr interessantes Perl-Skript, das hinsichtlich der Sicherungsfunktionen kaum noch Wünsche offen lässt, finden Sie auf der Webseite **http://**

**www.vmts.net**. Außerdem gibt es noch weitere Programme von Drittanbietern, die Sie in Kapitel 17, *Zusatzsoftware*, nachlesen können.

Um Ihnen die Verwendung des REDO Logs zum Hot Backup, also der Sicherung der laufenden virtuelle Maschine noch etwas genauer zu erläutern, schauen wir uns die Schritte des VMsnap.pl-Skriptes von VMware einmal näher an.

| Ablauf | Festplattendateizugriff |
|---|---|
| Ausgangspunkt | disk.dsk ← Aktiv (kein Zugriff) |
| 1. REDO Log aktivieren | disk.dsk ← konsistenter Zustand (Lesen) |
| | disk.dsk.REDO ← Aktiv (kein Zugriff) |
| Sicherung disk.dsk | disk.dsk ← konsistenter Zustand (Lesen) wird mittels vmkfstools exportiert |
| | disk.dsk.REDO ← Aktiv (kein Zugriff) |
| 2. REDO Log aktivieren | disk.dsk ← konsistenter Zustand (Lesen) |
| | disk.dsk.REDO ← konsistenter Zustand (Lesen) |
| | disk.dsk.REDO.REDO ← Aktiv (kein Zugriff) |
| 1. REDO Log schreiben | disk.dsk ← konsistenter Zustand (Lesen) |
| | disk.dsk.REDO.REDO ← Aktiv (kein Zugriff) |
| 2. REDO Log schreiben | disk.dsk ← Aktiv (kein Zugriff) |

Tabelle 15.1 Funktionsweise des VMsnap.pl Skriptes

Da beim Zurückschreiben des letzten REDO Logs auf die Originalfestplatte diese zwingend angehalten werden muss, kann es je nach Größe des REDO Logs zu einem Ausfall der virtuellen Maschine kommen. Daher wird das zweite REDO Log angelegt, um die Datenmenge, die während der Backupprozedur aufkommt, zu verringern und damit ein schnelles Zurückschreiben im laufenden Betrieb zu ermöglichen. Mittels des zweiten REDO Logs, das nur kurzen Bestand hat und daher sehr klein ist, fällt das Pausieren der Festplatte nicht ins Gewicht und die VM läuft weiter.

Sie müssen allerdings beachten, dass nach Sicherung und Rücksicherung einer laufenden VM die VM in einem Zustand ist, in dem sie auch nach einem Stromausfall wäre. Warum? Ganz einfach, es werden die Daten der Festplatte zum Zeitpunkt X gesichert. Alle Informationen, die das Betriebssystem im Hauptspeicher hält werden nicht berücksichtigt. Wenn man diesen Stand nun zurückspielt, sind nur die Informationen der Festplatte, aber nicht die des Hauptspeichers vorhanden, was dem Zustand nach einem harten Ausschalten gleichkommt.

Ganz gleich, welches Produkt Sie verwenden, überprüfen Sie die Serverleistung während des Kopierprozesses. Durch die entstehende I/O-Last auf dem Wirt-System beim Kopieren der virtuellen Festplattendateien können alle laufenden virtuellen Maschinen beeinträchtigt werden. Falls das der Fall ist, sollten Sie sich überlegen, die Festplattendateien direkt über das Netzwerk per FTP oder SCP auf einen anderen Server zur Sicherung zu kopieren.

Im Folgenden sind die Vor- und Nachteile der Sicherung der kompletten virtuellen Maschine (Konfiguration- und Festplattendateien) über das Wirt-System einander gegenübergestellt:

**Vorteile:**

- Sehr einfache Sicherung und Wiederherstellung möglich, da die virtuellen Maschinen nur aus wenigen Dateien bestehen.
- Die virtuellen Maschinen können problemlos auf einem anderen Wirt-System wiederhergestellt werden.
- Durch die wenigen großen Dateien ist eine sehr schnelle Sicherung/Rücksicherung möglich, da in einem Stream gesichert/wiederhergestellt werden kann.
- Es kann problemlos der Zustand der VM zu einem bestimmten Zeitpunkt zurückgesichert werden, beispielsweise vor dem gerade eingespielten Servicepack.
- Es können mehrere Systemstände vorgehalten werden, die bei Bedarf zurückgespielt werden.
- Sicherungen können als Templates für neue virtuelle Maschinen dienen.
- äußerst nützlich für Disaster Recovery

**Nachteile:**

- Keine Sicherung/Rücksicherung auf Dateiebene innerhalb der virtuellen Maschine möglich.
- Unterscheidung zwischen physikalischen und virtuellen Systemen bei der Sicherung/Rücksicherung, dadurch Erhöhung der Komplexität für die Administratoren
- Beim Einsatz von VMware ESX ist es nicht mit jeder Backupsoftware möglich, Dateien im VMFS zu sichern.

Übrigens spricht außer dem erhöhten Bedarf an Speicherplatz und Netzwerkverkehr nichts gegen die Verwendung beider Maßnahmen zur Sicherung virtueller Maschinen. Dadurch stehen Ihnen im Fehlerfall alle Möglichkeiten offen, um schnellstmöglich einen funktionierenden Zustand wiederherstellen zu können.

> **TIPP**  Falls Sie im Besitz eines SAN Storage sind, in dem alle Festplattendateien der virtuellen Maschinen liegen, können Sie auch die Funktionen des SAN selbst nutzen. Diese Funktion, meist »SAN Image« genannt, kann die entsprechenden LUNs mit sehr hoher Geschwindigkeit zu einem vorgegebenen Zeitpunkt mittels Snapshot sichern. Einzige Ausnahme: Wenn Sie VMFS Spanning verwenden, können Sie von diesem Mechanismus zur Zeit keinen Gebrauch machen.

**VMware GSX**

Da VMware GSX auf einem Microsoft Windows- oder Linux-Betriebssystem aufsetzt, kann dieser auch wie gewohnt gesichert werden. Grundsätzlich wird jede Backupsoftware unterstützt, die durch das Wirt-Betriebssystem Unterstützung findet. Besonderes Augenmerk gilt natürlich der Konfiguration, die bei einer Standardinstallation im Programmverzeichnis VMware zu finden ist. Die Konfigurationsdateien der virtuellen Maschinen befinden sich im Normalfall im gleichen Verzeichnis wie die Festplattendateien und können darüber auch gesichert werden.

**Microsoft Virtual Server**

Microsoft Virtual Server unterscheidet sich nur durch die fehlende Unterstützung des Linux-Betriebssystemes als Wirt, daher kann jede, auf Microsoft Windows basierende Backupsoftware verwendet werden. Auch hier befinden sich die Konfigurationsdateien der virtuellen Maschinen im gleichen Verzeichnis wie die Festplattendateien, falls deren Lage nicht manuell verändert wurde. Bei einer Standardinstallation befindet sich alles für Virtual Server relevante innerhalb des Programmverzeichnisses Microsoft Virtual Server, `%AllUsersProfile%\Anwendungsdaten\Microsoft\Virtual Server` und `%AllUsersProfile%\Anwendungsdaten\Microsoft\Virtual Server Webapp`.

**VMware ESX**

Der VMware ESX Server kann ganz normal wie ein Linux-System entweder über eine lokal angeschlossene Bandstation oder über unterstützte Backupsoftware gesichert werden. Falls eine lokale Bandstation verwendet wird, muss sie der Service Console zugeordnet worden sein (sharing zwischen Service Console und VMkernel ist nicht möglich), was auch nach der Installation über die MUI oder mit dem Befehl `vmkpcidivy -i` geschehen kann. Falls es Sie interessiert, welche Backupsoftware unterstützt wird, finden Sie über die URL **http://www.vmware.com/pdf/esx_backup_guide.pdf** eine aktuelle Liste der Produkte. Bedenken Sie, dass die Konfigurationsdateien der virtuellen Maschinen je nachdem, ob die MUI oder das VirtualCenter verwendet wird, entweder im Homeverzeichnis des anlegenden Benutzers (bei Root wäre es /root/vmware) oder im /home/vmware-Verzeichnis zu finden sind.

Unter Umständen muss die Sicherungssoftware angepasst werden, damit sie VMFS-Partitionen verwenden kann. Allerdings ist diese danach in der Lage, die darauf liegenden Dateien direkt zu sichern und wiederherzustellen. Falls Sie Probleme mit Ihrer Sicherungssoftware haben, kann ich Ihnen nur nahe legen, einen Blick in die Knowledge Base oder das Community-Forum zu werfen, weil dort sehr viele Tipps und Informationen zu finden sind. Wie eine solche Anpassung aussieht, will ich Ihnen anhand des Tivoli Storage Managers kurz demonstrieren. Diese Software können Sie an Ihre Umgebung angepasst direkt verwenden. Folgende Änderung müsste in der Datei dsm.sys vorgenommen werden, die Sie unter /opt/tivoli/tsm/client/ba/bin finden:

```
SErvername ESX01    ß Name des lokalen Systems unter Tivoli
COMMmethod     TCPip
TCPPort     1500
TCPServeraddress   TSM_IP   ß IP Addresse des Tivoli Servers
passwordaccess    generate
MAKESPARSEFILE NO
LARGECOM yes
VIRTUALM /vmfs
TXNB 26500
```

Nach einem erneuten Start der Tivoli-Dienste, sind alle VMFS-Partitionen sichtbar, und es kann auf sie zugegriffen werden. Der Zugriffsschutz auf die Festplattendateien durch den VMkernel bei einer laufenden virtuellen Maschine können Sie trotzdem nicht umgehen. Es bleibt Ihnen auch hier nur die Wahl einer Offline-Sicherung oder einer Sicherung über das REDO Log.

## 15.2 Disaster Recovery und Hochverfügbarkeit

### 15.2.1 Katastrophenfall

In Abbildung 15.2 bin ich schon auf einen Disaster Recovery-Prozess einer physikalischen Maschine eingegangen, um die Vorzüge einer virtuellen Maschine zu demonstrieren. Das ist aber noch lange nicht alles, wie Sie im folgenden Vergleichsbeispiel erkennen können:

## Server1 (physikalisch)

| Betriebssystem | Microsoft Windows 2000 Server |
|---|---|
| Service Pack-Stand | Service Pack 3 |
| RAID Controller | ICP Vortex |
| RAID Level | RAID 1 (2 Festplatten) |

Tabelle 15.2

## Server2 (virtuell)

| Betriebssystem | Microsoft Windows 2000 Server |
|---|---|
| Service Pack-Stand | Service Pack 3 |
| RAID Controller | durch Wirt-System abgedeckt |
| RAID Level | durch Wirt-System abgedeckt |

Tabelle 15.3

Die Hardware von Server1 wurde komplett zerstört und die Daten der Festplatte sind nicht mehr wiederherstellbar. Nun wird folgender Prozess eingeleitet:

1. Analyse, welche Hardware defekt ist
2. Mitteilung an den Händler, der den Support anbietet
3. Händler kommt vor Ort und tauscht die Hardware
4. Herunterladen und anschließendes Kopieren der aktuellen RAID Controller-Treiber für das Betriebssystem auf Diskette
5. Einrichtung der RAID-Konfiguration auf dem Server (bei mehreren Festplatten muss vielleicht eine Dokumentation vorhanden sein)
6. Installation des Betriebssystems (Einbindung der RAID-Treiber, Lizenzschlüssel wird benötigt, Partitionsgröße wird benötigt) – falls die Daten nicht direkt verfügbar sind, wird dies schon zu einem Problem.
7. Installation des Servicepacks (Service Pack-Stand muss identisch sein mit jenem zum Zeitpunkt der Sicherung) – dies hört sich simpel an, allerdings neigt man für gewöhnlich dazu, das aktuellste Servicepack einzuspielen, was in diesem Fall (momentan SP 4) zu aktuell wäre, wodurch das Disaster Recovery fehlschlüge.
8. Installation des Backup-Agenten
9. Rücksicherung der Daten in einer bestimmten Reihenfolge. – Die Reihenfolge ist sehr wichtig und entscheidet über das Gelingen eines Disaster Recovery.

Wie Sie sehen, birgt dieser Prozess eine ganzes Bündel an Fallstricken und Fehlerquellen. Ohne eine lückenlose Dokumentation des Serversystems und des Disaster Recovery-Prozesses an sich, ist ein Fehlschlagen schon vorprogrammiert (Dieses Risiko wird durch den Zeitdruck, unter dem der Administrator in diesem Moment steht, nicht gerade geringer). Natürlich kann man diesen Prozess mit Imaging Tools wie Acronis TrueImage Server oder Disaster Recovery Tools wie Cristie CBMR vereinfachen.

Im Falle der Virtualisierung wäre ein Hardwareausfall der virtuellen Hardware nicht möglich. RAID Controller und RAID-Konfiguration wären im Normalfall nicht vorhanden, da alles über das Wirt-System geregelt wird. Nun wären wir schon bei Punkt 6, d.h., es werden fünf Installationsschritte übersprungen. Schritt 6 und 7 können auch noch beschleunigt werden, indem mit Templates gearbeitet wird. Wenn Sie Templates zum Erstellen einer neuen virtuellen Maschine verwenden, können Sie je nach Performance des Systems mit ungefähr 15 Minuten bis zur Fertigstellung rechnen. In unserem Beispiel wären wir daher in 15 Minuten bei Schritt 8 und müssten nur noch den Backup-Agenten installieren und die Rücksicherung anstoßen. Was dies in Stunden ausmacht, können Sie sich selbst ausrechnen.

**Wirt-System**

Das Disaster Recovery eines Wirt-Systems ist natürlich wie bei einem normalen physikalischen System auch mit Fehlerquellen und Problemen gespickt. Allerdings ist man in diesem Fall deutlich flexibler, weil man die Daten des Wirt-Systems und der virtuellen Maschinen voneinander trennen kann, beispielsweise mittels SAN, iSCSI oder NAS oder einfach durch Trennung der RAID-Gruppen. Da ein Plattendefekt viel wahrscheinlicher ist als die komplette Zerstörung des Serversystems, reicht selbst die Auftrennung der RAID-Gruppen in System- und VM-Daten zumeist aus. Wenn man einmal von den Daten der virtuellen Maschinen absieht, bleibt nicht mehr allzu viel Wichtiges auf dem Wirt-System bestehen. Nur noch die Konfiguration und Oberflächeneinstellungen sind von einem Ausfall betroffen. Sie können jedoch über eine manuelle Neuinstallation sehr schnell wiederhergestellt werden.

Es wäre ideal, die Wirt-Systeme pärchenweise einzusetzen, die sich im Fehlerfall gegenseitig abdecken könnten. Allerdings kann keines der Virtualisierungsprodukte von Hause aus einen wirkungsvollen Cluster für den Ausfall eines Wirt-Systems bereitstellen, weshalb die virtuellen Maschinen entweder per Skript oder per Hand auf dem anderen System gestartet werden müssten. Aber dazu später mehr.

Darüber hinaus wird ein Server, der als Wirt-System zur Virtualisierung dient, deutlich besser und ausfallsicherer auzustatten sein als ein Standardserver, da von seinem Ausfall zig Server betroffen wären. Dies bedeutet im Umkehrschluss auch eine geringere Wahrscheinlichkeit eines irreparablen Serverausfalles.

### 15.2.2 Cluster – virtuelle Maschine

Es gibt aber auch Systeme, deren Ausfall schon im Minutenbereich Probleme auslöst. Als Beispiel sei ein Datenbankserver angeführt, dessen Ausfall das komplette Unternehmen lahmlegen würde, da alle relevanten Daten auf ihm liegen. Hier reicht es nicht aus, den Server im Fehlerfall schnellstmöglich wieder aufzusetzen, sondern es muss ein anderer Server unmittelbar einspringen und den Dienst übernehmen. Einen solchen Serververbund, der gleiche Dienste anbietet, nennt man »Cluster«. Ein Cluster kann durch verschiedene Produkte eingerichtet werden. Stellvertretend seien Microsoft Advanced Server, Legato Advanced Co Standby oder Linux genannt.

Nun hat es sich in der letzten Zeit bewährt, entweder virtuelle Maschinen zu clustern bzw. – was noch verbreiteter ist – physikalische Maschinen mit virtuellen Maschinen zu clustern. Da im Fehlerfall der Dienst nicht zwingend in gleicher Geschwindigkeit laufen muss, kann hier eine virtuelle Maschine vorübergehend sehr kostspielige Physik ersetzen. Ein Datenbankserver mit vier CPUs und 4 GB RAM kostet schon ein Stange Geld, diesen zweimal für den Fehlerfall vorzuhalten, noch einmal deutlich mehr. Eine virtuelle Maschine, die mit zwei virtuellen CPUs und 3,6 GB RAM läuft, wäre zwar langsamer, aber sie ist billiger und, was viel wichtiger ist, der Dienst fällt nicht aus.

Ich gehe in diesem Kapitel nur auf die grundsätzlichen Möglichkeiten eines Clusters im Zusammenhang mit virtuellen Maschinen ein. Wie diese technisch realisiert wird, erfahren Sie in Anhang A, in dem Sie auch Tipps zu solchen Konstellationen finden.

#### VM/VM-Cluster

Cluster zwischen virtuellen Maschinen auf dem gleichen Wirt-System können Sie mit jeder der drei Virtualisierungsprodukte betreiben. Die dazu meist notwendige Quorum Disk wird dann als Shared angelegt und kann so von mehreren virtuellen Maschinen angesprochen werden. Während Microsoft Virtual Server VM-VM Cluster nur zu Testzwecken und nicht in einer produktive Umgebung unterstützt, macht das VMware sehr wohl. Bei VMs, die auf verschiedenen Wirt-Systemen laufen sollen, bietet Ihnen VMware ESX in Verbindung mit einem SAN die beste Unterstützung.

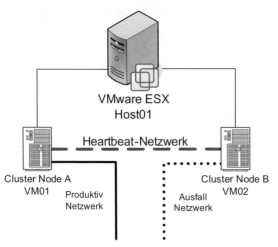

**Abbildung 15.5** Ein »In-Box Cluster«, so genannt, weil beide Cluster-Knoten auf dem gleichen Wirt-System laufen

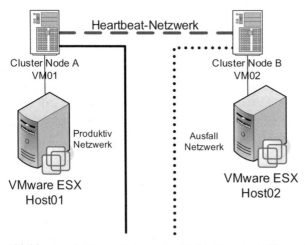

**Abbildung 15.6** Dieser Cluster erstreckt sich über zwei VMware ESX Server und bietet daher einen deutlich höheren Ausfallschutz als ein In-Box Cluster.

### VM – Physik Cluster

Wie schon vorher erwähnt, ist ein VM/Physik-Cluster eine durchaus praktikable und gängige Methode, günstige und zuverlässige Cluster zwischen Systemen aufzubauen. Diese Art von Clustern wird allerdings nur von VMware ESX in Verbindung mit einem SAN Storage unterstützt. In diesem Fall wird die Quorum Disk auf einem LUN erstellt, das sowohl der VM (als System LUN/Disk) als auch dem physikalische System (als normale Festplatte) zugewiesen wird.

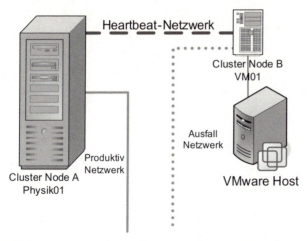

**Abbildung 15.7** So sieht ein Cluster zwischen einem virtuellen und einem physikalischen System aus.

### 15.2.3 Cluster – Wirt-System

Lückenlos funktionierende Cluster zwischen Wirt-Systemen bietet Ihnen momentan keines der Virtualisierungsprodukte. Unter Microsoft Virtual Server können zwar die Wirt-Systeme miteinander geclustert werden, dies deckt aber nicht den Ausfall einer virtuellen Maschine ab, d.h., wenn auf ServerA eine VM ausfällt, wird diese nicht automatisch auf ServerB gestartet. Dies ist jedoch genau die Funktion, die man von einem Wirt-System-Cluster erwarten würde. Allerdings gibt es verschiedene Produkte von Drittanbietern am Markt, mit denen Sie einen funktionierenden Cluster zwischen Wirt-Systemen einrichten können(Leostream). Sie können sich mit entsprechendem Know-how einen solchen Cluster auch skriptieren.

Bei einer Ankündigung kommender Features Ende Oktober 2004 war auch von einer Funktion namens Distributed Availability Services (DAS) die Rede, die ein Failover von virtuellen Maschinen auf andere Wirt-Systeme zur Verfügung stellen wird. Wann und in welcher Form diese Funktionen implementiert werden, ist allerdings noch nicht bekannt.

# 16 Templates (VM-Vorlagen)

16.1 VMware .................................................................. 476

16.2 Microsoft Virtual Server ......................................... 484

| | |
|---|---|
| 1 | **Einführung** |
| 2 | **Virtuelle Maschinen im Unternehmen** |
| 3 | **Virtualisierungssoftware – eine Marktübersicht** |
| 4 | **Auswahl der möglichen virtuellen Maschine** |
| 5 | **Auswahl der richtigen Virtualisierungssoftware** |
| 6 | **Auswahl der richtigen physikalischen Infrastruktur** |
| 7 | **Installation und Update des Wirt-Systems** |
| 8 | **Verwaltung der Virtualisierungssoftware** |
| 9 | **Virtuelle Netzwerke** |
| 10 | **Virtuelle Festplatten** |
| 11 | **Erstellung einer virtuellen Maschine** |
| 12 | **Verwaltung der virtuellen Maschinen** |
| 13 | **VMware VirtualCenter** |
| 14 | **Skriptierung und Programmierung unter VMware und MS Virtual Server** |
| 15 | **Backup, Restore und Disaster Recovery** |
| 16 | **Templates (VM-Vorlagen)** |
| 17 | **Zusatzsoftware** |
| 18 | **Nützliche Adressen im Web** |

# 16 Templates (VM-Vorlagen)

*Templates sind äußerst nützlich, wenn es darum geht, neue virtuelle Maschinen schnell zu erstellen. Dies nicht nur im normalen Betrieb, sondern auch im Katastrophenfall sehr hilfreich. Um Templates zu erstellen, benötigt man nicht unbedingt ein neues Produkt, denn man kann das auch manuell mit den Werkzeugen der Virtualisierungsserver tun.*

**Was sind Templates und welchen Nutzen hat man davon?**

Unter Templates versteht man Vorlagen oder Vorlagendateien, die dazu dienen, bei der Erstellung z.B. eines neuen Word-Dokumentes Zeit einzusparen. Das ist jedoch nicht alles: Man grenzt auch Fehlerquellen ein bzw. beseitigt sie, in dem man, um beim Word-Beispiel zu bleiben, sich wiederholende Textpassagen in eine Vorlage speichert und mittels dieser immer wieder neue Dokumente erstellt. Natürlich hat dies auch den entscheidenden Nachteil, dass bei einem Fehler in der Vorlage alle darauf basierenden Dokumente auch von diesem Fehler befallen sind. Aber es gibt nur eine Fehlerquelle, nämlich einzig und allein die Vorlage selbst. Daher sollte man auch bei der Anlage des ersten Templates äußerst sorgfältig vorgehen, um spätere Probleme schon im Voraus auszuschließen.

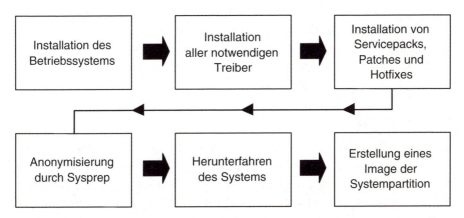

**Abbildung 16.1** Erstellung eines Images von einer physikalischen Maschine

Mittlerweile hat man dieses doch sehr nützliche Verfahren nicht nur bei Word- oder allgemeinen Dokumenten eingebracht, sondern auch in Form von Images für physikalische Maschinen z.B. durch Symantec Ghost. Dort installiert man ein Betriebssystem mit allen benötigten Anwendungen, löscht die individuellen Einstellungen wie die Netzwerkeinstellungen und sichert diese Daten in ein Image (Abbildung 16.1). Mit diesem Image werden dann alle weiteren Systeme deutlich schneller und fehlerfreier installiert, als es manuell möglich wäre. Einen großen Nachteil hat dieses Verfahren, zumindest bei physikalischen Maschinen: Es läuft nur bei identischer Hardwarekonfiguration sicher und fehlerfrei.

Virtuelle Maschinen passen durch die immer gleiche virtuelle Hardware allerdings perfekt in den Mechanismus von Templates. Es kommt hinzu, dass meistens nur eine Datei (die Festplattendatei des Betriebssystems) benötigt wird und nicht einmal ein Imaging Tool eingesetzt werden muss, um ein Image herzustellen, denn Sie haben dieses automatisch, sobald die virtuelle Maschine fertig installiert ist. Daher empfiehlt es sich auch, die System- und Datenpartition einer VM zu trennen und als unterschiedliche Festplattendateien anzulegen.

Wenn man diesen Gedanken weiterspinnt, kommt man sehr schnell dazu, dass nicht nur ein Template, sondern viele verschiedene Templates erstellt und hinterlegt werden können, die verschiedenste Betriebssysteme mit unterschiedlichsten Softwareständen und Service Packs enthalten können. Dadurch lassen sich in kürzester Zeit, bei guter Festplattenleistung in ca. 15 Minuten, neue virtuelle Maschinen auf der Basis eines Templates erstellen. Diesen Vorgang könnte man sogar noch automatisieren, um beispielsweise eine Test- oder Entwicklungsumgebung regelmäßig neu aufzusetzen. Aber vor allem das Disaster Recovery wird durch Templates sehr verbessert, da Sie mehrere Templates für die einzelnen Service Pack-Stände Ihrer virtuellen Maschinen hinterlegen und sie je nach ausgefallenem System entsprechend »zurücksichern« können. So schnell können Sie kein physikalisches System in seinem Ursprungszustand wiederherstellen.

## 16.1 VMware

Bei VMware wird zwischen dem »COW«-Format, das bei VMware GSX und Workstation verwendet wird, und dem »monolithischen Format«, wie es beim VMware ESX Verwendung findet, unterschieden. Solange Templates nur innerhalb einer Version benutzt werden, ist eine Konvertierung nicht zwingend notwendig, bei einer Verwendung zwischen GSX und ESX hingegen schon. In Kapitel 13, *VMware VirtualCenter*, wurden Sie schon auf die einfachste, weil durch einen Wizard unterstützte Art der Erstellung hingewiesen, allerdings ist eine Erstellung auch durch manuelles Kopieren problemlos möglich. Da eigentlich nur die virtuelle Festplattendatei, die das System beinhaltet, zur Erstellung des Templates benötigt wird, müssen Sie im Endeffekt nur die entsprechende

.dsk- oder .vmdk-Datei (oder Dateien bei einem 2 GB Split beim COW-Format) kopieren und damit eine neue virtuelle Maschine aufsetzen.

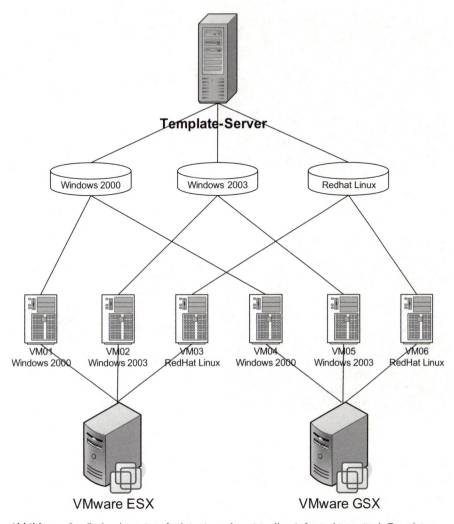

**Abbildung 16.2** Endausbau einer funktionierenden virtuellen Infrastruktur mittels Templates

Unabhängig von diesem Problem könnte man mit Templates die gesamte virtuelle Infrastruktur wesentlich verbessern. Templates werden zentral für die jeweiligen Betriebssysteme (oder Softwarestände) auf einem Server abgelegt, und man nutzt diese als Basis, sobald eine virtuelle Maschine erstellt oder wiederhergestellt werden muss. In Abbildung 16.2 sehen Sie ein Beispiel für eine solche Infrastruktur, in der alle Templates auf einem Templateserver vorgehalten werden, die sowohl von virtuellen Maschinen auf GSX Servern als auch auf ESX Servern genutzt werden können.

### 16.1.1 Erstellung

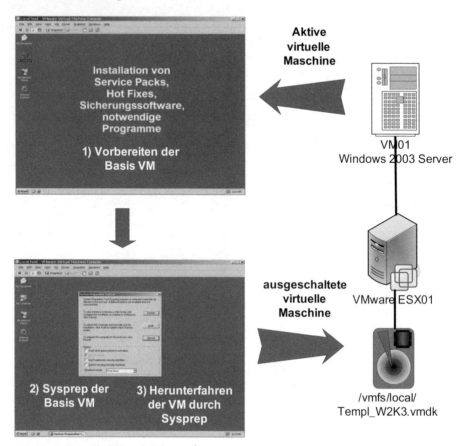

**Abbildung 16.3** Ablauf einer Template-Erzeugung mittels Sysprep

In Abbildung 16.3 sehen Sie den Ablauf, an dessen Ende ein fertiges Template für zukünftige VMs zu steht. Zuerst müssen Sie eine virtuelle Maschine der von Ihnen gewünschten Art installieren und auf den aktuellen Stand bringen. Danach können Sie, falls es eine Microsoft Windows VM ist, das Tool Sysprep über das System laufen lassen, um alle individuellen Konfigurationen wie Rechnername, Seriennummer oder Netzwerkkonfiguration zu entfernen. Nachdem Sysprep den Rechner heruntergefahren hat, müssen Sie sich nur den Namen und Pfad der Festplattendatei merken. Diese können Sie dann einfach auf ein Netzlaufwerk, eine weitere lokale Festplatte oder an einen Ablageort innerhalb des SAN kopieren.

Eine VM mit einem anderen Gast-System als Windows wird prinzipiell genauso behandelt, nur dass Ihnen das Sysprep Tool nicht zur Verfügung steht. Unter Linux müssen Sie nur darauf achten, dass alle Netzwerkeinstellungen (vor allem keine feste IP-Adresse auf dem Template belassen) und der Rechnername vor der Verwendung als Template neutralisiert werden.

Damit ist die Erstellung schon abgeschlossen und Ihnen steht ein funktionstüchtiges Template bereit. All diese manuellen Eingriffe nimmt Ihnen das VMware VirtualCenter (zumindest für VMware Server) komplett ab, bzw. führt Sie mittels eines Assistenten sehr einfach durch die notwendigen Schritte. Ein weiterer Vorteil des VirtualCenters zeigt sich darin, dass Sie sich nicht um das Format der Festplattendateien kümmern müssen, was bei einem manuellen Eingriff sehr wohl der Fall sein kann.

**COW Format der Festplattendateien (VMware GSX/WS)**

Wie schon angesprochen, legen VMware Workstation und VMware GSX die Festplattendateien im so genannten »COW« (Copy on Write)-Format ab. In diesem Format können die Festplattendateien auf »normalen« Dateisystemen (NTFS, EXT3, ... nicht-VMFS) lesbar in =<2 GB großen Dateien abgelegt werden. Die 2 GB-Grenze entsteht durch die mangelnde Unterstützung mancher Dateisysteme, wie dem aus Linux bekannten EXT2, die keine größeren Dateien verarbeiten können. Ebenso existieren immer noch Programme, die keine Dateien, die größer als 2 GB sind, verarbeiten können. Mittlerweile wurde dieses Format allerdings so angepasst, dass auf Wunsch keine Aufteilung in 2 GB-Dateien mehr stattfinden muss. Allerdings wollen wir bei der alten Ablageart bleiben, ist sie doch noch sehr weit verbreitet.

Das COW-Format der Festplattendateien sieht eine Beschreibungsdatei und ein oder mehrere Festplattendatendateien vor (Abbildung 16.4). Hier sehen Sie den Inhalt einer solchen Beschreibungsdatei namens hdd1.vmdk, die den ersten Teil der Dateigruppe darstellt:

```
# Disk DescriptorFile
version=1
CID=7d4fb1cf
parentCID=ffffffff
createType="twoGbMaxExtentFlat"      ß Festplattentyp

# Extent description
Diese Dateigruppe besteht aus einer Beschreibungsdatei und
3 Datendateien
RW 4193792 FLAT "hdd1-f001.vmdk" 0   ß erste Datenplatte
RW 4193792 FLAT "hdd1-f002.vmdk" 0   ß zweite Datenplatte
RW 1024 FLAT "hdd1-f003.vmdk" 0      ß dritte Datenplatte
```

```
# The Disk Data Base
#DDB

ddb.toolsVersion = "0"
ddb.adapterType = "buslogic"         ß Adaptertyp
# Geometriedaten der Festplatte
ddb.geometry.sectors = "63"
ddb.geometry.heads = "255"
ddb.geometry.cylinders = "522"
ddb.virtualHWVersion = "3"           ß Hardwareversion
```

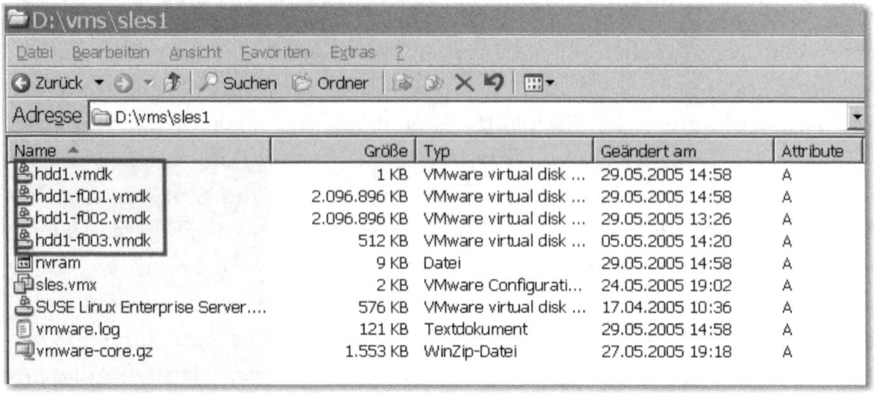

**Abbildung 16.4** Festplattendateien einer virtuellen Maschine unter VMware GSX

**Monolithisches Format der Festplattendateien (VMware ESX)**

Unter VMware ESX können Festplattendateien einer virtuellen Maschine nur auf VMFS-Partitionen und damit im monolithischen Format genutzt werden. Dieses monolithische Dateisystem ist für große Dateien optimiert und eignet sich daher ideal als Basis für leistungsstarke virtuelle Maschinen. In diesem Format wird keine 2 GB-Aufteilung mehr vorgenommen, d.h., sie liegt in einem Stück vor, und es existiert auch keine Beschreibungsdatei für die Festplatte. Zudem werden Festplatten in diesem Format immer mit der maximal möglichen Größe angelegt. Das bedeutet, dass eine 20 GB Festplatte, die auf dem GSX Server zwar 20 GB maximale Größe hat, jedoch nur mit 5 GB gefüllt ist, im monolithischen Format immer 20 GB Platz benötigen wird. Die Größenbegrenzung einer Festplattendatei unter VMware ESX im monolithischen Format ist eigentlich nur theoretisch erreichbar und liegt bei 28.5 TB.

## Umwandlung COW ↔ in monolithic(ESX) Format

Da es Sinn macht, Templates nicht nur in dem System zu nutzen, auf dem Sie erstellt wurden, kann man diese Formate in das jeweils andere problemlos umwandeln. Die nach der Umwandlung entstandenen Dateien können danach ohne weitere Aktion direkt in virtuellen Maschinen verwendet werden. Gerade bei der Umwandlung von monolithischen Festplatten in COW-Festplatten müssen Sie daran denken, alle enstehenden Festplattendateien in das Verzeichnis der VM auf dem GSX Server zu kopieren.

### Umwandlung COW → monolithic

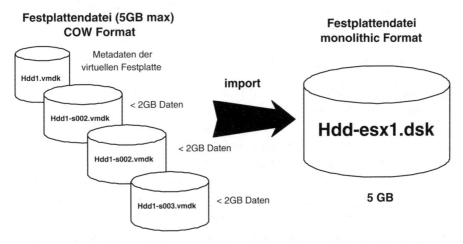

**Abbildung 16.5** Umwandlung der COW-Festplattendatei in ein monolithisches Format (import)

Da ein VMware ESX Server auf das monolithische Dateisystem ausgerichtet ist, kann er nicht auf Festplatten im COW-Format zugreifen. Daher müssen diese Platten vor der Verwendung mit dem `vmkfstools`-Befehl importiert werden, denn es wird immer von der Seite des ESX Servers ausgegangen. Es müssen alle Teile der Festplattendatei (Festplattenbeschreibung und alle Festplattendatendateien) auf eine Partition kopiert werden, auf die der ESX Server Zugriff hat.

Wenn wir von den Dateien in Abbildung 16.4 ausgehen und uns vorstellen, diese wären schon ins /vmimages-Verzeichnis des ESX Servers kopiert worden, würde der Vorgang folgendermaßen ablaufen. Als Ziel der Festplatten soll die VMFS-Partition /vmfs/local dienen. Über den Befehl `vmkfstools -i /vmimages/ hdd1.vmdk /vmfs/local/hdd-esx-1.dsk` würden wir den Import anstoßen. Sobald dieser Import abgeschlossen ist, kann die Datei `/vmfs/local/hdd-esx-1.dsk` als Festplatte für eine virtuelle Maschine auf dem ESX Server genutzt werden. Alle Informationen zu diesem Befehl finden Sie in Anhang A.

**Umwandlung monolithic → COW**

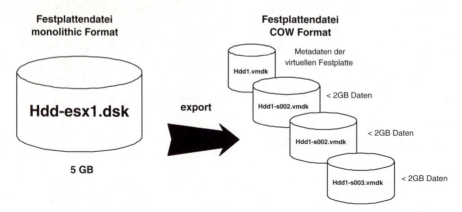

**Abbildung 16.6** Umwandlung einer monolithischen Datei in das COW-Format (export)

Wenn die Festplattendatei auf einem ESX Server erstellt wurde, aber nun von einer virtuellen Maschine auf dem GSX Server genutzt werden soll, müssen wir den umgekehrten Weg gehen. In diesem Fall liegt eine Datei Hdd-esx1.dsk im monolithischen Format vor und muss ins COW-Format konvertiert werden. Da wir vom ESX Server ausgehen, machen wir einen Export mittels `vmkfstools -e /images/hdd1.vmdk /vmfs/local/hdd-esx-1.dsk`. Wenn Sie sich beide Befehle (Im- und Export) im Vergleich ansehen, werden Sie merken, dass die VMFS-Partition immer der zweite Parameter sein muss, daher werden Quelle und Ziel vertauscht. Sobald der Befehl erfolgreich ausgeführt wurde, erhalten Sie in diesem Beispiel vier Dateien. Eine Beschreibungsdatei und drei Datendateien, die maximal 2 GB groß sein dürfen.

### 16.1.2 Verwendung

Die Verwendung der Templates, besser der Template-Festplattendatei, ist deutlich simpler als deren Erstellung. Natürlich müssen Sie erst die Festplattendatei kopieren und umbenennen, denn sonst hätten Sie kein Template mehr.

Nun muss lediglich eine neue virtuelle Maschine angelegt werden, in der Sie die Festplattendatei über *Existing* bei der Festplattenauswahl angeben. Sobald nun die virtuelle Maschine gestartet wird, können Sie diese konfigurieren. In unserem Beispiel wird mit Sysprep automatisch ein Assistent gestartet, der alle notwendigen Angaben abfragt.

**Abbildung 16.7** Bei der Erstellung einer neuen VM muss nur die Kopie der Template-Festplatte als »existing virtual disk« angegeben werden

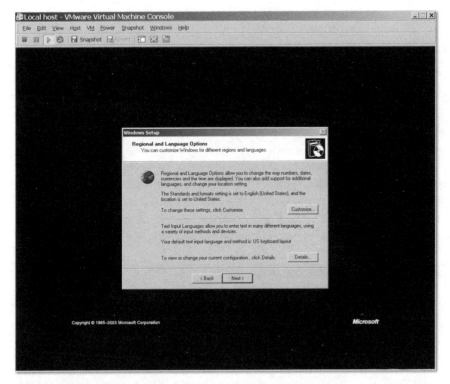

**Abbildung 16.8** Die neue virtuelle Maschine auf der Basis der mit Sysprep vorbereiteten Festplatte, startet mit einem Assistenten, der alle benötigten Informationen bezüglich des neuen Systems abfragt.

Wenn Sie zu einem späteren Zeitpunkt das Template ändern wollen, müsste auch nur die Festplattendatei in eine virtuelle Maschine integriert werden. Nach dem Start und der möglichen Anpassung kann die VM wieder heruntergefahren und als Template weiterverwendet werden. Idealerweise legen Sie sich vor dem Anwenden von Sysprep eine Kopie der Festplatte an, damit Sie leichter Änderungen an dem Original-Template vornehmen können, ohne die Fragen des Setup-Assistenten (Abbildung 16.7) jedes Mal beantworten zu müssen.

## 16.2 Microsoft Virtual Server

Natürlich ist es Ihnen unter Microsoft Virtual Server ebenso möglich, mit Templates zu arbeiten und diese bei Bedarf zur Erstellung neuer virtueller Maschinen zu nutzen. Da es keine verschiedenen Microsoft Virtual Server gibt, gibt es hier erfreulicherweise nichts zu im- oder zu exportieren. Alle Festplattendateien werden im entsprechenden Verzeichnis der virtuellen Maschine als .vhd-Datei angelegt und können, falls es sich um eine IDE-Festplatte handelt, auch in der Virtual PC-Version verwendet werden. Das funktioniert natürlich auch umgekehrt, also Virtual PC .vhd-Dateien im Virtual Server.

### 16.2.1 Erstellung

Der Ablauf ändert sich nicht gegenüber VMware, d.h., erst wird die virtuelle Maschine angelegt und komplett fertig installiert. Danach lässt man das Sysprep Tool in der VM laufen, um alle individuellen Konfigurationsdaten zu neutralisieren. In verschiedenen Foren habe ich allerdings von Problemen des Virtual Servers in Verbindung mit Sysprep gelesen, kann dies allerdings aus persönlicher Erfahrung nicht bestätigen. Sollten diese Probleme auch bei Ihnen auftreten, dann sollten Sie die neue VM nach dem Erstellen aus dem Template vor dem ersten Starten in ein Host-Only-Netzwerk hängen und das Sysinternals Tool NewSID verwenden. Nach dem NewSID-Lauf, können Sie die neue virtuelle Maschine problemlos im produktiven Netzwerk betreiben.

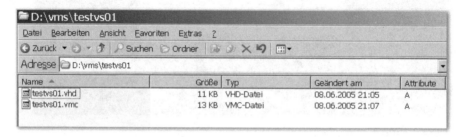

**Abbildung 16.9** Ansicht der Dateien einer virtuellen Maschine unter MS Virtual Server. Die .vhd-Datei ist die virtuelle Festplattendatei, die als Template genutzt werden kann.

In Abbildung 16.9 sehen Sie die Festplattendatei einer virtuellen Maschine unter Microsoft Virtual Server, die in diesem Beispiel als Template dienen soll. Diese Datei namens `testvs01.vhd` kann nach der Neutralisierung der VM in ein Template-Verzeichnis auf einem Fileserver kopiert werden.

### 16.2.2 Verwendung

Um das Template der Festplattendatei nutzen zu können, müssen Sie im Endeffekt auch nichts anderes tun, als Sie es von VMware her kennen. Es ändert sich nur, wie Sie dies zu tun haben. Zuerst legen Sie eine Kopie der Template-Festplattendatei an. Beim Erstellen der virtuellen Maschine müssen Sie daher statt einer Neuanlage der Festplatte *Use an existing virtual hard disk* und die Kopie unter *Location* auswählen oder im File Disk-Fenster manuell mit komplettem Pfad angeben.

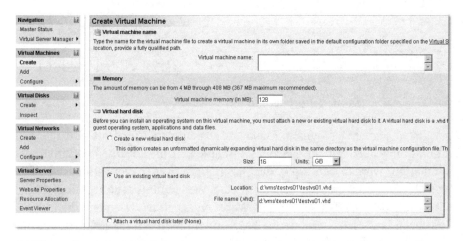

**Abbildung 16.10** Beim Anlegen der neuen virtuellen Maschine, wird die Kopie der Template-Festplattendatei als »existing hard disk« angegeben.

### 16.2.3 VSDM – Virtual Server Deployment Manager

Da Microsoft die Wichtigkeit einfach und schnell verwaltbarer VM Templates erkannt hat, wurde der kostenfreie Virtual Server Deployment Manager ins Leben gerufen. Er bietet Ihnen ähnliche Möglichkeiten bei der Template-Verwaltung wie ein VMware VirtualCenter für die Microsoft Virtual Server-Schiene. Allerdings sind die Funktionen deutlich weniger umfassend, da eine Art Erstellungsassistent fehlt (zur individuellen Anpassung der virtuellen Maschine während der Neuerstellung) und keine automatisierte Template-Erstellung existiert.

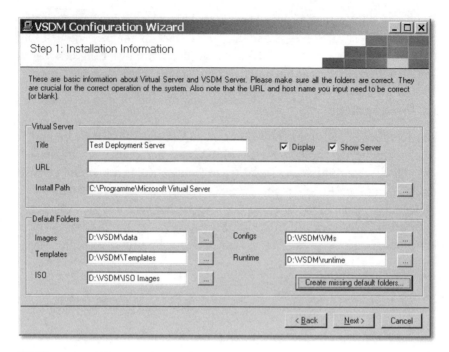

**Abbildung 16.11** Ablageorte der einzelnen Daten

Der Virtual Server Deployment Manager setzt auf dem Microsoft Virtual Server auf und muss auch auf der gleichen Maschine installiert werden. Während der Installation werden Sie nach der Konfiguration der Verwaltungswebseite (VSDM wird zum größten Teil über eine Webadministration gesteuert) des VSDMund auch der TCP/IP Port des Webservers gefragt. Nachdem die Installation abgeschlossen ist, wird der VSDM Configuration Wizard gestartet, der sich erst einmal nach den verschiedenen Ablageorten der Templates, ISO Images etc. erkundigt (Abbildung 16.11). Des Weiteren wird über eine MS Access-ähnliche Abfrage nach den Administratoren und sonstigen Benutzern gefragt.

Nach der Benutzerkonfiguration können Sie bestehende Template-Dateien und ISO Images angeben. Hier müssen Sie den eigentlichen Pfad und danach den Namen der Template-Datei ohne Datei-Endung angeben. Unter einer Template-Datei versteht man in diesem Zusammenhang nur die eigentliche Festplattendatei (.vhd) ohne Konfiguration. Den Konfigurationsassistenten können Sie auch später jederzeit über das Windows Startmenü (VSDM Configuration Wizard) aufrufen.

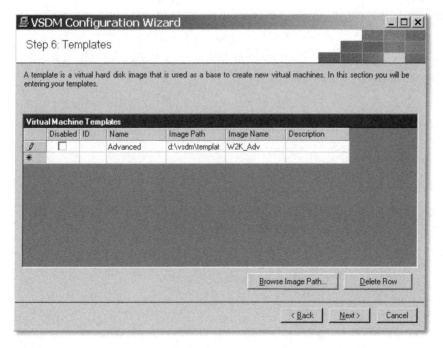

**Abbildung 16.12** Abfrage der bestehenden Templates

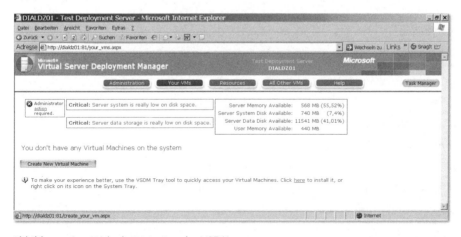

**Abbildung 16.13** Webadministration des VSDM

Sobald Sie nun mit dem Browser die Webadministration des VSDM öffnen, können Sie über *Your VMs* eine neue virtuelle Maschine erstellen oder vorhandene in eingeschränktem Maße konfigurieren. Bei der Neuerstellung werden Ihnen die vorhandenen Templates als Basis angeboten. Wenn Sie mehrere Template-Dateien (virtuelle Mustermaschine vor der Nutzung als Template mit Sysprep neutralisieren!) besitzen, können Sie bei einer VM-Neuanlage das benötigte auswählen (Abbildung 16.14).

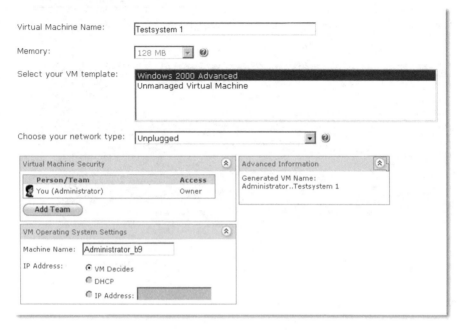

**Abbildung 16.14** Neuerstellung einer virtuellen Maschine über das Template Windows 2000 Advanced

Weil es an Unterstützung bei der Erstellung des Templates durch VSDM mangelt, ist eine manuelle Vorarbeit notwendig. Daher sollten Sie folgendermaßen vorgehen:

- virtuelle Maschine erstellen (keine Ünterstützung von mehreren virtuellen Netzwerkkarten)
- Betriebssystem mit allen Patches installieren
- benötigte Software in aktueller Version installieren
- Sysprep ausführen

Danach können Sie die Festplattendatei der virtuellen Maschine in das Template-Verzeichnis des VSDM kopieren und über den VSDM Configuration Wizard dem VSDM bekanntgeben.

Momentan befindet sich das kostenfreie Produkt noch in der Entwicklung, und einige Funktionen sind noch nicht ausprogrammiert bzw. verfügbar. Es wird wahrscheinlich nur eine Frage der Zeit sein, bis dieses Produkt zu einem vollwertigen Administrationswerkzeug für den Virtual Server wird.

# 17 Zusatzsoftware

17.1 Migration – P2V, V2V .............................................. 491

17.2 Sonstiges ................................................................ 530

1. **Einführung**
2. **Virtuelle Maschinen im Unternehmen**
3. **Virtualisierungssoftware – eine Marktübersicht**
4. **Auswahl der möglichen virtuellen Maschine**
5. **Auswahl der richtigen Virtualisierungssoftware**
6. **Auswahl der richtigen physikalischen Infrastruktur**
7. **Installation und Update des Wirt-Systems**
8. **Verwaltung der Virtualisierungssoftware**
9. **Virtuelle Netzwerke**
10. **Virtuelle Festplatten**
11. **Erstellung einer virtuellen Maschine**
12. **Verwaltung der virtuellen Maschinen**
13. **VMware VirtualCenter**
14. **Skriptierung und Programmierung unter VMware und MS Virtual Server**
15. **Backup, Restore und Disaster Recovery**
16. **Templates (VM-Vorlagen)**
17. **Zusatzsoftware**
18. **Nützliche Adressen im Web**

# 17 Zusatzsoftware

*Nicht nur die eigentlichen Hersteller, sondern auch Drittanbieter bieten nützliche Programme zur besseren Administration der Virtualisierungssoftware und der Migration der virtuellen Maschinen an.*

Es existiert mittlerweile eine Vielzahl an Werkzeugen und Programmen von den Virtualisierungsherstellern aber auch von Drittanbietern zur Verwaltung und Migration virtueller Maschinen. Da ich nicht auf alle am Markt verfügbaren Produkte eingehen kann, habe ich mir die bekanntesten und in Foren sehr häufig erwähnten Programme genauer angeschaut, um Ihnen einen Überblick zu verschaffen. Auf Plugins verschiedener Management Tools wie z.B. das Hewlett-Packard Openview Plugin oder den IBM Director Virtual Machine Manager etc. bin ich nicht eingegangen, da sie zwingend einer Installation des Hauptproduktes bedürfen.

## 17.1 Migration – P2V, V2V

Viele Firmen nutzen bei einer Umstellung von physikalischer auf virtuelle Infrastruktur die Gelegenheit und installieren viele Server komplett neu in virtuellen Maschinen. Dies macht auch oft Sinn, weil die Server im Laufe der Zeit immer Softwareaktualisierungen und sonstigen Installationen unterworfen sind, was sie mit der Zeit immer träger und störungsanfälliger macht. Allerdings gibt es auch Systeme, deren Neuinstallation schier unmöglich ist, da entweder die Installationsdateien fehlen oder schlichtweg das Know-how nicht mehr vorhanden ist. Hier bietet es sich an, die physikalische Maschine als Ganzes in eine virtuelle Maschine umzuwandeln. Dieses Verfahren nennt man P2V-Migration (physical to virtual). Je nach Systemausstattung bzw. Servermenge ist dieses Verfahren mehr oder weniger aufwändig. Des Weiteren kann neben der manuellen Art über Images auch der Weg über speziell dafür ausgelegte Programme beschritten werden. Software wie beispielsweise PowerP2V der Firma Platespin eignet sich insbesondere für sehr große Umgebungen mit vielen Servern, da hier die Migration größtenteils automatisiert werden kann.

Ein gibt eine weitere Form, nämlich die der Migration zwischen virtuellen Maschinen. Wenn beispielsweise von Microsoft Virtual Server auf VMware GSX/ESX oder umgekehrt gewechselt werden soll, dann nennt man das V2V-Migration (virtual to virtual). Hier bieten Ihnen die jeweiligen Hersteller kostenlose Hilfsprogramme an, aber auch Drittanbieter decken diesen Fall oftmals ab.

Bedenken Sie, dass Ihnen die P2V-Produkte allenfalls den Migrationsprozess selbst erleichtern. Alle sonstigen Vorarbeiten, die notwendig sind, um das System migrationsfähig zu machen, bleiben davon unberührt. Im Normalfall wird auch nur die Systempartition migriert, daher sind die Datenpartitionen später manuell nachzuziehen. Folgende Tätigkeiten sind in jedem Fall vor der Migration durchzuführen:

- Komplettsicherung des Systems
- Entfernen aller hardwarespezifischen Softwareinstallationen (z.B. RAID Software, Netzwerkkartensoftware wie Intel ProUtil)
- Falls die Systempartition eine dynamische Festplatte ist, sollten Sie diese wieder zu einer Basisplatte konvertieren. Wenn Sie ein Softwareraid oder Stripeset mittels dynamischen Festplatten auf der Systempartition betreiben, haben Sie derzeit wenig Chancen, eine saubere Migration durchzuführen. (Eine solche Konfiguration sollte aber äußerst selten vorkommen.)
- Deaktivieren aller Programme und Dienste, die auf Partitionen zugreifen, die zu einem späteren Zeitpunkt migriert werden (z.B. Datenbankprogramm auf Systempartition, Datenbanken auf Datenpartition)

Aber auch nach der Migration bleibt viel zu tun:

- Installation der Tools des Virtualisierungsproduktes (VMware Tools oder Virtual Machine Additions)
- Funktionstest des Netzwerks, der Systemdienste etc.
- Rücksicherung der Datenpartitionen
- Komplettest des Systems
- ggf. Einrichtung der Sicherung auf dem neuen System

### 17.1.1 VMware P2V Assistent

Dieses Produkt wurde von VMware selbst mit dem Ziel entwickelt, den Umstieg von der physikalischen in die virtuelle Welt stark zu vereinfachen. Das Produkt bringt allerdings verschiedene Einschränkungen mit, durch die nicht jedes beliebiges System problemlos bzw. überhaupt umgestellt werden kann. Dazu gehören beispielsweise Multibootsysteme oder physikalische Maschinen mit Linux-Betriebssystem. Zudem können verschiedene SCSI- oder Netzwerkkarten Probleme bereiten. Daher kann ich Ihnen nur empfehlen, zunächst alle Randbedingungen, sprich Kompatibilitäten abzuklären, bevor Sie P2V-Produkte einsetzen. Die VMware-Produktwebseite von P2V bietet Ihnen dazu stets aktuelle Informationen. Falls die Hardware überhaupt nicht erkannt wird, können Sie sich unter Umständen noch mit einer Software von Drittanbietern wie z.B. Imagingtools wie Symantec Ghost behelfen, die auch durch VMware P2V angepasst und bearbeitet werden können. Weil nicht alle Betriebssysteme auf dem physikalischen System unterstützt werden, hier eine Übersicht:

| P2V Assistent Komponente | unterstützte Produkte |
|---|---|
| Virtualisierungsprodukt | ▶ VMware ESX Server, 2.x <br> ▶ VMware GSX Server, 3.x <br> ▶ VMware Workstation, 4.x |
| Helper Machine (Client) | ▶ Windows NT4 Server (muss zwingend zur Migration eines NT4 Quell-Systems benutzt werden) <br> ▶ Windows 2000 Professional <br> ▶ Windows 2000 Server <br> ▶ Windows 2000 Advanced Server <br> ▶ Windows XP <br> ▶ Windows 2003 Standard <br> ▶ Windows 2003 Enterprise <br> ▶ Windows 2003 Datacenter |
| Quell-System (Server) | ▶ Windows NT 4 Workstation <br> ▶ Windows NT4 Server <br> ▶ Windows 2000 Professional, <br> ▶ Windows 2000 Server <br> ▶ Windows 2000 Advanced Server <br> ▶ Windows XP <br> ▶ Windows 2003 Standard <br> ▶ Windows 2003 Enterprise <br> ▶ Windows 2003 Datacenter |

**Tabelle 17.1** Systemanforderungen VMware P2V Assistent

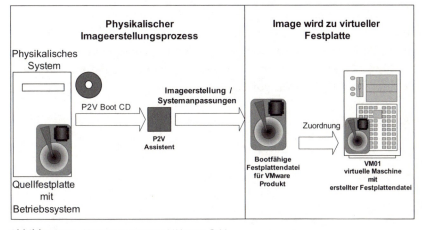

**Abbildung 17.1** Migrationsprozess VMware P2V

Wie funktioniert dieser Migrationsprozess nun genau?

VMware P2V besteht aus zwei Komponenten, einer Boot-CD und einer Installationsroutine für die eigentliche P2V Software. Mit der Boot-CD wird das physikalische System (»Quell-System«) gestartet und zum P2V Server im Netzwerk konfiguriert. Dieser Server erkennt selbstständig Festplatten und Netzwerkkarten des zu migrierenden Systems, daher ist die Hardwareunterstützung durch P2V sehr wichtig. Ab diesem Zeitpunkt kann mit der zweiten Komponente, der eigentlichen P2V Software von einem beliebigen System im Netzwerk auf den Quellserver zugegriffen werden. Wenn diese Verbindung steht, wird ein Image der Bootpartition des Quell-Systems auf dem lokalen PC (auf dem die P2V Clientsoftware läuft) erstellt und auf die entsprechende Virtualisierungssoftware zugeschnitten. Nun muss nur noch die entstandene Festplattendatei der virtuellen Maschine als »exististing disk« eingetragen werden.

Soviel zur grauen Theorie. Gehen wir nun einmal den Prozess konkret durch.

**P2V Server (über Boot-CD)**

Nach dem der Server mit der P2V Boot-CD gestartet wurde, erscheint der P2V Assistent, der eigentlich den Serverteil der P2V Software darstellt. Neben einigen Informationsmeldungen erscheint auch der Hinweis (Abbildung 17.2), wo auf der CD die Kompatibilitätsliste für die getestete Hardware zu finden ist. Des Weiteren können Sie während des gesamten Vorganges mit ALT+F2 auf eine andere Kommandozeile wechseln und sich mit *root* anmelden. Ein Kennwort ist hier nicht erforderlich. Ebenfalls wird erwähnt, dass nicht nur mit P2V Images, sondern auch mit solchen von Drittanbietern (z.B. Symantec Ghost) gearbeitet werden kann. Dies ist vor allem dann sinnvoll, falls die lokale Hardware des Quell-Systems nicht von P2V unterstützt wird.

Die nächste erscheinende Meldung zeigt Ihnen die erkannten Geräte wie Festplatten und Netzwerkkarten an. Wenn Sie dies mit *OK* beantworten, wird in den nächsten Dialog gewechselt, der Sie nach einem erweiterten Hardwarescan fragt (Abbildung 17.3). Sollte alles Notwendige erkannt worden sein, können Sie diese Meldung mit *No* beantworten.

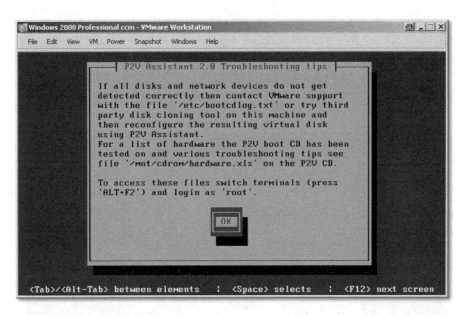

Abbildung 17.2  Hinweis nach dem Start

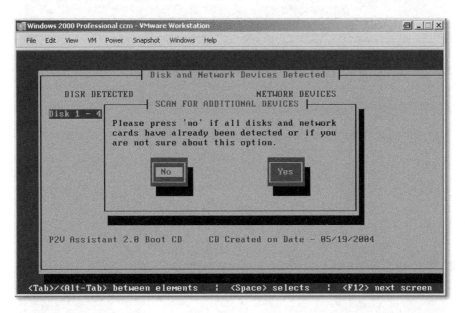

Abbildung 17.3  Soll nach weiteren Hardwarekomponenten gesucht werden? Meist kann hier No ausgewählt werden.

Wenn auch der Hardwaredialog erfolgreich abgeschlossen wurde, werden Sie als Nächstes dazu aufgefordert, die Netzwerkkonfiguration vorzunehmen (Abbildung 17.4). Hier können Sie, falls ein DHCP-Server im Netzwerk verfügbar ist, *Use DHCP* auswählen, ansonsten müssen Sie alle Angaben manuell eingeben. Denken Sie daran, dass dieser P2V Server später vom P2V Client auf dem Administrationsrechner erreichbar sein muss. Zudem können Sie einen Port angeben, über den der Rechner mittels P2V kommunizieren soll.

**Abbildung 17.4** Netzwerkeinstellungen des P2V-Assistenten

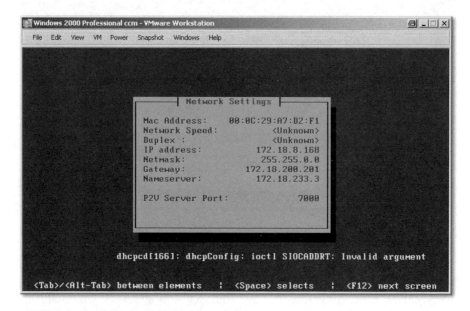

**Abbildung 17.5** Informationsbild des P2V Servers

Ist erst einmal die IP-Adresse vom DHCP Server bezogen oder manuell eingetragen, startet der P2V Server die Netzwerkunterstützung. Sobald dies passiert ist, wird Ihnen ein Dialog mit allen Informationen angezeigt. Diese Infos müssen später im P2V Client als Zielrechner hinterlegt werden.

Ganz wichtig ist hier, dass dieses Informationsbild stehen bleibt. Es ist dies nämlich die letzte Aktion für die P2V Boot-CD, und der Server läuft ab jetzt. Daher müssen Sie hier nichts mehr tun. Also lassen Sie den Rechner in diesem Zustand laufen, und gehen Sie beruhigt an den Administrations-PC.

**P2V Client (Installierte P2V Software)**

Auf einem beliebigen Windows-Rechner im Netzwerk können Sie nun die Installation durchführen und anschließend die benötigten Lizenzen eintragen. Sobald dies erledigt ist, können Sie die P2V Software auch schon starten.

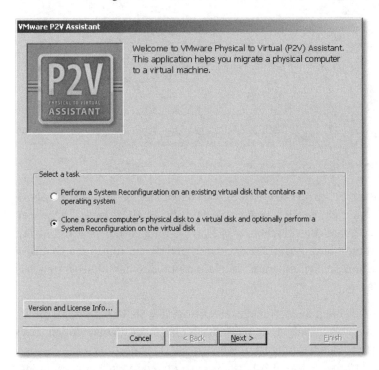

**Abbildung 17.6** Einstiegsbild von VMware P2V, hier können Sie neue Server migrieren oder bestehende Images bearbeiten (auch Images von Drittanbietern).

Da nun schon der P2V Server auf einem der physikalischen Server läuft, wird wie in Abbildung 17.6 die Auswahl *Clone a source computer...* getroffen. Falls wir schon zu einem früheren Zeitpunkt ein Image gezogen hätten, würde man es über die Auswahl *Perform a System Reconfiguration...* bearbeiten und für das gewünschte VMware-Produkt vorbereiten können.

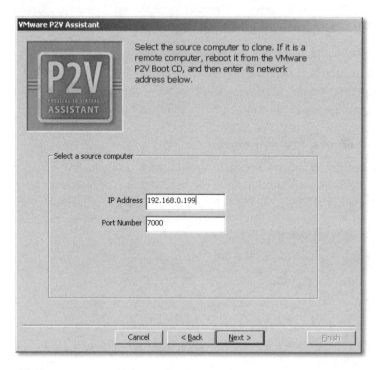

**Abbildung 17.7**  Auswahl des Quell-Systems auf dem der P2V Server gestartet ist.

In einem nächsten Schritt ist der P2V Server selbst anzugeben. Wie in Abbildung 17.7 zu sehen ist, werden IP-Adresse und der im Serverteil angegebene Port hinterlegt. Sobald dies geschehen ist, verbindet sich der P2V Client mit dem Ziel-System und liest dessen Daten aus. In den darauf folgenden Dialogen kann man zwischen den gefundenen Festplatten und den darauf liegenden Partitionen auswählen.

In Abbildung 17.8 sehen Sie den nächsten Dialog, der Sie danach fragt, ob Sie das physikalische System nur Klonen, demnach ein Image ziehen wollen, oder ob das Image danach auch konfiguriert werden soll. Da nur durch eine entsprechende Konfiguration die Daten innerhalb der entstehenden Festplattendatei so angepasst werden, dass Sie direkt für VMware verwendbar ist, wählen wir diese Option aus. Die Auswahl der ersten Option macht immer dann Sinn, wenn das daraus entstehende Image für viele verschiedene virtuelle Maschinen auf unterschiedlichen VMware-Versionen dienen soll. Man kann man es nämlich zu einem beliebigen Zeitpunkt nochmals in den P2V Client laden und an das entsprechende Ziel-System anpassen (Auswahl 1 in Abbildung 17.6).

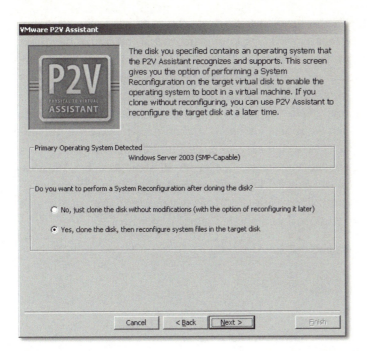

**Abbildung 17.8** Soll nur ein Image gezogen werden oder soll es nach der Erstellung direkt konfiguriert werden?

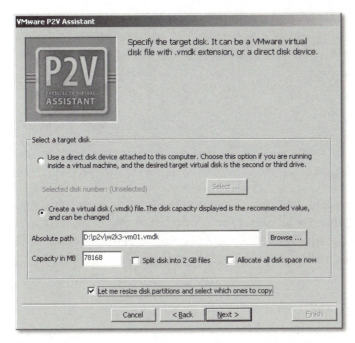

**Abbildung 17.9** Wo soll der Ablageort der Festplattendatei sein?

Nun wird nach dem Zielort für die Festplatte gefragt. Hier haben Sie zwei konträre Optionen: Entweder es wird eine komplette Festplatte genutzt, die direkt an dem administrierenden Rechner (in diesem Fall P2V Client) hängt, oder die Festplattendatei wird in ein Verzeichnis geschrieben. Die erste Option macht hauptsächlich Sinn, wenn der P2V Client in einer virtuellen Maschine ausgeführt wird, an die eine zweite virtuelle Festplatte gebunden wurde. Bei der zweiten Option können Sie zudem angeben, ob die Festplattendatei in die mittlerweile bekannten 2 GB-Dateien aufgeteilt wird und ob die Festplattendatei den gesamten Plattenplatz einnimmt. (Sie erinnern sich, dass bei VMware Workstation und GSX die Möglichkeit besteht, Festplatten anwachsen zu lassen, statt diese direkt mit der vollen Größe anzulegen.) Jetzt können Sie noch die zu kopierenden Partitionen und deren Zielgröße anpassen.

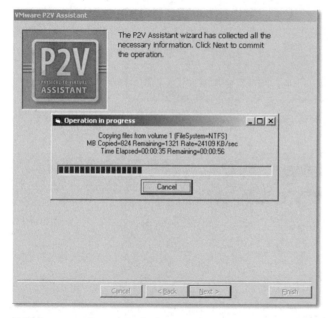

**Abbildung 17.10** Erzeugung des Images

Sobald die Plattenauswahl getroffen wurde, wird von P2V mit dem Imaging begonnen. Das erkennen Sie an einem Fortschrittsbalken und der geschätzten Dauer. Darüber hinaus wird Ihnen noch die derzeitige Übertragungsrate über das Netzwerk und die noch zu kopierende Datenmenge angezeigt.

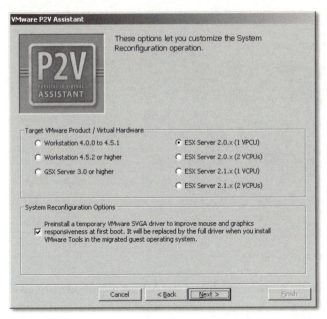

**Abbildung 17.11** In welchem Format soll die Festplattendatei endgültig abgelegt werden?

Zum Abschluss der Migration wird Ihnen die Auswahl der möglichen Zielformate angezeigt (Abbildung 17.11), die natürlich mit den Aktualisierungen von VMware P2V ständig erweitert werden. In der von mir verwendeten Version 2 fehlen VMware Workstation 5 und ESX Server 2.5. Das stellt allerdings kein Problem dar, da man dies mit einem simplen Hardwareupgrade bei ausgeschalteter virtueller Maschine über die entsprechenden Administrationswerkzeuge nachziehen kann. Die Aktivierung des Pre-Installs der VMware-Treiber ist absolut zu empfehlen, weil mit ihnen eine deutlich bessere Performance zu erzielen ist als ohne dieselben, auch wenn sie älteren Baujahrs sind. Allerdings sollten Sie, sobald die virtuelle Maschine auf dem endgültigen VMware-System ist, die VMware Tools auf den neuesten Stand bringen und so die aktuellsten Treiber installieren. Nach der Auswahl des gewünschten VMware-Zielproduktes wird die Festplattendatei von P2V fertig konfiguriert und kann nach dem Kopieren an den Zielort direkt in einer neuen virtuellen Maschine als bestehende Festplatte (exisiting disk) genutzt werden.

### 17.1.2 VMware Virtual Machine Importer

Dieses Programm von VMware können Sie kostenfrei von der offiziellen Webseite herunterladen. Es dient dazu, virtuelle Maschinen des Konkurrenten Microsoft, sprich Virtual PC und Virtual Server, in ein VMware nutzbares Format zu konvertieren.

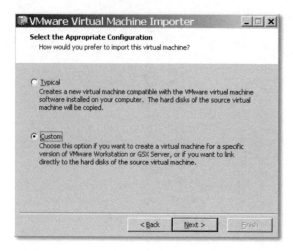

**Abbildung 17.12** Auswahl des Formats nach der Umwandlung

Nach dem Start der Software können Sie zuerst die Art der Konfiguration auswählen. Nach Auswahl von *Typical* wird nach einer auf dem Rechner installierten VMware-Version gesucht, und die Umwandlung der Virtual PC/Server-Maschine wird automatisch an die installierte Version angepasst. Bei *Custom* können Sie später selbst entscheiden, welches Ausgabeformat entstehen soll.

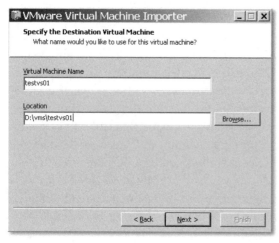

**Abbildung 17.13** Name und Ablageort der umgewandelten virtuellen Maschine

Nachdem Sie den Pfad zur Konfigurationsdatei (.vmc) der virtuelle Maschinen des Virtual PC/Servers im Dialog angegeben haben, wird diese Datei analysiert. Denken Sie jedoch daran, dass die virtuelle Maschine abgeschaltet sein muss. In Abbildung 17.13 sehen Sie den daraufhin erscheinenden Dialog, der nach dem Zielort und dem Namen der zukünftigen VMware VM fragt.

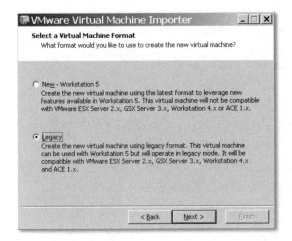

**Abbildung 17.14** Neues oder altes Format?

Nun müssen Sie das endgültige Format nach der Umwandlung auswählen, das entweder VMware Workstation 5-kompatibel oder Legacy (Workstation 4, GSX, ESX) ist (Abbildung 17.14). Das Legacy-Format lässt sich später problemlos mit allen anderen VMware-Produkten nach einer entsprechenden Konvertierung verwenden. Zum Zeitpunkt der Drucklegung des vorliegenden Buches gab es keine VMware-Serverversion, die mit dem Workstation 5-Format hätte umgehen können, daher ist hier immer *Legacy* zu wählen.

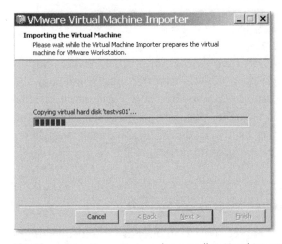

**Abbildung 17.15** Konvertierung der virtuellen Maschine vom Virtual PC/Server-Format zu einer VM im VMware lesbaren Format

Sobald Sie die restlichen Dialoge durchlaufen haben, beginnt die Umwandlung der Festplattendateien und der Konfigurationsdatei. Sobald die Konvertierung abgeschlossen ist, finden Sie die Dateien im zuvor angegebenen Verzeichnis und können, falls ein VMware Produkt installiert ist, die virtuelle Maschine direkt aus dem VMware Virtual Machine Importer heraus starten.

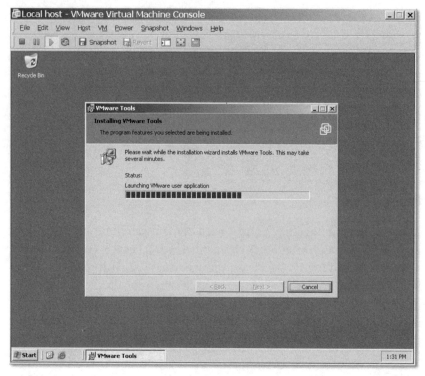

**Abbildung 17.16** Installation der VMware Tools!

Jetzt verbleibt noch eine Aufgabe, die Ihnen nicht vom Virtual Machine Importer abgenommen wird und direkt nach dem Starten der umgewandelten VM erledigt werden sollte: die Installation der VMware Tools. Nach deren Installation und einem Neustart ist die virtuelle Maschine betriebsbereit und kann ohne Abstriche verwendet werden. Es liegt in der Natur der Sache, dass dieses Tool nicht bei jeder Virtual PC/Server-VM funktioniert, im Normalfall sollte dies jedoch problemlos klappen.

### 17.1.3 Microsoft Virtual Server Migration Toolkit

Microsoft bietet mit dem Virtual Server Migration Toolkit ein sehr mächtiges Hilfsmittel zur Migration von physikalischen und virtuellen Systemen in Virtual Server VMs an. Da zumindest die Software selbst kostenfrei ist, kann man dieses Tool durchaus als sehr interessant bezeichnen. Allerdings ist nicht alles Gold, was glänzt, denn es existieren nämlich auch gravierende Nachteile. Erstens ist die Installation sehr anspruchsvoll und erfordert ein gerüttelt Maß an

Netzwerk- und Betriebssystemkenntnissen. Zweitens benötigen Sie einen Microsoft Windows 2003 Enterprise oder Datacenter Server, der mittels ADS (Automated Deployment Services) als PXE (Preboot Execution Environment System)-Dienst im Netzwerk auftaucht. Diese kostspielige Voraussetzung kann unter Umständen schon das K.o.-Kriterium sein. Des Weiteren kann es zu Problemen kommen, wenn man schon einen PXE-Dienst im Netzwerk hat, beispielsweise für anderweitige Softwareverteilung, denn nur ein aktiver PXE-Server darf in einem logischen Netzwerksegment vorhanden sein. Abhilfe würde hier nur ein VLAN oder ein Router schaffen. Darüber hinaus müssen die Clients, in unserem Fall die umzustellenden Serversysteme, Netzwerkkarten mit PXE Boot besitzen. Falls dies nicht so ist, muss der Server mittels Bootdiskette (mit PXE-Unterstützung) gestartet werden.

Zudem werden manche Betriebssysteme und Hardwarekomponenten bzw. Konfigurationen nicht unterstützt. Hierauf sollten Sie besonders vor der Installation von VSMT achten, können Sie sich doch so eine Menge Arbeit ersparen.

**Unterstützte Betriebssysteme:**

- Windows NT 4.0 Server SP6a
- Windows 2000 Server SP4
- Windows 2000 Advanced Server SP4
- Windows 2003, Standard Edition und Enterprise Edition

**Nicht unterstützte Hardwarekomponenten:**

- USB und Firewire
- nicht Ethernet-Netzwerkadapter
- Parallelports (Dongle, Modem)
- Bandlaufwerke

**Nicht unterstützte Konfigurationen:**

- dynamische Festplatten
- SAN-Verbindungen
- erweiterte Partitionen

Vor der Nutzung müssen die Komponenten folgendermaßen installiert werden:

1. Automated Deployment Services
2. ADS Tools auf Virtual Server (falls unterschiedliche Systeme)
3. VMTS Tools auf Virtual Server (falls unterschiedliche Systeme)

Erst in dieser Konstellation kann das Virtual Server Migration Toolkit überhaupt betrieben werden. Allerdings muss man zusätzlich noch unterscheiden, ob die ADS auf demselben Server wie der Virtual Server läuft. Falls alles auf einem Server läuft, müssen Sie die ADS und VSMT Programme »nur« immer komplett installieren. Zudem muss ein DHCP-Server im Netzwerk existieren, da die PXE Clients nur so eine gültige Netzwerkadresse erhalten.

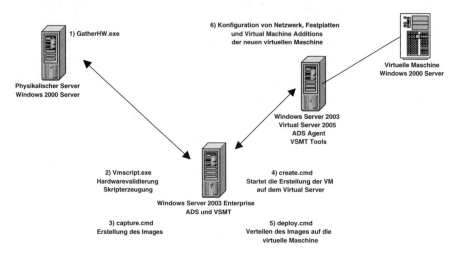

**Abbildung 17.17** Ansicht der VSMT-Umgebung zur Migration

In dieser Anleitung gehe ich von zwei getrennten Systemen aus, ADS wird später auf einem Windows 2003 Enterprise und der Virtual Server auf einem Windows 2003 Standard Server betrieben (Abbildung 17.17). Beide Systeme sind in der gleichen Arbeitsgruppe oder Domäne. Auf dem Windows 2003 Enterprise System läuft zudem ein DHCP-Server.

### Automated Deployment Services (ADS) Installation

Die Microsoft ADS-Installationsdateien und Dokumentationen können Sie auf der offiziellen Webseite von Microsoft unter der URL **http://www.microsoft.com/windowsserver2003/techinfo/overview/adsbenefits.mspx** finden. Ein DHCP-Server sollte jetzt schon im Netzwerk vorhanden sein. Das Imageverzeichnis, nach dessen Pfad hier gefragt wird, sollten Sie auf eine Partition mit entsprechend viel freiem Festplattenplatz legen, weil es alle später zu erstellenden Images aufnehmen wird.

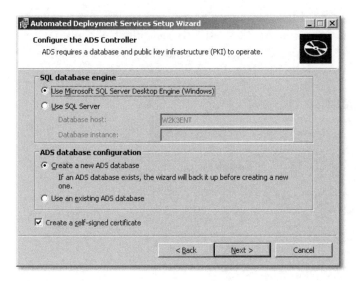

**Abbildung 17.18** Installation einer MSDE oder Verwendung eines vorhanden Microsoft SQL Servers.

Sobald die Installationsroutine gestartet ist, werden Sie nach der Datenbank der ADS-Daten gefragt (Abbildung 17.18). Hier können Sie entweder eine kostenfreie MSDE installieren (wird mitgeliefert) oder einen im Netzwerk vorhandenen MS SQL Server nutzen. Falls schon eine ADS-Datenbank existiert, können Sie diese hier angeben. Darüber hinaus wird hier ein neues Zertifikat erstellt, das später vom Virtual Server genutzt werden muss, wenn er nicht auf dem ADS-Server betrieben wird.

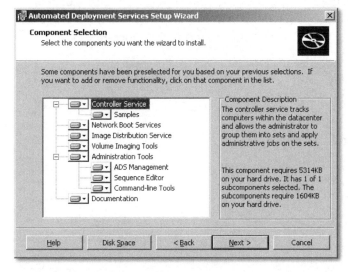

**Abbildung 17.19** Installation der ADS-Dienste

Im nächsten Installationsschritt (Abbildung 17.19) werden die zu installierenden Komponenten ausgewählt. Auf dem ADS-Server sollten Sie alle Komponenten installieren. Auf dem MS Virtual Server werden später lediglich die Tools installiert.

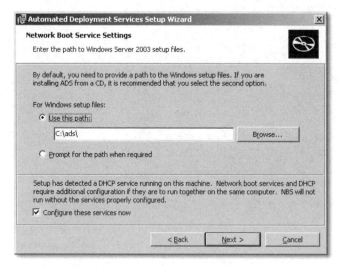

**Abbildung 17.20** Hier wird der Pfad zu einem Windows 2003-Installationsmedium abgefragt. Er wird zur Erstellung des PXE Bootimages benötigt.

Nun müssen Sie noch Angaben zu dem Pfad eines Windows 2003-Installationsmediums machen, mit dem später das PXE Bootimage erstellt wird. Dieses PXE Bootimage wird einem PXE Client beim Starten übergeben und geladen. Zudem werden, wie in Abbildung 17.20 zu sehen, die DHCP-Einstellungen verändert, vorausgesetzt Sie haben den DHCP-Server schon installiert. Diese Einstellungen sind elementar, damit VSMT überhaupt funktionieren kann.

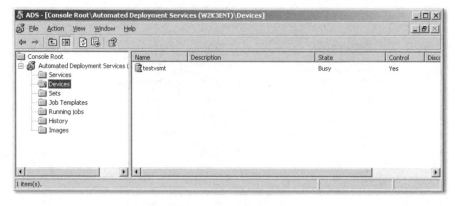

**Abbildung 17.21** Mittels ADS Management SnapIns können Sie die Abläufe während der VSMT-Aktionen überwachen.

Sobald die Installation abgeschlossen ist, steht Ihnen der ADS-Server zur Verfügung. Verwalten können Sie ihn über das ADS Management MMC SnapIn. Hier kann später der Fortschritt jeder Aktion des VSMT nachvollzogen und es kann eingesehen werden, ob das Ganze von Erfolg gekrönt war oder nicht.

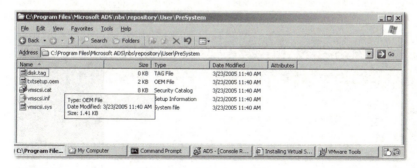

**Abbildung 17.22** Treiberverzeichnis des ADS-Servers

Die mangelnde Treiberunterstützung kann schon unweigerlich zu Problemen bei der späteren Image-Erzeugung führen. Damit die Systeme über die ADS angesprochen werden können, werden die Festplattencontroller und Netzwerkkarten benötigt. Diese müssen in das Verzeichnis `%Programfiles%\Microsoft ADS\nbs\repository\PreSystem` kopiert werden. Zur Migration von VMware VMs sind diese Treiber, die Sie auf der VMware Tools CD (windows.iso im VMware Serververzeichnis) finden, ebenfalls erforderlich.

**Abbildung 17.23** Installation der administrativen Tools auf dem Virtual Server

Falls Sie die beiden Server, ADS und Virtual Server, ebenfalls voneinander trennen, müssen Sie auf dem Virtual Server die ADS Administrative Tools installieren. Zur Installation dient die gleiche Installationsroutine wie beim eigentlichen ADS Server, nur dass wie in Abbildung 17.23 *Administrative Tools only* ausgewählt wird.

**Abbildung 17.24** Installation des ADS-Serverzertifikates. Dies ist sehr wichtig, um die spätere Kommunikation zwischen Tools und Server sicherzustellen.

Jetzt müssen Sie das Serverzertifikat angeben, damit die Kommunikation zum Server überhaupt stattfinden kann. Dieses Zertifikat müssen Sie auf den Virtual Server kopieren und den Pfad, wie in Abbildung 17.24 beispielhaft gezeigt, hinterlegen. Zu finden ist es im ADS-Programmverzeichnis des ADS-Servers.

**VSMT-Installation**

Nachdem die grundlegenden Bedingungen des Virtual Server Migration Tools durch die Installation der ADS erfüllt sind, kommen wir nun zur eigentlichen Installation. Da zwei Server existieren, ADS Server und Virtual Server System, werden auch unterschiedliche Komponenten von VSMT benötigt.

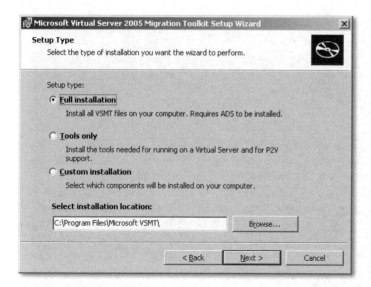

**Abbildung 17.25** Wie soll VSMT installiert werden? Ist dies ein Server oder ein Client?

Auf dem ADS-Server muss eine Vollinstallation des Toolkits durchgeführt werden, die alle Anpassungen der ADS und die benötigten Skripte beinhaltet (Abbildung 17.25). Sobald die Installation abgeschlossen ist, finden Sie alles Notwendige im Programmverzeichnis Microsoft VSMT.

**Handhabung der VSM Tools**

Innerhalb des VSMT-Programmverzeichnisses finden Sie nun die Dateien GatherHW.exe und VMscript.exe, die Sie zur Migration benötigen. Auf dem Quell-System (physikalische oder virtuelle Maschine) müssen Sie zuallererst die `GatherHW.exe /f: pfad_Konfig.xml` ausführen. Dadurch wird eine XML-Datei generiert, die den Host-Namen des Quellservers als Namen trägt. In der Datei stehen alle relevanten Informationen, die für die Migration benötigt werden. Daher sind am Client selbst keine weitere Änderung mehr notwendig. Die XML-Datei muss aber zur späteren Weiterverwendung auf den VSMT Server kopiert werden.

Über den Befehl `VMscript.exe -hwvalidate -hwinfofile:Quellserver.xml` wird der Inhalt der XML-Datei, sprich die Konfiguration des Quell-Systems, überprüft. Falls hier keine Inkompatibilitäten auftreten, sind Sie auf der sicheren Seite. Danach müssen die eigentlichen Migrations-Skripte erstellt werden. Dies geschieht ebenfalls über den VMscript-Befehl, allerdings mit ein paar Parametern mehr (Abbildung 17.26).

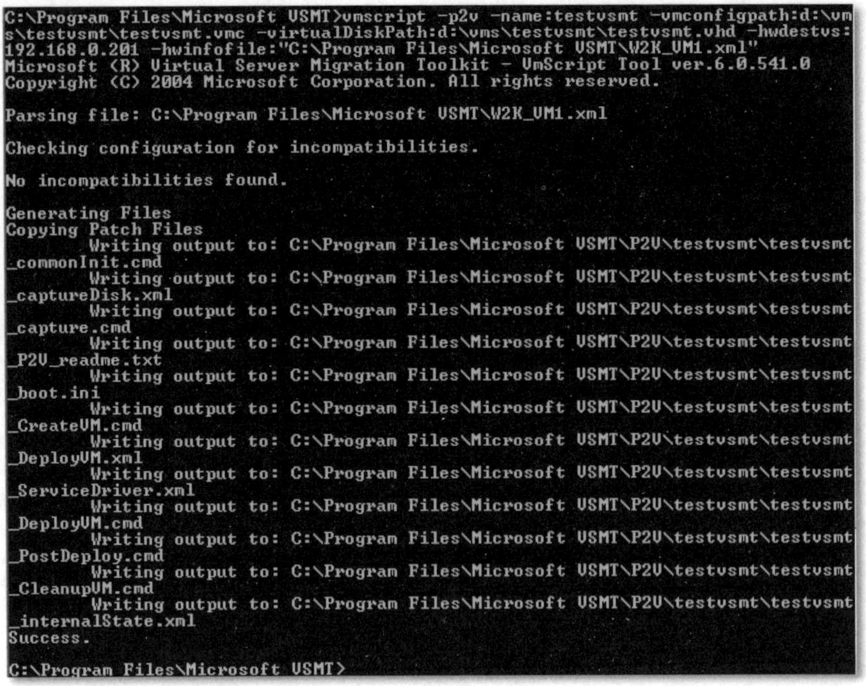

**Abbildung 17.26** Ausgabe des Vmscript-Befehls zur Generierung der rechnerspezifischen Skript-Dateien.

| Parameter | Erklärung |
| --- | --- |
| `-hwgeneratep2v oder -p2v` | Erstellung der P2V Skripte |
| `-hwinfofile:Quellserver.xml` | Konfigurationsdatei, die durch GatherHW.exe erstellt wurde |
| `-name:Name_der_VM` | Wie soll die virtuelle Maschine später benannt werden? |
| `-vmconfigpath:Pfad_vmc_Datei` | Pfad zur späteren .vmc-Konfigurationsdatei |
| `-virtualDiskPath:Pfad_vhd_Datei` | Pfad zur späteren Festplattendatei |
| `-hwdestvs:Virtualserver.local` | FQDN des Virtual Servers |

**Tabelle 17.2** Parameter der VMscript.exe

Die Parameter `vmconfigpath` und `virtualDiskPath` sind von besonderer Bedeutung, da dort die späteren VM-Dateien abgelegt werden. Daher müssen diese vor dem Migrationslauf durch das DeployVM-Skript existieren. Die Pfade müssen aus der Perspektive des Virtual Servers angegeben werden, z.B. `d:\virtual_machines\VM1`.

| Name | Size | Type |
|---|---|---|
| Patches | | File Folder |
| testvsmt1_boot.ini | 1 KB | Configuration Settings |
| testvsmt1_capture.cmd | 7 KB | Windows Command ... |
| testvsmt1_captureDisk.xml | 2 KB | XML Document |
| testvsmt1_CleanupVM.cmd | 2 KB | Windows Command ... |
| testvsmt1_commonInit.cmd | 3 KB | Windows Command ... |
| testvsmt1_CreateVM.cmd | 5 KB | Windows Command ... |
| testvsmt1_DeployVM.cmd | 4 KB | Windows Command ... |
| testvsmt1_DeployVM.xml | 3 KB | XML Document |
| testvsmt1_internalState.xml | 6 KB | XML Document |
| testvsmt1_P2V_readme.txt | 1 KB | Text Document |
| testvsmt1_PostDeploy.cmd | 1 KB | Windows Command ... |
| testvsmt1_ServiceDriver.xml | 4 KB | XML Document |

**Abbildung 17.27** Migrations-Skripte im Verzeichnis des entsprechenden Quell-Systems

Sobald der Vmscript-Befehl erfolgreich ausgeführt wurde, existiert im Programmverzeichnis von den VSMTools ein Verzeichnis P2V und darin ein Unterverzeichnis mit dem Namen des Quell-Systems. Darin befinden sich die eigentlichen Skripte, die zur Migration des Serversystems genutzt werden (Abbildung 17.27).

**Abbildung 17.28** Nach Aufruf des Capture-Skripts bleibt das Programm bis zur Erstellung des Images offen.

Um das Image überhaupt einmal zu erstellen, muss man nun nichts weiter machen, als die Datei `Quellserver_capture.cmd` auszuführen. Die daraufhin erscheinende Eingabeaufforderung konfiguriert den ADS-Dienst, d.h., die Imageerzeugung wird gestartet, sobald sich das Quell-System über den PXE-Dienst mit seiner MAC-Adresse meldet. Daher muss jetzt, ohne das Programmfenster zu schließen, der Quellrechner mit PXE gestartet werden. Sobald sich das Quell-System nun mit dem PXE-Service verbindet, können Sie den Ablauf mit dem ADS Management Snapin verfolgen. Nach dem erfolgreichen Erstellen des Systemimages, können Sie die restlichen Kommandozeilenskripte in folgender Reihenfolge aufrufen, um die Migration abzuschließen:

| Skript | Aktionen |
|---|---|
| `_capture.cmd` | Erstellung der Festplattenimages |
| `_CreateVM.cmd` | Erstellung der Konfigurationsdatei (.vmc) der virtuellen Maschine |
| | Erstellung der virtuellen Netzwerke |
| | Erstellung des SCSI Kontrollers |
| | Erstellung der Festplattendateien (.vhd) |
| | Hinzufügen der Festplattendateien zur virtuellen Maschine |
| | legt das RIS2003.vfd-Diskettenimage (PXE Boot) in das virtuelle Diskettenlaufwerk |
| | konfiguriert die virtuelle Netzwerkkarte in das virtuelle Netzwerk |
| | konfiguriert ADS-Server, damit die neu erstellte virtuelle Maschine das entsprechende Bootimage und damit das vorher erstellte Festplattenimage erhält |
| `_DeployVM.cmd` | Anschalten der virtuellen Maschine |
| | Zurückschreiben der Festplattenimages auf die jeweiligen Festplattendateien (.vhd) |

**Tabelle 17.3** Reihenfolge der Skripte zur Migration

Wenn das letzte Skript namens DeployVM.cmd erfolgreich ausgeführt wurde, ist die Quellmaschine komplett in die virtuelle Maschine migriert. Den kompletten Ablauf müssten Sie auch jetzt in der zu Anfang gezeigten Abbildung 17.17 wieder erkennen. Falls Sie möchten, können Sie die entstandene virtuelle Maschine mit dem VMware Virtual Machine Importer in ein VMware-kompatible Maschine konvertieren. Dem Spieltrieb wären hier keine Grenzen gesetzt.

### 17.1.4 Platespin PowerP2V

Platespin liefert mit dem PowerP2V-Produkt ein sehr mächtiges und leicht zu bedienendes Werkzeug zur Migration von physikalischen und virtuellen Maschinen. Wie die beiden Tools VMware P2V und Microsoft VSMT bedient sich auch PowerP2V eines Image-Verfahrens. Bei der Migration kann man sich zwischen einer direkten Migration und einer Image-Erstellung vom Quell-System entscheiden. Im Falle der Image-Erstellung wird dieses Image auf einem Image Server, der zuvor angegeben werden muss, abgelegt und kann danach beliebig oft verwendet werden. Es können beliebig viele und verschiedene Images hinterlegt und Image Server angelegt werden. Bei jeder Erstellung einer neuen VM basierend auf einem Image, können die spezifischen Einstellung des Ziel-Systems granular hinterlegt werden, womit die entstehende virtuelle Maschine direkt nutzbar ist. In zukünftigen Versionen soll diese Funktion dahingehend erweitert werden, dass man aus den Images auch physikalische Maschinen aufsetzen kann. Damit wären auch die Verfahren P2P und V2P möglich, die momentan von keinem Produkt unterstützt werden. Die komplette Migration läuft zum großen Teil vollautomatisch über eine grafische Oberfläche ab, die intuitiv zu bedienen ist. Die Hardwareunterstützung durch PowerP2V ist umfassend und kann auf der Webseite des Herstellers in einer ständig aktualisierten Liste nachgelesen werden.

**Funktionsumfang von Platespin PowerP2V**

- Migration von Windows- und Linux-Systemen (derzeit nur RedHat) in VMware ESX Server, VMware GXS Server und Microsoft Virtual Server 2005 VMs
- Physical-to-Virtual(P2V)-Konvertierung
- Virtual-to-Virtual(V2V)-Konvertierung
- Physical-to-Image(P2I)- und Image-to-Virtual(I2V)-Konvertierung
- automatische und einfache Erfassung und Inventarisierung von physikalischen und virtuellen Systemen
- keine Agenteninstallation notwendig
- kein PXE Boot notwendig
- keine Boot-CD oder -Diskette notwendig
- detaillierte Aktionsverfolgung und Protokollierung
- direkte Migration des physikalischen System in ein virtuelles möglich

Die Installation des PowerP2V Servers gestaltet sich im Vergleich zu VSMT erfreulich einfach. Es werden bei weitem nicht so tiefe Netzwerk- und Betriebssystemkenntnisse wie in der Microsoft-Lösung verlangt. In Tabelle 17.4 können Sie die Systemvoraussetzungen vom Server und Client einsehen, Tabelle 17.5 zeigt Ihnen die unterstützten Systeme.

| PowerP2V Client | PowerP2V Server |
|---|---|
| .NET Framework 1.1 SP 1 | ▶ Windows 2000 Server<br>▶ Windows 2000 Advanced Server<br>▶ Windows 2003 Server |
| | ▶ Internet Information Server 5<br>▶ .Net Framework 1.1 SP1 (ASP) |
| | ca. 1 GB Festplattenplatz |
| | 512 MB Hauptspeicher |

**Tabelle 17.4** Systemvoraussetzungen Platespin PowerP2V

| PowerP2V Client | PowerP2V Server |
|---|---|
| | MSDE (wird automatisch installiert) |
| | VMware GSX Server VmCOM API, falls GSX Server verwaltet werden |
| | DHCP-Server ist empfehlenswert, da bei der Migration temporär IP-Adressen benötigt werden. |

Tabelle 17.4 Systemvoraussetzungen Platespin PowerP2V (Forts.)

| Komponente | Voraussetzung |
|---|---|
| Hardware | ▶ CPU: x86 166 MHz oder höher<br>▶ 128 MB Hauptspeicher<br>▶ 280 MB Festplattenspeicher (Windows Systempartition) |
| Betriebssystem Quell-System | ▶ Windows NT 4 Server<br>▶ Windows 2000 Server<br>▶ Windows 2000 Advanced Server<br>▶ Windows 2003 Standard<br>▶ Windows 2003 Enterprise<br>▶ Windows 2003 Datacenter<br>▶ Windows NT 4 Workstation<br>▶ Windows 2000 Professional<br>▶ Windows XP Home<br>▶ Windows XP Professional<br>▶ Linux RedHat<br>▶ RedHat Linux AS<br>▶ RedHat Linux ES<br>▶ SLES 8<br>▶ SLES 9 |
| Virtualisierungsprodukt | ▶ VMware ESX Server<br>▶ VMware GSX Server<br>▶ Microsoft Virtual Server<br>▶ Microsoft Virtual PC |

Tabelle 17.5 Unterstützte Systeme

Aufgrund der Möglichkeit eines abgesetzten Image Servers ist eine sehr gute Unterstützung für Außenstellen gegeben. Da die meisten Unternehmen auch zwischen Zentrale und Außenstelle eine Firewall betreiben, ist gerade für dieses Produkt die Auflistung der benötigten TCP/IP-Ports sinnvoll (Tabelle 17.6).

| Port | Verwendung |
|---|---|
| 22 (TCP, SSH) | Auslesen der Linux- und VMware ESX-Maschinen |
| 80 (TCP) | Kommunikation zwischen PowerP2V Server und Quell-/Ziel-System |
| 135/445 (TCP) | DCOM/RPC wird zum automatischen Auslesen von Windows-Maschinen über WMI verwendet. |
| > 1024 | Kann u. U. während des Ausleseprozesses der Windows-Konfigurationen durch WMI benötigt werden. |
| 3725 (TCP) | Dateitransfer zwischen Quell- und Ziel-System |

**Tabelle 17.6** Von PowerP2V verwendete Ports

Da PowerP2V mit dem Microsoft IIS Webserver arbeitet, müssen Sie den PowerP2V Server entweder auf einem Windows 2000 oder Windows 2003 Server mit installiertem IIS und aktiviertem ASP .Net installieren. Über den Webserver werden später sowohl der PowerP2V Client als auch die Web Services angeboten, über die der Client mit dem Server kommuniziert.

**Abbildung 17.29** Webseite des PowerP2V Servers. Hier können Sie den eigentlichen Client herunterladen.

Nach der Installation des PowerP2V Servers, können Sie auf die Webseite des Servers über die URL **http://localhost/PowerP2V** wechseln und sich den PowerP2V Client herunterladen und installieren. Mit diesem Client wird der komplette PowerP2V Server verwaltet (Abbildung 17.29), es sind demnach keinerlei sonstige Tools notwendig.

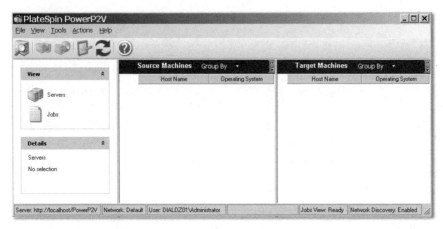

**Abbildung 17.30** Zum ersten Mal im PowerP2V Client

Sobald Sie den Client gestartet und die Lizenzen eingetragen haben, befinden Sie sich im Management des PowerP2V Servers, das naturgemäß erst einmal leer ist. Dies ändert sich jedoch sehr schnell, da der Server, ständig das Netzwerk nach neuen Systemen absucht und in den entsprechenden Gruppen *Source* oder *Destination* einträgt. Die Entscheidung, ob ein System nur als Quell- oder auch als Ziel-System erkannt wird, hängt von der Art der Hardware ab. Physikalische und direkt verbundene virtuelle Systeme können derzeit nur als Quell-Systeme dienen, virtuelle Maschine, die über den Virtualisierungsserver verbunden werden, hingegen sowohl als auch.

**Abbildung 17.31** Hinzufügen neuer Systeme

Falls Sie Ihr System nicht in der Oberfläche wiederfinden, können Sie es einfach mit *Discover Server Details* (rechte Maustaste in das *Source*- oder *Destination*-Fenster) hinzufügen (Abbildung 17.31). Nach dem Aufruf erscheint ein Dialogfenster, in dem Sie Angaben zur Netzwerkadresse, zum Betriebssystem (Windows oder Linux) und zu einem Administratorprofil machen müssen. Die Benutzerangaben können Sie entweder verschlüsselt für die einzelnen Server hinterlegen, oder aber Sie werden bei jeder Neuabfrage des Systems erneut nach Benutzernamen und Kennwort gefragt.

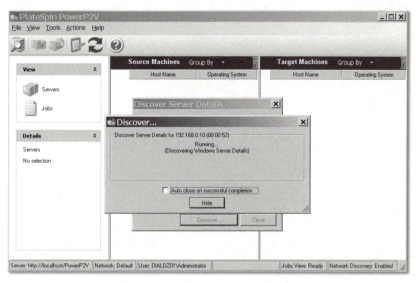

**Abbildung 17.32** Auslesen der notwendigen Daten des Systems

Nach einem Klick auf *Discover* wird der Prozess zur Datenerfassung des Systems gestartet (Abbildung 17.32). Die Datenerfassung selbst betrifft sämtliche Angaben des Systems, angefangen beim Betriebssystem über die Festplattenpartitionen bis hin zu den Netzwerkeinstellungen (Abbildung 17.33). Sobald dieser Prozess abgeschlossen ist, steht der Server zur weiteren Verwendung bereit. Gerade dieser Discovery-Prozess ist ein Kernstück von PowerP2V, weil durch die durchgängige Datenerfassung alle weiteren Funktionen erst realisierbar werden.

**Beispiel:**

Angenommen Sie hätten eine virtuelle Maschine, die Sie zu einem Image Server machen möchten. Diese wurde auch schon vor einiger Zeit von PowerP2V erfasst und enthält eine Festplatte. Da die Images recht groß sind, entscheiden Sie sich dafür, eine weitere große Festplatte der VM bereitzustellen. Damit diese nun von PowerP2V verwendet werden kann, müssen Sie erst das System im Inventar auf den neuesten Stand bringen (refreshen).

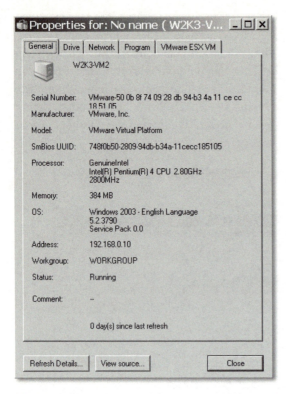

**Abbildung 17.33** Eigenschaften eines erfassten Systems. Diese Eigenschaften müssen zum reibungslosen Migrieren immer aktualisiert werden.

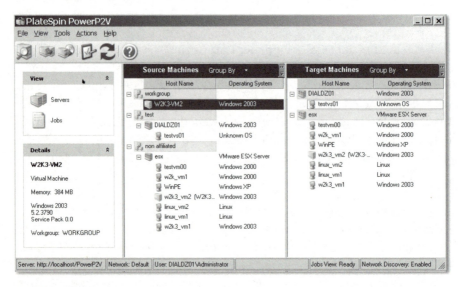

**Abbildung 17.34** Eine in PowerP2V erfasste Infrastuktur

Sobald alle benötigten Maschinen integriert sind, könnte eine kleine Infrastruktur so wie in Abbildung 17.34 aussehen. Auf der linken Seite stehen bei den Quellservern auch die physikalischen Systeme, während auf der rechten Seite ausschließlich virtuelle Maschinen zu finden sind. Übrigens werden mit der Integration eines VMware GSX/ESX oder Microsoft Virtual Server automatisch alle darauf laufenden virtuellen Maschinen direkt übernommen und integriert, wenn sie denn zuvor inventarisiert (discover) worden sind.

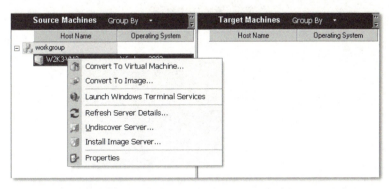

**Abbildung 17.35** Kontextmenü bei einem vollständig erfassten Quell-System

Wenn Sie nun mit der rechten Maustaste das Kontextmenü eines inventarisierten Systems aufrufen, erhalten Sie eine Ansicht wie die in Abbildung 17.35. Sie könnten schon jetzt eine Migration in eine andere virtuelle Maschine anstoßen oder die Maschine in ein Image umwandeln. Vorher muss jedoch erst ein Image Server installiert sein, was wir mit der Auswahl *Install Image Server* auch direkt machen können. Es können, wie bereits erwähnt, beliebig viele Image Server mit beliebig vielen Images installiert und genutzt werden. Die Installation des Image Servers läuft wie alles in PowerP2V ohne einen weiteren Eingriff des Administrators ab (allerdings werden Sie vorher noch nach dem Verzeichnis für die Images auf dem Image Server gefragt). Einzige Voraussetzung ist immer die Hinterlegung eines administrativen Benutzers pro System.

Sobald der Image Server installiert ist, können Sie auch schon das erste System in ein Image umwandeln. Dazu müssen Sie im Kontextmenü des Quell-Systems (Abbildung 17.35) *Convert to Image* auswählen. Danach werden Sie nach dem Image Server zur Konvertierung gefragt (Abbildung 17.36). Ein sehr wichtiger Punkt hierbei ist, dass nur Steuerinformationen zwischen PowerP2V Server und Image Server bzw. Quell-System ausgetauscht werden. Die Daten beim Erstellen des Images fließen nur zwischen Image Server und Quell-System. Dadurch ist es möglich, in entfernten Standorten beispielsweise über WAN-Verbindungen eine Image-Erzeugung anzustoßen, ohne dabei die Leitung mit den eigentlichen Daten zu belasten.

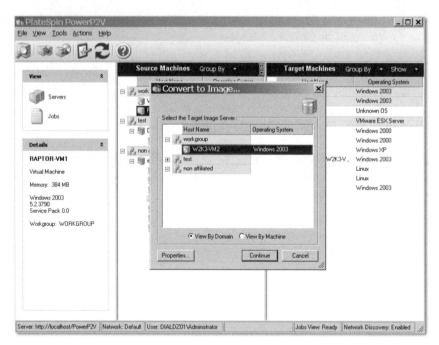

Abbildung 17.36  Konvertierung eines Systems in ein Image auf dem entsprechenden Image Server

Abbildung 17.37  Konvertierungseinstellungen bei der Image-Erstellung

Wenn der Image Server ausgewählt ist, meldet sich der Assistent zur Image-Erstellung (Abbildung 17.37). Hier können Sie die Job-Konfiguration anpassen, indem Sie die administrativen Benutzerinformationen beider Systeme angeben oder die Erstellung per Scheduler zeitlich beeinflussen. Darüber hinaus können Sie hier unter *Volumes* die Partitionen auswählen, die in ein Image übernommen werden sollen. Sobald Sie die Image-Erzeugung aktivieren, wird das Quell-System vollautomatisch konfiguriert und danach heruntergefahren (falls gewünscht).

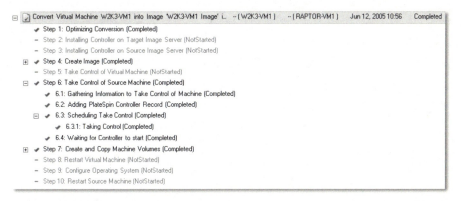

**Abbildung 17.38** Installationsprotokoll bei der Erstellung des Images

Die Umwandlung selbst können Sie jederzeit in der Jobs-Ansicht (linke Seite) Schritt für Schritt verfolgen (Abbildung 17.38). Die Aufteilung der Gesamtaktion in kleinere Teilschritte erleichtert die Fehlersuche erheblich. Falls Fehler auftreten, kann man anhand der Step-Nummer auch sehr gut in der Platespin Knowledge Base nach Fehlern suchen.

**Abbildung 17.39** Übersicht über alle Images auf einem Image Server

Unter jedem Image Server sehen Sie nun im Inventar die Images, die auf ihm vorhanden sind. Per Drag&Drop können die Images problemlos zwischen mehreren Image Servern verschoben werden. Sobald Sie das Kontextmenü eines Images aufrufen, können Sie das Image entweder löschen oder daraus eine neue virtuelle Maschine erstellen.

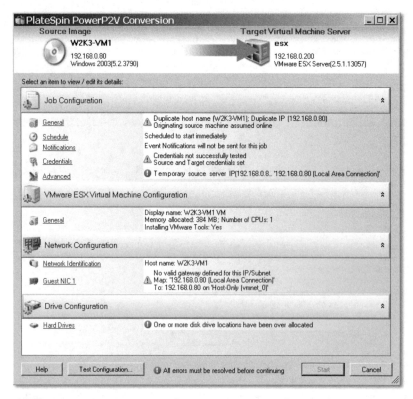

**Abbildung 17.40** Assistent zur Erstellung einer neuen virtuellen Maschine mittels Image

Sobald eine Neuerstellung angestoßen wurde, erscheint ein Assistent, mit dem alle relevanten Einstellungen gemacht werden können. In Abbildung 17.40 sehen Sie diesen Assistenten bei der Neuerstellung einer VM auf einem VMware ESX Servers. Über die entsprechenden Links können Sie direkt zu den mit einer Warnung oder einem Fehler gekennzeichneten Sektionen wechseln. Diese Einstellungen werden variabel je nach Ziel-System angepasst. Als Ziel-System können virtuelle Maschinen auf VMware GSX/ESX Server und MS Virtual Server dienen.

Folgende Einstellungen können beispielsweise im VMware ESX Server gemacht werden (Quellserver ist eine Windows 2003-Maschine):

- Name der virtuellen Maschine
- Pfad der Konfigurationsdatei
- Hauptspeicherzuordnung
- Installation der VMware Tools
- Netzwerkeinstellungen pro virtueller Netzwerkadapter

- zugeordneter virtueller Netzwerkswitch (wird aktuell aus dem Virtualisierungsprodukt ausgelesen)
- Ressourcenbeschränkungen
- Generierung einer neuen SID
- Mitgliedschaft in Arbeitsgruppe oder Domäne
- endgültige Größe der einzelnen Festplattenpartitionen
- Neuerstellung zusätzlicher Festplattendateien
- Ablageort der Festplattendateien

Wie Sie sehen, wurde eigentlich an alles gedacht. Wegen dieser Vielzahl an konfigurierbaren Einstellungen der endgültigen virtuellen Maschine ist dieses Produkt sehr gut für den professionellen Einsatz auch in großen Umgebungen geeignet. Für Test- und Entwicklungsabteilungen ist dieses Tool geradezu prädestiniert, können doch ganze IT-Strukturen überaus schnell erstellt werden.

Stellen Sie sich eine Infrastruktur mit 20 virtuellen Maschinen vor, die zur Evaluierung einer Software genutzt werden. Weil diese VMs ständigen Veränderungen unterliegen und sehr schnell wieder in den Ursprungszustand zurückversetzt werden müssen, ist eine manuelle Neuinstallation ausgeschlossen. Hier könnte man mit PowerP2V alle Systeme imagen und auf einen Schlag komplett wiederherstellen. Dies könnte man zwar auch über das VirtualCenter realisieren, aber bei weitem nicht so komfortabel und nicht über VMware-Grenzen hinweg. Falls Platespin die Ankündigung zur Wiederherstellung physikalischer Maschinen aus einem Image realisiert, was laut Sales Departement sehr bald der Fall sein wird, wird dieses Produkt nicht nur im virtuellen Umfeld seine Vorteile ausspielen können.

Durch das Image-Verfahren kann zudem ein Disaster Recovery problemlos und schnell realisiert werden. Dieses Produkt setzt sich insofern von der Konkurrenz ab, als dass mit einer Oberfläche alle notwendigen Aktionen getätigt werden können, ohne dabei einen Administrator vor Ort bemühen zu müssen.

Bei all dem Lob sollte auch ganz klar sein, dass es immer Konstellationen geben wird, die das Produkt nicht migrieren bzw. abdecken kann. Daher sollten Sie sich vor der Anschaffung genau über die Kompatibilät mit Ihrer Infrastruktur informieren und sich mittels einer Testversion ein Look&Feel verschaffen.

### 17.1.5 Leostream P>V Direct

Leostream hat mit dem Produkt P>V Direct ein Werkzeug auf den Markt gebracht, mit dem eine automatisierte Migration eines Windows-basierten physikalischen Systems direkt in eine virtuelle Maschine möglich ist. Auf Boot-

CD, Diskette oder Netzwerkboot wird ähnlich wie beim Platespin-Konkurrenten komplett verzichtet. Das Quell-System muss während des Migrationsprozesses nicht neu gestartet oder heruntergefahren werden, was schon für sich genommen ein Alleinstellungsmerkmal ist. Um dies zu bewerkstelligen, besteht das P>V Direct-Produkt aus drei Komponenten: einem Wizard, der auf dem Quell-System installiert wird, einem Host-Agenten auf dem Wirt-System und einem Converter in der virtuellen Maschine (Abbildung 17.41). Der Wizard des Quell-Systems kopiert in einem späteren Schritt dann alle Daten einer Festplatte auf Blockebene in die virtuelle Maschine. Offensichtlicher Nachteil dieser Methode ist es, dass die entstehende virtuelle Maschine in einem Zustand vorliegt, der dem nach einem Absturz ähnelt (harter Ausfall – z.B. nach Stromausfall). Zudem wird hier das System 1:1 mit gleichem Computernamen, gleicher Netzwerkkonfiguration und gleicher SID migriert. Daher sollte die VM entweder direkt in einem Host-Only-Netzwerk gestartet oder das Quell-System nach der Migration abgeschaltet werden. In Tabelle 17.6 können Sie die unterstützten Betriebssysteme und Virtualisierungsprodukte nachlesen.

| P>V Direct Komponente | unterstützte Produkte |
|---|---|
| Virtualisierungsprodukt | ▶ Microsoft Virtual Server 2005;<br>▶ Microsoft Virtual Server 2005 SP1<br>▶ VMware GSX Server for Windows v3.1<br>▶ VMware Workstation 4.5<br>▶ VMware ESX Server v2.5 |
| Quell-System<br>P>V Wizard | ▶ Windows NT 4 Workstation<br>▶ Windows NT4 Server<br>▶ Windows 2000 Professional,<br>▶ Windows 2000 Server,<br>▶ Windows 2000 Advanced Server<br>▶ Windows XP<br>▶ Windows 2003 Standard<br>▶ Windows 2003 Enterprise<br>▶ Windows 2003 Datacenter |
| Windows Host Agent | ▶ Windows XP<br>▶ Windows 2003 Standard<br>▶ Windows 2003 Enterprise<br>▶ Windows 2003 Datacenter |
| Linux Host Agent | ▶ VMware ESX 2.5 |

Tabelle 17.7 Unterstützte Betriebssysteme (Virtualisierungsprodukte)

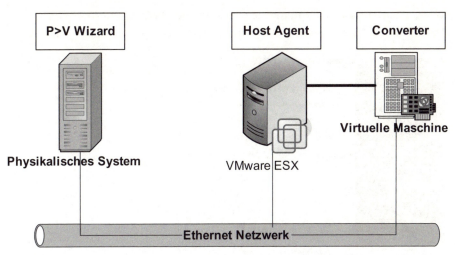

**Abbildung 17.41** Aubau der Leostream P>V Direct-Komponenten

Damit P>V Direct überhaupt funktionieren kann, sind erst einmal einige Vorbereitungen zu treffen. Auf dem Wirt-System, das die spätere virtuelle Maschine beherbergen soll, muss der Host-Agent installiert werden. Dieser stellt sich unter Windows als normale Setuproutine und unter VMware ESX als RPM-Datei dar, integriert sich als Dienst in das jeweilige Betriebssystem und steuert später die Erstellung und Konfiguration der zukünftigen VM.

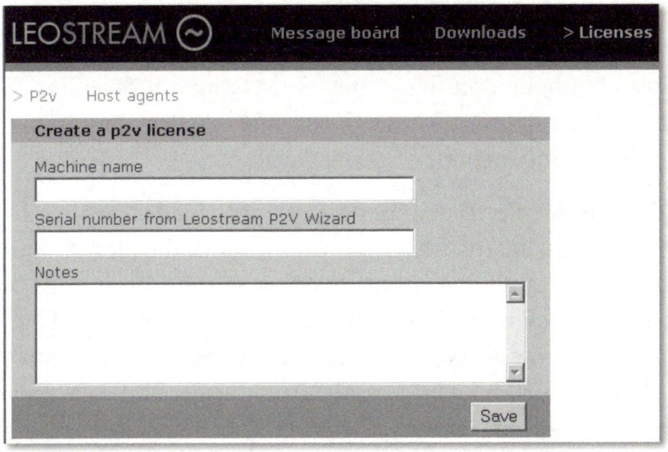

**Abbildung 17.42** Generierung des Lizenzschlüssels auf der Leostream-Webseite

Der nächste Schritt ist die Konfiguration des P>V Wizards auf dem physikalischen Quell-System. Sobald dieser Wizard startet, wird eine eindeutige Seriennummer für diesen Rechner generiert und nach einem Lizenzschlüssel gefragt.

Migration – P2V, V2V  **527**

Mit der Seriennummer müssen Sie nun auf der Leostream-Webseite, wie in Abbildung 17.42 zu sehen, den Lizenzschlüssel erzeugen.

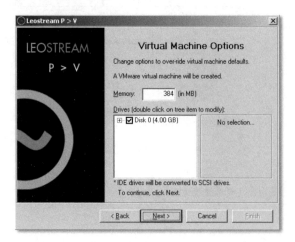

**Abbildung 17.43** Partitionen und Hauptspeichergrößen des Ziel-Systems (virtuelle Maschine)

Im darauf folgenden Dialog müssen Sie die Netzwerkadresse des Wirt-Systems, auf dem der Host-Agent läuft, angeben. Falls der Wizard erfolgreich Kontakt zu dem Host-Agenten aufbauen konnte, wird zum Dialog in Abbildung 17.43 gewechselt, der schon die Partitions und Hauptspeicherangaben für das Ziel-System betrifft. Nach dieser Auswahl werden Sie direkt nach den Einstellungen der Netzwerkkarte und deren Zuordnung zum entsprechenden virtuellen Netzwerk gefragt. Hier können Sie auch mehrere virtuelle Netzwerkkarten erstellen lassen. Da die Hardwarekonfiguration der virtuellen Maschine problemlos zu einem späteren Zeitpunkt konfiguriert werden kann, rate ich allerdings in diesem Dialog von einer Erstellung mehrerer Netzwerke ab.

Als Nächstes wird über die Art der Datenübertragung entschieden, wobei die Option *Leostream Direct* die Standardauswahl ist. Dies ist auch die einzige Auswahl, mit der das Quell-System ohne Neustart migriert werden kann. Falls es mit dieser Methode zu Problemen kommen sollte, können Sie den Wizard einfach nochmals mit einer anderen Auswahl starten. Zur Auswahl stehen Ihnen dann die Tools von Drittanbietern wie Acronis True Image und Symantec (Ghost) oder Leostream Advanced. Letzteres benötigt drei Bootdisketten und bietet eine Abwärtskompatibilität zu früheren Versionen. Mit der Option *Other* wird eine eingelegte Diskette in ein Diskettenimage kopiert und bei der Ziel-VM »eingelegt«. Vorteil an den anderen Auswahlpunkten ist, dass das Quell-System zum Zeitpunkt der Datenmigration abgeschaltet ist und daher nicht in dem Zustand ist wie bei der Online-Migration (geringere Wahrscheinlichkeit für Datenkorruption).

**Abbildung 17.44** Wie soll die Datenmigration erfolgen?

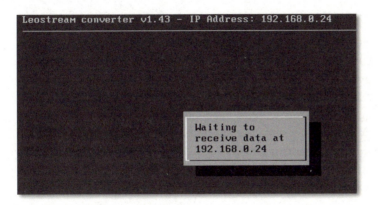

**Abbildung 17.45** Die Ziel – VM wartet auf die Daten vom Wizard

Nachdem der letzte Dialog mit der Frage nach der temporären Netzwerkadresse zur Migration beantwortet wurde, wird die virtuelle Maschine auf dem Wirt-System erstellt, konfiguriert (Netzwerk, Leostream Diskettenimage) und gestartet. Wenn hier keine Netzwerkadresse eingetragen wird, muss die VM manuell bedient werden, ansonsten startet die virtuelle Maschine automatisch im Modus zum Datenempfang (Abbildung 17.45).

Auf beiden Systemen können Sie nun den Fortschritt der Datenübertragung nachvollziehen (Abbildung 17.46). Sobald der Datentransfer beendet ist, bekommen Sie eine Meldung auf dem Quell-System, und die Ziel-VM wird automatisch neu gestartet. Weil es sich um eine 1:1-Kopie handelt, sollten Sie es vermeiden, beide Systeme gleichzeitig im Netzwerk zu betreiben. Die Migration ist zu diesem Zeitpunkt allerdings erfolgreich abgeschlossen.

**Abbildung 17.46** Fortschrittsanzeige der Datenübertragung

## 17.2 Sonstiges

Da Systemvirtualisierung viele verschiedene Aspekte mit sich bringt, existieren nicht nur P2V-Produkte am Markt, sondern eine Vielzahl von weiteren. Manche zielen auf ein konsolidiertes und vereinfachtes Management zwischen den verschiedenen Virtualisierungsprodukten ab, andere helfen bei der Datenerfassung der Systemleistung. Aus dieser Vielzahl habe ich einmal die bekanntesten Produkte herausgesucht und analysiert, wie sie verwendet werden und wie nützlich sie sind. In den folgenden Abschnitten finden Sie einen kleinen Überblick.

### 17.2.1 Leostream Virtual Controller

Mit dem Virtual Controller hat Leostream ein Produkt auf den Markt gebracht, mit dem sich die virtuellen Maschinen der drei großen Virtualisierungsprodukte verwalten und überwachen lassen. Dies geht soweit, dass der Virtual Controller ein Disaster Recovery bzw. Failover und ein Load Balancing von VMs ermöglicht. Ähnlich wie Leostream's P>V Direct besteht das Gesamtkonzept Virtual Controller aus drei Komponenten, wobei der Guest-Agent optional ist. Die entsprechenden Systemanforderungen finden Sie in den Tabellen 17.7 und 17.8.

▶ Virtual Controller – Die eigentliche Kernkomponente des Virtual Controllers ist für die Nutzung unter VMware eine vorinstallierte Festplattendatei einer virtuellen Maschine bzw. für Virtual Server eine Installationsroutine (Windows 2003). Sobald diese gestartet wird, existiert ein Webserver im Netzwerk, über den der Virtual Controller administriert werden kann. Alle Host-Agenten müssen die Netzwerkadresse des Virtual Controllers nach Konfiguration desselbigen kennen, um zu ihm eine Verbindung herstellen zu können.

- Host Agent – Den Host-Agenten haben wir schon bei P>V Direct benötigt. Er dient zur Verwaltung der virtuellen Maschinen auf dem Wirt-System durch den Virtual Controller.
- Guest-Agent – Der Gast-Agent ist optional. Mit ihm können auf Windows basierten Systemen Computername oder Domänenzugehörigkeit über Virtual Controller verwaltet werden.

| Virtual Controller | Virtual Controller Application |
|---|---|
| Agent für VMware GSX/ESX | Agent für MS Virtual Server |
| läuft in einer virtuellen Maschine | Windows 2003 Server (ohne IIS) |
| Pentium IV 1500 MHz | Pentium IV (oder AMD) 1500 MHz |
| 768 MB Hauptspeicher | 768 MB Hauptspeicher |
| 8 GB Festplattenspeicher | 8 GB Festplattenspeicher |
| Bridged Network | Netzwerkverbindung zum Controller |

Tabelle 17.8  Systemanforderungen Leostream Virtual Controller

| | |
|---|---|
| Virtualisierungssoftware | ▶ VMware GSX 3.1<br>▶ VMware ESX 2.5<br>▶ Microsoft Windows 2005 SP1 |
| Host-Agent | ▶ Windows 2000 Professional<br>▶ Windows 2000 Server<br>▶ Windows 2000 Advanced Server<br>▶ Windows 2000 Datacenter Server<br>▶ VMware ESX 2.5 |
| Gast-Agent | ▶ Windows NT4.0 Service Pack 6a<br>▶ Windows 2000 Professional<br>▶ Windows 2000 Server<br>▶ Windows 2000 Advanced Server<br>▶ Windows 2000 Datacenter Server<br>▶ Windows XP Professional<br>▶ Windows 2003 Standard<br>▶ Windows 2003 Enterprise<br>▶ Windows 2003 Datacenter |

Tabelle 17.9  Unterstütze Systeme

### Funktionsumfang

- Mit Virtual Server Lifecycle Management erhalten Endbenutzer die Möglichkeit, neue VMs anzufordern. Diese können durch den entsprechenden

Benutzer ausgeführt oder abgelehnt werden. Des Weiteren ist es möglich, nach einer bestimmten Laufzeit die VM automatisch zu löschen.

- Zentrale Übersicht mit eingeschränkter Verwaltung (vieles wird auf die Hersteller-Administrationsseite weitergeleitet) aller bestehenden virtuellen Maschinen auf allen eingetragenen Wirt-Systemen. Virtuellen Maschinen lassen sich durch maximal vier Identifikationsvariablen klassifizieren.
- Echtzeitreport von Leistungsdaten in Microsoft Excel möglich
- Leistungsüberwachung der virtuellen Maschinen
- Klonen der virtuellen Maschinen auch zwischen Wirt-Systemen
- automatisches Failover auf eine andere virtuelle Maschine beim Ausfall (harter Neustart – falls die Anwendungen diesen Zustand nicht abfangen können, kann dies aber zu Problemen führen)
- automatisches Failover von virtuellen oder physikalischen Servern von einem Standort zu einem anderen konfigurierbar (Disaster Recovery)
- granular einstellbare Benutzerrechte zur Verwaltung der virtuellen Maschinen (auch über LDAP oder Active Directory)
- direkter Einsprungpunkt zu den Verwaltungswerkzeugen der Virtualisierungsprodukte aus Virtual Controller (VMware Remote Console, VVMC, aber auch VNC oder RDP)

In einer reinen VMware-Umgebung können Sie viele dieser Funktionen auch über das VirtualCenter benutzen, allerdings muss dazu immer der VirtualCenter Client installiert sein. Bei der Leostream-Lösung müssen Sie nur den Zugang über den Browser bereitstellen. Darüber hinaus sind die Funktionen der Integration aller drei Virtualisierungsprodukte u. U. ebenso nützlich wie das Lifecycle Management, bei dem man es Benutzern überlassen kann, eine virtuelle Maschine anzufordern. Die absoluten Highlights des Produktes sind aber eindeutig Disaster Recovery und Failover, die Ihnen kein anderes Produkt in dieser benutzerfreundlichen und professionellen Form liefern kann. Schauen wir uns das Produkt einmal näher an, wobei es allerdings aufgrund der Vielzahl an Funktionen nicht möglich ist, es ausführlich zu behandeln. Ich stelle daher nur die Schlüsselfunktionen detailliert vor.

Wenn Sie erst einmal den Virtual Controller installiert und die Wirt-Systeme integriert haben, werden automatische alle virtuellen Maschinen auf demselben ausgelesen. In Abbildung 17.47 sehen Sie eine solche Übersicht, die Ihnen Daten über Name, Zustand, IP-Adresse und Server bereitstellt. Über die Auswahlmenüs links neben dem Servernamen können die virtuellen Maschinen konfiguriert, verwaltet (Starten, Stoppen), ferngesteuert oder kopiert (geklont) werden.

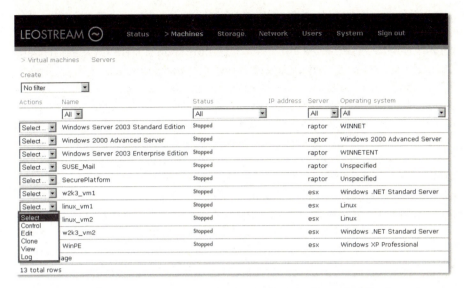

**Abbildung 17.47** Übersicht über alle registrierten virtuellen Maschinen der Wirt-Systeme

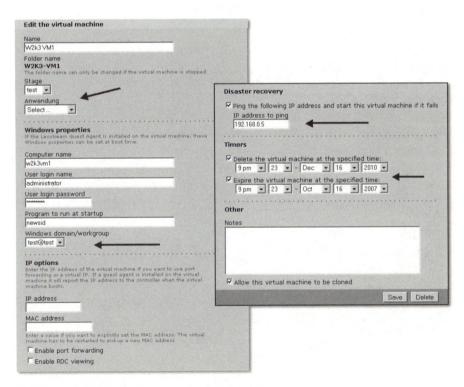

**Abbildung 17.48** Edit-Modus einer virtuellen Maschine

Sonstiges **533**

In Abbildung 17.48 sehen Sie die Ansicht des Edit-Modus einer virtuellen Maschine. Wenn Sie *Tags* (Variablen) vergeben haben (bis zu vier möglich), können Sie diese bei jeder virtuellen Maschine hinterlegen, um eine bessere Übersicht abzubilden. Zudem ist ein *Disaster Recovery* möglich, d.h. in diesem Falle, dass, wenn die IP-Adresse eines physikalischen Systems nicht mehr antwortet, die virtuelle Maschine gestartet wird. Eine weitere nützliche Funktion sind die *Timer*, die eine virtuelle Maschine zu einem bestimmten Zeitpunkt ablaufen lassen (wird in den Status abgelaufen versetzt, d.h., die virtuelle Maschine kann nicht mehr verwendet werden, sie bleibt aber für ein mögliche spätere Reaktivierung bestehen) oder sie komplett löschen kann. Dies kann z.B. bei Schulungsnetzwerken sehr nützlich sein. Wenn eine Windows-Domäne hinterlegt und in der virtuellen Maschine der Guest-Agent installiert ist, können Sie diese Domäne hier auswählen (Computername, Benutzerprofil hinterlegen – es wird keine neue SID erzeugt, dies müsste über Sysprep oder NewSID realisiert werden) und damit eine Einrichtung der Domänenmitgliedschaft automatisiert ablaufen lassen.

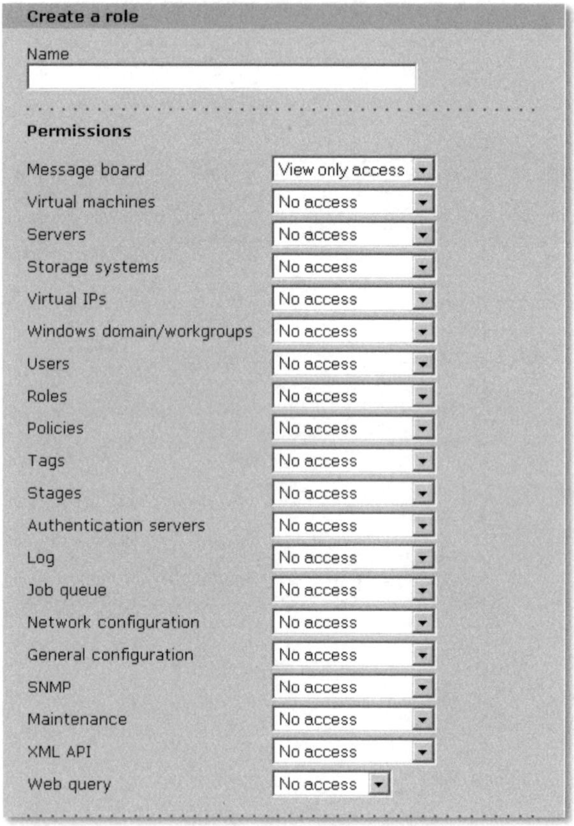

**Abbildung 17.49** Virtual Controller stellt Ihnen sehr fein einstellbare Benutzerrechte bereit.

Neben der eigentlichen Benutzeranlage können Sie *Rols*, *Policies* und *Stages* anlegen und dem Benutzer zuweisen. In Abbildung 17.49 sehen Sie, wie detailliert Sie die Benutzerrechte über Rollen eingrenzen können. Diese Eingrenzung ist bei Rollen allerdings nur bei der Webadministration von Leostream Virtual Controller wirksam. Über Stages können Sie zudem noch Gruppen anlegen und den betreffenden VMs zuordnen. Der betroffene Benutzer könnte dann seine Rechte nur auf den VMs ausüben, die sich innerhalb des Stages befinden. Um das Ganze auf die Spitze zu treiben, können Sie die Zugriffsberechtigung auch noch über das Tagging regeln.

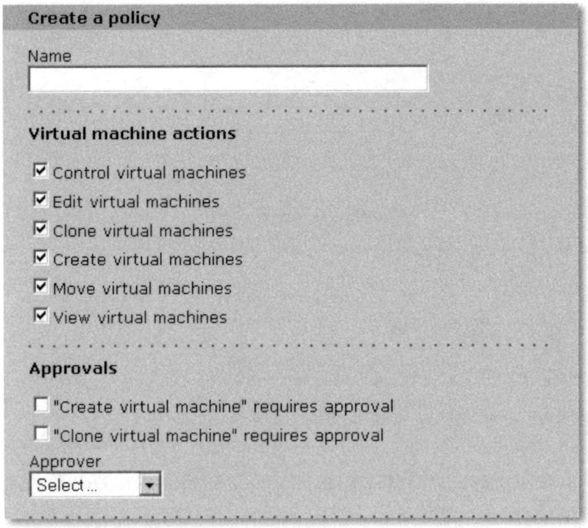

**Abbildung 17.50** Mit Policies werden Benutzerrechte noch weiter eingeschränkt oder erweitert.

Um zusätzlich die Benutzerrechte auf die virtuellen Maschinen einzuschränken, müssen Policies erstellt werden. Hier können Sie die einzelnen Verwaltungsmöglichkeiten der VMs in Abbildung 17.47 beeinflussen, aber auch die so genannten »Approvals«. Über Letztere können Sie den beim der Schilderung des Funktionsumfangs bereits erwähnten Workflow zur Anlage virtueller Maschinen einrichten. Soll der Benutzer beispielsweise nur neue VMs anlegen dürfen, wenn der Administrator zustimmt, müssen Sie einfach die Checkbox »*Create virtual machine« requires approval* mit einem Häkchen versehen und bei *Approver* den Administrator auswählen. Danach kann der normale Benutzer zwar den eigentlichen Erstellungsprozess anstoßen, durchgeführt und abgeschlossen wird dieser aber erst, wenn der Administrator sein Okay gibt.

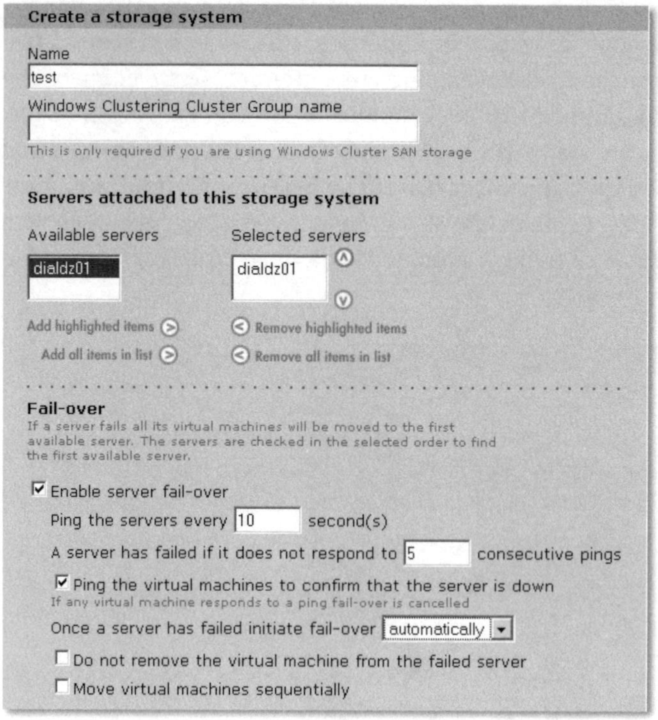

**Abbildung 17.51** Failover-Konfiguration in Verbindung mit SAN Storage

Kommen wir nun zu den Funktionen schlechthin, die Virtual Controller von der Konkurrenz abheben, nämlich den Disaster Recovery-, Failover- und Load Balancing-Möglichkeiten. Falls Sie VMware ESX mit SAN einsetzen, können Sie mit Virtual Controller ein sehr wirkungsvolles Failover einrichten. Weil Virtual Controller in regelmäßigen Abständen die Konfigurationsdateien in den eigenen Speicher kopiert, können diese Dateien beim Ausfall eines ESX Servers direkt auf einem anderen wiederhergestellt werden, woraufhin die virtuellen Maschinen gestartet werden können. Natürlich verhalten sich die neugestarteten VMs, als wären sie vorher abgestürzt (das ist mit dem Absturz des Wirts aber zwangsweise der Fall). Wann ein Failover einsetzen sollte, sehen Sie in Abbildung 17.51, wo Sie die auf dem Storage-System angebundenen Systeme und die Bedingungen angeben können. Dies kann mehrstufig geschehen. Es wird z.B. erst das Wirt-System, also die Service Console, angepingt und bei deren Ausfall die darauf laufenden virtuellen Maschinen. Erst wenn das der Fall ist, werden alle auf dem ausgefallenen System befindlichen VMs auf den anderen beteiligten Wirt-Systemen neu gestartet. Momentan wird nur der erste verfügbare in der Liste ausgewählt, allerdings soll in zukünftigen Versionen auch eine vorherige Lastprüfung mit Verteilung stattfinden. Falls nun das ausgefallene System wieder startet, kann bei entsprechender Einstellung die Konfigurationsdatei dort direkt gelöscht werden. Aber es wird auf jeden Fall verhindert, dass eine virtuelle Maschine zweimal zur gleichen Zeit gestartet wird. Diese Konfiguration kann soweit getrieben werden, dass die ausgefallenen virtuellen Maschinen auf eine andere Disaster Recovery Site (Notfallstandort) zwecks eines Startens übertragen werden.

Ein ähnliches Konzept kann bei der Verwendung des Microsoft Windows 2003 Cluster Service mit VMware GSX und Microsoft Virtual Server und SAN verwirklicht werden. Da hier auch ein gemeinsamer Plattenspeicher, auf den alle Clustermitglieder zugreifen, existiert, wird er zur Ablage der VM-Daten benutzt und wie beim ESX Server bezüglich des Failovers konfiguriert.

Es bleibt noch zu erwähnen, dass Virtual Controller bei bestimmten Ereignissen wie ein Failover über SNMP Traps versenden kann. Eine Abfrage bzw. Verwaltung über den XML Web Service ist mittels Eigenentwicklungen ebenfalls möglich. Damit bei einem Ausfall der Virtual Controller schnell wiederhergestellt werden kann, wird über die Webadministration eine Sicherung der Komplettkonfiguration angeboten.

Alles in allem macht der Virtual Controller einen sehr guten und ausgereiften Eindruck. Die gesamte Installation und Konfiguration ist sehr eingängig und wird um eine gute und ausführliche Dokumentation ergänzt. Besonders die Failover-Funktionalitäten können für die Virtualisierung bestimmter Anwendungen ausschlaggebend sein. Da VMware mit dem VirtualCenter allerdings auch schon Failover-Funktionen in den zukünftigen Versionen angekündigt hat, bleibt eine gewisse Unsicherheit, ob man zu diesem Produkt greifen sollte.

### 17.2.2 Platespin PowerRecon

Mit dem Produkt PowerRecon liefert Platespin ein sehr gutes Tool, mit dem physikalische aber auch virtuelle Maschinen ausgewertet werden können. Die Auswertung bezieht sich auf Leistungsdaten von Prozessor, Hauptspeicher, Festplatten und von Netzwerken. Daher kann bei rechtzeitigem Einsatz recht gut abgeschätzt werden, ob ein System in eine virtuelle Maschine konvertiert werden kann oder ob es zu leistungsintensiv ist. Des Weiteren können virtuelle Maschinen überwacht werden, um an entsprechende Leistungsdaten zu gelangen und gegebenenfalls bei gravierenden Änderungen (beispielsweise einer zusätzlich laufenden Applikation) einzugreifen (mehr Hauptspeicher etc.). Alle Leistungsdaten werden entweder in einer Access-Datenbank (wird mitgeliefert) oder in einem vorhandenen MS SQL-Datenbanksystem abgelegt. Sie können auf der Webseite von Platespin eine Version von PowerRecon herunterladen, die in ihrer Gültigkeit zeitlich begrenzt ist und auch nur ein bestimmtes

Volumen zulässt. Um einen ersten Eindruck zu gewinnen, reicht diese Version jedoch allemal aus.

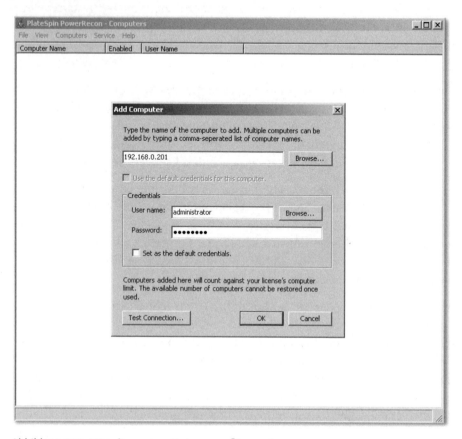

**Abbildung 17.52** Hinzufügen eines Systems zur Überwachung

Nach der Installation, dem Eintrag der Lizenzen und dem Start der Software können Sie über die Änderung der *View* auf Computer zur Auflistung der überwachten Systeme wechseln. Da diese Auflistung am Anfang recht leer daherkommt, wird über *Add Computer* (Kontextmenü innerhalb der Liste) ein System hinzugefügt (Abbildung 17.52). Dazu brauchen Sie nur die Netzwerkadresse und einen Benutzeraccount mit Administrationsrechten anzugeben. Es werden bisher allerdings nur Microsoft Windows NT, 2000 und 2003 unterstützt.

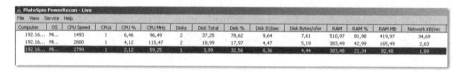

**Abbildung 17.53** Live-Ansicht der überwachten Systeme

Wenn nicht anders konfiguriert, aktualisiert PowerRecon alle 60 Sekunden die Daten der überwachten Systeme. Wenn Sie über *View* zur Live-Überwachung wechseln, werden Ihnen sehr übersichtlich alle relevanten Leistungsdaten der überwachten Systeme auf einen Blick angezeigt (Abbildung 17.53). Darüber hinaus können Sie sich in einer weiteren Ansicht namens *History* auch frühere Leistungsdaten der Systeme über einen angegebenen Zeitraum anzeigen lassen.

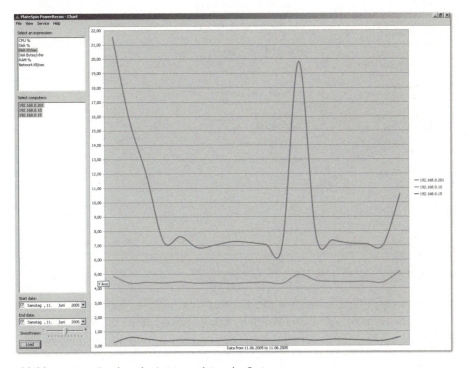

**Abbildung 17.54** Graphen der Leistungsdaten der Systeme

Eine der nützlichsten Ansichten ist die Graph-Ansicht, in der Sie sich die Leistungsdaten der Systeme über einen zu bestimmenden Zeitraum im Vergleich ansehen können (Abbildung 17.54). Es steht eine Vielzahl verschiedener Graphen zur Verfügung, die für Administratoren ebenso interessant sind wie für Entscheider.

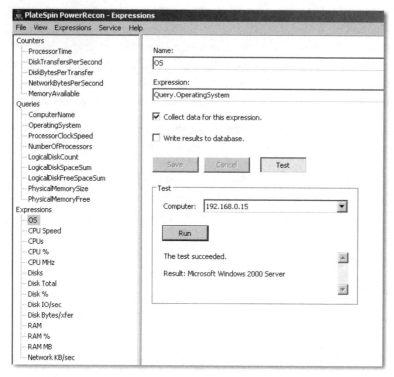

**Abbildung 17.55** Datenbankabfragen leicht gemacht!

In Abbildung 17.55 sehen Sie die Expressions-Ansicht, mit der Sie einfach Datenbankabfragen erledigen können, um beispielsweise die verschiedenen Betriebssysteme oder die Prozessorlast der einzelnen Systeme abzufragen.

### 17.2.3 Dunes VS-M

Das Unternehmen Dunes bietet Ihnen mit VS-M ein Tool an, mit dem mehrere Microsoft Virtual Server und deren virtuelle Maschinen in einer Oberfläche, zumindest optisch dem VMware VirtualCenter ähnlich, verwaltet werden können. Allerdings können Sie mit diesem Programm nur hierarchische Strukturen ohne dahinterliegende Berechtigungen anlegen, d.h., es dient rein der besseren Übersicht (Abbildung 17.56).

Sobald es tiefer in die Administration des Wirt-Systems oder der virtuellen Maschinen geht, wird automatisch der Browser mit dem entsprechenden Link zur Web-Administrationsoberfläche des Virtual Servers geöffnet. Allerdings kann man dazu eigentlich nichts wirklich Negatives sagen, da hier nicht das Rad neu erfunden, sondern nur auf die ausgereiften Funktionen des Herstellers vertraut wird.

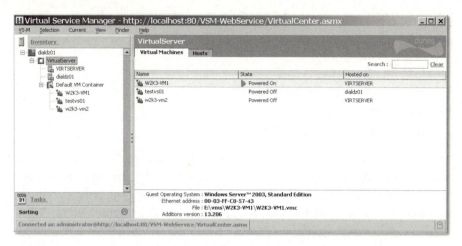

**Abbildung 17.56**  Übersicht aller integrierter Microsoft Virtual Server mit deren virtuellen Maschinen

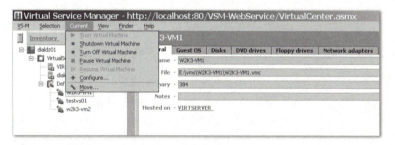

**Abbildung 17.57**  Verwaltung der virtuellen Maschinen

In Abbildung 17.57 sehen Sie die Eigenschaften einer virtuellen Maschine wie z.B. Gast-Betriebssystem, Festplatten und Netzwerkkarten. Hier können Sie nun den Status der virtuellen Maschinen ändern. VMs können beispielsweise gestartet, gestoppt oder angehalten werden.

### 17.2.4  Dunes VS-O

Ebenfalls bietet die Firma Dunes mit dem VS-O (Virtual Service Orchestrator) eine sehr mächtige Verwaltungsoberfläche für Virtualisierungsprodukte an. Allerdings unterscheidet sich diese von den herkömmlichen Managementkonsolen insoweit, dass man die Funktionalität über eine einfach zu erlernende Skriptsprache selbst erstellen und manipulieren kann. Als Skriptsprache wird JavaScript verwendet (eine komplette Befehlsreferenz wird mitgeliefert). Ergänzt wird das ganze mit einer ganzen Palette von fertigen Paketen und Workflows, die mitgeliefert werden bzw. von der Herstellerwebseite heruntergeladen werden können.

Folgende Virtualisierungsprodukte werden zur Verwaltung unterstützt:

- **Virtual Center Server** v1.2 with Web Service (SDK)
  - ESX Server
  - GSX Server
- **Dunes VS-M**
  - Microsoft Virtual Server 2005

Wie Sie sehen, wird zur Unterstützung der VMware bzw. Microsoft Produkte zusätzlich ein Managementprogramm benötigt, über das die eigentliche Kommunikation mit den virtuellen Maschinen abläuft. Übrigens wird durch den Hersteller empfohlen, alle Verwaltungsprodukte (VirtualCenter, VS-M, VS-O) auf der gleichen physikalischen Maschine zu installieren. Daher kommen Sie um einen entsprechenden finanziellen Mehraufwand nicht herum.

| Komponente | Voraussetzung/Unterstützung |
|---|---|
| Hardware | - Pentium 4 (AMD) ab 2 Ghz<br>- 2 GB Ram<br>- Netzwerkkarte 100 Mb |
| VS-O Server | - Windows 2003 Server oder Windows XP<br>- VMware VirtualCenter (bei Nutzung von VMware)<br>- Microsoft Dunes VS-M (bei Nutzung von MS Virtual Server)<br>- SQL server 2000 oder Oracle 8i, 9i (im Produktivbetrieb) |
| VS-O Client | - Windows XP<br>- Linux |
| VS-O Webadministration | - MS Internet Explorer 6<br>- Mozilla |

**Tabelle 17.10** Systemvoraussetzungen VS-O

Zu den Kernfunktionen zählen laut Hersteller die folgenden:

- **Automated Provisioning** – die automatisierte Erstellung neuer virtueller Maschinen im Bedarfsfall
- **Disaster Recovery** – Falls eine produktive virtuelle Maschine ausfällt, wird automatisch eine neue virtuelle Maschine durch Kopie oder Rücksicherung erstellt.
- **Automated Planned or Unplanned Maintenance** – Herunterfahren oder Starten einzelner VMs und kompletter Infrastrukturen in der Reihenfolge ihrer Priorität

- **Backup/Archiving** – die Sicherung/Rücksicherung oder Archivierung virtueller Maschinen kann automatisiert werden

Die Installation selbst ist recht komplex, wird jedoch im Handbuch gut erklärt. Mit der aktuellsten Version läuft die komplette Benutzerauthentifizierung ausschließlich über das LDAP-Protokoll ab, was einen LDAP-Verzeichnisdienst sowie ActiveDirectory voraussetzt. Zudem ist bei der Integration von VMware VirtualCenter zu beachten, dass mit dem gleichen Benutzer (Benutzername und Kennwort gleich) in beiden Systemen gearbeitet wird bzw. ein administrativer Zugriff möglich ist.

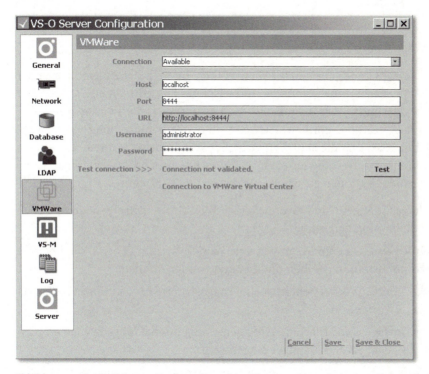

**Abbildung 17.58** VS-O Server-Konfiguration – hier können auch nach der Installation alle Einstellungen verändert werden.

Wie viele andere Programme benötigt auch Dunes VS-O eine Datenbank, wobei Sie sich für eine mitgelieferte McKoi-Datenbank (nicht zum produktiven Einsatz gedacht) oder eine im Netzwerk vorhandene MS SQL- oder Oracle-Datenbank entscheiden können. Einen kleinen Eindruck der zahlreichen Konfigurationmöglichkeiten vermittelt Abbildung 17.58.

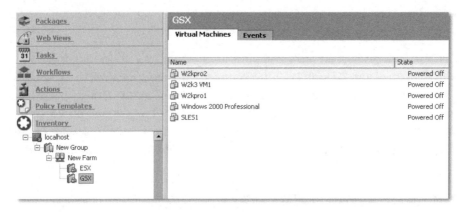

**Abbildung 17.59** Inventar des VS-O

Wenn Sie alles richtig installiert haben, sollten Sie nach der Anmeldung in der Inventory-Ansicht Ihre komplette Infrastruktur aus VirtualCenter und/oder VS-M wiederfinden. Im Inventar werden später auch die Policies hinterlegt, die benötigt werden, um beispielsweise eine Wiederherstellung anzustoßen. Hier können Sie sich die aktuellen virtuellen Maschinen mit ihrem derzeitigen Status in einer Auflistung ansehen. Darüber hinaus sind in Abbildung 17.59 die einzelnen Sektionen zu sehen, aus denen VS-O besteht:

- **Packages** – Pakete sind Gruppen von Workflows, Policies oder Aktionen und deren Abhängigkeiten.
- **Web Views** – Dies sind Gruppen von Workflows und Policies, die über die Webadministration gesehen und benutzt werden können.
- **Tasks** – Unter Task versteht man eine zeitgesteuerte Ausführung eines Workflows.
- **Workflows** – Konstrukt aus Abfolgen und Entscheidungen. Hier werden z.B. Abfragen an den Benutzer eingetragen.
- **Actions** – Dies sind Skripte, denen Parameter übergeben werden.
- **Policy Templates** – Unter Policies versteht man Regelwerke, die während der Ausführung beachtet werden. In diesen Policies können Start- und Stopp-Skripte hinterlegt werden. Im Endeffekt werden hier Ereignisse wie der Ausfall einer virtuellen Maschine abgefangen, und es werden entsprechende Aktionen ausgelöst.

Damit Sie überhaupt etwas mit dem Produkt machen können, sind nun entweder selbst Pakete zu schreiben oder die mitgelieferten zu importieren, die Sie im Programmverzeichnis von VS-O unterhalb von *Library* finden. Nach dem Import dieser Pakete sollten Sie eine Ansicht wie in Abbildung 17.60 erhalten.

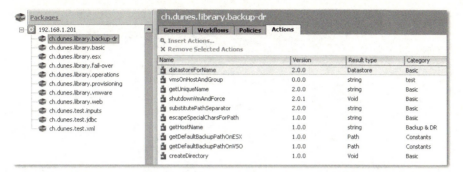

**Abbildung 17.60** In den mitgelieferten Paketen finden Sie schon sehr viele nützliche Funktionen wie z.B. die Sicherung der Konfigurationsdateien.

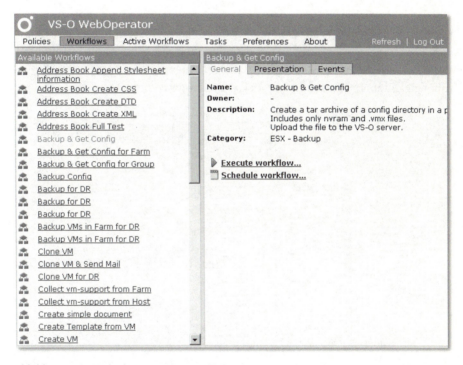

**Abbildung 17.61** Webadministration von VS-O

Unter dem Punkt *WebViews* können Sie eigene angepasste Ansichten für bestimmte LDAP-Gruppen hinterlegen. In diesen Ansichten werden die von Ihnen ausgewählten Workflows und Policies zugeordnet. Sobald der Anwender nun auf Ihren VS-O Webserver wechselt, werden Ihnen genau diese, und nur diese Elemente angezeigt. In Abbildung 17.61 können Sie eine angepasste Webseite sehen.

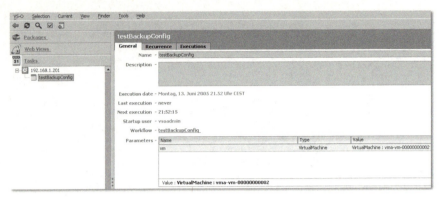

**Abbildung 17.62** Unter der Tasks-Ansicht können Sie beliebig viele Aktionen zeitgesteuert hinterlegen.

Innerhalb der Tasks-Ansicht (Abbildung 17.62) können Sie zeitgesteuerte Aktionen hinterlegen. Allerdings sind das Aktionen im Sinne von kompletten Workflows, in denen eine kompletter Ablauf eines Skriptes mit Bedingungen, Abhängigkeiten und Ein- und Ausstiegspunkten geregelt wird.

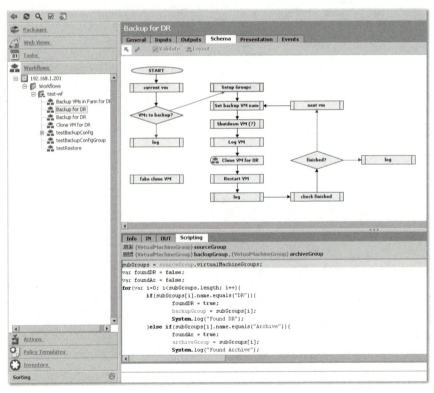

**Abbildung 17.63** Ansicht eines Workflows unter VS-O (hier ein VM Backup Skript)

In Abbildung 17.63 sehen Sie einen solchen Workflow, der aus Eingaben, Ausgaben, Skripten und Ereignissen besteht. Die Skripte werden bei den entsprechenden Objekten hinterlegt und über einen Ablaufplan zeitlich und ereignisorientiert zugeordnet.

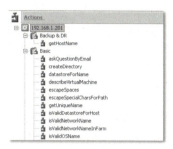

**Abbildung 17.64** Verschiedene mitgelieferte Aktionen

Die Aktionen sind, wie schon eingangs erwähnt, reine Skripte, mit denen bestimmte Dinge beispielsweise validiert oder erstellt werden können. In Abbildung 17.64 sehen Sie eine Auswahl von mitgelieferten Aktionen, die problemlos importiert werden können. Die Aktionspakete können entweder direkt oder über einen Workflow ausgeführt werden.

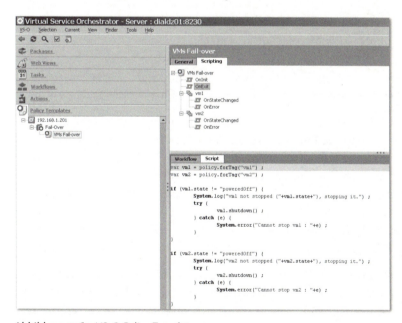

**Abbildung 17.65** VS-O Policy Template

Über die Ansicht Policy Templates können Sie Master-Policies selbst erstellen oder importieren. Diese werden dann über die entsprechenden Einheiten im

Inventory gelegt. Mittels Policies werden im Endeffekt auch die Ereignissteuerungen beispielsweise zum Backup oder Disaster Recovery von VMs oder ganzer Infrastrukturen genutzt.

### 17.2.5 ESXRanger

Der ESXRanger von vizioncore bietet Ihnen ein CLI (Kommandozeile) und eine dazugehörige GUI (Grafische Oberfläche), mit der Sie zentral und einfach virtuelle Maschinen auf verschiedensten Ablageorte sichern können. Nach der Installation der Software können Sie entweder die CLI oder die GUI starten, wobei die GUI im Endeffekt den entsprechenden CLI-Befehl generiert und startet. Durch die sehr einfach gestrickte Oberfläche findet man sich schnell zurecht und kann mit diesem Werkzeug auch Personen, denen Linux fremd ist, die Sicherung/Rücksicherung möglich machen.

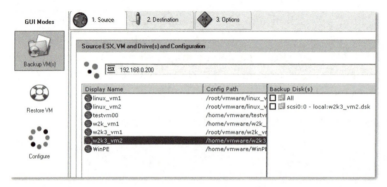

**Abbildung 17.66** ESXRanger-Oberfläche mit allen zu sichernden virtuellen Maschinen und deren Festplatten

Nachdem Sie unter dem Punkt *Configure* den oder die VMware ESX Server mit Netzwerkadresse und Benutzerangaben eingetragen haben, erscheinen diese auch in der Auswahlliste des Feldes *Source* (Abbildung 17.66). Nach der Auswahl des entsprechenden Systems werden Ihnen alle virtuellen Maschinen und die dazugehörigen Festplattendateien angezeigt. Sobald die gewünschten Festplattendateien markiert sind, können Sie auf den Reiter *Destination* wechseln und dort entweder ein Linux- oder Windows-System als Ablageort festlegen.

Im Reiter *Options* stehen Ihnen dann vielfältige Optionen zur Verfügung, mit denen Sie festlegen können, wie genau kopiert werden soll (Abbildung 17.67). Dazu gehören beispielsweise ein direktes Kopieren, ohne dabei zusätzlichen Plattenplatz auf dem Quell-System zu belegen, oder das Ausschalten der VM vor dem Kopieren. Dass manche Optionen sich gegenseitig ausschließen, darauf werden Sie direkt hingewiesen.

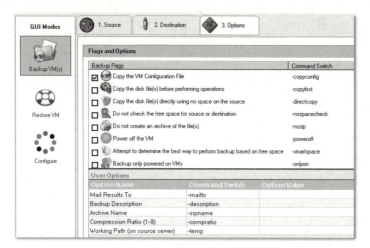

**Abbildung 17.67** Möglichkeiten der Sicherung über die GUI

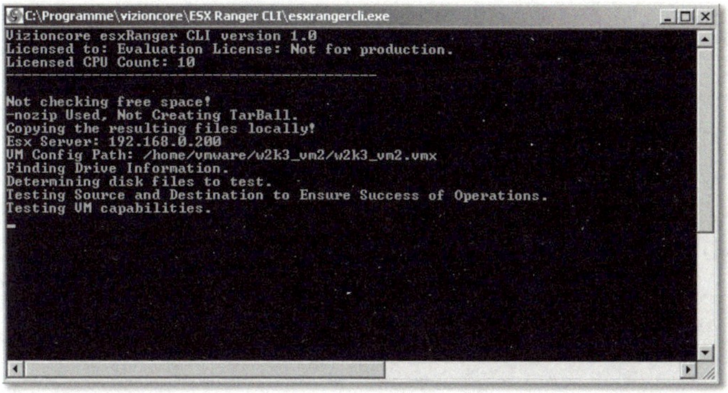

**Abbildung 17.68** Angestoßener Sicherungslauf über die GUI, der dann die Kommandozeile mit den entsprechenden Parametern ausführt

Sobald die Sicherung angestoßen wurde, wird ein entsprechender CLI-Befehl generiert und in einer Eingabeaufforderung ausgeführt (Abbildung 17.68). Hier können Sie dann jeden Einzelschritt des Kopiervorgangs einsehen und gegebenenfalls den Prozess mit [Strg]+[C] oder durch einfache Schließen des Fensters abbrechen.

Die Rücksicherung stellt sich ähnlich einfach und klar strukturiert dar. Nach der Auswahl, welche Dateien zurückgesichert werden sollen, können Sie die Dateien über *Restore To* entweder an die gleiche Stelle im System oder aber auf einen anderen Server zurückspielen (Abbildung 17.69).

**Abbildung 17.69** Hierher kann zurückgesichert werden

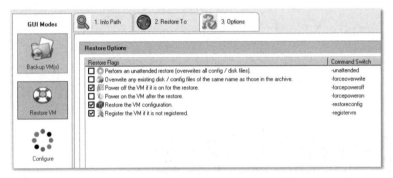

**Abbildung 17.70** Optionen, die bei der Rücksicherung verwendet werden können

Auch bei der Rücksicherung können Sie sich zwischen mehreren zusätzlichen Optionen entscheiden (Abbildung 17.70). Hier kann eine vorhandene Festplattendatei mit gleichem Namen überschrieben oder die virtuelle Maschine nach dem Zurücksichern registriert und sofort gestartet werden.

### 17.2.6 OpalisRobot CAP for VMware/Virtual Server

Das Tool OpalisRobot von Opalis dient zur Modellierung ganzer Abläufe wie Überwachen von Prozessen oder Auslösen von verschiedensten Aktionen durch Ereignisse. Dies geschieht erst einmal unabhängig von VMware oder Virtual Server. Die Mehrfunktionalität wird über zusätzlich lizenziert Module hergestellt, die sich reibungslos in die Kernkomponente OpalisRobot integrieren. Alle Funktionen von OpalisRobot sind als einzelne Objekte dargestellt, die in einem Arbeitsbereich verknüpft werden können. Es gibt eine Vielzahl von Objekten, die fast jede erdenkliche Situation abdecken. Beispiele hierfür sind die Überwachung von Dateisystemen (z.B. wenn eine Datei verändert wird, dann ...) oder das Auslösen von Aktionen (schreibe in das Ereignisprotokoll, versende eine E-Mail ...). Der Funktionsumfang ist schon ohne die zusätzlichen Komponenten sehr mächtig und wird durch die VMware- bzw. Virtual Server-Komponenten noch um die in diesem Buch interessanten Features erweitert.

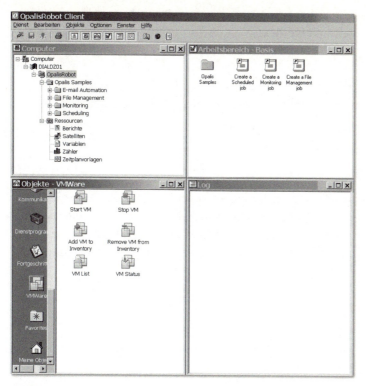

**Abbildung 17.71** Grafische Oberfläche der OpalisRobot Suite

In Abbildung 17.71 sehen Sie die grafische Oberfläche von OpalisRobot. Alle Objekte sind links unten zu sehen und werden anhand bestimmter Kriterien in Gruppen zusammengefasst.

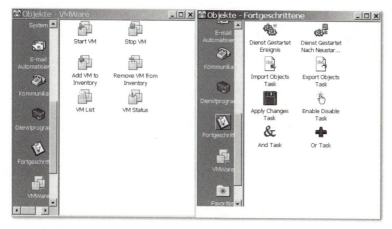

**Abbildung 17.72** Ansicht der VMware-Objekte und einem Beispiel aus den fortgeschrittenen Objekten, um den Funktionsumfang annähernd anzudeuten

Folgende Objekte können auf die Virtualisierungsprodukte bzw. deren virtuellen Maschinen angewandt werden:

- Starten einer VM
- Stoppen einer VM
- Hinzufügen einer VM zum Inventory des Virtualisierungsservers
- Entfernen einer VM aus dem Inventory des Virtualisierungsservers
- Auflistung aller registrierten VMs
- Status der VMs

Da die Objekte innerhalb OpalisRobot miteinander kombiniert werden können, sind verschiedenste Abläufe möglich. In Abbildung 17.73 ist ein recht trivialer Ablauf dargestellt, durch den der Status einer virtuellen Maschine ausgelesen und bei entsprechendem Rückgabewert ein Eintrag im Ereignisprotokoll erzeugt wird.

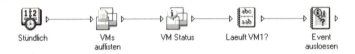

**Abbildung 17.73** Beispielablauf mit OpalisRobot

Den Ablaufkombinationen sind durch die große Objektvielfalt keine Grenzen gesetzt. Es können Templates erstellt oder VMs aus Templates erstellt werden. Auch Sicherungen oder ein Disaster Recovery einer oder mehrere Wirt-Systeme oder VMs ist möglich.

Alles in allem bietet Ihnen OpalisRobot nicht nur im Virtualisierungsbereich sehr vielfältige Möglichkeiten der Ablaufmodellierung und Steuerung, sondern im gesamten administrativen Umfeld. Durch die Kombination der herkömmlichen Administrationsmittel mit den spezifischen der Virtualisierungsprodukte bekommt man ein sehr mächtiges Werkzeug an die Hand, das vor allem in großen Umgebungen deutliche Administrationserleichterungen bringen kann.

# 18 Nützliche Adressen im Web

| | | |
|---|---|---|
| 18.1 | VMware | 555 |
| 18.2 | Microsoft Virtual Server | 556 |
| 18.3 | Virtualisierung allgemein | 556 |
| 18.4 | Drittanbieter | 556 |
| 18.5 | Werkzeuge | 557 |
| 18.6 | Sonstiges | 557 |

1. **Einführung**
2. **Virtuelle Maschinen im Unternehmen**
3. **Virtualisierungssoftware – eine Marktübersicht**
4. **Auswahl der möglichen virtuellen Maschine**
5. **Auswahl der richtigen Virtualisierungssoftware**
6. **Auswahl der richtigen physikalischen Infrastruktur**
7. **Installation und Update des Wirt-Systems**
8. **Verwaltung der Virtualisierungssoftware**
9. **Virtuelle Netzwerke**
10. **Virtuelle Festplatten**
11. **Erstellung einer virtuellen Maschine**
12. **Verwaltung der virtuellen Maschinen**
13. **VMware VirtualCenter**
14. **Skriptierung und Programmierung unter VMware und MS Virtual Server**
15. **Backup, Restore und Disaster Recovery**
16. **Templates (VM-Vorlagen)**
17. **Zusatzsoftware**
18. **Nützliche Adressen im Web**

# 18 Nützliche Adressen im Web

*Falls Sie sich nach der Lektüre dieses Buches endgültig mit der virtuellen Welt angefreundet haben und mehr über VMware und Konsorten erfahren wollen, finden Sie hier eine Auswahl von Webseiten, die Ihnen dabei sehr nützlich sein werden.*

## 18.1 VMware

### 18.1.1 Offizielle VMware-Webseiten

| Adresse | Inhalt |
| --- | --- |
| http://www.vmware.com | offizielle Webseite des Herstellers VMware |
| http://www.vmware.de | offizielle deutsche VMware-Webseite |
| http://www.vmware.com/support/pubs/ | Handbücher und weitere Dokumentation zu allen VMware Produkten |
| http://www.vmtn.net | VMware Technology Network für Entwickler – für eine jährliche Gebühr bekommt man einen Großteil der VMware zur Verfügung gestellt, um bsp. die Lauffähigkeit von Software zu testen. |
| http://www.vmware.com/community/ | VMware Community Forum – Dies ist ein Forum zur Kommunikation zwischen VMware und den Nutzern der Produkte. Spätestens hier wird man auf der Suche nach Problemlösungen normalerweise fündig |

Tabelle 18.1  Offizielle VMware-Webseiten

### 18.1.2 Inoffizielle VMware-Webseiten

| Adresse | Inhalt |
| --- | --- |
| http://www.rtfm-ed.co.uk/vmware/ | sehr interessante Webseite mit Tipps und eigenen Dokumentationen |
| http://www.vmts.net | nützliche Dokumente rund um Virtualisierung; Downloads für VMware ESX u.a. ein Backup Tool |
| http://vmware.itst.org | deutsches Forum zu Themen rund um VMware |

Tabelle 18.2  Inoffizielle VMware-Webseiten

| Adresse | Inhalt |
| --- | --- |
| http://www.vmwareprofessional.com | Informationen zu VMware und der VCP Prüfung |
| http://chitchat.at.infoseek.co.jp/vmware/ | Informationen und Tools zu VMware, u.a. virtuelle Floppy-Treiber für Windows |
| http://trivore.com/vmware/ | Tipps & Tricks zu VMware ESX |

Tabelle 18.2 Inoffizielle VMware-Webseiten (Forts.)

## 18.2 Microsoft Virtual Server

| Adresse | Inhalt |
| --- | --- |
| http://www.microsoft.com/windowsserversystem/virtualserver/ | offizielle Microsoft Virtual Server-Webseite |
| http://www.microsoft.com/technet/scriptcenter/scripts/vs/default.mspx | Script Repository von Microsoft, das Ihnen eine große Auswahl an VB-Skripten bietet |
| http://www.roudybob.net | Themen zu Virtual PC und Virtual Server |

Tabelle 18.3 Microsoft Virtual Server-Webseiten

## 18.3 Virtualisierung allgemein

| Adresse | Inhalt |
| --- | --- |
| http://www.virtual-strategy.com | Magazin über Virtualisierung |
| http://www.run-virtual.com | Interessantes rund um die Virtualisierung |
| http://www.virtualization.info | Blog-Seite über Virtualisierung |
| http://www.kernelthread.com/publications/virtualization/ | eine Übersicht über verschiedene Virtualisierungsprodukte |

Tabelle 18.4 Webseiten-Virtualisierung allgemein

## 18.4 Drittanbieter

| Adresse | Inhalt |
| --- | --- |
| http://www.cristie.de | Hersteller des Cristie Bare Machine Recovery (CBMR), die neben dem Desaster Recovery einen Dissimilar Hardware Server bietet, durch den auch physikalische Maschinen in virtuellen wiederhergestellt werden können und umgekehrt |

Tabelle 18.5 Webseiten von Drittanbietern

| Adresse | Inhalt |
|---|---|
| http://www.dunes.ch | Hersteller der Tools VS-O und VM-O, beides mächtige Verwaltungswerkzeuge für VMware und Microsoft Virtual Server |
| http://www.leostream.com | Hersteller der Produkte P>V Direct und VirtualController, die zur Migration und zur Verwaltung großer Umgebungen dienen |
| http://www.opalis.com | Hersteller des Produktes OpalisRobot, mit dem ganze Abläufe der Virtualisierung modelliert werden können |
| http://www.platespin.com | Hersteller der Programme PowerP2V, PowerRecon und POMC, die Ihnen bei der automatisierten Migration und der Auswahl von möglichen Kandidaten zur Virtualisierung sehr nützlich sind |
| http://www.vizioncore.com | Hersteller des ESXRanger-Programmes zur vereinfachten Sicherung von VMs auf ESX Servern. Zudem wird noch ein Auswertungstool namens ESXCharter angeboten. |

Tabelle 18.5 Webseiten von Drittanbietern (Forts.)

## 18.5 Werkzeuge

| Adresse | Inhalt |
|---|---|
| http://www.chiark.greenend.org.uk/~sgtatham/putty/ | Putty – SSH und Telnet Client für Windows und Linux |
| http://winscp.net/eng/index.php | WinSCP – Programm zur Datenübertragung über SCP und SFTP |
| http://www.realvnc.com | RealVNC – Fernsteuerungsprogramm für Windows und Linux |
| http://www.winiso.com | WinISO – kommerzielles Windowsprogramm zur Erstellung und Verwaltung von CD/DVD Images |

Tabelle 18.6 Werkzeuge

## 18.6 Sonstiges

| Adresse | Inhalt |
|---|---|
| http://www.cacti.net | Opensource Tool zur Analyse von Systemen |
| http://www.microsoft.com/mom/ | Microsoft Operations Manager – Überwachung von Systemen |
| http://www.eventid.net | Datenbank mit Ereignis – IDs |

Tabelle 18.7 Sonstige Webseiten rund um die Virtualisierung

# A Clustereinrichtung und Beispielumgebungen

*Dieses Kapitel versteht sich als eine Art praxisorientierter Leitfaden, der dabei helfen soll, Aufgaben vom manuellen Klonen einer VM bis hin zum Aufbau eines Windows Clusters erfolgreich zu erfüllen.*

## A.1 Manuelles Klonen/Migrieren unter VMware

### A.1.1 Klonen innerhalb einer Version (Beispiel VMware GSX)

In diesem Beispiel wird davon ausgegangen, dass eine virtuelle Maschine mit Windows 2003 Server als Gast-Betriebssystem geklont werden soll. Daraus wird eine neue VM entstehen. Dabei wird als Virtualisierungssoftware VMware GSX benutzt. Diese Aufgabe kann problemlos mit VMware ESX oder MS Virtual Server erledigt werden, wobei die Vorgehensweise ähnlich ist.

▶ Zunächst geht es um das Neutralisieren des Quellsystems, d.h., das Netzwerk muss auf DHCP gestellt und Sysprep muss angestoßen werden. Falls das Originalsystem ein produktives System im Netzwerk ist, sollten Sie die Originalfestplattendatei vor diesem Schritt ebenfalls sichern. Nach dem Herunterfahren des Systems sollte die VM vor Ende des Kopiervorganges nicht gestartet werden (Abbildung A.1).

▶ Es wird eine Kopie der Festplattendateien der virtuellen Maschine über den Windows Explorer erstellt, deren Name anschließend geändert wird (Abbildung A.2).

▶ Die ursprüngliche virtuelle Maschine kann wieder gestartet werden, ggf. ist die gesicherte Originalfestplatte wiederherzustellen, damit diese ohne Sysprep startet.

▶ Eine neue virtuelle Maschine kann nun über die MUI oder die VVMC mit der/den kopierten Festplattendatei/en (durch Sysprep manipuliert) als *existing disk* erstellt werden.

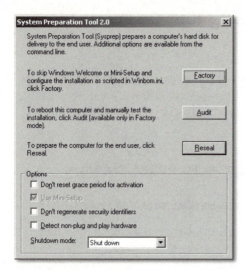

**Abbildung A.1** Sysprep der virtuellen Maschine. Hier können Sie u.a. entscheiden, ob eine neue SID generiert werden soll.

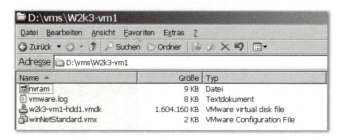

**Abbildung A.2** Kopieren der virtuellen Festplattendatei .vmdk

**Abbildung A.3** Beim Erstellen der virtuellen Maschine muss die kopierte Festplatte als existing virtual disk angegeben werden

▶ Nach dem Start der neuen VM müssen einfach alle durch Sysprep abgefragten Angaben eingegeben werden.

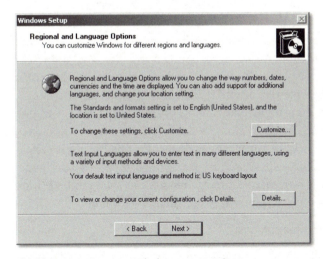

**Abbildung A.4** Sysprep nach dem erneuten Start

### A.1.2 Klonen zwischen verschiedenen Versionen (GSX → ESX)

Wir gehen vom gleichen Fall wie in A.1.1 aus, allerdings soll die geklonte VM später auf einem ESX Server betrieben werden. Die Vorgehensweise ist zwar prinzipiell gleich, das Format der Festplattendatei zwischen den beiden Systemen ist aber ein unterschiedliches. Daher muss nach dem Kopieren der Festplattendatei der Original-VM eine Konvertierung stattfinden.

- Neutralisieren des Quellsystems
- Kopie der Festplattendatei auf ein EXT3-Dateisystem des ESX Servers über SCP (z.B. WinSCP) oder FTP. Alternativ kann ein Netzlaufwerk, in dem die Festplattendateien liegen, an den ESX Server gebunden werden.
- Import der Festplattendatei mit dem Befehl `vmkfstools -i`

  vmkfstools –i »Quelle« »Ziel« – daraus folgt in diesem Falle:

  ```
  vmkfstools -i /vmimages/ w2k3-vm1-hdd1.vmdk vmhba0:0:0:1/w2k3-vm1-hdd1.dsk
  ```
- Anlage einer neuen virtuellen Maschine auf dem ESX Server mit Angabe der Festplattendatei als *existing disk*

### A.1.3 Migration physikalische Maschine → VM

Hört sich komplizierter an, als es ist! Zumindest der Ablauf der Migration ist eigentlich recht trivial und birgt wenig Fallstricke. Allerdings ist mit einem größeren Problem zu rechnen, nämlich der Treiberunterstützung der Geräte im Zielsystem. Hier ist es auch unerheblich, in welche Richtung migriert wird, physikalisch → virtuell oder virtuell → physikalisch. Da meistens nicht mit IDE-Festplatten gearbeitet wird, sind im Betriebssystem oft keine entsprechenden Treiber für den Festplatten-Controller vorhanden, und das System kann nicht korrekt geladen werden. Aus diesem Grund kann die Migration sehr leicht fehlschlagen und beispielsweise unter Windows mit einem Bluescreen enden. Unter VMware ESX werden ausschließlich SCSI-Festplatten unterstützt, was bei der Migration unumgänglich zu einem Problem wird. Bei der Migration eines physikalischen Systems in eine VM kann jedoch mit einem kleinen Trick gearbeitet werden: Es wird zunächst ein Image des Quellsystems erstellt und dieses dann in eine virtuelle Maschine mit IDE-Festplatte wiederhergestellt. Um IDE-Festplatten nutzen zu können, müssen Sie zwingend VMware Workstation oder GSX Server als eine Art Mittelsmann verwenden.

Gehen wir von folgender Situation aus:

- Quell-System: physikalischer Rechner (Windows 2003 Server) mit SCSI-Festplatten
- Ziel-System: virtuelle Maschine unter VMware ESX mit SCSI-Festplatten

Die Migration läuft nun folgendermaßen ab:

- Imaging des Quell-Systems über ein Imaging Tool (z.B. Symantec Ghost), relevant ist nur die Systempartition (vorher sind Sysprep und mögliche Zusatzprogramme der Netzwerkkarten etc. zu entfernen)

- Erstellen einer virtuellen Maschine unter VMware Workstation oder VMware GSX mit IDE-Festplatte (genau so groß wie die Systempartition des Quell-Systems)

**Abbildung A.5** Erstellung einer virtuellen Maschine mit IDE-Festplatte

- Wiederherstellen des Images in der virtuellen Maschine auf die virtuelle IDE-Festplatte
- Starten des Betriebssystems der virtuellen Maschine
- Installation der VMware Tools des ESX Servers, auf dem die virtuelle Maschine laufen soll (ISO Image der VMware Tools des ESX Servers im CDROM mappen)
- Imaging der virtuellen Maschine
- Übertragen und Importieren der Festplattendatei in den ESX Server (siehe A.1.2)
- Erstellen einer virtuellen Maschine auf dem ESX Server, Festplattendatei als *existing disk* zuordnen
- Wiederherstellen des Images in die virtuelle Maschine des ESX Servers

Danach sollte die virtuelle Maschine, bzw. das Gast-Betriebssystem normal starten, und Sie sollten die VMware Tools nochmals installieren. Ich habe mit diesem System schon mehrere physikalische Systeme erfolgreich umgezogen. Eine Garantie gibt es dennoch nicht, da die gleichen Randbedingungen wie bei den P2V Tools gelten. Es gibt demnach viele Konstellationen, in denen eine Migration nicht problemlos möglich ist.

## A.2 Microsoft Cluster Service

Ein Microsoft Cluster hat zwei grundsätzliche Merkmale: die Quorum- und sonstige Clusterdaten-Festplatten (Zugriff für jedes Clustermitglied) und das Heartbeat-Netzwerk (idealerweise dediziertes Netzwerk zur Ausfallüberwachung). Beide gilt es mit den virtuellen Maschinen abzudecken. Bedingt durch diese technischen Voraussetzungen, unterstützen die Virtualisierungsprodukte unterschiedliche Clusterarten (Tabelle A.1).

|  | VM-Cluster auf gleichem Wirt-System | VM-Cluster über verschiedene Wirt-Systeme | VM-Cluster mit physikalischem Cluster |
|---|---|---|---|
| VMware GSX | X | X (seit Version 3.2 in Verbindung mit iSCSI) |  |
| VMware ESX | X | X | X |
| MS Virtual Server | X |  |  |

**Tabelle A.1** Clusterunterstützung

> **TIPP** Unabhängig davon, welchen Cluster Sie einsetzen, ist bei den betroffenen virtuellen Maschinen aufgrund der Heartbeat-Netzwerkes und der benötigten Zugriffsart auf die Festplattendateien kein VMotion mehr möglich!

### A.2.1 Cluster zwischen VMs (VMware)

Zu sämtlichen hier besprochenen Clusterarten existiert eine Unterstützung von VMware. Falls Sie nach der Lektüre dieses Buches weiteren Informationsbedarf haben, dann schauen Sie doch einmal in die VMware-Serverhandbücher, die detaillierte Beschreibungen und Anweisungen enthalten.

**VMware ESX (auf dem gleichen ESX Server) – Cluster-in-a-Box**

In Abbildung A.6 sehen Sie den ungefähren Aufbau eines Cluster-in-a-Box unter VMware ESX. Dieser existiert der Einfachheit halber aus zwei Clusterteilnehmern mit Microsoft Windows 2000 Advanced Server als Gast-Betriebssystem.

**Gegebenheiten:**

- Heartbeat-Netzwerk – Es wird durch einen virtuellen Host-only Switch realisiert, d.h., es ist außer den Clustermitgliedern kein Teilnehmer in diesem Netzwerk.
- Produktivnetzwerk – Alle Clustermitglieder werden durch eine zweite virtuelle Netzwerkkarte über einen virtuellen Switch (Bridge über den physikalischen Netzwerkadapter) mit dem produktiven Netzwerk verbunden.
- quorum.vmdk – Alle Clustermitglieder erhalten die so genannte »Quorum Disk«, die zum Datenaustausch zwischen denselben genutzt wird. Diese virtuelle Festplatte ist jeder VM innerhalb des Clusters über einen seperaten SCSI Controller zugeordnet, dessen Zugriffsart als *SCSI Bus shared virtual* konfiguriert wird. Der Zugriff auf die virtuelle Festplatte wird von der eigentlichen Clustersoftware, in diesem Fall Microsoft Cluster Service, verwaltet.
- Daten.vmdk – Ebenso wie die Quorum Disk wird auch eine evtl. genutzte Datenfestplatte allen Clustermitgliedern zugänglich gemacht, die z.B. zum Clustern eines Fileservers dient. Auch hier wird die Zugriffsverwaltung der Festplatte von der Clustersoftware übernommen, d.h., die Festplatte muss ebenfalls einem SCSI Controller mit *Shared virtual*-Konfiguration zugeordnet werden.

Die beiden virtuellen Maschinen sind schon angelegt und besitzen jeweils eine eigene SCSI-Festplatte für das Betriebssystem. Darüber hinaus existiert eine virtuelle Netzwerkkarte, die mit dem Produktivnetzwerk verbunden ist, und eine virtuelle Netzwerkkarte mit Verbindung zum Heartbeat-Netzwerk. Dazu wurden zwei virtuelle Netzwerke (virtuelle Switches) namens Network 0 (Produktiv) und Host-only (Heartbeat) angelegt, die den entsprechenden virtuellen Netzwerkkarten zugeordnet wurden.

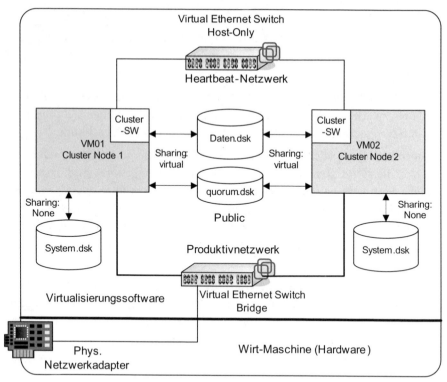

**Abbildung A.6** Cluster-in-a-Box VMware ESX

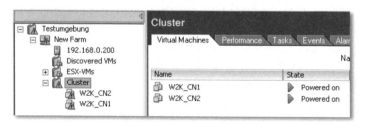

**Abbildung A.7** Ansicht der beiden virtuellen Maschinen im VirtualCenter

Damit nun die Quorum Disk den beiden virtuellen Maschinen an einem eigenen SCSI Controller zugeordnet werden kann, muss sie erst angelegt werden. Dann kann man sie entweder über die Eigenschaften der VM erstellen oder über die ServiceConsole (`vmkfstools -c 512M /vmfs/VMFS-Partition/quorum.dsk`) anlegen.

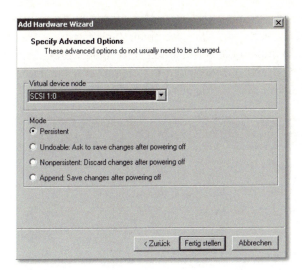

**Abbildung A.8** Hinzufügen der Quorum Disk an einem eigenen SCSI Controller, hier SCSI 1:0

Ganz gleich, für welche Methode Sie sich entscheiden, die virtuelle Festplatte muss zwingend mit einem neuen SCSI Controller verbunden werden. Neue SCSI Controller erkennt man daran, dass die erste der beiden Zahlen wechselt: erster Controller 0:0–0:15, zweiter Controller 1:0–1:15 etc.

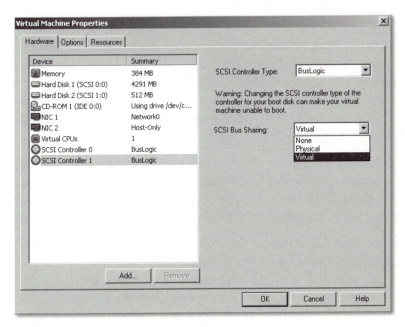

**Abbildung A.9** SCSI Bus Sharing: Diese Einstellung ist unumgänglich, damit eine Festplatte wie die Quorum Disk von mehreren VMs genutzt werden kann.

Warum muss ein eigener SCSI Controller angelegt werden? Jeder SCSI Controller hat einen eigenen SCSI Bus sharing-Modus, also einen Zugriffsmodus. Dieser muss bei Festplatten, die in einem Cluster-in-a-Box verwendet werden, auf *virtual* eingestellt werden, wodurch die virtuellen Festplatten von mehreren VMs auf dem gleichen ESX Server gleichzeitig genutzt werden können.

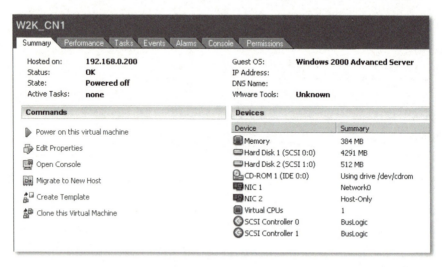

**Abbildung A.10** Fertig eingerichtete virtuelle Maschine. Beide Netzwerkkarten und die Quorum Disk sind eingerichtet.

In Abbildung A.10 sehen Sie nun die fertige virtuelle Maschine. Es sind die beiden Netzwerkkarten und die beiden Festplatten (Betriebssystempartition und Quorum Disk) an eigene SCSI Controller (SCSI Bus Sharing – SCSI Controller 0 (Systempartition) = None; SCSI Controller 1 (Quorum Disk): virtual) verbunden. Die Datenfestplatte würde nun, falls benötigt, wie die Quorum Disk angelegt und hinzugefügt werden.

Nun kann man eine VM starten und in Windows die Quorum Disk über den Festplattenmanager als Basisfestplatte (wichtig, da keine dynamischen Festplatten in einem Cluster unterstützt werden) integrieren und formatieren. Danach kann man die zweite virtuelle Maschine starten.

Auf der ersten virtuellen Maschine des Clusters muss nun der Cluster- Dienst eingerichtet werden. Da noch kein Cluster existiert, legt man einen neuen Cluster-Knoten an. Nachdem man alle erforderlichen Angaben wie Name und Domänenaccount gemacht hat, wird nach der Partition für die Quorum Disk gefragt.

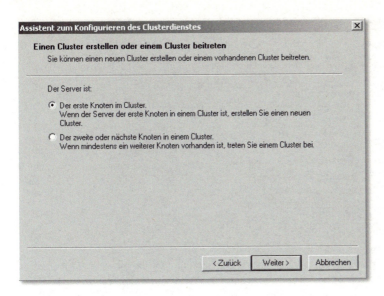

**Abbildung A.11** Einrichten des ersten Cluster-Knotens

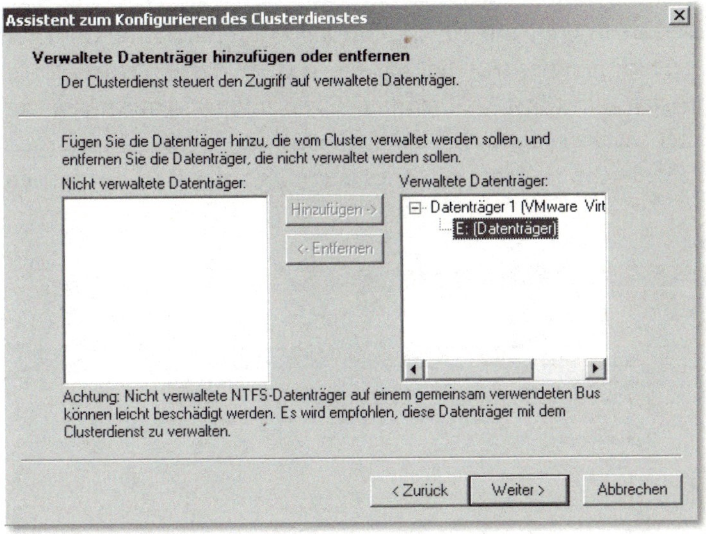

**Abbildung A.12** Hinzufügen der Quorum Disk des Clusters

Nun folgen die Angaben für die Netzwerkkarten und deren Zuordnung im Cluster. Dazu werden Ihnen über den Cluster-Assistenten alle verfügbaren Netzwerkkarten nacheinander eingeblendet. Für jeden Adapter können Sie die gewünschte Konfiguration hinterlegen. In unserem Falle würde die erste Netzwerkkarte im produktiven Netzwerk und damit für die Clients zugänglich sein.

**Abbildung A.13** Konfiguration des Heartbeat-Netzwerkes. Hier muss die Netzwerkkarte am Host-only-Netzwerk angegeben werden.

Die zweite Netzwerkkarte wird nur für die interne Kommunikation, also für das Heartbeat-Netzwerk genutzt (Abbildung A.13). Über das Heartbeat-Netzwerk überwachen sich alle Clusterteilnehmer gegenseitig und reagieren auf einen Ausfall. Daher macht es Sinn, für jeden Cluster einen eigenen internen virtuellen Switch anzulegen, in dem nur die Clustermitglieder Netzwerkkarten erhalten.

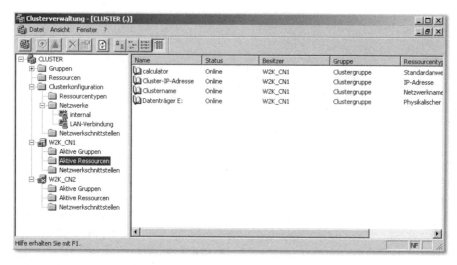

**Abbildung A.14** Fertig eingerichteter Cluster. Da der zweite Clusterteilnehmer ausgefallen ist, übernimmt in diesem Fall direkt der erste.

Nach Angabe von Clustername und Cluster-IP (so wird der Cluster später von den Clients angesprochen) ist der Cluster eingerichtet und das erste Clustermitglied aktiviert. In der zweiten virtuellen Maschine muss ebenfalls der Cluster-Dienst konfiguriert werden. Allerdings ist dies dann ein weiterer Knoten in dem eben angelegten Cluster. Sobald dies geschehen ist, sollten Sie alle Clustermitglieder über die Clusterverwaltung einsehen und verwalten können. Wenn nun ein Clusterteilnehmer abgeschaltet wird, sollte ein anderer innerhalb von 60–90 Sekunden den Dienst übernommen haben.

### VMware ESX (auf verschiedenen ESX Servern) – Cluster-across-Boxes

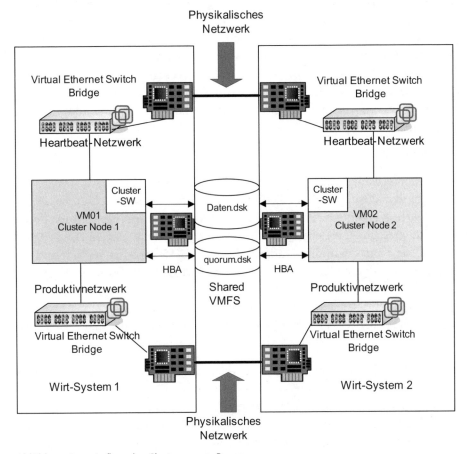

**Abbildung A.15** Aufbau der Cluster-across-Boxes

Die Clustereinrichtung unterscheidet sich bei einem Cluster-across-Boxes von einem Cluster-in-a-Box nur durch zwei Dinge. Das Heartbeat-Netzwerk kann kein internes Netzwerk mehr sein, da letztere, wie der Name schon sagt, nur innerhalb eines Servers gelten. Zum zweiten muss die Zugriffsart der Festplattendatei anders geregelt werden, weil hier die Kommunikation nicht mehr innerhalb eines Servers, sondern zwischen zwei verschiedenen Servern abläuft. Demnach wird ein Shared Storage in Form eines SANs benötigt. Seit VMware GSX Version 3.2 wird ein Cluster-across-Boxes über das iSCSI-Protokoll unterstützt. (Genaueres finden Sie im Administratorhandbuch des VMware GSX Servers.)

**Heartbeat Netzwerk**

Das Heartbeat-Netzwerk wird in diesem Fall wie ein normales Netzwerk im produktiven LAN eingerichtet, und genau genommen ist es auch nichts anderes. Allerdings ist es zu empfehlen, eigene dedizierte physikalische Netzwerke als Heartbeat zu nutzen. Es sollte demnach ein gesonderter virtueller Switch angelegt werden, der einer physikalischen Netzwerkkarte des Wirt-Systems zugeordnet ist, auf der sonst keine oder sehr wenige Aktivitäten herrschen. Darüber hinaus sollte die Verbindung zwischen den beiden Netzwerkkarten der Wirt-Systeme nicht über aktive Netzwerkkomponenten geführt werden (zumindest sollte Spanning-Tree etc. auf den Switchports deaktiviert werden).

**Quorum Disk**

Wie schon erwähnt, muss die Quorum Disk auf einem Speicher abgelegt werden, auf den alle beteiligten ESX Server Zugriff haben. Sie kommen bei dieser Konstellation an einem SAN nicht vorbei. Da mehrere ESX Server bzw. deren virtuelle Maschinen gleichzeitig auf die Festplattendatei (Quorum Disk) zugreifen müssen, muss man die Konfiguration der VMFS-Partition verändern. Dies können Sie über die ESX Server MUI *Storage Management: Disk and LUN Configuration* tun. In dem Verwaltungsbild müssen Sie dann die entsprechende VMFS-Partition auswählen und in deren Eigenschaften wechseln (Abbildung A.16), dort den Access Mode auf *Shared* umstellen und anschließend abspeichern.

Zudem muss wie bei einem Cluster-in-a-Box die SCSI Bus Sharing-Option verändert werden. Daher ist es auch hier notwendig die Quorum Disk (die Festplattendatei muss über den Hardwarepfad `/vmfs/vmhba#:#:#:#` und nicht über den Friendlyname (`/vmfs/local`) ausgewählt werden) an einen eigenen SCSI Controller zu binden. Dieser muss dann allerdings auf *physical* umgestellt werden, da es sich hier nicht mehr um eine reine Virtualisierung handelt.

Nach Abschluss dieser Vorarbeiten können Sie den MS Cluster genau wie beim Cluster-in-a-Box einrichten.

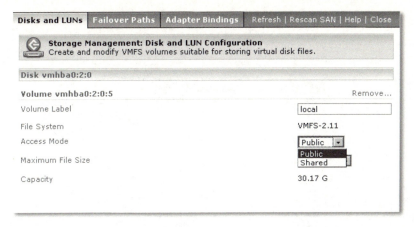

**Abbildung A.16** Damit ein Cluster-across-Boxes funktionieren kann, muss der Zugriffsmodus auf die VMFS-Partition auf Shared umgestellt werden.

**VMware GSX (auf dem gleichen GSX Server) – Cluster-in-a-Box**

Die Erstellung eines Clusters unterscheidet sich nicht von der des Cluster-in-a-Box des VMware ESX Servers. Auch hier müssen ein Host-only- sowie ein Produktivnetzwerk angelegt und die entsprechenden Netzwerkkarten den virtuellen Maschinen zugeordnet werden. Allerdings müssen Sie keinen zweiten SCSI Controller einrichten, sondern können alle Festplatten an den gleichen hängen, denn es gibt ja kein SCSI Bus Sharing im Sinne des ESX Servers mehr. Stattdessen müssen Sie nach Anlage aller Festplatten manuell in den Konfigurationsdateien der Clustermitglieder folgende Zeilen hinzufügen:

```
scsi1.sharedBus=virtual
disk.locking = false
```

Nachdem die Einträge gemacht sind, können Sie die virtuellen Maschinen starten und den Cluster installieren.

### A.2.2 Cluster zwischen physikalischer/virtueller Maschine (VMware ESX)

Kommen wir nun zum beliebtesten Cluster in den Unternehmen in Verbindung mit dem ESX Server. Ein Physical-to-virtual-Cluster wird meist in der Form betrieben, dass der physikalische Server der erste und aktive Clusterknoten ist, der im Fehlerfall durch einen virtuellen Cluster ersetzt wird. Dies bringt ein Mehr an Flexibilität bei geringeren Kosten im Vergleich zu zwei physikalischen Clusterteilnehmern.

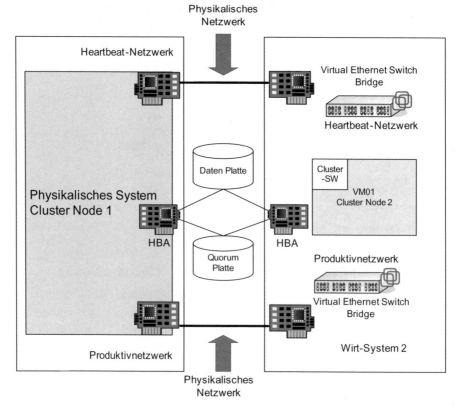

**Abbildung A.17** Aufbau Physical-to-virtual-Cluster

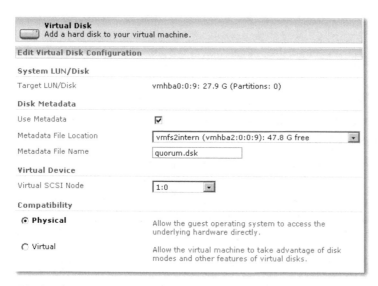

**Abbildung A.18** Hinzufügen einer System LUN/Disk über die ESX MUI

**574** Clustereinrichtung und Beispielumgebungen

Damit ein Physical-to-virtual-Cluster eingerichtet werden kann, muss wie beim Cluster-across-Boxes-Verfahren ein shared Storage in Form eines SANs zur Verfügung stehen. Beide Maschinen (physikalisches System und Wirt-System) müssen das LUN sehen und verwenden können. Die Systempartitionen der beteiligten Systeme werden wie bei einem ganz normalen Server angelegt (lokale Festplatten – physikalischer Server; Festplattendatei im VMFS – VM). Während die LUN bei dem physikalischen System als ganz normale Basisfestplatte konfiguriert wird, muss die VM die LUN als Raw Disk verbinden (System LUN/Disk) (Abbildung A.18).

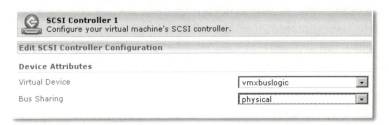

**Abbildung A.19** Eigenschaften des SCSI Controllers unter der ESX MUI – Bus Sharing muss auf physical umgestellt werden.

Diese shared Quorum Disk muss wie bei allen Clustern an einem gesonderten SCSI Controller »angeschlossen« werden. Die *Option SCSI Bus Sharing* muss ebenso wie beim Cluster-across-Boxes auf *physical* konfiguriert werden (Abbildung A.19). Nach dem Hinzufügen der Quorum Disk kann der Cluster-Dienst wie schon bei den drei Lösungen zuvor installiert und konfiguriert werden.

### A.2.3 Cluster zwischen VMs (MS Virtual Server) – Cluster-in-a-Box

Ein Cluster innerhalb Microsoft Virtual Server kann nur in der Box, also auf dem gleichen Wirt-System konfiguriert werden. Eine Unterstützung vom Hersteller wird allerdings nur für Testumgebungen gegeben. Der Aufbau gleicht prinzipiell dem von VMware GSX Cluster-in-a-Box. Neben der Systemplatte für jede virtuelle Maschine im Cluster müssen noch zwei virtuelle Netzwerke und eine shared SCSI-Festplatte für die Quorum Disk angelegt werden.

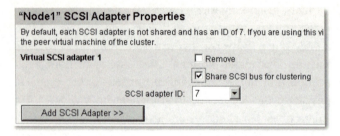

**Abbildung A.20** Anlage eines SCSI Controllers, der für das Clustering vorbereitet ist

Damit in einer VM überhaupt SCSI-Festplatten genutzt werden können, muss zuallererst ein SCSI-Adapter hinzugefügt werden. Dies geschieht in den Eigenschaften der virtuellen Maschine über *SCSI Adapters* (Abbildung A.20), wo dann die *Share SCSI bus for clustering*-Funktion aktiviert werden muss.

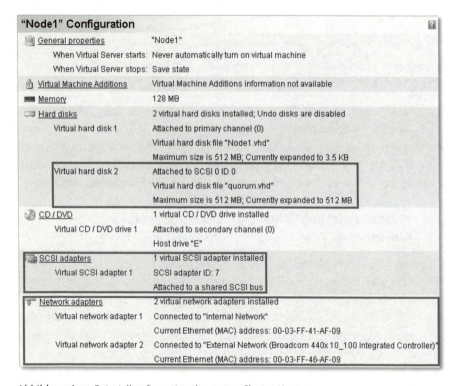

**Abbildung A.21** Beispielkonfiguration des ersten Cluster-Knotens

Dem SCSI Controller muss sich auf allen Clusterteilnehmern natürlich auch die Quorum Disk hinzugesellen. Darüber hinaus sind auch zwei virtuelle Netzwerke anzulegen, und zwar eines für das Produktivnetzwerk und eines für das Heartbeat-Netzwerk. In Abbildung A.21 können Sie einen fertig konfigurierten

Cluster-Knoten sehen. Alle weiteren Clustermitglieder müssen genau wie dieser konfiguriert werden. Danach kann der Microsoft Cluster Service in Betrieb genommen werden. Um an detaillierte Informationen über den Cluster und dessen Konfiguration zu gelangen, empfiehlt sich ein Besuch der folgenden Webseite: **http://www.microsoft.com/technet/prodtechnol/virtualserver/deploy/cvs2005.mspx**

## A.3  Beispielumgebungen

### A.3.1  Windows 2003-Domänenstruktur

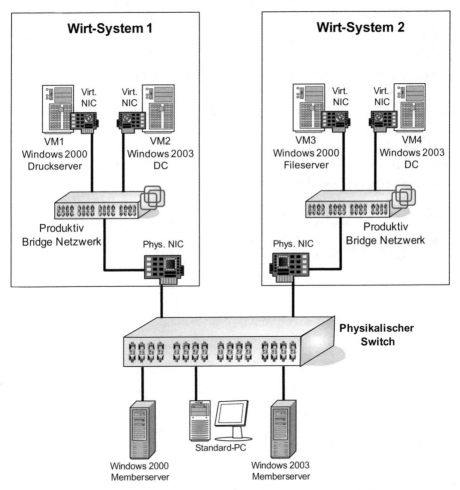

Abbildung A.22  Virtuelle und physikalische Netzwerkstruktur einer beispielhaften Windows 2003-Domäne

Eine Struktur wie in Abbildung A.22 ist typisch für die Virtualisierung. Es existieren zwei Wirt-Systeme, deren virtuelle Maschinen sich gegenseitig vertreten können. In diesem Fall sind das die Windows 2003 Domänen-Controller. Domänen-Controller sind meist sehr genügsame Kandidaten für eine Virtualisierung, da die Hauptlast morgens und abends während der An- und Abmeldezeiten der Benutzer anfällt.

Ich gehe auch hier beispielhaft für die beiden anderen Produkte von VMware ESX aus. Um eine solche Infrastruktur nachzubauen, müssen nur wenige Einstellungen vorgenommen werden, nämlich die Anlage eines virtuellen Switches (der auf die physikalische Netzwerkkarte des Produktivnetzwerkes zeigt) und die Konfiguration der virtuellen Maschinen auf diesen.

Zur Anlage des virtuellen Switches muss innerhalb der MUI über **Options · Network Connections** zur Netzwerkkonfiguration des VMware ESX Servers gewechselt werden. Hier wird ein neuer virtueller Switch namens Produktion angelegt, dessen Zuordnung dem physikalischen Adapter des Wirt-Systems (im Produktivnetzwerk des Unternehmens) entspricht. Diese Netzwerkkonfiguration muss auf beiden ESX Servern angelegt werden. Es empfiehlt sich, beide Male den gleichen Namen zu vergeben, erstens der besseren Übersicht halber, und zweitens, um VMotion verwenden zu können (funktioniert bekanntlich nur bei gleichen Netzwerknamen).

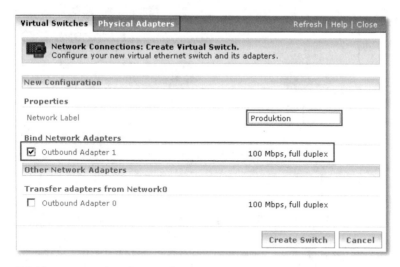

**Abbildung A.23** Anlage des virtuellen Switches unter der ESX MUI

Die Konfiguration der virtuellen Maschinen sieht dementsprechend so aus, dass jede beteiligte VM eine virtuelle Netzwerkkarte im Produktionsnetzwerk hat. Alle in dieser Umgebung vorhandenen VMs werden von der Konfiguration gleich eingerichtet (Abbildung A.24). Einzige Abweichung kann die virtuelle Festplatte sein, weil zu einem Fileserver neben der Systempartition auch eine oder mehrere Datenpartitionen gehören, die den entsprechenden VMs als zusätzliche Geräte hinzugefügt werden müssen.

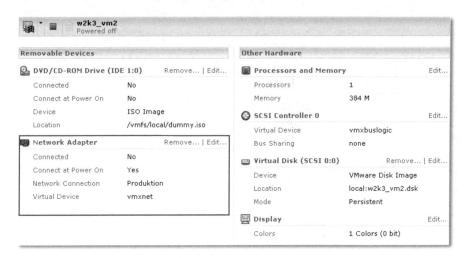

**Abbildung A.24** Konfiguration der virtuellen Maschinen im Produktivnetzwerk

### A.3.2 Firewall-Umgebung mit DMZ und Webserver

Da virtuelle Netzwerke bisweilen ein recht kompliziertes Gebilde sind, gehe ich in diesem zweiten Beispiel auf eine sehr komplexe Umgebung ein. Wie die Netzwerke und VMs erstellt und konfiguriert werden, ist mittlerweile hinreichend beschrieben worden, weshalb ich im Folgenden nur noch auf die technischen Aspekte eingehe.

**Diese virtuelle Infrastruktur besteht aus folgenden Systemen:**

- Internetzugang wird durch einen Router (Paketfilter, VM1) abgeschlossen.
- Dahinter existiert eine Firewall (VM2), die neben den beiden virtuellen Netzwerkkarten zum Internetrouter (VM1) bzw. zum internen Router (VM4) noch eine Netzwerkkarte ins DMZ-Netzwerk besitzt. DMZ steht für demilitarisierte Zone und beschreibt ein halböffentliches Netzwerk (d.h., Zugriffe auf dieses Netzwerk finden von außen (Internet) und von innen (LAN) statt), das durch mehrere aktive Sicherheitskomponenten in die entsprechenden Richtungen abgeschirmt ist (Paketfilter (Router) und Firewall).
- Innerhalb der DMZ ist ein Webserver (VM3) aufgestellt.
- Ein weiterer Router (Paketfilter, VM4) steht zwischen DMZ und Produktivnetzwerk.

- Im virtuellen Produktivnetzwerk existiert ein CMS-Server (VM5), durch den der Webserver (VM3) aktualisiert wird.
- Der letzte Teilnehmer im Bunde ist ein Web-Designer, der die Änderungen am Webserver über das CMS-System vornimmt.

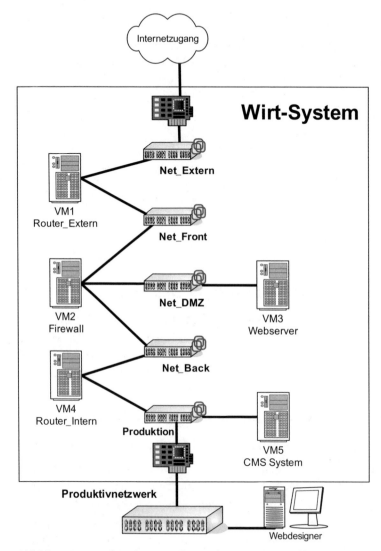

**Abbildung A.25** Aufbau der Firewall-Umgebung mit DMZ und Webserver

### Folgende virtuelle Switches werden benötigt:

- **Net_Extern** – virtueller Switch mit zugeordneter physikalischer Netzwerkkarte zum Internetzugang

- **Net_Front** – virtueller Switch ohne physikalische Verbindungen (Host-Only-Netzwerk), d.h., es werden keinerlei physikalische Netzwerkkarten zugeordnet
- **Net_DMZ** – ebenfalls ein virtueller Switch ohne physikalische Verbindung
- **Net_Back** – wie Net_Front und Net_DMZ
- **Produktion** – virtueller Switch mit zugeordneter physikalischer Netzwerkkarte zum internen LAN des Unternehmens

**Netzwerkzuordnung der virtuellen Maschinen:**

| Virtuelle Maschine | # NIC | Virtuelle Netzwerkkarten |
| --- | --- | --- |
| VM1, Router Extern | 2 | Net_Extern, Net_Front |
| VM2, Firewall | 3 | Net_Front, Net_DMZ |
| VM3, Webserver | 1 | Net_DMZ |
| VM4, Router Intern | 2 | Net_Back, Produktion |
| VM5, CMS Server | 1 | Produktion |

**Tabelle A.2** Netzwerkzuordnungen der virtuellen Maschinen

# B Kommandozeile und wichtige Dateien

VMware GSX und ESX kennen wichtige Kommandozeilenbefehle und Dateien.

## B.1 Linux-Befehlszeilenkommandos (VMware ESX Service Console)

Die folgenden Befehle sind direkt auf der Kommandozeile auszuführen. Ihr Ergebnis spiegelt nur die Service Console wider. Unter A2 finden Sie die Befehle für den VMkernel, dem eigentlichen VMware ESX-Kern.

Beachten Sie bitte, dass viele Befehle nur vom Root-Benutzer ausgeführt werden können.

`man "Befehl"`

▶ Die Handbuchseiten eines Befehls im System. `man date` ruft z.B. die Beschreibung des Befehls `date` auf, sofern installiert.

`reboot`

▶ Neustart des Systems. Unter VMware ESX 2.5 werden standardmäßig alle laufen virtuellen Maschinen automatisch durch die VMware Tools heruntergefahren.

`halt`

▶ Dieser Befehl fährt das System herunter.

`history`

▶ Unter der Bash-Shell – die Standardshell von VMware ESX – werden alle abgesetzten Kommandozeilenbefehle in der *History* gespeichert, um sie zu einem späteren Zeitpunkt wiederholen zu können. Mit `history` kann man sich eine Liste dieser Befehle anzeigen lassen. `history -c` löscht diesen Puffer.

`clear`

▶ Dieser Befehl löscht den derzeitig sichtbaren Bildschirminhalt.

`su`

▶ Umschalten zum Root-Benutzer. Es ist gängige Praxis, sich als normaler Benutzer ohne besondere Rechte anzumelden und mit `su` in die Root-Shell zu wechseln. Diese Shell wird mit `exit` verlassen. Mit `su -c "Befehl"` kann ein beliebiger Befehl mit Root-Rechten ausgeführt werden. Um als Root-

Benutzer zu einer Shell mit normalen Benutzerrechten zu gelangen, muss einfach `su "Benutzername"` eingegeben werden.

`date -u mmddHHMMyy`

▶ Datum des Rechners einstellen. –u bedeutet UTC (koordinierte Weltzeit), `mm` = Monat, `dd` = Tag, `hh` = Stunde, `mm` = Minute, `yy` = Jahr. Denken Sie daran, alle Zeitangaben zweistellig anzugeben, also Januar = 01.

`ls -la "Pfad"`

▶ Dieser Befehl listet alle Dateien im Pfad auf. Falls keine Pfadangabe gemacht wird, gilt das aktuelle Verzeichnis. Der Parameter `l` zeigt die Dateien mit Details an, `a` zeigt auch die versteckten Dateien an. `ls -la |more` führt dazu, dass die Dateien seitenweise angezeigt werden.

`pwd`

▶ Dieser Befehl zeigt das aktuelle Verzeichnis an.

`cd "Verzeichnis"`

▶ Wechselt zum Verzeichnis. `cd /` wechselt zum root Mountpoint. `cd ..` wechselt in das nächsthöhere Verzeichnis.

`cat "Datei"`

▶ Zeigt den Inhalt einer Datei an, ähnlich wie `type` aus der DOS-Welt.

`less "Datei"`

▶ Zeigt den Inhalt einer Datei an und verbleibt an deren Ende. Man kann mit »Bild-Auf und Bild-Ab« die Seiten wechseln.

`grep "String"`

▶ Durchsucht einen Text nach einem Muster (String). Beispiel: `cat /etc/vmware/hwconfig | grep tcpip.ipAddr` zeigt die IP-Adresse der ESX Service Console an. Im Beispiel wird der Inhalt der Datei `hwconfig` an `grep` weitergegeben, `grep` durchsucht diesen Inhalt nach `tcpip.ipAddr` und gibt die gefundene Zeile aus.

`nano "Datei"`

▶ Öffnet eine Datei in dem Texteditor `nano`, der sehr intuitiv aufgebaut ist. Mit Strg+X wird der Editor beendet.

`mkdir "Verzeichnis"`

▶ Erstellt ein Verzeichnis.

`rmdir "Verzeichnis"`

▶ Löscht ein **leeres** Verzeichnis.

`touch "Datei"`

▶ Verändert das Zugriffsdatum einer Datei, ohne den Inhalt zu verändern. Falls die Datei nicht existiert, wird sie neu erstellt.

`kudzu`

▶ Mit diesem Tool kann neue Hardware hinzugefügt werden.

`service "Dienst" "start, stop, restart, status"`

▶ Über diesen Befehl kann man Dienste starten und stoppen. `service /etc/init.d/vmware.http stop` beendet beispielsweise die Weboberfläche.

`rm "Datei"`

▶ Löscht eine Datei. `rm -r "Verzeichnis"` löscht ein Verzeichnis mit allen darin enthaltenen Dateien. Da bei VMware ESX `rm` ein Alias auf `rm -i` ist, wird bei jeder Datei nachgefragt, ob Sie diese wirklich löschen wollen. Bei Verzeichnissen mit vielen Dateien oder Unterverzeichnissen kann dies lästig sein. Dann können Sie einfach `/bin/rm -r "Verzeichnis"` eingeben, und Sie werden nicht mehr gefragt. Verwenden Sie diesen Befehl bitte nur, wenn Sie sich über Ihr Tun im Klaren sind, da man gelöschte Dateien nicht mehr so ohne weiteres wieder herbeizaubern kann.

`mount "Dateisystem" "Quelle" "Mountpoint"`

▶ Mountet ein Dateisystem oder Gerät, damit Sie über den Verzeichnisbaum darauf zugreifen können.
`mount -t iso9660 /dev/cdrom /mnt` => mountet CD-ROM-Laufwerk in `/mnt`
`mount -t iso9660 -o loop "isodatei" /mnt` => mountet ein CD-ROM Image in `/mnt`

`umount "Mountpoint"`

▶ Gegenteil von `mount`. Ein gemountetes CD-ROM-Laufwerk lässt sich z.B. nicht mehr öffnen, bevor es mit `umount` wieder gelöst wird.

`cp "Quelle" "Ziel"`

▶ Kopiert eine oder mehrere Dateien.

```
scp "Quelle" "Benutzer@Host:Pfad"
```

▶ Kopiert eine oder mehrere Dateien auf einen anderen Server über SSH. Dies wird benötigt, wenn die ESX Server auf höchste Sicherheit eingestellt sind. Beispiel: `scp /etc/inittab root@esxserver.testnetz.local:/root/` kopiert die Datei `/etc/inittab` auf den ESX-Server `esxserver.testnetz.local` ins Verzeichnis `/root` unter Verwendung des Root-Benutzers zum Verbindungsaufbau über das Netzwerk.

```
mv "Quelle" "Ziel"
```

▶ Verschiebt eine Datei oder ein Verzeichnis.

```
find "Pfad" -name "Dateiname"
```

▶ Sucht im Pfad nach Dateien mit dem angegebenen Dateinamen. `-size` als Parameter sucht nach Dateien mit bestimmter Größe. `-mtime` sucht nach Dateien mit einem bestimmten Erstellungsdatum.

```
gzip "Datei" -best
```

▶ Packt eine Datei mit dem gzip-Verfahren. Nach dem Packen wird die Endung .gz an den Dateinamen angehängt.

```
gunzip "Datei"
```

▶ Entpackt die angegebene Datei.

```
tar -czvf "Zieldatei" "Quelle"
```

▶ Fasst die Quelldatei oder das Quellverzeichnis zu einer .tar-Datei zusammen und packt sie anschließend mit gzip. c = create (erstellen), z = mit gzip packen, v = verbose (detaillierte Ausgabe), f = file.

```
tar -xzvf "Quelldatei"
```

▶ Entpackt die Datei in das aktuelle Verzeichnis. x = extract (entpacken)

```
chown "Benutzer":"Gruppe" "Datei"
```

▶ Ändert den Eigentümer der Datei. `chown -r root /root/vmware` ändert alle Dateien im Verzeichnis auf den Eigner Root.

```
chgrp "Gruppe" "Datei"
```

▶ Ändert die Eigentümer-Gruppe der Datei. Verzeichnisse werden wie bei `chown` abgeändert.

`chmod "Benutzer"+-"Berechtigung" "Datei"`

▶ Ändert die Berechtigung an einer Datei oder einem Verzeichnis. mit `chmod -R` kann man wiederum ein Verzeichnis mit allen Unterverzeichnissen und Dateien ändern. Die Berechtigung wird entweder oktal (1 = ausführen, 2 = schreiben, 4 = lesen) oder als Buchstabe (r = lesen, w = schreiben, x = ausführen) angegeben. Diese Berechtigung ist dreigeteilt in Eigner, Eignergruppe und Andere. Beispiel `chmod +rwxrxx "Datei"` bedeutet Eigner darf alles, Eignergruppe darf lesen und ausführen und andere dürfen nur ausführen. Oktal lautete der Befehl `chmod 751 "Datei"`.

`md5sum`

▶ Erstellt einen Hashwert mit Hilfe des md5-Algorithmus. Dieser Wert ist einmalig für eine Datei, d.h., jede Veränderung der Datei selbst hat eine Änderung des Hashwertes zur Folge. Bei jedem Download oder beim Kopieren von sensiblen Dateien von oder zu einem Rechner, sollten Sie die Hashwerte beider Dateien überprüfen, um sich vor Veränderungen zu schützen. Veränderungen können entweder durch einen fehlerhaften Kopierprozess entstehen, oder die Datei wurde absichtlich manipuliert.

`dd if=/dev/cdrom of=/"Verzeichnis"/"Datei".iso bs=32k`

▶ Dieser Befehl erstellt ein ISO CD Image aus der eingelegten CD und speichert es in das angegebene Verzeichnis unter dem angegebenen Dateinamen. Dies ist besonders nützlich, da Sie mit ISO Images besser arbeiten können als mit physikalischen CDs. Allerdings sollten Sie dabei beachten, dass keine Überprüfung des Images auf Richtigkeit hin stattfindet.

`head "Datei"`

▶ Zeigt Ihnen die ersten zehn Zeilen einer Datei an. Mit `head -20 "Datei"` werden die ersten 20 Zeilen angezeigt.

`tail "Datei"`

▶ Zeigt Ihnen die letzten zehn Zeilen einer Datei an. Mit `tail -20 "Datei"` werden die letzten 20 Zeilen angezeigt.

`df`

▶ Zeigt die Speicherbelegung der Service Console-Partitionen an. Mit `df -h` werden statt Bytes, MegaByte und Gigabyte angezeigt, um die Lesbarkeit zu verbessern.

`du "Verzeichnis"`

▶ Zeigt die Plattenbelegung des aktuellen Verzeichnisses an.

`set`

▶ Zeigt alle Systemvariablen an.

`alias`

▶ Zeigt alle Aliase an. Beispielsweise wird `rm` in `rm -i` umgewandelt.

`/sbin/lilo -R "Bootmenüeintrag"`

▶ Startet das System nach einem Reboot in dem gewünschten Modus. Bei `/sbin/lilo -R linux` wird beim nächsten Systemstart automatisch der Bootmenüeintrag »linux« gestartet. Dies ist z.B. nützlich, wenn ein VMware ESX Server aktualisiert werden muss und nur ein Netzwerkzugang über SSH oder Telnet zur Verfügung steht. Erst nach Booten dieses Linux-Systems kann ein Update durchgeführt werden.

`ifconfig`

▶ Zeigt alle Netzwerkadapter mit den dazugehörigen Netzwerkkarten an.

`mii-tool`

▶ Zeigt die eingestellten Geschwindigkeiten und den Status der Netzwerkkarten an.

`ip addr`

▶ Verhält sich ähnlich wie `ifconfig`, nur nicht so detailliert.

`ifup "Netzwerkname", ifdown "Netzwerkname"`

▶ Aktiviert oder deaktiviert eine Netzwerkverbindung. `ifup eth0` aktiviert die Netzwerkkarte eth0.

`route`

▶ Zeigt alle eingetragenen IP-Routen des Systems an.

`hostname`

▶ Zeigt den Rechnernamen an. `hostname "neuer Rechnername"` ändert den Rechnernamen des Systems, allerdings nur zur Laufzeit. Nach einem Reboot ist der alte Name wieder eingetragen.

`lsof`

▶ Listet alle durch Prozesse geöffneten Dateien auf. `lsof -i` listet nur alle aktiven IP-Prozesse auf.

`netstat -ln`

▶ Zeigt detailiert alle aktiven IP-Prozesse auf.

`top`

▶ Zeigt den derzeitigen Systemstatus der Service Console in Echtzeit an. Wird mit `q` beendet.

`lspci`

▶ Zeigt die PCI-Geräte der Service Console an.

`lsmod`

▶ Zeigt die geladenen Kernelmodule (u.a. Treiber) der Service Console an.

`insmod "Modul"`

▶ Lädt ein Modul in den Kernel.

`rmmod "Modul"`

▶ Entlädt eine Kernelmodul. Seien Sie damit vorsichtig!!

`free`

▶ Zeigt den derzeitigen Hauptspeicherstatus und den benutzten Swap-Speicher an. `free -m` zeigt der besseren Übersicht halber den Speicher in Megabyte statt Byte an.

`ps`

▶ Zeigt die Prozesse eines Systems mit ihrem Aufruf und der Prozess-ID an. `ps -ef` stellt alle Prozesse in einem Baum dar. `ps -aux` zeigt alle Prozesse detailliert an.

`kill "Prozess ID"`

▶ Beendet einen Prozess. `kill -9` beendet auch hartnäckigste Prozesse.

`rpm "Optionen" "Datei"`

▶ Mit diesem Programm kann Software im RPM-Format installiert und deinstalliert werden. `rpm -ivh "Datei.rpm"` installiert die Datei und überprüft alle Abhängigkeiten. `rpm -Uvh "Datei.rpm"` aktualisiert ein installiertes

Programm mit einer neuen Version. `rpm -qa` zeigt alle über RPM installierten Programme an. `rpm -e "Programm"` entfernt das angegebene Programm vom System.

`passwd "Benutzer"`

▶ Ändert das Passwort des angegebenen Benutzers. Wird kein Benutzer angegeben, wird das Passwort des aktuellen Benutzers geändert.

`useradd "Benutzer" (-g "Gruppe" -d "Heimatverzeichnis")`

▶ Legt einen neuen Benutzer an. Wenn keine Gruppe und kein Heimatverzeichnis angegeben wird, wird eine neue Gruppe mit dem Benutzernamen erstellt, in der er Mitglied wird, und ein Heimatverzeichnis mit dem Benutzernamen unter /home.

`userdel "Benutzer"`

▶ Löscht den Benutzer vom System. Das Heimatverzeichnis wird allerdings nur gelöscht, falls der Parameter –r mitgegeben wird.

`groupadd "Gruppe"`

▶ Legt eine neue Gruppe an.

`usermod "Optionen" "Benutzer"`

▶ Ändert das Benutzerkonto. –l sperrt den Benutzer, –g ändert die primäre Gruppenzugehörigkeit, -d das Heimatverzeichnis.

`who`

▶ Zeigt alle aktuell angemeldeten Benutzer des Systems an.

`whoami`

▶ Zeigt den angemeldeten Benutzer an.

## B.2 VMware ESX Befehlszeilenkommandos

Diese Befehle werden zwar auch in der Service Console ausgeführt, betreffen diese aber nicht, sondern werden an den VMkernel weitergereicht.

`vdf`

▶ Wie `df`, zeigt allerdings auch die vmfs-Partitionen an. `vdf -h` macht das Ganze übersichtlicher. Sie sehen allerdings die wirklichen physikalischen Pfade zu den SCSI- oder FibreChannel-Platten und nicht den »Friendlyname«.

`esxtop`

▶ Wie `top`, allerdings mit allen Informationen zum VMkernel und nicht zur Service Console.

`vmkusagectl install`

▶ Installiert die vmkusage-Webanzeige. Mit ihr kann man alle Ressourcen der laufenden virtuellen Maschinen eines ESX Servers im Browser überwachen. Aufgerufen wird diese Webseite über **http://ESXServer/vmkusage**. `vmkusagectl cleandb` löscht alle derzeitigen Statisikdaten. `vmkusagectl uninstall` deinstalliert die vmkusage Tools wieder.

`vm-support`

▶ Bei Problemen mit dem VMware ESX Server kann man mit diesem Befehl eine Datei »esx-«Datum«.id.tgz erstellen, um diese anschließend dem VMware-Support zur Verfügung zu stellen. In dieser Datei stehen alle wichtigen Informationen des VMware ESX Servers. Unter Umständen ist es empfehlenswert, diesen Befehl monatlich auszuführen und die ausgegebene Datei zu sichern.

`vmkload_mod`

▶ Verwaltet die geladenen Module des VMkernels. `vmkload_mod -list` zeigt die geladenen Kernelmodule an. `vmload_mod -u "Modulname"` entlädt das Modul. `vmkload_mod "Modulpfad"/"Modulname.o"` lädt das entsprechende Kernelmodul.

`vmstat`

▶ Systeminformationen des VMkernels

`wwpn.pl`

▶ Zeigt Qlogic-FibreChannel-Adapter mit deren WWN an. `wwpn.pl -s "HBA"` löscht den Cache der einzelnen HBA-Adapter. Dies kann bei neuen LUNs wichtig sein.

`cos-rescan.sh "HBA"`

▶ Dieser Befehl legt die Knoten im VMFS-Dateisystem an, damit man auf die LUNs zugreifen kann. Identisch mit `Rescan SAN` in der Web-Administrationsoberfläche.

`vmware-mount.pl`

▶ Mit diesem Perl-Skript können .dsk- und .vmdk-Festplattendateien gemountet und eingesehen werden. `vmware-mount.pl -p "Pfad"/"Datei"` zeigt die Partitionstabelle der Festplatte an. `vmware-mount.pl /vmfs/local/ w2kserver-hdd.dsk 1 -t ntfs -o ro /mnt` mountet die erste Festplattenpartition schreibgeschützt als NTFS-Dateisystem in /mnt. Sie sollten diese Festplattendateien möglichst nicht im Schreib-/Lese-Zugriff verbinden.

Da es sich hier um eines der wichtigsten Programme handelt, erkläre ich jeden Parameter einzeln. Darüber hinaus ist dies eines der wenigen Programme, das direkt und indirekt Service Console und VMkernel beeinflusst.

`vmkpcidivy -refreshnames`

▶ Aktualisiert die Informationen innerhalb der Service Console und dem VMkernel. Es erfolgt aber keine Ausgabe auf den Bildschirm.

`vmkpcidivy -q`

▶ Zeigt verschiedene VMware ESX-Konfigurationsinformationen an. Im Folgenden nur die wichtigsten Anzeigemöglichkeiten:

▶ `vmkmod` – VMKernelmodule

▶ `vmkdump_part` – VMkernel Dump Partition – physikalischer Pfad

▶ `vmkdump_labels` – Bootmenüeinträge

▶ `vmhba_dev` – SCSI-/FibreChannel-Festplatten/LUNs

`vmkpcidivy -i`

Führt Sie interaktiv durch folgende Einstellungen:

▶ Bootmenü (Anzeigename beim Booten des VMware ESX Servers)

▶ zugewiesener Hauptspeicher für die Service Console

▶ Aktivierung/Deaktivierung des Hyperthreadings

▶ Es werden alle Adapter nacheinander aufgeführt, die zwischen Service Console und VMkernel aufgeteilt werden können. Es gibt die drei folgenden Zustände: `s` = shared (aufgeteilt zwischen Service Console und VMkernel), `c` = console (nur Service Console), `v` = virtual (nur VMkernel)

`vmkuptime.pl`

▶ Zeigt eine Statistik über die Verfügbarkeit des VMware ESX Servers an.

`findnic "Netzwerkname" "lokale IP" "entfernte IP"`

▶ Mit diesem Tool kann man eine gesuchte Netzwerkkarte finden. Dies ist hauptsächlich bei vielen Netzwerkkarten nützlich. Beispiel: `findnic vmnic1 10.0.0.1 10.0.0.2`. Allerdings kann man in verschiedenen älteren Foreneinträge lesen, dass es zu Problemen mit diesem Tool kommen kann! Deshalb ist es mit Vorsicht zu genießen.

`vmkmultipath`

▶ Über diesen Befehl kann man die verschiedenen Wege zu einem Plattenbereich anzeigen oder verändern. `vmkmultipath -q` dient zur Auflistung aller Pfade zu den Plattenbereichen. `vmkmultipath -s` dient zum Setzen der Parameter, z.B. das Umschalten zwischen `mru` und `fixed` Path (beispielsweise `vmkmultipath -s vmhba#:#:# -p mru/fixed`).

▶ Mit dem folgenden Programm können Sie alle virtuellen Maschinen steuern! Ich gehe hier auf alle wichtigen Parameter ein. Einer der Parameter ist fast immer die Konfigurationsdatei. Dies ist die VMware .vmx-Datei, z.B. `/home/vmware/Server1/server1.vmx`.

`vmware-cmd -l`

▶ Gibt eine Liste aller registrierten virtuellen Maschinen aus.

`vmware-cmd -s register "Konfig-Pfad"/".vmx Datei"`

▶ Registriert eine virtuelle Maschine.

`vmware-cmd -s unregister "Konfig-Pfad"/".vmx Datei"`

▶ Löscht die Registrierung der virtuellen Maschine.

`vmware-cmd "Konfig-Pfad"/".vmx Datei" getstate`

▶ Zeigt den Status der virtuellen Maschine an.

`vmware-cmd "Konfig-Pfad"/".vmx Datei" getpid`

▶ Zeigt die Prozess-ID der virtuellen Maschine an.

`vmware-cmd "Konfig-Pfad"/".vmx Datei" getid`

▶ Zeigt die World-ID der virtuellen Maschine an.

`vmware-cmd "Konfig-Pfad"/".vmx Datei" getuptime`

▶ Zeigt die Laufzeit der virtuellen Maschine an. In diesem Zeitraum wurde diese virtuelle Maschine nicht abgeschaltet.

```
vmware-cmd "Konfig-Pfad"/".vmx Datei" getheartbeat
```

- Wenn Sie diesen Befehl zweimal hintereinander ausführen, und das Ergebnis ist gleich, können Sie davon ausgehen, dass die virtuelle Maschine nicht mehr läuft.

```
vmware-cmd "Konfig-Pfad"/".vmx Datei" getremoteconnections
```

- Zeigt die Anzahl aller derzeitigen Remote Console-Verbindungen an.

```
vmware-cmd "Konfig-Pfad"/".vmx Datei" answer
```

- Falls unbeantwortete Fragen anstehen, können diese mit dem Befehl beantwortet werden. Zum Beispiel: Sie haben eine virtuelle Maschine mit einer Festplatte im Non-persistent-Modus. Beim Abschalten dieser Maschine werden Sie immer gefragt, ob alle Änderungen zurückgeschrieben werden sollen. Diese Frage könnten Sie dann mit dem Befehl beantworten.

```
vmware-cmd "Konfig-Pfad"/".vmx Datei" "start, stop, reset, suspend" "soft, trysoft, hard"
```

- Startet, beendet, startet neu oder legt die virtuelle Maschine vorübergehend still. Der zweite Parameter gibt an, ob versucht wird, die Maschine über die VMware Tools normal herunterzufahren oder einfach hart abzuschalten. Der Mittelweg ist `trysoft`, d.h., es wird erst versucht, die Maschine normal herunterzufahren. Sollte dies innerhalb einer gewissen Zeit nicht funktionieren, wird einfach ausgeschaltet.

```
vmware-cmd "Konfig-Pfad"/".vmx Datei" addredo "Festplatte"
```

- Schaltet die Festplatte in den Non-persistent-Modus, d.h., alle Änderungen werden nicht direkt auf die Festplatte, sondern in eine andere Datei namens REDO-Log geschrieben. Diese Festplatte muss mit ihrem physikalischen Namen und nicht mit dem Dateinamen der Festplattendatei angegeben werden. Dieser Name steht in der Konfigurationsdatei bzw. kann über die MUI ausgelesen werden. Beispiel: `vmware-cmd /home/vmware/Server1/server1.vmx addredo scsi0:0`.

```
vmware-cmd "Konfig-Pfad"/".vmx Datei" commit "Festplatte"
```

- Schreibt alle Änderungen aus dem REDO Log auf die Festplatte zurück, und schaltet die Festplatte wieder in den ursprünglichen Modus. Darüber hinaus werden diese Änderungen beim Ausschalten der virtuellen Maschine zurückgeschrieben.

`vmkfstools`

- Dieser Befehl dient zur Verwaltung der Festplattendateien virtueller Maschinen.

`vmkfstools -i "Quelle" "Ziel"`

- Importiert eine Festplattendatei von VMware GSX oder VMware Workstation in eine VMware ESX-Festplattendatei. Ziel ist eine VMFS- Partition. `vmkfstools -i /vmimages/server1.vmdk /vmfs/local/server1.dsk` Da die Quell-Festplattendateien meist aus mehreren GB Dateien bestehen, müssen Sie bedenken, nur die erste .vmdk-Datei anzugeben. Der Import-Vorgang fasst alle Dateien zu einer .dsk-Datei zusammen.

`vmkfstools -e "Ziel" "Quelle"`

- Exportiert eine VMware ESX-Festplattendatei in ein für VMware GSX und VMware Workstation lesbares Format. Die Quelldatei muss auch im VMFS-Dateisystem liegen. Zudem wird die Quelldatei wieder in kleinere Dateien aufgesplittet.

`vmkfstools -e "Ziel" -d vmfs "Quelle"`

- Dies ist zwar ein undokumentierter, aber sehr nützlicher Befehl, weshalb ich ihn gesondert aufführe. Hier wird der Export-Befehl genutzt, um eine Festplattendatei im VMFS-Format (VMware ESX) auf einen anderen Datenträger ebenfalls im VMFS-Format zu kopieren. Weil es bei einem normalen Kopieren durch `cp` zu den SCSI-Reservierungen kommt, wodurch die Systemperformance deutlich sinken kann, wird mit diesem Befehl alles über den VMkernel abgewickelt, der durch die Ressourcenkontrolle diesen Performanceeinbruch verhindert.

`vmkfstools -c #[gGmMkK] "Festplattendatei"`

- Es wird eine neue Festplattendatei angelegt, die Sie in einer virtuellen Maschine nutzen können. `vmkfstools -c 10G /vmfs/local/server1.dsk` legt eine Festplatte mit einer Größe von 10 GB an. Denken Sie daran, dass diese Datei nur vom Root-Benutzer eingerichtet werden kann. Soll der Zugriff auf diese Festplattendatei für andere freigegeben werden, müssen Sie später die Berechtigung mit `chown` abändern.

`vmkfstools -X #[gGmMkK] "Festplattendatei"`

- Vergrößert eine Festplattendatei auf die angegebene Größe. Danach wäre ihre Festplattendatei mit hoher Wahrscheinlichkeit unbrauchbar. `vmkfstools -X 20G /vmfs/local/server1.dsk` würde die Festplatte von

Server1 auf 20 Gigabyte vergrößern. Diese Vergrößerung hilft allerdings dem Betriebssystem erst einmal überhaupt nicht. Sie müssen trotzdem mit einem Partitionstool an die Festplatte herangehen, um dieses Mehr an Speicherplatz nutzen zu können. Wird eine geringere Größe angegeben als die wirkliche Festplattengröße, kann sie durch die Angabe des Parameters –force auch verkleinert werden.

`vmkfstools -C vmfs2 -n ## vmhbaC:T:L:P`

▶ Formatiert eine Partition mit dem VMFS2-Dateisystem (mit VMFS kann auch noch das alte Dateisystemformat genutzt werden). `vmhba` steht für den SCSI/FibreChannel-Adapter des VMkernels. `C` = Controller, `T` = SCSI Target, `L` = LUN Number, `P` = Partition. Beispiel: `vmkfstools -C vmfs vmhba0:0:0:1`. Mit dem Parameter –n kann zusätzlich die maximale Anzahl der möglichen Dateien festgelegt werden. Statt maximal 256 Dateien (maximum über die MUI) kann die Formatierung hier mit bis zu 1024 Dateien konfiguriert werden. Der letztere Wert ist vor allem in Verbindung mit der Template-Ablage des VirtualCenters sinnvoll.

`vmkfstools -P vmhbaC:T:L:P`

▶ Zeigt detailierte Informationen über die angegebene Partition an.

`vmkfstools -g "Festplattendatei"`

▶ Zeigt die Festplattengeometrie an, die unter Umständen für den Export wichtig sein kann.

`vmkfstools -R "Festplattendatei"`

▶ Falls eine virtuelle Maschine abstürzen sollte, kann es passieren, dass die Festplattendatei gesperrt ist. Mit diesem Befehl können Sie die Sperre aufheben.

`vmkfstools -L "reserve/release/reset/lunreset" vmhbaC:T:L:P`

▶ Dieser Befehl gilt hauptsächlich für Cluster-Szenarien. Angenommen, einer der Clustermitglieder stürzt ab und sperrt die LUN, dann können Sie mit `vmkfstools -L release vmhba0:0:0:1` die Sperre wieder aufheben.

`vmkfstools -s vmhbaC`

▶ Dieser Befehl scannt den angegebenen SCSI-/FibreChannel-Adapter nach neuen Festplatten ab.

```
vmkfstools -S "Label" vmhbaC:T:L:P
```

▸ Um nicht immer mit den physikalischen Namen der Festplatten arbeiten zu müssen, können Sie mit diesem Befehl einen so genannten »Friendly Name« vergeben, z.B. `vmkfstools -S VMFS-1 vmhba0:0:0:1`.

## B.3 Skripte

Die folgenden Skripte liegen alle im Verzeichnis `/etc/init.d`. Die meisten dieser Skripte kennen als Parameter `start`, `stop`, `restart`, `status` und `reload`. Die ersten vier Parameter bedürfen keiner Erklärung, `reload` bewirkt, dass der Prozess die Konfigurationsdateien neu einliest und mit den geänderten Parametern weiterläuft. Sie werden diese Skripte sehr selten benötigen, aber falls Sie mal versehentlich einen Prozess beenden sollten oder einer der Prozesse abstürzen sollte, können Sie an dieser Stelle nachsehen, wie das Skript heißt, das Sie dann mit dem Parameter `start` einfach neu aufrufen müssen.

### httpd.vmware

▸ Dieses Skript steuert die MUI (Management User Interface), also die Administrationsweboberfläche.

### kudzu

▸ Dieses Skript startet die Hardwareerkennung. Sehr nützlich, falls neue Hardware eingebaut wurde.

### network

▸ Dieses Skript aktiviert/deaktiviert die Netzwerkunterstützung.

### snmpd

▸ Dieses startet/stoppt den SNMP-Dämon.

### xinetd

▸ Startet/stoppt die Xinetd-Prozesse.

### crond

▸ Startet/stoppt den Cron-Dämon, der zeitgesteuerte Aktionen ausführen kann.

### syslogd

▸ Startet/stoppt den Syslog-Dämon, der für die Aufzeichnung von Aktionen zuständig ist.

## B.4 Wichtige Dateien und Verzeichnisse

### B.4.1 VMware ESX Service Console

`/etc/modules.conf`

- Diese Datei enthält eine Liste der im System installierten Geräte. In den auskommentierten Zeilen stehen normalerweise auch Geräte, die dem VMKernel zugeordnet sind.

`/etc/fstab`

- In dieser Datei findet man die lokalen und entfernten Dateisysteme, die automatisch beim Systemstart verbunden werden sollen.

`/etc/rc.d/rc.local`

- Hier finden sich alle lokalen Änderungen am System, die während des Systemboots ablaufen. Des Weiteren werden hier auch Änderungen vorgenommen, falls man nur eine Netzwerkkarte hat und diese zwischen Service Console und VMKernel aufteilen will.

`/etc/syslog.conf`

- In dieser Datei wird festgelegt, was protokolliert wird und natürlich wo dies geschieht.

`/etc/logrotate.conf`

- Die Datei gibt an, in welchen Zyklen Protokolldateien rotiert werden. Auch kann angegeben werden, dass die alten Protokolldateien komprimiert werden sollen.

`/etc/inittab`

- Hier kann man die Anzahl der virtuellen Terminals vom Standard sechs auf bis zu neun erhöhen. Diese Datei kann man auch zum Ausführen von Programmen beim Systemstart benutzen, beispielsweise Backup Clients.

`/var/log/`

- Hier werden standardmäßig alle Protokolldateien abgelegt. VMware Protokolldateien starten mit der Zeichenfolge »vm«. Die Hauptprotokolldatei liegt ebenfalls in diesem Verzeichnis und heißt »messages«.

`/etc/ntp.conf`

▶ Diese Datei dient zur Konfiguration des NTP-Dämons, d.h., man könnte öffentliche Zeitserver zur Zeitsynchronisation angeben.

### B.4.2 VMware ESX Konfiguration

`/etc/vmware/netmap.conf`

▶ Hier finden sich alle angelegten virtuellen Netzwerke mit den darin enthaltenen physikalischen Adaptern.

`/etc/vmware/vm-list`

▶ Datei enthält alle registrierten virtuellen Maschinen

`/etc/vmware/vmkmodule.conf`

▶ Hier finden sich alle zu ladenden VMkernel-Module.

`/etc/vmware/devnames.conf`

▶ Hier sind alle dem VMkernel zugeordneten physikalischen Adapter mit ihren Alias-Namen enthalten.

`/etc/vmware/hwconfig`

▶ Hardwarekonfiguration für den VMkernel. Hier müssen beispielsweise auch Änderungen für Bladeserver eingetragen werden

`/etc/vmware/config`

▶ Konfigurationsdatei für den VMkernel. Hier steht z.B. der Port der MUI.

### B.4.3 Konfigurationsdatei der virtuellen Maschinen

Wie Sie sicher noch wissen, findet man diese Datei namens »Servername«.vmx im Heimatverzeichnis der virtuellen Maschine. Ich gehe im Folgenden auf die wichtigsten Parameter innerhalb dieser Datei ein.

`displayName`

▶ Es erscheint der Anzeigename der virtuellen Maschine.

`sched.cpu.shares`

▶ zugeteilte Shares für den Prozessor

`memSize`

▶ zugewiesener Hauptspeicher in Megabyte

`sched.mem.shares`

▶ zugeteilte Shares für den Arbeitsspeicher

`guestOS`

▶ Betriebssystem innerhalb der virtuellen Maschine

`scsi0.present`

▶ Angabe, ob ein SCSI Controller in der virtuelle Maschine steckt. Bei mehreren Controllern wird die SCSI ID hochgezählt.

`scsi0.virtualDev`

▶ Art des SCSI Bus-Adapters. Werte sind Bus Logic oder LSI Logic.

`ethernet0.present = "TRUE"`

▶ Angabe, ob ein Netzwerk-Adapter vorhanden ist. Bei mehreren Adaptern wird die ID hochgezählt.

`ethernet0.virtualDev`

▶ Art der Netzwerkkarte: `vlance` oder `vmxnet`

`ide0:0.present`

▶ Angabe, ob ein IDE Controller vorhanden ist

`ide0:0.deviceType`

▶ Art des IDE-Geräts. Da von VMware ESX nur die CD-ROM-Laufwerke unterstützt werden, können die Werte nur CDROM Image oder physikalisches CD-Laufwerk sein.

`ide0:0.fileName`

▶ Name der CD-ROM Image-Datei oder des physikalischen Pfades zum Laufwerk.

`ide0:0.startConnected`

▶ Angabe, ob das CD-Laufwerk beim Starten »angeschlossen« sein soll

`floppy0.present`

▶ Angabe, ob ein Diskettenlaufwerk vorhanden ist. Bei mehreren Laufwerken wird die ID hochgezählt.

`floppy0.filename`

▶ Name des Disketten-Images oder des physikalischen Pfades zum Laufwerk

`floppy0.startconnected`

▶ Angabe, ob das Diskettenlaufwerk beim Starten angeschlossen sein soll

`ethernet0.generatedaddress`

▶ Die MAC-Adresse des ersten Netzwerkadapters. Die ID wird bei mehreren Adaptern hochgezählt. Es kann durchaus nützlich sein, sich diese Adresse zu notieren, falls man bei Neuanlage der virtuellen Maschine, die gleiche MAC-Adresse wiederverwenden will.

`checkpoint.cptconfigname`

▶ Name der Suspend-Datei, falls die virtuelle Maschine vorübergehend angehalten wird wird

`ethernet0.networkname`

▶ Name des virtuellen Switches, mit dem der entsprechende virtuelle Netzwerkadapter verbunden ist

`usb.present`

▶ Angabe, ob USB-Anschlüsse innerhalb der virtuellen Maschine vorhanden sind

`virtualhw.version`

▶ Angabe, welche virtuelle Hardwareversion in der virtuellen Maschine vorhanden ist

`tools.syncTime`

▶ Angabe, ob die VMware Tools die Zeit mit dem Wirt abgleichen

## B.5 VMware GSX-Befehlszeile

`vmware-vdiskmanager`

▶ Programm zur Verwaltung und Erstellung von virtuellen Festplatten. Alle Protokolleinträge dieses Programms werden in das %TEMP%-Verzeichnis in die Datei vdiskmanager.log weggeschrieben.

```
vmware-vdiskmanager -d hdd1.vmdk
```

▶ Hiermit kann man eine virtuelle Festplatte defragmentieren. Dies ist besonders sinnvoll, bevor man eine virtuelle Maschine als Vorlage verwenden oder umkopieren will, da alle Daten sequenziell hintereinander geschrieben werden und so schneller lesbar sind.

```
vmware-vdiskmanager.exe -c -s 850Mb -a ide -t 0 hdd1.vmdk
```

▶ Anlegen einer virtuellen DIE-Festplatte mit 850 MByte als einzelne anwachsende Festplatte. Der Parameter −c steht für das Anlegen der Festplatte, −a steht für den Adaptertyp, dort steht `ide`, `buslogic` und `lsilogic` zur Auswahl, −s steht für die Größe und −t für den Festplattentyp (0 = einzelne anwachsende Festplatte, 1 = anwachsende Festplatte in 2 GB-Dateien aufgeteilt, 3 = einzelne Festplatte, volle Größe, 4 = Festplatte mit voller Größe auf 2 GB-Dateien aufgeteilt).

```
vmware-vdiskmanager.exe -r Quelle-hdd.vmdk -t 0 Ziel-hdd.vmdk
```

▶ Ändert den Festplattentyp der Quell-Festplatte, allerdings nicht direkt in der/den Datei/en, sondern legt eine Ziel-Festplatte mit dem angegebenen Namen an.

```
vmware-vdiskmanager.exe -x 10Gb hdd1.vmdk
```

▶ Ändert die Größe der Festplattendatei. Falls das Gast-System schon auf diese Festplatte zugreift, muss die Festplatte innerhalb dieses Systems mittels eines Partitionsprogramms angepasst werden. Festplatten können mit diesem Programm nur vergrößert werden.

```
vmware-vdiskmanager.exe -k hdd1.vmdk
```

▶ Führt einen so genannten »Shrink« auf die virtuelle Festplattendatei durch. Dieser Shrink ist dem defragmentieren einer Festplatte ähnlich und dient dem Aneinanderreihen der Daten in sequenzieller Form, um eine bessere Leseperformance zu gewährleisten. Dieser Befehl ist besonders sinnvoll, wenn man die Festplattendatei als Vorlage für andere virtuelle Maschinen nutzen will.

```
vnetstats "virtuelle Netzwerkkarte"
```

▶ Zeigt eine Statistik für die virtuellen Netzwerkkarten, wie NAT- oder Host-only-Adapter an. Mit dem Parameter `/reset` kann diese Statistik zurückgesetzt werden.

```
vmware-cmd -l
```
▶ Gibt eine Liste aller registrierten virtuellen Maschinen aus.

```
vmware-cmd -s register "Konfig-Pfad"/".vmx Datei"
```
▶ Registriert eine virtuelle Maschine.

```
vmware-cmd -s unregister "Konfig-Pfad"/".vmx Datei"
```
▶ Löscht die Registrierung der virtuellen Maschine.

```
vmware-cmd "Konfig-Pfad"/".vmx Datei" getstate
```
▶ Zeigt den Status der virtuellen Maschine an.

```
vmware-cmd "Konfig-Pfad"/".vmx Datei" getpid
```
▶ Zeigt die Prozess-ID der virtuellen Maschine an.

```
vmware-cmd "Konfig-Pfad"/".vmx Datei" getid
```
▶ Zeigt die World-ID der virtuellen Maschine an.

```
vmware-cmd "Konfig-Pfad"/".vmx Datei" getuptime
```
▶ Zeigt die Laufzeit der virtuellen Maschine an. Innerhalb dieses Zeitraums wurde diese virtuelle Maschine nicht abgeschaltet.

```
vmware-cmd "Konfig-Pfad"/".vmx Datei" getheartbeat
```
▶ Wenn Sie diesen Befehl zweimal hintereinander ausführen, und das Ergebnis ist gleich, können Sie davon ausgehen, dass die virtuelle Maschine nicht mehr läuft.

```
vmware-cmd "Konfig-Pfad"/".vmx Datei" getrunasuser
```
▶ Gibt das Benutzerkonto zurück, unter dem die virtuelle Maschine läuft.

```
vmware-cmd "Konfig-Pfad"/".vmx Datei" setrunasuser "Benutzer" "Kennwort"
```
▶ Setzt das Benutzerkonto, unter dem die virtuelle Maschine laufen soll

```
vmware-cmd "Konfig-Pfad"/".vmx Datei" answer
```
▶ Falls unbeantwortete Fragen anstehen, können sie mit diesem Befehl beantwortet werden. Beispiel: Sie haben eine virtuelle Maschine mit einer Festplatte im Non-persistent-Modus. Beim Abschalten dieser Maschine werden Sie immer gefragt, ob alle Änderungen zurückgeschrieben werden sollen. Diese Frage könnten Sie dann mit dem Befehl beantworten.

```
vmware-cmd "Konfig-Pfad"/".vmx Datei" "start, stop, reset, sus-
pend" "soft, trysoft, hard"
```

- Startet, beendet, startet neu oder legt die virtuelle Maschine vorübergehend still. Der zweite Parameter gibt an, ob versucht wird, die Maschine über die VMware Tools normal herunterzufahren oder einfach hart abzuschalten. Der Mittelweg bedeutet `trysoft`, d.h., es wird erst versucht, die Maschine normal herunterzufahren, sollte dies innerhalb einer gewissen Zeit nicht funktionieren, wird einfach ausgeschaltet.

# C  Häufige Fragen

Ein zusätzliches Kapitel, in dem ich auf häufige Fragen und natürlich deren Antworten eingehe, finden Sie unter **http://www.galileocomputing.de/1102**.

# Index

19" Rack 137
4-Wege-VM 134
802.1p 156
802.1Q 156

## A

Ablageverzeichnis 312
Active Directory 213, 382
ActiveX Plugin 359
Adapter Bindings 223
Adapter Teaming 234
Anfangsinvest 115
Append 292
Assured Computing Environment 62
Ausfall des Wirtsystems 329
Ausfallzeiten 41
Automated Deployment Services 505
Autorun 165
Availability Report 224
AVM Ken! 100

## B

Backupsoftware 457
Balloon Driver 216
Basic NAT 238
Baumstruktur 382
Berechtigungsstruktur 394
Betriebssystemschicht 95
BIOS 299
Bladecenter 136
Bladeserver 136
Bluescreen 562
Bochs 86
bootfromsan 182
Bridged 238, 243
Buslogic 314

## C

Cacti 95
Chipsatz 134
Citrix Terminal Services 302
Clone this Virtual Machine 415
Cloning Prozess 418
Cluster 102, 142
Cluster – virtuelle Maschine 469
Cluster – Wirt-System 471
Cluster-across-Boxes 571
Cluster-in-a-Box 564
Clusterknoten 568
Clustermitglied 571
Cold Migration 410
COM 325
compact 287
Component Object Model 446
Connectix 28
convert 287
Core Four 94
COW (Copy on Write) 271
COW Format 476
Cross-Over 235
cscript.exe 450
Custom Attributes 436

## D

dd 228
Dedizierte LAN-Kopplung 234
demilitarisierte Zone 579
Desaster Recovery 455, 534
DHCP Server 240
differencing Festplatten 283
Differencing Virtual Hard Disk 283
Disable Snapshots 276
Disaster Recovery 102
Disk.MaxLUN 224
Diskettenlaufwerk 308
Distributed Availability Services 471
DMZ 579
Dongle 113
dsk 298
Dunes VS-M 540
Dunes VS-O 541
DVD/CD-ROM 308
Dynamically Expanding disk 282
Dynamically Expanding-Festplatten 282

## E

Energieaufnahme 42
ESXRanger 548
EXT2 274
Extends 288

## F

Failover Paths 221
Farm Group 395
Fault Tolerance 234
Festplattendatei 302
Festplattenkapazität 273
Fiber Channel 222
FiberChannel HBA 270
findnic 593
Fixed 221
Fixed Size Virtual Hard Disk 281
Fixed-size Festplatten 281
Friendlyname 572
FTP 464

## G

Gastsystem 58
geplante Tasks 429
Gerät 308
Gerätetreiber 345
Gesamtvirtualisierung 106
Guest Agent 531
Guest Customization Wizard 423

## H

Hardware Clock 190
hardware compatibility list 134
Hardwarekonsolidierung 136
Hardwarekosten 128
Hardwaretest 140
Hauptspeicher 97
Heartbeat 260
Heartbeat-Netzwerk 565
Heimatverzeichnis 298
Host 57, 58, 395
Host Agent 528
Host Key 359
Host-Only 238, 241, 570
Hot Migration 410
Hyperthreading 135

## I

IBM Tivoli 220
IDE 134, 146
IEEE 802.1Q 263
IIS Webservers 163
Image Server 521
Images 309

Image-to-Virtual 515
independent Mode 278
Infrastruktur 117
Inspect 287
interner DHCP Server 253
Interrupt-Controller 135
IP-Druckerboxen 309
iSCSI 147
iSCSI Protokoll 572
ISDN-Router 100
ISO Format 309
Isolate fom Hyper-Threading 370
Ist-Aufnahme 92

## J

JavaScript 541

## K

Katastrophenfall 466
Kernelmodule 186
Klonen 559
Knoppix 306
Kommandozeilenskripte 441
Kontextmenü 400
Kosten 127
Kostenersparnis 51
Kostensenkung 51
Kostenvorteile 51
KVM over IP Switch 337

## L

Laborumgebungen 104
LDAP Protokoll 543
Legacy Format 503
Leostream P>V Direct 525
Leostream Virtual Controller 530
Lifecycle Management 532
Linked Virtual Hard Disk 280
Linux 349
Lizenzen 436
Lizenzkosten 127
Load Balancing 234
logische CPU 135
Loop 336
LPT 325
LSI Logic 314

## M

MAC Adresse 246, 369
Manage Files 229
Management User Interface 163
Maskieren der LUN 224
Masquerading 238
Massenspeicher 98
Mehrserversystem 103
Mehrwege System 139
Memory Overcommitment 145
Memory Sharing 145
memtest86 140
Merge Virtual Hard Disk 285
Messdaten 141
Messungen 95
Microsoft Access 381
Microsoft Cluster Service 564
Microsoft Script Repository 450
Microsoft SQL Server 389
Microsoft Virtual PC 79
Microsoft Virtual Server 82, 176
Microsoft Virtual Server Migration Toolkit 504
Microsoft Windows 343
Migration 501
Migration physikalische Maschine 562
monolithischen Format 476
Most Recently Used 221
MRTG 96
MS Loopback Adapter 257
MSDE 507
MUI 163
Multiple Snapshot 275

## N

Nagios 96
Named Pipe 325
NAS 147
NAT 237, 246
Network Attached Storage 152
Network Label 201, 399
Netzwerk 99
Netzwerkmonitor 96
NewSID 423, 484
Non-Persistent 278, 291
nvram 298

## O

Openview 220
Oracle ODBC Treiber 392
Organisationseinheiten 394
OS/2 118
OU 394

## P

P>V Wizards 527
P2V 491
P2V Client 496
P2V Server 494
Paketfilter 579
Partitionierung 167
Pegasus CIMOM 446
Pentium IV 135
Performance 116
Peripherie 99
Perl-Skripte 444
persistent 278
Persistent Mode 290
physical to virtual 491
Physical-to-Image 515
physikalische Festplatten 271
Platespin PowerP2V 514
Platespin PowerRecon 96, 537
Port Groups 264
Portforwarding 248
Power Off 330
Power On 330
Power On and run script 331
Poweroptionen 330
Preboot Execution Environment System 505
Private Option 313
Programmierschnittstelle 207, 442
Prozessor 96
Prozessorkern 135
Public 220
PXE 505

## Q

Quorum Disk 469, 565

## R

RAID1 149
RAID10 150
RAID5 149

RAID-Verbund 270
Raw Device Mapping 289
RAW Disk 271, 575
rawrite 228
Read Only User 433
Reboot 229
REDO Log 462
Redo Log 283, 292
Registersätze 135
relative Weight 212
Reset 330
Ressourcenkontrolle 117, 369, 408
Ressourcenmanagement 50
Ressourcenmängel 151
Restart Guest 331
Resume 330
Resume and run script 331
Return On Invest 26
RMAN Skript 457
Rootpartition 163
RRDTool 96, 191
Rücksicherung 458, 549
Run on Processor 370

## S
SAN 147
SAN Boot 150
S-ATA 134, 146
Save State 355
schreibgeschützt 269
SCP 464
SCSI 147
SCSI Adapter 134
SCSI Bus shared virtual 565
Security Identifier 423
Security Settings 201
Serverkonsolidierung 26
Service Console 181
Shared 187
Shared Folder 345
Shares 370
Shrink 348
Shrink Funktion 274
Shut Down Guest 330
Shutdown 229
Shutdown VM Guest OS 355
Sicherheit 102, 126
Sicherung des Geschäftsbetriebes 455

Sicherung und Wiederherstellung 455
SID 423
Single Point of Failure 102
Sizing 141
Skalierbarkeit 153
Snapshots 274
SNMP 220
SNMP Traps 537
SOAP/HTTPS 448
Spanning Tree Protokoll 234
Spanning-Tree 572
SSL Server Zertifikat 388
Storage Area Network 153
Suspend 330
Suspend after running script 330
SVista 49
Swap Configuration 223
Swapfile 227
Symantec Ghost 475
Symetric Multi Processing 136
Sysprep 423, 478
System LUN/Disk 304
System-DSN 390
Systemlogs 224
Systemmonitor 96

## T
Template-Festplattendatei 482
Templates 418, 475
Testversionen 161
Tivoli Storage Manager 466
Toolbox 345
Total Cost of Ownership 26
Trunking Port 157
Trunkport 237
Type Library der COM API 451

## U
undo Festplatten 286
Undoable 292
Upgrade Virtual Hardware 333
USB 310
USB over IP 100
User-Mode Linux 87

## V
V2P 515
V2V 491

VB-Skripte 444
vdiskmanager 279
Verfügbarkeit 102, 115
Verwaltungsoberfläche 197
Virtual Controller 530
Virtual Disk Type 272
Virtual Infrastructure SDK 442
Virtual Local Area Network 235
Virtual Machine Additions 321, 363
Virtual Machine Administrator 433
Virtual Machine Group 395
virtual machine monitor 33
Virtual Machine Remote Control Client 178
Virtual Networking 255
Virtual Server Scripts 210, 358
Virtual Service Orchestrator 541
Virtual SMP 40, 185
virtual Switch 261
Virtual Switch Tagging 263
virtual to virtual 491
VirtualCenter 45, 381
VirtualCenter Agent 402
VirtualCenter Client 384
VirtualCenter Web Service 385
Virtualisierungskandidaten 100
Virtualisierungsoverhead 144
Virtualisierungsschicht 34
virtuelle Netzwerke 154
VLAN 154, 235, 262
VLAN ID 155, 235
VLAN Tagging 263
vlance 240
VM – Physik Cluster 470
VM – VM Cluster 469
VmCOM 446
VmCOM Scripting API 164
VMCore Dump 191
vmdk 298
VMFS 180, 220, 288
VMFS Partition 466
VMkernel 181
VMkernel Swap 191
vmkfstools 288
vmkfstools –e 482
vmkfstools –i 481
vmkpcidivy 459
vmkusage 191, 230
vmnet 76

vmnic 76
VMotion 48, 399
VMotion, Hot Migration 414
VmPerl 446
VmPerl Scripting API 164
VMRC 178, 209
VMscript.exe 511
vmsn 299
vmsnap.pl 463
vmss 299
VMTN 161
VM-Vorlagen 475
VMware ACE 62
VMware CIM SDK 446
VMware ESX 74, 179
VMware ESX Serverobjekt 409
VMware Farm 381
VMware GSX 67, 162
VMware NAT Service 207
VMware P2V Assistent 492
VMware Registration Service 207
VMware Remote Console 366
VMware Scripting API 444
VMware Tools 340, 342
VMware Virtual Infrastructure SDK 448
VMware Virtual Infrastruktur 41
VMware Virtual Machine Console 303
VMware Virtual Machine Importer 501
VMware VirtualCenter Administrator 433
VMware Workstation 58
VMware Workstation Version 5 274
vmware-cmd 444
vmx 298
vmxnet 240
Voice over IP 155
VSMT 509

## W

Webadministrationsoberfläche 119
Webbrowser 119
Windows 2003 Domänenstruktur 577
Windows 2003 Server 450
Windows Authentifizierung 382
Wirtsystem 57
Workflows 545
Workspace 204

## X

X Window Manager 204
x86 Architektur 57
Xen 49, 87
XEON 135
XML Format 426

## Z

Zeitsynchronisation 346
Zugriffsperrung 289
Zugriffssicherheit 432
Zuordnungstabelle 237

Technische Umsetzung,
Benutzereffizienz,
Verfügbarkeit,
Kostenoptimierung

664 S., 2005, mit Poster, 59,90 Euro
ISBN 3-89842-663-7

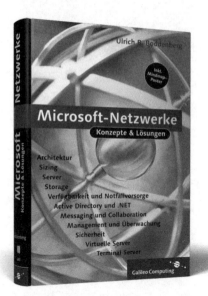

# Konzepte und Lösungen für
# Microsoft-Netzwerke
www.galileocomputing.de

Ulrich B. Boddenberg

### Konzepte und Lösungen für Microsoft-Netzwerke

Technische Umsetzung, Verfügbarkeit, Kostenoptimierung

Dieses Buch enthält keine langatmigen Installationsanleitungen, sondern liefert „Fakten, Fakten, Fakten" zu Design und Konzeption von Microsoft-Umgebungen. Es beginnt mit den Grundlagen des Sizings von Servern und Storage-Bereichen, beschäftigt sich detailliert mit den „großen" Applikationsservern, erklärt, was eigentlich hinter .NET steckt, diskutiert die Voraussetzungen einer sicheren Internetanbindung und behält stets die Kernaspekte Kosten, Performance und Verfügbarkeit im Auge.

>> www.galileocomputing.de/1030

Riskoanalyse, Methoden und Umsetzung

Für Unix/Linux und Windows

VPN, WLAN, Intrusion Detection, Disaster Recovery, Kryptologie

544 S., 2005, mit CD, 39,90 Euro
ISBN 3-89842-571-1

# Praxisbuch Netzwerk-Sicherheit

www.galileocomputing.de

»... hervorragendes Lehr- und Nachschlagewerk für Administratoren ...«
InfoWeek.ch, 04/2005

Johannes Plötner, Steffen Wendzel

**Praxisbuch Netzwerk-Sicherheit**

Riskoanalyse, Methoden und Umsetzung

Dieses Buch liefert umfassendes Praxiswissen zur IT-Sicherheit. Sie erfahren, wie man Server und Router schützen kann und lernen alles Wissenswerte zu Verschlüsselungen und zur Datensicherheit.

Aus dem Inhalt:
Gefahrenanalyse, Kryptographie, TCP/IP, physikalische Sicherheit, VPN-Grundlagen, Firewalls und Proxies, Topologien, Einbruchserkennung, Netzwerksicherheit, Secure Shell, Unix- und Windows-Sicherheit, Disaster Recovery, Security Policies, sichere Software

>> www.galileocomputing.de/878

Der eigene Web-, FTP-,
Mail- und Nameserver

LAMP, Linux-VServer,
Sicherheit

Komplettes Praxiswissen
zum Root-Server

Inkl. rechtliche Fragen

496 S., 2., aktualisierte und erweiterte Auflage 2005,
mit CD, 34,90 Euro
ISBN 3-89842-550-9

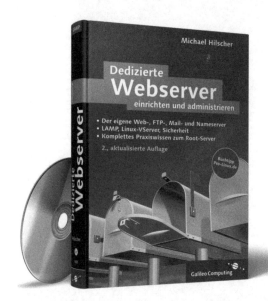

# Dedizierte Webserver

www.galileocomputing.de

Michael Hilscher

**Dedizierte Webserver**

einrichten und administrieren

Das Buch stellt Ihnen praxisnah und mit zahlreichen Beispielen Aufbau, Betrieb und Administration eines Servers vor. Neben der LAMP-Standardkonfiguration mit Apache, MySQL und PHP werden auch alle anderen wichtigen Bereiche vermittelt. Angefangen von der Wahl des Providers und der Hardware bis hin zu rechtlichen Fragen bietet das Buch das komplette Know-how für den Betrieb Ihres eigenen Servers.

>> www.galileocomputing.de/857

Einführung in das neue Versionsmanagement-System

CVS und Subversion im Vergleich

Inkl. Referenz der Subversion-Befehle

360 S., 2005, mit Referenzkarte, 29,90 Euro
ISBN 3-89842-603-3

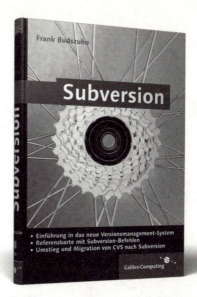

# Subversion

www.galileocomputing.de

mit Referenzkarte

Frank Budszuhn

## Subversion

Einführung in das neue Versionsmanagement-System

Subversion 1.0 ist da! Die Software, die unter der Apache/BSD-Lizenz steht, gilt als Nachfolger für das in Open-Source- und Windows-Projekten bebliebte Concurrent Versions System (CVS). Dieses Buch gibt einen umfassenden Einstieg in Subversion für Neulinge und für Umsteiger von CVS. Es ist Lern- und Nachschlagewerk und enthält eine Referenzkarte mit den wichtigsten neuen Befehlen.

>> www.galileocomputing.de/929

# Aktuelle Bücher aus unserem Programm

C/C++  Datenbanken  Internet & Scripting  Java  .NET  UNIX/Linux  XML

**Apache 2**
Einführung, Konfiguration, Referenz
857 S., CD, 44,90 Euro
ISBN 3-89842-482-0

**C von A bis Z**
920 S., Referenzkarte, 39,90 Euro
ISBN 3-89842-392-1

**C/C++**
Von den Grundlagen zur
professionellen Programmierung
1368 S., 3. Aufl., CD, 39,90 Euro
ISBN 3-89842-644-0

**CSS-Praxis**
Mit farbiger CSS-Referenzkarte
530 S., 3. Aufl., CD, 34,90 Euro
ISBN 3-89842-577-0

**CVS**
Auch für WinCvs und gCvs
318 S., Referenzkarte, 29,90 Euro
ISBN 3-89842-471-5

**Einstieg in Java**
Einführung aktuell zu Java 5
600 S., CD, 24,90 Euro
ISBN 3-89842-556-8

**Einstieg in Linux**
Eine distributionsunabhängige
Einführung
528 S., DVD, 29,90 Euro
ISBN 3-89842-481-2

**Einstieg in SUSE 9.x**
Installation und Anwendung
inkl. SUSE Personal Edition auf DVD
570 S., DVD, 24,90 Euro
ISBN 3-89842-504-5

**Einstieg in TYPO3**
Inkl. Templates, TypoScript, Extensions
504 S., DVD, 24,90 Euro
ISBN 3-89842-604-1

**Einstieg in XML**
Grundlagen, Praxis, Referenzen
528 S., 3. Aufl., CD, 29,90 Euro
ISBN 3-89842-630-0

**Handbuch für Fachinformatiker**
Systemintegration, Anwendungs-
entwicklung und Mediengestaltung
1.078 S., 34,90 Euro
ISBN 3-89842-668-8

**Integrationshandbuch
Microsoft-Netzwerk**
Windows Server 2003, Small
Business Server 2003, ADS,
Exchange Server, Windows XP
und Office 2003 im Einsatz
920 S., DVD, 69,90 Euro
SBN 3-89842-525-8

**Java ist auch eine Insel**
Programmieren für die Java 2-
Plattform in der Version 5
1.416 S., 4. Aufl., CD, 49,90 Euro
ISBN 3-89842-526-6

**LaTeX**
Wissenschaftliche Arbeiten
professionell layouten
696 S., CD, 34,90 Euro
ISBN 3-89842-510-X

**Linux-Unix-Programmierung**
Das umfassende Handbuch
1.152 S., CD, 49,90 Euro
ISBN 3-89842-570-3

**Open Source Software**
Das Nachschlagewerk für
lizenzkostenfreie Software
unter Windows und Linux
1104 S., 59,90 Euro
ISBN 3-89842-507-X

**PC-Netzwerke**
Einrichten von LAN und WLAN
624 S., 2. Aufl., DVD, 24,90 Euro
ISBN 3-89842-496-0

**Praxisbuch Netzwerk-Sicherheit**
VPN, WLAN, Intrusion Detection,
Disaster Recovery, Kryptologie
644 S., CD, 39,90 Euro
ISBN 3-89842-571-1

**UML 2.0**
Das umfassende Handbuch
432 S., mit CD u Poster, 29,90 Euro
ISBN 3-89842-573-8

**VBA mit Excel**
Excel programmieren mit
Visual Basic für Applikationen
720 S., CD, 39,90 Euro
ISBN 3-89842-489-8

**Webseiten
programmieren und gestalten**
HTML, CSS, JavaScript, PHP, Perl,
MySQL, SVG und Newsfeeds u.a.
1150 S., CD, 39,90 Euro
ISBN 3-89842-557-6

**Das vollständige Programm
finden Sie auf unserer Website:**
>> www.galileocomputing.de

**Galileo Computing**

>> www.galileocomputing.de

**Hat Ihnen dieses Buch gefallen?**
**Hat das Buch einen hohen Nutzwert?**

Wir informieren Sie gern über alle
Neuerscheinungen von Galileo Computing.
Abonnieren Sie doch einfach unseren
monatlichen Newsletter:

**www.galileocomputing.de**

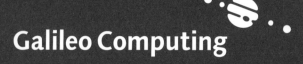

Professionelle Bücher. Auch für Einsteiger.